21世纪普通高等院校系列规划教材

证券投资学

ZHENGQUAN TOUZIXUE

（第二版）

主　编　杨洪涛

副主编　张　会　陈　然

西南财经大学出版社

中国·成都

图书在版编目(CIP)数据

证券投资学/杨洪涛主编.—2版.—成都:西南财经大学出版社,2019.12
(2022.8重印)
ISBN 978-7-5504-4354-9

Ⅰ.①证… Ⅱ.①杨… Ⅲ.①证券投资—高等学校—教材
Ⅳ.①F830.91

中国版本图书馆CIP数据核字(2019)第297635号

证券投资学(第二版)

主　编:杨洪涛
副主编:张　会　陈　然

责任编辑:朱斐然
封面设计:杨红鹰　张姗姗
责任印制:朱曼丽

出版发行	西南财经大学出版社(四川省成都市光华村街55号)
网　　址	http://cbs.swufe.edu.cn
电子邮件	bookcj@swufe.edu.cn
邮政编码	610074
电　　话	028-87353785
照　　排	四川胜翔数码印务设计有限公司
印　　刷	四川五洲彩印有限责任公司
成品尺寸	185mm×260mm
印　　张	14.75
字　　数	324千字
版　　次	2019年12月第2版
印　　次	2022年8月第2次印刷
印　　数	3001— 4000册
书　　号	ISBN 978-7-5504-4354-9
定　　价	35.00元

前言

经过30多年的改革开放，我国的经济体制发生了深刻的变化。证券市场作为其中的一个重要组成部分，也日益展现其蓬勃的生机与活力。尤其在信息日益密集的知识经济时代，证券市场在我国经济和金融体系中的地位更为突出，证券领域的投资热潮一浪高过一浪。同时，在国际上，证券市场的发展规模和完善程度已经成为衡量一国经济发展水平的重要指标之一。随着证券市场的高速发展，我国证券理论研究也经历了一个由浅入深的过程，在经过10多年来对西方文献的翻译介绍、消化吸收后，取得了很多的理论成果。同时，国内证券理论的研究开始向着前沿理论研究的方向发展，实证研究和理论分析开始并重。作为一门专业学科，证券投资学课程的目的是希望读者能够掌握证券市场的基本理论和证券投资的基本技能，了解证券市场的各种运行机制（如证券发行机制、证券交易机制和证券价格形成机制等）、各种金融产品及衍生金融工具（如债券、股票、远期、期货、期权等）和市场主体的行为规范等，并能够运用所学的理论与方法分析和解决证券市场的相关问题，为进一步的理论学习和研究，以及从事证券投资的实务工作奠定基础。为了使本书在体系上和内容上达到一个新的高度，笔者对国内和国际证券市场领域不断涌现的新情况、新问题进行了归纳，力求全面反映当今世界较成熟、较前沿的证券投资理论。本书的编写主要具有以下特征：第一，兼收并蓄。基础理论是理解整个证券市场运行的关键，但是，要做到内容的深刻，我们就不能将内容仅仅局限于这一层次。所以，我们在相关章节对国内、国际的证券发展中的一些新成果进行了介绍，如独立董事制度在我国的创立和发展、证券上市制度的变更、证券交易的网络化发展等，使读者可以把握证券领域理论的创新与发展。第二，内容丰富。证券市场的本质是一种为所有权定价和优化资源配置的机制，但证券市场的运行与发展都必须依存于实体经济。我们主张对证券投资的理解与研究不仅应该立足于证券市场自身，还应该研究宏观经济、社会制度等其他领域。这些领域与证券市场的发展息息相关，是证券市场健康运行的基础和保障，也是对证券市场与社会经济发展一致性的最好诠释。本书有关股份有限公司特征与结构，企业宏观、微观环境分析以及政府的法制规范等内容，都是对这些与证券市场相关领域的介绍。第三，注重实践。纯粹的理论研究是从经济现象中衍生而来的，而仅仅囿于理论而脱离实践则是笔者所反对的。学习证券理论，一个很重要的目的就是增强对证券市场现象的理解和解释能力，并能在实际工作中体现出来。本书安排有大量的实务性内容，如金融产品的发行与交易的操作、证券交易所交易规则以及西方国家较为完善的证券制度等。在编写过程中，本书还特别对那些难于理解的理论和操作提供了实例，使读者有更清晰的认识。第四，结合国情。我国证券市场经过20多年的快速发展，取得了令人瞩目的成绩，但不可否认的是，我国证券市场发展的程度以及相关的制度建设与发达国家的证券市场相比，仍有一定的差距。所以，我们在学习和研究证券投资理论时，不能忽视我国的国情。笔者希望读者能够把理论学习与我国实际情况相结合，并进一步把握我国证券业的发展格局和总体趋势。与此相应，本书的多个章节对于我国证券市场的情况都有所分析，并给出了相关的建议，希望读者能够认真地思考和把握。目前，我国的证券市场和投资领域的改革仍在深入地进行。随着市场日新月异的发展，各种理论和概念以及现实情况仍在不断地发生着变化；此外，由于条件和水平所限，书中难免有不足之处，望读者不吝批评、指正。

编者

2019年8月

目 录

第一篇 总论

第二篇　证券市场运行机制

第三篇　证券投资分析

第一篇　总论

第一章　证券与证券市场

学习目的与要求

1. 掌握证券与有价证券的定义、分类和特征；掌握证券市场的定义、分类、特征和基本功能。

2. 了解证券市场的产生和发展。

3. 掌握证券市场参与者的构成，包括证券发行人、证券投资人、证券市场中介机构、自律性组织及证券监管机构；掌握证券发行主体及其发行目的；掌握机构投资者的主要类型及投资管理方法；掌握证券市场中介的含义和种类、证券市场自律性组织的构成。

4. 熟悉证券交易所、证券业协会、证券登记结算机构、证券监管机构的主要职责；了解个人投资者的含义。

第一节　证券与证券市场概述

一、证券概述

（一）证券的含义

证券是指各类记载并代表一定权利的法律凭证。它用以证明持有人有权依其所持凭证记载的内容而取得应有的权益。从一般意义上来说，证券是指用以证明或设定权利所做成的书面凭证，它表明证券持有人或第三者有权取得该证券代表的特定权益，或证明其曾经发生过的行为。证券可以采取纸面形式或证券监管机构规定的其他形式。

《中华人民共和国证券法》（简称《证券法》）规定的证券为股票、公司债券和国务院依法认定的其他证券。其他证券主要包括投资基金凭证、非公司企业债券、国家政府债券等。

（二）证券的票面要素

证券的票面要素包括四个方面：第一，持有人，即证券为谁所有；第二，证券的标的物，即证券票面上所载明的特定的具体内容，它表明持有人权利所指向的特定对象；第三，标的物的价值，即证券所载明的标的物的价值大小；第四，权利，即持有人持有该证券所拥有的权利。

（三）证券的分类

1．按其性质的不同，可以将证券分为凭证证券和有价证券

（1）凭证证券是指认定持证人是某种私权的合法权利者，证明持证人所履行的义务有效的文件。如存款单、借据、收据及定期存款存折等就属于这一类。

凭证证券实际上是无价证券，其特点是，虽然凭证证券也是代表所有权的凭证，但不能让渡，不能真正独立地作为所有权证书来行使权利。

（2）有价证券是一种具有一定票面金额，证明持券人有权按期取得一定收入，并可自由转让和买卖的所有权或债权证书。人们通常所说的证券就是指这种有价证券。有价证券是虚拟资本的一种形式，是筹措资金的重要手段。

除非另有说明，本书中使用的证券一词专指有价证券。

2．根据证券作用的不同，可以分为设权证券与证权证券

（1）设权证券是指证券所代表的权力本身不存在，而是随着证券的制作而产生，即权利的发生是以证券的制作和存在为条件的，如本票、支票、汇票等。票据签发前，当事人之间虽可有债权债务，但是，出票人签发票据，为持票人设定了一个请求票据上载明的债务人“无条件支付一定金额”的权利，此种权利，与签发票据前的债权债务彻底独立，是“新生之权”。也就是说，票据是为持有人创设了一个新的金钱债权，而不是原有债权。

（2）证权证券是指证券是权利的一种物化的外在形式，它是作为权利的载体，权利是已经存在的，如股票、提单等。股票代表的是股东权利，它的发行是以股份的存在为条件的，把已存在的股东权利表现为证券的形式，它的作用不是创造股东的权利，而是证明股东的权利。股东权利不会因股票的毁损、遗失而消失，股东可以依照法定程序要求公司补发新的股票。提单可以证明由运输合同所发生的物品返还请求权。

（四）有价证券

1．有价证券的种类

有价证券多种多样，从不同的角度、按照不同的标准，可以对其进行不同的分类。

（1）按所体现的内容不同，有价证券可分为货币证券、资本证券和货物证券

①货币证券。它指可以用来代替货币使用的有价证券，是商业信用工具。

货币证券的范围主要包括期票、汇票、支票和本票等。

②资本证券。资本证券是有价证券的主要形式，它是指把资本投入企业或把资本贷给企业和国家的一种证书。资本证券主要包括股权证券（所有权证券）和债权证券。股权证券具体表现为股票，有时也包括认股权证；债权证券则表现为各种债券。狭义的有价证券通常仅指资本证券。

③货物证券。货物证券是对货物有提取权的证明，它证明证券持有人可以凭单提取单据上所列明的货物。货物证券主要包括栈单、运货证书及提货单等。

（2）按发行主体的不同，有价证券可分为政府证券（公债券）、金融证券和公司证券

①政府证券。它也称政府债券，是指政府为筹措财政资金或建设资金，凭借其信誉，采用信用方式，按照一定程序向投资者出具的一种债权债务凭证。政府债券又分

为中央政府债券（国家债券）和地方政府债券。

②金融证券。它是指商业银行及非银行金融机构为筹措信贷资金而向投资者发行的承诺支付一定利息并到期偿还本金的一种有价证券。它主要包括金融债券、大额可转让定期存单等，其中以金融债券为主。

③公司证券。公司证券是公司为筹措资金而发行的有价证券。公司证券主要有股票、公司债券等。

（3）根据上市与否，有价证券可分为上市证券和非上市证券

有价证券根据其特定对象划分为上市证券和非上市证券。这种划分一般只适用于股票和债券。

①上市证券。它又称挂牌证券，指经证券主管机关批准，并向证券交易所注册登记获得资格在交易所内进行公开买卖的有价证券。

②非上市证券。非上市证券也称非挂牌证券、场外证券。它是指未在证券交易所登记挂牌，由公司自行发行或推销的股票或债券。

非上市证券不能在证券交易所内交易，但可以在交易所以外的“场外交易市场”进行交易，有的也可以在取得特惠权的交易所内进行交易。非上市证券由于是公司自行推销的，与上市证券相比，筹资成本较高，难以扩大公司的社会影响和为公司赢得社会声誉。

一般来说，非上市证券的交易比上市证券的交易要多，在交易所内上市的证券种类非常有限，只占整个证券市场证券种类的很小部分。

（4）根据募集方式的不同，有价证券可分为公募证券和私募证券

①公募证券。公募证券是指发行人通过中介机构向不特定的社会公众投资者公开发行的证券，审核较严格并采取公示制度。

②私募证券。私募证券是向少数特定的投资者发行的证券，其审查条件相对宽松，投资者也较少，不采取公示制度。目前，我国信托投资公司发行的信托计划以及商业银行和证券公司发行的理财计划均属私募证券，上市公司采取定向增发方式发行的有价证券也属私募证券。

2. 有价证券的特征

（1）收益性。证券的收益性是指持有证券本身可以获得一定数额的收益，这是投资者转让资本所有权或使用权的回报。证券代表的是对一定数额的某种特定资产的所有权或债权，投资者持有证券也就同时拥有取得这部分资产增值收益的权利，因而证券本身具有收益性。

（2）流动性。证券的流动性是指证券变现的难易程度。证券具有极高的流动性必须满足三个条件：很容易变现、变现的交易成本极小、本金保持相对稳定。证券的流动性可通过到期兑付、承兑、贴现、转让等方式实现。不同证券的流动性是不同的。

（3）风险性。证券的风险性是指实际收益与预期收益的背离，或者说是证券收益的不确定性。从整体上说，证券的风险与其收益成正比。通常情况下，风险越大的证券，投资者要求的预期收益越高；风险越小的证券，投资者要求的预期收益越低。

（4）期限性。债券一般有明确的还本付息期限，以满足不同筹资者和投资者对融

资期限以及与此相关的收益率需求。债券的期限具有法律约束力，是对融资双方权益的保护。股票没有期限，可以视为无期证券。

二、证券市场概述

（一）证券市场的含义

证券市场是股票、债券、投资基金等有价证券发行和交易的场所。证券市场是市场经济发展到一定阶段的产物，是为解决资本供求矛盾和流动性而产生的市场。从证券市场的功能和机制上理解，证券市场实质上是资金供需双方通过竞争以决定证券价格的场所。在这个市场上，资金供求双方直接接触，而不需要通过中介，竞价和交易行为受市场法规的约束，具有很高的市场效率和很强的竞争性，这使证券价格在价值规律的基础上形成，并保证了资金的合理流向。

（二）证券市场的分类

按照不同的标准，可以对证券市场进行分类，以下介绍三种分类方式：

1. 按照职能的不同，证券市场可以分为发行市场和流通市场

证券发行市场又称“一级市场”或“初级市场”，是发行人以筹集资金为目的，按照一定的法律规定和发行程序，向投资者出售新证券所形成的市场。证券交易市场又称为“二级市场”“流通市场”或“次级市场”，是已发行的证券通过买卖交易实现流通转让的市场。

证券发行市场和交易市场相互依存、相互制约，是一个不可分割的整体。证券发行市场是交易市场的基础和前提，有了发行市场的证券供应，才有交易市场的证券交易，证券发行的种类、数量和发行方式决定着交易市场的规模和运行。交易市场是证券得以持续扩大发行的必要条件，为证券的转让提供市场条件，使发行市场充满活力。此外，交易市场的交易价格制约和影响着证券的发行价格，是证券发行时需要考虑的重要因素。

2. 按照交易对象的不同，证券市场可以分为股票市场、债券市场、基金市场、衍生产品市场等

股票市场是股票发行和买卖交易的场所。股票市场的发行人为股份有限公司。股份有限公司通过发行股票募集公司的股本，或是在公司营运过程中通过发行股票扩大公司的股本。股票市场交易的对象是股票，股票的市场价格除了与股份公司的经营状况和盈利水平有关外，还受到政治、社会、经济等其他多方面因素的综合影响，因此，股票价格经常处于波动之中。

债券市场是债券发行和买卖交易的场所。债券的发行人有中央政府、地方政府、中央政府机构、金融机构、公司和企业。债券发行人通过发行债券筹集的资金一般都有期限，债券到期时，债务人必须按时归还本金并支付约定的利息。债券是债权凭证，债券持有者与债券发行人之间是债权债务关系。债券市场交易的对象是债券。债券因有固定的票面利率和期限，因此，相对于股票价格而言，市场价格比较稳定。

基金市场是基金份额发行和流通的市场。封闭式基金在证券交易所挂牌交易，开

放式基金则通过投资者向基金管理公司申购和赎回实现流通转让。此外，近年来，全球各主要市场均开设了交易所交易基金（简称“ETF”）或上市开放式基金（简称“LOF”）交易，使开放式基金也可以在交易所市场挂牌交易。

衍生产品市场是各类衍生产品发行和交易的市场，随着金融创新在全球范围内的不断深化，衍生产品市场已经成为金融市场不可或缺的重要组成部分。

3. 按照市场组织形式的不同，证券市场可以分为场内交易市场和场外交易市场

场内交易市场是由证券交易所组织的集中交易市场，它有固定的交易场所和交易时间，以符合有关法规的上市证券为交易对象，交易者为具备一定资格的会员证券公司及特定的经纪人和证券商，一般投资者只能通过证券经纪商进行证券买卖。证券交易所制定各种规则，对证券商和投资者的交易活动进行监管，以保证证券交易活动的正常、持续、高效进行。同时交易所还为投资者提供各种服务，如上市公司资料、财务状况、交易报价和股利分配等。在多数国家，场内交易市场是最重要的证券交易市场。

场外交易市场，又称为柜台交易市场或店头交易市场，指在交易所外进行证券交易的市场。场外交易市场通常没有固定的交易场所，是一种分散的、无形的市场，通过先进的电子交易网络和技术连接起来，交易时间也比较灵活。其交易对象以未上市证券为主，也包括一部分上市证券。投资者既可以委托证券经纪商进行买卖，也可以直接与证券自营商交易，典型的场外交易市场如美国的纳斯达克市场（NASDAQ）。

（三）证券市场的特征

证券市场具有以下三个显著特征：

（1）证券市场是价值直接交换的场所。有价证券都是价值的直接代表，它们本质上是价值的一种直接表现形式。虽然证券交易的对象是各种各样的有价证券，但由于它们是价值的直接表现形式，所以，证券市场本质上是价值的直接交换场所。

（2）证券市场是财产权利直接交换的场所。证券市场上的交易对象是作为经济权益凭证的股票、债券、投资基金等有价证券，它们本身是一定量财产权利的代表，所以，代表着对一定数额财产的所有权或债权以及相关的收益权。证券市场实际上是财产权利的直接交换场所。

（3）证券市场是风险直接交换的场所。有价证券既是一定收益权利的代表，同时也是一定风险的代表。有价证券的交换在转让出一定收益权的同时，也把该有价证券所持有的风险转让出去。所以，从风险的角度分析，证券市场也是风险直接交换的场所。

（四）证券市场的功能

证券市场综合反映国民经济运行的各个维度，被称为国民经济的“晴雨表”，客观上为观察和监控经济运行提供了直观的指标。它的基本功能包括：

1. 筹资 - 投资功能

证券市场的筹资 - 投资功能是指证券市场一方面为资金需求者提供了通过发行证券筹集资金的机会，另一方面为资金供给者提供了投资对象。在证券市场上交易的任何证券既是筹资的工具，也是投资的工具。在经济运行过程中，既有资金盈余者，又

有资金短缺者。资金盈余者为使自己的资金价值增值，必须寻找投资对象；而资金短缺者为了发展自己的业务，就要向社会寻找资金。为了筹集资金，资金短缺者可以通过发行各种证券来达到筹资的目的，资金盈余者则可以通过买入证券而实现投资的目的。筹资和投资是证券市场基本功能不可分割的两个方面，忽视其中任何一个方面都会导致市场的严重缺陷。

2．资本定价功能

证券市场的第二个基本功能是为资本决定价格。证券是资本的表现形式，所以证券的价格实际上是证券所代表的资本的价格。证券的价格是证券市场上证券供求双方共同作用的结果。证券市场的运行形成了证券需求者和证券供给者的竞争关系，这种竞争的结果是：能产生高投资回报的资本，市场的需求大，相应的证券价格就高；反之，证券的价格就低。因此，证券市场提供了资本的合理定价机制。

3．资本配置功能

证券市场的资本配置功能是指通过证券价格引导资本的流动从而实现资本合理配置的功能。在证券市场上，证券价格的高低是由该证券所能提供的预期报酬率的高低来决定的。证券价格的高低实际上是该证券筹资能力的反映。能提供高报酬率的证券一般来自那些经营好、发展潜力巨大的企业，或者是来自新兴行业的企业。由于这些证券的预期报酬率高，其市场价格相应也高，从而筹资能力就强。这样，证券市场就引导资本流向能产生高报酬的企业或行业，使资本产生尽可能高的效率，进而实现资本的合理配置。

4．宏观调控功能

证券市场可以充当政府进行宏观调控的工具，各国中央银行可以通过证券投资来实现其对整个社会货币流通量的宏观调节，从而实现货币政策目标。当社会投资规模过大、经济过热、货币供给量大大超过市场实际需要的货币量时，中央银行可以通过在证券市场上卖出有价证券（主要是政府债券），来减少市场货币流通量，紧缩投资，使经济降温；当经济衰退、投资不足、货币供给量远远低于市场实际需要的货币量时，中央银行则可以通过买进有价证券，以增加货币投放，扩大投资，刺激经济增长。

5．散风险功能

证券市场不仅为投资者和融资者提供了丰富的投融资道，而且还具有分散风险的功能。对于上市公司来说，通过证券市场融资可以将经营风险部分地转移和分给投资者，公司的股东越多，单个股东承担的风险就越小。另外企业还可以通过购买一定的证券，保持资产的流动性和科是高盈利水平，减少对银行信贷资金的依赖，提高企业时宏观经济波动的抗风险能力。对于投资者来说，可以通过买卖证券和建立证券投资组合来转移和分散资产风险。证券作为流动性、收益性都相对较好的资产形式，可以有效地满足投资者的需要，而且投资者还可以选择不同性质、不同期限、不同风险和收益的证券构建证券组合，分散券投资的风险。

第二节　证券市场的产生与发展

一、证券市场的产生

相对于商品经济而言，证券市场的历史要短暂得多。换句话说，在商品经济的历史长河中，人类曾经历了一个长期没有证券市场的时代。证券市场从无到有，主要归因于以下三点：

（一）证券市场的形成得益于社会化大生产和商品经济的发展

在自给自足的小生产社会中，受生产力水平的制约，生产所需的资本极其有限，单个生产者的积累就能满足再生产的需要，不需要也不可能存在证券和证券市场。从自然经济向商品经济发展的初期，由于社会分工不发达，生产力水平低下，社会生产所需要的资本除了自身积累外，可以通过借贷资本来筹集。但当时的信用制度简单落后，证券市场无法形成。随着生产力的进一步发展，社会分工的日益复杂，商品经济日益社会化，社会化大生产产生了对巨额资金的需求，依靠单个生产者自身的积累难以满足需求，即使依靠银行借贷资本也不能解决企业自有资本扩张的需要。因此，客观上需要有一种新的筹集资金的机制以适应社会经济进一步发展的要求。在这种情况下，证券与证券市场就应运而生了。

（二）证券市场的形成得益于股份制的发展

随着商品经济的发展，生产规模日渐扩大，传统的独资经营方式和家族型企业已经不能胜任对巨额资本的需求，于是产生了合伙经营的组织，随后又由单纯的合伙组织逐步演变成股份公司。股份公司通过发行股票、债券向社会公众募集资金，实现资本的集中，用于扩大生产。股份公司的建立、公司股票和债券的发行，为证券市场的产生提供了现实的基础和客观的要求。

（三）证券市场的形成得益于信用制度的发展

只有当货币资本与产业资本相分离，货币资本本身取得了一种社会性质时，公司股票和债券等信用工具才会被充分运用。随着信用制度的发展，商业信用、国家信用、银行信用等融资方式不断出现，越来越多的信用工具随之涌现。信用工具一般都有流通变现的要求，而证券市场为有价证券的流通、转让创造了条件。因而，随着信用制度的发展，证券市场的产生成为必然。

二、证券市场的发展

从世界证券市场的发展历程来看，其发展大致经历了以下三个阶段：

第一阶段：自由放任阶段

从 17 世纪初到 20 世纪 20 年代，证券发行量迅速增长，但由于缺乏管理而带给人类一场空前的危机。1891—1900 年，世界有价证券的发行金额为 1 004 亿法国法郎。20

世纪初，资本主义由自由竞争阶段过渡到垄断阶段，证券市场适应了资本主义经济发展的需要，有效地促进了资本的积聚，从而获得了巨大发展。20 世纪的前 30 年，每十年证券发行量则分别达到了 1 978 亿法郎、3 000 亿法郎和 6 000 亿法郎。同时，证券结构也出现了变化，股票和公司债券分别取代了公债和国库券，占据了主要地位。但是，由于缺乏对证券发行和交易的管理，当时的证券市场处于一个自由放任的状态。证券业呈现出无序竞争的局面，证券交易所纷纷成立，各种证券鱼龙混杂，证券价格远离其实际价值，证券欺诈和证券投机现象十分严重。1929 年资本主义经济大危机时期，证券市场发生了 1929 年 10 月 29 日的“黑色星期一”事件，股票指数的暴跌对经济危机起到了推波助澜的作用。在危机过后的相当长的时间内，证券市场仍然处在萧条之中。

第二阶段：法制建设阶段

从 20 世纪 30 年代到 20 世纪 60 年代末，市场危机促使各国政府开始全面制定法律，证券发行和交易活动开始进入法制化管理阶段。在经济大危机过后，各国政府意识到了加强对证券市场监管的重要性。于是有关证券业的法律、法规纷纷出台，对证券发行和交易活动进行了全面的规范和限制。这些证券法律和法规的制定，为证券市场的健康发展奠定了坚实的基础，证券市场逐步走上了规范发展的道路。美国在这一阶段对证券市场实行了统一立法，颁布了一系列联邦证券法，包括《证券法》（1933 年）、《证券交易法》（1934 年）、《公共事业控股公司法》（1935 年）、《信托契约法》（1939 年）、《投资公司法》（1940 年）和《投资顾问法》（1940 年）等。英国也颁布了《反欺诈（投资）法》（1958 年）、《公司法》（1948 年和 1967 年）等法律、法规。

第三阶段：迅速发展阶段

自 20 世纪 70 年代以来，随着发达国家经济规模化和集约化程度的提高、发展中国家经济的蓬勃兴起以及计算机、通信和网络技术的进步，证券市场进入了迅速发展阶段，其作为资本市场核心及金融市场重要组成部分的地位也由此确立。股票市场的规模迅速扩大。1999 年年底，全球股票市场市值达到了 35 万亿美元，股票市场交易也日趋活跃，股票交易金额 1999 年达到了 37. 51 万亿美元。发达国家的股票市值与各自国内生产总值的比率基本都达到了 80% 以上，而一些新兴的发展中国家的这一比率也达到了较高的程度，有些国家甚至超过了发达国家的水平。同时，国际债券市场也有了长足的发展，2001 年上半年，国际债券市场发行总量高达 9 240 亿美元。而各国的国内债券市场则比国际债券市场的规模更大。

第三节　证券市场的构成要素

要对证券市场运作特征有系统的了解，首先要明确证券市场的构成要素。证券市场的构成要素包括发行人、投资者、中介机构、自律组织和监管机构等。下面我们将对这些构成要素分别进行介绍。

一、证券发行人

证券发行人是指为筹措资金而发行债券、股票等证券的发行主体，具体包括政府及其机构、金融机构、公司和企业等经济实体。

企业发行的证券包括股票和企业债券，其目的是筹集企业生产经营所需资金。股份有限公司既可以发行股票，也可以发行公司债券，而有限责任公司和国有独资公司只能发行公司债券来筹集资金。比较而言，企业通过发行股票所筹集的资金，作为企业的资本金，无须还本付息，但可能会失去一部分经营管理的权利，股利的分配也必须在税后进行；而通过发行债券所筹集的资金，必须还本付息，但有利于维护原股东对企业的所有权，而且利息支出可以计入成本，冲减企业利润，从而减少企业的所得税支出。

金融机构发行证券的主要形式是金融债券，它筹集资金的目的是向其他资金需求者提供资金，因此是资金供求双方的中介。金融机构通过发行金融债券筹集资金，然后通过贷款、投资等形式，投放资金并获得利差收益。由于多数金融机构的资金实力雄厚，信用等级高，所以金融债券的发行利率一般低于普通企业债券。

政府发行债券的目的主要包括弥补财政赤字，筹集建设资金，实施宏观调控等。政府债券包括中央政府债券和地方政府债券。中央政府债券，又称为国债，发行人是财政部，其发行是以国家信用作保证的。

二、证券投资者

证券投资者主要分为机构投资者和个人投资者，前者主要包括证券公司、共同基金等金融机构和企业、事业单位、社会团体等。个人投资者是证券市场最广泛的投资者。随着证券市场的现代化发展，我国证券投资者的组成中还包括一定数量和比例的外国投资者。

根据持有证券时间的长短，可以将证券市场投资者分为短线投资者、中线投资者和长线投资者。

根据投资者的心理因素，可以将证券市场投资者分为稳健型、冒险型和中庸型三类。

（一）机构投资者的概念

一般来讲，机构投资者是指符合法律法规规定可以投资证券投资基金的注册登记或经政府有关部门批准设立的机构。

（二）机构投资者的分类

1. 按政策标准

按此标准，机构投资者可分为一般机构投资者和战略机构投资者。

2. 按机构投资者业务与资本市场的关系

按此标准，机构投资者可分为金融机构投资者和非金融机构投资者。基金管理公司、证券公司保险公司、商业银行等属于金融机构投资者，我国对此类机构投资者的监管较为严格。

3. 按投资者所在国家和地区

按此标准，机构投资者可分为境内机构投资者和境外机构投资者。

4. 按投资者身份或组织结构出发

按此标准，可将机构投资者限定为与个人相对应的一类投资者即法人，具体体现是开设股票账户的法人，包括以下三种类型：①按照《证券法》和相关法规，有明确的法律规定的从事股票交易权利的证券公司和证券投资基金管理公司。②按照《证券法》和相关法规，可以参加股票交易但操作受到限制的“三类企业”即国有企业、国有控股公司和上市公司。③在能否参与股票交易及参与股票交易的方式上缺乏明确法律规定或权利义务不具体的法人，如“三资”企业、私营企业、未上市的非国有控股的股份制企业、社团法人等。

三、证券市场中介机构

证券市场中介机构是指为证券的发行、交易提供服务的各类机构。在证券市场中起中介作用的机构是证券公司和其他证券服务机构。证券公司又称“证券商”，是指依照《中华人民共和国公司法》（简称《公司法》）、《证券法》规定并经国务院证券监督管理机构批准经营证券业务的有限责任公司或股份有限公司。按照《证券法》，证券公司的主要业务包括：证券经纪业务，证券投资咨询业务，与证券交易、证券投资活动有关的财务顾问业务，证券承销和保荐业务，证券自营业务，证券资产管理业务及其他证券业务。

其他证券服务机构包括证券投资咨询机构、证券登记结算机构、财务顾问机构、资信评级机构、资产评估机构、会计师事务所、律师事务所等。

四、自律性组织

根据我国《证券法》规定，证券交易所与证券业协会是我国的证券自律管理机构。证券交易所为证券集中交易提供场所和设施，组织和监督证券交易，实行自律管理的法人。

按照《证券法》，中国证券业协会是证券行业性自律组织。中国证券业协会具有独立法人地位，采取会员制的组织形式，协会的权力机构为全体会员组成的会员大会。中国证券业协会的自律管理体现在保护行业共同利益、促进行业共同发展方面，具体表现为：对会员单位的自律管理、对从业人员的自律管理和负责制定代办股份转让系统运行规则，监督证券公司代办股份转让业务活动和信息披露等事项。

另外，根据我国《证券登记结算管理办法》规定，证券登记结算公司为证券交易提供集中登记、存管与结算服务，不以营利为目的的法人，实行行业自律监管。

五、证券监管机构

证券监管机构是证券市场的重要组成部分，它根据证券法规对证券发行和交易以及各类市场主体的市场行为实施监督与管理，以维护市场秩序，促进证券市场的有序运行和健康发展。

在我国，证券监管机构是指中国证券监督管理委员会（简称证监会）及其派出机构。中国证监会是国务院直属的证券监督管理机构，按照国务院授权和依照相关法律、法规对证券市场进行集中、统一监管。它的主要职责是：依法制定有关证券市场监督管理的规章、规则，负责监督有关法律、法规的执行，负责保护投资者的合法权益，对全国的证券发行、证券交易、中介机构的行为等依法实施全面监管，维持公平而有序的证券市场。

重要概念

证券　有价证券　设权证券　证权证券　证券市场　证券发行人　机构投资者　个人投资者　证券公司　证券服务机构

思考题

1. 有价证券有哪些共同特征？
2. 简述有价证券的分类。
3. 简述证券市场的概念、特征及功能。
4. 简述证券市场的主要参与者。
5. 证券市场与商品市场的区别在哪里？
6. 结合我国当前经济特征，试述证券市场在市场经济的发展过程中体现了哪些重要作用。

补充阅读材料

借力资本市场“最赚钱银行”花落中国[1]

20余年前，中国银行业市场化改革、综合性经营拉开帷幕。10年前，面对加入WTO，外媒曾预言中国的银行将在资本实力更雄厚的外资机构冲击下崩溃。今天，为自身的金融危机提心吊胆的外资金融机构却艳羡“全球最赚钱的银行”花落中国。

当中资银行遇上资本市场，双方会碰撞出怎样的火花？

数据显示，2010年前三季度，16家上市银行合计净利润已占所有A股上市公司净利润总额的43.67%；中国农业银行上市后，上市银行权重占比几乎五分天下有其一；大盘每在危急时刻，银行板块总是第一个挺身而出。

---

① 《证券日报》，2010年11月12日第1版，http://zqrb.ccstock.cn/html/2010-11/12/content_223152.htm。

“绩”压群雄

2005—2007 年，银行业经历了股份制改造、上市元年、集中上市和业绩快速增长几个时期，上市使得银行业迸发出新的活力。

从最初的深发展一家发展到如今包括工商银行、农业银行、中国银行、建设银行、交通银行五大行的银行板块，俨然已形成一个独具特色的板块——质地优良，业绩稳定。随着今年农行和光大银行上市，银行板块扩容至16 家。虽然仅有16 家，但是上市银行的造富能力是毋庸置疑的。

最新数据显示，工、农、中、建、交五家国有大型商业银行前三季度实现净利润4 212 亿元，同比增长29. 11%，中小股份制银行增速则大多在30%以上。其中，农行以前三季度同比增长36. 32%居五大国有银行净利增速之首，工行则以净利润1 278 亿元继续稳坐“全球最赚钱银行”。

研究机构分析结果表明，在上市银行业绩增长背后各种驱动因素中，生息资产规模扩张、息差扩大、中间业务增长、有效税率降低是主因，其中资产扩张及息差提升贡献最大。

数据还显示，前三季度，上市银行尤其是五大国有银行贷款规模显著扩大。工行境内新增人民币各项贷款7 077 亿元，增幅13. 3%，建行客户贷款和垫款较2009 年年末新增6 750 亿元，增长14. 4%，中行和交行新增幅度亦分别达到15. 48%和18. 24%。

特别值得关注的是，16 家上市银行前三季度合计净利润达到5 248 亿元，而同期沪、深两市1 997 家上市公司合计实现的归属于母公司股东的净利润为12 075. 21 亿元。

对比上述数据可以发现，仅五大行的净利润占比已经超过全部上市公司净利润的三成；而16 家上市银行的合计净利润已经占所有A 股上市公司净利润总额的43. 67%，远高于该板块所占指数的比重，成为最赚钱的行业。

同时，银行业的良好业绩，也给投资者带来了实实在在的回报。近年来，部分上市银行甚至拿出年度净利润的50%左右对股东进行现金分红。专家则对此表示：“适当提高现金分红比例有利于增加股东资产的流动性，增强投资者和市场的信心。”

另外，上市银行的业绩增长在使自己“强身健体”的同时，也促进了经济持续较快增长和资本市场的发展。2009 年我国商业银行新增9. 6 万亿元的贷款，为中国经济完成“V”形复苏和上市公司业绩增长提供了巨大的支持。

“权”倾A 股

在全流通时代，市场中类似中国石油有10 倍以上杠杆率的股票已经不多，因此要想撬动市场，未来股票的权重属性就变得越来越重要。

据上海万得信息技术股份有限公司（Wind 资讯）统计，16 家上市银行总股本合计13 707 亿股，相比A 股上市公司总股本32 222 亿股，占比达到42. 54%。此外，截至2015 年11 月4 日，银行板块总市值已经达到6. 56 万亿元，相比A 股总市值32 万亿元，占比达到20. 4%；流通市值达到3. 25 万亿元，占A 股全部流通市值17. 99 万亿元的18%。用“权”倾A 股来形容银行板块一点也不为过。坐拥第一权重板块的殊荣，银行对市场的影响力可想而知。

而且，从目前来看，金融业的整体市盈率为12倍左右，是全部上市公司中市盈率最低的行业，较全部A股公司的市盈率仍有较大差距。换句话说，低市率、高业绩的银行未来很可能成为带动整个市场上涨的首要力量。

此外，回眸上市银行近年来对资本市场的稳定作用，银行在全球金融危机时的表现自然不能不提。

在2008年、2009年金融危机肆虐下，欧美银行陷入困顿。但反观中国银行业，却依然稳健前行，起着稳定中国资本市场的作用。大盘每在危急时刻，银行板块总是第一个挺身而出，及时稳定市场，增强信心。在建行、工行、中行的背后，作为控股股东的汇金公司的身影总是时隐时现。每每汇金出手，都带来银行股的信心并间接促进股价大涨。投资者不会忘记，2008年9月15日，雷曼宣告破产不到12小时，当天沪指毫无抵抗地跌破2 000点整数关口，至9月18日沪指最低跌至1 802点。当天晚间，中央汇金公司宣布增持三大行股份。第二天开盘后，银行股无一例外地涨停，指数涨幅达9.45%。而投资者记住的不是当天大盘的暴涨，而是政府借股市传递的信心。

有专家曾这样表示："金融股历来是股市的风向标，它们业绩如何，股价能否企稳，将在很大程度上具有影响股市走势、起到稳定资本市场的作用。"

领航蓝筹

由于历史原因，过去在国内A股市场上市的公司大多为中小型企业，这造成了我国A股市场并不能完全反映国内经济的高速增长，同时也造成了更多以价格投机为主的市场风格。

但在2006年，以工商银行、中国银行、中国人寿等为代表的真正能够代表我国经济发展现状的大型企业尤其是金融企业得以发行上市，国内证券市场的市值结构正在逐步实现国际化。2005年以前，"A+H"模式的上市公司数量和市值都非常有限，总市值也都没有超过27%。而由于银行股的两地上市，仅仅一年以后的2006年，同时在A股市场和香港联交所上市的公司总市值达到沪深股市总市值的50%以上。

在市场结构国际化的基础上，顺应国际潮流的价值投资思路顺理成章地代替了原先的价格投机思维，银行等蓝筹股成为价值投资的首选。

还有必要提一下的是，如今中国的资本市场已经进入了一个加快创新的时期，融资融券、股指期货等创新业务已经先后推出。在这种背景下，银行板块率领的大盘蓝筹股实际上被赋予了新的价值。这种超越其自身的新价值，在市场创新的条件下将会转换为推动其股价上涨的外在动力。

连通沪港

纵观几家国有大行和股份制商业银行在上海、香港两地上市后的市场表现可以发现，上市银行以其稳定增长的业绩、长期上升的股价趋势和巨大的增长空间，为两地资本市场的稳定发展和投资价值增长已经做出巨大的贡献，并将做出更大的贡献。

自2005年交行和建行先后面向全球投资者首次公开募股（IPO）并在香港市场上

市以后，一家国外有名的基金管理公司的基金经理当时向投资者发出了这样的“建议”：要分享中国经济长期增长的成果，最好的方式是投资中国的商业银行。

近两年的实践证明，这一建议是最具价值的投资建议，以建行、中行、工行和招行以及农行为代表的中国商业银行，向全球投资者发售股份并在香港资本市场上市，已为他们带来了稳定、高额的回报。

事实上，随着几家上市银行的总市值在香港和内地资本市场总市值中占比的不断提高，其对两地市场的影响越来越大。因此，银行的上市，在为香港和内地及全球投资者带来稳定较高投资回报的同时，为提升两地资本市场的投资价值和成熟稳定度增添了勃勃生机。

第二章　股票

学习目的和要求

1. 掌握股票的定义、性质和特征。

2. 熟悉普通股票与优先股票、记名股票与不记名股票、有面额股票与无面额股票的区别和特征。

3. 掌握股票价格的分类及影响因素。

4. 掌握我国按投资主体性质分类的各种股份的概念；掌握国家股、法人股、社会公众股、外资股的含义。

5. 熟悉 A 股、B 股、H 股、N 股、ST 股、红筹股等概念。

第一节　股票概述

一、股票的定义

股票是一种有价证券，它是股份有限公司签发的证明股东所持股份的凭证。

股份有限公司的资本划分为股份，每一股股份的金额相等。公司的股份采取股票的形式。股份的发行实行公平、公正的原则，同种类的每一股份具有同等权利。股票一经发行，购买股票的投资者即成为公司的股东。股票实质上代表了股东对股份公司的所有权，股东凭借股票可以获得公司的股息和红利，参加股东大会并行使自己的权利，同时也承担相应的责任与风险。

股票作为一种所有权凭证，有一定的格式。从股票的发展历史看，最初的股票票面格式既不统一，也不规范，由各发行公司自行决定。随着股份制度的发展和完善，许多国家对股票票面格式做了规定，明确票面应载明的事项和具体要求。我国《公司法》规定，股票采用纸面形式或国务院证券监督管理机构规定的其他形式。股票应当载明下列主要事项：公司名称、公司成立的日期、股票种类、票面金额及代表的股份数、股票的编号。股票由法定代表人签名，公司盖章。发起人的股票应当标明“发起人股票”字样。

二、股票的性质

（一）股票是有价证券

有价证券是财产价值和财产权利的统一表现形式。持有有价证券，一方面表示拥有一定价值量的财产，另一方面也表明有价证券持有人可以行使该证券所代表的权利。股票具有有价证券的特征：第一，虽然股票本身没有价值，但股票是一种代表财产权的有价证券，它包含着股东可以依其持有的股票要求股份公司按规定分配股息和红利的请求权。第二，股票与它代表的财产权有不可分离的关系，二者合为一体。换言之，行使股票所代表的财产权，必须以持有股票为条件，股东权利的转让应与股票占有的转移同时进行，股票的转让就是股东权的转让。

（二）股票是要式证券

股票应记载一定的事项，其内容应全面、真实，这些事项往往通过法律形式加以规定。在我国，股票应具备《公司法》规定的有关内容，如果缺少规定的要件，股票就无法律效力。而且股票的制作和发行须经证券主管机关审核和批准，任何个人或团体不得擅自印刷、发行股票。

（三）股票是证权证券

股票代表的是股东权利，它的发行是以股份的存在为条件的，股票只是把已存在的股东权利表现为证券的形式，它的作用不是创造股东的权利，而是证明股东的权利。所以说，股票是证权证券。

（四）股票是资本证券

发行股票是股份公司筹措自有资本的手段。因此，股票是投入股份公司资本份额的证券化，属于资本证券。但是，股票又不是一种现实的资本，股份公司通过发行股票筹措的资金，是公司用于营运的真实资本。股票独立于真实资本之外，在股票市场上进行着独立的价值运动，是一种虚拟资本。

（五）股票是综合权利证券

股票不属于物权证券，也不属于债权证券，而是一种综合权利证券。股票持有者作为股份公司的股东，享有独立的股东权利。股东权利是一种综合权利，股东依法享有资产收益、重大决策、选择管理者等权利。股东虽然是公司财产的所有人，享有种种权利，但对于公司的财产不能直接支配处理，而对财产的直接支配处理是物权证券的特征，所以股票不是物权证券。另外，一旦投资者购买了公司股票，即成为公司部分财产的所有人，但该所有人在性质上是公司内部的构成分子，而不是与公司对立的债权人，所以股票也不是债权证券。

三、股票的特征

股票具有以下五个方面的特征：

（一）收益性

收益性是指持有者凭其持有的股票，有权按公司章程从公司领取股息和红利，获取投资收益。

股票收益的大小取决于公司的经营状况和盈利水平。一般情况下，投资股票获得的收益要高于银行储蓄的利息收入，也高于债券的利息收入。

股票的收益性还表现在持有者利用股票可以获得价差收入和实现货币保值。即股票持有者可以通过低进高出赚取价差利润；或者在货币贬值时，股票会因公司资产的增值而升值，或者低于市价或者无偿获取公司配发的新股而使股票持有者得到利润。

（二）风险性

风险性是指股票的收益不是事先确定的固定数值，而是一个难以确定的动态数值，它随公司的经营状况和盈利水平而波动，同时还要受到股票市场行情的影响。如果遇到公司破产，可能连本金都保不住。股票收益的大小与风险的大小成正比。

（三）流动性

流动性是股票的一个基本特征。股票作为一种有价证券，可以在证券市场上转让变现，也可以进行抵押融资。股票出让者将其出资额以股价的形式收回，同时将股票所代表的股东身份及其各种权益让渡给受让者。

（四）永久性

永久性是指股票所载有权利的有效性是始终不变的，因为它是一种无期限的法律凭证。股票的有效期与股份公司的存续期间相联系。二者是并存的关系。股票代表股东的永久性投资，当然，股票持有者可以出售股票而转让其股东身份，而对于股份公司来说，由于股东不能要求退股，所以通过发行股票募集到的资金，在公司存续期间是一笔稳定的自由资本。

（五）参与性

参与性是指股票持有人有权参与公司重大决策的特性。股票持有人作为股份公司的股东，有权出席股东大会，行使对公司经营决策的参与权。股东参与公司重大决策权利的大小通常取决于其持有股份数量的多少，如果某股东持有的股份数量达到决策所需要的有效多数时，就能实质性地影响公司的经营方针。

第二节 股票的类型

在股份公司内，股票的形式多种多样，各种股票的权益和要求各不相同。正确把握各种股票的特点和规定，对于深刻认识股份经济的特点有着十分重要的意义。常见的股票类型如下：

一、根据股东承担的风险和享受的权利的不同，可将股票分为普通股和优先股

（一）普通股

1. 普通股股票定义

普通股股票是指每一股份对公司财产都拥有平等权益，即对股东享有的平等权利不加以特别限制，并能随股份有限公司利润的大小而分取相应股息的股票。

2. 普通股股票特征

从经济运行实际来看，普通股股票具有以下特征：

（1）普通股股票是股份有限公司发行的最普通、最重要也是发行量最大的股票种类。股份有限公司最初发行的大都是普通股股票，通过这类股票所筹集的资金通常是股份有限公司股本的基础。普通股股票的发行状况与公司的设立和发展密切相关。

（2）这类股票是公司发行的标准股票，其有效性与股份有限公司的存续期间相一致。

（3）普通股股票是风险最大的股票。普通股股票的股息和红利收益不确定，随公司经营状况和盈利水平波动，而且必须是在偿付了公司债务利息及优先股股东的股息之后才能分得。此外，受经济、社会、政治、文化及投资者心理等各种主客观因素的影响，股票市场的交易价格也会经常大幅度波动。

3. 普通股股东享有的权利

按照我国《公司法》的规定，普通股股东享有以下权利：

（1）公司重大决策参与权。股东基于股票的持有而享有股东权，这是一种综合权利，其中首要的是可以以股东身份参与股份公司的重大事项决策。普通股股东有权参与股东大会，在股东大会上可以就公司的财务报表和经营状况进行审查，对公司的投资计划和经营决策有发言权、建议权，有权选举董事和监事成员，对公司的合并、解散、公司章程修改及利润分配方案等具有广泛的表决权。股东若不参加股东大会，可填写股票委托书，委托代理人来行使其投票表决权。

（2）公司资产收益权和剩余资产分配权。普通股票股东拥有公司盈余和剩余资产分配权，这一权利直接体现了其在经济利益上的要求。这一要求又可以表现为两个方面：一是普通股票股东有权按照实缴的出资比例分取红利，但是全体股东约定不按照出资比例分取红利的除外；二是普通股票制。一般原则是：股份公司只能用留存收益支付；红利的支付不能减少其注册资本；公司在无力偿债时不能支付红利。我国有关法律规定，公司缴纳所得税后的利润，在支付普通股票的红利之前，应按如下顺序分配：弥补亏损，提取法定公积金，提取任意公积金。可见，普通股票股东能否分到红利以及分得多少，取决于公司的税后利润多少以及公司未来发展的需要。普通股票股东行使剩余资产分配权也有一定的先决条件。首先，普通股票股东要求分配公司资产的权利不是任意的，必须是在公司解散清算之时。其次，公司的剩余资产在分配给股东之前，一般应按下列顺序支付：支付清算费用，支付公司员工工资和劳动保险费用，缴付所欠税款，清偿公司债务；如还有剩余资产，再按照股东持股比例分配给各股东。

我国《公司法》规定，公司财产在分别支付清算费用、职工的工资、社会保险费用和法定补偿金，缴纳所欠税款，清偿公司债务后的剩余财产，按照股东持有的股份比例分配。公司财产在未按照规定清偿前，不得分配给股东。

（3）优先认股权。优先认股权是指当股份公司为增加公司资本而决定增加发行新的股票时，原普通股票股东享有的按其持股比例，以低于市价的某一特定价格优先认购一定数量新发行股票的权利。赋予股东这种权利主要有两个目的：一是能保证普通股票股东在股份公司中保持原有的持股比例；二是能保护原普通股票股东的利益和持股价值。因为当公司增资扩股后，在一段时间内，公司的每股税后净利会因此而摊薄，原普通股票股东以优惠价格优先购买一定数量的新股，可从中得到补偿或取得收益。

享有优先认股权的股东可以有三种选择：一是行使此权利来认购新发行的普通股票；二是将该权利转让给他人，从中获得一定的报酬；三是不行使此权利而听任其过期失效。普通股票股东是否具有优先认股权，取决于认购时间与股权登记日的关系。股份公司在提供优先认股权时会设定一个股权登记日，在此日期前认购普通股票的，该股东享有优先认股权；在此日期后认购普通股票的，该股东不享有优先认股权。前者可称为“附权股”或“含权股”，后者可称为“除权股”。

4．普通股股票的种类

根据发行公司的地位和业绩、风险和收益上的不同，普通股可具体分为如下几种：

（1）蓝筹股票

蓝筹股票也称热门股票。发行这种股票的公司一般都是经营状况良好，具有强大的金融实力，每年派发的股息红利稳定、优厚，受到投资者普遍欢迎；另外，这些大公司在所属行业中占有重要的甚至是支配性的地位，起着举足轻重的作用。该股票的特点是风险适中，能提供合理的股息收益，市场价格比较稳定，波动不大，有上升趋势。

（2）成长股票

销售额和收益额的增长幅度高于其所在行业的增长水平的公司所发行的股票为成长股票。这些公司需要大量资金来扩大再生产，往往将公司盈余大部分留作发展基金。特点是股息较低，甚至没有股息而以红股代替，但股价正稳步上升，使股东获得好处。

（3）收入股票

发行这种股票的公司多从事稳定的行业生意，这些行业通常不受时势影响，但同时其扩张的机会也不大，只是平稳地经营业务，故它的股价涨落不大。特点是股利和红利较高，未来价格增长可能性较小，认购者多为老年人、退休者以及一些共同基金、养老基金等法人团体。

（4）周期性股票

周期性股票是指支付股息非常高（当然股价也相对高），并随着经济周期的盛衰而涨落的股票。这类股票多为投机性的股票。该类股票诸如汽车制造公司或房地产公司的股票，当整体经济上升时，这些股票的价格也迅速上升；当整体经济走下坡路时，这些股票的价格也下跌。

（5）防守性股票

这种股票同周期性股票相反。在商业条件普遍恶化时，其收益和红利却要比平均水平好。并且这些股票在面临不确定性和商业衰退时，其收益具有稳定性。在这方面，公共事业公司发行的股票是一种典型的代表。与此类似的还有：黄金开采业、烟草、软饮料、糖果及其他生活必需品行业如食品、药品等公司发行的股票。

（6）投机股票

价格变化快、幅度大，公司前景不确定的股票为投机股票。买卖这种股票的投机性较大，能够吸引一些专门从事证券投机的人购买。

（二）优先股

1．定义

优先股股票是指由股份有限公司发行的在分配公司收益和剩余资产方面比普通股股票具有优先权的股票。优先股股票是相对于普通股股票而言的。

优先股股票是特别股股票的一种。特别股股票是股份有限公司为特定的目的而发行的股票，它所包含的股东权利要大于或者小于普通股股票。因此，凡权利内容不同于普通股股票的，均可统称为特别股股票。特别股股票当中，最具有代表性的是优先股股票。

2．特征

优先股的特征表现在以下方面：

（1）股息固定。优先股股票在发行时即已约定了固定的股息率，一般按面值的一定比例计算，不受公司经营状况和盈利水平的影响。

（2）优先分派股息和清偿剩余资产。当公司利润不够支付全体股东的股息和红利时，优先股股东可以先于普通股股东分取股息；当公司因解散、破产等进行清算时，优先股股东又可先于普通股股东分取公司的剩余资产。

（3）表决权受到一定限制。优先股股东一般不享有公司经营参与权，即优先股股票不包含表决权，优先股股东无权过问公司的经营管理。只有在直接关系到优先股股东权益时，才能行使表决权。

（4）股票可由公司赎回。优先股股东不能要求退股，但却可以依照优先股股票上所附的赎回条款，由公司予以赎回。大多数优先股股票都附有赎回条款。发行可赎回优先股股票的公司赎回股票时，要在优先股价格的基础上适当地加价，使优先股股票的赎回价格高于发行价格，从而使优先股股东从中得到一定的利益。

3．种类

优先股的种类很多，具体可分为以下几种：

（1）累积优先股票和非累积优先股票

累积优先股票是指历年股息累积发放的优先股票。股份公司发行累积优先股票的目的，主要是保障优先股票股东的收益不因公司盈利状况的波动而减少。由于规定未发放的股息可以累积起来，待以后年度一起支付，这就有利于保护优先股票投资者的利益。

非累积优先股票是指股息当年结清、不能累积发放的优先股票。非累积优先股票的特点是股息分派以每个营业年度为界，当年结清。如果本年度公司的盈利不足以支付全部优先股股息，对其所欠部分，公司将不予累积计算，优先股票股东也不得要求公司在以后的营业年度中予以补发。

（2）参与优先股票和非参与优先股票

参与优先股票是指优先股票股东除了按规定分得本期固定股息外，还有权与普通股票股东一起参与本期剩余盈利分配的优先股票。

非参与优先股票是指除了按规定分得本期固定股息外，无权再参与对本期剩余盈利分配的优先股票。非参与优先股票是一般意义上的优先股票，其优先权不是体现在股息多少上，而是体现在分配顺序上。

（3）可转换优先股票和不可转换优先股票

可转换优先股票是指发行后在一定条件下允许持有者将它转换成其他种类股票的优先股票。在大多数情况下，股份公司的转换股票是由优先股票转换成普通股票，或者由某种优先股票转换成另一种优先股票。

不可转换优先股票是指发行后不允许其持有者将它转换成其他种类股票的优先股票。不可转换优先股票与可转换优先股票不同，它没有给投资者提供改变股票种类的机会。

（4）可赎回优先股票和不可赎回优先股票

可赎回优先股票是指在发行后一定时期，可按特定的赎买价格由发行公司收回的优先股票。一般的股票从某种意义上说是永久的，因为它的有效期限是与股份公司的存续期并存的。而可赎回优先股票却不具有这种性质，它可以依照该股票发行时所附的赎回条款，由公司出价赎回。股份公司一旦赎回自己的股票，必须在短期内予以注销。

不可赎回优先股票是指发行后根据规定不能赎回的优先股票。这种股票一经投资者认购，在任何条件下都不能由股份公司赎回。由于股票投资者不能再从公司抽回股本，这就保证了公司资本的长期稳定。

（5）股息率可调整优先股票和股息率固定优先股票

股息率可调整优先股票是指股票发行后，股息率可以根据情况按规定进行调整的优先股票。这种股票与一般优先股票股息事先固定的特点不同，它的特性在于股息率是可变动的。但是，股息率的变化一般又与公司经营状况无关，而主要是随市场上其他证券价格或者银行存款利率的变化做调整。股息率可调整优先股票的产生，主要是为了适应国际金融市场不稳定、各种有价证券价格和银行存款利率经常波动以及通货膨胀的情况。发行这种股票，可以保护股票持有者的利益，同时对股份公司来说，有利于扩大股票发行量。

股息率固定优先股票是指发行后股息率不再变动的优先股票。大多数优先股票的股息率是固定的，一般意义上的优先股票就是指股息率固定优先股票。

二、按股票票面是否记载股东姓名，可将股票分为记名股票和不记名股票

（一）记名股票

记名股票是指在股票票面和股份公司的股东名册上记载股东姓名的股票。很多国家的公司法都对记名股票的有关事项做出了具体规定。一般来说，如果股票是归某人单独所有，则应记载持有人的姓名；如果股票是归国家授权的投资机构或者法人所有，则应记载国家授权的投资机构或者法人的名称；如果股票持有者因故改换姓名或者名称，就应到公司办理变更姓名或者名称的手续。我国《公司法》规定，公司发行的股票可以为记名股票，也可以为无记名股票。股份有限公司向发起人、法人发行的股票，应当为记名股票，并应当记载该发起人、法人的名称或者姓名，不得另立户名或者以代表人姓名记名。公司发行记名股票的，应当置备股东名册，记载下列事项：股东的姓名或者名称及住所、各股东所持股份数、各股东所持股票的编号、各股东取得股份的日期。记名股票有如下特点：

（1）股东权利归属于记名股东。对于记名股票来说，只有记名股东或其正式委托授权的代理人才能行使股东权。除了记名股东以外，其他持有者（非经记名股东转让和经股份公司过户的）不具有股东资格。

（2）可以一次或分次缴纳出资。缴纳股款是股东基于认购股票而承担的义务。一般来说，股东应在认购时一次缴足股款。但是，基于记名股票所确定的股份公司与记名股东之间的特定关系，有些国家允许记名股东在认购股票时可以无须一次缴足股款。我国《公司法》规定，股份有限公司的发起人认购和募集的股本应达到法定资本最低限额。采取发起设立方式设立股份有限公司的，注册资本为在公司登记机关登记的全体发起人认购的股本总额。发起人应当书面认足公司章程规定其认购的股份：一次缴纳的，应当缴纳全部出资；分期缴纳的，应当缴纳首期出资。全体发起人首次出资额不得低于注册资本的20%，其余部分由发起人自公司成立之日起两年内缴足。以募集方式设立股份有限公司的，发起人认购的股份不得少于公司股份总数的35%。

（3）转让相对复杂或受限制。记名股票的转让必须依据法律和公司章程规定的程序进行，而且要服从规定的转让条件。一般来说，记名股票的转让都必须由股份公司将受让人的姓名或名称、住所记载于公司的股东名册，办理股票过户登记手续，这样受让人才能取得股东的资格和权利。而且，为了维护股份公司和其他股东的利益，法律对于记名股票的转让有时会规定一定的限制条件，如有的国家规定记名股票只能转让给特定的人。我国《公司法》规定，记名股票由股东以背书方式或者法律、行政法规规定的其他方式转让；转让后由公司将受让人的姓名或名称、住所记载于股东名册。股东大会召开前20日内或者公司决定分配股利的基准日前5日内，不得进行上述规定的股东名册的变更登记。但是，法律对上市公司股东名册变更登记另有规定的，从其规定。

（4）便于挂失，相对安全。记名股票与记名股东的关系是特定的，因此，如果股票遗失，记名股东的资格和权利并不消失，并可依据法定程序向股份公司挂失，要求

公司补发新的股票。我国《公司法》对此的具体规定是：记名股票被盗、遗失或者灭失，股东可以依照《中华人民共和国民事诉讼法》规定的公示催告程序，请求人民法院宣告该股票失效。人民法院宣告该股票失效后，股东可以向公司申请补发股票。

（二）无记名股票

无记名股票是指在股票票面和股份公司股东名册上均不记载股东姓名的股票。无记名股票也称“不记名股票”，与记名股票的差别不是在股东权利等方面，而是在股票的记载方式上。无记名股票发行时一般留有存根联，它在形式上分为两部分：一部分是股票的主体，记载了有关公司的事项，如公司名称、股票所代表的股数等；另一部分是股息票，用于进行股息结算和行使增资权利。我国《公司法》规定，发行无记名股票的，公司应当记载其股票数量、编号及发行日期。

无记名股票有如下特点：

（1）股东权利归属股票的持有人。确认无记名股票的股东资格不以特定的姓名记载为根据，所以，为了防止假冒、舞弊等行为，无记名股票的印制特别精细，其印刷技术、颜色、纸张、水印、号码等均须符合严格的标准。我国《公司法》规定，发行无记名股票的公司应当于股东大会会议召开前30日公告会议召开的时间、地点和审议事项。无记名股票持有人出席股东大会会议的，应当于会议召开5日前至股东大会闭幕时将股票交存于公司。

（2）认购股票时要求一次缴纳出资。无记名股票上不记载股东姓名，若允许股东缴纳部分出资即发给股票，以后实际上无法催缴未缴纳的出资，所以认购者必须缴足出资后才能领取股票。

（3）转让相对简便。与记名股票相比，无记名股票的转让较为简单与方便，原持有者只要向受让人交付股票便发生转让的法律效力，受让人取得股东资格不需要办理过户手续。我国《公司法》规定，无记名股票的转让，由股东将该股票交付给受让人后即发生转让的效力。

（4）安全性较差。因无记载股东姓名的法律依据，无记名股票一旦遗失，原股票持有者便丧失股东权利，且无法挂失。

三、股票按是否有无票面金额加以表示，可分为有面额股票和无面额股票

（一）有面额股票

有面额股票是指在股票票面上记载一定金额的股票。这一记载的金额也称为“票面金额”“票面价值”或“股票面值”。股票票面金额的计算方法是用资本总额除以股份数，但实际上很多国家是通过法规予以直接规定，而且一般是限定了这类股票的最低票面金额。另外，同次发行的有面额股票的每股票面金额是相等的，票面金额一般以国家主币为单位。大多数国家的股票都是有面额股票。我国《公司法》规定，股份有限公司的资本划分为股份，每一股的金额相等。有面额股票具有如下特点：

（1）可以明确表示每一股所代表的股权比例。例如，某股份公司发行1 000万元的股票，每股面额为1元，则每股代表着公司净资产千万分之一的所有权。

（2）为股票发行价格的确定提供依据。我国《公司法》规定，股票发行价格可以按票面金额，也可以超过票面金额，但不得低于票面金额。这样，有面额股票的票面金额就成为股票发行价格的最低界限。

（二）无面额股票

无面额股票也被称为“比例股票”或“份额股票”，是指在股票票面上不记载股票面额，只注明它在公司总股本中所占比例的股票。无面额股票的价值随股份公司净资产和预期未来收益的增减而相应增减。公司净资产和预期未来收益增加，每股价值上升；反之，公司净资产和预期未来收益减少，每股价值下降。无面额股票淡化了票面价值的概念，与有面额股票的差别仅在表现形式上，即无面额股票代表着股东对公司资本总额的投资比例。20 世纪早期，美国纽约州最先通过法律，允许发行无面额股票，以后美国其他州和其他一些国家也相继仿效。但目前世界上很多国家（包括中国）的公司法规定不允许发行这种股票。无面额股票有如下特点：

（1）发行或转让价格较灵活。由于没有票面金额，因而发行价格不受票面金额的限制。在转让时，投资者也不易受股票票面金额影响，而更注重分析每股的实际价值。

（2）便于股票分割。如果股票有面额，分割时就需要办理面额变更手续。由于无面额股票不受票面金额的约束，发行该股票的公司能比较容易地进行股票分割。

第三节　股票的价值、价格及股票价格指数

一、股票的价值

（一）股票的票面价值

股票的票面价值又称面值，即在股票票面上标明的金额。该种股票被称为有面额股票。股票的票面价值仅在初次发行时有一定意义，如果以面值作为发行价，称为“平价发行”，此时公司发行股票募集的资金等于股本的总和，也等于面值总和。发行价格高于面值称为“溢价发行”，募集的资金中等于面值总和的部分计入资本账户，以超过股票票面金额的发行价格发行股份所得的溢价款列为公司资本公积金。随着时间的推移，股票的票面价值会逐渐失去原来的意义，因为随着公司资产的变化，股票的市场价格会逐渐背离面值。

（二）股票的账面价值

账面价值又称股票净值或每股净资产，是用会计统计的方法计算出来的每股股票所包含的资产净值。在股票发行数量一定的情况下，公司的账面价值越高，股东拥有的资产越多。股票的账面价值可以用公式表示：

$$账面价值 = 净资产 \div 发行在外的普通股股数$$

股票账面价值的高低对股票交易价格有重要影响，但是，通常情况下，股票账面价值并不等于股票的市场价格。主要原因有两点：一是会计价值通常反映的是历史成

本或者按某种规则计算的公允价值，并不等于公司资产的实际价格；二是账面价值并不反映公司的未来发展前景。

(三) 股票的清算价值

股票的清算价值是公司清算时每一股份所代表的实际价值。从理论上说，股票的清算价值应与账面价值一致，实际上并非如此。只有当清算时公司资产实际出售价款与财务报表上的账面价值一致时，每一股份的清算价值才与账面价值一致。但在公司清算时，其资产往往只能压低价格出售，再加上必要的清算费用，所以大多数公司的实际清算价值低于其账面价值。

(四) 股票的内在价值

股票的内在价值即理论价值，也即股票未来收益的现值。股票的内在价值或者说理论价值决定股票的市场价格，股票的市场价格总是围绕着股票的内在价值波动。研究和发现股票的内在价值，并将内在价值与市场价格相比较，进而决定投资策略是证券研究人员、投资管理人员的主要任务。由于未来收益及市场利率的不确定性，各种价值模型计算出来的内在价值只是股票真实的内在价值的估计值。

$$股票的内在价值 = 预计红利 \div 银行利息率$$

二、股票的价格

(一) 股票的理论价格

股票价格是指股票在证券市场上买卖的价格。从理论上说，股票价格应由其价值决定，但股票本身并没有价值，不是在生产过程中发挥职能作用的现实资本，而只是一张资本凭证。股票之所以有价格，是因为它代表着收益的价值，即能给它的持有者带来股息红利。股票交易实际上是对未来收益权的转让买卖，股票价格就是对未来收益的评定。

股票及其他有价证券的理论价格是根据现值理论而来的。现值理论认为，人们之所以愿意购买股票和其他证券，是因为它能够为它的持有人带来预期收益，因此，它的价值取决于未来收益的大小。可以认为，股票的未来股息收入、资本利得收入是股票的未来收益，亦可称之为“期值”。将股票的期值按必要收益率和有效期限折算成今天的价值，即为股票的现值。股票的现值就是股票未来收益的当前价值，也就是人们为了得到股票的未来收益愿意付出的代价。可见，股票及其他有价证券的理论价格就是以一定的必要收益率计算出来的未来收入的现值。

(二) 股票的市场价格

股票的市场价格一般是指股票在二级市场上买卖的价格。股票的市场价格由股票的价值决定，同时受许多其他因素的影响。其中，供求关系是最直接的影响因素，其他因素都是通过作用于供求关系而间接影响股票价格的，而且，这些因素的影响程度几乎是不可预测的。正是由于影响股票价格的因素是复杂多变的，所以，股票价格也是经常起伏波动、变化不定的。股票的市场价格可以用公式表示：

$$股票价格 = 预期股息 \div 市场利率$$

三、股票价格指数

股票价格指数是由证券交易所或金融服务机构编制的，表明股票价格水平变动的指示数字。股票价格指数就是选取一些有代表性的股票，通过指数化处理，用来刻画股票市场的行情的变动。它的作用是用来反映整体股票市场上各种股票市场价格的总体水平及其变化情况的指标。

股票价格指数的编制，通常是以某一年份为基期，一般设定基期水平为100，再用以后各时期的股票价格和基期股价相比较，计算出升降百分比，即得出该时点的股价指数。现在世界上几种常用的股票价格指数主要有：道・琼斯股票价格平均指数、标准普尔股票价格指数、纽约证券交易所股票价格指数、《金融时报》股票价格指数、日经股票价格指数、东京证券交易所股票价格指数、恒生股票价格指数、纳斯达克股票价格指数等。

我国现在主要有上证综合指数、深圳综合指数、深圳成分股指数、上证 180 指数等股价指数。

第四节　我国现行的股票类型

我国现行的股票按投资主体不同，可以划分为国家股、法人股、公众股和外资股等不同类型。

一、国家股

国家股是指以国有资产向股份有限公司投资形成的股权。国家股一般是指国家投资或国有资产经过评估并经国有资产管理部门确认的国有资产折成的股份。国家股的股权所有者是国家，国家股的股权，由国有资产管理机构或其授权单位、主管部门行使国有资产的所有权职能。国家股股权，也包含国有企业向股份有限公司形式转换时，现有国有资产折成的国有股份。

二、法人股

法人股是指企业法人以其依法可支配的资产向股份公司投资形成的股权，或者具有法人资格的事业单位或社会团体以国家允许用于经营的资产向股份公司投资所形成的股权。

三、公众股

公众股是指社会个人或股份公司内部职工以个人财产投入公司形成的股份。它有两种基本形式，即公司职工股和社会公众股。

公司职工股是指股份公司的职工认购的本公司的股份。公司职工认购的股份数额不得超过向社会公众发行的股份总额的10%。一般来讲，公司职工股上市的时间要晚于社会公众股。

社会公众股是指股份公司公开向社会募集发行的股票。向社会所发行的部分不少于公司拟发行的股本总额的25%。这类股票是市场上最活跃的股票，它发行完毕一上市，就成为投资者可选择的投资品种。

四、外资股

外资股是指外国和我国香港、澳门、台湾地区投资者以购买人民币特种股票形式向股份公司投资形成的股份。它分为境内上市外资股和境外上市外资股两种形式。

（一）境内上市外资股

境内上市外资股是指经过批准由外国和我国香港、我国澳门、我国台湾地区投资者向我国股份公司投资所形成的股权。境内上市外资股称为B种股票，是指以人民币标明票面价值，以外币认购和买卖的股票，称为人民币特种股票。国家股、法人股、公众股三种股票形式又合称为A种股票，是由代表国有资产的部门或者机构、企业法人、事业单位和社会团体以及公民个人以人民币购买的，称为人民币股票。境内上市外资股在境内进行交易买卖。上海证券交易所的B股以美元认购，深圳证券交易所的B股以港币认购。B股目前已对国内投资者开放。

（二）境外上市外资股

目前我国境外上市外资股有两种。

（1）H股。它是境内公司发行的以人民币标明面值，供境外投资者用外币认购，在香港联合交易所上市的股票。

（2）N股。它是以人民币标明面值，供境外投资者用外币认购，获纽约证券交易所或纳斯达克市场批准上市的股票。

五、红筹股

中华人民共和国在国际上有时被称为“红色中国”，相应的，我国香港和国际投资者把在境外注册、在我国香港上市但主要业务在中国内地或大部分股东权益来自中国内地的股票称为红筹股。

红筹股这一概念诞生于20世纪90年代初期的我国香港股票市场。红筹股已经成为内资企业进入国际资本市场筹资的一条重要渠道，但红筹股不属于外资股。红筹股与H股的区别在于注册地不同。

六、ST股

ST是英文“Special Treatment”的缩写，意即“特别处理”。深沪交易所在1998年4月22日宣布，将对财务状况或其他状况出现异常的上市公司股票进行特别处理，在简称前冠以“ST”，因此这类股票被称为“ST股票”。

“财务状况异常”是指以下几种情况：

（1）最近两个会计年度的审计结果显示的净利润为负值。

（2）最近一个会计年度的审计结果显示其股东权益低于注册资本，即每股净资产低于股票面值。

（3）注册会计师对最近一个会计年度的财产报告出具无法表示意见或否定意见的审计报告。

（4）最近一个会计年度经审计的股东权益扣除注册会计师、有关部门不予确认的部分，低于注册资本。

（5）最近一份经审计的财务报告对上年度利润进行调整，导致连续两个会计年度亏损。

（6）经交易所或中国证监会认定为财务状况异常的。

还有一种“其他状况异常”是指自然灾害、重大事故等导致生产经营活动基本中止，公司涉及可能赔偿金额超过公司净资产的诉讼等情况。

ST 股票的特别处理措施：①在公司股票及其衍生品种的证券简称前冠以“ST”字样；②股票报价的日涨跌幅限制为5%；③规则所规定的特别处理不属于对上市公司的处罚，上市公司在特别处理期间的权利和义务不变。

重要概念

股票　普通股　优先股　国有股　法人股　个人股　外资股　A 股　B 股　红筹股

思考题

1. 什么是股票？它有哪些特征？
2. 股票是如何进行分类的？
3. 普通股股票有哪些权益？
4. 优先股一般具有哪些优先权利？公司为什么发行优先股？
5. 我国目前的股票类型有哪些？

补充阅读材料

股权分置改革：让中国股市成为“好孩子”[①]

“开弓没有回头箭”，此话说来轻松，做起来却着实艰难。尚福林曾经以“知难行易”描述股权分置改革的理论探讨。“从 1998 年国有股减持到 2005 年股权分置改革，改革的路径是在试点先行的艰苦实践探索中逐步确立的。”现在看来，“开弓没有回头箭”，并不只是一种情势，而是整个市场的一种历史性的必然。

2008 年被市场定义为全流通元年，因为在这一年股改产生的“大小非限售股”就

① 《证券日报》，2010 年 11 月 12 日第 2 版，http://zqrb.ccstock.cn/html/2010－11/12/content_223152.htm。

将逐步实现全流通。全流通时代的中国证券市场充满创新发展的生机，但也面临着诸多挑战。

如果没有股改，市场将会怎样？这是一个不可逆命题，但在股改启动后的5年半的时间里，我们看到：股改成功了，创新开始了；公司透明了，业绩攀升了，治理完善了；机构壮大了，扭亏为盈了；股民增加了，投资理性了。这就是股改的功绩。这一切都表明中国资本市场脱胎换骨了，进入了一个新的发展阶段。

换句话说，股改解决了中国股市最大的制度性缺陷，就是让曾经特立独行于世界金融秩序和国内经济运行的那个“坏孩子”变好了，开始懂得主动为国家分忧解愁、回报投资者，并能通过这个平台来落实经济发展方式转型的时代要求，同时在潜移默化中与全球资本市场融合在一起。

2007年10月15日，时任中国证监会主席尚福林在发给“世界交易所联合会（WFE）第47届会员大会暨年会”的贺信中表示，一个适应中国多元化投融资和风险管理需求的多层次资本市场正在形成，中国资本市场正加快同全球资本市场的融合。

“开弓没有回头箭” 股改是一种历史性的必然

2002年，尚福林接任证监会主席一职。其时，股市正处于漫漫熊市，满目疮痍，百废待兴，几乎所有指责的矛头都对准了证监会。

上任后，尚福林在不疾不缓地推进着一系列改革措施的同时，更多的时间是在思考妨碍中国资本市场发展的症结根本，并赴沪深两市调研，找寻改革的路径与方法。从锁定目标到出手救治，尚福林花了两年的时间，其间，他一直低调潜行不事张扬，为此，甚至被市场指责成“无为而治”。

股改启动前，尚福林放手让业界充分讨论，充分集中民间智慧，让各种观点充分交锋。通过这样一个过程，顺利完成了改革的理论准备。其中最关键的是用“非流通股股东与流通股股东的利益分置”，取代了“国有股减持”中“国有股东与公众股股东的尖锐矛盾”，用“股权分置”取代了“股权割裂”“股权分割”等易于激化矛盾的概念，使改革的阻力得以大大缓解。他一方面强调“股权分置”是中国资本市场得以出现的制度基础，没有什么“原罪”问题；另一方面，又强调“股权分置”是未来市场健康发展必须改革的制度障碍，因此股改成为当前改革中压倒一切的第一要务。

2004年春节刚过，业内期待的资本市场发展白皮书没有出台，取而代之的却是“国九条”的横空出世，为股改打下了重要伏笔。另外，2004年证监会还推出了一个最重要的制度安排——分类表决制度。这是股改最重要的一颗信号弹。

在一次股权分置改革理论研讨会上，尚福林从改革的目标定位、市场定价机制、改革的组织方式、对流通股股东的权益保护、对国有资本的认识以及改革的推进方式概括了股改的6大理论突破与创新。

随着改革路径的眉目清晰，股改的时机逐渐成熟了。2005年4月29日，必将成为中国资本市场的一个转折点。这一天，证监会与国务院国有资产监督管理委员会（简称国资委）联合颁布了《关于做好股权分置改革试点工作的意见》。5月9日，清华同方、三一重工、紫江企业和金牛能源4家上市公司正式拉开股改大幕。

一年后，在股改取得了阶段性胜利之后，尚福林平静地诉说当时的艰难处境：“国有股减持已经出现过两次早期的逆转，使得股权分置改革成为背水一战，没有退路。”

“市场上买个白菜都讨价还价呢” 我们希望的是合作共赢

“通过股改我们希望的是合作共赢”，一向低调的尚福林这一次选择了高调出击，于2005年6月27日下午3点半在国务院新闻办举行发布会，向来自国内和世界各地的记者介绍股改。

尚福林在发布会上说，有人说，改革可能要不计成本地推进，我想更准确地表达应该是改革要着眼于整体利益和长远利益，进行综合平衡。“通过股改我们希望的是合作共赢。”

在股改成功后的今天，有资深市场人士分析，事实上，从某种角度说，这正是成功解决股权分置的基本路径。股改平衡的是各方的利益与权利，因此，其过程必须要做到公平、公正。这一点特别体现在市场定价机制，以及对流通股股东的权益保护等问题上。“合作共赢”的股改初衷决定了股改必然会受到市场各个层面的广泛欢迎，其成功也是必然的。

尚福林表示，补偿是基于历史，而对价是着眼于未来，对价是寻求双赢。

在各种利益集团的错综复杂的较量中，尚福林最终采纳了以对价方式平衡股东利益的做法。“对价”实际上就是非流通股东向流通股东的补偿价格，具体定价则由双方去讨论与协商。

“市场上买个白菜都讨价还价呢。”尚福林以这种幽默方式解读双方的争吵。

这一改革思路很好地平衡了非流通股股东和流通股股东的利益，事实证明这是一条正确的道路。股改的第一批试点中，清华同方的股权分置方案被流通股股东否决。这也证明了对价方式的有效——两类股东之间是能够博弈起来的。其后，不断有流通股股东投否决票的案例发生。

有了对价这个有效的利益分配工具之后，股改的步骤就显得异常重要了。作为市场深层次问题和结构性矛盾的代表，股权分置改革当然不可能一蹴而就。因此，股改制定了两个操作原则：一是实行试点先行，协调推进，分步实施；二是统一组织，分散决策。

正是这样行之有效的操作原则，让股改的效率大大提高。实践证明这是一条行之有效的改革路径。股权分置改革的原则和方法得到了投资者的认同、方式适应性和市场承受力三方面的实践检验。

在3个多月的股改进程中，先后有46家试点上市公司完成方案，其间虽然遭遇质疑和阻碍，但试点工作总体来说是成功的。

在股改中，尚福林坚持了渐进式改革。但是，他深知，如果股权分置改革进程拖得太久，新旧两种机制交织时间过长，势必会增加改革的不确定性。

于是在充分总结了试点的问题与经验后，证监会决定加速推进股改进程。

2005年9月，股改全面铺开。随后，整个A股1 400多家上市公司全面推进股权分置改革。

时至今日，沪深两市仅余20家上市公司没能完成股改工作，但已是瑕不掩瑜。

“全力维护资本市场稳定运行” 用积极的方法治疗股改“后遗症”

2008年被市场定义为全流通元年，因为在这一年股改产生的“大小非限售股”就将逐步实现全流通。然而，国际金融形势却给取得阶段性胜利的股改来了一个“下马威”——国际金融危机爆发了。

在2008年年底，有一位知名市场人士曾著文下此论断：“后股改时代，股改后遗症逐渐暴露。主要表现在：锁一爬二使大小非减持压力延后，而错误的新股发行机制，使股改之后的大小限源源不断，超出了市场的承受能力，没有一个市场能够承受大小非、大小限再造一个流通市场的压力。”

现在我们再回头看这句话，显然这位人士低估了中国股市的承受能力，更低估了监管层化解风险的能力。

不必否认，“大小非限售股”加上国际金融危机的冲击以及市场冲高回落产生的合力，让年轻的中国股市承受了巨大的压力，有一些悲观失望情绪也是常理。

但监管层不会坐以待毙，而是果断出手对市场进行“维稳”。

2008年6月20日，尚福林在美国华盛顿表示，要从全面建设小康社会和国民经济发展的全局，来考虑和谋划资本市场的发展定位。在全球化背景下，审视和推进资本市场的改革开放和稳定发展，统筹兼顾，内外结合，不断推动我国资本市场实现更高水平的发展。6月22日，证监会网站刊出消息，在证监会党委召开的会议上，“全力维护资本市场稳定运行”。尚福林在会上提出了证监部门当前首要的工作任务。他同时提出了“维稳”四策：合理平衡市场供求关系，有序调节融资节奏；以适当方式定期公布上市公司解除限售存量股份数据；鼓励和引导长期资金入市；逐步完善股票市场的内在稳定机制。6月26日上午，在证监会召开的学习贯彻共青团十六大会议精神视频大会上，尚福林再次指出，资本市场稳定健康发展任务十分繁重。证监会党委在京召开纪念中国共产党成立87周年大会上，尚福林再次强调，要积极解决新问题，推动资本市场健康稳定。

在2008年7月底召开的全国证券期货监管年中工作会议上，尚福林指出，经过前两年的快速大幅上涨后，上半年资本市场运行过程中出现了一些新的问题和困难，市场深度调整，估值水平整体回落。“但总体上看，支撑资本市场健康发展的宏观经济基础依然稳健，推动资本市场可持续发展的客观需求更为迫切。”

在此背景下，规范“大小非”减持成为上半年监管层着力推动的一项重要工作。2008年上半年通过完善大宗交易制度，及时推出相关指导意见，从制度层面规范限售流通股解禁和减持行为，并定期公布解禁数量，有效稳定了市场预期，有效克服了国际金融市场动荡加剧、国内宏观经济出现新变化等一系列不确定性因素带来的影响，市场继续保持稳定健康发展。

随后，证监会坚定地贯彻以健全结构、完善机制和防范风险为重心的工作安排，推动多元化机构投资者队伍建设，鼓励各类长期资金进入资本市场，加大对操纵市场、内幕交易、利益输送等违法违规案件的查处力度，严格执行工作人员禁止买卖股票和对敏感内幕信息严格保密的有关规定，以维护资本市场的稳定健康发展。

市场坦然接受了“大小非限售股”再造的这一个流通市场。

“不能不发展，又不能发展过快” 后股改时代金融创新三大课题

迄今，自启动股权分置改革已过去5年半时间，证券市场也真正步入了全流通时代。

在这5年半的时间里，针对全流通市场的监管规则体系渐趋成熟；大多数重点行业龙头都已在主板市场上市，公司治理水平显著提高；中小企业板羽翼丰满；创业板市场平稳推出；三板市场规范正积极推进；国际板市场也在积极酝酿中；融资融券、股指期货等金融创新产品接连面世。多层次资本市场框架已经搭好，市场内稳机制逐步强化。

全流通时代的中国证券市场充满创新发展的生机，但也面临着诸多挑战。一系列制度性、机制性建设的挑战更加突出地摆在人们目前。

创立“升板”和“降板”机制。在多层次的市场体系下，“规范发展”的任务依然繁重。

纵观境外成熟的资本市场，犹如一个金字塔式的结构。处于较低层次的粉红单市场、电子公告市场、OTC（场外交易市场）市场等可以满足中小企业的融资需求，它们作为多层次市场的底层部分，构成主板市场和创业板市场的基础。

我国已经拥有中小企业板、创业板以及亟待进一步规范的三板市场，这些处于金字塔底层的市场如何与主板对接，是需要尽快进行研究和加以推进的。应尽快创立转板机制，让在层次较低市场交易的公司，在发展到一定程度后可以转到上一级较高层次的市场。同样，在上一级较高层次市场交易的公司，如果出现问题可以转向下一级市场乃至直接退市。

全国人大财经委副主任委员吴晓灵就表示，应该建立一个多层次的资本市场，疏通直接融资的渠道；应该创造一个条件，让每一类公司的股份都能有一个合适的流通转让渠道。

事实上，中国目前缺失低层次股权交易市场。如果能够进一步完善低层次股权市场，各类企业的融资渠道就能拓宽。

在多层次资本市场建立以后，还应该有升板机制和降板机制。现在面临退市的ST企业往往成为一个壳，变成市场上炒作的题材，有时给市场秩序带来很大的混乱。如果有了升板和降板的机制，就可以克服这样的弊端。

IPO（首次公开募股）附加“存量发行”。2010年全国证券期货监管工作会议提出，要继续深化发行制度改革，加强对询价、定价过程的监督。目前，新股发行二次改革已经启动。

2009年，以重启新股发行为契机，新一轮新股发行体制改革得以实施。这一阶段的成果主要体现在发行价格实现市场化，中小投资者中签率得到提高。监管层明确，结合新问题、新情况，需要进一步推进发行体制改革。

企业股份存量发行是监管层一直在研究的事情，也是市场对下一步新股发行改革的最大期待。这个制度一旦引入，将终结A股公司IPO原始股禁售的状况。但业内人士表示，存量发行机制能否施行还须看相关法律修改的进程。

此外，市场担心存量发行将变成老股东变现造富的捷径，影响资本市场基础融资功能。由于发售旧股所得资金由原股东享有，不对上市公司募集资金项目有所贡献，IPO发行时出售旧股会引发投资者疑虑。

业界人士认为，投资者担心存量发行导致“不公”是有一定道理的。但解决这个问题也是有章可循的，比如是否可借鉴转让上市公司限售股征收个人所得税的办法来解决。

研究建立资本市场发展稳定基金。资本市场要努力实现长期稳定发展，就应尽快研究建立资本市场发展稳定基金。其实，平准基金就是资本市场发展稳定基金，可以对股票市场发挥适度的调控作用，主要目的是防止市场短期内的大幅波动。针对市场出现了非理性的上涨或者下跌，通过这只基金配合其他的相关政策进行调控。

证监会前主席周正庆曾提出，平准基金可以考虑由三部分组成，一是中央财政支持一部分，可以考虑把印花税的收入运用于建立基金。二是市场筹集一部分，可以考虑筹措一部分投资者保护基金和证券交易所积累的资金。三是外汇储备转化一部分，可以考虑以主权基金的形式投资海外市场的模式。而面对国内市场的良好投资机会，同样应该积极参与，这也是符合外汇储备运用原则的。

另外，周正庆认为，建立资本市场发展稳定基金，可以考虑由证券主管部门管理，由人民银行和财政部门联合监督。

从股改五年半以来推出的一系列创新动作进度看，监管层对于把握资本市场“新兴＋转轨”的特征趋于成熟老练。主要是时机把握和实际操作稳健，推出一系列创新动作，均避免了市场较大震荡。

尚福林提出，“新兴＋转轨”的市场特征决定了金融创新不能不发展，又不能发展过快，需要在发展中考虑可承受性、适度性和节奏性。要在风险可控的前提下，推动形成以市场为导向、以需求为动力的产品和业务自主创新机制。这是监管层对于市场创新节奏和力度把握的最准确地阐释，也是资本市场改革发展20年来积累的宝贵经验。

后　记

纵观中国经济改革历程，激进的改革总是难以成功，只有步步为营的渐进式改革，才能收获市场化的果实。

深谙此道的中国证监会主席尚福林所做的，正是将“国有股减持”这一令矛盾不断激化的激进式改革，改良为相对温和的股权分置改革，并启动了破冰之旅。

金融界一位泰斗级人物曾对资本市场的改革做过一个妙喻：要有足够的勇气向前跨出一步，从地狱跨入炼狱之门，然后才能步入天堂。

如今，股改这关键的一步已经成功迈出，而且“推动资本市场大力发展的各种力量正在集聚”，天堂的轮廓已经在投资者眼中逐渐变得清晰起来。

第三章　债券

学习目的和要求

1. 掌握债券的定义、基本要素、特征、分类及作用。
2. 掌握债券与股票的异同点，熟悉各类债券的概念与特点。
3. 掌握政府债券的定义、性质和特征。
4. 熟悉我国国债的品种、特点和区别；了解地方债券的发行主体、分类方法。
5. 掌握金融债券和企业债券的定义和分类。
6. 掌握国际债券的定义和特征；掌握外国债券和欧洲债券的概念、特点。

第一节　债券概述

一、债券的定义和属性

(一) 债券的定义

债券是政府、金融机构、工商企业等机构直接向社会借债筹措资金时，向投资者发行，并且承诺按一定利率支付利息并按约定条件偿还本金的债权债务凭证。债券的本质是债的证明书，具有法律效力。

(二) 债券的属性

(1) 债券属于有价证券。首先，债券反映和代表一定的价值。债券本身有一定的面值，通常它是债券投资者投入资金的量化表现；另外，持有债券可按期取得利息，利息也是债券投资者 收益的价值表现。其次，债券与其代表的权利联系在一起，拥有债券就拥有了债券所表的权利，转让债券也就将债券代表的权利一并转移。

(2) 债券是一种虚拟资本。债券尽管有面值，代表了一定的财产价值，但它也只是一种虚资本，面非真实资本。因为债券的本质是证明债权债务关系的证书，在债权债务关系建立时所投入的资金已被债务人占用，债券是实际运用的真实资本的证书。债券的流动并不意味着它所代表的实际资本也同样流动，债券独立于实际资本之外。

(3) 债券是债权的表现。债券代表债券投资者的权利，这种权利不是直接支配财产权，也不以资产所有权表现，而是一种债权。拥有债券的人是债权人，债权人不同于公司股东，是公司的外部利益相关者。

二、债券的基本要素

债券是一种债务凭证，反映了发行者与购买者之间的债权债务关系。债券尽管种类多种多样，但是在内容上都要包含一些基本的要素。这些要素是指发行的债券上必须载明的基本内容，这是明确债权人和债务人权利与义务的主要约定。具体包括：

（一）债券面值

债券的面值是指债券的票面价值，是发行人对债券持有人在债券到期后应偿还的本金数额，也是企业向债券持有人按期支付利息的计算依据。债券的面值与债券实际的发行价格并不一定是一致的，发行价格大于面值称为溢价发行，小于面值称为折价发行。

（二）票面利率

债券的票面利率是指债券利息与债券面值的比率，是发行人承诺以后一定时期支付给债券持有人报酬的计算标准。债券票面利率的确定主要受到银行利率、发行者的资信状况、偿还期限和利息计算方法以及当时资金市场上资金供求情况等因素的影响。

（三）付息期

债券的付息期是指企业发行债券后的利息支付的时间。它可以是到期一次支付，也可以1年、半年或者3个月支付一次。在考虑货币时间价值和通货膨胀因素的情况下，付息期对债券投资者的实际收益有很大影响。到期一次付息的债券，其利息通常是按单利计算的；而年内分期付息的债券，其利息是按复利计算的。

（四）偿还期

债券偿还期是指企业债券上载明的偿还债券本金的期限，即债券发行日至到期日之间的时间间隔。公司要结合自身资金周转状况及外部资本市场的各种影响因素来确定公司债券的偿还期。

三、债券的特征

债券作为一种债权债务凭证，与其他有价证券一样，也是一种虚拟资本，而非真实资本，它是经济运行中实际运用的真实资本的证书。债券作为一种重要的融资手段和金融工具具有如下特征：

（一）偿还性

债券一般都规定有偿还期限，发行人必须按约定条件偿还本金并支付利息，无期公债或永久性公债除外。这种公债不规定到期时间，债权人也不能要求清偿，只能按期支取利息。历史上，只有英、法等少数国家在战争期间为筹措军费而采用过。

（二）流通性

债券的流通性指债券能够迅速转变为货币而又不会在价值上蒙受损失的一种能力。

一般来说，如果一种债券在持有期内不能任意转换为货币，或者在转换成货币时需要付出较高成本，如较高的交易成本或较大的资本损失，这种债券的流动性就较低。高流动性的债券一般具有以下特点：

（1）发行人具有及时履行各种义务的信誉。

（2）偿还期短，因而市场利率的上升只能轻微地减少其价值。

（三）安全性

债券安全性是相对于债券价格下跌的风险性而言的。一般来说，具有高流动性的债券其安全性也较高。导致债券价格下跌的风险有两类：

（1）信用风险。信用风险指债权人不能按时支付利息和偿还本金的风险。这主要是与发行者的资信情况与经营状况有关。信用等级高，信用风险就小。信用风险对于任何一个投资者来说都是存在的。

（2）市场风险。市场风险指债券的市场价格因市场利率上升而跌落的风险。债券的市场价格与利率呈反方向变化。市场利率上升，债券价格下降；市场利率下降，债券价格上升。债券的有效期（指到期之前的时期）越长，债券价格受市场利率波动的影响越大，随着债券到期日的临近，债券价格便趋近于票面价值。

与股票相比，债券通常规定有固定的利率。与企业绩效没有直接联系，收益比较稳定，风险较小。此外，在企业破产时，债券持有者享有优先于股票持有者对企业剩余资产的索取权。

（四）收益性

收益性是指债券能为投资者带来一定的收入，即债券投资的报酬。在实际经济活动中，债券收益可以表现为三种形式：一是利息收入，即债权人在持有债券期间按约定的条件分期、分次取得利息或者到期一次性取得利息。二是资本利得，即债权人到期收回的本金与买入债券或中途卖出债券与买入债券之间的价差收入。三是再投资收益，即投资债券所获现金流量再投资的利息收入，也受市场收益率变化的影响。

债券的偿还性、流动性、安全性与收益性之间存在着一定矛盾。一种债券很难同时具备以上四个特征。如果某种债券流动性强，安全性高，人们便会争相购买，于是该种债券价格上涨，收益率降低；反之，如果某种债券的风险大，流动性差，购买者则少，债券价格低，其收益率相对提高。对于投资者来说，可以根据自己的投资目的和财务状况，对债券进行合理的选择组合。

四、债券与股票的区别

（一）发行目的

债券发行的目的是公司、政府、金融机构为解决临时性的资金需求或者获得长期的资金来源；而股票募集资金是作为发行公司的自有资本，用于公司的经营发展。

（二）投资人的权限

债券持有人有权取得利息，到期索回本金，无权参与公司的经营管理。

股票持有人有权按股分红，要取回本金只能靠转让股票，但有权参与公司的管理决策（优先股除外）。

（三）发行人

债券发行人可以是国家及各类经济实体。

股票发行人只能是股份公司。

（四）收回本金的方式

债券到期偿还时可以向发行者索回本金，也可以通过流通转让的方式收回本金。

股票一般不能退股，只能通过市场交易转让。

（五）风险与收益

企业对债券负无限责任，对投资人而言，收益与企业的经营好坏无关，风险小，收益相对固定。

企业对股票负有限责任，对投资人而言，股息高低与企业的经营好坏挂钩，风险大，相对来说收益期望值大。

（六）偿还程度

债券是一种债权债务凭证，必须按时足额还款，即使发行人破产倒闭，债券持有人要求偿还的权限也优先于股票。

股票是一种所有权凭证，公司倒闭破产时，股票投资人只有最后的要求偿还权或剩余清偿权。

（七）权利不同

债券是债权凭证，债券持有者和债券发行人之间的经济关系是债权和债务的关系。债券持有者只可按期获取利息及到期收回本金，无权参与公司的经营决策。股票是所有权凭证。股票所有者是发行股票公司的股东，股东一般拥有表决权，可以参加股东大会选举董事，参与公司重大事项的审议和表决，行使对公司的经营决策权和监督权。

（八）期限不同

债券有规定的偿还期，期满时债务人必须按时归还本金，因此，债券是一种有期证券。股票通常是无须偿还的，一旦投资入股，股东便不能从股份公司抽回本金，因此股票是一种无期证券，或称“永久证券”。但是，股票持有者可以通过市场转让收回投资资金。

五、债券的分类

债券种类很多，在债券的历史发展过程中出现过许多不同品种的债券，各种债券共同构成了一个完整的债券体系。债券可以依据不同的标准进行分类：

（一）根据发行主体的不同，债券可以分为政府债券、金融债券和公司债券

政府债券是政府或政府代理公共机构作为债务人向社会公众发行的债券凭证。它

具体可分为国家债券、政府机构债券、地方债券等。

金融债券是银行或其他金融机构为筹措长期信用资金而发行的债券，如日本的付息金融债券、贴现金融债券、美国的国民银行从属债券等。通常金融债券的信誉高于企业债券而低于政府债券，因此其利率也相应地介于两种债券利率之间，是很受欢迎的一种投资工具。

公司债券是企业为筹集投资资金而发行的债券。同政府债券相比，其风险较大，利率也较高。通常，国家为保护投资者利益，对企业在发行数额、发行时间、债券期限、利率等方面都有较严格的规定。

（二）根据付息方式的不同，债券可分为贴现债券、附息债券、息票累积债券

贴现债券又被称为“贴水债券”“零息债券”，是指在票面上不规定利率，发行时按某一折扣率，以低于票面金额的价格发行，发行价与票面金额之差额相当于预先支付的利息，到期时按面额偿还本金的债券。

附息债券的合约中明确规定，在债券存续期内，对持有人定期支付利息（通常每半年或每年支付一次）。按照计息方式的不同，这类债券还可细分为固定利率债券和浮动利率债券两大类。固定利率债券是在债券存续期内票面利率不变的债券。浮动利率债券是在票面利率的基础上参照预先确定的某一基准利率予以定期调整的债券。有些附息债券可以根据合约条款推迟支付定期利率，故称为“缓息债券”。

息票累积债券与附息债券相似，这类债券也规定了票面利率，但是，债券持有人必须在债券到期时一次性获得本息，存续期间没有利息支付。

（三）按有无担保，债券可以分为无担保债券和有担保债券

无担保债券亦称信用债券，指不提供任何形式的担保，仅凭筹资人信用发行的债券。政府债券属于此类债券。这种债券由于其发行人的绝对信用而具有坚实的可靠性。除此之外，一些公司也可发行这种债券，即信用公司债券。但为了保护投资人的利益，发行这种债券的公司往往受到种种限制，只有那些信誉卓著的大公司才有资格发行。此外，有的国家还规定，发行信用公司债券的企业还须签订信托契约，在该契约中约定一些对筹资人的限制措施，如公司不得随意增加其债务；在信用债券未清偿前，公司股东分红须有限制等。这些限制措施由作为委托人的信托投资公司监督执行。信用公司债券一般期限较短，利率很高。

有担保债券又可分为抵押债券、质押债券、保证债券等多种形式。抵押债券以不动产作为担保，又被称为“不动产抵押债券”，是指以土地、房屋等不动产作抵押品而发行的一种债券。若债券到期不能偿还，持券人可依法处理抵押品受偿。

质押债券以动产或权利作担保，通常以股票、债券或其他证券为担保。发行人主要是控股公司，用作质押的证券可以是它持有的子公司的股票或债券、其他公司的股票或债券，也可以是公司自身的股票或债券。质押的证券一般应以信托形式过户给独立的中介机构，在约定的条件下，中介机构代全体债权人行使对质押证券的处置权。

保证债券以第三人作为担保，担保人或担保全部本息，或仅担保利息。担保人一般是发行人以外的其他人，如政府、信誉好的银行或举债公司的母公司等。一般公司

债券大多为有担保债券。

（四）根据债券券面形态不同，债券可以分为实物债券、凭证式债券和记账式债券

实物债券是一种具有标准格式实物券面的债券。在标准格式的债券券面上，一般印有债券面额、债券利率、债券期限、债券发行人全称、还本付息方式等各种债券票面要素。有时债券利率、债券期限等要素也可以通过公告向社会公布，而不在债券券面上注明。无记名国债就属于这种实物债券，它以实物券的形式记录债权、面值等，不记名，不挂失，可上市流通。实物债券是一般意义上的债券，很多国家通过法律或者法规对实物债券的格式予以明确规定。

凭证式债券的形式是债权人认购债券的一种收款凭证，而不是债券发行人制定的标准格式的债券。我国 1994 年开始发行凭证式国债。我国的凭证式国债通过各银行储蓄网点和财政部门国债服务部面向社会发行，券面上不印制票面金额，而是根据认购者的认购额填写实际的缴款金额，是一种国家储蓄债，可记名、挂失，以凭证式国债收款凭证记录债权，不能上市流通，从购买之日起计息。在持有期内，持券人如遇特殊情况需要提取现金，可以到原购买网点提前兑取。提前兑取时，除偿还本金外，利息按实际持有天数及相应的利率档次计算，经办机构按兑付本金的 2‰收取手续费。

记账式债券是没有实物形态的票券，利用证券账户通过电脑系统完成债券发行、交易及兑付的全过程。我国 1994 年开始发行记账式国债。目前，上海证券交易所和深圳证券交易所已为证券投资者建立了电子证券账户，发行人可以利用证券交易所的交易系统来发行债券。投资者进行记账式债券买卖，必须在证券交易所设立账户。记账式国债可以记名、挂失，安全性较高，同时由于记账式债券的发行和交易均无纸化，所以发行时间短，发行效率高，交易手续简便，成本低，交易安全。

（五）按利率是否固定，债券可分为固定利率债券、浮动利率债券和可调利率债券

（1）固定利率债券指在发行时规定在整个偿还期内利率不变的债券，其筹资成本和投资收益可以事先预计，不确定性较小，但债券发行人和投资者仍然必须承担市场利率波动的风险。

（2）浮动利率债券是指发行时规定债券随市场利率定期浮动的债券。由于与市场利率挂钩，市场利率又考虑了通货膨胀的影响，浮动利率债券可以较好地抵御通货膨胀风险。

（3）可调利率债券也被称为可变利率债券，是指在债券存续期内允许根据一些事先选定的参考利率指数的变化，对利率进行定期调整的债券。调整间隔往往事先设定，包括 1 个月、6 个月、1 年、2 年、3 年或 5 年。可调利率债券的具体形式千差万别，名称也多种多样，但都有一个基本特征，就是利率可变，只是变的基础、幅度、条件方面不一致。

（六）按发行方式，债券可分为公募债券和私募债券

（1）公募债券。公募债券是指发行人向不特定的社会公众投资者公开发行的债券。

公募债券的发行量大，持有人数众多，可以在公开的证券市场上市交易，流动

性好。

（2）私募债券。私募债券是指向特定的投资者发行的债券。私募债券的发行对象一般是特定的机构投资者。

（七）按信用状况，债券可分为利率债和信用券

（1）利率债是指直接以政府信用为基础或是以政府提供偿债支持为基础而发行的债券。由于是依靠政府信用，正常情况下利率债的信用风险很小，影响其内在价值的因家主要是市场利率或资金的机会成本，故名“利率债”。在我国，狭义的利率债包括国债和地方政府债。广义的利率债除了国债、地方政府债，还可包括中央银行发行的票据、国家开发银行等政策性银行发行的金融债、铁路总公司等政府支持机构发行的债券。

（2）信用债是指以企业的商业信用为基础而发行的债券，除了利率，发行人的信用是影响该类债券的重要因素，故名“信用债”。我国债券市场上的信用债包括非金融企业发行的债券和商业性金融机构发行的债券。

六、债券的作用

债券对经济发展有着广泛而重要的作用，主要体现在以下几方面：

（一）债券作为一种筹资手段，有利于实现资金从盈余方向资金短缺方的转移

在经济运行过程中，常会有一些经济主体出现资金盈余，而另一些经济主体发生资金短缺的情况，客观上就产生了资金融通的需要。债券作为一种直接筹资方式，可以实现将资金从盈余者手中向需求者手中的直接转移。债券筹资具有如下优点：

（1）资本成本低。债券的利息可以税前列支，具有抵税作用；另外债券投资人比股票投资人的投资风险低，因此其要求的报酬率也较低。故公司债券的资本成本要低于普通股。

（2）具有财务杠杆作用。债券的利息是固定的费用，债券持有人除获取利息外，不能参与公司净利润的分配，因而具有财务杠杆作用，在息税前利润增加的情况下会使股东的收益以更快的速度增加。

（3）所筹集资金属于长期资金。发行债券所筹集的资金一般属于长期资金，可供企业在一年以上的时间内使用，这为企业安排投资项目提供了有力的资金支持。

（4）债券筹资的范围广、金额大。债券筹资的对象十分广泛，它既可以向各类银行或非银行金融机构筹资，也可以向其他法人单位、个人筹资，因此筹资比较容易并可筹集较大金额的资金。

与此同时，债券筹资也存在一些缺点：

（1）财务风险大。债券有固定的到期日和固定的利息支出，当企业资金周转出现困难时，易使产业陷入财务困境，甚至破产清算。因此筹资企业在发行债券来筹资时，必须考虑利用债券筹资方式所筹集的资金进行的投资项目的未来收益的稳定性和增长性的问题。

（2）限制性条款多，资金使用缺乏灵活性。因为债权人没有参与企业管理的权利，

为了保障债权人债权的安全，通常会在债券合同中列明各种限制性条款。这些限制性条款会影响企业资金使用的灵活性。

（二）债券作为一种投资工具，有利于实现资金的积累和集中，增加社会资金的总量

对于那些有剩余资金，既想获得较高收益又不想承担太高风险的投资者而言，债券为他们提供了一种很好的投资选择。因为，与银行存款相比，债券的利率通常比银行存款利率要高；与股票相比，债券的风险又小于股票。因此，有了债券这种金融工具，投资者就多了一种投资渠道。债券在促成短期、小额的闲置资金向长期、巨额投资资金的转化方面发挥着重要的作用。

（三）债券具有资金导向功能，有利于社会资源的优化配置

有了债券这种金融工具，资金供求双方就可以平等自愿地融通资金，这种融通的结果是资金向短线产品和利润率高的部门流动。一般情况下，只有那些利润率较高、经济效益好的企业才能负担较高的利息率，而只有这样的企业才能以较高的利率从债券市场上筹措到资金，其结果就是把社会资金引向利润率较高、经济效益较好的行业和企业中去。相反，效益差的企业发行的债券风险相对较大，受投资者欢迎的程度较低，筹资成本较大。因此，通过债券这种金融工具，资金得以向优势企业集中，从而有利于资源的优化配置。

（四）债券可以作为宏观经济的调控杠杆，对于实施贯彻货币政策、实现社会经济发展目标起到积极作用

债券是通过中央银行的公开市场业务来实现调控宏观经济的。公开市场业务就是中央银行在证券市场上买卖国债等有价证券，从而调节货币供应量的业务。债券和债券市场的发展，为中央银行的宏观调控提供了平台。在经济过热、需要减少货币供应时，中央银行卖出债券，收回金融机构或公众持有的一部分货币，从而抑制经济的过热运行；当经济萧条、需要增加货币供应量时，中央银行便买入债券，增加货币的投放，以此促进经济复苏。

第二节 政府债券

一、政府债券概述

（一）政府债券的定义

政府债券是国家为了筹措资金而向投资者出具的、承诺在一定时期支付利息和到期还本的债务凭证。政府债券的举债主体是国家。从广义的角度看，广义的政府债券属于公共部门的债务，与它相对应的是私人部门的债务。从狭义的角度看，政府是国家政权的代表，狭义的政府债券属于政府部门的债务，与它相对应的是非政府部门的债务。

（二）政府债券的性质

（1）从形式上看，政府债券是一种有价证券，它具有债券的一般性质。

（2）从功能上看，政府债券最初仅仅是政府弥补赤字的手段，但在现代商品经济条件下，政府债券已成为政府筹集资金、扩大公共事业开支的重要手段，并且随着金融市场的发展，逐渐具备了金融商品和信用工具的职能，成为国家实施宏观经济政策、进行宏观调控的工具。

（三）政府债券的特征

（1）安全性高。在各类债券中，政府债券的信用等级是最高的，通常被称为“金边债券”。投资者购买政府债券，是一种较安全的投资选择。

（2）流通性强。由于政府债券的信用好、竞争力强、市场属性好，所以，许多国家政府债券的二级市场十分发达，一般不仅允许在证券交易所上市交易，还允许在场外市场买卖。

（3）收益稳定。政府债券的付息由政府保证，其信用度最高，风险最小，对于投资者来说，投资政府债券的收益是比较稳定的。此外，因政府债券的本息大多数固定且有保障，所以交易价格一般不会出现大的波动，二级市场的交易双方均能得到相对稳定的收益。

（4）免税待遇。大多数国家都规定，与购买其他有价证券的投资者相比，购买国债的投资者可以享受优惠的税收待遇，甚至免税。

二、国家债券

国家债券，简称国债，是指中央政府为筹措财政资金，凭其信誉按照一定程序向投资者出具的、承诺在一定时期支付利息到期偿还本金的一种债权债务凭证。

（一）国债的分类

1. 按偿还期限划分

国债的偿还期限是国债的存续时间，以此为标准，习惯上把国债分为短期国债、中期国债和长期国债。各国确定短、中、长期年限不同。

短期国债一般指偿还期限为 1 年或 1 年以内的国债，具有周期短及流动性强的特点，在货币市场上占有重要地位。政府发行短期国债，一般是为满足国库暂时的入不敷出之需。在国际市场上，短期国债的常见形式是国库券，它是由政府发行用于弥补临时收支差额的一种债券。我国 20 世纪 80 年代以来也曾使用“国库券”的名称，但它与发达国家所指的短期国债不同，偿还期限大多是超过 1 年的。

中期国债是指偿还期限在 1 年以上、10 年以下的国债。政府发行中期国债筹集的资金或用于弥补赤字，或用于投资，不再用于临时周转。

长期国债是指偿还期限在 10 年或 10 年以上的国债。长期国债由于期限长，政府短期内无偿还的负担，而且可以较长时间占用国债认购者的资金，所以常被用作政府投资的资金来源。长期国债在资本市场上有着重要地位。

2. 按是否可以流通划分

按是否可以流通划分，国债可分为可流通国债和不可流通国债。

可流通国债是指国债可以在二级市场上交易，这种债券在一些国家的国债中占主要部分。

不可流通国债是指购买条款上规定不能在二级市场进行买卖的国债。不可流通国债又可分为投资者为私人的不可流通国债和投资者为机构的不可流通国债。

3. 按附息方式划分

按附息方式不同，国债可分为附息式国债和贴现式国债。

附息式国债是指债券发行明确规定，在债券存续期内，对持有人定期支付利息（通常每半年或每年支付一次）。

贴现式国债是指在票面上不规定利率，发行时按某一折扣率，以低于票面金额的价格发行，发行价与票面金额之差额相当于预先支付的利息，到期时按面额偿还本金的国债。通常，期限在 1 年以下（含 1 年）的国债为贴现式国债，期限在 1 年以上的国债为附息式国债。

4. 按政府债券利率变动状况程度划分

按政府债券利率变动状况程度不同，可分为固定利率政府债券、市场利率政府债券和保值政府债券。

固定利率政府债券是指政府债券的利率在发行时就已固定，不管以后的物价和银行利率水平如何发生变动，政府债券到期偿还时仍按原来利率支付利息。

市场利率政府债券是指在发行时规定政府债券利率将随市场利率的变动而浮动，债券到期偿付时以当时的市场利率支付利息。

保值政府债券的利率是根据市场物价变动幅度而浮动，使政府债券利率等于或大于通货膨胀率，从而保证投资者的实际收益水平。

5. 按资金用途划分

（1）赤字国债，指用于弥补政府预算赤字的国债。弥补赤字的手段有多种，除了举借国债外，还有增加税收、向中央银行借款、动用历年结余等。增税会加重社会负担，易引起人们的反对，且还须通过一定的法律程序；向中央银行借款有可能增加货币供应量，导致通货膨胀；动用历年结余须视政府过去的年度收支情况。因此，与其他手段相比，国债常被政府用作弥补赤字的主要方式。

（2）建设国债，指发债筹措的资金用于建设项目。政府在社会经济中往往要承担一些大型基础性项目和公共设施的投资，这些项目耗资巨大，因此常由政府通过发债筹集专项资金来建设。

（3）战争国债，专指用于弥补战争费用的国债。战争时期，军费开支庞大，在用其他方法无法筹资时，政府就可能以发行国债来弥补。

（4）特种国债，指政府为了实施某种特殊政策而发行的国债。

（二）我国的国债

我国发行的国债主要有以下几种：

1. 普通国债

目前我国发行的普通国债有记账式国债、凭证式国债和储蓄国债（电子式）。

（1）记账式国债。我国的记账式国债是从1994年开始发行的一个上市券种。它是由财政部面向全社会各类投资者、通过无纸化方式发行的、以电子记账方式记录债权并可以上市和流通转让的债券。记账式国债的发行分为证券交易所市场发行、银行间债券市场发行以及同时在银行间债券市场和证券交易所市场发行（又称为“跨市场发行”）三种情况。个人投资者可以购买证券交易所市场发行和跨市场发行的记账式国债，而银行间债券市场的发行主要面向银行和非银行金融机构等机构投资者。

记账式国债的特点是：①可以记名、挂失，以无券形式发行可以防止证券的遗失、被窃与伪造，安全性好；②可上市转让，流通性好；③期限有长有短，但更适合短期国债的发行；④通过证券交易所电脑网络发行，可以降低证券的发行成本；⑤上市后价格随行就市，具有一定的风险。

（2）凭证式国债。这是指由财政部发行的、有固定票面利率、通过纸质媒介记录债权债务关系的国债。发行凭证式国债一般不印制实物券面，而采用填制“中华人民共和国凭证式国债收款凭证”的方式，通过部分商业银行和邮政储蓄柜台，面向城乡居民个人和各类投资者发行，是一种储蓄性国债。凭证式国债购买方便，变现灵活，利率优惠，收益稳定，安全无风险，是我国重要的国债品种。

（3）储蓄国债（电子式）。这是指财政部面向境内中国公民储蓄类资金发行的、以电子方式记录债权的不可流通的人民币债券。目前，储蓄国债（电子式）通过试点商业银行面向个人投资者销售。储蓄国债（电子式）自发行之日起计息，付息方式分为利随本清和定期付息两种。储蓄国债（电子式）试点期间，财政部将先行推出固定利率固定期限和固定利率变动期限两个品种。投资者在同一试点商业银行只允许开设一个账户。从我国债券市场发展的情况看，凭证式国债和储蓄国债（电子式）这两个品种将在我国长期并存。储蓄国债（电子式）是2006年推出的国债新品种，具有以下特点：①针对个人投资者，不向机构投资者发行；②采用实名制，不可流通转让；③采用电子方式记录债权；④收益安全稳定，由财政部负责还本付息，免缴利息税；⑤鼓励持有到期；⑥手续简化；⑦付息方式较为多样。

凭证式国债和储蓄国债（电子式）都在商业银行柜台发行，不能上市流通，但都是信用级别最高的债券，以国家信用作保证，而且免缴利息税。不同之处在于：

第一，申请购买手续不同。投资者购买凭证式国债，可持现金直接购买；购买储蓄国债（电子式），须开立个人国债托管账户并指定对应的资金账户后购买。

第二，债权记录方式不同。凭证式国债采取填制“中华人民共和国凭证式国债收款凭证”的形式记录债权，由各承销银行和投资者进行管理；储蓄国债（电子式）以电子记账方式记录债权，采取二级托管体制，由各承办银行总行和中央国债登记结算有限责任公司统一管理，降低了由于投资者保管纸质债权凭证带来的风险。

第三，付息方式不同。凭证式国债为到期一次还本付息；储蓄国债（电子式）付息方式比较多样，既有按年付息品种，也有利随本清品种。

第四，到期兑付方式不同。凭证式国债到期后，须由投资者前往承销机构网点办理兑付事宜，逾期不加计利息；储蓄国债（电子式）到期后，承办银行自动将投资者应收本金和利息转入其资金账户，转入资金账户的本息资金作为居民存款，按活期存款利率计付利息。

第五，凭证式国债的发行对象主要是个人，部分机构也可认购；储蓄国债（电子式）的发行对象仅限于个人，机构不允许购买或者持有。

第六，承办机构不同。凭证式国债由各类商业银行和邮政储蓄机构组成的凭证式国债承销团成员的营业网点销售；已发售的储蓄国债（电子式）由经财政部会同中国人民银行确认代销试点资格的商业银行营业网点销售。

储蓄国债（电子式）与记账式国债都以电子记账方式记录债权，但具有下列不同之处：

第一，发行对象不同。对于记账式国债，机构和个人都可以购买，而储蓄国债（电子式）的发行对象仅限于个人。

第二，发行利率确定机制不同。记账式国债的发行利率是由记账式国债承销团成员投标确定的；储蓄国债（电子式）的发行利率由财政部参照同期银行存款利率及市场供求关系等因素确定。

第三，流通或变现方式不同。记账式国债可以上市流通，可以从二级市场上购买，需要资金时可以按照市场价格卖出；储蓄国债（电子式）只能在发行期认购，不可以上市流通，但可以按照有关规定提前兑取。

第四，到期前变现收益预知程度不同。记账式国债二级市场交易价格是由市场决定的，到期前市场价格（净价）有可能高于或低于发行面值。当卖出价格高于买入价格时，表明卖出者不仅获得了持有期间的国债利息，同时还获得了部分价差收益；当卖出价格低于买入价格时，表明卖出者虽然获得了持有期间的国债利息，但同时也承担了部分价差损失。因此，投资者购买可流通记账式国债于到期前卖出，其收益是不能预知的，并要承担市场利率变动带来的价格风险。而储蓄国债（电子式）在发行时就对提前兑取条件做出规定，也就是说，投资者提前兑取所能获得的收益是可以预知的，而且本金不会低于购买面值（因提前兑付带来的手续费除外），不承担由于市场利率变动而带来的价格风险。因此，储蓄国债（电子式）适合注重投资安全、收益稳定的投资者购买。我国发行的普通国债的总体趋势是规模越来越大；期限趋于多样化；发行方式趋于市场化；市场日新月异。

2. 其他类型国债

为适应国家经济发展和筹措财政资金的需要，1987 年以来，财政部曾发行多种其他类型的国债，主要有国家重点建设债券、国家建设债券、财政债券、特种债券、保值债券、基本建设债券等。

三、地方政府债券

（一）地方政府债券的概念

地方政府债券是由地方政府发行并负责偿还的债券，简称“地方债券”，也可以称为“地方公债”或“地方债”。地方政府债券是地方政府根据本地区经济发展和资金需求状况，以承担还本付息责任为前提，向社会筹集资金的债务凭证。筹集的资金一般用于弥补地方财政资金的不足，或者用于地方兴建大型项目。

（二）地方政府债券的分类

1. 一般责任债券

一般责任债券是由地方政府及其管理部门，以发行者的资信和政府的征税能力作为保证，投资者能按时收回本息。发行这种债券所筹集的资金主要用于修建高速公路及市政设施等。这种债券的偿还极少拖欠，投资者按其收回本金并取得利息。

2. 收益债券

这种债券的发行目的是给地方政府所属企业或某个特定的项目融资，因而不以地方政府税收能力为担保，而是以债券发行人经营该项目是否有收益为前提条件。若该项目盈利，则偿还本息，否则投资者就得不到利息，并且利息额的多少与盈利多少直接相关。比如地方政府为解决当地中低收入居民的住房困难，利用发行债券的所得收入修建一批大众化的商品房，由此获得的租售收入用于还债的本金和利息。

3. 混合及特种责任债券

某些地方政府债券不但具有一般责任债券和收入债券的特点，而且也具有一种特殊的结构，目的在于保证债券的本金和利息的安全性。主要有以下几种：

（1）保险债券。它是由商业保险公司所制定的保险政策和债券发行者的信用加以支持。如发生违约，保险公司便负责向债券持有者提供一定数额的款项，用于偿还本金加利息。

（2）道义责任债券。地方立法机构作为法律上的权威机构，为了能够保证债券持有者的权益，必须筹集一笔在地方政府税收收入之外的款项以满足偿债的需要。

（3）处于困境城市保释债券。这种债券的目的在于使出现严重预算赤字的一些主要的一般责任债券的发行人得到保释。

第三节　金融债券

一、金融债券的概念与特征

金融债券是由银行和非银行金融机构发行的债券。金融债券仅凭银行等金融机构的信用发行，不需要财产抵押，属于无抵押债券。金融债券有以下特征：

（1）金融债券的发行主体是银行或非银行金融机构，均接受中央银行的管理，信用度较高。

（2）金融债券的期限一般是中期和短期，从 1 年到 5 年不等。

（3）金融债券的利率形式灵活，收益稳定。金融债券的利率水平高于银行存款和国债，低于公司债。

二、我国的金融债券

（一）中央银行票据

中央银行票据简称央票，是央行为调节基础货币而向金融机构发行的票据，是一种重要的货币政策日常操作工具，期限在3个月至3年。

（二）政策性金融债券

政策性金融债券是政策性银行在银行间债券市场发行的金融债券。从1999年起，我国银行间债券市场以政策性银行为发行主体开始发行浮动利率债券。浮息债券以上海银行间同业拆放利率（Shibor）为基准利率。Shibor是中国货币市场的基准利率，是以16家报价银行的报价为基础，剔除一定比例的最高价和最低价后的算术平均值，自2007年1月4日正式运行。目前对外公布的Shibor共有8个品种，期限从隔夜到1年。

（三）商业银行债券

（1）商业银行金融债券。2005年4月27日，《全国银行间债券市场金融债券发行管理办法》颁布，自2005年6月1日起施行。金融债券是指依法在中华人民共和国境内设立的金融机构法人在全国银行间债券市场发行的、按约定还本付息的有价证券。2010年，我国发行银行次级债券、混合资本债券920亿元，银行普通债券10亿元。

（2）商业银行次级债券。商业银行次级债券是指商业银行发行的、本金和利息的清偿顺序列于商业银行其他负债之后，先于商业银行股权资本的债券。

（3）混合资本债券。《巴塞尔协议》并未对混合资本工具进行严格定义，仅规定了混合资本工具的一些原则特征，而赋予各国监管部门更大的自由裁量权，以确定本国混合资本工具的认可标准。

混合资本债券是一种混合资本工具，它比普通股票和债券更加复杂。我国的混合资本债券是指商业银行为补充附属资本发行的、清偿顺序位于股权资本之前，但列在一般债务和次级债务之后、期限在15年以上、发行之日起10年内不可赎回的债券。

按照现行规定，我国的混合资本债券具有四个基本特征：

第一，期限在15年以上，发行之日起10年内不得赎回。

第二，混合资本债券到期前，如果发行人核心资本充足率低于4%，发行人可以延期支付利息。

第三，当发行人清算时，混合资本债券本金和利息的清偿顺序列于一般债务和次级债务之后、先于股权资本。

第四，混合资本债券到期时，如果发行人无力支付清偿顺序在该债券之前的债务或支付该债券将导致无力支付清偿顺序在混合资本债券之前的债务，发行人可以延期支付该债券的本金和利息。

（4）证券公司债券。2003年8月29日，中国证监会发布《证券公司债券管理暂行办法》，证券公司债券是指证券公司依法发行的、约定在一定期限内还本付息的有价证券。

2004 年 10 月，经商中国证监会和中国银行业监督管理委员会（简称银监会）批准，中国人民银行制定并发布《证券公司短期融资券管理办法》。证券公司短期融资券是指证券公司以短期融资为目的，在银行间债券市场发行的约定在一定期限内还本付息的金融债券。

（5）保险公司次级债务。2004 年 9 月 29 日，中国保险监督管理委员会（简称保监会）发布了《保险公司次级定期债务管理暂行办法》。保险公司次级定期债务是指保险公司经批准定向募集的、期限在 5 年以上（含 5 年）、本金和利息的清偿顺序列于保单责任和其他负债之后、先于保险公司股权资本的保险公司债务。该办法所称保险公司，是指依照中国法律在中国境内设立的中资保险公司、中外合资保险公司和外资独资保险公司。中国保监会依法对保险公司次级定期债务的定向募集、转让、还本付息和信息披露行为进行监督管理。

与商业银行次级债务不同的是，按照《保险公司次级定期债务管理暂行办法》，保险公司次级债务的偿还只有在确保偿还次级债务本息后偿付能力充足率不低于 100% 的前提下，募集人才能偿付本息；并且，募集人在无法按时支付利息或偿还本金时，债权人无权向法院申请对募集人实施破产清偿。

（6）财务公司债券：银行间债券市场发行。2007 年 7 月，中国银监会下发《关于企业集团财务公司发行金融债券有关问题的通知》，明确规定企业集团财务公司发行债券的条件和程序，并允许财务公司在银行间债券市场发行财务公司债券。

金融租赁公司和汽车金融公司的金融债券。2009 年 8 月中国人民银行和中国银行业监督管理委员会发布公告，对金融租赁公司和汽车金融公司发行金融债券进行规范。符合条件的金融租赁公司和汽车金融公司可以在银行间债券市场发行和交易金融债券。

第四节　企业债券

一、公司债券

（一）公司债券的定义

我国的公司债券是指公司依照法定程序发行，约定在 1 年以上期限内还本付息的有价证券。公司债券属于债券体系中的一个品种，它反映发行债券的公司和债券投资者之间的债权债务关系。公司债券的发行人是依照《公司法》在中国境内设立的有限责任公司和股份有限公司。

（二）公司债券的分类

信用公司债券是一种不以公司任何资产作担保而发行的债券，属于无担保证券范畴。一般公司的信用状况要比政府和金融机构差，所以，大多数公司发行债券被要求提供某种形式的担保。但少数大公司经营良好，信誉卓著，也发行信用公司债券。为了保护投资者的利益，可要求信用公司债券附有某些限制性条款，如公司债券不得随意增加资金用途、债券未清偿之前股东的分红要有限制等。

不动产抵押公司债券是以公司的不动产（如房屋、土地、设备等）作抵押品而发行的公司债券，是抵押证券的一种。此种债券是公司债券中最重要的一种类型。保证公司债权是公司发行的由第三者作为还本付息担保人的债券，是担保证券的一种。担保人是发行人以外的其他人，如政府、信誉好的银行或举债公司的母公司等。在实践中，保证行为常见于母、子公司之间，如由母公司对子公司发行的公司债券予以保证。

收益公司债券是一种具有特殊性质的债券，它与一般债券相似，有固定的到期日，清偿时债权排列顺序优先于股票。但与一般的债券有所不同，其利息只在公司有盈利时才支付，即发行公司的利润扣除各项固定支出后的余额用作债券利息的来源。如果余额不足支付，未付利息可以累加，待公司收益增加后再补发。所有应付利息付清后，公司才可对股东分红。

可转换公司债券是指发行人依照法定程序发行、在一定期限内依据约定的条件可以转换成股份的公司债券。这种债券附加转换选择权，兼有债权投资和股权投资的双重优势。可转换公司债券一般要经股东大会或董事会的决议通过才能发行，而且在发行时，应在发行条款中规定转换期限和转换价格。

附认证股权的公司债券是公司发行的一种附有认购该公司股票权利的债券。这种债券的购买若可以按先规定的条件在公司发行股票时享有优先购买权。预先规定的条件主要是指股票的购买价格、认购比例和认购期间。按照附认股权和债券本身能否分开可划分为两种类型：一种是可分离型，即债券与认股权可以分离。另一种是非分离型，即不能把认股权从债券上分离。附认股权证的公司债券与可转换公司债券不同，前者在行使新股认购权之后，债券形态依然存在；而后者在行使转换权之后，债券形态随即消失。

可交换公司债券指上市公司的股东依法发行、在一定期限内依据的约定的条件可以交换成该股东所持有的上市公司股份的公司债券。可交换债券与可转换债券的相同之处是发行要素相似，也包括票面利率、期限、换股价格和换股比率、换股期限等；对投资者来说，与持有标的上市公司的可转换债券相同，投资价值与上市公司价值相关，在约定期限内可以以约定的价格交换为标的股票。

二、企业债券

（一）企业债券的定义

我国的企业债券是指企业依照法定程序公开发行并约定在一定期限内还本付息的有价证券，包括依照《公司法》设立的公司发行的公司债券和其他企业发行的企业债券。根据规定，企业可以发行无担保信用债券、资产抵押债券、第三方担保债券。企业债券的发行应组织承销团以余额包销方式承销。企业债券发行完成后，经核准可以在证券交易所上市，挂牌买卖，也可以进入银行间市场流通转让。

（二）企业债券的分类

短期融资券是指企业依照《短期融资券管理办法》规定的条件和程序，在银行间债券市场发行和交易，约定在一定期限内还本付息，最长期限不超过365天的有价证券。短期融资券的发行采取注册制，注册机构是中国人民银行。短期融资券可以在银行间债券市场机构投资人之间流通转让。

超短期融资券是指具有法人资格、借用评级较高的非金融企业在银行间债券市场发行的，期限在270天（九个月）以内的短期融资券。

中期票据是指具有法人资格的非金融企业在银行间债券市场按照计划分期发行的、约定在一定期限内还本付息的债务融资工具。

中小非金融企业是指国家相关法律法规及政策界定为中小企业的非金融企业。集合票据是指2个（含）以上、10个（含）以下具有法人资格的中小非金融企业，在银行间债券市场以统一产品设计、统一券种冠名、统一信用增进、统一发行注册方式共同发行的，约定在一定期限内还本付息的债务融资工具。中小非金融企业发行集合票据，应在中国银行间市场交易商协会注册。

非公开定向发行债券《银行间债券市场非金融企业债务融资工具非公开定向发行规则》所称非公开定向发行人（以下简称定向投资人）发行债务融资工具，并在特定机构投资人范围内流通转让的行为。在银行间债券市场以非公开定向发行方式发行的债务融资工具称为非公开定向债务融资工具。

（三）我国企业债券的品种和管理规定

（1）普通企业债券。企业债券发行受多个法律法规和规范性文件的约束。

（2）中小企业集合债券。中小企业集合债券是指同一区域内由当地政府国资部门（或发改委、金融办、中小企业服务局）等政府职能部门作为牵头人组织、以多个中小企业构成联合发行主体，若干个中小企业各自确定债券发行额度，采用集合债券的形式，使用统一的债券名称，形成一个总发行额度而发行的约定到期还本付息的一种企业债券。

（3）小微企业增信集合债券与创投企业债券。小微企业增信集合债是指以地方融资平台或国有企业为发行主体，面向机构投资者发行，募集资金以银行委托贷款的方式发放给小微企业的创新类企业债券品种。

（4）可续期企业债券。可续期企业债券是指在约定的计息周期（一般3~5年）到期时，发行人可按约定的利率调整机制调整利率后，继续延长一个周期的企业债券，理论上可不断续期永续存在，具有期限超长、主动赎回、可充当资本金等诸多优势。

（5）项目收益债券。项目收益债券由项目实施主体或其实际控制人发行的，与特定项目相联系的，债券募集资金用于特定项目的投资与建设，债券的本息偿还资金完全或主要来源于项目建成后运营收益的企业债券。

（6）专项债券。专项债券是指债券募集资金用于特定项目的债券。专项债券不是某一个债券品种，它可以是普通企业债券，也可以是创新的项目收益债券、永续债券、债贷组合债券等。

（7）债贷组合。债贷组合是按照“融资统一规划、信贷统一授信、动态长效监控、全程风险管理”模式，由银行为企业制定系统性融资规划，根据项目建设融资需求，将企业债券和货款统一纳入银行综合授信管理体系，对企业债务融资实施全程管理。

三、我国公司债券和企业债券的区别

我国证券市场上同时存在企业债券和公司债券，它们在发行主体、监管机构以及规范的法规上有一定的区别。

（1）发行主体不同。公司债券不限于大型公司，一些中小规模公司只要符合一定法规标准，都有发行机会。公司债券以大型的企业为主发行。

（2）发行方式以及发行的审核方式不同。公司债券采取核准制，引进发审委和保荐制度。企业债券采取审批制或注册制。

（3）担保要求不同。公司债券募集资金的使用不强制与项目挂钩，包括可以用于偿还银行贷款、改善财务结构等股东大会核准的用途，也不强制担保，而是引入了信用评级方式。企业债券较多地采用了担保方式，同时又以一定的项目（国家或者政府批准）为主。

（4）发行定价方式不同。公司债券利率或价格由发行人通过市场价确定。企业债券的利率不得高于银行相同期限居民储蓄定期存款利率的40%。

第五节　国际债券

一、国际债券的概念和特点

（一）国际债券的概念

国际债券是指一国借款人在国际证券市场上以外国货币为面值、向外国投资者发行的债券。国际债券的发行人主要是各国政府、政府所属机构、银行或其他金融机构、工商企业及一些国际组织等。国际债券的投资者主要是银行或其他金融机构、各种基金会、工商财团和自然人。

（二）国际债券的特点

国际债券与国内债券相比，有如下几个特点：

（1）资金来源比较广泛。发行国际债券是在国际证券市场上筹措资金，发行对象为各国的投资者，因此，资金来源比国内债券广泛得多。

（2）存在汇率风险。发行国内债券，筹集和还本付息的资金都是本国货币，所以不存在汇率风险。发行国际债券，筹集到的资金是外国货币，汇率一旦发生波动，发行人和投资者都有可能蒙受意外损失或获取意外收益，所以，汇率风险是国际债券的重要风险。

（3）有国家主权保障。在国际债券市场上筹集资金，有时可以得到一个主权国家以普通责任能力或“付款承诺”为保证，其安全性高，吸引力也大，因而有利于减轻或稳定还本付息的负担，有利于吸收中长期的资金。

（4）以自由兑换货币作为计量货币。国际债券在国际市场上发行，因此，其计价货币往往是国际通用货币，一般以美元、英镑、欧元、日元和瑞士法郎为主。这样，发行人筹集到的资金是一种可通用的自由外汇资金。

二、国际债券的分类

（一）外国债券

外国债券是指某一国家借款人在本国以外的某一国家发行以该国货币为面值的债券。它的特点是债券发行人属于一个国家，债券的面值货币和发行市场则属于另一个国家。

外国债券是一种传统的国际债券。在美国发行的外国债券称为“扬基债券”，它是由非美国发行人在美国债券市场发行的吸收美元资金的债券。在日本发行的外国债券称为“武士债券”，它是由非日本发行人在日本债券市场发行的以日元为面值的债券。

国际多边金融机构在我国发行的人民币债券被命名为“熊猫债券”。2005 年 2 月 18 日，中国人民银行、中华人民共和国财政部、中华人民共和国国家发展和改革委员会、中国证监会联合发布了《国际开发机构人民币债券发行管理暂行办法》，允许符合条件的国际开发机构在中国发行人民币债券。国际开发机构是指进行开发性贷款和投资的国际开发性金融机构，国际开发机构是指国际开发机构依法在中国境内发行的、约定在一定期限内还本付息的，以人民币计价的债券。

（二）欧洲债券

欧洲债券是指借款人在本国境外市场发行的、不以发行市场所在国货币为面值的国际债券。欧洲债券是在 20 世纪 60 年代初期随着欧洲货币市场的形成而出现和发展起来的。到 20 世纪 70 年代中期，欧洲债券已初具规模，20 世纪 80 年代以来，欧洲债券的发展更快。据统计，1976 年国际债券发行总额中，外国债券占 56%，欧洲债券占 44%；而在 1983 年，欧洲债券升至 64%，外国债券则降为 36%。目前，欧洲债券已成为各经济体在国际资本市场上筹措资金的重要手段。

欧洲债券之所以对投资者和发行者有如此大的魅力，既要归功于欧洲债券市场低廉的发行费用，又源于欧洲债券的灵活的机制：①欧洲债券市场是一个相对比较开放和自由的市场，债券的发行较为自由灵活，既不需要向任何监督机构登记注册，又无利率管制和发行数额限制，还可以选择多种计值货币。②发行欧洲债券筹集的资金数额大、期限长，而且对财务公开的要求不高，方便筹资者筹集资金。③欧洲债券通常由几家大的跨国金融机构办理发行，发行面广、手续简便、发行费用较低，因此很受筹资者的青睐。④欧洲债券的利息收入通常免交所得税，并且以不记名的方式发行，并可以保存在国外，适合一些希望保密的投资者的需要。这些优点使得欧洲债券自 20 世纪 60 年代出现以来，迅速成为国际债券市场中的重要组成部分。

重要概念

债券 附息债券 贴现债券 凭证式国债 记账式国债 外国债券 欧洲债券 政府债券 公司债券 金融债券

思考题

1. 什么是债券？它具有哪些特征？
2. 简述债券与股票的区别。
3. 债券有哪些种类？
4. 简述记账式国债和储蓄国债的区别。
5. 政府债券分为哪几种？它们之间的区别在哪里？
6. 简述外国债券和欧洲债券的区别。

补充阅读材料

世界主要信用评级机构①

标准普尔公司（Standard & Poor's）、穆迪投资者服务公司（Moody's Investors Service）和惠誉国际信用评级公司（Fitch Ratings）并称为世界三大评级机构。三者评级均有长期和短期之分，但有不同的级别序列。

目前国际金融界的现状是：无论是市场投资者，发债者，还是监管者，都存在对三大评级机构不同程度的依赖。这种依赖，使得评级机构维持着影响力。

长期以来，评级机构在世界金融体系中具有举足轻重的作用。其作用主要在于评估风险并决定债券发行人能否向投资人偿付所承诺的本金和利息。无论是政府还是企业，如果没有良好的信用评级就无法进入国际债券市场。评级高低直接影响受评的国家或企业的融资成本。

自2008年源自美国的国际金融危机爆发以来，世界对美国三大公司主导的评级机构批评声不绝于耳。近年来全球对评级机构毁多誉少。

2012年7月，欧洲证券和市场管理局已开始对标准普尔、惠誉以及穆迪三家美国信用评级机构的“投资者服务”进行调查，以确定其对银行的评价流程是否足够严谨和透明。这引发人们对三大评级机构在欧债危机中扮演的角色以及国际信用评级体系改革的关注。

2012年10月，来自中国、美国和俄罗斯的三家独立评级机构宣布联合发起成立一个新型国际评级组织——世界信用评级集团，旨在向全球提供公正的评级信息。由中

① 新华网，http://news.xinhuanet.com/ziliao/2011-08/23/c_121899743_4.htm。

国的大公国际资信评估有限公司、美国伊根—琼斯评级公司、俄罗斯信用评级公司三家评级机构发起的世界信用评级集团，是一个不代表任何国家和集团政治经济利益的非主权国际评级机构，由每个国家与评级无利益冲突的私人机构共同出资组建。目前已有30多个相关评级机构和组织表达了参与组建的意愿，总部将设在香港，计划用6个月时间完成组建，并用5年时间构建起统一的国际评级标准和国际评级监管体系，建成全球市场服务体系，形成参与全球评级的能力。

标准普尔评级

根据标准普尔（简称“标普”）主权信用评级准则，决定一国主权信用评级有以下五个主要因素：政治制度的有效性与政治风险；经济结构与增长前景；外部流动性与国际投资者头寸；财政表现和灵活性以及债务负担；货币灵活性。

根据以上准则，标普的长期主权信用评级主要分为投资级和投机级，信用级别由高到低。投资级分为AAA、AA、A和BBB；投机级分为BB、B、CCC、CC、C和SD/D级。AAA级表示偿债能力极强，为最高评级。从AA级到CCC级可加上“+”“-”号，表示评级在各主要评级分类中的相对强度。当债务到期而发债人未能按期偿还债务的即为D级，发债人有选择对某些债务或某类债务违约时为SD（选择性违约）评级。

此外，标普还对各主权信用评级推出评级展望和信用观察。评级展望评估长期信用评级的中长期潜在变化方向，一般为六个月至两年。其中，“正面”表示评级有上升趋势，“负面”表示有下降趋势，“稳定”表示基本不会改变，“待定”表示有待决定。

信用观察则主要评估短期潜在趋势，一般为90天。信用观察分为“正面”“负面”和“待定”。

2012年1月13日，标准普尔公司宣布对欧元区除希腊以外16个国家的长期主权信用评估结果，9个国家被降级，7个国家维持评级。其中，法国和奥地利分别被下调一级，失去了其最高的3A评级；德国维持3A评级不变；意大利、西班牙和葡萄牙分别被下调两级。在欧元区17个国家中，现在仍拥有标普最高AAA评级的是芬兰、卢森堡、荷兰和德国；拥有AA+的是法国和奥地利；AA为比利时；AA-为爱沙尼亚；A+为斯洛文尼亚；A为西班牙和斯洛伐克；A-为马耳他；BBB+为意大利和爱尔兰；BB+为塞浦路斯；BB为葡萄牙；债务状况堪忧的希腊为CC级。

截至2012年1月，标普在全球范围内给予3A最高评级的主要国家和地区包括：英国、加拿大、澳大利亚、瑞典、瑞士、挪威、丹麦、新加坡、中国香港和列支敦士登。全球前三大经济体美国、中国和日本的长期主权信用评级分别为AA+、AA-和AA-。6月，标普维持美国主权信用评级AA+，前景展望依然维持负面。

穆迪评级

穆迪长期评级针对一年期以上的债务，评估发债方的偿债能力，预测其发生违约的可能性及财产损失概率。而短期评级一般针对一年期以下的债务。

穆迪长期评级共分九个级别：Aaa、Aa、A、Baa、Ba、B、Caa、Ca和C。其中Aaa级债务的信用质量最高，信用风险最低；C级债务为最低债券等级，收回本金及利息的机会微乎其微。

在 Aa 到 Caa 的六个级别中，还可以添加数字 1、2 或 3 进一步显示各类债务在同类评级中的排位，1 为最高，3 则最低。通常认为，从 Aaa 级到 Baa3 级属于投资级，从 Ba1 级以下则为投机级。

穆迪的短期评级依据发债方的短期债务偿付能力从高到低分为 P-1、P-2、P-3 和 NP 四个等级。

此外，穆迪还对信用评级给予展望评价，以显示其对有关评级的中期走势看法。展望分为“正面”（评级可能被上调）、“负面”（评级可能被下调）、“稳定”（评级不变）以及“发展中”（评级随着事件的变化而变化）。

对于短期内评级可能发生变动的被评级对象，穆迪将其列入信用观察名单。被审查对象的评级确定后，将从名单中被去除。

目前，穆迪的业务范围主要涉及国家主权信用、美国公共金融信用、银行业信用、公司金融信用、保险业信用、基金以及结构性金融工具信用评级等几方面。穆迪在全球 26 个国家和地区设有分支机构，员工约 4 500 人。

惠誉评级

惠誉的规模较其他两家稍小，是唯一一家欧洲控股的评级机构。

惠誉的长期评级用以衡量一个主体偿付外币或本币债务的能力。

惠誉的长期信用评级分为投资级和投机级。其中投资级包括 AAA、AA、A 和 BBB，投机级则包括 BB、B、CCC、CC、C、RD 和 D。以上信用级别由高到低排列，AAA 等级最高，表示最低的信贷风险；D 为最低级别，表明一个实体或国家主权已对所有金融债务违约。

惠誉的短期信用评级大多针对到期日在 13 个月以内的债务。短期评级更强调的是发债方定期偿付债务所需的流动性。

短期信用评级从高到低分为 F1、F2、F3、B、C、RD 和 D。

惠誉采用“+”或“-”用于主要评级等级内的微调，但这在长期评级中仅适用于 AA 至 CCC 六个等级，而在短期评级中只有 F1 一个等级适用。

惠誉还对信用评级给予展望，用来表明某一评级在一两年内可能变动的方向。展望分为“正面”（评级可能被调高）、“稳定”（评级不变）和“负面”（评级可能被下调）。但需要指出的是，正面或负面的展望并不表示评级一定会出现变动；同时，评级展望为稳定时，评级也可根据环境的变化被调升或调降。

此外，惠誉用评级观察表明短期内可能出现的评级变化。“正面”表示可能调升评级，“负面”表示可能调降评级，“循环”表明评级可能调升也可能调低或不变。

惠誉的业务范围包括金融机构、企业、国家、地方政府等融资评级，总部分设于纽约和伦敦两地，在全球拥有 50 多家分支机构和合资公司，拥有 2 000 多名专业评级人员，为超过 80 个国家和地区的客户提供服务。

中国的信用评级机构

在中国，有 5 家权威信用评级机构：中诚信、联合资信、上海远东、上海新世纪、大公国际。现实的情况是，这 5 家机构中有 3 家——中诚信、上海远东、联合资信已经引入外资。而标普也已经与上海新世纪宣布战略合作。大多数中国评级机构都选择与国际评级机构“联姻”的形式发展业务。

大公国际资信评估有限公司（以下简称“大公”）1994 年经中国人民银行和原国家经贸委批准成立，是面向全球的国际信用评级机构。

作为新型国家信用评级标准的创建者，大公是世界第一家向全球提供国家信用风险信息的非西方国际评级机构，是财政部推荐参加亚洲债券市场建设的评级机构，是参与国际信用评级体系改革、争取国际评级话语权的中国信用评级机构的代表。

大公国际信用评级是按照一定的方法和程序，对中央政府依据合同约定在未来偿还其直接、显性商业性金融债务的意愿和能力的评估，评级结果反映的是作为债务人的中央政府对其债务违约的相对可能性。由于各类具体的国家信用活动都是以中央政府为主体进行的，中央政府信用等同于国家信用，国家信用风险评级即是对一国中央政府信用风险的评估。大公国际信用评级的对象包括主权国家及地区。

第四章 证券投资基金

学习目的和要求

1. 掌握证券投资基金的定义和特征。
2. 掌握基金与股票、债券的区别。
3. 熟悉证券投资基金的分类方法；掌握契约型基金与公司型基金、封闭式基金与开放式基金的定义与区别。
4. 掌握证券投资基金的运作及参与主体。

第一节 证券投资基金概述

一、证券投资基金的含义

投资基金是一种利益共享、风险共担的集合投资方式，即通过发行基金单位集中投资者的资金，由基金托管人托管，基金管理人对资金进行统一管理运作，从事股票、债券、外汇、货币等金融工具投资，以获得投资收益和资本增值。

投资基金在不同的国家和地区称谓有所不同，在英国称为信托单位（Trust Unit），在美国称为共同基金或互惠基金（Mutual Fund），在日本和中国台湾则称为证券投资信托基金。

二、证券投资基金的产生和发展

一般认为，基金起源于英国，是在18世纪末、19世纪初产业革命的推动下出现的。当时，产业革命的成功使英国生产力水平迅速提高，工商业都取得了较大的发展，其殖民地和海外贸易遍及全球，大量的资金为追逐高额利润而涌向其他国家。可是大多数投资者缺乏国际投资知识，又不了解外国的情况，难以直接参加海外投资。于是，人们便萌发了众人集资、委托专人经营和管理的想法。这一想法得到了英国政府的支持。1868年由政府出面组建了海外和殖民地政府信托组织，公开向社会发售受益凭证。海外和殖民地政府信托组织是公认的最早的基金机构，以分散投资于国外殖民地的公司债为主，其投资地区遍及南北美洲、中东、东南亚地区和意大利、葡萄牙、西班牙等国，当时的投资总额共达48万英镑。该基金类似股票，不能退股，也不能兑现，认购者的权益仅限于分红和派息。100 多年来，随着社会经济的发展，世界基金产业从无到有，从小到大，尤其是20 世纪70 年代以来，随着世界投资规模的剧增、现代金融业的创新，品种繁多、名目各异的基金风起云涌，形成了一个庞大的产业。在美国，基金是股票、市政债券市场、商业票据主要的投资者，在经济发展与全球金融市场中扮演着重要角色。截至 2017 年底，美国注册投资公司（基金）的资产管理规模继续排名全球第一，约为 22.5 万亿美元，占美国家庭金融资产的 24%，投资者超过 1 亿。

三、证券投资基金的主要特征

证券投资基金具有多种投资功能，可以用来积累个人财富，可以作为价值的储藏工具，同时也是一种追求高收益的手段，投资基金通过向投资者发行股份或受益凭证募集社会闲散资金，再以适度分散的组合方式投资于各种金融资产，从而为投资者谋取最高利益。证券投资基金有以下特点：

（一）集合理财、专业管理

基金将众多投资者的资金集中起来，委托基金管理人进行共同投资，表现出一种集合理财的特点。通过汇集众多投资者的资金，积少成多，有利于发挥资金的规模优势，降低投资成本。基金由基金管理人进行投资管理和运作。基金管理人一般拥有大量的专业投资研究人员和强大的信息网络，能够更好地对证券市场进行全方位的动态跟踪与深入分析。将资金交给基金管理人管理，使中小投资者也能享受到专业化的投资管理服务。

（二）组合投资、分散风险

为降低投资风险，一些国家的法律通常规定基金必须以组合投资的方式进行基金的投资运作，从而使“组合投资、分散风险”成为基金的一大特色。中小投资者由于资金量小，一般无法通过购买数量众多的股票分散投资风险。基金通常会购买几十种甚至上百种股票，投资者购买基金就相当于用很少的资金购买了一篮子股票，在多数情况下，某些股票下跌造成的损失可以用其他股票上涨产生的盈利来弥补，因此可以充分享受到组合投资、分散风险的好处。

（三）利益共享、风险共担

证券投资基金实行利益共享、风险共担的原则。基金投资者是基金的所有者。基金投资收益在扣除由基金承担的费用后的盈余全部归基金投资者所有，并依据各投资者所持有的基金份额比例进行分配。为基金提供服务的基金托管人、基金管理人只能按规定收取一定比例的托管费、管理费，并不参与基金收益的分配。

（四）严格监管、信息透明

为切实保护投资者的利益，增强投资者对基金投资的信心，各国（地区）基金监管机构都对基金业实行严格的监管，对各种有损于投资者利益的行为进行严厉的打击，并强制基金进行及时、准确、充分的信息披露。在这种情况下，严格监管与信息透明也就成为基金的另一个显著特点。

（五）独立托管、保障安全

基金管理人负责基金的投资操作，本身并不参与基金财产的保管，基金财产的保管由独立于基金管理人的基金托管人负责。这种相互制约、相互监督的制衡机制对投资者的利益提供了重要的保障。

四、证券投资基金与股票、债券的区别

（一）反映的经济关系不同

股票反映的是一种所有权关系，是一种所有权凭证，投资者购买股票后就成为公司的股东；债券反映的是债权债务关系，是一种债权凭证，投资者购买债券后就成为公司的债权人；基金反映的则是一种信托关系，是一种受益凭证，投资者购买基金份额就成为基金的受益人。

（二）所筹资金的投向不同

股票和债券是直接投资工具，筹集的资金主要投向实业领域；基金是间接投资工具，所筹集的资金主要投向有价证券等金融工具或产品。

（三）投资收益与风险大小不同

通常情况下，股票价格的波动性较大，是一种高风险、高收益的投资品种；债券可以给投资者带来较为确定的利息收入，波动性也较股票要小，是一种低风险、低收益的投资品种；基金投资于众多金融工具或产品，能有效分散风险，是一种风险相对适中、收益相对稳健的投资品种。

（四）投资回收方式不同

债券投资是有一定期限的，期满后收回本金。股票投资是无限期的，除非公司破产、进入清算，投资者不得从公司收回投资，若要收回，只能在证券交易市场上按市场价格变现。投资基金则要视所持有的基金形态不同而有所区别：封闭式基金有一定的期限，期满后，投资者可按持有的份额分得相应的剩余资产，在封闭期内还可以在交易市场上变现；开放式基金一般没有期限，但投资者可随时向基金管理人要求赎回。

第二节 证券投资基金的分类

证券投资基金因各国的历史、社会、经济、文化等环境不同，呈现出各种各样的形态。根据不同的标准可以对它们进行不同的分类。下面介绍一些主要的投资基金类型：

一、根据组织形式和法律地位不同，可将基金分为契约型证券投资基金和公司型证券投资基金

公司型的证券投资基金以美国为代表，美国的证券投资基金皆按公司形式组成，

也称共同基金。契约型的证券投资基金以日本为代表。可以说，目前世界上的各种证券投资基金基本上都可以归到这两种类型中去。当然，在这两种类型的基础上又演变出其他不同的类型。

（一）契约型基金

契约型基金也称信托型基金，是根据一定信托契约原理，由基金发起人和基金管理人及基金托管人订立基金契约而组建的基金。基金管理公司按照相关法律、法规和基金契约负责基金的经营与管理，基金托管人负责保管基金资产，执行基金管理人的相关指令，办理基金名下的资金往来，投资者则通过购买基金单位，享有基金投资收益。契约型投资基金在英国、日本及我国的香港地区比较多见，我国颁布的《证券投资基金管理暂行办法》中所规定的也是契约型投资基金。

（二）公司型基金

公司型基金依公司法成立，通过发行基金股份将集中起来的资金投资于各种有价证券。公司型基金在组织形式上与股份有限公司类似，基金公司资产为投资者即股东所有，由股东选举董事会，由董事会选聘基金管理公司，基金管理公司负责管理基金业务。

契约型基金与公司型基金的不同点有以下几个方面：

（1）法律依据不同。公司型基金根据国家的公司法成立，因此基金公司具有法人资格。契约型基金根据国家的信托法组建，基金本身不具有法人资格。

（2）依据的章程契约不同。公司型基金经营信托财产凭借公司章程、委托管理契约和委托保管契约等文件；而契约型基金则凭借信托契约来经营信托财产。

（3）基金发行凭证不同。公司型基金发行的是普通股股票，它既是一种所有权凭证，又是一种信托关系；契约型基金发行的是受益凭证，它反映的仅仅是一种信托关系。

（4）投资者的地位不同。公司型基金的投资者是公司的股东，有权享有股东的一切权益；而契约型基金的投资者仅仅是受益人，有收益分配权，却无权参与基金的经营管理。

（5）基金融资渠道不同。公司型基金可以向银行借款；而契约型基金则不能。

（6）基金具体运作不同。公司型基金同一般股份公司一样，一般情况下都具有永久性，不能随意成立和终止；契约型基金依据信托契约建立和运作，随着契约期满基金运营即终止。

二、根据受益凭证是否可赎回，可将基金分为封闭型证券投资基金与开放型证券投资基金

（一）封闭型证券投资基金

封闭式基金是指经核准的基金份额总额在基金合同期限内固定不变，基金份额可以在依法设立的证券交易场所交易，但基金份额持有人不得申请赎回的基金。由于封

闭式基金在封闭期内不能追加认购或赎回，投资者只能通过证券经纪商在二级市场上进行基金的买卖。封闭式基金的期限是指基金的存续期，即基金从成立起到终止之间的时间。决定基金期限长短的因素主要有两个：一是基金本身投资期限的长短。一般来说，如果基金的目标是进行中长期投资，其存续期就可长一些；反之，如果基金的目标是进行短期投资（如货币市场基金），其存续期就可短一些。二是宏观经济形势。一般来说，如果经济稳定增长，基金存续期就可长一些，否则应相对短一些。当然，在现实中，存续期还应依据所在国家或地区的法律、法规规定及基金发起人和众多投资者的要求来确定。基金期限届满即为基金终止，管理人应组织清算小组对基金资产进行清产核资，并将清产核资后的基金净资产按照投资者的出资比例进行公正、合理的分配。

（二）开放型证券投资基金

开放型证券投资基金是指基金份额不固定，基金份额可以在基金合同约定的时间和场所进行申购或者赎回的一种基金运作方式。开放型基金是基金管理公司在设立基金时，发行基金单位的总份额不固定，可以根据市场供求情况发行新份额或者被投资者赎回的投资基金。投资者可根据市场状况和各自的投资决策，或者要求发行机构按现期净资产值扣除手续费后赎回股份或受益凭证，或者再买入股份或受益凭证，增持基金单位份额，其买卖价格按照基金单位资产净值加上一定手续费确定。交易方式一般为柜台交易，存续期间没有明确规定。

（三）二者的区别

（1）赎回性不同。封闭型基金的份额不能被赎回，资本总额是固定不变的；开放型基金的份额是可赎回的，资本总额是可变的。

（2）期限不同。封闭型基金一般设定存续期限，如 5 年或 10 年；开放型基金不设定存续期限，只要基金不破产就可以永远存在下去。

（3）买卖方式不同。开放型基金的投资者可以随时直接向基金管理公司或通过经销商购买。而封闭型基金刚发起设立时，投资者可以向基金管理公司或经销机构按面值或规定价格购买；当发行完毕或基金已经上市交易后，投资者只能通过经纪商在证券交易市场上按市价买卖。

（4）基金单位的交易价格计算标准不同。封闭型基金的买卖价格受市场供求关系的影响，常出现溢价或折价现象，并不必然反映基金的资产净值。开放型基金的交易价格则取决于基金每单位净资产值的大小。

（5）基金投资方式不同。封闭型基金在基金封闭期间不许赎回，因此可拿出全部基金资产用作投资，并且可以用作长线投资；而开放型基金，由于需要应付投资者随时赎回兑现，经理人必须保留一部分现金，而且投资组合流动性必须很强，以备大规模赎回之需。

（6）再筹资方式不同。封闭型基金可以发行优先股、债券或向银行贷款；开放型基金可以通过增发基金份额来扩大经营规模。

三、依据投资对象的不同，可以将基金分为股票基金、债券基金、货币市场基金、混合基金等

股票基金是指以股票为主要投资对象的基金。股票基金在各类基金中历史最为悠久，也是各国（地区）广泛采用的一种基金类型。根据中国证监会对基金类别的分类标准，基金资产60%以上投资于股票的为股票基金。

债券基金主要以债券为投资对象。根据中国证监会对基金类别的分类标准，基金资产80%以上投资于债券的为债券基金。

货币市场基金以货币市场工具为投资对象。根据中国证监会对基金类别的分类标准，仅投资于货币市场工具的为货币市场基金。

混合基金同时以股票、债券等为投资对象，以期通过在不同资产类别上的投资实现收益与风险之间的平衡。根据中国证监会对基金类别的分类标准，投资于股票、债券和货币市场工具，但股票投资和债券投资的比例不符合股票基金、债券基金规定的为混合基金。

依据投资对象对基金进行分类，简单明确，对投资者具有直接的参考价值。

四、根据投资目标的不同，可以将基金分为增长型基金、收入型基金和平衡型基金

增长型基金是指以追求资本增值为基本目标，较少考虑当期收入的基金，主要以具有良好增长潜力的股票为投资对象。

收入型基金是指以追求稳定的经常性收入为基本目标的基金，主要以大盘蓝筹股、公司债、政府债券等稳定收益证券为投资对象。

平衡型基金则是既注重资本增值又注重当期收入的一类基金。

一般而言，增长型基金的风险大、收益高；收入型基金的风险小、收益较低；平衡型基金的风险、收益则介于增长型基金与收入型基金之间。根据投资目标的不同，既有以追求资本增值为基本目标的增长型基金，也有以获取稳定的经常性收入为基本目标的收入型基金和兼具增长与收入双重目标的平衡型基金。不同的投资目标决定了基金的基本投向与基本的投资策略，以适应不同投资者的投资需要。

五、按基金的投资理念划分，可将基金分为主动型基金和被动型基金

（1）主动型基金。主动型基金是指力图取得超越基准组合表现的基金。

（2）被动型基金。被动型基金一般选取特定指数作为跟踪对象，因此通常又被称为“指数基金”。指数基金是20世纪70年代以来出现的新的基金品种。由于其投资组合模仿某一股价指数或债券指数，收益随着即期的价格指数上下波动，因此当价格指数上升时，基金收益增加；反之，收益减少。基金因始终保持即期的市场平均收益水平，所以收益不会太高，也不会太低。

指数基金的优势是：

①费用低廉；

②风险较小；

③在以机构投资者为主的市场中，指数基金可获得市场平均收益率，可以为股票投资者提供比较稳定的投资回报；

④指数基金可以作为避险套利的工具，由于指数基金收益率的稳定性、投资的分散性以及高流动性，特别适合于社保基金等数额较大、风险承受能力较低的资金投资。

六、根据基金的资金来源和用途，可以将基金分为在岸基金和离岸基金

（1）在岸基金。

在岸基金是指在本国募集资金并投资于本国证券市场的证券投资基金。由于在岸基金的投资者、基金组织、基金管理人、基金托管人及其他当事人和基金的投资市场均在本国境内，所以基金的监管部门比较容易运用本国法律法规及相关技术手段对证券投资基金的投资运作行为进行监管。

（2）离岸基金。

离岸基金是指一国（地区）的证券投资基金组织在他国（地区）发售证券投资基金份额，并将募集的资金投资于本国（地区）或第三国证券市场的证券投资基金。

七、根据募集方式的不同，可以将基金分为公募基金和私募基金

公募基金是指可以面向社会公众公开发售的一类基金。

私募基金是指只能采取非公开方式，面向特定投资者募集发售的基金。

公募基金主要具有如下特征：可以面向社会公众公开发售基金份额和宣传推广，基金募集对象不固定；投资金额要求低，适宜中小投资者参与；必须遵守基金法律和法规的约束，并接受监管部门的严格监管。

与公募基金相比，私募基金不能进行公开的发售和宣传推广，投资金额要求高，投资者的资格和人数常常受到严格的限制。如美国相关法律要求，私募基金的投资者人数不得超过100人，每个投资者的净资产必须在100万美元以上。与公募基金必须遵守基金法律和法规的约束并接受监管部门的严格监管相比，私募基金在运作上具有较大的灵活性，所受到的限制和约束也较少。它既可以投资于衍生金融产品进行买空卖空交易，也可以进行汇率、商品期货投机交易等。私募基金的投资风险较高，主要以具有较强风险承受能力的富裕阶层为目标客户。

八、特殊类型基金

（1）系列基金。

系列基金又称为伞形基金，是指多个基金共用一个基金合同，子基金独立运作，子基金之间可以进行相互转换的一种基金结构形式。

（2）保本基金。

在我国，将“保本基金”名称调整为“避险策略基金”。

（3）基金中的基金。

基金中基金即FOF，是指以其他证券投资基金为投资对象的基金，其投资组合由其他基金组成。

2016 年 9 月 11 日，中国证监会发布《公开募集证券投资基金运作指引第 2 号——基金中基金指引》(简称《基金中基金指引》)，为公募基金进入 FOF 业务设定了基础框架，意味着公募 FOF 产品的成立、发展由此拉开了序幕。

（4）交易型开放式指数基金（ETF）与 ETF 联接基金。

交易型开放式指数基金通常又称为交易所交易基金（Exchange Traded Funds, ETF)，是一种在交易所上市交易的、基金份额可变的一种开放式基金。ETF 最早产生于加拿大，但其发展与成熟主要是在美国。ETF 一般采用被动式投资策略跟踪某一标的市场指数，因此具有指数基金的特点。ETF 结合了封闭式基金与开放式基金的运作特点。投资者既可以像封闭式基金那样在交易所二级市场买卖，又可以像开放式基金那样申购、赎回。不同的是，它的申购是用一篮子股票换取 ETF 份额，赎回时则是换回一篮子股票而不是现金。这种交易制度使该类基金存在一级和二级市场之间的套利机制，可有效防止类似封闭式基金的大幅折价。

1990 年，加拿大多伦多证券交易所（TSE）推出了世界上第一只 ETF——指数参与份额（TIP)。1993 年，美国的第一只 ETF——标准普尔存托凭证（SPDR）诞生，其后 ETF 在美国开始获得迅速发展。根据美国投资公司协会的统计，截至 2018 年 4 月，美国共有 2 045 只 ETF 产品，资产总值达 3.7 万亿美元。ETF 已成为美国基金市场上成长速度最快的基金品种之一。

我国第一只 ETF 成立于 2004 年年底的上证 50ETF。2017 年国内共有 23 只 ETF 成立，仅次于 2013 年的新发数量，说明机构布局 ETF 的热情依旧高涨。截至 2017 年年底，市场上 ETF 的数量共 141 只，总规模为 2 320.65 亿元，相比 2016 年底规模增加 273.52 亿元，上涨幅度为 13.36%。普通投资者尽管可以像买卖封闭式基金一样在交易所买卖 ETF，但对未参与股票二级市场交易的投资者而言仍无法参与 ETF 投资。在这种情况下，一种将其绝大部分基金财产投资于跟踪同一标的指数的 ETF（简称“目标 ETF”)、密切跟踪标的指数表现、采用开放式运作方式、可以在场外申购或赎回的、被称为“ETF 联接基金”的基金应运而生。

根据中国证监会的相关指引，ETF 联接基金投资于目标 ETF 的资产不得低于基金资产净值的 90%，其余部分应投资于标的指数的成分股和备选成分股以及中国证监会规定的其他证券品种。从性质上看，可以将 ETF 联接基金看作一种指数型的基金中的基金。

（5）上市开放式基金（LOF)。上市开放式基金（Listed Open-ended Funds, LOF）是一种既可以在场外市场进行基金份额申购、赎回，又可以在交易所（场内市场）进行基金份额交易和基金份额申购或赎回的开放式基金。它是我国对证券投资基金的一种本土化创新。LOF 结合了银行等代销机构和交易所交易网络二者的销售优势，为开放式基金销售开辟了新的渠道。LOF 通过场外市场与场内市场获得的基金份额分别被注册登记在场外系统与场内系统，但基金份额可以通过跨系统转托管（即跨系统转登记）实现在场外市场与场内市场的转换。LOF 获准交易后，投资者既可以通过银行等场外销售渠道申购和赎回基金份额，也可以在挂牌的交易所买卖该基金或进行基金份额的申购与赎回。LOF 所具有的转托管机制与可以在交易所进行申购、赎回的制度安排，使 LOF 不会出现封闭式基金的大幅折价交易现象。

LOF 与 ETF 都具有开放式基金可以申购、赎回和场内交易的特点，但二者存在本质区别，主要表现在：

（1）申购、赎回的标的不同。ETF 与投资者交换的是基金份额与一篮子股票；而 LOF 的申购、赎回是基金份额与现金的对价。

（2）申购、赎回的场所不同。ETF 的申购、赎回通过交易所进行；LOF 的申购、赎回既可以在代销网点进行也可以在交易所进行。

（3）对申购、赎回限制不同。只有资金在一定规模以上的投资者（基金份额通常要求在 50 万份以上）才能参与 ETF 一级市场的申购、赎回交易；而 LOF 在申购、赎回上没有特别要求。

（4）基金投资策略不同。ETF 通常采用完全被动式管理方法，以拟合某一指数为目标；而 LOF 则是普通的开放式基金增加了交易所的交易方式，它可以是指数型基金，也可以是主动管理型基金。

（5）在二级市场的净值报价上，ETF 每 15 秒提供一个基金参考净值报价；而 LOF 的净值报价频率要比 ETF 低，通常 1 天只提供 1 次或几次基金净值报价。

（6）QDII 基金。QDII 是 Qualified Domestic Institutional Investors（合格的境内机构投资者）的首字缩写。QDII 基金是指在一国境内设立，经该国有关部门批准从事境外证券市场的股票、债券等有价证券投资的基金。它为国内投资者参与国际市场投资提供了便利。2007 年我国推出了首批 QDII 基金。

（7）分级基金。分级基金又称为结构型基金、可分离交易基金，是指在一只基金内部通过结构化的设计或安排，将普通基金份额拆分为具有不同预期收益与风险的两类（级）或多类（级）份额并可分离上市交易的一种基金产品。

第三节 证券投资基金的运作与参与主体

一、证券投资基金的运作

基金的运作包括基金的市场营销、基金的募集、基金的投资管理、基金资产的托管、基金份额的登记、基金的估值与会计核算、基金的信息披露以及其他基金运作活动在内的所有相关环节。

基金的运作活动从基金管理人的角度看，可以分为基金的市场营销、基金的投资管理与基金的后台管理三大部分。基金的市场营销主要涉及基金份额的募集与客户服务，基金的投资管理体现了基金管理人的服务价值，而包括基金份额的注册登记、基金资产的估值、会计核算、信息披露等后台管理服务则对保障基金的安全运作起着重要的作用。

二、基金的参与主体

在基金市场上，存在许多不同的参与主体。依据所承担的职责与作用的不同，可以将基金市场的参与主体分为基金当事人、基金市场服务机构、基金监管机构和自律组织三大类。

（一）基金当事人

1．证券投资基金当事人

我国的证券投资基金依据基金合同设立，基金份额持有人、基金管理人与基金托管人是基金合同的当事人，简称基金当事人。

（1）基金份额持有人。基金份额持有人即基金投资者，是基金的出资人、基金资产的所有者和基金投资回报的受益人。按照《中华人民共和国证券投资基金法》（简称《证券投资基金法》）的规定，我国基金份额持有人享有以下权利：分享基金财产收益，参与分配清算后的剩余基金财产，依法转让或者申请赎回其持有的基金份额，按照规定要求召开基金份额持有人大会，对基金份额持有人大会审议事项行使表决权，查阅或者复制公开披露的基金信息资料，对基金管理人、基金托管人、基金销售机构损害其合法权益的行为依法提出诉讼，基金合同约定其他权利。

（2）基金管理人。基金管理人是基金产品的募集者和管理者，其最主要职责就是按照基金合同的约定，负责基金资产的投资运作，在有效控制风险的基础上为基金投资者争取最大的投资收益。基金管理人在基金运作中具有核心作用，基金产品的设计、基金份额的销售与注册登记、基金资产的管理等重要职能多半由基金管理人或基金管理人选定的其他服务机构承担。在我国，基金管理人只能由依法设立的基金管理公司担任。

（3）基金托管人。为了保证基金资产的安全，《证券投资基金法》规定，基金资产必须由独立于基金管理人的基金托管人保管，从而使基金托管人成为基金的当事人之一。基金托管人的职责主要体现在基金资产保管、基金资金清算、会计复核以及对基金投资运作的监督等方面。在我国，基金托管人只能由依法设立并取得基金托管资格的商业银行担任。

2．证券投资基金当事人之间的关系

（1）持有人与管理人之间的关系

在基金的当事人中，基金份额持有人通过购买基金份额或基金股份，参加基金投资并将资金交给基金管理人管理，享有基金投资的收益权，是基金资产的终极所有者和基金投资收益的受益人。基金管理人则是接受基金份额持有人的委托，负责对所筹集的资金进行具体的投资决策和日常管理，并有权委托基金托管人保管基金资产的金融中介机构。因此，基金份额持有人与基金管理人之间的关系是委托人、受益人与受托人的关系，也是所有者和经营者之间的关系。

（2）管理人与托管人之间的关系

基金管理人与托管人的关系是相互制衡的关系。基金管理人是基金的组织者和管理者，负责基金资产的经营，是基金运营的核心；托管人由主管机关认可的金融机构担任，负责基金资产的保管，依据基金管理机构的指令处置基金资产并监督管理人的投资运作是否合法、合规。对基金管理人而言，处理有关证券、现金收付的具体事务交由基金托管人办理，就可以专心从事资产的运用和投资决策。基金管理人和基金托管人均对基金份额持有人负责。他们的权利和义务在基金合同或基金公司章程中已预先界定清楚，任何一方有违规之处，对方都应当监督并及时制止，直至请求更换违规方。这种相互制衡的运行机制，有利于基金信托财产的安全和基金运用的绩效。但是这种机制的作用得以有效发挥的前提是基金托管人与基金管理人必须严格分开，由不具有任何关联关系的不同机构或公司担任，二者在财务上、人事上、法律地位上应该完全独立。

（3）持有人与托管人之间的关系

基金份额持有人与托管人的关系是委托与受托的关系，也就是说，基金份额持有人将基金资产委托给基金托管人保管。对持有人而言，将基金资产委托给专门的机构保管，可以确保基金资产的安全；对基金托管人而言，必须对基金份额持有人负责，监管基金管理人的行为，使其经营行为符合法律、法规的要求，为基金份额持有人的利益而勤勉尽责，保证资产安全，提高资产的回报。

（二）基金市场服务机构

基金管理人、基金托管人既是基金的当事人，又是基金的主要服务机构。除基金管理人与基金托管人外，基金市场上还有许多面向基金提供各类服务的其他机构。这些机构主要包括基金销售机构、注册登记机构、律师事务所、会计师事务所、基金投资咨询公司、基金评级机构等。

1. 基金销售机构

基金销售机构是受基金管理公司委托从事基金代理销售的机构。通常，只有机构客户或资金规模较大的投资者才直接通过基金管理公司进行基金份额的直接买卖，一般资金规模较小的普通投资者通常经过基金代销机构进行基金的申（认）购与赎回或买卖。在我国，只有中国证券监督管理委员会认定的机构才能从事基金的代理销售。目前，商业银行、证券公司、证券投资咨询机构、专业基金销售机构以及中国证监会规定的其他机构，均可以向中国证监会申请基金代销业务资格，从事基金的代销业务。

2. 注册登记机构

基金注册登记机构是指负责基金登记、存管、清算和交收业务的机构。其具体业务包括投资者基金账户管理、基金份额注册登记、清算及基金交易确认、红利发放、基金份额持有人名册的建立与保管等。目前，在我国承担基金份额注册登记工作的主要是基金管理公司自身和中国证券登记结算有限责任公司（简称“中国结算公司”）。

3. 律师事务所和会计师事务所

律师事务所和会计师事务所作为专业、独立的中介服务机构，为基金提供法律、会计服务。

4. 基金投资咨询机构与基金评级机构

基金投资咨询机构是向基金投资者提供基金投资咨询建议的中介机构；基金评级机构则是向投资者以及其他市场参与主体提供基金评价业务、基金资料与数据服务的机构。

（三）基金监管机构和自律组织

1. 基金监管机构

为了保护基金投资者的利益，世界上不同国家和地区都对基金活动进行严格的监督管理。基金监管机构通过依法行使审批或核准权，依法办理基金备案，对基金管理人、基金托管人以及其他从事基金活动的中介机构进行监督管理，对违法、违规行为进行查处，因此其在基金的运作过程中起着重要的作用。

2. 基金自律组织

证券交易所是基金的自律管理机构之一。我国的证券交易所是依法设立的，不以营利为目的，为证券的集中和有组织的交易提供场所和设施，履行国家有关法律、法规、规章、政策规定的职责，实行自律性管理的法人。一方面，封闭式基金、上市开放式基金和交易型开放式指数基金等需要通过证券交易所募集和交易，必须遵守证券交易所的规则；另一方面，经中国证监会授权，证券交易所对基金的投资交易行为还承担着重要的一线监控职责。

基金行业自律组织是由基金管理人、基金托管人或基金销售机构等行业组织成立的同业协会。同业协会在促进同业交流、提高从业人员素质、加强行业自律管理、促进行业规范发展等方面具有重要的作用。

重要概念

证券投资基金　开放式基金　封闭式基金　货币市场投资基金　公募基金　私募基金　ETF 基金　LOF 基金　增长型基金　收入型基金　基金管理人　基金托管人

思考题

1. 证券投资基金有哪些特点?
2. 简述证券投资基金与股票、债券的区别。
3. 简述私募基金和公募基金的区别，以及对私募基金应持何种态度。
4. 请说明封闭式基金和开放式基金各自的特征，并比较二者的异同。
5. 简述公司型基金与契约型基金的区别。
6. 简述证券投资基金当事人之间的关系。

补充阅读材料

基金定投：懒人理财 小钱变大钱

基金定投是定期定额投资基金的简称，是指在固定的时间（如每月8日）以固定的金额（如500元）投资到指定的开放式基金中，类似于银行的零存整取方式。基金定投具有以下特点：

1. 平均成本、分散风险

普通投资者很难适时掌握正确的投资时点，常常可能是在市场高点买入，在市场低点卖出。而采用基金定期定额投资方式，不论市场行情如何波动，每个月固定一天定额投资基金，由银行自动扣款，自动依基金净值计算可买到的基金份额数。这样投资者购买基金的资金是按期投入的，投资的成本也比较平均。举例来说，若您每隔两个月投资100元于某一只开放式基金，1年下来共投资6次总金额为600元，每次投资时基金的申购价格分别为1元、0.95元、0.90元、0.92元、1.05元和1.1元，则您每次可购得的份额数分别为100份、105.3份、111.1份、108.7份、95.2份和90.9份，累计份额数为611.2份，则平均成本为600÷611.2=0.982元，而投资报酬率则为（1.1×611.2－600）÷600×100%=12.05%，比起一开始即以1元的申购价格投资600元的投资报酬率10%更佳。

2. 适合长期投资

由于定期定额是分批进场投资，当股市在盘整或是下跌的时候，由于定期定额是分批承接，因此反而可以越买越便宜，股市回升后的投资报酬率也胜过单笔投资。对于中国股市而言，长期看应是震荡上升的趋势，因此定期定额非常适合长期投资理财计划。

3. 自动扣款，手续简单

定期定额投资基金只需投资者去基金代销机构办理一次性的手续，此后每期的扣款申购均自动进行，一般以月为单位，但是也有以半月、季度等其他时间限期作为定期的单位的。相比而言，如果自己去购买基金，就需要投资者每次都亲自到代销机构办理手续。因此定期定额投资基金也被称为“懒人理财术”，充分体现了其便利性的特点。

基金定投具有以下优点：

1. 省时省力，省事省心

办理基金定投之后，代销机构会在每个固定的日期自动扣缴相应的资金用于申购基金，投资者只需确保银行卡内有足够的资金即可，省去了去银行或者其他代销机构办理的时间和精力。

2. 定期投资，积少成多

投资者可能每隔一段时间都会有一些闲散资金，通过定期定额投资计划购买标的进行投资增值可以“聚沙成丘”，在不知不觉中积攒一笔不小的财富。

3. 不用考虑投资时点

投资的要诀就是“低买高卖”，但却很少有人在投资时掌握到最佳的买卖点获利，为避免这种人为的主观判断失误，投资者可通过“定投计划”来投资市场，不必在乎进场时点，不必在意市场价格，无须为其短期波动而改变长期投资决策。

4. 复利效果，长期可观

“定投计划”收益为复利效应，本金所产生的利息加入本金继续衍生收益，通过利滚利的效果，随着时间的推移，复利效果越明显。定投的复利效果需要较长时间才能充分展现，因此不宜因市场短线波动而随便终止。只要长线前景佳，市场短期下跌反而是累积更多便宜单位数的时机，一旦市场反弹，长期累积的单位数就可以一次获利。

5. 办理手续便捷快速

目前，已经有工商银行、交通银行、中国银行、建设银行、农业银行和民生银行等开通了基金定投业务。投资者可以在网上进行基金的申购、赎回等所有交易，实现基金账户与银行资金账户的绑定，设置申购日、金额、期限、基金代码等进行基金的定期定额定投。与此同时，网上银行还具备基金账户查询、基金账户余额查询、净值查询、变更分红方式等多项功能，投资者可轻松完成投资。

进行基金定投时，应遵循以下投资原则：

1. 设定理财目标

每个月可以定时扣款300元或500元，净值高时买进的份额数少，净值低时买进的份额数多，这样可分散进场时间。这种“平均成本法”最适合筹措退休基金或子女教育基金等。

2. 量力而行

定期定额投资一定要做得轻松、没负担，曾有客户为分散投资标的而决定每月扣款50 000元，但一段时间后却必须把定期存款取出来继续投资，这样太划不来。建议大家最好先分析一下自己每月的收支状况，计算出固定能省下来的闲置资金。

3. 选择有上升趋势的市场

超跌但基本面不错的市场最适合开始定期定额投资，即便目前市场处于低位，只要看好未来长期发展，就可以考虑开始投资。

4. 投资期限决定投资对象

定期定额长期投资的时间复利效果分散了股市多空、基金净值起伏的短期风险，只要能遵守长期扣款原则，选择波动幅度较大的基金其实更能提高收益，而且风险较高的基金的长期报酬率应该胜过风险较低的基金。如果较长期的理财目标是5年以上至10年、20年，不妨选择波动较大的基金，而如果是5年内的目标，还是选择绩效较平稳的基金为宜。

5. 持之以恒

长期投资是定期定额积累财富最重要的原则，这种方式最好要持续3年以上，才能得到好的效果，并且长期投资更能发挥定期定额的复利效果。

6. 掌握解约时机

定期定额投资的期限也要因市场情形来决定，比如已经投资了2年，市场上升到了非常高的点位，并且分析之后行情可能将进入另一个空头循环，那么最好先行解约获利了结。如果您即将面临资金需求时，例如退休年龄将至，就更要开始关注市场状况，决定解约时点。

7. 善用部分解约，适时转换基金

开始定期定额投资后，若临时必须解约赎回或者市场处在高点位置，而自己对后市情况不是很确定，也不必完全解约，可赎回部分份额取得资金。若市场趋势改变，可转换到另一轮上升趋势的市场中，继续进行定期定额投资。

8. 要信任专家

开始定期定额投资时不必过分在意短期涨跌和份额数累积状况，在必要的时候可以咨询专家的意见。

基金定期定额投资业务日渐受到投资者青睐，此投资方式不但能平均成本、分散风险，而且投资方式类似于“零存整取”储蓄，只要去银行或证券营业部签订一份协议，就可实现自动投资，坐享收益，所以基金定投又被称为“懒人投资术”。不过，基金定投毕竟是一项新业务，很多投资者认识上存在诸多误区。

误区之一：任何基金都适合定投

定投虽能平均成本，控制风险，但也不是所有的基金都适合。债券型基金收益一般较稳定，定投和一次性投资效果差距不是太大，而股票型基金波动较大，更适合用定投来均衡成本和风险。

误区之二：定投只能长期投资

定期定额投资基金虽便于控制风险，但在后市不看好的情况下，无论是一次性投资还是定投均应谨慎，已办理的基金定投计划也应可以考虑规避风险的问题。如，原本计划投资五年，扣款两年后如果觉得市场前景变坏，则可考虑先获利了结，不必一味等待计划到期。

误区之三：扣款日可以是任意一天

定投虽采用每月固定日扣款，但因为有的月份只有28天，所以为保证全年在固定时间扣款，扣款日只能是每月1～28日；另外，扣款日如遇节假日将自动顺延，如，约定扣款日是7月8日，但如果次月8日为周日，则扣款日自动顺延至9日。

误区之四：只能按月定期定额投资

一般情况下，定投只能按月投资，不过也有基金公司规定，定投可按月、双月或季度投资。现在多数单位工资一般分为月固定工资和季度奖。如月工资仅够日常之用，季度奖可以投资，适合按季投资。如果每月工资较宽裕，或年轻人想强迫自己攒钱则可按月投资。

误区之五：漏存、误存后定投协议失效

投资者有时会因为忘记提前存款、工资发放延误及数额减少等因素，造成基金定投无法正常扣款，这时有的投资者认为这是自己违约，定投就失效了。其实，部分基金公司和银行规定，如当日法定交易时间投资人的资金账户余额不足，银行系统会自动于次日继续扣款直到月末，并按实际扣款当日基金份额净值计算确认份额。所以，当月扣款不成功也不要紧，只要尽快在账户内存钱（三个月内）就可继续参加定投。

误区之六：定投金额可以直接变更

按规定，签订定期定额投资协议后，约定投资期内不能直接修改定投金额，如想变更只能到代理网点先办理“撤销定期定额申购”手续，然后重新签订“定期定额申购申请书”后方可变更。现在各银行的网上银行业务可以随时方便地修改投资金额和扣款时间。

误区之七：基金赎回只能一次赎清

很多投资者以为赎回时只能将所持有的定投基金全部赎回，其实定投的基金可以一次性全部赎回，也可选择部分赎回，或部分转换。如资金需求的数额小于定投金额，可用多少赎多少，其他份额可继续持有。

误区之八：赎回后定投协议自动终止

有人认为定投的基金赎回后，定投就自动终止了，其实，基金即使全部赎回，但之前签署的投资合同仍有效，只要你的银行卡内有足够金额及满足其他扣款条件，此后银行仍会定期扣款。所以，客户如想取消定投计划，除了赎回基金外，还应到销售网点填写“定期定额申购终止申请书”，办理终止定投手续；也可以连续三个月不满足扣款要求，以此实现自动终止定投业务。

第五章　金融衍生工具

学习目的与要求

1. 掌握金融衍生工具的概念、基本特征及分类。
2. 掌握金融期货的定义、交易制度。
3. 掌握金融期货合约的主要种类。
4. 掌握金融期货的基本功能。
5. 掌握金融期权的定义、特征及种类。
6. 熟悉金融期货与金融期权的区别。
7. 掌握权证的定义、分类、要素；熟悉权证的发行、上市与交易。
8. 掌握可转换债券的定义、特征和主要要素。

第一节　金融衍生工具概述

一、金融衍生工具的概念

金融衍生工具又称金融衍生品，是与基础金融产品相对应的一个概念，指建立在基础产品和基础变量之上，其价格取决于基础金融产品的价格（或数值）变动的派生金融产品。这里所说的基础产品是 个相对的概念，不仅包括现金金融产品（如债券、股票、银行定期存款单等），也包括金融衍生工具。金融衍生工具的基础变量种类繁多，主要是各种资产价格指数、利率、汇率、费率、通货膨胀率以及信用等级等，近年来，某些自然现象（如气温、降雪量、霜冻、飓风）甚至人类行为（如选举、温室气体排放）也逐渐成为金融衍生工具的基础变量。

二、金融衍生工具的特征

由金融衍生工具的定义可以看出，它们具有下列四个显著特性：

1. 跨期性

金融衍生工具是交易双方通过对利率、汇率、股价等因素变动趋势的预测，约定在未来某一时间按照一定条件进行交易或选择是否交易的合约。

2. 杠杆性

金融衍生工具交易一般只需要支付少量的保证金或权利金就可签订远期大额合约或互换不同的金融工具。金融衍生工具的杠杆效应一定程度上决定了它的高投机性和高风险性。

3. 联动性

这是指金融衍生工具的价值与基础产品或基础变量紧密联系、规则变动。通常，金融衍生工具与基础变量相联系的支付特征由衍生工具合约规定，其联动关系既可以是简单的线性关系，也可以表达为非线性函数或者分段函数。

4. 不确定性或高风险性

金融衍生工具的交易后果取决于交易者对基础工具（变量）未来价格（数值）的预测和判断的准确程度。基础工具价格的变幻莫测决定了金融衍生工具交易盈亏的不稳定性，这是金融衍生工具高风险性的重要诱因。基础金融工具价格不确定性仅仅是金融衍生工具风险性的一个方面。

三、金融衍生工具的分类

随着金融创新的发展，金融衍生工具经过不断的衍生再衍生，组合再组合，品种不断增加。按照不同的分类标准，金融衍生工具有以下不同的分类：

（一）按产品形态分类

根据产品形态，金融衍生工具可分为独立衍生工具和嵌入式衍生工具。

独立衍生工具指本身即为独立存在的金融合约，例如期权合约、期货合约或者互换交易合约等。

嵌入式衍生工具是指嵌入到非衍生合同（简称“主合同”）中的衍生金融工具。该衍生工具使主合同的部分或全部现金流量将按照特定利率、金融工具价格、汇率、价格或利率指数、信用等级或信用指数，或类似变量的变动而发生调整，例如目前公司债券条款中包含的赎回条款、返售条款、转股条款、重设条款等。

（二）按交易方法分类

金融衍生工具根据自身交易的方法和特点可以分为金融远期、金融期货、金融期权和金融互换。

金融远期是指合约双方同意在未来日期按照协定价格交换金融资产的合约。金融远期合约规定了将来交换的资产、交换的日期、交换的价格和数量，合约条款因双方的需要不同而不同，主要有远期利率协议、远期外汇合约、远期股票合约等。

金融期货是指交易双方在集中的交易场所以公开竞价方式进行的标准化金融期货交易的合约。金融期货是以金融工具（或金融变量）为基础工具的期货交易，主要包括货币期货、利率期货、股票指数期货和股票期货四种。

金融期权是指合约双方按约定价格，在约定日期内就是否买卖某种金融工具所达成的契约，包括现货期权和期货期权两大类，每一类又可分为很多类。

金融互换是指两个或两个以上的当事人按共同商定的条件，在约定的时间内，交换一定支付款项的金融交易，主要有货币互换和利率互换。

（三）按金融衍生工具交易性质的不同分类

金融衍生工具按交易性质的不同，可分为远期类工具和选择权类工具。

在远期类工具交易中，交易双方均有在将来某一日期按一定条件进行交易的权利与义务，双方的风险收益是对称的。属于这一类的有远期合约、期货合约、互换合约。

在选择权类工具交易中，合约的买方有权根据市场情况选择是否履行合约，即合约的买方拥有不执行合约的权利，而合约的卖方则负有在买方履行合约时执行合约的义务。因此，双方的权利、义务以及风险收益是不对称的。属于这一类的有期权合约以及期权合约的变形如认股权证、可转换债券等。

（四）按照基础工具种类分类

金融衍生工具从基础工具分类角度，可以划分为股权类产品的衍生工具、货币衍生工具、利率衍生工具、信用衍生工具以及其他衍生工具。

股权类产品的衍生工具指以股票或股票指数为基础工具的金融衍生工具，主要包括股票期货、股票期权、股票指数期货、股票指数期权以及上述合约的混合交易合约。

货币衍生工具是指以各种货币作为基础工具的金融衍生工具，主要包括远期外汇合约、货币期货、货币期权、货币互换以及上述合约的混合交易合约。

利率衍生工具是指以利率或利率的载体为基础工具的金融衍生工具，主要包括远期利率协议、利率期货、利率期权、利率互换以及上述合约的混合交易合约。

信用衍生工具是指以基础产品所蕴含的信用风险或违约风险为基础变量的金融衍生工具，用于转移或防范信用风险，是20世纪90年代以来发展最为迅速的一类衍生产品，主要包括信用互换、信用联结票据等。

除以上四类金融衍生工具之外，还有相当数量的金融衍生工具是在非金融变量的基础上开发的，例如用于管理气温变化风险的天气期货、管理政治风险的政治期货、管理巨灾风险的巨灾衍生产品等。

（五）按交易场所分类

（1）交易所交易的衍生工具。这是指在有组织的交易所上市交易的衍生工具，例如在股票交易所交易的股票期权产品，在期货交易所和专门的期权交易所交易的各类期货合约、期权合约等。

（2）场外交易市场（简称OTC）交易的衍生工具。这是指通过各种通信方式，不通过集中的交易所，实行分散的、一对一交易的衍生工具，例如金融机构之间、金融机构与大规模交易者之间进行的各类互换交易和信用衍生品交易。

第二节　金融期货

一、金融期货概述

（一）金融期货的概念

金融期货是指交易双方在将来的约定时间按当前约定价格买卖一定数量的某种金融资产或金融指标的合约。金融期货的标的物不是一般商品，而是证券、债券、存单、股票、股票指数、利率等金融资产或金融指标。1972 年，美国芝加哥商业交易所的国际货币市场开始国际货币的期货交易。1975 年芝加哥商业交易所开展房地产抵押券的期货交易，标志着金融期货交易的开始。现在，芝加哥商业交易所、纽约期货交易所和纽约商品交易所等都进行各种金融工具的期货交易，货币、利率、股票指数等都被作为期货交易的对象。

（二）金融期货的主要交易制度

金融期货交易有一定的交易规则，这些规则是期货交易正常进行的制度保证，也是期货市场运行机制的外在体现。

1. 集中交易制度

金融期货在期货交易所或证券交易所进行集中交易。期货交易所是专门进行期货合约买卖的场所，是期货市场的核心，承担着组织、监督期货交易的重要职能。

2. 标准化的期货合约和对冲机制

期货合约是由期货交易所设计、经主管机构批准后向市场公布的标准化合约。期货合约设计成标准化的合约是为了便于交易双方在合约到期前分别做一笔相反的交易进行对冲，从而避免实物交收。实际上绝大多数的期货合约并不进行实物交割，通常在到期日之前即已平仓。

3. 保证金及其杠杆作用

为了控制期货交易的风险和提高效率，期货交易所的会员经纪公司必须向交易所或结算所缴纳结算保证金，而期货交易双方在成交后都要通过经纪人向交易所或结算所缴纳一定数量的保证金。由于期货交易的保证金比率很低，因此有高度的杠杆作用，这一杠杆作用使套期保值者能用少量的资金为价值量很大的现货资产找到回避价格风险的手段，也为投机者提供了用少量资金获取盈利的机会。

4. 结算所和无负债结算制度

结算所是期货交易的专门清算机构，通常附属于交易所，但又以独立的公司形式组建。结算所实行无负债的每日结算制度，又称“逐日盯市制度”，就是以每种期货合约在交易日收盘前规定时间内的平均成交价作为当日结算价，与每笔交易成交时的价格做对照，计算每个结算所会员账户的浮动盈亏，进行随市清算。由于逐日盯市制度以一个交易日为最长的结算周期，对所有账户的交易头寸按不同到期日分别计算，并要求所有的交易盈亏都能及时结算，从而能及时调整保证金账户，控制市场风险。

5．限仓制度

限仓制度是交易所为了防止市场风险过度集中和防范操纵市场的行为，而对交易者持仓数量加以限制的制度。

6．大户报告制度

大户报告制度是交易所建立限仓制度后，当会员或客户的持仓量达到交易所规定的数量时，必须向交易所申报有关开户、交易、资金来源、交易动机等情况，以便交易所审查大户是否有过度投机和操纵市场行为，并判断大户交易风险状况的风险控制制度。

7．每日价格波动限制及断路器规则

为防止期货价格出现过大的非理性变动，交易所通常对每个交易时段允许的最大波动范围做出规定，一旦达到涨（跌）幅限制，则高于（低于）该价格的买入（卖出）委托无效。除此之外，有的交易所规定了一系列涨跌幅限制，达到这些限幅之后交易暂停，十余分钟后再恢复交易，目的是给市场充分时间消化特定信息的影响。除上述常规制度之外，期货交易所为了确保交易安全，还规定了强行平仓、强制减仓、临时调整保证金比例（金额）等交易规则，交易者在入市之前务必透彻掌握相关规定。

8．强行平仓制度

强行平仓是指交易所按照有关规定对会员、客户持仓实行平仓的一种强制措施。《中国金融期货交易所风险控制管理办法》规定，会员、客户出现下列情形之一的，交易所对其持仓实行强行平仓：

①结算会员结算准备金余额小于零，且未能在第一节结束前补足；

②客户、从事自营业务的会员持仓超出持仓限额标准，且未能在第一节结束前平仓；

③因违规、违约受到交易所强行平仓处理；

④根据交易所的紧急措施应当予以强行平仓；

⑤交易所规定应当予以强行平仓的其他情形。

9．强制减仓制度

《中国金融期货交易所风险控制管理办法》规定，强制减仓是指交易所将当日以涨跌停板申报的未成交平仓报单，以当日涨跌停板价格与该合约净持仓盈利客户按照持仓比例自动报合成交。由于强制减仓会导致投资者的持仓量以及盈亏发生变化，因此需要投资者特别注意。

（三）金融期货的种类

1．利率期货

利率期货是以利率为标的物的期货合约。世界上最先推出的利率期货是于 1975 年由美国芝加哥商业交易所推出的美国国民抵押协会的抵押证期货。利率期货主要包括以长期国债为标的物的长期利率期货和以 3 个月短期存款利率为标的物的短期利率期货。

2. 外汇期货

外汇期货是以汇率为标的物的期货合约，是适应各国从事对外贸易和金融业务需要而产生的，借以规避汇率风险。目前国际上货币期货合约交易所涉及的货币主要有英镑、美元、日元、瑞士法郎、加拿大元、澳大利亚元和欧元等。

3. 股票价格指数期货

股票价格指数期货亦称股指期货，是为适应人们管理股市风险，尤其是系统性风险的需要而产生的一种金融期货，其标的物是股票价格指数。股票价格指数期货采用现金结算的方式，其合约的价值通常是以股票价格指数乘以一个固定的金额来计算的。

二、中国金融期货交易与沪深300股指期货

（一）中国金融期货交易所

中国金融期货交易所于2006年9月8日在上海成立，是经国务院同意、中国证监会批准，由上海期货交易所、郑州商品交易所、大连商品交易所、上海证券交易所和深圳证券交易所共同发起设立的中国首家公司制交易所，注册资本为5亿元人民币。股东大会是公司的权力机构，公司设董事会，对股东大会负责，并行使股东大会授予的权利。

中国金融期货交易所实行结算会员制度，会员分为结算会员和非结算会员。结算会员按照业务范围分为交易结算会员、全面结算会员和特别结算会员。截至2017年6月21日，中国金融期货交易所会员数量为147家，其中全面结算会员26家、交易结算会员88家、交易会员33家。

2010年1月12日，中国证监会批复同意中国金融期货交易所组织股票指数期货交易；2010年4月16日，首份合约正式上市交易。至2010年年末，全年成交合约45 873 295手，成交金额410 699亿元，已成为中国和全球最大的单个衍生产品合约之一。

（二）沪深300股指期货合约

经中国证监会批准，中国金融期货交易所首个股票指数期货合约为：沪深300股指期货合约（如表5-1所示）。

表5-1　沪深300股指期货合约

合约标的	沪深300指数
合约乘数	每点300元
报价单位	指数点
最小变动价位	0.2点
合约月份	当月、下月及随后两个季月
交易时间	上午:9:15~11:30，下午:13:00~15:15
最后交易日交易时间	上午:9:15~11:30，下午:13:00~15:00

表5－1(续)

每日价格最大波动限制	上一个交易日结算价的±10%
最低交易保证金	合约价值的12%
最后交易日	合约到期月份的第三个周五，遇国家法定假日顺延
交割日期	同最后交易日
交割方式	现金交割
交易代码	IF
上市交易所	中国金融期货交易所

沪深300指数是由中证指数有限公司编制的流通市值加权型指数，该公司系由上海证券交易所和深圳证券交易所共同出资设立。之所以选择沪深300指数作为中国金融期货交易所首个股票指数期货标的，主要考虑了以下三个方面因素：

第一，沪深300指数市场覆盖率高，主要成分股权重比较分散，有利于防范指数操纵行为。根据2017年12月调整后数据，沪深300指数对沪深市场的总市场覆盖率为51%。前10大成分股累计权重约为25%，前20大成分股累计权重约为37%。

第二，沪深300指数成分股涵盖能源、原材料、工业、可选消费、主要消费、健康护理、金融、信息技术、电讯服务、公共事业10个行业。各行业公司流通市值覆盖率相对均衡，使得该指数能够较好地对抗行业的周期性波动。

第三，沪深300指数的编制吸收了国际市场成熟的指数编制理念，采用自由流通股本加权、分级靠档、样本调整缓冲区等先进技术，具有较强的市场代表性和较高的可投资性，有利于市场功能发挥和后续产品创新。合约乘数定为每点价值300元人民币，也就是说，假设期货报价为3 000点，则每张合约名义金额为3 000×300＝900 000（元）。

（三）股指期货投资者适当性制度

为保障投资者利益，确保股指期货顺利推出，中国证监会、中国期货业协会、中国金融期货交易所分别制定了相关法规和规则，符合规定的投资者方能办理股指期货开户和相关交易。这些制度将投资者分为个人投资者、一般法人投资者和特殊法人投资者，并分别对各类投资者从事股指期货交易所应具备的资产、资金、知识、经验、诚信等方面进行了规定。

（四）交易规则

根据《中国金融期货交易所交易规则》及其他细则，沪深300股指期货的主要交易规则包括：

（1）分类编码。交易编码是客户、从事自营业务的交易会员进行期货交易的专用代码。投资者可以根据不同投资目的，分别申请套期保值、套利和投机用途的客户号。

（2）保证金。保证金分为结算准备金和交易保证金，结算准备金是指未被合约占用的保证金，交易保证金是指已被合约占用的保证金。经交易所批准，会员可以用中国证监会认定的有价证券充抵保证金。沪深 300 股指期货合约的最低交易保证金为合约价值的 12%。

（3）竞价交易。股指期货竞价交易采用集合竞价交易和连续竞价交易两种方式。集合竞价交易采用最大成交量原则确定成交价，即以此价格成交能够得到最大成交量。连续竞价交易按照价格优先、时间优先的原则撮合成交。以涨跌停板价格申报的指令，按照平仓优先、时间优先的原则撮合成交。

（4）结算价。当日结算价是指某一期货合约最后 1 小时成交价格按照成交量的加权平均价。股指期货交割结算价为最后交易日标的指数最后 2 小时的算术平均价。

（5）涨跌幅限制。股指期货合约的涨跌停板幅度为上一交易日结算价的 ±10%。季月合约上市首日涨跌停板幅度为挂盘基准价的 ±20%。上市首日有成交的，于下一交易日恢复到合约规定的涨跌停板幅度；上市首日无成交的，下一交易日继续执行前一交易日的涨跌停板幅度。股指期货合约最后交易日涨跌停板幅度为上一交易日结算价的 ±20%。

（6）持仓限额和大户报告制度。进行投机交易的客户号某一合约单边持仓限额为 100 手；某一合约结算后单边总持仓量超过 10 万手的，结算会员下一交易日该合约单边持仓量不得超过该合约单边总持仓量的 25%；套利和套期保值者持仓限额另行规定。交易所实行大户持仓报告制度。交易所可以根据市场风险状况公布持仓报告标准。

（7）若干重要风险控制手段。交易所有权根据市场情况采取提高交易保证金标准、限制开仓、限制出仓、限期平仓、强行平仓、暂停交易、调整涨跌停板幅度、强制减仓或者其他风险控制措施。

三、金融期货的基本功能

金融期货具有四项基本功能：套期保值功能、价格发现功能、投机功能和套利功能。

（一）套期保值功能

根据《企业会计准则第 24 号——套期保值》的定义，套期保值是指企业为规避外汇风险、利率风险、商品价格风险、股票价格风险、信用风险等，指定一项或一项以上套期工具，使套期工具的公允价值或现金流量变动，预期抵消被套期项目全部或部分公允价值或现金流量变动。2017 年 3 月，财政部修订了《企业会计准则第 24 号——套期会计》并于 2018 年 1 月 1 日起施行。

利用金融期货进行套期保值，就是通过在现货市场与期货市场建立相反的头寸，从而锁定未来现金流或公允价值的交易行为。

（1）套期保值原理。期货交易之所以能够套期保值，其基本原理在于某一特定商品或金融工具的期货价格和现货价格受相同经济因素的制约和影响，从而它们的变动趋势大致相同。而且，现货价格与期货价格在走势上具有收敛性，即当期货合约临近到期日时，现货价格与期货价格将逐渐趋同。因此，若同时在现货市场和期货市场建立数量相同、方向相反的头寸，则到期时不论现货价格上涨或是下跌，两种头寸的盈亏恰好抵消，使套期保值者避免承担风险损失。

（2）套期保值的基本做法。套期保值的基本做法是：在现货市场买进或卖出某种金融工具的同时，做一笔与现货交易品种、数量、期限相当但方向相反的期货交易，以期在未来某一时间通过期货合约的对冲，以一个市场的盈利来弥补另一个市场的亏损，从而规避现货价格变动带来的风险，

套期保值的目的。套期保值的基本类型有两种：一是多头套期保值，是指持有现货空头（如持有股票空头）的交易者担心将来现货价格上涨（如股市大盘上涨）而给自己造成经济损失，于是买入期货合约（建立期货多头）。若未来现货价格果真上涨，则持有期货头寸所获得的盈利正好可以弥补现货头寸的损失。二是空头套期保值，是指持有现货多头（如持有股票多头）的交易者担心未来现货价格下跌，在期货市场卖出期货合约（建立期货空头），当现货价格下跌时以期货市场的盈利来弥补现货市场的损失。

期货交易的对象是标准化产品，因此套期保值者很可能难以找到与现货头寸在品种、期限、数量上均恰好匹配的期货合约。如果选用替代合约进行套期保值操作，则并不能完全锁定未来现金流，由此带来的风险称为基差风险。

（二）价格发现功能

价格发现功能是指在一个公开、公平、高效、竞争的期货市场中，通过集中竞价形成期货价格的功能。期货价格具有预期性、连续性和权威性的特点，能够比较准确地反映出未来商品价格的变动趋势。期货市场之所以具有价格发现功能，是因为期货市场将众多影响供求关系的因素集中于交易所内，通过买卖双方公开竞价，集中转化为一个统一的交易价格。这一价格一旦形成，立即向世界各地传播，并影响供求关系，从而形成新的价格。如此循环往复，使价格不断趋于合理。

因为期货价格与现货价格的走势基本一致并逐渐趋同，所以今天的期货价格可能就是未来的现货价格，这一关系使世界各地的套期保值者和现货经营者都利用期货价格来衡量相关现货商品的近远期价格发展趋势，利用期货价格和传播的市场信息来制定各自的经营决策。这样，期货价格成了世界各地现货成交价的基础。当然，期货价格并非时时刻刻都能准确地反映市场的供求关系，但这一价格克服了分散、局部的市场价格在时间上和空间上的局限性，具有公开性、连续性、预期性的特点。应该说，它比较真实地反映了一定时期世界范围内供求关系影响下的商品或金融工具的价格水平。

价格发现并不意味着期货价格必然等于未来的现货价格，正好相反，多数研究表明，期货价格不等于未来现货价格才是常态。由于资金成本、仓储费用、现货持有便利等因素的影响，从理论上说，期货价格要反映现货的持有成本，即便现货价格不变，期货价格也会与之存在差异。

（三）投机功能

与所有有价证券交易相同，期货市场上的投机者也会利用对未来期货价格走势的预期进行投机交易，预计价格上涨的投机者会建立期货多头，反之则建立空头。投机

者的存在对维持市场流动性具有重大意义，当然，过度的投机必须受到限制。

与现货市场投机相比较，期货市场投机有两个重要区别：一是目前我国股票市场实行 T+1 清算制度，而期货市场是 T+0，可以进行日内投机；二是期货交易的保证金制度导致期货投机具有较高的杠杆率，盈亏相应放大，具有更高的风险性。

（四）套利功能

套利的理论基础在于经济学中的一价定律，即忽略交易费用的差异，同一商品只能有一个价格。严格意义上的期货套利是指利用同一合约在不同市场上可能存在的短暂价格差异进行买卖，赚取价差，被称为“跨市场套利”。行业内通常也根据不同品种、不同期限合约之间的比价关系进行双向操作，分别称为“跨品种套利”和“跨期限套利”，但其结果不一定可靠。

第三节　金融期权

一、金融期权的定义与特征

（一）金融期权的定义

金融期权是以合约方式，规定合约的购买者在约定的时间内以约定的价格购买或出售某种金融资产的权利。同时，合约的购买者也有权选择不执行合约，因此期权交易也称为选择权交易。具体地说，其购买者在向出售者支付一定费用后，就获得了能在规定期限内以某一特定价格向出售者买进或卖出一定数量的某种金融商品或金融期货合约的权利。

期权交易实际上是一种权利的单方面有偿让渡。期权的买方以支付一定数量的期权费为代价而拥有了这种权利，但不承担必须买进或卖出的义务；期权的卖方则在收取了一定数量的期权费后，在一定期限内必须无条件服从买方的选择并履行成交时的允诺。

（二）金融期权的特征

与金融期货相比，金融期权的主要特征在于它仅仅是买卖权利的交换。期权的买方在支付了期权费后，就获得了期权合约所赋予的权利，即在期权合约规定的时间内，以事先确定的价格向期权的卖方买进或卖出某种金融工具的权利，但并没有必须履行该期权合约的义务。期权的买方可以选择行使他所拥有的权利；期权的卖方在收取期权费后就承担着在规定时间内履行该期权合约的义务，即当期权的买方选择行使权利时，卖方必须无条件地履行合约规定的义务，而没有选择的权利。

（三）金融期权与金融期货的区别

（1）交易的对象不同。期权交易的对象是一种权利，其最终不一定有实物的买卖；期货交易的对象是代表具体形态的金融资产的期货合约。

(2) 期权合约所赋予买方的权利，在美国是合约期限内任何时候都可行使；在西欧是到期日才能行使。而期货合约到期前如不用相反的合约平仓，只有到期时才要求以实物交割。

(3) 期权合约只对卖方有强迫性，当价格变动对买方不利时，买方可单方面放弃合约，任其作废；而期货合约的责任是双方的，对买方和卖方都有强迫性，如果没有平仓，到期必须由买方和卖方履行合约。

(4) 期货交易的保证金，只作履约保证；而期权交易的期权费，则是卖方的一笔固定收入，一旦合约成交，卖方就可以先收入一笔期权费。

(5) 从理论上讲，期权交易的买方盈利无限而亏损有限，卖方盈利有限而亏损无限；在期货交易中，在合约到期前或平仓前，买方的盈亏和卖方的盈亏都随市场行情的变化而无限。

二、金融期权的分类

(一) 按合约规定的对期权合约标的物的处置权利不同，期权可分为买进期权和卖出期权

买进期权，又称为看涨期权，是指期权的买方具有在约定期限内按约定价格买入一定数量金融资产的权利。投资者之所以买入看涨期权，是因为他预期这种金融资产的价格在近期内将会上涨。如果判断正确，按协议价买入该项资产并以市价卖出，赚取市价与协议价之间的差额；如果判断失误，则损失期权费。

卖出期权，又叫看跌期权，是指期权的买方具有在约定期限内按约定价格卖出一定数量金融资产的权利。投资者之所以买入看跌期权，是因为他预期该项金融资产的价格在近期内将会下跌。如果判断正确，可从市场上以较低的价格买入该项金融资产，再按协议价卖出，将赚取协议价与市价的差额；如果判断失误，将损失期权费。

根据投资者所处头寸的不同又可以细分为，多头看涨期权、空头看涨期权、多头看跌期权、空头看跌期权。

(二) 按履约的灵活性的不同，期权可分为美式期权和欧式期权

美式期权在合约有效期内的任何一天都可以宣布执行或不执行；而欧式期权只能在期权到期日才宣布执行或不执行。

(三) 按照原生工具的不同，期权可分为股票期权、股票指数期权、利率期权、货币期权和金融期货合约期权等

股票期权是指买方在交付了期权费后，即取得在合约规定的到期日或到期日以前按协议价买入或卖出一定数量相关股票的权利。

股票指数期权以股票指数为标的物，买方在支付了期权费后，即取得在合约有效期内或到期时以协定指数与市场实际指数进行盈亏结算的权利。股票指数期权没有可作为实物交割的具体股票，采取现金轧差的方式结算。

利率期权是指买方在支付了期权费后，即取得在合约有效期内或到期时以一定的利率（价格）买入或卖出一定面额的利率工具的权利。利率期权合约通常以政府短期、

中期、长期债券，欧洲美元债券，大面额可转让存单等利率工具为标的物。

货币期权又叫外币期权、外汇期权，是指买方在支付了期权费后即取得在合约有效期内或到期时以约定的汇率购买或出售一定数额某种外汇资产的权利。货币期权合约主要以美元、日元、英镑、瑞士法郎、加拿大元及澳大利亚元等为标的物。

第四节　其他衍生工具简介

目前国际市场上各类衍生金融工具层出不穷，本节仅就与中国市场密切相关的部分进行介绍。

一、存托凭证

（一）存托凭证的定义

存托凭证（Depositary Receipts，DR）是指在一国证券市场流通的代表外国公司有价证券的可转让凭证。存托凭证一般代表外国公司股票，有时也代表债券。存托凭证也称“预托凭证”，是指在一国（个）证券市场上流通的代表另一国（个）证券市场上流通的证券的证券。存托凭证首先由 J. P. 摩根首创。1927 年，美国投资者看好英国百货业公司塞尔弗里奇公司的股票，由于地域的关系，这些美国投资者要投资该股票很不方便。当时的 J. P. 摩根就设立了一种美国存托凭证（简称“ADR”），使持有塞尔弗里奇公司股票的投资者可以把塞尔弗里奇公司股票交给摩根指定的在美国与英国都有分支机构的一家银行，再由这家银行发给各投资者美国存托凭证。这种存托凭证可以在美国的证券市场上流通，原来持有塞尔弗里奇公司股票的投资者就不必再跑到英国抛售该股票。同时要投资塞尔弗里奇公司股票的投资者也不必再到英国股票交易所去购买塞尔弗里奇公司股票，而是可以在美国证券交易所购买该股票的美国存托凭证。每当塞尔弗里奇公司进行配股或者分红等事宜，发行美国存托凭证的银行在英国的分支机构都会帮助美国投资者进行配股或者分红。这样美国投资者就省去了到英国去配股及分红的麻烦。

美国存托凭证出现后，各国根据情况相继推出了适合本国的存托凭证，比如全球存托凭证（简称“GDR”）、国际存托凭证（简称“IDR”）。目前我国也开始酝酿推出中国存托凭证（简称“CDR”），即在我国内地发行的代表境外或者我国香港特区证券市场上某一种证券的证券。

（二）存托凭证的特征

存托凭证的产生和发展是与其自身优点分不开的，作为一种比较新型的金融衍生工具，存托凭证主要具有下列三个方面的特征：

（1）市场容量大，筹资能力强；

（2）上市手续简单，发行成本低；

（3）可以避开直接发行股票与债券的法律要求。

（三）存托凭证的分类

从存托凭证的担保形式来看，可以将这种衍生工具分为无担保存托凭证和有担保存托凭证两种。

无担保的 ADRs 由一家或多家银行根据市场的需求发行，基础证券发行公司不参与，存券协议只规定存券银行与 ADRs 持有者之间的权利义务关系。

有担保的 ADRs 由基础证券的发行公司委托一家存券银行发行。发行公司、存券银行和托管银行三方签署存券协议。协议内容包括 ADRs 与基础证券的关系，ADRs 持有者的权利，ADRs 的转让、清偿、红利或利息的支付以及协议三方的权利义务，等等。采用有担保的 ADRs，发行公司可以自由选择存券银行。

二、认股权证

认股权证全称是股票认购授权证，它由上市公司发行，给予持有权证的投资者在未来某个时间或某一段时间以事先确认的价格购买一定量该公司股票的权利。权证表明持有者有权利而无义务。届时公司股票价格上涨，超过认股权证所规定的认购价格，权证持有者按认购价格购买股票，赚取市场价格和认购价格之间的差价；若届时市场价格比约定的认购价格还低，权证持有者可放弃认购。从内容上看，认股权证实质上就是一种买入期权。

（一）权证的分类

根据各种分类标准，可以把权证分为不同的类型：

（1）按基础资产分类。根据权证行权的基础资产或标的资产，可将权证分为股权类权证、债权类权证以及其他权证。目前我国证券市场推出的权证均为股权类权证，其标的资产可以是单只股票或股票组合（如 ETF）。以下我们所介绍的权证均指股权类权证。

（2）按基础资产的来源分类。根据权证行权所买卖的标的股票来源不同，权证分为认股权证和备兑权证。认股权证也称为股本权证，一般由基础证券的发行人发行，行权时上市公司增发新股售予认股权证的持有人。20 世纪 90 年代初，我国证券市场曾经出现过的飞乐、宝安等上市公司发行的认股权证以及配股权证、转配股权证，就属于认股权证。备兑权证通常由投资银行发行，备兑权证所认兑的股票不是新发行的股票，而是已在市场上流通的股票，不会增加股份公司的股本。

（3）按持有人权利分类。按照持有人权利的性质不同，权证分为认购权证和认沽权证。前者实质上属看涨期权，其持有人有权按规定价格购买基础资产；后者属看跌期权，其持有人有权按规定价格卖出基础资产。

（4）按行权的时间分类。按照权证持有人行权的时间不同，可以将权证分为美式权证、欧式权证、百慕大式权证等类别。美式权证可以在权证失效日之前任何交易日行权；欧式权证仅可以在失效日当日行权；百慕大式权证则可在失效日之前一段规定时间内行权。

（5）按权证的内在价值分类。按权证的内在价值，可以将权证分为平价权证、价内权证和价外权证，其原理与期权相同。

（二）权证的要素

权证的要素包括权证类别、标的、行权价格、存续时间、行权日期、行权结算方式、行权比例等。

（1）权证类别。权证类别即标明该权证属认购权证或认沽权证。

（2）标的。权证的标的物种类涵盖股票、债券、外币、指数、商品或其他金融工具，其中股票权证的标的可以是单一股票或是一篮子股票组合。

（3）行权价格。行权价格是发行人发行权证时所约定的，权证持有人向发行人购买或出售标的证券的价格。若标的证券在发行后有除息、除权等事项，通常要对认股权证的认股价格进行调整。

（4）存续时间。权证的存续时间即权证的有效期，超过有效期，认股权自动失效。目前上海证券交易所、深圳证券交易所均规定，权证自上市之日起存续时间为 6 个月以上 24 个月以下。

（5）行权日期。这是指权证持有人有权行使权利的日期。

（6）行权结算方式。行权结算方式分为证券给付结算方式和现金结算方式两种。前者指权证持有人行权时，发行人有义务按照行权价格向权证持有人出售或购买标的证券；后者指权证持有人行权时，发行人按照约定向权证持有人支付行权价格与标的证券结算价格之间的差额。

（7）行权比例。这是指单位权证可以购买或出售的标的证券数量。目前上海证券交易所和深圳证券交易所规定，标的证券发生除权的，行权比例应做相应调整，除息时则不做调整。

（三）权证发行、上市与交易

目前上海证券交易所和深圳证券交易所均对权证的发行、上市和交易进行了具体规定。

（1）权证的发行。由标的证券发行人以外的第三人发行并上市的权证，发行人应按照下列规定之一，提供履约担保：

①通过专用账户提供并维持足够数量的标的证券或现金，作为履约担保。

履约担保的标的证券数量 = 权证上市数量 × 行权比例 × 担保系数

履约担保的现金金额 = 权证上市数量 × 行权价格 × 行权比例 × 担保系数

担保系数由交易所发布并适时调整。

②提供经交易所认可的机构作为履约的不可撤销的连带责任保证人。

（2）权证的上市和交易。上海证券交易所和深圳证券交易所对权证的上市资格标准不尽相同，但均对标的股票的流通股份市值、标的股票交易的活跃性、权证存量、权证持有人数量、权证存续期等做出要求。

目前权证交易实行 T +0 回转交易。

三、可转换债券

(一) 可转换债券的定义和特征

可转换债券是指其持有者可以在一定时期内按一定比例或价格将之转换成一定数量的另一种证券的证券。可转换债券通常是转换成普通股票，当股票价格上涨时，可转换债券的持有人行使转换权比较有利。因此，可转换债券实质上嵌入了普通股票的看涨期权，正是从这个意义上说，我们将其列为期权类衍生产品。在国际市场上，按照发行时证券的性质，可分为可转换债券和可转换优先股票两种。可转换债券是指证券持有者依据一定的转换条件，可将信用债券转换成为发行人普通股票的证券。可转换优先股票是指证券持有者可依据一定的转换条件，将优先股票转换成发行人普通股票的证券。目前，我国只有可转换债券。

可转换债券具有下列特征：

(1) 可转换债券是一种附有转股权的特殊债券。在转换以前，它是一种公司债券，具备债券的一切特征，有规定的利率和期限，体现的是债权债务关系，持有者是债权人；在转换成股票后，它变成了股票，具备股票的一般特征，体现所有权关系，持有者由债权人变成了股权所有者。

(2) 可转换债券具有双重选择权的特征。可转换债券具有双重选择权。一方面，投资者可自行选择是否转股，并为此承担转债利率较低的机会成本；另一方面，转债发行人拥有是否实施赎回条款的选择权，并为此要支付比没有赎回条款的转债更高的利率。双重选择权是可转换公司债券最主要的金融特征，它的存在使投资者和发行人的风险、收益限定在一定的范围以内，并可以利用这一特点对股票进行套期保值，获得更加确定的收益。

(二) 可转换债券的要素

可转换债券有若干要素，这些要素基本决定了可转换债券的转换条件、转换价值、市场价格等总体特征。

(1) 有效期限和转换期限。就可转换债券而言，其有效期限与一般债券相同，指债券从发行之日起至偿清本息之日止的存续时间。转换期限是指可转换债券转换为普通股票的起始日至结束日的期间。大多数情况下，发行人都规定一个特定的转换期限，在该期限内，允许可转换债券的持有人按转换比例或转换价格转换成发行人的股票。我国《上市公司证券发行管理办法》规定，可转换公司债券的期限最短为 1 年，最长为 6 年，自发行结束之日起 6 个月后方可转换为公司股票。

(2) 票面利率或股息率。可转换公司债券的票面利率（或可转换优先股的股息率）是指可转换债券作为一种债券的票面年利率（或优先股股息率），由发行人根据当前市场利率水平、公司债券资信等级和发行条款确定，一般低于相同条件的不可转换公司债券（或不可转换优先股票）。可转换公司债券应半年或 1 年付息 1 次，到期后 5 个工作日内应偿还未转股债券的本金及最后 1 期利息。

(3) 转换比例或转换价格。转换比例是指一定面额可转换债券可转换成普通股的股数。用公式表示为：

转换比例 = 可转换债券面额 ÷ 转换价格

例：如果某可转换债券面额为 1 000 元，规定其转换价格为 25 元，则转换比例为 40，即 1 000 元债券可按 25 元 1 股的价格转换为 40 股普通股票。

转换价格是指可转换债券转换为每股普通股份所支付的价格。用公式表示为：

转换价格 = 可转换债券面值 ÷ 转换比例

（4）赎回条款与回售条款。赎回是指发行人在发行一段时间后，可以提前赎回未到期的发行在外的可转换公司债券。赎回条件一般是当公司股票价格在一段时间内连续高于转换价格达到一定幅度时，公司可按照事先约定的赎回价格买回发行在外尚未转股的可转换公司债券。回售是指公司股票在一段时间内连续低于转换价格达到某一幅度时，可转换公司债券持有人按事先约定的价格将所持可转换债券卖给发行人的行为。

（5）转换价格修正条款。转换价格修正是指发行公司在发行可转换债券后，由于公司的送股、配股、增发股票、分立、合并及其他原因导致发行人股份发生变动，引起公司股票名义价格下降时而对转换价格所做的必要调整。

重要概念

金融衍生工具　金融期货　股票价格指数期货　金融期权　权证　可转换债券　存托凭证

思考题

1. 与基础工具相比，金融衍生工具具有哪些特点？
2. 期货套期保值与投机有什么区别？
3. 期权的种类有哪些？
4. 存托凭证有哪些优点？
5. 可转换债券有哪些特征？

补充阅读材料

股指期货 17 年风雨轮回　“小众市场”承载大希望①

从 1993 年的草草收场，到 2010 年 4 月的稳健推出，17 年的跨越，17 年的成长。几经沉浮，股指期货的推出标志着中国资本市场终结“单边市”，开启“双边市”

① 《证券日报》，2010 年 11 月 12 日第 5 版，http://zqrb.ccstock.cn/html/2010－11/12/content_223152.htm。

时代。

期指市场不足5.2万的开户数与沪深A股1.3亿的有效账户相比，是绝对的“小众市场”，然而正是这部分“小众”却承载维护中国资本市场的安全之大任，多空都可有收益的思维终将扭转近20年来投资者“死多头”的惯性，理性投资才真正不再是纸上谈兵。中金所总经理朱玉辰曾表示，股指期货是给中国证券市场的“成人礼”。2010年4月16日，首批4个沪深300股票指数期货合约在中国金融期货交易所正式挂牌交易。2010年也将作为股指期货元年载入史册。

17年前试点昙花一现　历经10年再面市

严格说来，股指期货对中国资本市场来说不是个“新生事物”，早在17年前就曾有过一次不成熟的试点。1993年3月10日，在我国股票市场开办不久，海南证券交易报价中心便在全国首次推出股票指数期货交易，交易品种包括深圳综合指数和深圳综合A股指数各4个到期月份的期货合约。

开市以后，由于投资者不了解这一衍生金融工具，成交清淡，日成交量最高仅百余手。到9月份，平安保险公司深圳福田营业部在开通了两天业务后，突然出现收市前15分钟大户联手交易，有意打压股价指数的行为。当时监管层经过审查认为，开展股票股指期货交易会加大市场的投机性，不利于培养投资者的投资意识和推进股票市场的健康发展，增加了市场风险，运行半年的股指期货交易即被叫停。

目前，全球现有37个国家和地区推出了股指期货，覆盖国内生产总值排名前20位的所有国家和部分发展中国家，筹备周期一般都在1~3年。而此次中国股指期货的正式推出却历时10年调研筹备之久。

在海南股指期货试点叫停7年之后的2000年，我国重开股指期货研究，主要是通过分析国内外的市场和政策环境等条件来讨论股指期货在中国的适用性和必要性问题。2003年，沪深证交所联合完成沪深300指数设计。2006年9月8日，中金所挂牌。2010年4月16日，沪深300股票指数期货合约正式交易。

历经10年的研究酝酿和筹备，沪深300股指期货的推出堪称“最耐心、最精心、最细心”。

推出半年裂变式增长　交易额开户数双突破

中国的期货市场规模自1993年建立初期的0.55万亿元成交额到2000年年底的1.61万亿元，再到2009年的130.51万亿元，一年一个大台阶。

而根据中国期货业协会最新公布的统计数据显示，2010年1~10月，全国期货市场累计成交金额猛增至236.14万亿元，较2009年同期大增136.75%。其中，贡献最大的是仅仅交易半年有余的股指期货，从4月16日到10月底累计成交金额已突破60万亿元大关。中国金融期货交易所还一跃成为10月份全国成交金额最大的交易所。中金所10月份成交量为894.52万手，成交额为9.08万亿元，分别占全国市场的3.13%和30.42%，环比分别增长4.01%和20.12%。4月—10月中金所累计成交量为7 127.49万手，累计成交额为61.99万亿元。其中，10月末持仓总量为75 358手，较9月末增长49.63%。

从股指期货市场的参与者看，4月中旬还不足8 000开户数，到10月15日，中金所最新公布的开户数已超过5.1万户，券商、基金等特殊法人开户逾50户，累计4.5万户参与交易，参与率约为87%。市场日均总资金量100多亿元，日均交易保证金总额为50多亿元，市场资金占用率不到50%。

截至10月15日，股指期货各合约日均成交27.4万手，日均成交金额2 335亿元。同时，股指期货的成交持仓比出现初步下降，目前每天客户参与率在30%~60%，持仓量基本保持在3万手左右，成交持仓比从股指期货上市初期的20倍左右，下降至目前的10倍左右。持仓量较低的原因主要是投资者结构以散户、自然人为主，主要为商品期货市场老客户和证券市场经验比较丰富的交易者，机构参与度较小，投资者持仓动力不足，同时市场本身也没有提供更多的持仓机会。

随着机构投资者的不断进入以及市场参与者对市场认识的不断加深，持仓情况将会回升至更加合理的水平。

入市资金千亿元计　特殊法人队伍迅速壮大

在股指期货推出的第一个月，因为特殊法人入市尚不被允许，游资私募自然成为市场主角。从上市首日3 488点的最高点，到5月18日创下的最低点2 703点，IF1005合约为空头部队创造了785点的理论盈利空间。然而，随着券商、基金、QFII等陆续杀入，市场主力将由机构部队取而代之。

4月23日，证监会发布《证券公司参与股指期货交易指引》。5月份，广发证券、中信证券、华泰证券与招商证券四家券商相继表示试水股指期货，5月22日当周，中金所批复了其中三家共6 000手的期指套保额度。若是这四家券商全部按照可动用资金上限参与股指期货，持有合约金额累计将接近470亿元，这只是券商参与资金的冰山一角。从可查的69家券商公布的2009年年底净资本数据推算，整个行业在证券衍生品上的投资规模最多可达3 519亿元。

在证监会发布券商参与期指交易指引的同时，也发布了《证券投资基金参与股指期货交易指引》，规定股票型基金、混合型基金及保本基金可从事股指期货交易。基金公司参与股指期货要以套期保值为主。基金持有买入股指期货合约价值必须小于基金净资产净值的10%，持有卖出期货合约价值小于基金持有股票总市值的20%。据不完全统计，目前市场上仅股票型基金2010年前三季度的净资产净值规模就接近9 000亿元，股票投资市值在7 000亿元左右。这意味着股票型基金持有的股指期货多头合约价值可达900亿元，而空头合约最多可达1 400亿元。11月1日，证监会发布《关于保本基金的指导意见》，明确表示允许保本基金投资股指期货。

机构投资者队伍的另一重要成员QFII入市眉目也逐渐清晰。在5月举行的第二轮中美战略与经济对话中，中美双方就QFII问题达成一致，中国将允许在中国境内设立的QFII依法开展股指期货业务，中国将在审慎监管的基础上允许QFII投资股指期货产品。

监管风险放在首位　严守资金安全边界

作为一种金融衍生产品，股指期货是一把“双刃剑”，既是管理风险的工具，使用不当也极易引发风险。芝加哥商业交易所集团终身名誉主席，被誉为“金融期货之父”的利奥·梅拉梅德借用伟人的名言，将股指期货喻为“会抓老鼠的好猫”。他曾以亲身经历提醒监管层，“投资者教育是成败关键”。在中金所网站首页，醒目地打着一行字——“投资者教育是我们工作的重中之重”。

5月，中金所在监控中发现，某期货公司客户杨某交易过程中，数次出现以自己为交易对象，自买自卖的行为，涉嫌违反中金所相关业务规则的规定。为了从严监管，履行一线监管职责，中金所对其采取了限制开仓两周的措施，这成为股指期货的第一例罚单。10月22日，中国金融期货交易所又及时发布了《期货异常交易监控指引（试行）》。股指期货“对敲”被明确列为异常交易行为，从而这一争议有了定论，体现了从严监管、强势监管的原则。

总体来看，市场资金占用率处于安全边界以内，至今，股指期货市场尚未发生过穿仓、强行平仓、强行减仓等现象，风险基本可测可控。

“小众市场”大希望　资本市场上新台阶

股指期货是否推出在我国学术研究领域也有着分歧，然后经过研究，股指期货交易并不会给资本市场带来更大的风险。事实表明，2008年国际金融危机爆发以来，美国场内衍生品的交易量不但没有萎缩，反而大大超过了危机前水平。连美国的场外衍生品交易，都开始尝试通过芝加哥商业交易所场内市场进行结算，人们发现，场内衍生品市场其实是一个避风港。同时，从危机爆发至今，芝加哥商业交易所所有的金融产品并没有需要政府的资助，也没有发生任何的财政危机，所以通过这次的金融危机，大家很明显地看到，金融期货产品在这次危机中并没有向市场提供更多的风险，而是帮助了市场，更有效地控制了风险。

当下，沪深300指数合约的交易除了机构投资者之外就是大户们的天下。按照中金所对股指期货的开户要求，自然人客户资金不得低于50万元，并且需要通过股指期货基础知识考试，同时还要具备股指期货仿真交易经历或商品期货交易经历。中金所总经理朱玉辰指出，“高起点、稳起步”是股指期货推出的指导思路，相比A股庞大的大众市场而言，股指期货完全不同，后者的开户数仅是“小众市场”。

这样一个“小众市场”却承载着“改变中国资本市场现有玩儿法”的大希望。推出股指期货最重要的意义在于结束中国股市的“单边市”，这实际上是中国股市的一次革命。股票市场只能“做多”，只能通过股票低买高卖赚钱，这就养成了中国投资者强烈的做多思维，以至中小投资者普遍都是“死多头”。但股指期货可以进行双向交易，除了“做多”还能“做空”，这就让更多投资者学会空头思维。同时，股指期货还具有价格发现功能，能够通过套利交易消除价格偏差，引导股票现货指数价格在合理的区间内运行，避免盲目的投机和炒作，强化市场的价值投资理念，理性投资将随之占据主导地位，我国证券市场的健康发展有了更有力的保障。

第二篇
证券市场运行机制

第六章　证券发行市场

学习目的和要求

1. 掌握证券发行市场、间接发行、包销、超额配售选择权的概念。
2. 了解证券发行的信息披露制度对我国证券市场发展的重要意义。
3. 掌握股票发行的目的和条件。
4. 熟悉股票的发行与审核程序、承销与认购方式。
5. 了解债券的发行条件和方式。
6. 了解超额配售选择权的功能及其对我国证券市场发展的意义。

第一节　证券发行市场概述

一、证券发行市场的含义与作用

证券发行市场是发行人向投资者出售证券的市场。证券发行市场通常无固定场所，是一个无形的市场。证券发行市场的作用主要表现在以下三个方面：

（一）为资金需求者提供筹措资金的渠道

证券发行市场拥有大量的运行成熟的证券商品供发行者选择，发行者可以参照各类证券的期限、收益水平、参与权、流通性、风险度、发行成本等不同特点，根据自己的需要和可能选择拟发行证券的种类，并根据当时市场的供求关系和价格水平确定证券发行的数量和价格（收益率）。发行市场上还有众多的为发行者服务的中介机构，他们可以接受发行者的委托，利用自己的信誉、资金、人才、技术和网点等资源向公众推销证券，有助于发行者及时筹措到所需资金。证券发行市场还可以突破地区限制，为发行者扩大筹资范围和对象，在境内或境外向各类投资者发行证券、筹措资金，并通过市场竞争逐步使筹资成本合理化。

（二）为资金供应者提供投资的机会，实现储蓄向投资转化

政府、企业和个人在经济活动中可能出现暂时闲置的货币资金，证券发行市场提供了多种多样的投资计划，实现社会储蓄向投资转化。

（三）形成资金流动的收益导向机制，促进资源配置的不断优化

在现代经济活动中，生产要素都跟随资金流动，只有实现了货币资金的优化配置，才有可能实现社会资源的优化配置。证券发行市场通过市场机制选择发行证券的主体，产业前景好、经营业绩优良和具有发展潜力的企业更容易从证券市场筹集所需要的资金，从而使资金流入最能产生效益的行业和企业，达到促使资源优化配置的目的。

二、证券发行分类

按发行对象不同和有无中介机构介入进行证券发行分类，是证券发行最基本的、共有的分类方法。发行对象和有无中介机构介入也是发行主体选择证券发行方式时首先要考虑的问题。

（一）按发行对象分类

（1）公募发行，又被称为公开发行，是发行人向不特定的社会公众投资者发售证券的发行。在公募发行方式下，任何合法的投资者都可以认购拟发行的证券。采用公募发行的有利之处在于以众多投资者为发行对象，证券发行的数量多、筹集资金的潜力大；投资者范围大，可避免发行的证券过于集中或被少数人操纵；公募发行可增大证券的流动性，有利于提高发行人的社会信誉。但公募发行的发行条件比较严格，发行程序比较复杂，登记核准的时间较长，发行费用较高。公募发行是证券发行中最常见、最基本的发行方式，适合于证券发行数量多、筹资额大、准备申请证券上市的发行人。

（2）私募发行，又被称为不公开发行或私下发行、内部发行，是指以特定投资者对投资对象的发行。私募发行的对象有两类，一类是公司的老股东或发行人的员工，另一类是投资基金、社会保险基金、保险公司、商业银行等金融机构以及与发行人有密切往来关系的企业等机构投资者。私募发行有确定的投资者，发行手续简单，可以节省发行时间和发行费用，但投资者数量有限，证券流通性较差，不利于提高发行人的社会信誉。

（二）按有无发行中介分类

（1）直接发行，即发行人直接向投资者推销、出售证券的发行。这种发行方式可以节省向发行中介机构缴纳的手续费，降低发行成本。但如果发行额较大，由于缺乏专业人才和发行网点，发行者自身要担负较大的发行风险。这种方式只适用于有既定发行对象或发行人知名度高、发行数量少、风险低的证券。

（2）间接发行，是由发行公司委托证券公司等证券中介机构代理出售证券的发行。对发行人来说，采用间接发行可在较短时期内筹集到所需资金，发行风险较小，但须支付一定的手续费，发行成本较高。一般情况下，间接发行是基本的、常见的方式，特别是公募发行，大多采用间接发行；而私募发行则以直接发行为主。

三、证券发行制度

证券发行制度主要有两种：一是注册制，以美国为代表；二是核准制，以欧洲各

国为代表。

（一）注册制

证券发行注册制实行公开管理原则，实质上是一种发行公司的财务公开制度。它要求发行人提供关于证券发行本身以及和证券发行有关的所有信息。发行人不仅要完全公开有关信息，不得有重大遗漏，并且要对所提供信息的真实性、完整性和可靠性承担法律责任。证券监管机构不对证券发行行为及证券本身做出价值判断，对公开资料的审查只涉及形式，不涉及任何发行实质条件。发行人只要按规定将有关资料完全公开，监管机构就不得以发行人的财务状况未达到一定标准而拒绝其发行。证券发行相关材料报证券监管机构后，一般会有一个生效等待期，在这段时间内，由证券监管机构对相关文件进行形式审查。注册生效等待期满后，如果证券监管机构未对申报书提出任何异议，证券发行注册生效，发行人即可发行证券。但如果证券监管机构认为报送的文件存在缺陷，会指明文件缺陷，并要求补正或正式拒绝，或阻止发行生效。目前，澳大利亚、巴西、加拿大、德国、法国、意大利、荷兰、菲律宾、新加坡、英国和美国等国家，在证券发行上均采取注册制。

（二）核准制

核准制是指发行人申请发行证券，不仅要求公开披露与发行证券有关的信息，符合公司法和证券法所规定的条件，而且要求发行人将发行申请报请证券监管机构决定的审核制度。证券发行核准制实行实质管理原则，即证券发行人不仅要以真实状况的充分公开为条件，而且必须符合证券监管机构指定的若干适合于发行的实质条件。只有符合条件的发行人经证券监管机构的批准方可在证券市场上发行证券。实行核准制的目的在于证券监管机构能尽法律赋予的职能，使发行的证券符合公众利益和证券市场稳定发展的需要。

（三）我国的证券发行制度

我国证券市场上市交易的金融工具包括股票、债券、证券投资基金、权证等。根据《证券法》《公司法》等有关法律、法规的规定，公开发行股票、可转换公司债券、公司债券和国务院依法认定的其他证券，必须依法报中国证监会核准。

（1）证券发行核准制。在我国，证券发行核准制是指证券发行人提出发行申请，保荐机构（主承销商）向中国证监会推荐，中国证监会进行合规性初审后，提交发行审核委员会审核，最终经中国证监会核准后发行，核准制不仅强调公司信息披露，同时还要求必须符合一定的实质性条件，如企业盈利能力、公司治理水平等。核准制的核心是监管部门进行合规性审核，强化中介机构的责任，加强市场参与各方的行为约束，减少新股发行中的行政干预。

（2）证券发行上市保荐制度。证券发行上市保荐制度是指由保荐机构及其保荐代表人负责发行人证券发行上市的推荐和辅导，尽职调查核实公司发行文件资料的真实性、准确性和完整性，协助发行人建立严格的信息披露制度。主要包括以下内容：①发行人申请首次公开发行股票并上市、上市公司发行新股、可转换公司债券或公开发行法律、行政法规规定实行保荐制度和其他证券的，应当聘请具有保荐资格的机构担任保荐机构。中国证监会或证券交易所只接受由保荐机构推荐的发行或上市申请文件。②保荐机构及保荐代表人应当尽职调查，对发行人申请文件、信息披露资料进行审慎核查，向中国证监会、证券交易所出具保荐意见，并对相关文件的真实性、准确性和完整性负连带责任。③保荐机构及其保荐代表人对其所推荐的公司上市后的一段期间负有持续督导义务，并对公司在督导期间的不规范行为承担责任。④保荐机构要建立完备的内部管理制度。⑤中国证监会对保荐机构实行持续监管。

（3）发行审核委员会制度。发行审核委员会制度是证券发行核准制的重要组成部分。我国《证券法》规定国务院证券监督管理机构设发行审核委员会（简称“发审委”）。发审委审核发行人股票发行申请和可转换公司债券等中国证监会认可的其他证券的发行申请。发审委的主要职责是：根据有关法律、行政法规和中国证监会的规定，审核股票发行申请是否符合相关条件；审核保荐机构、会计师事务所、律师事务所、资产评级机构等证券服务机构及相关人员为股票发行所出具的有关材料及意见书；审核中国证监会有关职能部门出具的初审报告；对股票发行申请进行独立表决，依法对发行申请提出审核意见。中国证监会依照法定条件和法定程序做出予以核准或者不予核准股票发行申请的决定，并出具相关文件。发审委制度的建立和完善是不断提高发行审核专业化程度和透明度、增加社会监督和提高发行效率的重要举措。

四、证券承销制度

证券发行的最终目的是将证券推销给投资者。发行人推销证券的方法有两种：一是自行销售，被称为“自销”；二是委托他人代为销售，被称为“承销”。一般情况下，公开发行以承销为主。承销是将证券销售业务委托给专门的证券经营机构（承销商）销售。按照发行风险的承担、所筹资金的划拨以及手续费的高低等因素划分，承销方式有包销和代销两种。

（一）包销

证券包销是指证券承销商将发行人的证券按照协议全部购入，或者在承销期结束时将售后剩余证券全部自行购入的承销方式。包销可分为全额包销和余额包销两种。

（1）全额包销，是指由承销商先全额购买发行人该次发行的证券，再向投资者发售，由承销商承担全部风险的承销方式。

（2）余额包销，是指承销商按照规定的发行额和发行条件，在约定的期限内向投资者发售证券，到销售截止日，如投资者实际认购总额低于预定发行总额，未售出的证券由承销商负责认购，并按约定时间向发行人支付全部证券款项的承销方式。

（二）代销

代销是指承销商代发行人发售证券，在承销期结束时，将未售出的证券全部退还给发行人的承销方式。

五、证券发行的信息披露

遵照法令、行政律例等的划定，股份有限公司公开发行股票、债券等，必须进行信息公开披露。信息披露的内容归纳综合起来有三大部门：信息披露主体的组织状况、财政状况和经营管理信息。

（一）信息披露的体例

信息披露的体例在理论上有三种：一是经验证后正式签订；二是依划定规范公开刊登或送达；三是向有关部门履行注册存案手续。

（二）信息披露的原则

信息披露的原则主要有以下四方面的内容：

真实性原则是指股份有限公司所公开的情形不得有任何子虚乌有的成分，必须与信息客观现实相符。

完整性原则是指股份有限公司必须把能够供给投资者判断证券投资价值的信息全部公开。

确切性原则是指股份有限公司公开的信息必须尽可能详尽、具体和确切。

实时性原则是指股份有限公司必须在法定日内公开有关的报表文件，发生的重大事务也必须及时公开。

就股票市场而言，信息披露是指股票的发行人和股票已公开发行并上市交易的公司（以下简称“上市公司”），在股票发行、交易各环节，按照信息披露制度规定的内容、时间、方式和程序，将其自身财务、经营等情况公布于众，让公众投资者知悉、了解。信息披露制度起源于英国和美国，历来被各国视作股票市场监管制度的重要组成部分，是股票市场的基石。它既包括发行人在股票发行阶段的信息披露，也包括上市公司的持续信息披露。它主要由首次公开发行股票的招股说明书制度、上市公司发行新股的相关报告制度以及上市公司定期报告制度、临时报告制度组成。在中国内地和中国香港，由于经济制度、政治体制、社会发展阶段的不同，以及股票市场发展历史、成熟程度的差异，在股票市场信息披露制度方面也存在一些差别。

第二节　股票发行

一、股票发行的定义

股票发行是指符合条件的发行人按照法定的程序，向投资人出售股份、募集资金的过程。

二、股票发行的目的和条件

股票发行的基本目的是筹集资金，但不同的股票发行方式有不同的具体目的。对于股票首次公开发行，其目的是：为成立新公司而筹集资金；非股份有限公司为转换经营机制，改制成股份有限公司而发行股票。

为了使社会资金得到很好的利用，防止股票发行过程中的欺诈行为，保护投资者的合法权益和公众利益，各个国家都对股票发行人的资格做了严格限制。股票发行人必须符合一定的条件。依据我国《公司法》《证券法》《股票发行与交易管理暂行条例》及其他相关法规的规定，首次公开发行股票应当符合下列条件：

（1）股票发行人必须是具有股票发行资格的股份有限公司，包括已经成立的股份有限公司和经批准拟成立的股份有限公司。

（2）公司的生产经营符合国家产业政策。

（3）公司发行的普通股只限一种，同股同权。

（4）发起人认购的股本数额不少于公司拟发行的股本总额的35%。

（5）在公司拟发行股本总额中，发起人认购的部分不少于人民币3 000万元，国家另有规定的除外；首次发行后，公司的股本总额不少于人民币5 000万元。

（6）向社会公众发行的部分不少于公司拟发行的股本总额的25%，其中公司职工认购的股本数额不得超过拟向社会公众发行的股本总额的10%；公司拟发行的股本总额超过人民币4亿元的，证监会按照规定可酌情降低向社会公众发行的部分的比例，但是，最低不少于公司拟发行的股本总额的15%。

（7）发行人在近3年内没有重大违法行为。

（8）证监会规定的其他条件。

原有企业改组设立股份有限公司申请公开发行股票，除了要符合上述条件外，还要符合下列两个条件：发行前一年末，净资产在总资产中所占比例不低于30%，无形资产在净资产中所占比重不高于20%，但是证监会另有规定的除外；最近三年连续盈利。

三、上市公司增资发行的目的与条件

上市公司增资发行的目的是追加资本，扩大经营。现有公司为了扩大经营规模，增加投资或筹措周转资金，可以发行股票筹措所需资金。而配股的目的是改善资本结构，提高自有资金比例。自有资金在公司资本来源中所占的比例是衡量公司财务结构和资本实力的一个重要指标。公司为了提高自有资本比例、保证资本与负债的合理比例、提高企业的经营安全程度和竞争力，可以通过发行股票增加自有资本，改善财务结构。新股发行条件包括增发与配股的共同的基本条件和各自的特殊条件。

（一）基本条件

根据我国《公司法》《证券法》和《上市公司新股发行管理办法》的规定，上市公司申请发行新股的基本条件为：

（1）具有完善的法人治理结构，与对其具有实际控制权的法人或其他组织及其他关联企业在人员、资产、财务上分开，保证上市公司的人员、财务独立以及资产完整。

（2）公司章程符合我国《公司法》和《上市公司章程指引》的规定。

（3）股东大会的通知、召开方式、表决方式和决议内容符合我国《公司法》及有关规定。

（4）前一次发行的股份已募足，并间隔1年以上。

（5）公司在最近3年内连续盈利，并可向股东支付股利；公司以当年利润分派新股，则不受限制。

（6）公司在最近3年内财务会计文件无虚假记载。

（7）公司预期利润率可达同期银行存款利率。

（8）新股发行募集资金用途符合国家产业政策的规定。

（9）新股发行募集资金数额原则上不超过公司股东大会批准的拟投资项目的资金需要数额。

（10）不存在资金、资产被具有实际控制权的个人、法人或其他组织及其关联人占用的情形或其他损害公司利益的重大关联交易。

（11）公司有重大购买或出售资产行为的，应当符合中国证监会的有关规定。

（12）中国证监会规定的其他要求。

上市公司有下列情形之一的，中国证监会不予核准其发行申请：最近3年内有重大违法违规行为；擅自改变招股文件所列募集资金用途而未做纠正，或者未经股东大会认可；公司在最近3年内财务会计文件有虚假记载、误导性陈述或重大遗漏；重组中进入公司的有关资产的财务会计资料及重组后的财务会计资料有虚假记载、误导性陈述或重大遗漏；招股文件存在虚假记载、误导性陈述或重大遗漏；存在为股东及股东的附属公司或者个人债务提供担保的行为；中国证监会认定的其他情形。

（二）配股条件

根据我国有关《关于做好上市公司新股发行工作的通知》，上市公司申请配股，除应当符合《上市公司新股发行管理办法》规定的基本条件外，还应当符合以下要求：经注册会计师核验，公司最近3个会计年度加权平均净资产收益率平均不低于6%；扣除非经常性损益后的净利润与扣除前的净利润相比，以低者作为加权平均净资产收益率的计算依据；设立不满3个会计年度的，按设立后的会计年度计算；公司一次配股发行股份总数，原则上不超过前次发行并募足股份后股本总额的30%，如公司具有实际控制权的股东全额认购所配售的股份，可不受上述比例的限制；该配股距前次发行的时间间隔不少于1个会计年度。

（三）增发条件

根据我国有关《关于做好上市公司新股发行工作的通知》，上市公司申请增发，除应当符合《上市公司新股发行管理办法》规定的基本条件外，还应当符合以下要求之一：

（1）经注册会计师核验，公司最近3个会计年度加权平均净资产收益率平均不低于6%，且预测发行完成当年加权平均净资产收益率不低于6%。

（2）加权平均净资产收益率按该通知第一条第一项的有关规定计算。

（3）设立不满3个会计年度的，按设立后的会计年度计算。

注册会计师核验，如公司最近3个会计年度加权平均净资产收益率平均低于6%，则应符合以下规定：公司及主承销商应当充分说明公司具有良好的经营能力和发展前景；新股发行时，主承销商应向投资者提供分析报告；公司发行完成当年加权平均净资产收益率应不低于发行前一年的水平，并应在招股文件中进行分析论证；公司在招股文件中应当认真做好管理层关于公司财务状况和经营成果的讨论与分析。公司在该次增发中计划向原股东配售或原股东优先认购部分占该次拟发行股份50%以上的，应符合配股条件。

四、股票发行制度

股票发行制度包括：

（1）发行注册制，也称发行登记制，是指证券发行人在公开募集和发行证券之前，需要向证券监管部门按照法定程序申请注册登记，同时依法提供与发行证券有关的一切资料，并对所提供资料的真实性、可靠性承担法律责任。

（2）核准制，是指证券发行者不仅必须公开有关所发行证券的真实情况，而且所发行的证券还必须遵守公司法和证券法中规定的若干实质性条件，证券监管机关有权否决不符合实质条件证券的发行申请。

（3）审批制。审批制是一国在股票市场的发展初期，为了维护上市公司的稳定和平衡复杂的社会经济关系采用行政和计划的方法分配股票发行的指标和额度，由地方政府或行政主管部门根据指标推荐企业发行股票的一种发行制度。公司发行股票的首要条件是取得指标和额度，也就是说，如果取得了政府给予的指标和额度，就等于取得了政府的保荐，股票发行仅仅是走个过场。因此，审批制下公司发行股票的竞争焦点主要是争取股票发行指标和额度。证券监管部门凭借行政权力行使实质性审批职能，证券中介机构的主要职能是进行技术指导。

五、股票发行的类型

股票的发行根据不同的标准，分为以下类型：

（1）按股份发行的时间或阶段可分为设立发行与新股发行。

（2）按股份发行是否通过中介机构可以分为直接发行与间接发行。

（3）按是否向社会、投资者是否特定可以分为公开发行与不公开发行。

（4）按股份发行是否增加公司资本可分为增资发行与非增资发行。

（5）按新股发行的目的可分为通常发行与特别发行。

（6）按股份发行价格可分为平价发行、折价发行与溢价发行。

（7）除上述分类外，还有其他各种分类。例如，国内发行和国外发行、议价发行和招标发行、有纸化发行和无纸化发行、初次发行和二次发行、网上发行和网下发行。

六、股票的发行程序

（一）首次公开发行的程序

（1）发起人在被准予注册登记取得独立的法人资格后，订立招股章程，主要目的是供公众阅览，以便了解情况，作为认购股票的参考。

（2）发起人向上级主管部门提交招股申请书，除了上述招股章程的内容以外，还要列出股票推销机构的名称及地点、开户银行的名称及地点、注册会计师证明等。

（3）主管部门同意颁发许可证后，公司与证券发行中介机构签订委托募集合同，内容包括推销募集方法、发行价格、推销股数、委托手续费等。

（4）投资者认购。公司或发行中介机构用广告或书面通知等方式招股，投资者通过公司及承销机构规定的方式认购股票。

（5）股票交割。投资者在认购以后，必须在规定的日期缴纳股金，才能领取股票。同样，发行者必须在认购后的规定日期交付所卖的股票，才能收受股金款。这种一手缴纳股金、一手交付股票的活动称之为交割。股票在交割的翌日产生效力。

（6）登记。股票交割后一定时期，公司董事会应向证券管理部门登记，内容包括发行总额和每股金额，募集期和股金收足日期，股东名单、公司董事和监事名单等，为日后增发新股和上市审查做准备。

（二）上市公司增发股票的程序

（1）制订新股发行计划，拟订所发行股票的种类、发行方式和价格。

（2）形成董事会决议。

（3）向主管部门提交发行申请书，为认购者编制增股说明书。

（4）如果在现有股东之间进行分摊，则要冻结股东名簿，停止办理股票转让后的过户手续。

（5）签订委托推销合同。

（6）向现有股东发出通知或公告。

（7）股东认购或公开发行。

（8）股票交割。

（9）处理零股或失权股。

（10）向证券管理部门登记发行情况和结果。

七、股票发行的申请程序

在具备股票发行条件后，发行人要按照法律规定进行信息披露。在发行阶段，其信息披露除提交规定的文件外，主要是按法律规定和中国证监会的要求制作并公布招股说明书。

发行人报送的股票发行申请文件，必须真实、准确、完整。为股票发行出具有关文件的专业机构和人员，必须严格履行法定职责，保证其所出具的文件的真实性、准确性和完整性。

招股说明书的内容与格式：

（1）招股说明书的封面。招股说明书封面应记载下列事项：发行人的名称及公司住所；“招股说明书”字样；说明发行股票的类型；重要提示；发行量、每股发行价、发行费用、募集资金，采用上网竞价方式发行股票的，应标明发行底价；发行方式及发行日期；拟上市证券交易场所；主承销商；推荐人；签署日期。

（2）招股说明书目录。

（3）招股说明书正文。它包括：主要资料；释义；绪言；发售新股的有关当事人；风险因素与对策，介绍投资风险和股市风险；募集资金的运用，说明对募集资金的运用计划；股利分配政策；验资报告；承销；发行人情况；发行人公司章程或公司章程草案的摘录；董事、监事、高级管理人员及重要职员的简介；至少3年的经营业绩；股本介绍；债项；主要固定资产；财务会计资料；资产评估；盈利预测；公司发展规划；重要合同及重大诉讼事项；董事会成员及承销团成员签署意见。其中，在绪言中必须声明：本说明书的编写所依据的法规，发行人董事会成员（或股份公司筹备组成员）已批准该招股说明书，确信其中不存在任何重大遗漏或者误导，并对其真实性、准确性、完整性负个别的和连带的责任。下列文字必须载入绪言：新发行的股票是根据本说明书所载明的资料申请发行的。除本发行人和主承销商外，没有委托或授权任何其他人提供未在本说明书中列载的信息和对本说明书做任何解释或者说明。

（4）附录。

（5）备查文件。

八、股票发行的审核工作程序

发行人申请公开发行股票，必须符合法律、行政法规规定的条件，并报经有关部门和中国证监会初审和核准。中国证监会设发行审核委员会，依法审核股票发行申请。发行审核委员会由中国证监会的专业人员和所聘请的外部有关人员组成，以投票方式对股票发行申请进行表决，提出审核意见。审核程序应当公开，并依法接受监督。

（一）人民币普通股（A股）发行审核程序

（1）预选阶段：中国证监会下达股票发行家数指标；地方政府和国务院有关产业部门推荐；中国证监会发行部受理预选材料；征求国务院有关部门的意见；中国证监会预选审核。

（2）审批阶段：地方政府和国务院有关产业部门初审；中国证监会发行部受理申报材料；中国证监会发行部审核；发行审核委员会审议；发行审核委员会审议通过后，中国证监会将根据市场行情，确定企业股票发行的具体时间，按程序核发准予发行的批文。

（二）境内上市外资股发行审核程序

（1）预选阶段：地方政府和有关国务院产业部门推荐；中国证监会确定预选企业。

（2）审批阶段：地方政府和国务院有关产业部门初审；中国证监会国际业务部受理；中国证监会国际业务部审核；发行审核委员会审议；发行审核委员会审议通过后，中国证监会将按程序核发准予发行B股的批文。

（三）人民币普通股（A股）和境内上市外资股（B股）配股审核程序

（1）地方政府初审。

（2）中国证监会上市公司部或国际业务部受理申报材料。

（3）中国证监会上市公司部或国际业务部审核。

（4）配股审核委员会审议。

（5）配股审核委员会审议通过后，中国证监会将根据市场行情，按程序核发准予实施配股的批文。

（四）境外上市外资股发行审核程序

（1）地方政府或国务院有关产业部门推荐。

（2）中国证监会确定预选企业。

（3）中国证监会审批。

九、股票发行认购方式

股票发行应坚持公开、公平、公正、高效、经济的原则。股票发行可采用上网定价方式、全额预缴款方式以及与储蓄存款挂钩方式，同次发行的股票只能采取一种发行方式。

（一）上网定价发行方式

（1）定义：指主承销商利用证券交易所的交易系统，由主承销商作为股票的唯一卖方，投资者在指定的时间内，按现行委托买入股票的方式进行股票申购。

（2）投资者申购。投资者应在申购委托前把申购款全额存入与办理该次发行的证券交易所联网的证券营业部指定的账户。上网申购期内，投资者按委托买入股票的方式，以发行价格，填写委托单。每一账户申购为 1 000 股或 1 000 股的整数倍。申购上限为当次社会公众股发行数量的千分之一。

（3）具体处理原则。当有效申购总量等于该次股票发行量时，投资者按其有效申购量认购股票。当有效申购总量小于该次股票发行量时，投资者按其有效申购量认购股票后，余额部分按承销协议办理。当有效申购总量大于该次股票发行量时，由证券交易所交易主机自动按每 1 000 股确定为一个申购号，连续排号，然后通过摇号抽签，每一中签号认购 1 000 股。

（4）上网申购程序。申购当日（T+0），投资者申购，并由证券交易所反馈受理情况；申购日后的第一天（T+1），由证券交易所的登记结算公司将申购资金冻结在申购专户中；申购日后的第二天（T+2），证券交易所的登记结算公司应配合主承销商和会计师事务所对申购资金进行验资，并由会计师事务所出具验资报告，以实际到位的资金作为有效申购进行连续配号，证券交易所将配号传送至各证券营业部，并通过卫星网络公布中签率；申购日后的第三天（T+3），由主承销商负责组织摇号抽签，并于当日公布中签结果，证券交易所根据抽签结果进行清算交割和股东登记；申购日后的第四天（T+4），对未中签部分的申购款予以解冻。

（二）全额预缴款方式

（1）全额预缴款、比例配售、余款即退方式。它是指投资者在规定的申购时间内将全额申购款存入主承销商在收款银行设立的专户中，申购结束后转存冻结银行专户进行冻结，在对到账资金进行验资和确定有效申购后，根据股票发行量和申购总量计算配售比例，进行股票配售，余款返还投资者的股票发行方式。

（2）全额预缴款、比例配售、余款转存方式。它是与储蓄存款挂钩方式和全额预缴款、比例配售、余款即退方式的结合。其在全额预缴、比例配售、余款即退方式上与相关规定相同，但申购余款转为存款，利息按同期银行存款利率计算，该存款为专项存款，不得提前支取。

（三）与储蓄存款挂钩发行方式

这是指在规定期限内无限量发售专项定期定额存单，根据存单发售数量、批准发行股票数量及每张中签存单可认购股份数量的多少确定中签率，中签者按规定要求办理缴款手续的新股发行方式。与储蓄存款挂钩方式按具体做法不同，可分为专项存单方式和全额存款方式两种。

十、股票的发行与承销方式

股票的发行方式：股票在上市发行前，上市公司与股票的代理发行证券商签订代理发行合同，确定股票发行的方式，明确各方面的责任。股票代理发行的方式按发行承担的风险不同，一般分为包销发行方式和代销发行方式两种。

（一）包销发行方式

包销发行是由代理股票发行的证券商一次性将上市公司新发行的全部或部分股票承购下来，并垫支相当股票发行价格的全部资本。

由于金融机构一般都有较雄厚的资金，可以预先垫支，以满足上市公司急需大量资金的需要，所以上市公司一般都愿意将其新发行的股票一次性转让给证券商包销。如果上市公司股票发行的数量太大，一家证券公司包销有困难，还可以由几家证券公司联合起来包销。

（二）代销发行方式

代销发行是由上市公司自己发行，中间只委托证券公司代为推销，证券公司代销证券只向上市公司收取一定的代理手续费。

股票上市的包销发行方式，虽然上市公司能够在短期内筹集到大量资金，以应付资金方面的急需，但一般包销出去的证券，证券承销商都只按股票的一级发行价或更低的价格收购，从而不免使上市公司丧失了部分应有的收益。代销发行方式对上市公司来说，虽然相对于包销发行方式能获得更多的资金，但整个筹款时间可能很长，从而不能使上市公司及时得到自己所需的资金。

另外，为了股票一上市就给公众一个大有潜力、蒸蒸日上的深刻印象，上市公司在选择股票上市的时机时，经常会考虑以下几方面的因素：

（1）在筹备的当时及可预计的未来一段时间内，股市行情看好。

（2）为未来一年的业务做好充分铺垫，在公众普遍能预计到企业来年比今年会更好的情况下上市；不要在公司达到顶峰，又看不出未来会有大的发展变化的情况下上市，应给公众一个成长型公司的印象。

（3）要在公司内部管理制度，派息、分红制度，职工内部分配制度已确定，未来发展大政方针已明确以后上市，这样会给交易所及公众一个稳定的感觉；否则，上市后的变动不仅会影响股市，严重的还可能造成暂停上市。

投资者在考察一家准备上市的公司时，看一看并分析一下它的发行方式以及上市时间的成熟与否，有时也能让我们了解一些比它的上市公告书更深一层的信息。

第三节　债券发行

一、债券发行概述

债券发行是发行人以借贷资金为目的，依照法律规定的程序向投资人要约发行代表一定债权和兑付条件的债券的法律行为。债券发行是证券发行的重要形式之一，是以债券形式筹措资金的行为过程，通过这一过程，发行者以最终债务人的身份将债券转移到它的最初投资者手中。

二、债券发行条件

债券发行的条件指债券发行者发行债券筹集资金时所必须考虑的有关因素，具体包括发行额、面值、期限、偿还方式、票面利率、付息方式、发行价格、发行费用、有无担保等。由于公司债券通常是以发行条件进行分类的，所以，确定发行条件的同时也就确定了所发行债券的种类。

债券的发行者在发行前必须按照规定向债券管理部门提出申报书；政府债券的发行则须经过国家预算审查批准机关的批准。发行者在申报书中所申明的各项条款和规定，就是债券的发行条件。其主要内容有：拟发行债券数量、发行价格、偿还期限、票面利率、利息支付方式、有无担保等。债券的发行条件决定着债券的收益性、流动性和安全性，直接影响着发行者筹资成本的高低和投资者投资收益的多寡。对投资者来说，最为重要的发行条件是债券的票面利率、偿还期限和发行价格。因为它们决定着债券的投资价值，所以被称为债券发行的三大基本条件。而对发行者来说，除上述条件外，债券的发行数量也是比较重要的，因为它直接影响筹资规模。如果发行数量过多，就会造成销售困难，甚至影响发行者的信誉以及日后债券的转让价格。

三、债券的发行方式

按照债券的发行对象的不同，可分为私募发行和公募发行两种方式。

私募发行是指面向少数特定的投资者发行债券，一般以少数关系密切的单位和个人为发行对象，不对所有的投资者公开出售。具体发行对象有两类：一类是机构投资者，如大的金融机构或与发行者有密切业务往来的企业等；另一类是个人投资者，如发行单位自己的职工，或使用发行单位产品的用户等。私募发行一般多采取直接销售的方式，不经过证券发行中介机构，不必向证券管理机关办理发行注册手续，可以节省承销费用和注册费用，手续比较简便。但是私募债券不能公开上市，流动性差，利率比公募债券高，发行数额一般不大。

公募发行是指公开向广泛不特定的投资者发行债券。公募债券发行者必须向证券管理机关办理发行注册手续。由于发行数额一般较大，通常要委托证券公司等中介机构承销。公募债券信用度高，可以上市转让，因而发行利率一般比私募债券利率低。公募债券采取间接销售的方式。具体方式又可分为三种：

（1）代销。发行者和承销者签订协议，由承销者代为向社会销售债券。承销者按规定的发行条件尽力推销，如果在约定期限内未能按照原定发行数额全部销售出去，债券剩余部分可退还给发行者，承销者不承担发行风险。采用代销方式发行债券，手续费一般较低。

（2）余额包销。承销者按照规定的发行数额和发行条件，代为向社会推销债券，在约定期限内推销债券如果有剩余，须由承销者负责认购。采用这种方式销售债券，承销者承担部分发行风险，能够保证发行者筹资计划的实现，但承销费用高于代销费用。

（3）全额包销。首先由承销者按照约定条件将债券全部承购下来，并且立即向发行者支付全部债券价款，然后再由承销者向投资者分次推销。采用全额包销方式销售债券，承销者承担了全部发行风险，可以保证发行者及时筹集到所需要的资金，因而包销费用也较余额包销费用高。

西方国家以公募方式发行国家债券一般采取招投标的办法进行。投标又分竞争性投标和非竞争性投标。竞争性投标是先由投资者（大多是投资银行和大证券商）主动投标，然后由政府按照投资者自报的价格和利率，或从高价开始，或从低利开始，依次确定中标者名单和配额，直到完成预定发行额为止。非竞争性投标，是政府预先规定债券的发行利率和价格，由投资者申请购买数量，政府按照投资者认购的时间顺序，确定他们各自的认购数额，直到完成预定发行额为止。

按照债券的实际发行价格和票面价格的异同，债券的发行可分平价发行、溢价发行和折价发行。

四、债券的发行程序

（1）证券承销商审查企业债券发行章程和其他有关文件的真实性、准确性和完整性后，与企业签订承销协议，明确双方的责任。

（2）主承销商与分销商签订分销协议，协议中应对承销团成员在承销过程中的权利和义务等做出详细的规定。

（3）主承销商与其他证券经营机构签订代销协议，未销出部分，可退还给主承销商。

（4）开展广泛的宣传活动。

（5）各承销团成员利用自己的销售网络，向金融机构、企事业单位及个人投资者销售。

（6）在规定的时间内，承销商将所筹款项转到企业的账户上。

五、中国的债券发行

一般情况下，企业债券发行须经中国人民银行批准，重点企业债券和国家债券发行须经国务院批准。通常企业债券采取自办发行或者委托有关金融机构代办发行的方式，重点企业债券和国家债券采取银行代理发行的，由国家承担发行风险。国家债券采取分配认购方式，或者向单位分配认购任务，或由个人自愿认购。1991 年国库券的发行开始部分试行由银团包销发行的办法。企业债券和金融债券一般采用自愿认购的方式。除贴现金融债券和企业短期融资券的一部分采取折价发行方式外，其他各种债券均采取平价发行的方式。

第四节 超额配售选择权

一、超额配售选择权

超额配售选择权，又称“绿鞋”。是指发行人授予主承销商的一项选择权，获此授权的主承销商按同一发行价格超额发售不超过包销数额 15% 的股份，即主承销商按不超过包销数额 115% 的股份向投资者发售。在增发包销部分的股票上市之日起 30 日内，主承销商有权根据市场情况选择从集中竞价交易市场购买发行人股票，或者要求发行人增发股票，分配给对此超额发售部分提出认购申请的投资者。主承销商在未动用自有资金的情况下，通过行使超额配售选择权，可以平衡市场对该股票的供求，起到稳定市价的作用。

中国证监会在股票发行中推出了超额配售选择权的试点，并依法对主承销商行使超额配售选择权进行监督管理。证券交易所对超额配售选择权的行使过程进行实时监控。超额配售选择权这种发行方式只是对其他发行方式的一种补充，既可用于上市公司增发新股，也可用于首次公开发行。

超额配售选择权因美国波士顿超额配售选择权制造公司 1963 年首次公开发行股票（IPO）时率先使用而得名，是超额配售选择权制度的俗称，也叫超额配售选择权期权（Green Shoe Option）。

目前，在海外股票发行中采用超额配售选择权机制已成为惯例。交行、建行、中行和招行等多家境内商业银行赴海外上市均采用了超额配售选择权机制。

超额配售选择权机制主要在市场气氛不佳、对发行结果不乐观或难以预料的情况下使用。目的是防止新股发行上市后股价下跌至发行价或发行价以下，增强参与一级市场认购的投资者的信心，实现新股股价由一级市场向二级市场的平稳过渡。采用超额配售选择权可根据市场情况调节融资规模，使供求平衡。

二、超额配售选择权的操作方法

（1）从国际通行做法来看，发行人一般会给予主承销商在股票发行后30天内，以发行价从发行人处购买额外的相当于原发行数量15%股票的期权，具体数量由发行人与主承销商协商确定。考虑到对稳定股价的影响力，这一比例一般不会低于10%，该期权也可以部分行使。

（2）主承销商获得这一期权后，便会在股票发行中超额配发期权所约定比例的股票，这额外配售的股票一般是主承销商从发行人大股东手中借股，或者向企业战略投资者借股，这些股份会在新股发行期间销售给投资者。

（3）股票上市后，如果股票求大于供，股价上扬，主承销商即以发行价行使超额配售选择权期权，从发行人处购得超额发行的15%股票，并补足自己超额发售的空头，即还给借股的大股东。此时实际发行数量为原定的115%。

（4）若股票上市后供大于求，股价跌破发行价，主承销商将不行使超额配售权，而是以国际配售中超额配发获取的资金从二级市场购入股票以支撑价格，购入股票将对冲空头，即还给借股的大股东。此时实际发行数量与原定数量相等。由于此时市价低于发行价，主承销商这样做并不会受到损失。

三、超额配售选择权的实施

发行人计划实施超额配售选择权的，应当提请股东大会批准，因行使超额配售选择权而发行的新股为本次发行的一部分。发行人应当披露因行使超额配售选择权而可能增发股票所募集资金的用途，并提请股东大会批准。拟实施超额配售选择权的主承销商，应当向中国证监会提供充分证据，说明公司已经建立了完善的内部控制，遵循着内部防火墙的原则，并有专人负责内部监察工作。主承销商与发行人签订的承销协议，应当明确发行人对主承销商行使超额配售选择权的授权，以及主承销商包销和行使超额配售选择权的责任。有关超额配售选择权的实施方案，应当在招股意向书和招股说明书中予以披露。在发行前，主承销商应向证券登记结算公司申请开立专门用于行使超额配售选择权的账户，并向证券交易所和证券登记结算公司提交授权委托书及授权代表的有效签字样本。

四、超额配售选择权的实施条件

（1）券商行使超额配售选择权可能比较慎重。按照规定，认购预售拟行使超额配售选择权所对应股份的投资者是仅指参与本次申购且与本次发行无特殊利益关系的机构投资者。因此券商面对机构投资者，有可能在行使选择权上相对谨慎。特别在预期二级市场股价将跌破增发价时，券商和发行人应该充分考虑行使超额配售选择权的可行性。

（2）在超额配售选择权行使期内，针对不同的二级市场价格，券商应该及时调整操作策略。例如发行人拟发行10 000万股新股，发行价格为10元/股，券商按照10元/股的发行价格发售11 500万股新股，其中发行人预先拿走10亿元资金，剩余的1.5亿元资金在超额配售选择权行使期内由券商根据情况处理（均不考虑承销费用）。二级市场上新股上市后股价在不断波动，上市之日起30日内假设股价可能出现最起码的两种情况，券商应该及时采取不同的操作策略。

情况一：假设市场交易价格在10元以下价位运行，由于低于发行价格，券商应该及时用超额配售股票获得的资金购买股票（根据规定购买价格应该不超过10元，购买数量应该不超过1 500万股）。这时就可能出现如下变化：①股价有可能继续下跌，在接近30日期限内已经预计无法使得股价达到或超过10元价位，券商尽可能购买1 500万股；②股价有可能在券商用超额配售股票获得的资金买入股票的推动下达到或超过10元价位，券商只能在10元及以下价位买入，在30日期限内股价仍然高出10元价位，这时如果购买数量没有达到1 500万股，券商可以根据市场情况选择超额配售权。

情况二：假设市场交易价格在10元以上的价格运行，由于高出发行价格，券商应该要求发行人按照发行价格增发不超过1 500万股新股，以满足市场的需要，发行人获得1.5亿元资金。

五、超额配售选择权对我国证券市场发展的意义

超额配售发行权是一种市场化的价格选择机制，其实质是一种期权，是发行人授予主承销商的一种选择权，也是主承销商应对发行风险的一种工具。主承销商可以根据新股发行的市场认购情况，在本次增发包销部分的股票上市之日起30日内，选择从集中竞价交易市场购买发行人股票，或者要求发行人增发股票，分配给对此超额发售部分提出认购申请的投资者，最多数额不超过包销的115%。

超额配售选择权在国外是一种成熟的交易方式。我国企业在海外上市以及国内B股的发行均采用过超额配售选择权。我国对超额配售选择权进行规范的意义表现在以下方面：

第一，稳定新股在一二级市场的差价。新股的发行价和市场价之间难免存在较大差异，如果没有超额配售选择权，主承销商对新股价格就缺少保护手段，会处于相当被动的地位。如果发行人授予主承销商超额配售选择权，则主承销商可以通过行使该权利在新股上市后30日内采取相应的措施，通过调节发行数量或在二级市场竞价来减少新股在一二级市场的差价。

第二，保护发行人的利益，减少投资者新股套利空间。行使超额配售选择权能够使主承销商在投资者申购踊跃时增发股票，从而为发行人带来更多利益。由于行使超额配售选择权能够在新股上市的前期稳定一二级市场的差价，因此降低了投资者购买新股的套利空间，迫使投资者慎重选择所投资的股票。不论股票好坏一味申购的做法将会面临很大风险。

第三，促进我国证券市场规范化发展。长期以来，我国新股的发行价和市场价之间存在较大差异，巨大的套利空间诱惑着大笔资金停留在一级市场，使我国证券市场存在种种弊端。具体包括：发行的市场化程度低，投资者和承销商的风险意识不足，资本市场资源配置不尽合理等。推行超额配售选择权能够在一定程度上减少以上弊端，规范市场，提高市场对资本的配置效率。

重要概念

证券发行　包销　“绿鞋机制”　注册制　核准制

思考题

1. 证券发行的程序有哪些?
2. 信息披露制度对我国证券市场发展的意义是什么?
3. 公司发行股票有哪些前提条件?
4. 简述股票的主要承销和发行方式。
5. 简述超额配售选择权对我国证券市场发展的重要意义。

第七章　证券交易市场

学习目的和要求

1．了解证券交易市场的特点。
2．了解我国证券交易市场的特点。
3．了解证券交易流程和方式。

第一节　证券交易市场概述

一、证券交易市场的概念

证券交易市场也称证券流通市场、二级市场（Security Secondary Market）、次级市场，是指对已经发行的证券进行买卖、转让和流通的市场。在二级市场上销售证券的收入属于出售证券的投资者，而不属于发行该证券的公司。

二、证券交易市场概况

证券交易市场是买卖证券的场所，它为证券发行后证券所有权的转移提供了条件。证券交易市场分为两大类：一类是大型、活跃而有秩序的场内交易，即在证券交易所内进行的交易；另一类是没有固定地点的场外交易，大多是电话中成交。

股票由发行者推销出动和股票公开出售并到达投资公众手中是两个不同的阶段。资本主义国家的证券市场一般分为“一级证券市场”（或称“初级证券市场”）和“二级证券市场”两类。在一级证券市场流通的是企业和国家新发行的有价证券，这里场外交易占统治地位。在二级证券市场流通的是之前发行的有价证券，在这个市场上，交易所起主要作用。证券交易委员会规定，在交易所买卖股票和经纪人必须是交易所组织成员，在交易所内买卖的股票必须是经过批准的挂牌股票，由于在交易所买卖股票的费用较高，因而出现了挂牌的交易由非交易所成员经纪人在交易所外从事买卖的渠道。这种在交易所挂牌上市，却在场外市场交易的股票交易市场，称为“第三市场”。另外，各种投资公司、保险公司、年金基金、互助储蓄协会等专业金融机构大量购买和持有股票，成了股票交易市场上举足轻重的力量。这些大机构和一些巨型公司愿出高价购买交易所中的席位，以便更有利地从事各种股票、债券的买卖活动。这种方式的股票买卖已形成了一个独立的市场，称为“第四市场”。

三、证券交易市场的特点

（1）证券交易场所以证券投资者为主要参与者，它主要是证券持有人以及准备购买证券的货币持有人。此外，证券发行人和证券中介机构也是证券交易市场的参与者，但其职责在于辅助投资者进行和完成交易，而不是证券交易活动的独立参加者。作为例外情况，证券中介机构也可能会充当投资者。

（2）证券交易市场主要采取有形市场形式，也存在少数无形市场。证券交易所是典型的有形市场，它有固定的场所、设施、设备和专业人员；其他证券交易场所如柜台交易市场，往往采用分散交易的形式，但一般也要借助证券公司柜台和交易网络才能完成，故也属于广义的有形市场。依照证券交易市场的组成及存在形式，又可将证券交易市场再分为证券交易所和场外交易市场。

（3）证券交易市场与证券发行市场相互依赖。证券交易市场对证券发行市场的依赖性，首先是因为证券交易市场以已发行证券为交易对象，证券交易市场的交易对象是已发行在外的证券，而不是尚未发行的证券。在这个意义上，证券发行市场是证券交易市场的前提。另外，我国目前股票公开发行多数借助证券交易所的交易网络，采取“网上发行方式”，这使得证券发行市场对证券交易市场也存在依赖。证券发行市场与交易市场的关系异常复杂，无论是所发行证券的种类、价格、数量及规模等因素，均在一定程度上受制于证券交易市场情况。我国《证券法》允许证券发行人与证券公司协商定价，导致发行市场价格与交易市场价格的逐渐接轨，两个市场之间的联系变得更加密切。可以说，证券发行市场和交易市场之间是互动作用。

四、证券交易市场的功能

（1）为证券持有者提供将证券变现的场所。

（2）为新的投资者提供投资的机会。该市场由交易所开设的证券交易所市场和由证券公司开设的场外交易市场构成。各类有价证券在二级市场上的顺利流通，有利于形成一个公平合理的价格，实现货币资本与证券资本的相互转换。

第二节　中国的证券交易市场

一、中国的证券交易市场

证券交易市场是为已经公开发行的证券提供流通转让机会的市场。证券交易市场通常分为证券交易所市场和场外交易市场。证券交易所是证券买卖双方公开交易的场所，是一个高度组织化、集中进行证券交易的市场，是整个证券市场的核心。

证券交易所本身并不买卖证券，也不决定证券价格，而是为证券交易提供一定的场所和设施，配备必要的管理和服务人员，并对证券交易进行周密的组织和严格的管理，为证券交易顺利进行提供一个稳定、公开、高效的市场。我国《证券法》规定，证券交易所是为证券集中交易提供场所和设施，组织和监督证券交易，实施自律管理的法人。

二、我国证券交易所市场的层次结构

根据社会经济发展对资本市场的需求和建设多层次资本市场的部署，我国在以上海、深圳证券交易所作为证券市场主板市场的基础上，又在深圳证券交易所设置了中小企业板市场和创业板市场，从而形成了交易所市场内的不同市场层次。

（一）主板市场

主板市场是一个国家或地区证券发行、上市及交易的主要场所，一般而言，各国主要的证券交易所代表着国内主板市场。主板市场对发行人的经营期限、股本大小、盈利水平、最低市值等方面的要求标准较高，上市企业多为大型成熟企业，具有较大的资本规模以及稳定的盈利能力。相对创业板市场而言，主板市场是资本市场中最重要的组成部分，很大程度上能够反映经济发展状况，有“宏观经济晴雨表”之称。上海证券交易所和深圳证券交易所主板、中小板是我国证券市场的主板市场。上海证券交易所于1990年12月19日正式营业；深圳证券交易所与1991年7月3日正式营业。

2004年5月，经国务院批准，中国证监会批复同意，深圳证券交易所在主板市场内设计中小企业板块市场。设立中小企业板块的宗旨是为主业突出、具有成长性和科技含量的中小企业提供直接融资平台，是我国多层次资本市场体系建设的一项重要内容，也是分步推进创业板市场建设的一个重要步骤。

中小企业板块的设计要点主要是四个方面：第一，暂不降低发行上市标准，而是在主板市场发行上市标准的框架下设立中小企业板块，这样可以避免因发行上市标准变化带来的风险；第二，在考虑上市企业的成长性和科技含量的同时，尽可能扩大行业覆盖面，以增强上市公司行业结构的互补性；第三，在现有主板市场内设了中小企业板块，可以依托主板市场形成初始规模，避免直接建立的创业板市场因初始规模过小而面临风险；第四，在主板市场的制度框架内实行相对独立的运行，目的在于有针对性地解决市场监管的特殊性问题，逐步推进制度创新，从而为建立创业板市场积累经验。

中小企业板块的总体设计可以概括为“两个不变”和“四个独立”。“两个不变”是指中小企业板块运行所遵循的法律、法规和部门规章与主板市场相同，中小企业板块的上市公司须符合主板市场的发行上市条件和信息披露要求。中小企业板块以“两个不变”的原则体现为现有主板市场的一个板块，从法律、行政法规到中国证监会及国务院有关部门的部门规章，中小企业板块适用的基本制度规范与现有主板市场完全相同，中小企业板块适用的发行上市标准也与现有主板市场完全相同。从上市公司看，虽然不改变主板市场的发行上市标准，但把符合主板市场发行上市条件的企业中规模较小的企业集中到中小企业板块，逐步形成创业板市场的初始资源。

“四个独立”是指中小企业板块是主板市场的组成部分，同时实行运行独立、监察独立、代码独立、指数独立。运行独立是指中小企业板块的交易由独立于主板市场交易系统的第二交易系统承担；监察独立是指深圳证券交易所建立独立的监察系统，实施对中小企业板块的实时监控，该系统针对中小企业板块的交易特点和风险特征设置独立的监控指标和报警阈值；代码独立是指将中小企业板块股票作为一个整体，使用与主板市场不同的股票编码；指数独立是指中小企业板块在上市股票达到一定数量后，发布该板块独立的指数。

从制度安排看，中小企业板块以运行独立、监察独立、代码独立和指数独立与主板市场相区别；同时，中小企业板块又以其相对独立性与创业板市场相衔接。

中小企业板块市场在监管方面主要采取两项措施：一是改进交易制度，完善开盘集合竞价制度和收盘价的确定方式，在监控中引入涨跌幅、振幅及换手率的偏离值等指标，完善交易异常波动停牌制度；二是完善中小企业板块上市公司监管制度，推行募集资金使用定期审计制度、年度报告说明会制度和定期报告披露上市公司股东持股分布制度等措施。

（二）创业板市场

创业板市场又被称为“二板市场”，是为具有高成长性的中小企业和高科技企业融资服务的资本市场。创业板市场是不同于主板市场的独特的资本市场，具有前瞻性、高风险、监管要求严格以及明显的高技术产业导向的特点。与主板市场相比，在创业板市场上市的企业规模较小、上市条件相对较低，中小企业更容易上市募集发展所需的资金。创业板市场的功能主要表现在两个方面：一是在风险投资机制中的作用，即承担风险资本的推出窗口作用；二是作为资本市场所固有的功能，包括优化资源配置、促进产业升级等作用，而对企业来讲，上市除了融通资金外，还有提高企业知名度、分担投资风险、规范企业运作等作用。因而，建立创业板市场是完善风险投资体系，为中小高科技企业提供直接融资服务的重要一环，也是多层次资本市场的重要组成部分。

经国务院同意、中国证监会批准，我国创业板市场于2009年10月23日在深圳证券交易所正式启动。我国创业板市场主要面向成长型创业企业，重点支持自主创新企业，支持市场前景好、带动能力强、就业机会多的成长型创业企业，特别是支持新能源、新材料、电子信息、生物医药、环保节能、现代服务等新兴产业的发展。

我国创业板的推出和发展，将发挥对高科技、高成长创业企业的“助推器”功能，为各类风险投资和社会资本提供风险共担、利益共享的进入和退出机制，促进创业投资的良性循环，逐步强化以市场为导向的资源配置、价格发现和资本约束机制，提高我国资本市场的运行效率和竞争力。

创业板是我国多层次资本市场体系的重要组成部分。创业板的开板，标志着我国交易所市场在经过20余年发展后，已经逐步确立了由主板（含中小板）、创业板构成的多层次交易所市场体系框架。

三、两种形式

在国外一些发达国家，证券交易市场有场内交易市场和场外交易市场两种形式。

（一）场内交易市场

场内交易市场指由证券交易所组织的集中交易市场，有固定的交易场所和交易活动时间，在多数国家它还是全国唯一的证券交易场所，因此是全国最重要、最集中的证券交易市场。证券交易所接受和办理符合有关法令规定的证券上市买卖，投资者则通过证券商在证券交易所进行证券买卖。

证券交易所不仅是买卖双方公开交易的场所，而且为投资者提供多种服务，交易所随时向投资者提供关于在交易所挂牌上市的证券交易情况，如成交价格和数量等；提供发行证券企业公布的财务情况，供投资者参考。交易所制定各种规则，对参加交易的经纪人和自营商进行严格管理，对证券交易活动进行监督，防止操纵市场、内幕交易、欺诈客户等违法犯罪行为的发生。交易所还要不断完善各种制度和设施，以保证正常交易活动持续、高效地进行。

（二）场外交易市场

场外交易市场又称柜台交易或店头交易市场，指在交易所外由证券买卖双方当面议价成交的市场，它没有固定的场所，其交易主要利用电话进行，交易的证券以不在交易所上市的证券为主，在某些情况下也对在证券交易所上市的证券进行场外交易。场外交易市场中的证券商兼具证券自营商和代理商的双重身份。作为自营商，可以把自己持有的证券卖给顾客或者买进顾客的证券，赚取买卖价差；作为代理商，又可以客户代理人的身份向别的自营商买进卖出证券。近年来，国外一些场外交易市场发生了很大变化，它们大量采用先进的电子化交易技术，使市场覆盖面更加广阔，市场效率有很大提高。这方面，以美国的纳斯达克市场为典型代表。

第三节 证券交易程序

一、A 股交易方法

投资者如需入市，应事先开立证券账户卡。分别开立深圳证券账户卡和上海证券账户卡。

1．深圳证券账户卡

投资者：可以通过所在地的证券营业部或证券登记机构办理，须提供本人有效身份证及复印件，委托他人代办的，还须提供代办人身份证及复印件。

法人：持营业执照（及复印件）、法人委托书、法人代表证明书和经办人身份证办理。

证券投资基金、保险公司：开设账户卡则须到深圳证券交易所直接办理。

开户费用：个人 50 元/每个账户；机构 500 元/每个账户。

2．上海证券账户卡

投资者：可以到上海证券中央登记结算公司在各地的开户代理机构处，办理有关申请开立证券账户手续，带齐有效身份证件和复印件。

法人：须提供法人营业执照副本原件或复印件，或民政部门、其他主管部门颁发的法人注册登记证书原件和复印件；法定代表人授权委托书以及经办人的有效身份证明及其复印件。

委托他人代办：须提供代办人身份证明及其复印件、委托人的授权委托书。

开户费用：个人纸卡40元，个人磁卡本地40元/每个账户，异地70元/每个账户；机构400元/每个账户。

3. 证券营业部开户

投资者办理深、沪证券账户卡后，到证券营业部买卖证券前，须首先在证券营业部开户，开户主要在证券公司营业部营业柜台或指定银行代开户网点办理，然后才可以买卖证券。

4. 证券营业部开户程序

（1）个人开户须提供身份证原件及复印件，深、沪证券账户卡原件及复印件。

若是代理人，还须与委托人同时临柜签署“授权委托书”并提供代理人的身份证原件和复印件。

法人机构开户：应提供法人营业执照及复印件；法定代表人证明书；证券账户卡原件及复印件；法人授权委托书和被授权人身份证原件及复印件；单位预留印鉴。B股开户还须提供境外商业登记证书及董事证明文件。

（2）填写开户资料并与证券营业部签订“证券买卖委托合同”（或“证券委托交易协议书”），同时签订有关沪市的“指定交易协议书”。

（3）证券营业部为投资者开设资金账户。

（4）需开通证券营业部银证转账业务功能的投资者，注意查阅证券营业部有关此类业务功能的使用说明。

5. 选择交易方式

投资者在开户的同时，需要对今后自己采用的交易手段、资金存取方式进行选择，并与证券营业部签订相应的开通手续及协议，例如电话委托、网上交易、手机炒股、银证转账等。

6. 银证通开户

开通“银证通”需要到银行办理相关手续。

开户步骤如下：

（1）银行网点办理开户手续：持本人有效身份证、银行同名储蓄存折（如无，可当场开立）及深沪股东代码卡到已开通“银证通”业务的银行网点办理开户手续。

（2）填写表格：填写“证券委托交易协议书”和“银券委托协议书”。

（3）设置密码：表格经过校验无误后，当场输入交易密码，并领取协议书客户联，即可查询和委托交易。

二、B股开户一般程序

第一步：凭本人有效身份证明文件到其原外汇存款银行将其现汇存款和外币现钞

存款划入证券商在同城、同行的 B 股保证金账户。境内商业银行应当向境内居民个人出具进账凭证单，并向证券经营机构出具对账单。

第二步：凭本人有效身份证明和本人进账凭证单到证券经营机构开立 B 股资金账户，开立 B 股资金账户的最低金额为等值 1 000 美元。

第三步：凭刚开立的 B 股资金账户，到该证券经营机构申请开立 B 股股票账户。

1. 深圳 B 股开户

中国证券登记结算公司深圳分公司作为深圳 B 股的法定登记机构，负责 B 股投资者开户业务。同时授权给一些证券营业部，一些银行或其他代理开户点开立 B 股账户。目前网上实时 B 股开户允许境内外个人和境外代理人、境外一般法人开户。一些证券营业部作为深圳 B 股开户代理证券商，也可代办 B 股开户业务。投资者可到具备从事深圳证券交易所 B 股业务资格的证券营业部、深圳证券交易所委托的开户代理机构办理 B 股证券账户。账户开立：

（1）境内个人投资者须提交：

①金额 7 800 港元（相当于 1 000 美元）以上的外汇资金进账凭证及其复印件。

②境内居民身份证及其复印件。

注：境内个人投资者办理 B 股开户必须是本人亲自办理，不得由他人代办，境内法人不允许办理 B 股开户。境外个人投资者可委托他人代办，每个投资者只能开立一个账户。

（2）境外个人投资者须提交：境外居民身份证或护照、其他有效身份证件及其复印件。

（3）境外机构投资者开立 B 股证券账户须提供：商业注册登记证、授权委托书、董事身份证明书及其复印件、经办人身份证件及其复印件。

开户费：个人每户 120 港元；机构投资者每户 580 港元。

2. 沪市 B 股开户

凭 B 股资金账户证明，到境内具有经营 B 股资格的上海证券交易所会员申请开立 B 股账户。开户时须提交本人有效身份证明文件、1 000 美元以上的银行进账凭证、“上海 B 股境内居民个人开户登记申请表”以及上海证券交易所及登记公司认为需要提供的其他材料。

开户费：境内居民个人开立 B 股账户，应按规定缴纳手续费。手续费按 19 美元/户标准收取。

3. 证券营业部 B 股开户

投资者在证券公司下属证券营业部开立 B 股保证金账户。投资者须提供以下文件原件及复印件一份，并签署各项有关开户文件，预留印鉴或密码。

（1）B 股股东账户确认书（即 B 股代码卡）。

（2）个人的有效身份证件或机构的有效营业执照及机构法定代表人签署的委托代理授权书和委托代理人身份证件。

（3）代理开户的户主授予代理人的各种权限公证书。

（4）沪市须办理的指定交易。

重要概念

证券交易市场　主板市场　创业板市场　场内交易　场外交易

思考题

1. 什么是证券交易所？它具备哪些特征？
2. 简述我国证券交易市场的层次结构。

第八章　证券市场监管

学习目的和要求

1. 了解证券市场监管的意义。
2. 了解证券市场监管的目标和原则。
3. 了解证券市场监管的模式。
4. 了解证券市场监管的主要内容。
5. 了解我国证券市场监管的法制体系建设。

第一节　证券市场监管概述

一、证券市场监管的意义

证券市场从它产生之日起，就以其高收益和高风险的特性为广大投资者和投机者所偏爱，以其对国民经济和国民生活的重大影响而备受政府的关注，对证券市场的监管成为国家金融监管的必然内容之一。证券市场监管具有重要意义，主要表现在：

（一）加强证券市场监管是维护证券市场正常秩序，充分发挥证券市场积极作用的需要

证券市场的存在，除了使资本供求双方有了相互联通的渠道外，更能优化资源配置，配合宏观调控，从而实现为国民经济服务的功能。在资本市场理论中，若资本市场在证券价格形成中能充分而准确地反映全部相关信息，才称其为有效。只有在有效市场中，证券市场才能充分发挥其积极作用。然而，投资者天然的逐利行为决定了少数投机者可以利用手中掌握的内幕消息和雄厚的资金来操纵价格，欺骗公众，从价格的扭曲中获取巨额利润。这些行为阻碍了证券市场资源配置功能的发挥，蕴藏着较高的金融风险，因此，必须对信息的发布、投资者的行为、上市公司的活动、券商的经营进行必要的监管，严厉查处违法、违规的行为，维护市场的秩序和有效性。

（二）加强证券市场监管是保护投资者利益的需要

一方面，证券市场投资者是证券市场的重要参与者，是证券市场得以建立和维持的资金来源，只有保护投资者的合法权益，树立投资者对市场的信心，证券市场才有源源不断的资金进入，有了资金来源，证券市场才能发挥筹资和资源配置的功效，才

能繁荣与发展。因此投资者的合法利益必须得到保护。另一方面，积极参与证券市场的投资者，特别是中小投资者往往是分散的个体，在市场中处于弱势地位，是市场的弱者。因此，在市场失灵或失控的时候，守法的投资者特别是中小投资者常常是市场中最大的受害者。通过监管的手段使得投资者能够平等地获得信息，同时对市场违法、违规行为进行查处，维护市场正常秩序，也体现了对投资者的保护。为了维护真正意义上的公平，特别强调保护投资者的合法权益是完全必要的。

（三）加强证券市场监管是控制金融风险、促进经济健康、稳定发展的需要

证券市场既有证券市场本身无法消除的系统风险，又有非系统风险，再加上证券交易中普遍使用的信用手段，使得证券市场的风险远远大于一般的商品市场，对经济的影响也更大。因此，如果不对证券市场进行有效的监控，那么，各种风险会迅速积累并向外扩散，一旦超过市场所能承受的限度，就会发生危机，从而会对经济的发展产生不利的影响。在证券市场的发展历史上，由于证券投资活动中的欺诈、操纵、内幕交易、恶性投机等行为造成金融市场动荡，从而造成整个经济崩溃的现象屡见不鲜。其中 1929 年美国证券市场危机所引发的经济大危机最为著名。各国在经历了证券市场动荡对经济生活的巨大冲击之后，认识到证券市场监管的重要意义，开始建立和完善证券投资的管理机构和相应法规，加强对证券市场的监管，从而达到减少证券市场的动荡、促进经济稳定发展的目的。

（四）加强证券市场监管是我国现实的需要

改革开放以来，我国证券市场从无到有，证券市场监管也不断完善起来。1997 年开始的亚洲金融危机，对整个亚洲乃至整个世界的经济产生了重大的影响。我国虽然没有发生金融动荡，但金融危机仍给我们敲响了警钟，使我们认识到了加强证券市场监管的必要性。

另外，我国国有企业改革正经历攻坚阶段，需要有一个健康、繁荣的证券市场支持，以实现资金的合理流动和优化配置，建立起科学的企业管理制度。我国的《证券法》的起草和实施，标志着我国证券市场的发展进入了一个新阶段，对我国的证券市场监管也提出了更高的要求。

二、证券市场监管的目标与原则

证券市场监管最根本的目的在于运用和发挥证券市场机制的积极作用，限制其消极影响；保护投资者利益，保障合法的证券交易活动，监督证券中介机构依法经营；防止人为操纵、欺诈等不法行为，维持证券市场的正常秩序；根据国家宏观经济管理的需要，运用灵活多样的方式，调控证券市场与证券交易规模，引导投资方向，使之与经济发展相适应。为实现证券市场监管的目标，应当坚持各国监管原则中最基本、最核心的原则，即“三公”原则。

（一）公开原则

证券市场的公开原则，又称信息公开原则，就是要求所有上市公司准确、及时、

完整地披露信息，保持信息的公开，使投资者充分了解有关行业、上市公司的最新信息，并以此为基础做出合理的投资决策。公开原则通常包括两个方面，即证券信息的初期披露和持续披露。信息的初期披露，是指证券发行人在首次公开发行证券时，应完全披露有可能影响投资者做出是否购买证券决策的所有信息；信息的持续披露，是指在证券发行后，发行人应定期向社会公众提供财务及经营状况的报告，以及不定期公告影响公司经营活动的重大事项等。信息公开原则是公平、公正原则的前提。证券市场中的投资活动是一连串信息分析的结果，只有市场信息能够公开地发布和传播，投资者才能公平地做出自己的投资决策，也只有如此，才能防止出现各种证券欺诈和舞弊行为，保证市场的公平、公正。

（二）公平原则

证券市场的公平原则，就是要求证券发行、交易活动中的所有参与者都有平等的法律地位，各自的合法权益能够得到公平的保护，营造一个所有参与者都能够公平竞争的环境。按照公平原则，发行者有公平的筹资机会，证券经营机构在证券交易所有公平的权利和责任，投资者有公平的投资机会。对证券市场的所有参与者而言，不能因为其在市场中的职能差异、身份不同、经济实力大小而受到不公平的待遇，而要按照公平、统一的市场规则进行各种活动。

（三）公正原则

证券市场的公正原则，是针对证券监管机构的监管行为而言的，它要求证券监督管理部门在公开、公平原则基础上，对一切被监管对象给以公正待遇。根据公正原则，证券立法机构应当制定体现公正精神的法律、法规和政策，证券监管部门应当根据法律授予的权限公正履行监管职责。要在法律的基础上，对一切证券市场参与者给予公正的待遇。对证券违法行为的处罚，对证券纠纷事件和争议的处理，都应当公正进行。

"三公"原则是贯穿证券市场整个运行过程的基本原则，三者是相互影响、密不可分的统一体。公开原则是公平原则和公正原则的基础和前提。只有公开地发布和传播有关信息，投资者才能公平地做出投资决策，防止各种证券欺诈和内幕交易行为，保障市场公正。公平原则是实行公开和公正原则的目的和结果。公正原则是实现公开和公平原则的保障。维护公开、公平、公正的原则，是规范证券市场的基本要求，也是保障投资者利益的前提和基础。

（四）依法监管原则

依法监管原则即"有法可依""有法必依"，加强对证券市场违法违规行为的查处力度，维护证券市场的正常秩序。

（五）保护投资者利益原则

从资本市场的发展历程来看，保护投资者利益，让投资者树立信心，是培育和发展市场的重要环节，是证券监管机构的首要任务和宗旨。

（六）监管与自律相结合的原则

这一原则是指加强政府、证券监管机构对证券市场监管的同时，也要加强从业者的自我约束、自我教育和自我管理。

三、证券市场监管的方式与手段

证券管理机构为履行管理监督职责，必须采取有效的管理方式和手段。一般来讲，各国的证券管理监督机构都普遍采取官方监管、内部监管与大众监督相结合的方式，把运用法律手段与运用经济手段、行政手段结合起来。

（一）证券市场监管的方式

1. 官方监管方式

官方监管方式是指设立专门的监管机构或部门，代表国家或政府，对证券市场进行监督管理。这是一种最主要的管理监督方式，当然也是比较有力和有效的方式。在这种模式下，由政府下属的部门或由直接隶属于立法机关的国家证券监管机构对证券市场进行集中统一监管，而各种自律性组织，例如证券交易所、行业协会等只起到协助作用。这一监管模式主要以美国、日本、韩国、新加坡等国家为代表。各个国家都设立有专门的监督管理机构或部门，即使有的部门不是独立的，而是隶属于某一政府部门的，但总有指定的机构或部门分工负责证券管理监督职责。有的监督管理机构不是纯官方的机构，有些是官方派代表，有的是证券经营机构行业公会或协会，有的是由各界代表所组成的，但不论是由什么成分组成的，它们都具有官方的职能，都代表国家或政府，履行监督管理证券市场活动的职责，而且具有法律所赋予的权威，具有所需要的权力，从而保证其顺利地执行监督管理的职责。官方集中监管体制具有以下优点：能公正、公平、高效、严格地发挥其监管作用，并能协调全国各证券市场，防止出现因过度投机所造成的混乱局面；具有统一的证券法规，促使证券行为有法可依，提高了证券市场监管的权威性；监管者处于相对超脱的地位，更加注重维护投资者的合法权益。但其不足之处也是显而易见的，如证券法规的制定者和监管者超脱于市场，从而使得市场监管可能脱离实际，造成监管效率下降；对市场发生的意外情况，反映比较迟缓，可能处理不够及时。

2. 内部监管

内部监管即自律方式，指证券交易所、证券行业协会及证券经营机构通过建立自律性的规章制度，对其会员或职员的行为进行监督管理。英国、德国、意大利、荷兰等国家是自律管理模式的典型代表。官方的管理监督尽管比较全面，但不可能非常具体，日常性的具体管理监督，还要由交易所、证券经营机构及证券行业公会等建立一套自律性规章制度。它们将根据国家的有关法规和政策，根据证券主管机构的要求，制定相应的经营与运作规章、细则等，对其内部以及证券的发行与交易，实行严格的监督管理。每个证券交易所和证券经营机构，都制定有自己的章程，并经过证券主管机构的批准或确认。章程对交易所或经营机构性质、宗旨、业务范围、会员条件及其权利义务、会员大会、内部组织结构、经费、分配、财务会计等事项都有较明确的规定。各交易所对会员资格、证券上市、场内交易以及结算交割等也都有具体的要求。虽然各个国家有不同的情况，交易所的组织形式及经营方式也有所不同，但有一点是相同或相近的，那就是，交易所既是一个证券交易的经营与服务机构，也是一个监督管理机构，具有监督管理证券交易活动的职能，是一种非官方的、带有自律性的监督管理。因为交易所直接处在日常的证券交易活动中，直接负责审核各种证券的上市申请，直接协调、指导会员证券商的交易，所以交易所的这种自律性管理监督是比较有效的。内部自律管理模式具有以下优点：①通过市场参与者的自我管理和自我约束，可以增强市场的创新和竞争意识，有利于促进市场活跃；②允许证券商参与制定证券市场的监管规则，可以促使市场监管更加切合实际，制定的监管规则具有更大的灵活性，有利于提高监管效率；③自律组织具有快速反应机制，能够对市场发生的违规行为做出迅速而有效的反应。内部自律管理模式的缺陷主要表现在：①管理的侧重点通常放在市场的规范、稳健运行和保护证券交易所会员的经济利益上，对投资者的利益则往往没有提供充分的保障；②由于缺乏立法作为坚实的后盾，监管手段显得比较脆弱；③由于没有统一的监管机构，难以实现全国证券市场的协调有序发展，容易造成市场秩序混乱。正因为如此，许多原来实行自我监管的国家，现已开始逐渐向官方集中监管模式转变。

3．公众监督方式

公众监督方式是指通过资产评估与信用评级机构的评估，注册会计师对公司财务报告的审核，新闻媒介的舆论，公众对企业信息文件的索取、阅读以及由此的证券选择而对证券市场进行监督。投资者为了自己的利益，为了减少投资的风险，获取较高的收益，也必然会对证券的发行和上市交易、对发行公司及证券经营机构实行监督，由此构成公众对证券市场的监督。

以上各种管理监督方式，都有其自己的局限性，只有将它们结合起来，相互补充，才能达到监督的目的，才能保证证券市场的健康运行和发展，才能使投资者的合法权益得到最大限度的保护。

（二）证券市场的监管手段

证券市场本身的特殊性和失灵问题的复杂性，决定了证券监管手段的多样性。证券市场管理监督机构在执行其职能时，可以运用多种不同的手段，但最主要的还是法律手段。在法规不健全、不完善的情况下，则主要运用各种行政手段。而不论是以法律手段为主，还是以行政手段为主，都必须有经济手段的配合。

（1）法律手段。它是指通过制定一系列的证券法规来管理证券市场。这是证券市场监管的主要手段，约束力强。

（2）经济手段。它是指通过运用利率政策、公开市场业务、税收政策、保证金比例等经济手段对证券市场进行干预。这种手段相对比较灵活，但调节过程可能较慢，存在时滞。

（3）行政手段。它是指通过制订计划、政策等对证券市场进行行政性的干预。这种手段比较直接，但运用不当可能违背市场规律，无法发挥作用，甚至遭到惩罚。一般多在证券市场发展初期，法制尚不健全、市场机制尚未理顺，或遇突发性事件时使用。

四、证券市场监管主体

证券市场监管可分为国家集中统一监管和自律监管两种形式。国家集中统一监管是指由政府下属的部门，或由直接隶属于立法机关的国家证券监督管理机构制定专门的证券市场管理法规并对证券市场进行集中统一监管，而各种自律性组织只起辅助作用。自律监管是指政府只进行某些必要的国家立法，而由自律组织进行自我监督和管理。二者各有优缺点，整个国际趋势是在充分发挥国家集中统一监管的决定性作用的前提下，积极辅之以自律监管。我国证券市场经过30年的发展，逐步形成了以国务院证券监督管理机构、国务院证券监督管理机构的派出机构、证券交易所、行业协会和证券投资者保护基金公司为一体的监管体系和自律管理体系。

（一）中央证券监管机构

为了加强管理，统一协调有关政策，建立健全证券监管工作制度，保护广大投资者的利益，保证市场的健康发展，国务院于1992年10月决定成立国务院证券委员会（简称“证券委”），对全国证券市场进行统一的宏观管理，同时成立证券委的监管执行机构——中国证券监督管理委员会（简称“证监会”）作为专门的国家证券监管机构。此后，为了进一步提高监管效率，促进市场发展，1997年11月中共中央召开了全国金融工作会议，决定对银行业、信托业、证券业和保险业实行分业经营和管理。同时，进一步加强对证券市场的管理，由“中国证券监督管理委员会统一负责对全国证券、期货业的监管”，“建立全国统一的证券期货监管体系，理顺中央和地方监管部门的关系”。根据中央金融工作会议决定，1998年4月，中国人民银行的对证券市场监管职能（主要是对证券公司的监管）移交给中国证监会。从1998年10月开始，国务院原证券委在证券监督管理方面的职能，全部划归中国证监会，由其统一行使。现阶段，我国证券市场的政府监管由中国证券监督管理委员会和它的派出机构——证券监管办公室组成。证监会是国务院直属机构，是全国证券、期货市场的主管部门，按照国务院授权履行行政管理职能，依照法律、法规对全国证券、期货业进行集中统一管理。证券监管办公室按照证监会的授权对辖区内的上市公司、证券期货中介机构的证券业务活动进行监督管理；依法查处辖区内监管范围的违法、违规案件，调解证券期货业务纠纷和争议；履行证监会授权的其他职责。

（二）地方证券监管部门

我国《证券法》和《股票发行与交易管理暂行条例》没有规定省、市、自治区一级证券管理机构的设置。各省、市、自治区依照中央证券主管部门的设置，在各自辖区内设立地方性证券管理委员会和证券管理办公室。地方性证券管理委员会是地方人民政府对当地证券市场进行宏观管理的机构，地方性证券管理办公室是其常设执行机构，负责日常管理和监督工作。所以，目前国内中央和地方证券管理部门之间在机构设立、职责权限等方面的关系尚未完全理顺。

（三）自律性监管机构

我国证券市场还存在自律性监管机构，主要有两种形式，即社会性的监督组织和行业自律。社会性监督组织包括注册会计师及会计师事务所、律师及律师事务所、审计师及审计师事务所等证券业中介服务机构。它们在中国证监会确认从事证券相关业务的资格后，依据国家的法律、法规对证券发行企业的财务报告、资产评估报告、招股说明书和法律意见书进行审核鉴证，实施社会监督并承担相应的责任。行业自律包括两方面：一是证券交易所的场内自律。证券交易所对其会员在交易所内的交易实施监管，同时对上市公司和证券商会员的监管也起着重要的作用。二是场外自律。“中国证券业协会”正式成立于1991年8月28日，是依法注册的具有独立社会法人资格的、由证券公司自愿组成的行业性自律组织。它的设立是为了加强证券业之间的联系、协调、合作和自我控制，以利于证券市场的健康发展。中国证券业协会通过制定协会章程和规则，对从事证券业务经营和中介服务的会员证券公司、金融机构及有关机构进行监督和管理。目前，全国统一的证券市场三级监管体制基本建立：中国证监会负责全国证券市场的监管；区域内上市公司和证券经营服务机构由证监会派出机构——地方证管办和特派员办事处、证监会专员办事处根据授权和职责分别监管，地方证管办还负责涉及跨省区的重大案件的联合稽查的组织和重大事项的协调工作；而一旦涉及需要警告以上处分的案件，则由稽查局介入，涉及刑事案件就移送公安部门。中国证监会目前在全国设有9个证券监管办公室，2个直属办事处，25个特派员办事处。2000年以来，又在全国9个大区证管办设立了稽查分局，稽查人员增加到200多人，并招聘了一批会计、律师等专业人才，充实了派出机构的稽查力量，形成了1 400多人的证券监管队伍。证监会与公检法机关、财政部、司法部、中国注册会计师协会、律师协会联席会议制度正在逐步建立之中。

五、证券市场监管对象

一般而言，证券市场的参与者都属于证券监管的对象，包括发行各种证券的机构，以及为证券发行和证券投资提供各种融资、融券业务的机构和个人。其中，最主要的监管对象如下：

（一）筹资者

在证券市场上，具有资本需求、进行筹资活动的主体是各类工商企业，它构成了证券交易的一方，因而要受到证券市场监管主体的监管。我国对发行公司的监管是通过审核制进行的，主要集中在上市公司的质量检查上；对上市公司的监管主要集中在信息的发布上。

（二）投资者

证券市场的投资者是指购买上市公司股票的自然人和法人，他们构成了证券市场的基础。投资者的行动决定了证券市场的稳定和繁荣，对投资者进行监管是证券市场监管必不可少的内容，一方面要规范投资者的投资行为，另一方面要切实保护投资者的利益。

（三）证券商

证券商是指在证券市场中专门从事证券的承销、自营买卖和代客户买卖的证券经营机构。他们的经营行为涉及筹资、投资双方的权益关系，如果证券商的行为不规范，会给投资者和筹资者带来损失；另外，证券商从自身利益出发会有一些违规投资行为，损害投资者利益，影响市场稳定，因而有必要对证券商进行监管。

（四）商业银行和其他金融机构

其他金融机构是指从事证券业务的投资银行、各种储蓄机构、保险公司、会计师事务所、资产评估机构、律师事务所等中介机构。它们和商业银行一起，在证券市场上扮演着重要的中介角色，对于保护投资者利益起着重要的作用，因而必须对商业银行等中介机构进行监管。

第二节　证券市场监管的主要内容

按照证券交易的过程和证券市场监管的对象的不同，可以把证券市场监管的主要内容分为对证券发行市场的监管、对证券交易的监管、对证券交易市场的监管、对证券经营机构的监管、对证券从业人员的监管和对证券投资者的监管。本节既有对一般性概念的介绍，又有对我国具体情况的说明，而这五个方面的监管也是相辅相成、不可分割的。

一、对证券发行市场的监管

对证券发行市场的监管是指管理部门对新证券发行的审查、控制和监督，是加强证券市场管理的重要环节，这不仅关系到金融秩序的稳定，而且对建立和发展二级市场具有重要的意义。

（一）证券发行资格的审核

对证券发行的监管，首要的是对证券发行资格的审核。只有符合证券发行条件的上市公司才能进入市场发行证券。世界各国对证券发行审核的方式主要有两种：注册制和核准制。

注册制是指发行人申请发行股票时，必须依法将公开的各种资料完全、准确地向证券监管机构申报。证券主管机构的职责是对申报文件的全面性、准确性、真实性和及时性做形式审查，而将发行公司股票的良莠留给市场来决定。这种制度市场化程度较高，就如同商品市场，只要将产品信息真实、全面地公开，至于产品能否卖出去，以什么价格卖出去，完全由市场需求来决定。这种发行审核制度对发行方、券商、投资者的要求都比较高。注册制适用于证券市场成熟和投资者素质较高的国家和地区。

核准制是指发行人在申请发行股票时，不仅要充分公开企业的真实情况，而且必须符合有关法律和证券监管机构规定的必备条件，证券监管机构有权否决不符合规定条件的股票发行申请。证券监管机构除进行注册制所要求的形式审查外，还对发行人的营业性质、财力、素质、发展前景、发行数量和发行价格等条件进行实质审查，并据此做出发行人是否符合发行条件的价值判断和是否核准申请的决定。核准制适用于证券市场不成熟、投资者素质不高的国家和地区。

注册制充分体现了市场经济条件下“无形之手”自我调节的本质特性，不仅对发行人所处的市场经济的完善程度提出了很高的要求，而且要求发行人有较强的行业自律能力；而核准制则更体现了行政权力对股票发行的参与，是“国家之手”干预股票发行的具体体现，这种制度在市场经济发育不太完善的情况下较注册制更有利于保护广大投资者的利益。

两种制度各有自己的优势，注册制提高了新股发行的市场化，核准制加强了监管部门的监管。从实施注册制的国家的情况看，股票发行注册制的实施，至少需要满足以下条件：一是该国要有较高和较完善的市场化程度；二是要有较完善的法律、法规作保障；三是发行人和承销商及其他的中介机构要有较强的行业自律能力；四是投资者要有一个良好的投资理念；五是管理层的市场化监管手段较完善。正因为两种制度存在较大的差别，对市场经济环境的要求不尽一致，因此像美国这样市场经济较为发达的国家多采用注册制，而像我国这样处于市场经济发展初期的国家则多采用核准制。

（二）我国证券发行的资格审核制度

根据我国《证券法》的有关规定，我国公开发行股票实行“核准制”，这标志着股票发行制度向市场化迈出了关键的一步，为我国证券市场发行制度最终向注册制过渡打下了坚实的基础。我国股票发行的审核制度具有如下特点：

第一，在吸收注册制的信息公开和核准制的实质审核的优点基础上，实行两级审批体制。

第二，实行“股票发行与上市”连续进行的体制，被批准公开发行的股票同时可以向上海或深圳证券交易所提出上市申请。

第三，强调证券专业服务机构在证券发行中的作用。

实施股票发行核准制是我国股票发行监管制度的一项重大改革，对我国证券市场规范发展会产生重大、深远的影响：

第一，实施股票发行核准制有利于促进证监会职能的转变，切实增强监管责任。实行核准制后，证监会不再介入应由中介机构、投资者和发行人承担的具体事务，而是在更高层次上监管发行市场，即规定标准和规则，完善法规和政策体系，并严格执法，以此维护市场的公平、透明、高效、有序。

第二，实施股票发行核准制有助于提高发行企业的行业代表性、业绩成长性和质量真实性，充分发挥证券市场优化资源配置功能。实行核准制后，发行股票的公司主要由市场选择，寻求发行上市的公司必须从经营管理等方面着眼，改善公司业绩和整体形象，真正达到上市标准，从而形成良好的投资环境。

第三，实施股票发行核准制之后证券公司承销业务的风险和责任增大，对其提出了更高的要求。实行核准制，承销的证券公司必须以自己的信誉向投资者推介上市公司的股票，对违法、违规行为还要负连带法律责任，信誉成了证券经营机构的生存之本。证券公司会把精力放在挖掘和培育上市公司上，建立、健全项目风险评估制度，并在竞争中形成自己的品牌效应。

第四，实施股票发行核准制将有利于促进投资者走向成熟，投资结构得到改善。实行核准制后，投资者更需要确立理性投资的观念，重视分析研究公司所披露的各种信息，关注公司基本面，行使股东对公司管理层、中介机构的监督权力，同时为机构投资者的成长提供更好的条件，有利于提高他们在证券市场中所占的比重。

第五，实施股票发行核准制有助于解决证券市场供求不均衡的矛盾，使一、二级市场的风险和收益趋于对称。实行核准制后，发行人和证券公司对溢价发行的股票有一个协商定价的过程。它们既要判断发行人的行业前景、经营业绩、财务状况，又要参照二级市场的价格走势，因而不同行业、不同质地的企业股票发行定价将可能有较大差别，一级市场与二级市场的股价走势将会趋于平衡，从而使一级市场与二级市场的风险、收益也趋于平衡。

第六，实施股票发行核准制有利于为我国证券市场国际化奠定基础，促进证券市场制度体系与国际接轨。我国的股票发行核准制与国际股票发行上市规则原则一致，通过与国际规则接轨，股票发行方式将更加灵活多样，为我国公司在国际市场上融资创造了较为畅通的渠道。

第七，实施股票发行核准制可以促使投资者提高识别和防范风险的能力。实行核准制后，由于市场变化等诸多因素，发行人和承销商可能会出现发行失败的情况，还可能出现新股上市跌破发行价的情况。这就要求投资者应有充分的心理准备，在判断股票发行上市风险时要综合考虑各方面的因素。

（三）证券的初始信息披露制度

信息披露制度，是指公开发行证券的公司，在证券的发行、上市、交易等一系列环节中按照法律、证券主管机关或股票交易所的规定，以一定的方式及时、准确、完整地向社会公众公布有关信息的行为惯例和活动准则。信息披露制度是维护证券市场的公开、公平、公正的重要保证，其意义如下：

第一，利于价值判断。投资者必须对发行公司的资信财力及其公司的运营状况有充分的了解，才能合理地做出投资决策。

第二，防止滥用信息。证券的发行是公司股权或债权转移的过程，如果没有信息公开制度，发行人可能散布虚假信息，隐匿真实信息，滥用信息操纵市场，或以其他方式欺骗投资者而转嫁风险，使得证券市场无法显示证券的真正价值。

第三，防止不当竞业。所谓竞业禁止义务指公司董事在为自己或第三人从事属于公司营业范围的交易时，必须公开有关交易的重要事实，并须得到股东大会的许可。以法律规定董事承担竞业禁止义务，公开公司有关信息，成为维护公司和股东权益的重要手段之一。

第四，利于监督经营管理。信息公开包括公司财务信息的公开，有利于发行公司的管理规范化，扩大发行公司的社会影响，提高其知名度。

第五，提高证券市场效率。证券发行与证券投资是实现社会资源配置的过程，这一过程主要依靠市场机制进行调节，为使投资者科学选择投资证券，实现资源的合理配置，必须建立完备的信息公开系统。

我国的《证券法》《公司法》《股票发行与交易管理暂行条例》《公开发行股票公司信息披露实施细则（试行)》以及《证券投资基金上市规则》等法律、法规以及规范性文件中，对证券发行和交易中的信息公开做出了详细的规定。证券发行和交易中应公开的信息包括招股说明书、上市公告书、定期报告和临时报告等。其中，前两项为公司上市前的信息披露内容，帮助投资者对股票发行人的经营状况和发展潜力进行细致评估，关于这两方面的内容读者可以参考第六章的相关部分；后两项为公司上市后的持续信息披露内容，以确保迅速披露可能对上市股票的价格动向产生实质性影响的信息。

二、对证券交易的监管

对证券交易的监管是指在上市公司的证券上市交易期间，对有关交易过程中上市公司和证券交易所的责任和义务的规定，以及对可能出现的问题和违规行为进行的监管。

（一）上市公司的信息持续披露制度

上市公司的信息持续披露是指上市公司在其股票上市交易后按照规定对公司的经营业绩、重大变动、重要决策等相关内容进行定期报告和临时报告，信息持续披露制度是公开原则在证券市场的集中体现。信息持续披露文件，包括上市公司的年度报告书、半年度报告书等定期报告文件以及临时报告书和为执行证券交易所及时公开政策而公开的各类报告文件。

信息持续披露的内容主要是证券法规和交易所规定所要求的信息持续披露文件中应该包括的内容。我国《证券法》和《公开发行股票公司信息披露的内容与格式准则》对信息持续披露做了如下规定：

1. 定期报告

定期报告是股票或者公司债券上市交易的公司进行持续信息披露的最主要的形式之一。定期报告应当符合国家的会计制度和国务院证券监督管理机构的有关规定，由上市公司授权的董事或者经理签字，并由上市公司盖章。定期报告包括季度报告、半年度报告和年度报告。

从2002年起，所有上市公司必须编制并披露季度报告。季度报告是中期报告的一种，应按照《公开发行证券的公司信息披露编报规则第13号——季度报告内容与格式(2007年修订)》的要求编制并披露。季度报告注重披露公司所发生的重大事项，一般不重复已披露过的信息。对已在前一定期报告或临时报告中披露过的重大事项，只需注明该报告刊载的报刊、互联网网站的名称与刊载日期。季度报告应在会计年度前3个月、9个月结束后的30日内编制，并将报告正文刊载于中国证监会指定的报纸上，将季度报告全文刊载于中国证监会指定的互联网网站上，并在披露季度报告后的10日内，将季度报告文本一式两份及备查文件分别报送股票挂牌交易的证券交易所和公司所在地的证券监管派出机构。半年度报告是中期报告的一种，应当在每个会计年度上半年结束之日起两个月内编制，并在该期限内将报告全文刊登于中国证监会指定的互联网网站，将半年度报告摘要刊登于至少一种中国证监会指定的报纸上。半年度报告应按我国《证券法》《公司法》以及《股票发行与交易管理暂行条例》和《公开发行证券的公司信息披露内容与格式准则第 3 号——半年度报告》要求编制。半年度报告主要应记载以下内容：公司基本情况简介；主要财务数据和指标；股本变动和主要股东持股情况；董事、监事、高级管理人员情况；管理层讨论与分析，包括经营情况的回顾与展望等；重要事项；财务会计报告；备查文件目录。年度报告应当在每一会计年度结束之日起 4 个月内，向国务院证券监督管理机构和证券交易所提交，并在国务院证券监督管理机构指定的报刊和国际互联网网站上公布。年度报告应按《证券法》《公司法》《股票发行与交易管理暂行条例》和《公开发行证券的公司信息披露的内容与格式准则第 2 号——年度报告的内容与格式》要求编制。年度报告主要应记载如下内容：公司情况简介；会计数据和业务数据摘要；股本变动及股东情况；股东大会简要介绍；董事会报告；监事会报告；重要事项；财务会计报告；公司的其他有关资料；备查文件目录。

2. 临时报告

当发生可能对上市公司股票交易价格产生较大影响，而投资者尚未得知的重大事件时，上市公司应当立即将有关该重大事件的情况向国务院证券监督管理机构和证券交易所提交临时报告，说明事件的实质，并在国务院证券监督管理机构指定的报刊上予以公布。下列情况为所谓的重大事件：公司的经营方针和经营范围的重大变化；公司的重大投资行为和重大的购置财产的决定；公司订立重要合同，而该合同可能对公司的资产、负债、权益和经营结果产生重要影响；公司发生重大债务和未能清偿到期重大债务的违约情况；公司发生重大亏损或者遭受超过净资产 10% 以上的重大损失；公司生产经营的外部条件发生的重大变化；公司的董事长、1/3 以上的董事，或经理发生变动；持有公司 5% 以上股份的股东，其持有股份情况发生较大变化；公司减资、合并、分立、解散及申请破产的决定；涉及公司的重大诉讼，法院依法撤销股东大会、董事会决议；法律、行政法规规定的其他事项。

（二）证券交易行为的监管

证券交易行为监管的中心内容是反对证券交易活动中的内幕交易、操纵市场、欺诈等行为，以规范证券交易行为，维护证券市场秩序，保护投资者的合法权益和社会公共利益。

1. 对内幕交易的监管

内幕交易是指证券交易内幕信息的知情人员利用内幕信息进行证券交易的行为。这种行为的主体是内幕知情人员，行为特征是利用自己掌握的内幕信息买卖证券，或者是建议他人买卖证券。内幕知情人员自己并未买卖证券，主观上也未建议他人买卖证券，但却把自己掌握的内幕信息泄漏给他人，接受内幕信息的人依此做出买卖证券的决断，这种行为也属于内幕交易行为。内幕交易的主观愿望是要达到获取利润或避免损失的目的。

根据我国《证券法》的规定，内幕人员包括以下几种：

（1）发行股票或者公司债券的公司董事、监事、经理、副经理以及有关的高级管理人员。这些人员都是公司的高级管理人员，他们承担着公司的管理职责，负责公司的经营业务活动，是公司经营活动的决策参与者或是公司商业秘密的知情者，是公司内幕信息的第一知情者。

（2）持有公司5%以上股份的股东。

（3）发行股票公司的控股公司的高级管理人员。

（4）由于所任公司职务可以获取公司有关证券交易信息的人员。由于工作职务关系可以接触到公司内幕信息的人员，如秘书、工程师、会计师、打字员等。

（5）证券监督管理机构工作人员，以及由于法定职责对证券交易进行管理的其他人员，如证券监督管理机构的工作人员，其他证券审批、管理机构的人员。

（6）由于法定职责而参与证券交易的社会中介机构或者证券登记结算机构、证券交易服务机构的有关人员。

（7）国务院证券监督管理机构规定的其他人员。

内幕信息是指在证券交易活动中，涉及公司的经营、财务或者对该公司证券的市场价格有重大影响的尚未公开的信息。它包括下列各项：可能对上市公司股票交易价格产生较大影响，而投资者尚未得知的重大事件，包括公司的经营方针和经营范围的重大变化，公司的重大投资行为和重大的购置财产的决定等；公司分配股利或者增资的计划；公司股权结构的重大变化；公司债务担保的重大变更；公司营业用主要资产的抵押、出售或者报废一次超过该资产的30%；公司的董事、监事、经理、副经理或者其他高级管理人员的行为可能依法承担重大损害赔偿责任；上市公司收购的有关方案；国务院证券监督管理机构认定的对证券交易价格有显著影响的其他重要信息。

内幕交易在世界各国都受到法律明令禁止。内幕交易在操作程序上往往与正常的操作程序相同，也是在市场上公开买卖证券，但由于一部分人利用内幕信息先行一步对市场做出反应，因此具有以下几个方面的危害性：

第一，违反了证券市场的“三公”原则，侵犯了广大投资者的合法权益。证券市场上的各种信息，是投资者进行投资决策的基本依据。内幕交易则使一部分人能利用内幕信息，先行一步对市场做出反应，使其有更多的获利或减少损失的机会，从而增加了广大投资者遭受损失的可能性。因此，内幕交易最直接的受害者就是广大的投资人。

第二，内幕交易损害了上市公司的利益。上市公司作为公众持股的公司，必须定期向广大投资者及时公布财务状况和经营情况，建立一种全面公开的信息披露制度，这样才能取得公众的信任。而一部分人利用内幕信息，进行证券买卖，使上市公司的信息披露有失公正，损害了广大投资者对上市公司的信心，从而影响上市公司的正常发展。

第三，内幕交易扰乱了证券市场乃至整个金融市场的运行秩序。内幕人员往往利用内幕信息，人为地造成股价波动，扰乱证券市场的正常秩序。

我国《证券法》第六十七条规定，禁止证券交易内幕信息的知情人员利用内幕信息进行证券交易活动，对实施内幕交易行为的个人或法人，依据《中华人民共和国刑法》（以下简称《刑法》）、《证券法》和相关行政法规的规定，根据情节的轻重分别处以行政处罚或进行诉讼。

（1）行政责任：我国《证券法》第一百八十三条规定，证券交易内幕信息知情人员或非法获取了证券交易内幕信息的人员，在涉及证券发行、交易或其他对证券价格有重大影响的信息尚未公开前，买入或卖出该证券或泄露该信息或建议他人买卖该证券的，责令依法处理非法获得的证券，没收违法所得，并处以违法所得 1 倍以上 5 倍以下或非法买卖的证券等值以下的罚款；构成犯罪的，依法追究刑事责任，证券监督管理机构工作人员进行内幕交易的，从重处罚。

（2）刑事责任：我国《刑法》第一百八十条规定，证券交易内幕信息的知情人员或者非法获取证券交易内幕信息的人员，有前述行为，情节严重的，处 5 年以下有期徒刑或者拘役，并处或者单处违法所得 1 倍以上 5 倍以下罚金；情节特别严重的，处 5 年以上 10 年以下有期徒刑，并处违法所得 1 倍以上 5 倍以下罚金。单位犯前款罪的，对单位判处罚金，并对其直接负责的主管人员和其他直接责任人员，处 5 年以下有期徒刑或者拘役。

要防止内幕交易，最有效的方式是事前防止内幕交易的发生。实施严格有效的内幕人员报告制度和监视管理是提高监管效率的理想途径。鉴于内幕交易的本质是信息问题，监管者有必要鼓励并构建证券经营机构中的信息“防火墙”，阻断内幕信息在承销部门、自营部门等不同部门之间的沟通，缩小内幕信息可能传播的范围。

2. 对操纵市场的监管

操纵市场是指单位或个人以获取利益或者减少损失为目的，利用其资金、信息等优势或者滥用职权影响证券市场价格，制造证券市场假象，诱导或者致使投资者在不了解事实真相的情况下做出买卖证券的决定，扰乱证券市场秩序的行为。实施这种行为的主观目的是获利或减少损失，行为特征是利用自己在资金、信息和股权上的优势，制造证券市场假象。操纵市场的行为包括：

（1）通过单独或者合谋，集中资金优势、持股优势或者利用信息优势联合或者连续买卖证券，操纵证券交易价格。实施这种行为的有两种情况：一是两人以上合谋，利用其优势联合买卖证券，带动他人也参与这种股票的买卖，造成这种证券价格的上升或下降，然后他们再伺机卖出或买进，从中牟取利益；二是一人或是多人连续两次以上买进或卖出某种证券，造成价格的升降，然后伺机买进或卖出，从中牟取利益。

（2）与他人串通，以事先约定的时间、价格和方式相互进行证券交易或者相互买卖并不持有的证券，影响证券交易价格或者证券交易量，以抬高或者压低某种证券的价格，从中获取不当利益或是转嫁风险。

（3）以自己所持有的证券为交易对象，进行不转移所有权的自买自卖，以创造交易记录，影响证券交易价格或者证券交易量，诱使他人购买或卖出自己所持有的券种。

（4）以其他方法操纵证券交易价格。

操纵市场行为，人为地扭曲了证券市场的正常价格，使价格与价值严重背离，造成虚假供求关系，误导资金流向，不能真实反映市场供求关系，损害了广大投资者的利益。如果任其发展下去，将会腐蚀证券市场的健康肌体，扰乱市场秩序，影响市场的健康发展。因此，各国对操纵市场的行为都是明令禁止的，并均在证券立法中制定了严厉的制裁条款。操纵市场行为是我国《证券法》所禁止的违规行为之一。根据我国《刑法》《证券法》和相关行政法规的规定，对实施操纵市场行为的个人或法人根据情节的轻重分别处以行政处罚或进行诉讼。

市场监管机构要采取必要的手段防止市场操纵行为的发生。事前防范要求形成对市场行为主体有效的约束机制。为达此目的，资本市场法律需要赋予监管机构广泛的调查权力，可以随时检查发行人、证券承销机构、证券投资机构的业务情况和财务情况，以消除具有操纵能力的行为主体操纵市场的动机和机会。事后处理是一种惩罚机制，指资本市场监管机构对市场操纵行为者的处理及操纵者对受损当事人的损害赔偿。事后处理有利于打击操纵市场的行为，维护资本市场公正、自由的秩序。其中包括两个方面的内容：一是对操纵行为的制裁，当操纵者的操纵行为被查实后，监管机构可以暂停其交易或取消其注册资格，处以罚款乃至追究刑事责任；二是对操纵行为的受害者赔偿损失，以保护大众投资者的利益。

3．对欺诈行为的监管

对欺诈行为的监管强调的是禁止在证券发行、交易及相关活动中从事欺诈客户、虚假陈述等行为。1993 年 8 月 15 日国务院批准了《禁止证券欺诈行为暂行办法》，并于 9 月 2 日由国务院证券委员会发布实施。《禁止证券欺诈行为暂行办法》的主要内容是规定哪些行为属证券欺诈行为以及相应的行政处罚措施和民事责任。欺诈客户，是指证券经营机构、证券登记结算机构和发行人或者发行代理人，在证券发行、交易及相关活动中违背客户意志，损害客户利益的欺诈性行为。它包括：

（1）违背客户的委托为客户买卖证券。根据规定，客户在委托证券公司买卖证券时，应详细说明证券的交易名称、种类、买进或卖出的数量、出价方式及价格幅度等。证券公司只能按客户的要求买卖证券，否则即构成对客户的欺诈行为。

（2）不在规定时间内向客户提供交易的书面确认文件。

（3）挪用客户所委托买卖的证券或者客户账户上的资金。

（4）私自买卖客户账户上的证券，或者假借客户的名义买卖证券。

（5）为牟取佣金收入，诱使客户进行不必要的证券买卖。

（6）其他违背客户真实意思表示，损害客户利益的行为。

对上述机构及其直接负责人，根据不同情况，单处或者并处警告，没收非法所得，罚款，撤销其证券经营业务许可、其从事证券业务许可等。给投资者造成损失的，依法承担赔偿责任。虚假陈述，是指对证券发行、交易及其相关活动的事实、性质、前景、法律等事项做出不实、严重误导或者含有重大遗漏、任何形式的虚假陈述或者诱导，致使投资者在不了解事实真相的情况下做出证券投资决定的行为。它包括：发行人、证券经营机构在招股说明书、上市公告书、公司报告及其他文件中做出虚假陈述；律师事务所、会计师事务所、资产评估机构等专业性证券服务机构在其出具的法律意见书、审计报告及参与制作的其他文件中做出虚假陈述；证券交易所、证券业协会或者其他证券业自律性组织做出对证券市场产生影响的虚假陈述；发行人、证券经营机构、专业性服务机构、证券业自律性组织在向证券监管部门提交的各种文件、报告和说明中做出虚假陈述；在证券发行、交易及其相关活动中的其他虚假陈述。证券经营机构、专业性证券服务机构有虚假陈述行为的，根据不同情况单处或者并处警告、没收非法所得、罚款、暂停其证券经营业务、暂停其从事证券业务，或者撤销其证券经营业务许可、其从事证券业务许可。发行人有虚假陈述行为的，根据不同情况单处或者并处警告，责令退还非法所筹集资金，没收非法所得，罚款，暂停或取消其发行、上市资格。对与虚假陈述有关的直接责任人员，根据不同情况，单处或者并处警告、3 万元以上 30 万元以下的罚款、撤销其从事证券业务许可或者资格。证券欺诈行为构成犯罪的要依法追究刑事责任。

我国《证券法》规定，证券公司违背客户的委托意愿买卖证券、办理交易事项，以及其他违背客户真实意思表示，办理交易以外的其他事项，给客户造成损失的，依法承担赔偿责任，并处 1 万元以上 10 万元以下的罚款。我国《刑法》规定，证券交易所、证券公司的从业人员，证券业协会或者证券管理部门的工作人员，故意提供虚假信息或者伪造、编造、销毁交易记录，诱骗投资者买卖证券，造成严重后果的，属于诱骗他人买卖证券罪。个人犯罪的，处 5 年以下有期徒刑或者拘役，并处或者单处 1 万元以上 10 万元以下罚金；情节特别恶劣的，处 5 年以上 10 年以下有期徒刑，并处 2 万元以上 20 万元以下罚金。单位犯罪的，对单位判处罚金，并对其直接负责的主管人员和其他直接责任人员，处 5 年以下有期徒刑或者拘役。

三、对证券交易市场的监管

证券交易市场是进行证券交易的场所，是由投资者转让证券所形成的交易关系的总和。证券交易分为场内交易和场外交易，证券交易市场也相应地分为证券交易所和场外市场，因此，证券交易市场的监管也被分为证券交易所监管和场外市场监管。

（一）证券交易所监管

证券交易所监管包括两方面的内容：一方面是国家证券主管机关依照相关法律和法规对证券交易所的设立、业务、组织和义务等方面的监管；另一方面是证券交易所按照既定的规则对证券的发行、上市与交易各方的相关活动进行监管，即证券交易所的自律监管。证券交易所的管理直接涉及正常有序的市场交易关系的确立，无论是会员制还是公司制的证券交易所，都要受到证券交易主管机关和证券交易自律组织的双重管理。证券交易所的组织形式有会员制和公司制，一般来说，会员制证券交易所比较强调自律监管，公司制证券交易所则重视政府行政管理。

1．主管机构对证券交易所的监管

证券交易所的成立必须取得行政主管机关的批准。证券交易所主管机关有权审查证券交易所的各项文件及活动的合法性，尤其是采取特许制的国家，证券交易所的设立必须经政府主管机关的特许，证券交易的活动必须接受主管机关和自律组织的监管。行政主管机关虽然不得直接干预证券交易所的业务，但却有权对证券交易所进行定期和不定期的检查，并要求其定期汇报规定的营业和财务报告；自律组织也有权根据自律组织的规范来监督证券交易所的活动。目前，我国现有的上海、深圳两家证券交易所均是采用会员制的事业法人。我国对证券交易所进行监管的基本法律依据是我国的

《证券法》《股票发行与交易管理暂行规定》和《证券交易所管理办法》，中国证监会对证券交易所进行直接管理。

2. 证券交易所的自律监管

证券交易所的自律监管是由证券交易所的性质和地位决定的。证券交易所为投资者提供证券交易场所以及与证券交易相关的各项服务，是证券市场的组织者。证券交易所是由会员组成的会员制组织，要从全体会员的共同利益出发，对会员进行自律性管理。因此，维护市场秩序、保护投资者利益，是证券交易所的应有职责。证券交易所作为证券行业的自律组织，同中国证监会和地方证券监管部门一起，构成了我国证券市场的监督管理体系，共同承担着保护投资者利益、维护市场正常秩序的监管职责。

证券交易所若要充分发挥自律监管职能，必须做好以下工作：

（1）制定严格的自律制度，充实和加强证券交易所的自律监管力量。证券市场监管是一项艰巨而复杂的工作，要加强证券交易所履行监管职能的自觉性，在证券交易所日常工作中体现市场监管职能，需要配备相当的专业人员和有力的技术手段。一是要在证券交易所规则和各项制度中贯彻自律精神，制定严密的自律制度，实现自律工作的制度化和秩序化。二是要配备大量的专业自律管理人员，负责对会员业务、上市公司信息披露、证券交易活动的自律工作。三是要适应自律监管技术的现代化需要，开发出适合我国证券市场特点的计算机监管系统，提高市场监管能力。

（2）加强对会员的监管。证券交易所应当制定具体的会员管理规则，其会员应当是具有部门批准设立并具有法人地位的境内证券经营机构。证券交易所通过会员管理规则对会员实行监管。监管内容主要包括：①制定会员公司业务管理标准，督促会员建立严格的内部自律制度，提高业务安全水平，预防和制止各种违法、违规行为的发生。借鉴国外证券市场会员管理的成功经验，要求会员公司建立“防火墙”制度，使会员公司内部的自营、代理和资产管理等业务部门之间从人员、财务等方面严格隔离，防止发生欺诈客户、内幕交易等违法行为。对会员公司的财务管理、业务记录、技术设备管理等制定统一的行业准则，提高会员公司的业务规范化水平。②建立和完善对会员公司的常规审查和定期抽查制度，要求会员及时报送重要的业务报告、资料，加强对会员的业务指导和监管，及时、有效地发现和查处会员的违法、违规行为。国外的证券交易所都有专门人员负责对会员进行定期和不定期的业务稽查，以及时发现存在的问题和风险隐患，有效制止各种违法、违规行为。③建立严格的会员处罚制度，对会员违规行为及时、准确地予以处罚。

（3）强化对上市公司信息披露的监管。证券交易所应当根据有关法律、行政法规的规定，制定具体的上市规则，与上市公司签订上市协议，复核、审查并监督上市公司严格按照国家法律、法规的要求，及时、全面、准确地履行信息披露义务。要建立全面、细致的监管机制和操作方案，严格审核上市公司披露的信息内容，全面监督各种媒介披露的上市公司信息，密切关注股票价格的异常变动，及时发现和查处信息披露中的各种违法、违规行为，督促上市公司提高信息披露质量。

（4）加强对交易活动的监管。证券交易所应当制定具体的交易规则，公布即时行情，编制并向社会公布日报表、周报表、月报表和年报表。保证投资者有平等的机会获取证券市场的交易行情和其他公开披露的信息，并有平等的交易机会。证券交易所有权依照有关规定，暂停或者恢复上市证券的交易，并保证其业务规则得到切实执行，对违反业务规则的行为要及时处理。

3．证券交易所的监管模式

目前，国外证券交易所一般有三种监管模式：

（1）结合型监管模式

这种监管模式既重视政府对证券交易所的监管，也充分发挥证券交易所的自律管理功能，美国、日本、加拿大、韩国等国家主要采取这种模式。由于这种模式以美国为代表，故又称为“美国体制”。根据美国《1934 年证券交易法》的规定，美国联邦政府成立了统一管理全国证券活动的最高管理机构——证券交易委员会。该委员会下设联邦证券交易所，它作为一个半管理和半经营的机构，执行证券交易委员会的部分职能，主要管理全国的证券交易所。美国政府在加强国家对证券交易所行政监管的同时，也为各种自律性组织，例如证券商同业公会等保留了相当大的自治权。

（2）自律性监管模式

这种监管模式特别强调证券交易所的自我管理、自我约束。该模式以英国为代表，此外还有英联邦的一些国家。英国早期的证券业自律性管理体系是由证券商协会、收购与合并问题专门小组以及证券业理事会三个机构组成。其中，证券商协会由证券交易所内的自营商和经纪商组成，主要管理伦敦和其他证券交易所内的业务。它所制定的《证券交易所管理条例和规则》是各种证券交易活动的主要依据。收购与合并问题专门小组是一个非立法机构，由参加“伦敦工作小组”的 9 个专门协会发起组成。它所制定的《伦敦市场收购与合并准则》也不是立法文件，但该专门小组所从事的有关公司、企业收购与合并问题的管理，对上市公司的股权收购行为十分重要，而且受到证券交易所、贸易部、英格兰银行以及专业机构的支持。证券业理事会是 1978 年由英格兰银行提议成立的新自律性组织，由 10 人以上专业协会的代表组成。它虽然是一种非官方组织，但却在修改及执行若干重要的证券交易规则中起到极其重要的作用。英国的这三个自律机构是与政府监管机构相互独立的，但在查处证券交易违法活动方面却与政府密切配合，相互协作，从而形成了一种政府指导下的自律性监管模式。

（3）行政型监管模式

该模式的最大特点是强调政府权力对证券交易所的外部管理。目前，欧洲大陆的多数国家采取这种管理模式，故又被称为“欧陆模式”。法国是这一管理模式的重要代表之一。法国政府对证券交易所的管理主要通过证券交易所管理委员会来进行。该管理委员会成立于 1967 年，是法国政府的一个公共机构，接受财政部部长的监督，由其任命管理委员会的成员，但财政部部长一般不干预管理委员会的业务决策。该管理委员会的主要职责包括：提出修改各种有关证券规章制度的议案；负责监督证券市场的营业活动；审查证券交易所的不公正行为；决定证券交易所的交易程序，决定和撤销报价，核定佣金的标准和比率；确保上市公司及时公布有关信息并审核其准确性。

（二）场外市场监管

场外交易，是指在证券交易所外进行的证券交易，又称“店头交易”或“柜台交易”，即证券投资者通过证券商的柜台，或通过面谈、电报、电话、电传、电脑等方式直接进行的证券交易。进行场外交易的市场即场外市场，它通常是非集中交易的市场。它是一个非组织化、非制度化的市场，不像证券交易所那样对进场有严格的规定和限制，因此交易秩序较乱。对此，我国尚无成文的管理办法。在我国，场外市场有STAQ系统和NET。STAQ系统全称为“全国证券交易自动报价系统”，是一个以电子计算机网络为媒介，遍及全国各大主要证券交易柜台，为国库券和法人股提供交易信息的场外市场。该系统的运行状况如何，直接影响到我国的国债市场和法人股市场的发展。我国对STAQ系统的监管主要以自律监管为主。它设有会员大会、理事会及执行委员会，其各自权力类似于证券交易所设立的会员大会、理事会及上市委员会、监察委员会。NET在成立之初，名为“中国证券交易系统有限公司”，而自1995年9月财政部发行记账式国库券，财政部委托其提供总托管服务后，该公司则被改组为“中央国债登记结算有限责任公司”，形成全国统一的国债簿记结算系统。该公司为唯一卖方，系统内的各券商为买方，采取统一挂牌（而不是承销分别挂牌），便于投资者认购，这样可以保证债券的及时交割和债券交易的真实性，有利于国债二级市场的发展。另外，该公司还承担银行间同业拆借市场的国债托管、结算业务。我国对STAQ系统和NET的监督、检查，尚无完善、明确的法律规定。因此，必须加强对它们的监管，尽快制定出有关管理条例。场外交易比较简便、灵活，给一些中小企业筹集资金提供了便利，但由于我国股票市场不健全、不成熟，目前发展场外交易也存在着不少问题。主要包括：场外交易没有统一的法律、法规，缺乏有效的监管，投资者利益难以得到保障；场外交易往往没有固定的集中统一的场所，组织性较差，在流动性和稳定性方面都不如交易所内交易，比较容易发生不正当交易行为；由于场外交易市场一般采取议价方式个别成交，或按挂牌价格成交，因此其价格只反映单一证券供需双方的价格情况，不能反映整体市场状况；股票在场外市场交易的公司，难以遵守有关上市公司信息披露规定，难以实施公开、公正和及时的信息披露。正因为如此，我国严厉禁止股票的场外交易。从我国的实际情况看，股票场外交易在我国这样一个股票市场还不够成熟的国家，尚不具备发展的条件，放开股票场外交易必然会造成管理的混乱，对维护正常的金融秩序和保护投资者的合法权益造成不利影响。因此，我国《股票发行与交易管理暂行条例》第二十九条规定，股票交易必须在经国家证券主管部门批准可以进行股票交易的证券交易所进行，但实际上场外交易并未能完全禁止。

四、对证券经营机构的监管

证券经营机构是指依法设立并具有法人资格的证券公司和信托投资公司，它是证券发行者和证券投资者、先行证券发行者和后继证券投资者的中介。因此，对证券经营机构的监管是一个涉及证券市场能否安全、高效运行，投资者利益能否得到切实保障的重要问题。对证券经营机构的监管主要包括对机构的设立进行审批，对机构高级经营管理人员的任职资格进行审查，对机构的经营业务进行日常监督、检查，对机构及其从业人员的违法、违规行为进行查处等。

（一）证券经营机构设立的监管

证券经营机构的设立监管主要有注册制和特许制。

1. 注册制

证券经营机构注册制以美国为代表。美国《1934 年证券交易法》规定，所有经营全国性证券业务的投资银行（包括证券承销商、经纪商、自营商等）都必须向证券交易委员会登记注册，取得证券交易委员会注册批准后，还必须向证券交易所申请会员注册，只有同时取得证券交易委员会的注册批准和证券交易所的会员资格后才能经营证券业务。在 1964 年以前，美国采取自由登记制，对新开业的证券商管理人员或其从业人员应具备的资历与最低资本限额不做规定，证券商经过登记就可以经营证券业务。1964 年，美国对证券商的营业许可增加了关于证券经营者资历与最低资本限额等方面的规定，符合条件者，方可自由申请经营证券业务。美国证券商登记注册的基本条件是：具有符合条件的最低资本金并缴纳所规定的保证金；证券商管理人员及其从业人员应具备从事证券业务的知识、经验，并通过一定的考试和审查；保证遵守证券交易委员会的证券法规和证券交易规则。证券商注册管理是美国证券制度的重要组成部分。我国香港也采取注册登记制。我国香港《证券条例》第四十八条规定，任何人（不论是个人或法人团体，或者合伙经营的成员或法人团体的董事）只有根据该条例的规定注册为证券商，才能在香港从事证券交易业务，或自称从事该业务。法人团体在我国香港从事证券交易业务，或自称从事该等业务，该法人团体必须至少有一名以上董事，该董事应当积极参与或直接负责监督法人团体的证券交易业务，并注册证券商。违反上述规定，则处以罚款 5 万港元。注册制下的证券商设立条件具有以下特点：证券商设立采取自由开放政策，凡符合条件且经过注册者，皆可从业，但其注册条件有日趋严格之势；注册制既是证券商设立的条件与程序，又是从业管理方式；注册制强调证券商的个人责任；以保证金缴付作为注册的必要条件，从而担保证券商从业中对他人损害的赔偿责任。

2. 特许制

证券经营机构特许制以日本为代表。日本《证券交易法》规定，证券公司未经大藏大臣特许，不得经营证券业务，并从证券业务角度划分，将特许分为自营、经纪、承销以及募集和销售代理四种，每种特许应分别获得，或允许取得一项以上的业务特许。证券商申请特许，必须具备一定的条件，如拥有足够的资本，具有相当的经营证券业务的知识和经验，信誉良好等。欧陆国家中的德国、意大利、丹麦等国家由证券主管机关考虑市场需要及其他因素给予许可。如果作为证券交易所的会员，还须受证券交易所规则约束。特许制下的证券商设立条件有以下特点：采取控制设立政策，严格规定设立条件，只有具备合法条件且取得主管部门许可者，方可从业；从业种类采取分类特许方式，如日本允许证券商兼营多种证券业务，证券商可分别取得一种以上许可，我国台湾地区采取证券商分业政策，即证券商的承销、自营、经纪业务资格，只能取得一种资格；设立制度与证券商经营制度分别立法，设立制度强调证券商成立条件及程序，经营管理制度以禁止性规范来约束证券商的行为；设立保证金缴付制度，但是不以保证金缴付为取得从业许可的条件。目前，大多数国家（包括我国）采取特许制的证券商设立体制，这也是多数国家对金融机构设立采取的一般政策。

（二）证券经营机构行为的监管

通常，证券监管机构审查的主要事项包括：

（1）定期报告制度。

（2）财务保证制度。

（3）证券经营机构业务资料报送制度。

（4）行为规范与行为禁止制度。

（5）证券业务的监管。

（三）证券经营机构的自律管理制度

证券市场活动是复杂的经济行为和管理行为的综合体。在这一体系中，政府运用行政机制依法管理市场，使市场行为合法与非法的界限分明，管理手段具有刚性约束。但是，也有一些领域，政府的行为很难奏效，必须借助证券商的自律行为，予以行业或道德约束，以维护投资者利益，促进市场的公平、公正、公开秩序的建立。这种行业和道德约束的手段就是自律管理。首先自律管理有其存在的合理性：①自律管理的自发性。没有秩序的市场，市场参与者不可能实现其利润最大化。因此证券市场的参与者在利益机制的驱动下，有自发维护市场秩序的内在动力。②自律管理的不可替代性。政府监管对于证券市场中的灰色领域难以奏效，证券从业者的信誉准则和同行之间的相互牵制可以对其进行自我约束，从而维护正常的市场秩序。③自律管理是一种内行管理。④自律管理的效率较高。自律管理没有烦琐的条条框框，操作起来简便易行。但是自律管理发挥作用需要一定的条件。从法律方面看，自律机构必须得到法律的承认与授权和对其规章制度的支持，才能对其规范对象产生约束力。从被约束者利益方面看，规范对象只有在接受自律规则能给其带来长远利益、违反自律规则会给其带来利益损失时才有自觉自律和相互监督的动力。总体来说，从长远看自律管理是成本低、效率高的管理方法，所以应强化我国证券监管的自律机制。证券商的自律管理有两种形式：证券商协会的自律管理和由会员证券商组成的证券交易所的自律管理。

我国的证券商协会的名称是中国证券业协会。中国证券业协会正式成立于 1991 年 8 月 28 日，是依法注册的具有独立社会法人资格的、由证券公司自愿组成的行业性自律组织。协会的设立是为了加强证券业之间的联系、协调、合作和自我控制，以利于证券市场的健康发展。中国证券业协会的会员分为团体会员和个人会员，团体会员为证券公司。我国《证券法》规定，证券公司应当加入证券业协会，个人会员只适合于证券市场管理部门有关领导以及从事证券研究及业务工作的专家，由协会根据需要吸收。证券业协会的权力机构为由全体会员组成的会员大会。会员大会每两年举行一次，必要时经常务理事会决议可临时召开。证券业协会设会长、副会长。证券业协会设理事会，理事会由会员大会选举产生，每届任期两年，可连选连任。中国证券业协会履行以下职责：

（1）协助证券监督管理机构教育和组织会员执行证券法律、行政法规；

（2）依法维护会员的合法权益，向证券监督管理机构反映会员的建议和要求；

（3）收集、整理证券信息，为会员提供服务；

（4）制定会员应遵守的规则，组织会员单位的从业人员的业务培训，开展会员间的业务交流；

（5）对会员之间、会员与客户之间发生的纠纷进行调解；

（6）组织会员就证券业的发展、运作及有关内容进行研究；

（7）监督、检查会员行为，对违反法律、行政法规或者协会章程的，按照规定给予纪律处分；

（8）国务院证券监督管理机构赋予的其他职责。

（四）证券经营机构的风险管理

对于证券商来说，证券交易中的风险主要来自两个方面：一方面来自自营业务活动，决策失误、操作失败必然会给大量投入的资金带来巨大的风险；另一方面来自委托代理业务的信用风险。就证券市场而言，风险是永远存在的，关键在于如何强化风险的防范和管理，以降低和控制风险。

我国1996年颁布的《证券经营机构证券自营业务管理办法》对风险控制做出了如下规定：证券专营机构负债总额与净资产之比不得超过10，证券兼营机构从事证券业务发生的负债总额与证券营运资金之比不得超过10；证券经营机构从事证券自营业务，其流动性资产占净资产或证券营运资金的比例不得低于50%；证券经营机构证券自营业务账户上持有的权益类证券，按成本价计算的总金额，不得超过其净资产或证券营运资金的80%；证券经营机构从事证券自营业务，持有一种非国债类证券，按成本价计算的总金额不得超过净资产或证券营运资金的20%；证券经营机构买入任一上市公司股票按当日收盘价计算的总市值不得超过该上市公司已流通股总市值的20%；证券经营机构证券自营业务出现盈利时，该机构应按月就其盈利提取5%的自营买卖损失准备金，直至累计总额达到其净资本或净营运资金的5%为止，自营买卖损失准备金除用于弥补证券自营买卖损失之外，只能用于形成非股票类高流动性资产，不得用作其他用途；证券经营机构从事证券自营业务，应当保持风险意识，贯彻稳健经营方针，防范各种风险因素，制定证券自营风险控制和每日风险自查制度，在内部设立专门机构和人员对风险状况进行检查；证监会可根据有关情况的变化对规定的风险控制比例进行调整。

1996年6月颁布的《证券经营机构股票承销业务管理办法》的第四章“风险控制”中又规定证券经营机构以包销方式承销股票，其每次包销总金额应当符合以下要求：上年年末净资产为1亿元以下（不含本数，下同）的证券经营机构，包销金额不得超过5 000万元；上年年末净资产为1亿元以上、5亿元以下的证券经营机构，作为承销团中主承销商的，包销金额不得超过7 500万元；上年年末净资产为5亿元以上的证券经营机构，作为承销团中主承销商的，包销金额不得超过1亿元；证券经营机构不得同时承销四只或四只以上的股票，此处所指的“同时”即与不同企业签订的承销协议规定的承销时间不能相互重合或交叉；证券经营机构从事股票承销业务，应当保持风险意识，贯彻稳健经营原则，制定和执行风险管理制度，严格监督和约束内部各职能部门和下属机构，加强内部风险控制。当发现风险超过有关要求时，应立即向证监会报告并提出调整办法。

2001 年 12 月公布的《证券公司管理办法》的第四章“内部控制与风险管理”中规定，证券公司必须遵守下列财务风险监管指标：综合类证券公司的净资本不得低于 2 亿元，经纪类证券公司的净资本不得低于 2 000 万元；证券公司净资本不得低于其对外负债的 8%；证券公司流动资产余额不得低于流动负债余额（不包括客户存放的交易结算资金和受托投资管理的资金）；综合类证券公司的对外负债不得超过其净资产额的 9 倍；经纪类证券公司的对外负债（不包括客户存放的交易结算资金）不得超过其净资产额的 3 倍。

目前，我国证券公司监管制度包括以诚信与资质为标准的市场准入制度、以净资本为核心的经营风险控制制度、合规管理制度、结算资金第三方存管制度、信息报送与披露制度等。

1. 以诚信与资质为标准的市场准入制度

建立和完善包括机构设置、业务牌照、从业人员特别是高级管理人员在内的市场准入制度，通过行政许可把好准入关，防范不良机构和人员进入证券市场。

2. 以净资本为核心的经营风险控制制度

2006 年 7 月，中国证监会发布实施了《证券公司风险控制指标管理办法》，并于 2008 年根据实践情况对该办法进行了修订，2016 年 11 月再次进行修订。该办法建立了以净资本为核心的风险控制指标体系和风险监管制度。这一制度具有三个特点：一是建立了公司业务范围与净资本充足水平动态挂钩机制；二是建立了公司业务规模与风险资本动态挂钩机制；三是建立了风险资本准备与净资本水平动态挂钩机制。

3. 合规管理制度

2008 年 7 月，中国证监会发布实施了《证券公司合规管理试行规定》，要求证券公司全面建立内部合规管理制度，设立合规总监和合规部门，强化对公司经营管理行为合规性的事前审查、事中监督和事后检查，有效预防、及时发现并快速处理内部机构和人员的违规行为，迅速改进、完善内部管理制度。合规总监应当组织开展反洗钱工作及建立信息隔离墙制度。

2017 年 6 月 6 日，中国证监会发布了《证券公司和证券投资基金管理公司合规管理办法》要求证券公司加强内部合规管理，制定包括合规管理的目标、基本原则、机构设置及其职责、履职保障、合规考核以及违规事项的报告、处理和责任追究等内容的合规管理基本制度。

4. 客户交易结算资金第三方存管制度

客户交易结算资金第三方存管制度是证券公司在接受客户委托，承担申报、清算、交收责任的基础上，在多家商业银行开立专户存放客户的交易结算资金，商业银行根据客户资金存取和证券公司提供的交易清算结果，记录每个客户的资金变动情况，建立客户资金明细账簿，并实施总分核对和客户资金的全封闭银证转账。

5. 信息报送与披露制度

证券公司信息公开披露制度要求所有证券公司实行基本的信息公示和财务信息公

开披露。对证券公司信息报送与披露方面的监管要求包括：一是信息报送制度，即证券公司根据相关法律法规，应当自每一个会计年度结束之日起4个月内，向中国证监会报送年度报告，自每月结束之日起7个工作日内，报送月度报告。发生影响或者可能影响证券公司经营管理、财务状况、风险控制指标或者客户资产安全重大事件的，证券公司应当立即向中国证监会报送临时报告，说明事件的起因、目前的状况、可能产生的后果和拟采取的相应措施。二是信息公开披露制度，主要为证券公司的基本信息公示和财务信息公开披露。三是年报审计监管，这是对证券公司进行非现场检查和日常监管的重要手段。

五、对证券从业人员和投资者的监管

（一）对证券从业人员的监管

若要加强对从业人员的监督管理，则证券从业人员素质的提高，特别是风险防范意识的增强是证券市场风险防范的重要环节之一。对证券从业人员的监督管理离不开制度的建设。目前，《证券业从业人员资格管理办法》《证券业从业人员资格管理实施细则（试行）》《证券经纪人管理暂行规定》《证券投资顾问业务暂行规定》和《发布证券研究报告暂行规定》构成证券业从业人员管理的基本制度。

我国证券市场规范化建设的一项重要内容，就是通过职业化教育和专业资格考试培训，使我们的证券业从业人员具有较强的法律意识、规范的职业道德和良好的业务素质。根据国际通行的做法，对证券业从业人员进行资格考试和注册是提高证券业从业人员素质和加强管理的一项非常重要的制度。《证券业从业人员资格管理暂行规定》要求，从业人员必须取得证券从业人员资格证书方可从事相关证券业务。从业人员申请资格须同时具备：基本条件，即具有中华人民共和国国籍，年满18周岁且具有完全民事行为能力，品德良好，承诺遵守国家有关法规和行业规定，接受证监会监管；必备条件，即最近5年内未受过刑事处罚或严重的行政处罚，具有规定的学历或工作经验，并通过了证监会统一组织的资格考试。条件具备后可按《证券业从业人员资格管理暂行规定》有关要求向证监会提出资格申请。资格证书分为证券代理发行从业资格、证券经纪从业资格、投资顾问从业资格、证券中介机构电脑管理从业资格以及中国证监会认为需要认定的其他类别。前文所述的证券从业人员的管理人员中，正、副总经理须取得其中两类资格证书，业务部门正、副经理须取得相关资格证书，专业人员则须取得与所从事业务相对应的资格证书。

证券从业人员所在机构要及时向中国证监会报告所聘人员情况，如违规、任职变化等，中国证监会也将对已取得资格人员进行定期、不定期的检查。在资格申报过程中弄虚作假或取得资格后违反国家有关法律或法规的，中国证监会将给予不同程度的处罚。证券中介机构不得聘用不具备相应资格证书的人员从事相关证券业务。

对于从事证券相关业务的律师事务所、会计师事务所、审计师事务所和资产评估机构从业人员的资格管理，中国证监会会同中华人民共和国财政部、中华人民共和国审计署、国务院国有资产监督委员会等有关部门颁布了相应的规定。

（二）对证券投资者的监管

证券投资者的投资行为直接影响证券市场的稳定，为正确引导和调节投资者的投资规模和投资方向，防止利用不正当手段操纵或影响证券市场，以形成一个公平合理、正常有序的投资环境，各国一般都对证券投资者进行管理。

第三节　我国的证券监管体制及法律建设

证券市场法律管理是证券监管的基本方法和重要手段。法律、法规对证券市场的健康发展具有积极而重要的作用，主要体现在：第一，凭借法律的严肃性、权威性、公正性为证券市场制定基本规则，以此建立正常有序、高效安全的市场秩序；第二，为政府参与对证券市场的管理提供法律依据；第三，运用法律，规范市场各方参与者行为，防止权力对市场的非正当干预，对于违反法律、法规的人员和行为加以严厉的制裁。运用法律手段管理证券市场，主要是通过立法和执法抑制和消除欺诈、垄断、操纵、内幕交易和恶性投机现象等，维护证券市场的良好运行秩序。

一、中国证券市场的法制建设

1981 年 1 月 28 日颁布的《中华人民共和国国库券条例》，可以说是新中国证券立法的开端。1981—1984 年间，国务院每年都颁布一次国库券条例，但每年的条例内容都大致相同，都专门强调“国库券不得当作货币流通，不得自由买卖”。1985 年，条例中的这一规定有所改变，规定“国库券可以在银行抵押贷款，个人购买可以在银行贴现”。1988 年国库券市场转让的试点工作开始进行，中国人民银行、财政部于 1988 年 3 月转发了《关于开放国库券转让市场试点实施方案的请示报告》。1993 年更进一步试行《中华人民共和国国债一级自营商管理办法》，国债进一步开办了二级市场交易、国债回购、国债期货等，国债期货交易于 1995 年 5 月 17 日被暂停。涉及股票的立法活动应该以 1988 年中国人民银行颁布的《关于企业股票、债券以及其他金融市场业务管理问题的通知》为最早。虽然它的法律效力不算很高，但仍是一份具有规章性质的文件。其中对股票发行、票面格式、发行主体、转让、经营权限等，都有一些原则性规定，在当时的情况下，也算是中国证券法制的“萌芽”和基本内容。1988 年 7 月 16 日，中国人民银行对设立证券公司又颁布了一份《关于设立证券公司或类似金融机构须经中国人民银行审批的通知》，1988 年中华人民共和国财政部也颁布了一份《关于各地财政部门可以继续办理财政证券公司的通知》。可见，这就是最早对证券市场管理的双重体制。到了 20 世纪 90 年代初又多了一个证监会，即中国证券监督管理委员会。直到我国《证券法》出台，才正式从法律上明确由证监会统一管理证券市场。

对股票发行、上市及交易方面的具体立法，是由各类地方性法规开始的。其中比较重要的有 1990—1991 年制定的《上海市证券交易管理办法》《上海市人民币特种股票管理办法》《关于证券经营机构交易纪律的暂行规定》（上海）、《深圳市股票发行与交易管理暂行办法》《深圳经济特区证券管理暂行办法》《深圳证券交易所营业细则》《深圳市有关股票管理的一些规定》等。这些法规所构成的新中国证券立法体系的雏形，为以后完善证券立法体系打下了一定的基础。1993 年 4 月 22 日，我国发布了我国证券市场首部法规性文件——《股票发行与交易管理暂行条例》（以下简称《暂行条例》）。这标志着新中国的证券立法工作跃上了一个新台阶，全国统一的证券管理法律体系开始形成。《暂行条例》共有 9 章 84 条，分总则、股票发行、交易、上市公司收购、保管清算和过户、上市公司的信息披露、调查和处罚、争议的仲裁、附则。该《暂行条例》在充分吸取了原有地方性证券法规和条例经验的基础上，又参考了国外证券法规的有关法律原则，以建立全国统一的市场为宗旨，第一次对股票市场的各个相关环节做出了比较详尽的规范和界定。《暂行条例》颁布后，由于证券监管不断从分散走向统一，国务院证券委和中国证监会又相继发布了一些全国性的证券管理规章，如《公开发行股票公司信息披露实施细则》及《公开发行股票公司信息披露的内容与格式准则》《禁止证券欺诈行为暂行办法》《证券市场禁入暂行规定》《证券交易所管理办法》《证券期货投资咨询管理暂行办法》等，同时还根据实际情况发布了一些法规性意见、通知等，成为在《证券法》出台前中国证券立法体系的重要组成部分。

1998 年，我国证券市场法制建设取得了突破性的进展，证券市场监管架构得到了明确。历时六载、易稿十余次并经过全国人大五次审议的《中华人民共和国证券法》于 1998 年 12 月 29 日获得第九届全国人民代表大会常务委员会第六次会议通过，标志着我国证券市场依法监管进入了一个崭新的阶段。该法于 1999 年 7 月 1 日正式生效。我国《证券法》共有 12 章 214 条，分别规定了证券发行、交易（其中包括一般规定、证券上市、持续信息公开及禁止的交易行为）、上市公司收购、证券交易所、证券公司、证券登记结算机构、证券交易服务机构、证券业协会、证券监督管理机构及法律责任等。我国《证券法》的出台使得原有的零零散散，甚至互相矛盾的 250 多个关于证券的行政法规得到了统一，规范了市场秩序，保护了投资者的利益，因而成为中国证券市场规范发展的大事，是中国证券市场法制建设的重要里程碑。

我国《证券法》中的突破性体现在以下五个方面：①以法律的形式确立了国务院证券监督管理机构在证券业中的监管地位。②在法律中明确规定新股发行由审批制改为核准制，发行程序也有所变化，并协议发行价格。③放松了上市公司收购的限制条件。④对券商进行分类管理，规范券商资金来源。⑤对内幕交易、证券欺诈等一些禁止行为做出严格规定。本着在证券市场发展初期从严立法的精神，我国《证券法》的内容和调整的对象都比较全面，结构比较合理。同时，它是新中国成立以来，除宪法外的第一部依靠社会力量、依靠专家，由全国人大自己起草的法律，立法过程高度公开和透明，既结合中国现实，又注重其实施的充分调控空间。总之，我国《证券法》的出台，确立了中国证券市场法律规范的总体框架。中国证券市场的发展经历了由小范围试点到全国性市场的发展过程，与此相适应，中国证券业立法也经历了一个从地方性法规到暂行条例、法规性意见再到统一的证券法的发展过程。到目前为止，我国已经建立了一套相对完整的法律、法规体系，包括以《证券法》《公司法》为核心的法律、国务院颁布的行政法规和证监会颁布的部门规章。这套法规体系基本涵盖了市场的主要方面，是市场规范健康发展的基础。

2002 年年初，全国证券期货监管工作会议再次强调保护投资者权益，“使之制度化、规范化、法制化”。与此相应，证券市场法制化建设不断向纵深推进。2002 年 1 月 15 日，最高人民法院发布《关于受理证券市场因虚假陈述引发的民事侵权纠纷案件有关问题的通知》，宣布已被证券监管机构处罚的上市公司或证券公司，股民因其虚假信息披露受到损失而向其提出索赔要求的民事诉讼，从当天起可以被法院受理。最高人民法院的通知使证券民事赔偿迈出了第一步，标志着民事赔偿机制开始启动。民事赔偿对于保护投资者权益的意义不言而喻。只有建立和完善了证券侵权民事责任制度，才能使任何不法行为者在从事不法行为后，都有可能被推上民事赔偿诉讼的被告席，而无论其是否已经承担相应的行政或刑事责任。对受到不法行为损害的投资者通过民事赔偿补救，才能切实保障投资者合法权益，并对各种违法行为起到警示和遏止作用。最高人民法院通知及其引发的民事赔偿案件，以及中科创业案件的开庭审理，标志着证券市场依法治市迈入了新阶段。

但中国证券市场毕竟是发展中国家的新兴市场，本身的不成熟性，人们对证券市场的认识还不完全一致，这又决定了我国《证券法》具有一定的阶段性。目前的当务之急是进一步完善法律、法规体系，为证券监管的市场规范发展提供法律保障。相信随着有关法律、法规的修改完善，以及民事赔偿机制的逐步建立，证券市场的法制化建设将步入全新的时代。

二、中国香港证券市场监管的法律体系

中国香港的证券市场由来已久，早在 1866 年就出现了零星的股票交易活动，20 世纪 60 年代起香港经济的起飞，带动了香港证券市场的迅速发展和持久繁荣。到 1998 年年底，香港联合交易所的股票市值已达 2.66 万亿港元，成为亚洲地区第二大股票市场，世界银行在一份报告中已将香港证券市场列为成熟市场。但这个市场在走向成熟的过程中却并不是一帆风顺的，相反，它的演进伴随着一次次危机，同时，危机也使市场经受了考验，在不断的完善中趋于成熟。所以，中国香港金融法律的逐步完善伴随这样一个现象，那就是“危机拉动”。

20 世纪 60 年代末 70 年代初，随着中国香港作为国际金融中心的地位的逐步确立，资金大量流入，股票市场得到迅速发展。这一时期在香港有四家证券交易所——香港证券交易所、远东证券交易所、金银证券交易所和九龙证券交易所，称为“四会时期”。中国香港特别行政区政府一贯对包括证券和期货业在内的经济体系采取完全的自由竞争、政府不干预政策，证券和商品市场的活动几乎不受监管，上市程序和交易所的规则都比较简单。在此政策下，资金、交易量的迅速增加和股市的急速上扬，必然给许多投机者以暴富的机会。一方面不法商人开始利用政府监管的漏洞肆意违规操作，严重损害大众投资者的利益；另一方面“四会”的过度竞争导致上市公司的质量急剧

下降，使投资者对证券市场的信心发生动摇。在这种情况下，中国香港股市爆发了第一次股灾，恒生指数由1973年3月的峰值1 774.96点跌至1974年12月的150.11点，跌幅超过90%。通过此次股灾，中国香港特别行政区政府认识到监管的必要性，开始着手完善有关的立法。1974年，《证券条例》和《投资者保护条例》相继颁布；同年设立证券事务监察委员会及证券交易监理专员办事处（证监处），以执行条例的实施并监管证券交易所；1975年颁布《香港公司收购及合并守则》；1976年制定《商品交易条例》及设立商品交易事务监察委员会。其中，《证券条例》成为中国香港证券法律监管体系不断完善的基础。另外，中国香港特别行政区政府认识到“四会”各自依不同的规则独立运作给监管造成了很大难度，只有将“四会”合并，中国香港证券市场才有可能获得发展。1980年8月，《香港交易所合并条例》在立法局通过，1985年8月，立法局又通过了《1985年证券交易合并条例（修订）》，据此，1986年3月27日，四家交易所在收市后正式宣布停业，由四家交易所合并组成的中国香港联合交易所（以下简称“联交所”）于1986年4月2日正式开业。联交所成立后，在1986年下半年以后的一年多时间里取得了巨大的发展。恒生指数连创历史新高。然而，1987年10月16日，美国华尔街股市大幅下滑108点，由此引起了全球股市的连锁反应，中国香港证券市场由于其高度投机性和开放性而在这次股灾中首当其冲，持续了一年多的大牛市开始灾难性崩溃，尽管此后政府筹措资金救市，仍然无济于事。1987年股灾使中国香港证券市场的投资者又一次遭到重创，并表明市场仍然存在许多结构方面的不完善，不仅制约了市场的效率，更不利于市场的长期发展。在这种情况下，中国香港特别行政区政府成立了一个以米兰银行总裁戴维森为首的6名专家组成的证券业检讨委员会，对中国香港证券市场的结构、管理和监管进行重新评估。1988年6月2日，该委员会提交了一份名为《证券业检讨委员会报告书》（又称《戴维森报告书》）的调查报告，对中国香港证券市场存在的问题进行了全面的检讨，并提出了规范市场的一系列改革建议。《戴维森报告书》成为指导中国香港证券市场改革的经典性文件，被奉为业内经典。《戴维森报告书》客观分析了中国香港证券市场存在的四方面缺陷：一是联交所被视为私人合作所而不是为会员和投资者服务的公用事业机构；二是期货交易所制度不健全，管理混乱，期交所、保证公司、结算公司三足鼎立的形势混淆了责任界限，妨碍了风险处理的稳妥性；三是监察制度不健全；四是设于政府架构之内，负责两个监察委员会行政工作的证券及商品交易监理专员办事处彼此掣肘，办事缺乏效率。该报告书提出四点具有建设性的建议：

（1）联交所和期交所应发展一批独立专业行政人员，负责执行决策部门的政策；

（2）将联交所的交收制度延长3日，同时尽快实施中央结算制度；

（3）香港期交所及指数期货予以保留，但应加强处理风险的措施，特别是结算公司应属于期交所一部分，并设立结算委员会基金，作为支持保证之处；

（4）设立不属于政府的单一独立法定机构，取代原有的两个监察委员会和监理专员办事处。

以《戴维森报告书》为基础，中国香港特别行政区政府对证券监管体制开始进行重大改革。1989 年 5 月 1 日，证券及期货事务监察委员会依照《证券及期货事务监察委员会条例》成立，代替原来的证券事务监察委员会和商品期货委员会成为中国香港证券和期货业的最高监管机构。依照《证券及期货事务监察委员会条例》，证券及期货事务监察委员会由主席、若干理事、四个部门及若干委员会组成。四个部门包括：市场监察部、公司财务部、中介团体部和法规执行部，分别执行对市场进行监察、对上市公司财务报表进行审计、对中介人员进行监督以及执行有关法律、法规等职能。委员会中最重要的是咨询委员会，负责为证监会的工作提供咨询意见，所有证监会的法令和政策在正式发布之前都必须经该委员会讨论通过。除咨询委员会外，按专业分工设立了五个委员会：收购与合并委员会、单位信托委员会、与投资有关的人寿保险及集资退休金计划委员会、期货赔偿基金委员会、证券赔偿基金委员会，分别负责就其专业范围内的有关问题为证监会提供咨询意见。在市场监管的过程中，证监会拥有很大的调查和干预权，如调查、取证、向法院提起诉讼、发布命令制止违规行为或限制从事某项业务、处置或转移某项资产等，从而使监管工作能有效率地进行。同时为了防止权力滥用，中国香港特别行政区政府还专门设立了“证券及期货事务上诉委员会”，为那些对证监会做出的决定或发布的政策持有异议的当事人提供行政救济，从而实现对证监会权力的制衡，防止其因权力过大而损害市场主体的合法权益。

与此同时，中国香港特别行政区政府对原有的立法做了进一步的调整和完善。调整后的中国香港证券市场法律监管体系由以下法例和有关的判例组成：《证券条例》《投资者保护条例》《公司条例》《证券交易所合并条例》《证券及期货事务监察委员会条例》《证券（信息披露）条例》《证券（内部交易）条例》《证券（结算所）条例》。除以上法例之外，以下规则和守则也是中国香港证券市场监管体系的重要组成部分：《中国香港联合交易所章程》《中国香港联合交易所交易规则》《证券（股票交易所上市）规则及其附属规则》《中国香港联合交易所股票上市规则》、证监会依照《证券及期货事务监察委员会条例》颁布的财务资源规则、证监会颁布的有关《证券（信息披露）条例》的例外原则、证监会颁布的有关股票回购的例外原则、公司收购与股票回购守则等。这样，以《证券条例》为基础，以其他一些法例、规则和守则为补充，共同构成了一个完备的中国香港证券市场的法律监管体系，对证券市场方方面面起到了规范的作用。

中国香港证券监管法制建设的特点是：第一，证券法律完整、全面，包括司法条例、自律性守则和解释性指引等；第二，证券法律的细致性，如在《证券条例》中，详细规定了上市公司的董事、行政总裁及大股东公开权益的义务；第三，证券法律的操作性强，由于采用英美法系，引用判例，便于对比操作。

重要概念

信息的持续披露　操纵市场　内幕交易　虚假陈述

思考题

1. 证券发行信息披露制度对规范证券市场有何意义?
2. 对证券交易所的监管有哪些模式?
3. 请列举证券市场的监管原则以及针对这些原则应采取的措施。
3. 证券市场监管有哪些方式?

第三篇
证券投资分析

第九章　基本分析方法

学习目的和要求

1. 了解证券投资的基本分析方法。
2. 了解证券投资分析中宏观分析的主要内容。
3. 了解行业分析在证券分析中的作用。
4. 了解影响上市公司基本素质分析的几个方面。
5. 了解经济周期与证券市场波动的关系。

基本分析法是指通过对影响证券投资价值和价格的基本因素，如宏观经济运行状况、行业结构、上市公司业绩、国家的政策法规等进行分析，评估证券的实际价值，为投资者的投资决策提供依据。基本分析法的理论基础是经济学、财政金融学、公司财务理论等。从内容上看，基本分析法主要包括宏观经济分析、产业分析以及上市公司分析三个方面。

人们在证券投资分析中越来越重视证券投资的基本分析，通过基本分析可以了解宏观经济状况及其对证券市场的影响、行业的生命周期和发展前景、公司发展环境和财务变动状况等，进而为证券投资决策提供参考依据。

第一节　宏观经济分析

证券投资的宏观经济分析主要考虑宏观经济因素，如经济周期、利率、汇率、通货膨胀、财政政策和货币政策等因素对证券市场的影响。

一、经济周期

经济周期是指市场经济体制下国家总体经济活动的景气循环。测度经济周期波动的主要指标之一为国内生产总值（GDP）或国民生产总值（GNP），而 GDP 增长率或 GNP 增长率作为国民经济增长率指标，是主要的综合性宏观经济变量。但判断经济周期所处阶段并不只限于国民经济增长率指标，而应当全面考察工业产量、销售量、资本借贷规模、物价水平、利息率及就业水平等指标的变动。美国股市研究人员曾选择 63 种股票，考察其在 1927—1960 年价格变动的情况，结果发现股价变动的原因有 52% 来自以宏观经济变量为主的各种市场性因素，有 11% 来自行业性因素。由于产量和价格的增长，股票的盈利水平和公司的净资产额也会随之增长；当过程相反时，结果亦相反。因此，周期扩张，股市势旺；周期衰退，股市势弱。

经济周期的这种影响有两个特点：

第一，一个周期是由很多经济活动的同时扩张，继之以普遍的衰退、收缩与复苏所组成的，因而周期对股市的作用也是全面的，它营造的是大盘的多头行情或空头行情。

第二，经济周期有短、中、长之分。短周期平均长度约 40 个月，即长达三四年。因此，经济周期对股市的影响是长期的，是长期大行情。在实际运行过程中，证券市场的变动一般先于经济周期的变动，由此起到所谓“晴雨表”的作用，股市的这种先行运动是投资人对经济发展进行预测的结果。股市追求未来，热衷于把未来提前兑现，当这种“变现”确实符合经济周期变动趋向时，股市就成了先知先觉者。对于投资人来说，重要的是，要学会了解经济周期运动的轨迹，并能够循着这一轨迹去把握股市的脉搏。

二、利率

证券市场对中央银行的利率政策十分敏感，利率水平会左右股价水平，利率的升降会使证券市场应声跌涨，无论成熟股市或是初级股市，利率都是一个直接而强有力的发生作用的基本因素。

（1）利率的升降会改变股票的投资价值区间，从而导致股价作相应的调整。股票的价格水平即市盈率，在标准市盈率（或略高于标准市盈率）以下的范围，可认为是股票的投资价值区间，而标准市盈率等于一年期定期存款利率的倒数。利率上升或下降则标准市盈率会下降或上升，从而股票的投资价值水平也会相应下跌或上涨。利率水平对股市价格水平的调整幅度是相当大的，市场价格水平越接近投资价值区间，这种调整的敏感程度也越高。

（2）利率的升降会影响投资者对金融资产的选择。较高的利率会使较多的资金流入银行或债市，从而分流股市资金，削弱需求力量，从而加剧股价的下跌；利率下降，资金流向的方向相反。

（3）利率的升降会导致上市公司融资成本的增加或减少，进而影响盈利和股价水平。特别是与利率升降相应的金融紧缩与扩张政策，会导致社会投资的减少与增加，影响经济增长速度的慢与快，从而对股市形成长期向下的压力或向上的动力。

（4）利率作为一种宏观经济变量，调节社会总需求的大小。利率下降反映货币的供应量增加、社会总需求扩大，从而增强了投资人对经济环境趋好的心理预期，这就会增强股市多头力量，促进股价向上攀升。

（5）利率还是投资者折现股票的未来收益、评估股票价值的依据。如当利率水平下降时，投资者评估股票价值所用的预期收益率（折现率）也随之下降，股票价格必定会上升。

三、汇率

汇率对股市的影响是复杂的。我们从个股和大市两方面来考察。

（一）汇率对个股——上市公司的影响

本国货币的贬值，会给生产出口产品的公司带来双重利益：首先，以外币标价的外销产品收入可兑换更多的本国货币，从而会提高公司的盈利水平；其次，外销产品在保持以本国货币计算的价格水平的情况下，以外币计算的价格将降低，这就会加强公司的竞争力，扩大产品的销售量，从而增加公司的盈利额。因而出口产品生产厂家的股票价格会因汇率的下降而上升；相反，本国货币的贬值则会使进口原料和零部件等的公司的成本增加，盈利减少，竞争能力降低，其股价则会下跌。本国货币升值，情况就倒过来了：出口企业公司竞争能力下降，利益受损，同时由于进口商品增加，推动物价下降，也使得一部分无进出口业务的公司的状况恶化；含进口业务的公司则会成本下降，竞争力增强。

（二）汇率变动对大市的影响

（1）汇率的升降对大市的影响依上市公司总的进出口贸易是顺差还是逆差，以及进出口业在股票市场中所占比重以及商品市场竞争状况的不同而各异。

（2）在汇率上升的情况下，一方面由于货币升值，另一方面由于外汇储备增加（流入本国资金增多），这就可能形成大量游资，有利于股市价格的上扬。

（3）汇率下跌导致进口商品和服务价格上涨，这就可能推动通货膨胀增长，从而对股市形成压力。另外，汇率上升，中央银行为了维持货币汇率的稳定，可能会大量收购外币，这就会加大货币供应量，但也可能成为通货膨胀的推动力。近年来我国外汇储备增长迅速，截至2013年9月末，国家外汇储备余额为3.66万亿美元，再度创出历史新高，而随之而来的大量外汇占款（通过银行结汇和售汇用外汇换取人民币），被认为是可能诱导通货膨胀的原因之一。

（4）汇率的变动也和利率的变动一样，会导致投机资金在不同投资市场的转移，从而形成股市与其他市场间的消长变化关系。

四、通货膨胀

流通中货币供应量的增加、平均物价上涨和货币贬值的现象被称为通货膨胀。通货增加而市场供给不变，则一般价格水平必然上升，因而物价上涨是通货膨胀的表现形式和衡量尺度。另外，一般价格水平的持续上涨总是伴随着流通中货币量过多地增长，否则供求机制将只允许价格的结构性变动或平均水平的短暂上升，却会阻碍平均价格水平持续上升。在这个意义上平均物价的持续上涨就是通货膨胀。

通货膨胀对股市的影响，主要表现在以下几个方面：

（1）高水平的通货膨胀会导致中央银行提高利率，严控信贷规模，从而导致股价下跌。中央银行的首要职能是稳定币值，因而其调整利率的最主要的依据就是通货膨胀水平。通货膨胀或通货紧缩的变动趋向，是预测利率及金融管理政策变动状态的可靠依据。

（2）通货膨胀使生产成本增加，并使产品价格增加慢于成本增加的企业经营状况恶化、盈利下降、陷入亏损，这些企业的股价因此下降并拖累大市下跌。

（3）一部分产品价格上涨大于成本增加幅度的生产企业和相当一部分消费型商业企业会从价格上涨中获得利益，一些资本密集型企业则会从资产增值中获得利益。这部分从通货膨胀中能获得收入的公司的股价则会上升。

（4）通货膨胀不但会产生经济影响，还有可能产生社会影响，从而影响人们的心理和预期，进而对股价产生影响。

五、货币政策

货币政策也是国民经济宏观调节的主要手段之一。与财政政策不同之处是，它的调节弹性较大，政策的实施见效快，并且具有抵消财政政策效应的作用。从证券投资的角度看，它是一个直接影响证券市场行情的变量。因此，政府货币政策的变化是证券投资极为关注的问题。中央银行的货币政策对证券的价格有重要影响。从整体来说，松的货币政策将使得证券市场价格上涨；而紧的货币政策将使得证券市场价格下跌。货币政策对证券市场的影响可以从四个方面来分析：

（1）利率政策对证券价格的影响较为敏感。

（2）中央银行的微调政策对证券价格的影响，如果放松银根，中央银行将大量买进证券，增加了社会对证券的需求，从而引起证券价格上升；如果抽紧银根，中央银行将抛出证券，使证券供给过旺，从而使证券价格下跌。

（3）货币政策的综合影响，当货币供应量过多而造成通货膨胀时，人们为保值而购买证券（尤其是股票），推动证券需求上升，价格上涨；而当货币供应量不足时，人们为取得货币资金而抛售证券，使证券价格下跌。

（4）为企业发展提供充足的资金，利润提升，从而实现其股价上涨。

六、财政政策

作为实现国民经济宏观政策目标的主要手段之一，财政政策对证券市场的运行有着巨大的影响。财政政策分为扩张、紧缩和中性的财政政策。总的看来，紧缩的财政政策将使得过热的经济受到控制，证券市场会降温；而扩张的财政政策将刺激经济发展，证券市场将走强。财政政策对证券市场的影响是多方面的，其中财政收支状况和税收调节政策所产生的影响最为重要。财政收入状况对证券市场的影响可分为两个方面：

（1）财政支出增加时，会刺激经济的发展，强化利率变动，引起的“廉价货币”效应，可能促使证券价格上升；财政支出减少时，则会降低需求，造成经济不景气，使证券价格下跌。

（2）当财政收支出现巨额赤字时，虽然扩大了需求，但却增大了经济的不稳定因素，可能使大众对经济的预期趋于悲观。当政府通过发行国库券筹集资金来弥补赤字时，大量的国库券涌入证券市场会改变证券市场的供求关系，引起证券价格的波动。

税收政策也是一些国家为刺激企业投资增长而采取的重要措施之一。当政府对某一税种及其税率进行调整时，很快会引起某种证券价格的波动。因为这种调整会引起利润分配的变化，从而使投资流向发生变化，而投资流向的变化会改变某种证券供求关系，导致证券价格的上升或下跌。例如，在扩张的财政政策下，政府将减少税收，降低税率，扩大减免税范围。其效应是增加微观经济主体的收入，以刺激经济主体的投资需求，从而扩大社会供给。在这种状况下，将会直接或间接地引起证券市场价格的上涨。

第二节　行业分析

就证券投资分析而言，行业分析是介于宏观和微观之间的重要的经济因素。在国民经济中，一些行业的增长率与国民生产总值的增长率保持同步，另一些行业的增长率高于国民生产总值的增长率，还有一些行业的增长率则低于国民生产总值的增长率。而在一般情况下，某一企业的增长与其行业的增长是基本一致的。鉴于这种情况，投资者在投资过程中，对行业的正确选择必定建立在对行业的正确分析的基础上。通常，在行业分析中，主要分析行业的市场类型、生命周期和影响行业发展的有关因素。通过分析，可以了解到处于不同市场类型和生命周期不同阶段上的行业的产品生产、竞争状况以及盈利能力等方面的信息资料，从而有利于正确地选择适当的行业进行有效的投资。

一、行业分类

在国民经济统计中，各国政府均建立了自己的行业分类系统。如美国联邦政府建立的标准行业分类法。我国政府为适应社会主义市场经济的发展，正确反映我国国民经济内部的结构和发展状况，通过《中华人民共和国国家标准（GB/T4754－94）》对我国国民经济行业分类进行了详细的划分。《中华人民共和国国家标准（GB/T4754－94）》将社会经济活动划分为门类、大类、中类和小类四级，采用层次编码法进行分别归类。门类在体系中与大类的联系并不紧密，其编码与大、中、小类的编码方法相独立，其中大的门类共16类：

农、林、牧、渔业；采掘业；制造业；电力、煤气及水的生产和供应业；建筑业；地质勘查业、水利管理业；交通运输、仓储及邮电通信业；批发和零售贸易、餐饮业；金融保险业；房地产业；社会服务业；卫生、体育和社会福利业；教育、文化艺术及广播业；科学研究和综合技术服务业；国家机关、党政机关；其他行业。

随着经济的不断发展、产业结构的调整以及经济开放程度的加强，我国涌现出了许多新兴行业，比如信息技术、商务经济、资源与环境保护、知识产权等服务业。为了准确反映我国现阶段经济活动的分类状况，加强与国际分类标准的衔接，1999年经原国家质量技术监督局同意，国家统计局正式立项，开始了对《中华人民共和国国家标准（GB/T4754－94）》的修订工作。2002年完成修订，其名称改为《国民经济行业分类国家标准（GB/T4754－2002）》。

二、上市公司行业分类

针对上市公司的行业分类，道琼斯分类法是最通常的分类法之一，它描述了在纽约证券交易所上市交易的各行业股票的平均市场价格的变化。该分类法将大多数股票分为三大类—— 工业、运输业和公用事业，然后选取有代表性的股票，基本可以表明该行业的一种趋势。

我国的上海证券交易所和深圳证券交易所分别编制的股票价格指数，对行业进行的分类不完全相同。上海证券交易所编制的沪市成分指数，将全部上市公司分为五类，即工业类、商业类、地产类、公用事业类和综合类，并分别计算和公布各类股价指数。深圳证券交易所自1995年2月20日开始发布其成分指数，该指数把深圳上市的全部公司分成六类，即工业类、商业类、地产类、金融业类、公用事业类和综合类，同时计算和发布各类股价指数。

近年来，随着证券市场的发展，我国上市公司的数量剧增，沪、深两交易所对上市公司原有的行业分类逐渐显现出其不足之处：分类过粗，给市场各方的上市公司分析带来诸多不便。2001年4月4日，中国证监会公布了《上市公司行业分类指引》（简称《指引》）。该《指引》是以我国国家统计局《中华人民共和国国家标准（GB/T4754－94）》为主要依据，并在借鉴联合国国际标准产业分类、北美行业分类体系相关内容的基础上制定的。《指引》以在中国境内证券交易所挂牌交易的上市公司为基本分类单位，规定了上市公司分类的原则、编码方法、框架及其运行与维护制度等内容。《指引》以上市公司营业收入为分类标准，所采用的财务数据为经会计师事务所审计的合并报表数据。当公司某类业务的营业收入比重大于或等于50%，则将其划入该业务相对应的类别；当公司某类业务营业收入比重比其他业务收入比重均高出30%，但该业务收入低于50%，则将该公司划入此类业务相对应的行业类别；否则，将其划入综合类。

三、行业的生命周期

每种行业都要经历一个由成长到衰退的发展演变过程。一般说来，行业的生命周期可分以下四个阶段：

（一）初创期

在新行业的初创期里，由于新行业刚刚诞生或创建不久，因而只有为数不多的创业公司投资于这个新兴的行业。这些创业公司财务上不但没有盈利，反而普遍亏损；同时，也面临很大的投资风险。在初创期后段，随着行业生产技术的提高，生产成本的降低和市场需求的扩大，新行业便逐步由高风险、低收益的初创期转向高风险、高收益的成长期。

（二）成长期

新行业生产的产品经过广泛的宣传和顾客的试用，逐渐以其自身的特点（如新用途、新设计等）受到了大众的欢迎，市场需求开始上升，新行业也随之趋于繁荣。与市场需求的变化相适应，供给方面也相应出现了一系列的变化，因而新行业出现了生产厂商的产品竞争，优胜劣汰规律发挥作用，市场上生产厂商的数目在大幅度下降之后开始稳定下来。由于市场需求基本饱和，产品的销售增长率减慢，迅速赚取大量利润的机会减少，整个行业开始进入稳定期。

（三）稳定期

行业的稳定期是一个相对较长的时间。在这一时期里，在竞争中生存下来的少数大厂商垄断了整个行业的市场，每个厂商都占有一定比例的市场份额，由于彼此势均力敌，市场份额比例发生变化的程度较小。行业的利润则由于一定程度的垄断，达到了很高的水平，而风险却因市场比例比较稳定而较小，新企业难以与老企业竞争而利润较少甚至被迫退出市场。

（四）衰退期

经过较长的稳定期后，由于新产品和大量替代品的出现，原行业的市场需求开始逐渐减少，产品的销量也开始下降，某些厂商开始向其他更有利可图的行业转移资金，因此该行业出现了厂商数目减少、利润下降的萧条景象。至此，整个行业便进入生命周期的最后阶段。

四、影响行业发展的因素

行业的发展受到多种因素的影响，既包括政府的影响，也包括社会倾向的改变、技术进步的影响以及相关行业变动因素的影响。

（一）政府的影响作用

政府的影响作用是相当广泛的。各个行业都要受到政府的管理，只是程度不同而已。政府的管理措施可以影响到行业的经营范围、增长速度、价格政策、利润率和其他许多方面。当政府做出决定鼓励某一行业的发展，就会相应增加该行业的优惠贷款量，限制该行业国外产品的进口，降低该行业的所得税，结果是这些措施对刺激该行业的股价上涨起到了相应的效果。相反，如果政府要限制某一行业的发展，就会对该行业的融资进行限制，提高该行业的公司税收，并允许国外同类产品进口，结果该行业的股票价格便会下降。

政府实施管理的主要行业是：公用事业、运输部门和金融部门。另外，政府除了对这些关系到国计民生的重要行业进行直接管理外，通常还制定有关的反垄断法来间接地影响其他行业。

（二）社会倾向的改变对行业的影响

现代社会的消费者和政府已经越来越强调经济行业应负的社会责任，越来越注意工业化给社会所带来的种种影响。这种日益增强的社会意识或社会倾向对许多行业已经发生了明显的作用。如20世纪90年代中期以来在公众的强烈要求和压力下，许多西方国家，特别是产品责任法规最为严格的美国，纷纷对许多行业的生产及产品做出了种种限制性规定。如美国政府要求汽车制造商加固汽车保险杠杆、安装乘员安全带、改善燃油系统、提高防污染系统的质量等。医药行业也受到政府的专门监督，如美国的食品与药品受管理委员会和消费者的监督。防止环境污染、保持生态平衡，目前已成为工业化国家一个重要的社会趋势，在发展中国家也正日益受到重视。

(三) 技术进步对行业的影响

目前，人类社会正处于知识经济时代，不仅新兴学科不断涌现，而且理论科学朝实用技术的转化过程大大缩短，速度大大加快，这直接而有力地推动了经济的迅速发展。

第二次世界大战后，工业发展的一个显著特点是：新技术在不断地推出新行业的同时，也在不断地淘汰旧行业。如大规模集成电路计算机代替了一般的电子计算机，通信卫星代替了海底电缆等。这些新产品在定型和大批量生产后，市场价格大幅度地下降，从而很快就能被消费者所使用。又如20世纪90年代以来信息技术实现巨大突破，特别是因特网和电子商务的发展，是一次前所未有的技术与制度创新，甚至使人们的思维方式发生了转变。新兴行业的创新特点使其能够很快地超过并代替旧行业，或严重地威胁原有行业的生存。

(四) 相关行业变动因素的影响

相关行业变动对股价的影响一般表现在三个方面：第一，如果相关行业的产品是该行业生产的上游产品，那么相关行业产品价格变化与该行业的生产成本直接相关。比如钢材价格上涨，可能会使生产汽车的公司股票价格下跌。第二，如果相关行业的产品是该行业产品的替代品，那么若相关行业产品价格上涨，在其产品需求下降的同时，就会提高对该行业产品的市场需求，从而使市场销售量增加，公司盈利也因此提高，股价上升。比如茶叶价格上升，可能对经营咖啡制品的公司股票价格产生利好影响。第三，如果相关行业的产品与该行业生产的产品是互补关系，那么相关行业产品价格上升，对该行业内部的公司股票价格将产生不利影响。如1973年石油危机爆发后，美国消费者开始偏爱小型节油汽车，结果对美国传统汽车制造业造成相当大的打击，其股价大幅下跌。

第三节　公司分析

公司分析的目的在于通过对具体投资目标的考查以确定目标公司是否具有投资价值。对公司的分析可以分为基本素质分析和财务分析两大部分：基本素质的分析着重于考查公司的竞争能力和经营管理能力；财务分析则通过分析公司的财务指标考查其偿债能力和盈利能力等。

一、公司的基本素质分析

对公司的基本素质的分析可从以下方面着手：

（一）技术水平

决定公司竞争能力的首要因素在于公司的技术优势。对公司技术水平高低的评价可以分为评价技术硬件部分和软件部分两类。评价技术硬件部分如机械设备，单机或成套设备；软件部分如生产工艺技术、工业产权、专利设备制造技术和经营管理技术，具备了什么水平的生产能力和达到什么样的生产规模，企业扩大再生产的能力如何。另外，企业拥有掌握专业技术的高级工程师、专业技术人员的素质和水平等因素，也可以作为评价企业技术水平的一个指标。

（二）经营管理水平

经营管理水平的高低也是确定公司竞争优势的一项重要因素。对公司管理水平的评价可以从以下几个角度分析：

（1）各层管理人员的素质和能力分析。一个企业的兴衰，与一个企业的管理层的素质和开拓精神密切相关。很多时候对企业的投资就是对企业管理层的投资，就是对管理层的认同，创业投资尤其体现这一点。

（2）公司战略的制定和实施情况。公司战略规划支配着公司的发展，昭示着公司的前景。随着我国管理思想理论与实践的发展，公司战略研究越来越受到人们的重视。

（3）企业的经营效率分析。它既包括企业内部的管理效率，又包括企业对外界环境的反应能力。

（4）人事管理效率和企业文化分析。一个企业的人事管理效率决定着该企业的生产效率和员工能力能否充分发挥，也影响着该企业的企业文化，企业文化在现代企业中已起着越来越重要的作用。宝洁公司的董事长宣称，即使宝洁公司在全球的厂房全部毁于一旦，只要公司的员工还在，只要公司的文化还在，公司在短期内就能重新崛起，这说明了企业文化对公司长盛不衰的重要性。

（三）市场开拓能力和市场占有率

公司的市场占有率是利润之源。效益好并能长期存在的公司，其市场占有率必须是长期稳定并呈增长趋势的。美国的可口可乐公司，产品遍及全球，在每个销售区，其市场占有率均是当地饮料品牌的三强之一，如此巨大而稳定的市场份额是公司百年立身之本，也是可口可乐公司的利润之源。市场占有率是企业生命之本，而高的市场占有率是依赖于强大的市场开拓能力来实现的。不断地开拓进取，挖掘现有的市场潜力，并不断地进军新的市场甚至全球市场是企业为之奋斗的目标。企业为提高市场占有率，采取了各种策略。如长虹彩电曾通过大幅降价，挤垮竞争对手，扩大市场份额；海尔集团保持优质、优价的形象并拓展海外市场是维持其高利润下高市场占有率的法宝；这些都是控制市场份额的有效措施。

（四）资本与规模收益

有些行业，比如汽车、钢铁、造船等是资本密集型产业。这些产业往往是以“高投入、大产出”为行业基本特征的。由资本的集中程度而确定的规模收益是确定企业收益、发展前景的基本因素。以中国的汽车工业为例。中国汽车工业三巨头：一汽、二汽、上海大众迄今仍未达到国际上公认的规模经济产量。而目前在深、沪两地交易所挂牌的其他汽车生产企业在规模上又逊一筹，其前景更是不容乐观。因而在进行长期投资时，这些身处资本密集型行业，但又很难形成规模效益的厂家，一般是不在考虑范围之内的。在新经济时代，项目储备及新产品开发是每个企业的必修课，只有不断进行产品更新、技术改造的企业才能立于不败之地。一个企业在新产品开发上的静止，相对于其他前进的企业，就是后退。一个企业在项目的投资上，需要注意投资分布，一些项目已投产并产生效益，一些项目正在建设，另外一些项目正在规划，这样才能保证企业具有连续的获利能力；同样，企业的产品开发也应该具有可持续发展的战略。

二、公司的财务状况分析

证券发行公司的财务状况及前景是影响证券价格长期波动的基本因素之一，研究证券投资必须认真做好公司财务分析工作。

（一）财务状况变动趋势分析

财务状况变动趋势分析，就是要运用一定方法，根据公司一定时期的连续财务报表，比较各期有关项目的变化情况，以反映企业财务状况的变化情况及基本趋势。公司的财务报表主要包括损益表、资产负债表、现金流量表。趋势分析最常用的方法是利用连续财务报表的有关资料编制财务分析比较表。具体做法是：计算各项目各时期之间的增减及增减比例；计算各项目各时期占总指标的比重，并比较各期的变化情况。通过以上分析就可以基本把握公司财务状况的变动趋势。

（二）偿债能力分析

对公司的偿债能力分析主要是通过其资产负债率、流动比率、速动比率几个指标的分析实现的。

1. 资产负债率

资产负债率是指公司负债总额占其全部资产总额的比率，它是衡量公司利用债权人提供资金进行经营活动的能力和反映债权安全程度的一个指标。其计算公式是：

$$资产负债率 = 负债总额 \div 资产总额 \times 100\%$$

这一重要比率既可以被公司的债权人用来分析公司进一步举债的潜力，也可以被证券投资者用来分析判断是否应购买或抛出该公司的股票，当然也是公司进行资金筹措决策时估计举债合理规模及融资风险的重要依据。

首先，从债权人看，公司负债率越低，说明公司自有资本的比例越高，偿还债务的潜在能力越强，因而其债权越安全。反之，会给债权人造成损失的概率增大。

其次，股东对负债率的反应不同于债权人。在股东看来，公司借债提供的资本同样能在生产经营中发挥作用，而且能扩大生产规模，增加利润。股东实际上是利用其拥有的有限资本保持对整个公司资本的控制权。因此，公司举债实际上使股东获得双重利益。但是，如果举债规模过大，当资产负债率大于1时，说明公司已经资不抵债，面临破产威胁。

最后，企业家利用负债率制定举债决定时，就是要把握风险同利润的置换关系，保证风险因素能最合理地置换为利润。如果过分保守而不敢借款，公司就缺乏活力，没有前途；若盲目过量举债，会使公司陷入债务而不能自拔，降低公司利润。

2．流动比率与速动比率

流动比率与速动比率是衡量公司短期偿债能力的通用比率，其实质是反映公司在短期债务到期前可转化为现金的资产偿债的能力。具体地讲，流动比率是衡量公司流动资产在短期债务到期前用现金偿还流动负债能力的一个指标；而速动比率是衡量公司流动资产中可以迅速变现，立即用于偿还流动负债能力的一个指标。

流动比率计算公式：

流动比率 = 流动资产 ÷ 流动负债

速动比率计算公式：

速动比率 = （流动资产 − 存货） ÷ 流动负债

速动比率计算公式中的速动资产仅指几乎可以立即用来偿付流动负债的那些流动资产，即现金、有价证券和应收账款。其中现金和证券本身就是倾向于货币或准货币，具有流动性较高的特点，而应收账款则需要转化成现金才能用于偿还债务。计算流动比率的流动资产除包括速动资产外还包括各种存货。由于存货转变成现金需要较长的时间，因此，速动比率更能准确地反映公司的短期偿债能力。两个公式中的流动负债均指应付款项、应付票据、短期债务、应付税款和其他应付款的总和。

例：A 公司 1999 年 6 月 30 日，流动资产净额 600 万元，流动负债额是 320 万元，存货为 300 万元，则：

流动比率 = 600 ÷ 300 = 2.0

速动比率 = （600 − 300） ÷ 320 = 0.94

一般认为，流动比率要保持 2.0，速动比率保持 1.0 比较合适。在实际中，应该根据各公司的具体情况来作判断，不能一概而论。比如，有些公司可能流动比率甚高，但却是因存货大量积压造成的，并不说明公司的短期偿债能力高，因为存货尤其是长期积压滞销的货物转化成现金的能力较差、时间较长（甚至几乎不可能），用它们来偿还债务的可能性不大。又如，公司的速动比率较高，但可能是现金过多、资金利用效率低造成的，这是公司财务的一个消极因素。

（三）营运能力分析

从以上两个指标的计算看出，应收账款和存货均被作为可转化为现金的资产。但是，多长时间才能将它们转化为现金，是关系到这两个比率可靠性的问题。因此，我们还必须引入能够表明应收账款及存货的现金转化速度的比率，以便能更全面地反映出公司财务的流动性，正确分析公司的营运能力。

1．应收账款周转率

其计算公式为：

应收账款周转率 = 销售收入 ÷ 平均应收账款

销售收入是指扣除折扣和折让后的销售净额；平均应收账款为资产负债表中“期

初应收账款余额”与“期末应收账款余款”的平均数。

例如，A 公司 1999 年的销售收入净额是 1 900 万元，应收账款的平均余额经计算是 190 万元，则应收账款周转率为 10。这说明应收账款每年可以周转 10 次，其流动性是很强的。因此，其速动比率比较可靠地反映了 A 公司的短期偿债能力。

2. 存货周转率

存货周转率是销货成本与商品存货之间的比率，这是衡量公司销售能力强弱和存货是否过量的指标，也能反映公司将存货转化为现金的快慢程度。其计算公式为：

存货周转率 = 销售收入 ÷ 存货平均余额

存货平均余额 = Σ 年度内每月末存货余额 ÷ 12

在平均存货销售利润率一定的条件下，存货周转越快，公司的利润就会越高。但是，由于工业企业存货结构相对较复杂，故在分析中有必要分别按产成品、在产品和原材料计算各自的周转率。

产成品周转率 = 销售产品成本 ÷ 产成品平均存货

在产品周转率 = 年制造总成本 ÷ 在产品平均余额

原材料周转率 = 年耗用原材料总成本 ÷ 原材料平均库存余额

(四) 获利能力分析

获利能力是指公司赚取利润的能力。它不仅关系到公司所有者的利益，也是公司偿还债务的一个重要资金来源。因此，公司的债权人、所有者以及管理者都十分关心公司的获利能力。评价公司获利能力的指标主要有：总资产报酬率、资本金报酬率、销售利润率、成本费用利润率等。

1. 总资产报酬率

总资产报酬率也称资产收益率或投资报酬率，是公司在一定时期内的净利润与资产总额的比率。其计算公式为：

总资产报酬率 = 净利润 ÷ 资产总额

式中，资产总额可用年初、年末平均数，也可用期末数。总资产报酬率主要用来衡量公司利用资产获取利润的能力，它反映公司总资产的利用效果。如果公司的总资产报酬率偏低，说明该公司资产利用效率较低，经营管理存在问题，应该调整经营策略，加强经营管理。

2. 资本金报酬率

资本金报酬率是一个时期公司的净利润与资本金总额的比率，它直接反映投资者投入公司资本金的获利能力。其计算公式为：

资本金报酬率 = 净利润 ÷ 资本金总额

资本金报酬率是用以衡量公司运用所有资本金所获经营成效的指标。资本金报酬率越高，表明公司资本的利用效率越高。

3. 销售利润率

衡量公司利润率水平的指标一般有毛利率、销售净利润率、销售利润率。毛利率是公司的毛利与销售收入总额的比率；销售净利润率是净利润与销售收入净额的比率，可用来衡量公司销售收入的收益水平，是衡量公司获利能力的重要指标。销售利润率的计算公式为：

销售利润率 = 利润总额 ÷ 销售收入净额

式中，利润总额实际上是税前利润额。这一比率说明公司利润占销售收入的比例，它可以用以评价公司通过销售赚取利润的能力。该比率越高，公司通过扩大销售量获取收益的能力越强。

4. 成本费用利润率

成本费用利润率是公司利润总额与成本费用总额的比率。其计算公式为：

成本费用利润率 = 利润总额 ÷ 成本费用总额

成本费用是公司为了取得利润而付出的代价。这一比率越高，说明公司为获取收益而付出的代价越小，公司的获利能力越强。因此，利用这一指标，不仅可以评价公司获利能力的高低，也可以评价公司对成本费用的控制能力和经营管理水平。

（五）投资者获利能力分析

投资者获利能力分析不仅是公司的投资者关注的问题，也是债权人极为看重的一个方面，它直接关系到投资者的切身利益。下面将介绍有关分析投资者获利能力的指标和方法。

1. 股东权益获利能力

这是公司企业自有资本的获利能力，主要用以下指标来反映：

股东权益收益率 = 净收益 ÷ 股东权益

2. 普通股获利能力分析

用下面五个指标就能从不同角度反映普通股获利能力：

普通股权益报酬率 = 净收益 ÷ 普通股权益

普通股每股净收益 =（企业净收益 − 优先股股息）÷ 平均发行在外普通股股份数

市盈率 = 普通股市价 ÷ 普通股每股净收益

股息发放率 = 普通股每股股息 ÷ 普通股每股收益

股息与市价比率 = 普通股每股股息 ÷ 普通股每股市价

3. 优先股获利保证程度

优先股获利保证程度可用经营利润对优先股股息的保障系数来反映。其计算公式为：

优先股获利保障系数 = 经营利润 ÷（利息 + 优先股息）

4. 企业债券获利保障程度

我们可以用收益对利息的保障系数来反映这一问题。其计算公式是：

收益对利息的保障系数 = 经营利润 ÷ 利息费用

这一指标也称已获利息倍数，其中：

经营利润 = 净利润 + 所得税 + 利息总额

重要概念

基本分析　通货膨胀　行业生命周期

思考题

1. 简述经济周期与证券市场波动的关系。
2. 简述沪、深交易所对上市公司进行的行业分类方式及分类标准。
3. 资产负债比率这一指标代表什么样的含义?
4. 试述国家的宏观经济政策如何对证券市场造成影响。
5. 试说明如何对一个企业进行偿债能力分析。

第十章　证券投资技术分析

学习目的和要求

1. 了解技术分析的含义及其理论基础。
2. 了解技术分析的要素：价、量、时、空。
3. 掌握技术图形分析理论与方法。
4. 掌握证券投资技术指标分析。

证券的价格是证券市场中人们最为关注的因素之一。它的起伏波动常常牵动着每一个关注者的神经。现实生活中我们讨论最多、关注最多的是股票二级市场的股票价格，然而，在国债市场和各种期货市场中，也存在着价格的波动。每一个参与到证券市场中的投资者都是为了获利，但是，即使是在同一个时间、同一个交易市场里，投资者们也是喜忧参半的——有人暴富，有人倾家荡产。造成如此大差距的原因是多方面的，而个人对证券市场未来发展趋势的判断相对于不同的个人投资者来说无疑是最关键的。技术分析就是可以提高证券市场的投资者分析判断能力的一个行之有效的工具。

技术分析是基本面分析之外的又一大证券投资分析体系。经由历史上无数证券投资者总结出来的诸多证券投资技术分析方法被实践证明是有效的，因而在证券交易市场上得以广泛运用。从某种程度上说，涉足证券市场的投资者都应该具备一定的技术分析功底，以便增强自身对未来证券市场走势的预测能力，降低损失的可能性。目前我国证券市场上使用的主要技术分析方法都是从国外引入的，下面主要以股票市场为例，将各种技术分析理论方法予以系统的介绍。

第一节　技术分析的含义及其理论基础

一、技术分析的含义

技术分析是指借用统计和图形方法对过去和当前股票市场上的价格、时间、成交量等市场行为的不同方面进行记录和加工，并在此基础上总结和运用其规律，进而对未来股票价格走势加以预测的研究活动。由不同的角度分析市场行为会产生出不同的技术分析方法，而记录和加工各种市场行为数据所得的各种图形和指标又构成了技术分析的基本工具。技术分析的精髓就是总结经验、寻找规律，然后进一步运用这些规律。大多数证券投资者不仅希望通过分红的形式获取利益，而且希望通过低买高卖、获取差价的形式得益。对后面这种形式来讲，对当前股价所处位置和未来变动方向的判断就显得极为重要，而要做到这一点，我们可以在一定程度上比较有效地求助于技术分析。技术分析方法可以帮助我们从市场行为的微妙状态中获取有价值的信息，从而有效判断股价的变动趋势。这里要指出一点，即技术分析方法不强调对因果关系的探寻，不保证运用者一定获利。技术分析只是实践总结出的规律，是一种经验判断，在丰富的实践经验基础上对它的熟练运用有助于我们做出正确的判断。总之，技术分析既具有科学性，又具有艺术性。

二、技术分析的三大假设

技术分析有一定的理论基础，即三大假设：市场行为涵盖一切信息；价格沿趋势移动并保持趋势；历史会重演。这三大假设并未在理论上得到完全的证明，但它们在历史和经验的基础上却有一定的合理性。

（一）市场行为涵盖一切信息

市场行为涵盖一切信息的假设是进行技术分析的基础，如果否定它，技术分析就是无本之木。这一假设认为，影响股票价格的每个因素都已经反映在市场行为当中，因而不必对影响股票价格的具体因素做过多追究。事实上，由于影响股票价格的因素很多，而且各种因素之间的关系又错综复杂，所以试图对影响股票价格的每一因素做出判断实际上是无效的。在这里我们可以打个比方：股票价格是一个我们不能全部掌握的方程的因变量，而这个方程有极多的自变量（例如即将出台的新政策、货币市场的变动、庄家的操作，乃至单个散户的买卖行为，等等），所有自变量的变动都会最终影响到因变量——股票价格。我们在这里知道因变量——股票价格，也能猜测到一些重要的自变量（如即将出台的新政策、货币市场的变动、庄家的操作），但要想分析方程中的每一个细小的自变量（如单个散户的买卖行为）却是极其困难的。依据这一假设，任何一个因素对股票市场的影响最终都必然体现在股票价格的变动上。如果股价跳空高开，一定是有利多因素在起作用；反之，如果股价向下跳空，则一定是有什么因素促使投资者出货。也就是说，只要是影响市场行为的因素，不管它是外在的还是内在的，也不管它是显著的还是微小的，都会在股票的价格中得到反映。运用技术分析时，只需关心这些因素综合作用的结果，而不必深究这些因素究竟是什么。

（二）价格沿趋势移动，并保持趋势

价格沿趋势移动的假设是进行技术分析最根本、最核心的因素。该假设认为股票价格的变动具有惯性，即要保持原来运动的方向。正因为这样，我们才能运用技术分析中的各种图形和指标来预测股票价格的走势。如果当前的股票价格正在不断攀升，股票市场中的单个投资者就会看好该只股票，而由于大众心理的趋同或相似，整个市场中会形成强大的多方力量，从而导致股价的进一步攀升，直至达到天价；反之，则

相反。这就是说，在天价和谷底之间，也就是在大部分时段内，股票价格是沿趋势移动的。“顺势而为”因此而成为股市中的一句名言，如果没有股价逆转的明显迹象，逆势而为是不合理的。如果否认这项假设，即认为股票价格是随机运动、毫无规律可循的，技术分析就会变得如赌博的押宝，毫无意义。然而在实践中，技术分析的运用是很有帮助的。

（三）历史会重演

在股票市场上说“历史是未来的一面镜子”并不夸张，“黑色星期五”的多次重演在此可以做一个例证。心理学和统计学的研究成果表明，股票市场作为无数股票投资者的加总，在面对特定的情况时，市场的整体反应往往会趋于特定的模式，从而股价的变动也容易有特定的模式。这样，以史为鉴在股票市场上是有意义的。在进行技术分析时，每当遇到与历史上相同或相似的情况，都应参考历史记录，在此基础上再做出股票买卖的决策。

在三大假设之下，技术分析有了自己的理论基础，第一个假设肯定了研究市场行为已经全面考虑了股票市场，第二个假设和第三个假设使得我们能够找到规律并在实践中加以运用。

第二节　技术分析的要素：价、量、时、空

一、价、量是市场行为最基本的表现

成交价和成交量是市场行为最基本的表现，因为它们涵盖了影响市场行为的一切因素。技术分析各种指标及图形的编制都以过去及当前成交价及成交量的资料为基础，成交价及成交量的记录是技术分析的信息来源，同时也是技术分析所要预测的目标。在某一时点上的价和量反映的是多空双方的市场行为在这一时点上所达到的价、量均衡点。随着时间的推移，多空双方的任何市场行为都会使得成交价和成交量发生变化。通常情况下，多空双方对股票价格的认同通过成交量的大小得以确认：认同程度高，成交量大；认同程度低，成交量小。双方市场行为的相互作用和制约市价、量之间的变动呈现这样的规律：价升量增，价跌量减。根据这一规律，当价格上升时，成交量不再增加，意味着买方已不认同价格继续上升，价格的上升趋势将发生变化，出现调整或逆转；反之，在价格下跌时，成交量不再继续萎缩，意味着卖方不再认同价格继续下跌，下跌趋势将随之发生变化，开始盘整或上扬。成交价和成交量的这种关系是技术分析的合理性所在和一个逻辑手段。因此，价、量是技术分析的基本要素，一切技术分析方法都是以价、量为主要研究对象，目的就是分析、预测未来股票价格的变动趋势，为投资决策提供依据。在技术分析中，研究价与量之间的关系是非常重要的，技术分析者在画线路图时，在图纸下端还要补上成交量，这样可以增加图的完整性与可信性。

二、成交量和价格趋势的关系

下面列出股票市场中经常出现的几种价、量组合情况，以对价、量组合作一个实证考察（成交价和成交量可以有非常多的组合，这里不能一一列举）。

（1）股价随着成交量的增大而上涨，是市场行情的常态，表明了投资者的乐观情绪，这种价增量涨关系，表明股价将继续上涨。

（2）在一轮的涨势中，股价随着增大的成交量而上涨，突破前一段的高峰，创下新高价，然后继续上涨，然而伴随新高之后又一轮股价上涨的整个成交量水平却低于前一轮上涨的成交量水平。价突破创新，量却趋于萎缩，则最新一轮股价涨势令人怀疑，这种现象同时也是股价趋势潜在的反转信号。

（3）股价随着成交量的递减而回升，股价上涨，成交量萎缩。成交量是股价上涨的动力，动力不足显示股价趋势存在潜在的反转的信号。

（4）有时股价随着缓慢递增的成交量而逐渐上涨，渐渐地走势突然成为垂直上升的喷出阶段，成交量急剧增加，股价跃升暴涨。继此轮走势之后是成交量的大幅度萎缩，同时股价急速下跌。这种现象表示涨势已到强弩之末，显示出趋势反转的迹象，反转所具有的意义将视前一轮股价上涨幅度的大小及成交量增大的程度而定。

（5）在一轮长期下跌形成谷底后股价回升，但成交量并没有因股价上涨而递增，股价是欲升乏力，然后再度跌落至先前谷底附近，或略高于谷底。当第二谷底的成交量低于第一谷底时，是股价上涨的信号。

（6）股价下跌，向下跌破股价形态趋势线或移动平均线，同时出现大成交量，是股价下跌的信号，这种情况强调的是趋势反转形成空头。

（7）股价下跌相当一段时间后，出现恐慌卖出，随着日益扩大的成交量，股价大幅度下跌，继恐慌卖出之后，预期股价可能会出现反弹，同时恐慌卖出所创的低价，将不可能在极短时间内突破。随着恐慌大量卖出之后，往往是空头结束，行情反转。

（8）当市场行情持续上涨很久，出现急剧增加的成交量，而股价的上涨却渐显乏力，在高档大幅震荡，这说明多空双方交手频繁，空方开始占据优势，从而股价下跌的趋势开始形成。股价最终连续下跌之后，在低档出现大成交量，股价却没有进一步下跌，价格仅小幅变动，这表示多方开始显示力量。

从以上几种情况可以看到，成交量是价格形态的确认。如果没有成交量对股价的确认，价格上的形态将是虚的，其中很可能会有庄家的策略，股价将大幅波动的风险将会比较大。成交量是测量股市行情变化的风向标，也是股价的先行指标。凭借成交量增加或减少的速度可以推断多空规模大小与股价涨跌的幅度。也就是说，成交量持续扩大，表明新资金不断涌入股市，这是推动股价上涨的原动力。关于价和量的趋势，一般说来，量是价的先行者。当量增时，价迟早会跟上来；当价增而量不增时，价迟早会掉下来。从这个意义上可以说，价是虚的，而只有量才是真实的。特别是在一个投机市场中，机构大户打压、拉抬股价，投资者不能仅从价上来看，而要从量上去探寻庄家操纵的可能性，并采取相应对策。

三、时间和空间表现市场的潜能

在技术分析中，“时间”是指完成某个过程所经过的时间长短，通常是指一个波段或一个升降周期所经过的时间。“空间”是指价格的升降所能够达到的程度。时间将指出“价格有可能在何时出现上升或下降”，空间指出“价格有可能上升或下降到什么地方”。投资者对这两个因素都很关心，而最关心的还是后者。时间更多地与循环理论相联系，反映市场起伏的内在规律和事物发展的周而复始的特征，体现了市场潜在的能量由小变大再变小的过程。空间反映的是每次市场发生变动的程度的大小，也体现市场潜在的上升或者下降的能量的大小。升或降的幅度越大，潜在的能量也就越大；相反，升或降的幅度越小，潜在的能量也就越小。

四、时间与价格的关系

除去价和量，时间也是对股价变动分析应加以考虑的一个重要方面。无论是上涨还是下跌，每一轮趋势都要经历一段时间才结束，这是因为股票价格有沿趋势移动的惯性。股票价格从一个趋势开始到该趋势结束之间的时间长短，与股票价格下一步变动的幅度有着密切的关系。

一般地说，时间长、波动空间大的过程，对今后价格趋势的影响和预测作用也大；时间短、波动空间小的过程，对今后价格趋势的影响和预测作用也小。价、量、时、空同时加以考虑，股票价格才得以被置于四维空间内作立体观察。实践中，由于股价每一轮变动的时间都长短不定，而且有的股价当前变动的方向正处于比该方向更大的相反的方向当中，因此要正确判断股价每一轮变动的时间跨度并非易事。但我们还是可以借助于某些技术分析方法来研究股价变动的时间跨度，如循环周期理论和波浪理论中的费波纳奇数列就是这样的两种方法。

五、技术分析方法的分类

在历史价、量资料基础上进行统计、数学计算、图形绘制，是技术分析的主要方法。不同的统计、计算和图形绘制方法会引出不同的技术分析方法。这里介绍五类比较常用的技术分析方法：K 线法、切线法、形态法、波浪法和指标法。

（一）K 线法

一条 K 线包含了一日内某种股票开盘价、最高价、最低价和收盘价四种价格的信息，若干条 K 线组合在一起的 K 线图可反映一段时间内某种股票的股价变动情形，投资者可依据 K 线图包含的多种信息来判断股价未来的变动趋势。K 线法侧重若干天 K 线的组合情况，推测股票市场多空双方力量的增减与转变，进而推断股票市场当前多空双方谁占优势，这种优势是暂时的，还是决定性的。K 线图是各种技术分析方法当中最重要的方法，后面将有专门的章节加以介绍。单独一天 K 线的形态有十几种，若干天 K 线的组合种类更是数目繁多，其中一部分典型组合对股票买卖决策具有重要的参考意义。K 线起源于日本并流行于东亚地区，同 K 线法几乎一样的棒线流行于欧美地区。除画法不同外，棒线与 K 线的分析方法是一样的。

（二）切线法

切线法是按一定的方法和原则在股票价格图形中画出特定直线——切线，然后依据股票价格曲线与所画直线的状况推测股票价格的未来趋势。切线主要起支撑和压力的作用。通常情况下，股票价格在上升过程中一触及压力线，甚至尚未触及它，就会向下逆转。同样，股票价格在下跌过程中一触及支撑线，甚至尚未触及它，就会转头向上。另外，如果股票价格触及压力线或支撑线后没有发生逆转而是大幅度长时间地穿越了压力线或支撑线，便实现了突破。在突破之后，压力线和支撑线的角色会相互转换，原来的压力线变成了支撑线，原来的支撑线变成了压力线。依据不同的画法，切线又分为趋势线、通道线、黄金分割线、甘氏线、角度线等。

（三）形态法

形态法是指根据过去一段时间内股票价格走过的轨迹的形态来预测股票价格未来趋势的方法。股票价格走过的形态受市场行为的作用，是股票市场对各种信息感受并做出反应之后的最终表现。股票价格轨迹的形态有不少相对固定的模式，因此用形态来推测股票价格的走势是有依据的。价格轨迹的形态可以告诉投资者当前股价所处的阶段，从而对买卖行为给予一定的指导。著名的形态有 M 头、W 底、头肩顶或底等十几种。

（四）波浪法

波浪理论的初创者是艾略特（Ralph Nelson Elliott），他在 20 世纪 30 年代提出了波浪理论的最初想法，他认为行情就是波浪。其后，查尔斯 · J. 柯林斯（Charles J. Collins）在他 1978 年的专著《波浪理论》中完善了波浪法。波浪理论把股价在不同时期的上下波动看作波浪的上下起伏。波浪的起伏遵循自然界的规律，股票价格的波动也遵循类似于波浪起伏的规律。艾略特认为，行情波浪本身的构造为五浪上涨，三浪下跌，并永远重复下去。数清了各浪就能准确判断行情。波浪理论与其他技术分析方法的最大区别是它能提前很长时间预计到底和顶，而其他方法往往要等到新的趋势确立以后才能看到。波浪理论的一个弱点是运用起来主观性太强，事前想用它去指导买卖操作比较困难，这是由于股价波动所形成的波浪大浪套小浪，浪中有浪，正确数浪极为困难。但历史上股价波动所形成的波浪均符合波浪理论所做的描述，这就是它的奇妙之处。

（五）指标法

指标法是将市场行为的各个方面经过数学处理生成能够反映股票市场某个方面的新变量，即指标。指标的具体数值及其相互间关系，直接反映股市所处的状态，为操作行为提供指导。指标属于股票市场一手变量（如股票价格、成交量等）的衍生变量，无法在股价移动轨迹中直接看出。

技术分析指标名目繁多，数不胜数，比较常用的有相对强弱指标（RSI）、随机指标（KDJ）、趋向指标（MA）、平滑异同平均线（MACD）、能量潮（OBV）、心理线、乖离率等。这些指标都经过了股市实践的长期考验而保留了下来，可见它们确实把握住了股票市场的某种特性，因此很值得投资者去学习和研究。

六、技术分析方法运用时应注意的问题

技术分析并不是一门纯粹的科学，因此不能对其过分的迷信。只有注意以下问题并经过丰富的实践，才能较好地运用技术分析。

（一）技术分析必须与基本面分析结合使用，才能提高其准确程度

单纯的技术分析是不全面的。新兴证券市场投机性较强，人为操纵因素较多，技术分析的指导作用相对于成熟证券市场要弱一些。在这种情况下，仅靠过去和现在的数据、图形去预测未来是不稳妥的，但也不能因此就否定技术分析的功效。事实上，在中国的证券市场上，技术分析方法还是较为有效的。正确的做法是熟悉技术分析较为有效的场合而避免在所有的时候都听信于它，成功的关键在于不机械地使用技术分析，除了要在实践中不断修正技术分析外，还必须结合基本面分析来进行技术分析。

（二）注意多种技术分析方法的结合使用，切忌片面地使用某一种技术分析方法

每种技术分析方法都是从不同的角度去分析和预测股价的走势，它们都具有一定的合理性和有效性，但也都有不足。面对同样的市场行为，运用不同的方法可能会得到大相径庭的预测结果。因此投资者在做出决策前，应将多种技术分析方法结合起来加以考虑，这样才比较稳妥。如果每种方法都得到同一结论，出错的可能性就很小，否则偏信某一种方法就容易出错。为了少犯错误，投资者应尽可能地熟悉多种技术分析方法，并在此基础上力求结合运用。

（三）每个结论要不断地进行修正

已经有的结论要经过实践验证后才能放心地使用。研究股票的分析方法各异，已经有的结论是在特殊条件下得到的。随着环境的改变，这些曾经成功的结论用到自己身上就可能失败，所以必须验证后才能使用。结论和经验是不断变化的，死抱一条经验用一辈子是不可取的。自己研究和吸取别人的经验，都是为了不断地使技术分析方法更准确、更适用和更有效。

（四）对技术分析不要寄予过高的希望，不要超过技术分析力所能及的范围

技术分析能够帮助我们认清形势，但是技术分析有自己的不足，有自己的盲点。在使用的时候，如果不了解各种技术分析方法的缺点，一味依靠技术分析，是十分可怕的。技术分析能够避免明显的错误，但是并不能避免全部的错误。在使用技术分析方法的时候，要充分认清它的不足，不要超出了技术分析的能力范围，否则很可能给自己带来不必要的损失。

（五）技术分析是一种工具，决定它的因素是人

在运用技术分析的时候，在很大程度上依赖于使用者个人的选择。个人的偏好和习惯影响这些选择，当然也就影响技术分析的结果。这就是为什么不同的人在使用技术分析时会产生不同的结果的主要原因。

总之，技术分析并不是万能的，切忌把一切都依靠在单纯的技术分析上。

第三节　技术分析理论

一、K 线理论

K 线又称日本线或蜡烛线，最初是在日本古代的米市上用于表示米价每日涨跌所使用的图示方法，经人引用至股票市场，效果良好。经过上百年的运用和改进，K 线理论已日渐丰富和完善，成为技术分析的重要方法。经过长时间的运用和变更，内容上已经有很大的变化，本书介绍其中较为常用的内容。K 线就是用图形来表示买方和卖方力量增减和转变的过程。K 线理论则专门用来研究 K 线的形状和组合。一条 K 线记录的是某种股票一天的价格变动情况，将每天的 K 线按时间顺序排列在一起，就可表示这种股票一段时间（如每周、每月）的价格变动情况。

（一）K 线的画法和基本形态（见图 10－1）

K 线是一条柱状的线条，由影线和实体两部分组成。在实体上方的影线叫上影线，在实体下方的影线叫下影线。实体又分阳线和阴线两种，其中阳线又称红（阳）线，阴线又称黑（阴）线。一条 K 线可体现一种股票一天内的四个价格：开盘价、最高价、最低价和收盘价。开盘价和收盘价之间的价位用长方形实体表示，如果开盘价低于收盘价，则实体为阳线；反之，如果开盘价高于收盘价，则实体为阴线。一天当中股票的最高价用上影线来表示，最低价用下影线来表示。将一种股票一天内的四个价格在坐标纸上标出，即可获得该种股票当日的 K 线。每个交易日的 K 线连续不断地拼连下去，就构成一种股票一段时期内股价情况的 K 线图。看到了 K 线图就会对一种股票过去和当前的股价变动情况有大致的了解。

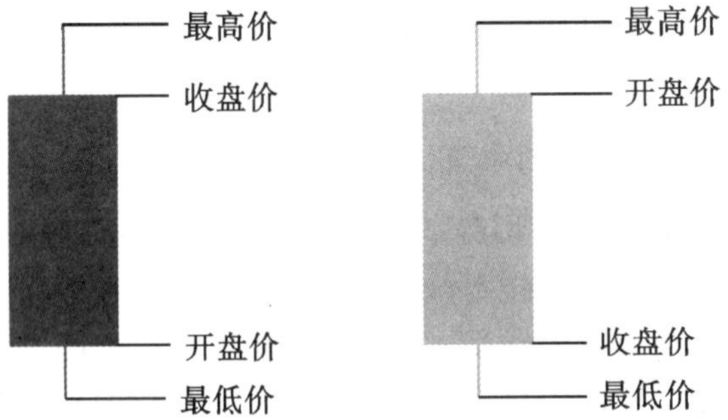

图 10－1　K 线的基本形态

下面再具体介绍股票的四个价格。传统的开盘价是指一种股票在一个交易日开始时第一笔成交的价格。但开盘价很容易被庄家操纵，以达到他们进货或出货的目的。由于庄家拥有各种优势，他们能够人为制造出一个不符合实际的开盘价。目前沪、深股市采用集合竞价的方式产生开盘价，这样就在一定程度上弥补了传统意义上开盘价的缺陷。最高价和最低价是一种股票在一个交易日内最高和最低的成交价。它们反映该种股票在一个交易日内价格波动的幅度。如果最高价和最低价相差很大，说明当日股票市场交易活跃，买卖双方博弈激烈。但是，同传统的开盘价一样，最高价和最低价也容易受庄家大户的故意做市，人为造出一个脱离实际的最高价和最低价。收盘价是指一种股票在一个交易日内最后一笔成交的价格，是多空双方经过一天的博弈最终达到认同的价格，也是双方在该交易日最后的价量平衡点，具有指明目前价格的重要功能。在股票的四个价格中，收盘价是最重要的，很多技术分析方法只关心收盘价，而不太关注其他三个价格。人们在说到某种股票当前的价格时，往往是指它的收盘价。同开盘价一样，收盘价也容易受到庄家的操纵，以有利于他们第二天的行动。K 线本是买卖双方势力消长的结果，在投机浓厚的股票市场却易成为少数庄家大户利用的工具。因此，如果仅依据一两根日 K 线进行股票买卖的决策，就会面对较大风险，容易上庄家的当。为减小风险，投资者可使用周 K 线作为短期或中期操作的依据，这样其他技术分析方法（如后面将要提到的支撑线和压力线）也可以附加到 K 线图中，使 K 线的准确性提高不少。

（二）K 线的主要特殊形状（见图 10－2）

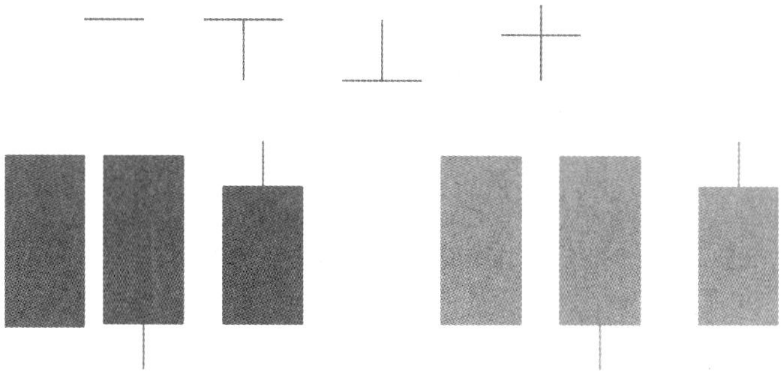

图 10－2 K 线的主要特殊形态

两个实体和两个影线可以有多种组合，除去通常的实体和上下影线兼备的 K 线外，还有一些形状特殊的 K 线，下面列出几种：

（1）一字形。这是一种非常特别的 K 线，它的四个价格都一样。这种情况在股市实践中几乎见不到。当交易非常冷清、全日交易只有一档价位成交或在发行一个事先定好价格的股票时，会遇到这种情况。在实行涨跌停板的制度下，开盘后直接到涨跌停板，也会出现这种情况。同十字形和 T 字形 K 线一样，一字形 K 线也没有实体。

（2）T 字形或倒 T 字形。在十字形的基础上，如果再加上秃头或光脚的条件，就会出现这两种 K 线。它们没有实体，而且没有上影线或下影线，形状像英文字“T”。T 字形表示最高价与开盘价相同，倒 T 字形表示最低价与开盘价相同。

（3）十字形。当收盘价与开盘价相等而在交易过程中股价出现高于及低于开盘价成交的情况时，就会出现这种 K 线，它的特点是没有实体。与前一日相比，股价较高时，是红十字形 K 线；股价较低时，是黑十字形 K 线。

（4）秃头光脚的阳线或阴线，即既没有上影线又没有下影线的 K 线。秃头光脚的阳线表示最高价与收盘价相同，最低价与开盘价相同；秃头光脚的阴线表示最高价与开盘价相同，最低价与收盘价相同。

（5）秃头阳线和秃头阴线，即没有上影线的 K 线。秃头阳线表示最高价与收盘价相同；秃头阴线表示最高价与开盘价相同。

（6）光脚阳线或光脚阴线，即没有下影线的 K 线。光脚阳线表示最低价与开盘价相同；光脚阴线表示最低价与收盘价相同。

除了日 K 线外，投资者还可以画周 K 线和月 K 线，其画法同日 K 线几乎完全一样，区别只在四个价格的选择。周 K 线是指一周内的开盘价、最高价、最低价及收盘价。月 K 线则指一个月内的四个价格。周 K 线和月 K 线的优点是看趋势和数周期比较好。

（三）K 线的组合应用

股票价格的涨跌，完全由供需（买卖）双方来决定，供需关系在交易过程中随时产生变化，股票价格也因此瞬息万变。股票市场的买卖双方永远站在对立的两边，不断地进行较量，K 线图实际就是将一段时间内买卖双方较量的结果用图形表示出来的方法之一，从中能看到买卖双方在争斗中力量的此消彼长，这样便有利于投资者辨明股市风向的变化，进而获取收益。不同的 K 线组合在一起，股票市场上买卖双方力量的对比就变得一目了然。利用 K 线法进行短线操作，除了要了解每一根 K 线的具体含义，而且应掌握多根 K 线的组合情况。

1. 单独一根 K 线的应用

（1）秃头光脚小阳线实体

这表示股票价格上下波动的幅度很小，没有明显的趋势，说谁占优势还为时尚早。

（2）秃头光脚小阴线实体

它同秃头光脚小阳线实体的含义正好相反，只要将前述内容中的涨改成跌，跌改成涨，多方换成空方，空方换成多方，买入换成卖出，卖出换成买入，就可以得到这种 K 线对市场的表现内容。

（3）秃头光脚大阳线实体

这种 K 线说明市场波动很大，多空双方的争斗已经有了结果。长长的阳线表明，多方发挥了最大的力量，已经取得了决定性胜利，今后一段时间多方将掌握主动权。也就是说，今后讨论的问题将是股票价格将涨到什么地方，而不是其他。如果这条长阳线出现在一个盘局的末端，它所包含的内容将更有说服力。

（4）秃头光脚大阴线实体

它的含义正好同大阳线实体相反，表明现在空方具有压倒性优势。

（5）光脚阳线

这是一种上升抵抗型 K 线。多方虽占优势，但不像大阳线实体中的优势那么大，受到了一些抵抗。多方优势的大小与上影线的长度有关，与实体的长度也有关。通常情况下，上影线越长，实体越短，越不利于多方，也就是多方所占优势越小；上影线越短，实体越长，越有利于多方，也就是多方所占优势越大。

（6）秃头阴线

这是下降抵抗型 K 线。它所表示的意义正好与光脚阳线相反。将光脚阳线中的上影线换成下影线，多方换成空方，就是其内容的完整叙述。

（7）秃头阳线

这是先跌后涨型 K 线。多方在开始失利的情况下，尽力充分地发挥力量，整个形势是多方占优势。多方优势的大小与下影线和实体的长度有关。下影线和实体的长度越长，越有利于多方，也就是多方优势越大；下影线和实体的长度越短，越不利于多方，也就是多方优势越小。

（8）光脚阴线

这是先涨后跌型 K 线。与秃头阳线相反，这是空方反败为胜的 K 线。空方的优势大小，与上影线和实体的长度有关。上影线和实体越长越有利于空方；上影线和实体越短越不利于空方。

（9）有上下影线的阳线

这是最为普遍的一种 K 线。这种情况说明多空双方争斗激烈，双方都曾一度占据优势，把价格抬到了最高价和压到了最低价，但是，都被对方顽强地拉回，只是到了结尾时，多方才把优势勉强保住。对多方与空方优势的衡量，主要依靠上下影线和实体的长度来确定。通常情况下，上影线越长，下影线越短，实体越短，越有利于空方占优势，而不利于多方占优势。反之，下影线越长，上影线越短，实体越长，多方越占优势，而不利于空方。

（10）有上下影线的阴线

这也是最为常见的一种 K 线。它的含义与有上下影线的阳线差不多，只是这种局面目前稍稍倾向于空方，因为，在临近收尾时空方稍稍取得了优势。

（11）十字形

这是不容易出现的 K 线形状，不易分阴阳，画图时，与昨日收盘相比，若上涨，则为阳线；反之，就画成阴线。十字形分为两种，一种上下影线很长，另一种上下影线较短。上下影线较长的称为大十字形，表示多空双方争夺激烈，最后回到原处，后市往往有变化。多空双方的优势由上下影线的长度决定。上下影线较短的称为小十字形，表明窄幅盘整，交易清淡，买卖不活跃。

（12）T 字形和倒 T 字形

从前面关于上下影线对多空双方优势的影响的叙述可知：T 字形是多方占优势，下影线越长，优势越大；倒 T 字形是空方占优势，上影线越长，优势越大。

以上介绍了 12 种 K 线对市场行为的反映，下面指明几点，以便记忆和应用。如果上影线相对于实体来说非常小，则可以等同于没有，也就是说，太短的上影线与秃头没有什么区别。同样，下影线如果相对于实体来说非常短，也可视为没有，即太短的下影线与光脚没有什么区别。总而言之，上下影线短到一定程度，我们就可以视之为没有。指向一个方向的影线越长，越不利于股票价格今后向这个方向变动。阴线实体越长，越有利于下跌；阳线实体越长越有利于上涨。

2．由两根 K 线的组合推测行情（见图 10－3）

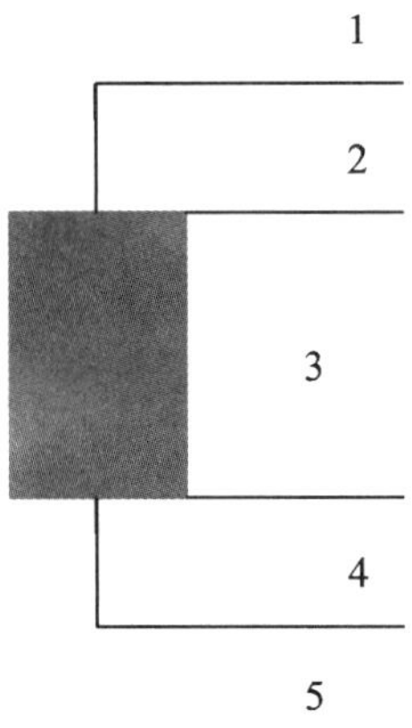

图 10－3　K 线组合

K 线的阴阳、长短、上下影线的形态各不相同，因此由两根 K 线能够组成的组合也数目繁多。但是，K 线组合中，有些组合具有典型意义，代表性较强，可以根据它们的含义推测出其他组合的含义。因此我们只需掌握几种特定的组合形态，然后举一反三，就可得知其他组合的含义。无论是两根 K 线还是三根 K 线，都是以两根 K 线相对位置的高低和阴阳来推测行情的。将前一天的行情画出，然后，按这根 K 线将数据划分成五个区域。第二天的 K 线是进行行情判断的关键。简单地说，第二天多空双方争斗的区域越高，越有利于上涨；越低，越有利于下降，也就是区域 1 到区域 5 是多方力量减小、空方力量增强的过程。

3．由三根 K 线推测市场行情

两根 K 线的组合已经很复杂，三根 K 线的组合就更复杂。但是，二者考虑问题的角度是相同的，都是由最后一根 K 线相对于前面 K 线的位置来判断多空双方的实力大小。由于三根 K 线组合比两根 K 线组合复杂，它表示的信息就更丰富，得出的结论就更准确些。

4．应用 K 线组合应注意的问题

无论是一根 K 线，还是两根、三根 K 线乃至多根 K 线，都是对多空双方博弈做出的一个直观描述，由它们的组合得到的结论都是相对的，不是绝对的。对具体进行股票买卖而言，结论只是起一种建议作用，并不是说股票价格将一定朝什么方向变动，而是说朝那个方向变动的可能性比较大。K 线的错误率是比较高的，市场的变动是复杂的，而实际的市场情况可能与我们的判断有一定的距离。有时在应用中，也会发现运用不同种类的组合得到了不同的结论。有时应用一种组合判断出一种趋势，而实际的趋势却完全相反。所以，运用 K 线的一个重要原则是尽量使用根数多的 K 线组合的结论，将新的 K 线加进来重新进行分析判断。通常情况下，多根 K 线组合得到的结果不大容易与事实相反。同时，K 线分析方法也必须与其他方法结合使用才会更有效一些。在从其他的途径已经做出了买或卖的决定之后，再用 K 线组合选择具体的行动时间和价格，这样做的效果要好一些，例如，可以参考技术指标所发出的信号进行分析。而且，组合形态只是总结经验的产物，实际生活中，完全满足我们所介绍的K线组合形态的情况是不多见的。因此还要学会根据实际情况适当地修改组合理论。如果一点不变地照搬组合形态，有可能长时间都遇不到适当的机会。此外，在用K线组合得到结论后，还有一个正确运用结论的问题。应该注意的是，K线得出的结果在时间上的影响是不长的，有时甚至只能说明下一个交易日的前一个小时，很短的时间过后，原来的结论就有可能没用了。如果忽视K线短暂的有用性就容易导致损失，当然这也并不意味着所有的K线组合的结论都是短命的。每一个明显的顶部和底部都能从K线理论中找到解释，换句话说，这些顶和底都满足K线理论中多空双方优势大小的判断。正因如此，我们在使用K线组合预测行情中，要重视K线的作用，同时也要看到它的不足，不要夸大它的作用。

二、切线理论

我们运用各种技术分析的手段，主要的目的就是帮助我们了解和认清市场的趋势，预测市场趋势的发展，从而顺应趋势的方向去做投资的决定。“顺势而为”而非“逆势而动”，是公认的炒股准则。在投资者进行投资选择或上市公司发行时机的确定的过程中，都要对股票市场的股票的价格走势进行预测，但是由于影响股票价格的因素多种多样，股票的价格也千变万化，要准确地判断股票价格走势是趋于上升还是下降以及这种走势的持久性，会给预测主体带来很大的困难。我们已经了解到股票价格并非简单地上升或下降，而是在变动的过程中会有许多曲折和反复，在分析这些问题时，利用一些技术分析手段可以给预测主体提供有效的预测工具。下面将要讲到的切线法即为其中的一种。切线法是指按一定的方法和原则在股票价格数据图形中画出特定的直线——切线，然后依据股票价格曲线与所画直线的状况推测价格的未来趋势。依据不同的画法，切线又分为趋势线、通道线、黄金分割线、甘氏线、角度线等。下面我们将就这些技术分析工具逐一探讨。

（一）趋势线

所谓趋势就是股票价格的波动方向，也即市场的运动方向。通常情况，趋势并不是简单地上升或下降，而是有很多的曲折和反复，因而股价曲线是一条曲折蜿蜒的折线，每个折点处就形成一个峰或谷，由这些峰和谷的相对高度，可以看出趋势的方向。股票价格变动的趋势是有时间层次的，长期的涨势中可能包含短期的小跌或盘整，而短期的上涨或下跌趋势中又是由大量短暂的上下波动组成的。因此，趋势不是一个绝对的概念，而是相对于时间的长短而言的。首先对趋势做出划分的是查尔斯·道（Charles H. Dow）。他认为股价变动趋势依据时间长短可划分为三个层次：主要趋势、次要趋势和短暂趋势。其中几次同方向的短暂趋势形成次要趋势，再由几次同方向的次要趋势组成主要趋势，主要趋势走到尽头，股价无法再朝同方向变动，就发生反转，开始相反方向的长期变动趋势，周而复始，循环演进。主要趋势（Primary Trend），是指股价长期趋势，大势波动便是主要趋势，可能持续几个月，甚至数年之后才会改变波动方向。其特色为多头市场里，一段行情的平均数最高点比前一段行情的平均数最高点高，也就是一峰比一峰高。空头市场里，一段行情的平均数最低点比前一段行情的平均数最低点低，也就是一谷比一谷低。道氏理论的最终确立者汉密尔顿（William P. Hamilton）曾收集1900年6月至1923年8月期间的股票市场变动资料并加以统计分析，发现多头市场趋向从开始至结束，平均经历25个月，空头市场趋向从开始至结束平均经历17个月。如果依照日期计算，多头市场长约三四年，最短亦达15个月；空头市场长约2年，最短也有11个月。次要趋势（Secondary Trend），是指在进行主要趋势的过程中的调整，也即长期上涨趋势中的下跌阶段，或是长期下跌趋势中的回升阶段。对于次要趋势波动的期间，道氏理论认为大约是两个星期至一个月或更久，反转幅度（跌幅或涨幅）约为前面基本趋势的上涨或下跌的3/8，通常在每一个主要趋势中，总会出现两个或更多的次要趋势。短暂趋势（Near Term Trend），是次要趋势中的调整，也即股票价位每日的波动。其波动快则数小时，慢则几天内结束，这种波动的随机性比较强。

趋势的方向有三个：上升方向，水平方向，下降方向。具体如图10－4所示。

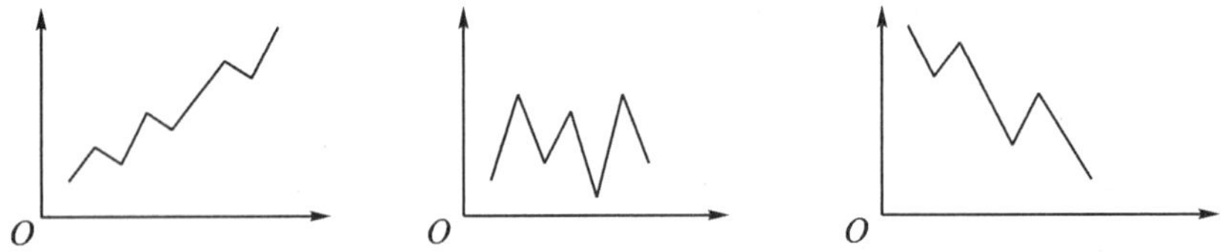

A. 上升方向　　B. 水平方向　　C. 下降方向

图10－4　趋势方向图

如果图形中每个后面的峰和谷都高于前面的峰和谷，则趋势就是上升方向，也就是通常我们所说的底部逐渐抬高或者上升浪。如果图形中每个后面的峰和谷都低于前面的峰和谷，则趋势就是下降方向，也就是通常所说的，顶部逐渐降低或者叫下降浪。如果图形中后面的峰和谷与前面的峰和谷相比，没有明显的高低之分，几乎呈水平向前发展，这时的趋势就是水平方向，也就是我们所说的横盘整理。这种横盘整理往往容易被人忽视，其实在股价运动中，明显的上涨或下跌的时间加起来都不及横盘时间多，在横盘整理期间，各种分析市场的工具都显得苍白无力，因此对横盘整理的股票应静观其变。

（二）支撑线和压力线（见图10－5）

根据趋势分析，我们可以对股票价格的走势做出初步的判断，但是光有对大盘走势的判断还不够，投资者需要对介入目标股票的时机进行进一步的把握，而支撑线和压力线显然对我们恰当地确定买入或卖出的价位提供了有效的工具。

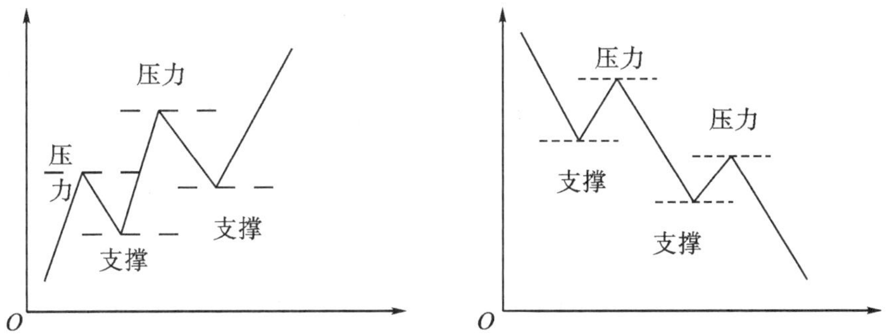

图 10-5 支撑线和压力线

支撑线（Support Line）又称为抵抗线，起阻止股价继续下跌的作用。当股价下跌到某个价位附近时，股价停止下跌，甚至还有可能回升，这是因为此时多方开始占据优势。这个起着阻止股价继续下跌的价格就是支撑线所在的位置。压力线（Resistance Line）又称为阻力线，压力线起阻止股价继续上升的作用。当股价上涨到某价位附近时，股价会停止上涨，甚至回落，这是因为此时空方开始占据优势。这个起着阻止或暂时阻止股价继续上升的价位就是压力线所在的位置。支撑线与阻力线在上升趋势和下降趋势中其意义是不一样的。在上升趋势中，阻力往往意味着上升过程中休息的地方，此后该阻力迟早会被多方攻克。下降趋势中，支撑往往意味着下降过程中的暂缓，此后还要下跌，支撑也会被击穿。

由于众多投资者心理的因素，支撑线和压力线对股价朝原有方向运动有一定的阻力作用，但这种阻力并不是绝对的。股价的变动是有趋势的，如果这种趋势强到一定程度，股价就会冲破支撑线或压力线的阻力而继续沿原有方向向前运动。要突破支撑线，需要空方有强大的力量；要突破压力线，需要多方有强大的力量。从较长的时期来看，支撑线和压力线都会被突破，也就是说，支撑线和压力线不足以长久地支持股价保持原来的变动方向，特定的支撑线和压力线只是暂时地对股价有所约束而已。

在上升趋势中，如果下一次未创出新高，即未突破压力线，这个上升趋势就已经处在很关键的位置了。如果再往后股价又向下突破了这个上升趋势的支撑线，这就产生了一个趋势反转的强烈的警告信号。通常这意味着，这一轮上升趋势已经结束，下一步是走向下跌的过程。同样，在下降过程中，如果下一次未创新低，即未突破支撑线，这个下降趋势就已经处于很关键的位置。如果下一步股价向上突破了这次下降趋势的压力线，这就发出了这个下降趋势将要结束的强烈信号，股价的下一步将转向上升。

（3）支撑线和压力线的相互转化

支撑线和压力线主要是从人的心理方面考虑的，二者的相互转化也是由于心理方面的原因。支撑线和压力线之所以能起支撑和压力的作用，很大程度上是由于投资者心理方面的原因，心理因素是支撑线和压力线最主要的理论依据。一个主要的上升或下降趋势中，如果那个支撑位置的重要价格水平被足够大的市场力量击穿，或者那个重要的阻力区域被多方向上突破，那么这个位置在以后的行情中则成为相反的角色。换句话说，支撑线被击穿后，以后则变为压力线；压力线被突破后，以后则变为支撑线。具体如图 10-6 所示。投资者还可以从三个方面对支撑线和压力线进行确认：一是股价在这个区域停留时间的长短；二是股票在这个区域伴随的累计成交量的大小；三是股价目前时间距这个支撑区域或压力区域的时间长短。很显然，股价停留的时间越长，伴随的成交量越大，离现在越近，则这个支撑或压力对当前影响越大。上述三个方面是确认一个支撑或压力的重要识别手段。有时，由于股价的变动，会发现原来确认的支撑或压力可能不真正具有支撑或压力的作用。这时，就有一个对支撑线和压力线进行调整的问题。对支撑线和压力线的重新调整的过程，其实是对现有的各条支撑线和压力线重新判定的过程。支撑线和压力线为投资者判断股价所处的位置和变动趋势提供了一个参照物，使投资者对股票买卖操作时机的选择更具理性。

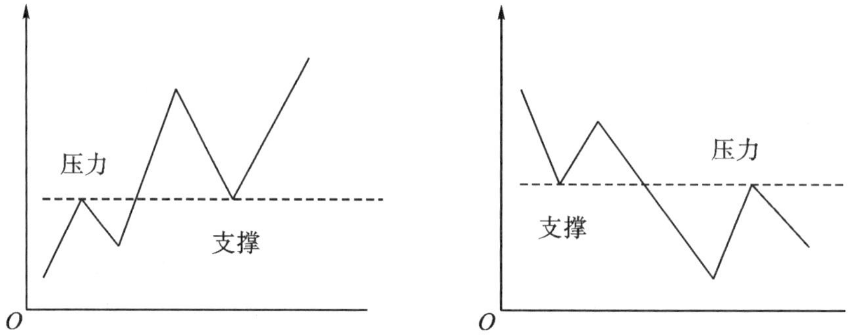

图 10－6　支撑线和压力线的转化

在实际应用中，应结合多种方法来判断反转是否来临，单纯用一种方法会有较大的风险。

三、形态理论

前面章节中我们提到的 K 线理论，只注重短线的炒作，而对于长期的趋势很少涉及，为了弥补这种缺陷，我们结合上一章的趋势理论，将几天的 K 线组合扩大到几十天甚至更多，这样众多的 K 线就组成了若干不同的形态。这些形态移动的轨迹，内容更全面，这也是我们研究中长期趋势重要的工具之一。形态理论是通过研究股价的轨迹和股价曲线的各种形态，分析多空双方力量的对比，从而发现股价的运动方向，进而指导我们的实际操作。

股票价格受证券市场多种因素的影响，其变动趋势需要根据对多方面因素的具体分析，并利用复杂的分析工具进行判断。我们现在研究形态理论首先假定股票市场的多空力量对比为股票价格变动的基本因素，将其从复杂的关系中分离出来，这有助于我们进一步清晰地把握股票价格各种形态形成的原因。

根据假设，股票交易市场中的多空双方的较量主导了大盘的走势。也即在一段时期内，多方的优势大，力量增强，股价将呈向上移动趋势；同样，如果空方的优势大，则股价将呈向下移动趋势。但趋势方向变化并非突然到来，它通常需要大量的酝酿时间，需要一个发展的过程，有时这个酝酿并非意味着趋势要发生转折，可能只是多（空）一方的暂时退却，经过一段休整之后原有趋势还会继续。股价的形态除了上升形态、下降形态，还有第三种形态——盘整形态，也叫整理形态。一般投资者往往忽略对这种形态的分析和研究。盘整形态在市场中的出现机会与持续时间至少在1/3以上，庄家坐庄需要吸货和出货，因此在大的行情到来之前都需要大量的酝酿时间。市场在上、下波动之前，股价走出的形态会形成各种有特定含义的特征。按酝酿过程对大市未来走势的影响不同，形态分为两大类型：反转突破形态（Reversal Patterns）和持续整理形态（Continuation Patterns）。

持续整理形态通常反映现行趋势继续有效，呈持续和巩固性质，通常被归纳为中等或次要的形态，然而要注意有时某些持续整理形态，也会转变成反转突破形态。反转突破形态是指趋势正在发生重要转折的形态，这是我们应该加强研究的一类重要的形态。在股市中，对反转突破形态的研究最好伴以交易量的形态一并研讨。一般说来，交易量应顺着趋势的方向相应增长，尤其在底部往上攀升的过程中，交易量的扩张是不容忽视的因素，但在顶部向下跌落的过程中成交量却并非关键，这也是上升有量、下跌无量的最好注释。不管是整理形态还是反转形态，它们的图形是多种多样的，其分析价值也各不相同，但它们的形成都宣告原有趋势的结束。

（一）反转突破形态

反转形态是市场经过了一轮上涨或下跌之后，由于动能消耗殆尽进入了横盘整理阶段，经过盘整之后，市场无力再持续原来的走势，因而出现了与原趋势相反的走势。反转形态是指价格趋势逆转所形成的图形，即由涨势转为跌势，或由跌势转为涨势的特征。通常在趋势反转过程中，价格波动比较大，反转的区域亦扩大，所需要经历的时间也就较长，因此反转形态必然使股价产生较大变动；反之，股价波动小，反转的区域亦较小，所需要经历的时间也较短。反转形态大致可分为：头肩顶与头肩底、复合头肩形、双重顶与双重底、三重顶与三重底、圆弧形态、V形反转、喇叭形、菱形、潜伏底等。下面我们将逐一进行介绍。

1. 头肩顶形态

头肩顶形态（见图10－7）是最可靠的多翻空典型反转形态，其形成过程分为以下三个步骤：

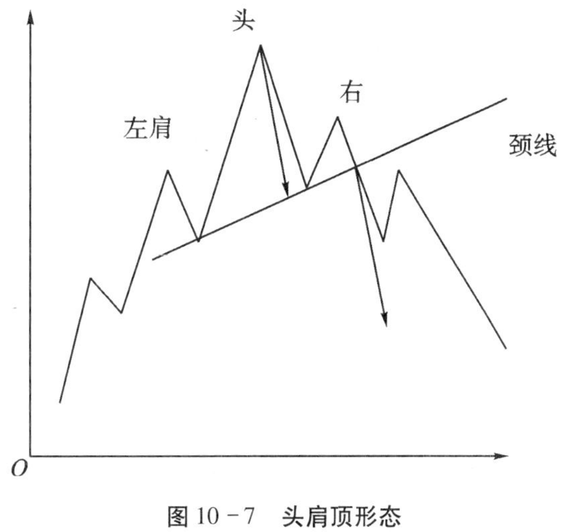

图10－7　头肩顶形态

（1）在一轮升势中，庄家不断推动价格上升，市场投资热情高涨，交易量也在随着股价的上涨而不断放大，市场情况无异常。在股价创出新高后的回档过程中，出现缩量调整，这时头肩顶的左肩悄然形成。

（2）股价在回档之后又重回升势，在冲破前期高点后又创新高，市场的热情达到顶峰，成交量创出天量，庄家在一片看多的氛围中开始出货。由于庄家手中的筹码很多，一次不可能全部出货，尤其在 T+1 的中国股市，庄家当天维持股价上涨买进的股票，当天是不能卖的。股价再次回落，回到前一低点的附近，这时股价有时处于高点，有时处于低点，此时应该是低于左肩的顶点，而且一般情况是向下突破了上升趋势线，此时头肩顶的头部形成。

（3）第三次上升，成交量减少，上涨的势头不再猛烈，股价在没有创出新高的情况下，就开始回落。说明庄家手中的股票已卖出多半，因此上涨趋势已经结束，右肩也随之而成。右肩的底部是穿过经由左肩和头部之间的底部以及头部和右肩之间底部的延长线，这就是我们通常所说的颈线。再回升时股价仅能达到颈线附近，说明头肩顶已经完成，新的下降趋势开始了。从图 10－7 中可以看出，头肩顶的形状呈现3 个明显的高峰，其中位于中间的一个高峰较其他两个高峰的高点略高。至于成交量方面，则出现梯级形的下降。

在判定头肩顶形态时要注意以下几点：

（1）头部高点比左右肩高点高，左肩和右肩的高点大致相等，部分头肩顶的右肩较左肩为低。但如果右肩的高点较头部还要高，形态便不能成立。

（2）成交量方面，左肩最大，头部次之，而右肩最少。不过大约有 1/3 的头肩顶，左肩成交量比头部多，1/3 的成交量大致相等，其余的 1/3 是头部的成交量大于左肩的成交量。

（3）股价跌破颈线后，头肩顶形态才宣告成立。股价在跌破颈线后可能会出现暂时性的回升，这情形通常会在低成交量的跌破时出现。不过回升不应超越颈线水平，否则头肩顶不成立。

（4）当颈线跌破时，不论成交量增加与否也要坚定信念。倘若成交量在跌破时激增，显示市场的抛售力量十分庞大，股价会在成交量增加的情形下加速下跌。

（5）头肩顶是一个杀伤力很强的反转形态，其最小跌幅可以这样确定：从头部的最高点画一条垂直线到颈线，然后在完成右肩突破颈线的一点开始，向下垂直于颈线量出同样的长度，由此量出的价格就是该股将下跌的最小幅度。

（6）跌破颈线后的回升往往是最后一次卖出机会，要乘机出清持货。

（7）这是一个长期性趋势的转向形态，通常会在牛市的尽头出现。若在低价区出现，则可能是多头陷阱。

2. 头肩底形态

头肩底形态（见图 10－8）其实和头肩顶一样，只是倒转过来而已，又称“倒头肩形”，是空翻多的可靠反转。头肩底形成可以描述为以下步骤：

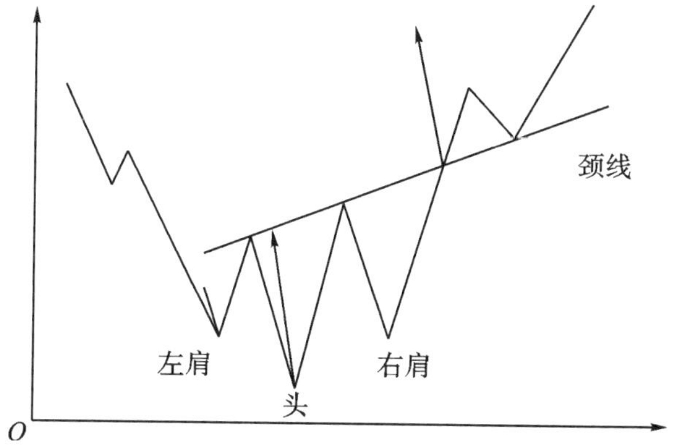

图 10-8　头肩底形态

（1）股价经过长期的下跌，股民的投资热情遭到严重的打击，纷纷割肉出局，成交量相对减少，这时出现反弹，但成交量却没有显著增加，头肩底的左肩便形成了。

（2）当大家认为底部到来时，庄家为将散户投资者的信心彻底摧垮，股价却再次下跌，并跌破左肩的最底价，其成交量在下跌过程中并未减少，当大家认为又一轮下跌开始时，股价却止跌回升，并超越左肩的底部，这时的成交量应大于下跌时的成交量。这时股价若突破下降趋势线，便形成了头肩底的头部。

（3）第三次下跌，成交量减少，当跌至左肩底点差不多的位置时止跌反弹。如果跌破头部的底部，则头肩底的形态不成立。但是也可能演变成其他反转形态，也可能会继续一轮跌势。在右肩底部股价再次上升时，成交量应明显放大，上升的力度应比较猛烈，并带量突破头肩底的颈线位。头肩底正式形成，一轮涨势展现在我们眼前。

在判定头肩底形态时要注意以下几点：

（1）头肩顶和头肩底的形状差不多，主要的区别在于成交量方面。

（2）当头肩底颈线被突破时，就是一个可靠的买进信号。其最少升幅的量度方法是从头部的最低点画一条垂直线相交于颈线，然后在右肩突破颈线的一点开始，向上量出同样的高度，所量出的价格就是该股将会上升的最小幅度。

（3）当颈线阻力突破时必须要有成交量激增的配合，否则可能是多头陷阱。

（4）一般说来，头肩底形态较为平坦，因此需要较长的时间来完成。

（5）在升破颈线后常会出现暂时性的回跌，但回跌不应低于颈线。

3. 复合头肩形

复合头肩形是头肩形的变形走势，其形态和头肩形十分相似，只是肩部、头部或者二者同时出现两次以上。这种形态一般比较对称，单个左肩对应着单个右肩，两个左肩对应着两个右肩。复合头肩形主要有三种：一头双肩形、一头多肩形和多头多肩形。

（1）一头双肩形形态。一个头分别有两个大小相同的左肩或右肩，左右双肩大致平衡，比较多的是一头双右肩，在形成第一个右肩时价格并不马上跌破颈线，反而掉头回升，不过回升止于右肩高点之下，最后价格继续沿着原来的趋势向下。

（2）一头多肩形形态 。一般的头肩形都有对称的倾向，因此两个左肩形成后很可能也会形成两个右肩。除了成交量外，图形的左半部和右半部几乎完全相等。

（3）多头多肩形形态。在形成头期间价格一再上升，而且回升至上次同样的高点才回落，形成明显的两个头部，成交量在第二个头部往往减少。

复合头肩形特征：

（1）复合头肩形态的分析与头肩形态一样，如果走出复合头肩顶，则预示着一轮跌势即将开始；如果走出复合头肩底，则预示着一轮升势来临了，应果断介入。复合头肩形态在底部出现的机会一般要多于顶部出现的机会。

（2）复合头肩形的颈线比较难画，因为它们的肩与肩和头与头之间的下跌或上升的点位并不会全部落在同一条直线上。因此应该以最明显的两个低点或高点连接成颈线。

（3）复合头肩形态上升或下跌的最小幅度与普通头肩形一样，也就是股价最小上升或下跌幅度是颈线至头的垂直距离。

4．双重顶（底）和三重顶（底）

双重顶（底）（见图 10－9）由于其股价走势类似于字母 M（W），故又称为 M 头（W 底）。

双重顶的形成——一只股票上升到某一价格水平时，出现很大的成交量，股价随之下跌，成交量减少。接着股价又升至与前一个价格几乎相等之顶点，成交量再随之增加却不能达到上一个高峰的成交量，再第二次下跌，就形成双重顶。

双重底的形成——一只股票持续下跌到某一水平后出现技术性反弹，但回升幅度不大，时间亦不长，股价又再下跌，当跌至上次低点时却又获得支撑，再一次回升，这次回升时成交量要大于前次反弹时成交量，就形成双重底。无论是双重顶还是双重底，都必须突破颈线（双顶的颈线是经过第一次从高峰回落的最低点的水平线；双底的颈线就是经过第一次从低点反弹的最高点的水平线），形态才算完成。

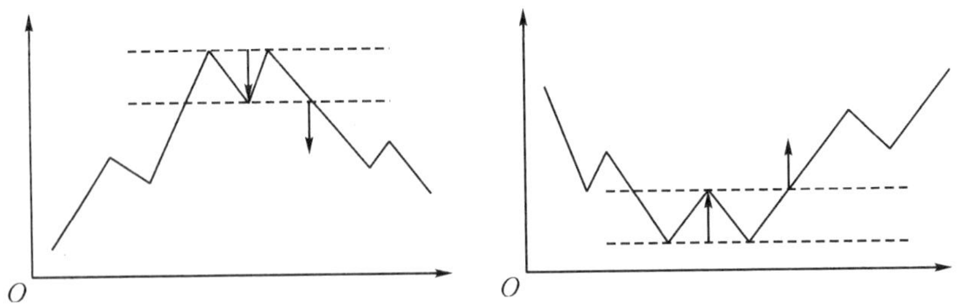

图 10－9　双重顶（底）

理论意义要点：

（1）双重顶（底）不一定都是反转信号，有时也会有整理形态。如果两个顶点（底点）出现时间非常近，则只代表一个次级下跌（或上升），之后股价将朝原方向运动；相反，两个顶点（底点）产生时距甚远，则反转形态的可能性很大。

（2）双重顶（底）完成后，股价突破颈线幅度超过 3% 以上方为有效突破。此后，股价的最小量度跌（升）幅为峰顶（谷底）至颈线之间的垂直距离。

（3）股价有效突破颈线后，若是 M 头，投资者宜出清持股；若是 W 底，则应继续买进。

（4）股价无法突破左峰顶点且成交量明显较左峰少时，说明上升乏力，投资者宜减少持股；在左底形成时不宜马上抢反弹，但当股价自右底回升且量价配合良好时，可买进。

（5）有效突破颈线后，纵有小幅反弹（回落）至颈线附近，投资者应坚持原有立场。

三重顶（底）从某种意义可称为头肩顶（底）的一般形态，其市场意义、形态都和双重顶（底）相似，只是多了一个峰顶（谷底）而已。

5. 圆弧形态（见图 10－10）

这是一种比较温和的反转形成，有时庄家在顶部出货时，采取高位剧烈震荡的手法。有时为了某种需要，采取缓慢出货的方式，这种缓慢出货即形成圆弧顶。

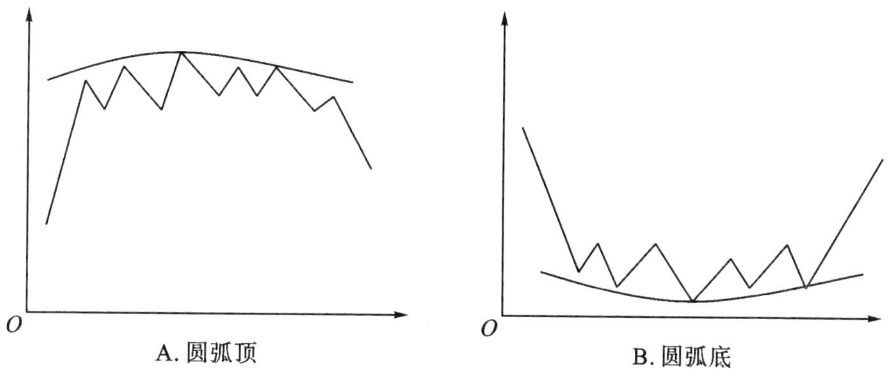

图 10－10 圆弧形态

圆弧顶的形成——股价开始时从低位持续上扬，成交量也明显增加，但随着股价的攀升，获利回吐形成的卖压日益沉重，股价上升速度趋缓，成交量也不再增加，当股价缓慢上推到顶点后，多头力不从心，股价开始由慢到快下落，从而形成一个向下的弧状。

圆弧底的形成——股价自高位滑落一段时间后，卖压逐渐减轻，成交量随之减少。当股价缓慢下跌到底部，买卖异常冷清，成交量极度萎缩，股价在底部窄幅盘整数日后，买方力量逐渐增加，推动股价缓缓上扬，成交量也逐渐扩大。随着空头回补和新多头的加入，股价开始在成交量大幅扩增下快速上扬，从而形成向上的圆弧状。

理论意义要点：

（1）出现圆弧顶之前，股价一般已有较大涨幅。当股价到达顶峰附近后，成交量明显减少，股价在短期移动平均线附近小幅波动，最终缓步下跌。

（2）圆弧顶（底）的最终形成要经过较长时间，特别是在顶部（底部）的横向盘整，投资者要仔细观察，不可贸然进出。但圆弧顶（底）一经形成，应立即果断卖出（买进）。

（3）圆弧底部形成后，股价有时并不会马上上涨，而是在走出圆形底时形成一个来回窄幅拉锯的平台，也称锅柄。这个平台是进货平台，随后会出现较强力度的上涨。

（4）股价在底部整理完成后开始上涨初期，成交量并非马上明显放大。因为此时许多投资者仍未确认其形状。但当股价加速上升时，成交量随即迅速激增，显示一个巨大的牛市即将来临。

6. V 形反转

V 形反转是反转形态中最常见、最难把握的一种反转形态。V 形反转又可分为 V 形顶和 V 形底两种形态，下面我们将分别进行介绍。具体如图 10－11 所示。

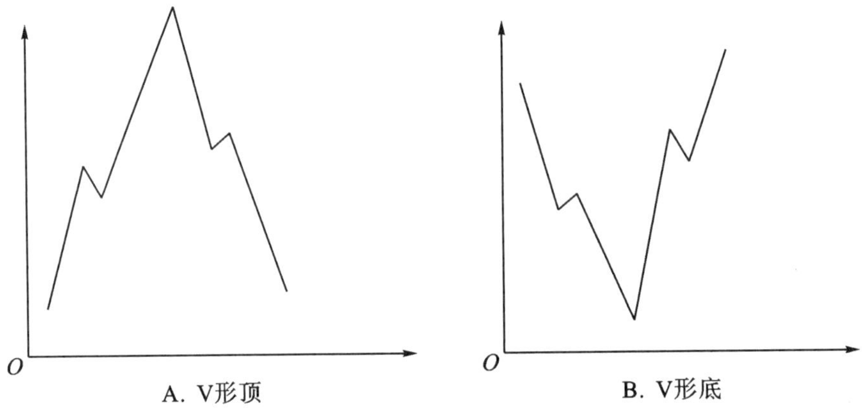

图 10－11　V 形顶与 V 型底

V 形顶与 V 形底的形成——这种形态事先没有任何征兆，一般在股价上升（下降）后期，成交量放出巨量之后，股价突然开始下跌（上升），形成一个 V 形顶（底）。延伸 V 形顶与 V 形底是股价在上升或下跌阶段其中一段时间出现横向盘整的区域，然后继续上升或下跌。V 形底实例可以参见上证指数 2000 年 5 月 8 日到 5 月 23 日的走势图；V 形顶实例可以参见上证指数 1999 年 6 月 17 日到 7 月 7 日的走势图。

V 形顶（底）和延伸 V 形顶（底）的特征和操作要点：

（1）V 形与延伸 V 形一般形成时间较短，走势猛烈，尤其 V 形，一旦转折，则势不可挡，因此在操作时应谨慎对待。

（2）V 形走势在转折时必须有明显的成交量放大，成交量越大转折越剧烈。

（3）可借助于前面介绍的 K 线组合中出现的各种反转信号来帮助我们判断 V 形形态，V 形反转大多都有跳空缺口。

7. 喇叭形反转（见图 10－12）

喇叭形反转是三角形的特殊变体，三角形形态是两条趋势线逐渐靠近，成交量也日渐稀落，显示市场在比较温和地横向盘整。而喇叭形反转则相反，它的两条趋势线逐渐分开，这种形态酷似一支喇叭，因此得名。它真正的名称叫增大形或扩大形。它是市场非常浮躁的表现，价格忽上忽下，而且宽幅波动的范围越来越大，成交量也日趋势放大。

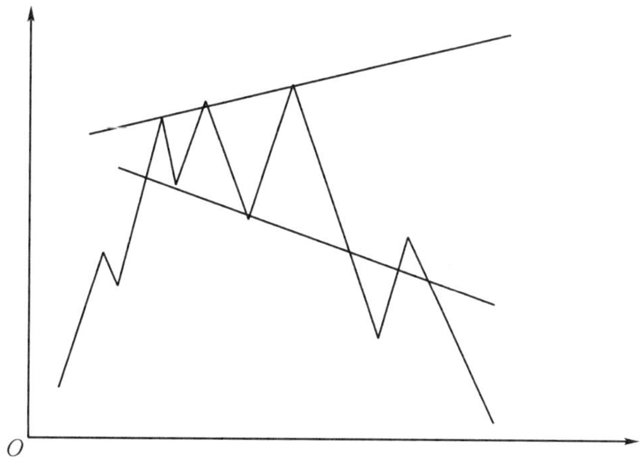

图 10-12 喇叭形反转

喇叭形反转的形成过程可以描述为以下几个步骤：

(1) 在一波上升行情的后期，股价遇阻回落；当回落到某个支撑位时，股价开始上升，突破前期高点，当大家都认为又一波上升行情来临，纷纷买入股票时，股价却又掉头向下，并突破前次低点；当大家都看空，纷纷卖出股票时，股价又返身向上，并再次突破前次高点，发出买入信号……这样来回反复几次。

(2) 当股价这样上下振荡几个来回之后，投资者在高位买入股票等待下次高位出现时，股价却一反常态，向下突破喇叭形的下趋势线，一轮跌势开始了。

喇叭形反转的特征及操作要点：

(1) 标准的喇叭形态一般应该有三个波峰，两个波谷，三个波峰一个比一个高，而两个波谷则一个比一个低。当股价从第三个波峰回落，其回落低于前一波峰时可以认定喇叭形态成立。

(2) 喇叭形态的成交量不同于其他的形态，它的成交量的增减通常没有规律，并不随着形态发展而递减，因为是头部形态，所以在形态形成的过程中，成交量不应太小。

(3) 喇叭形态以突破下趋势线为形成标志。喇叭形态没有最小跌幅的预测，但一旦下跌，幅度会较深，因此投资者在股价突破下轨时应坚决卖出股票，以免被套。

(4) 股价在向下突破之后，常常会出现向上的回抽，而且回抽的力度比较大，这是喇叭形的特殊性。回抽有时会冲过下趋势线，往往给投资者以错觉。当回抽的高度不超过下跌高度的一半时，一般不应买进股票，因为股价会很快再次下跌，而此次下跌便是一泻千里。

(5) 这种反转形态绝大部分出现在头部，在底部出现的机会极少。因为庄家是利用大幅振荡出货，而吸货则不需要这种宽幅波动。因此，一旦出现喇叭形态，则应及时卖出股票。

8. 菱形反转

菱形反转也叫钻石形反转，是另一种出现在顶部的看跌形态。它的前半部分类似于喇叭形态，后半部分类似于对称三角形形态。这是一种比较少见的走势形态。它在走势上先是宽幅振荡，然后又突然收窄波动的范围，直至向下突破。具体如图 10－13 所示。

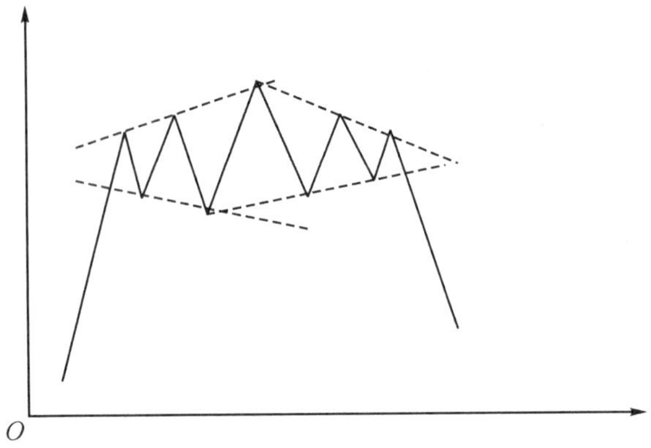

图 10－13　菱形反转

菱形反转的形成过程分为以下几个步骤：

（1）由于它的前半部分形态是喇叭形态，因此前半部分的形成同喇叭形态形成过程是一样的，先是由窄到宽剧烈振荡，并伴随有成交量的放大，形成三个波峰、两个波谷。

（2）它的后半部分的形成同对称三角形，由宽到窄，振幅逐渐变小，成交量也随之相应地缩小。

（3）当股价向下击穿菱形后半部分三角形底边时，菱形形态成立，同时也宣告又一轮下跌开始了。

菱形反转特征及操作要点：

（1）菱形反转绝大部分为顶部反转形态，很少会出现在底部，有时也可能在下降过程中出现，形态完成后继续下跌。因此，菱形反转的出现，多半是下跌的开始，应该果断卖出股票。

（2）成交量的特征是先大后小，在菱形反转的前半部分成交量逐渐放大，在对称三角形中成交量却越来越萎缩。

（3）菱形反转最小量度跌幅，是股价从向下跌破菱形右下趋势线开始，减去菱形形态最高和最低点之间的垂直距离。

（4）在技术分析中，形态理论中的菱形不是严格的几何意义中的菱形，因此对于形态的要求不要机械式地去找。菱形上面两条直线的交点有可能并非正好是一个高点，左右两边的直线由各自找的两个点画出，两条直线在什么直线位置相交就不要求了。同理，菱形下面的交点也一样。

9. 潜伏底（见图 10－14）

股价几乎呈现静止状态，在一个极狭窄的范围内起伏，每日股价的高低波幅极小，且成交量亦十分萎缩，筑成又长又平的底部，图表上形成一条横线般的形态，经过长时期的潜伏静止后，因利多因素出现，或主力积极买进，成交量和价位同时摆脱了沉寂不动的局面，致股价呈现大幅上涨图形，称为潜伏底。筹码比较稳定，一旦往上突破，股价上涨的空间相对较大，投资者必须在长期性底部出现明显突破时方可跟进，突破的特征是成交量激增，在突破后的上升途中，必须继续维持高成交量，一般可在成交量连续增加的第二天或第三天积极买进。

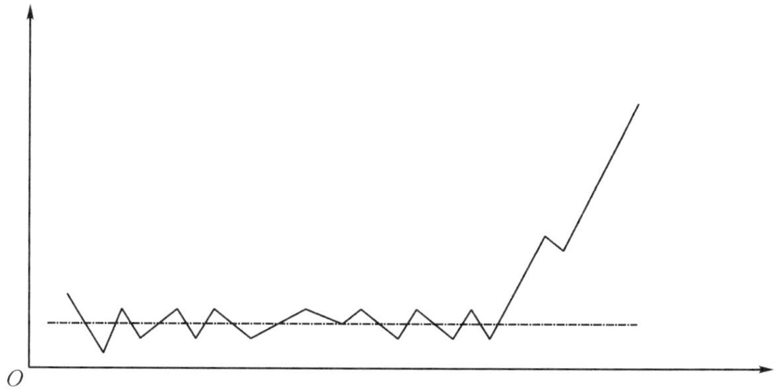

图 10－14　潜伏底

（二）持续整理形态

持续整理形态是指经过一段时间的快速变动之后，就不再前进，而在一定区域内上下窄幅度变动，等时机成熟后再继续以往的走势。同反转突破形成相比，持续整理形态通常较为短暂，一般属于短暂形态或中等形态的类别。持续整理形态和反转突破形态并没有明显的界限，而只是具有一定的倾向性，譬如三角形通常属于持续整理形态，但有时也会成为反转突破形态，甚至头肩形这种主要的反转突破形态偶尔也会变成持续整理形态。

下面我们将向大家介绍三角形、楔形和旗形、矩形等几种持续整理形态。

1. 三角形态

三角形态是由一系列价格变动所组成的股价趋势图形，其每次价格的变动幅度，大多比前者小，每个顶点都不能达到（或超过）前一次上升的高点，每个底点也不能跌到（或跌破）前一次下跌的低点。三角形主要分为三种：对称三角形、上升三角形和下降三角形。

对称三角形——股价进入整理阶段后，股价波幅逐渐缩小，高点越来越低，低点越来越高，股价变动轨道形成一个由左向右下斜的上界线和由左向右上斜的下界线组成的图形，这称为对称三角形，具体如图 10－15 所示。此时，成交量逐渐减少，短线进出的获利空间越来越小，多空双方力量对比渐趋平衡。当股价走到接近三角形顶部时，多空双方力量发生变化，股价突破三角形区而结束整理。对称三角形的最少量度升幅是价格往上突破时，从形态的第一个上升高点开始画一条和底部平行的直线，所谓“横有多长，竖有多高”，一般可以预期价格上升到这条线时才会遇到压力。至于价格上升的速度，将会恢复到形态开始之前的状态，我们可以用此量度方法估计到价格的最小升幅和所需要的完成时间。

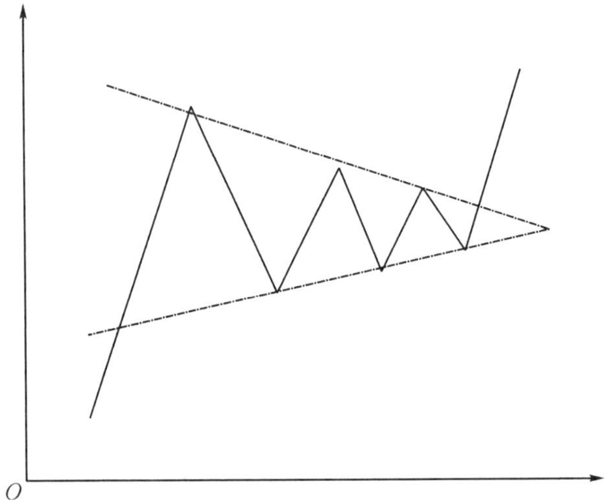

图 10－15　对称三角形

对称三角形的最小跌幅，其量度方法相反。

理论意义要点：

（1）对称三角形的形成必须要有明显的两个短期高点和短期低点出现。

（2）对称三角形的股价变动愈接近其顶点，突破的力量愈小，若在三角形尖端突破有可能失效。通常在三角形底边一半或 3/4 处突破比较有效。

（3）向上突破需要大成交量伴随，向下突破则不需要。

（4）如果对称三角形向下跌破时有极大的成交量，可能是一个错误的信号，价格在跌破后并不会继续回落，尤其当价格在三角形的尖端跌破，且有巨大成交量伴随时，价格随后会急剧地向上回弹，恢复上升趋势。出现这种假突破时可随时重新画出新形成的三角形。

（5）由于三角形突破后，新的上升或下跌过程与原有的三角形有大体差不多的坡度或斜率，所以也可以从三角形的底边或顶边的起端画出两条平行线，这平行线便是今后的轨道线，价格突破后将在这轨道内继续运行。

上升三角形和下降三角形如图 10－16 所示。

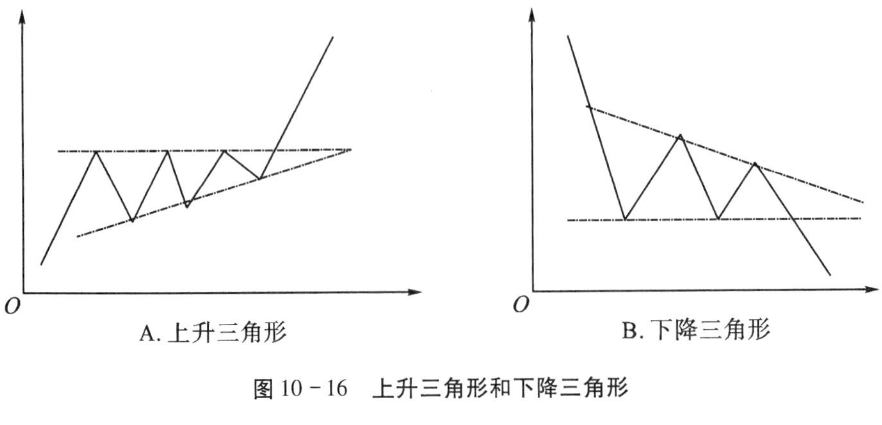

图 10－16　上升三角形和下降三角形

上升三角形显示多空双方在该区域的较量，多方的力量在对抗中稍占优势。

空方在一定的价格水平不断卖出，这样形成了一条水平的供给线，不过市场的购买力量也很强，往往不等价格回落到上次的低点便买进，形成一条底边向上倾斜的需求线。上升三角形看涨，下降三角形看跌。下降三角形同样是多空双方在该区域的较量，然而双方力量的对比与上升三角形相反。空方不断地加强卖出压力，价格还没回升到上次的高点便再卖出，多方不断坚守某一价格防线，使价格每次回到该水平位便获得支撑。

理论意义要点：

（1）上升三角形和下降三角形都属于整理形态，上升三角形在上升过程中暗示突破的可能，下降三角形在下跌的过程中暗示继续下跌。

（2）上升三角形在突破顶部水平的阻力线时，有一个短期的买进信号，下降三角形在突破下部水平阻力线时有一个短期卖出信号。上升三角形在突破时须伴有大成交量，而下降三角形突破时不必有大成交量来证实。

（3）以上两个形态只属整理形态，有继续原趋势的特性，但也有可能朝相反方向发展，即上升三角形下跌，而下降三角形上升。这些例子在沪、深股市中比比皆是，关键是配合长期趋势判断，不要被过短的小趋势迷惑。

（4）有效的突破除成交量的配合外还要注意3%原则，即股价在向下跌破3%时应卖出，而在向上超过3%时应买进。

（5）三角形属于中等形态，形成过程通常要花1个月以上的时间，少于3个月；持续时间短于1个月的可以另作考虑，因其突破的力度不大。

2．楔形和旗形

楔形和旗形是两个最为著名的持续整理形态，在股票价格曲线图上，这两种形态出现的频率最高，一段上升或下跌行情的中途，可能出现好几次这样的图形。这两个形态的特殊之处在于它们都有明确的形态方向，如向上或向下，并且形态方向与原趋势方向相反。例如，如果原有的趋势方向是上升，则这两种形态的形态方向就是下降。

（1）楔形（见图10－17）

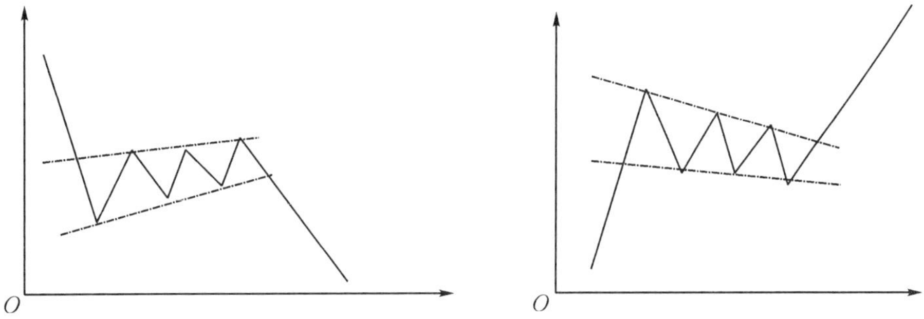

图10－17　楔形

楔形是股价介于两条收敛的直线中波动的形态。楔形又分为上升楔形和下降楔形。上升楔形表面看来代表的是多头趋势，其实不然，因为虽然价格上升，卖出压力也不大，但投资人的兴趣亦减少，价格的上升波动渐弱，最后当需求消失时便反转下跌。上升楔形是一个整理形态，常在跌市回升阶段出现，它显示尚未下跌见底，只是一次下跌后的技术性反弹，当其跌破下限时便是卖出信号。下降楔形恰恰相反，虽然它的底线往下倾斜，似乎说明市场的承接力不强，但新的回落较上一个回落波幅小，说明空头力量正在减弱，加上成交量的减少可证明卖压的减弱。下降楔形通常在中、长期升市的回落调整中出现，它告诉我们牛市尚未见顶，当其上限阻力突破便是买进信号，一般将突破以前的高点。

理论意义要点：

①楔形的倾斜方向与原有趋势相反，下降楔形属看涨形态，上升楔形属看跌形态。

②楔形的上下两条线必须明显地收敛于一点，如果形态太宽，可行性就值得怀疑，一般说来楔形需要两周以上的时间形成，下降楔形在时间上比上升楔形更短。

③在楔形形成过程中交易量应当收缩，而在突破时交易量增加，尤其是下降楔形往上突破之时。

④楔形突破之前通常要朝顶点经历过其全部距离的2/3，有时要到达顶点后形态才告完结，这是它与三角形的一个区别，也就是说它常常要到末端才突破。

⑤上升楔形在突破下限支撑后常会出现急跌，但下降楔形在向上突破上限阻力后可横向发展，形成平台式圆形，成交量仍然萎靡不振，然后才慢慢上升，这时成交量随之增加，我们可待价格打破徘徊状态后才买进。

⑥上升楔形有时也会改变下跌方向而向上扬升，发展成一条上升通道，同样下降楔形也可能不升反跌。其形态变成一条下降通道。

（2）旗形（见图10－18）

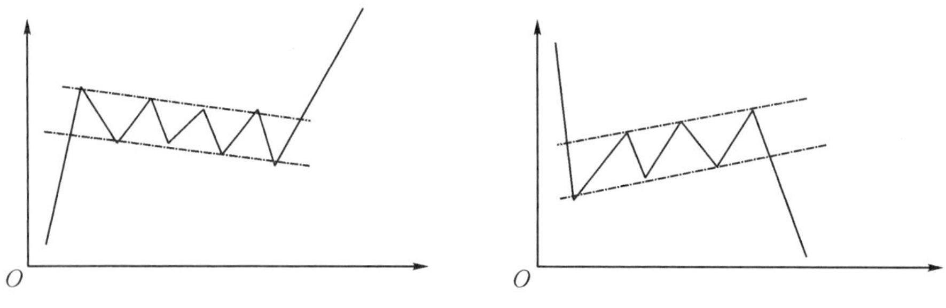

图10－18　旗形

旗形是行情经过一段上升或下跌时间后，进行盘旋整理的阶段，此时由于多空双方呈现拉锯战，致使股价仅能以较小的幅度和差异不大的价格，产生类似平行四边形的变动，看来就像是一面挂在旗杆上的旗帜。旗形分为上升旗形及下降旗形两种。旗形常出现于急速上升或下降的行情途中。

上升旗形出现在价格急速直线上升的过程中，成交量逐渐增加，最后达到一个短期的最高纪录。早先的投资者因获利卖出，上升趋势受到较大阻力了，股价开始小幅下跌形成旗形。不过大部分投资者对后市依然充满信心，经过一段时间整理，到了旗形末端成交量大增，上升成一条直线，便形成上升旗形。

下降旗形则出现在价格急速的直线下跌途中，成交量增加到一个高点，然后止跌反弹，但反弹幅度不大，成交量减少，价格小幅上升形成旗形。经过一段时间整理，到达旗形末端，价格突然下跌，成交量大增，下降成一条直线，便形成下降旗形。

理论意义要点：

①旗形一般在急速上升或下跌之后出现，其形态趋势与其原来趋势相反，成交量在旗形形成期间渐次减少。

②上升旗形往上突破时，必须有成交量增大配合；下降旗形下跌突破时，成交量也增加。

③旗形的最小升跌幅量度方法是突破旗杆后的升跌幅，等于旗杆的长度，它的长度是从形成旗形的突破点开始，直到旗杆的顶点为止（上升旗形和下降旗形相同）。

④价格应在4周内向预定的方向突破，超出3周时就应小心其变化。

⑤如价格趋势形成旗形而成交量不规则，并非是逐次减少的情况时，要警惕下面出现的将是反转而非整理。上升旗形有可能往下突破，下降旗形有可能往上突破。因此，成交量的变化在旗形走势中十分重要。

3. 矩形（见图10－19）

矩形又叫箱型，是一种典型的盘整形态。它既可以在市场顶部或底部出现形成反转形态，也可以在上升或下跌过程中出现形成中继形态。在矩形形态当中，股票价格在两条横着的水平直线之间上下波动，作横向延伸运动。

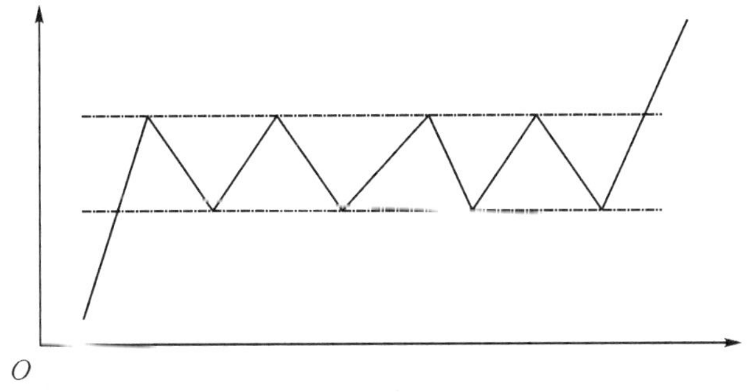

图10－19　矩形

在股价上涨或下跌一段时间之后，股价在某个位置遇到阻力或受到支撑，使得股价不再向原有的方向发展，而掉头向下或向上运行，股价在运行中又重新受到支撑或阻力，股价再次掉头，这样反复多次，矩形形态形成。之所以能走出这种盘整走势是多空双方力量在该矩形区域内达到暂时的均衡。庄家在此区域内休整，积蓄力量，一旦休整结束，股价在庄家的操纵下会冲破矩形，开始一轮上升或下跌的行情。

矩形形态的特征和操作要点：

（1）矩形在形成过程中会出现三个以上等高的浪峰或浪谷。如果突破后，股价向矩形之前的方向反向发展，形成反转走势，则矩形实际上就是三重顶或三重底的转势形态。

（2）矩形形态可以出现在顶部、底部或中间位置，我们一般用成交量来判断它所处的位置。底部时，在矩形区域内成交量少；顶部时，成交量比较大，而且伴随成交量放大，K 线经常出现上下影线；中继矩形，多半出现在阻力位或支撑位附近，向上突破矩形时，成交量应放大；向下突破则不需要成交量的配合。

（3）当股价在矩形区域内上下震荡时，短线投资者可以高卖低买来回作差价；在操作中要关注成交量和技术指标的变化，矩形一旦向下突破，应立即止损离场；一旦向上突破，则应果断追买。

（4）同其他形态一样，矩形被突破后，股价常常会出现回抽，但这种回抽一般不会再返回矩形之内，如果返回，则可认为是假突破。此时，股价仍会在矩形区域内震荡，或向相反方向突破矩形。投资者对假突破，必须提高警惕，一旦出现假突破，投资者应立即修正原先的判断。

（5）矩形突破后的目标位是从矩形上边或下边加上或减去矩形盘整区的高度。

（6）应重点关注在底部盘整几个月，甚至一两年的矩形。在底部盘整时间越久的股票，一旦突破矩形上边，很可能是日后的大黑马。

（7）股价一般会长期运行在一个箱体内，一个箱体一旦突破，则应在被突破箱体之上的一个箱体内长期运行；如果再次突破，则股价又到另一个箱体内运行。且每个箱体的高度是一样的。

（三）整理形态与反转形态的共同特点

（1）市场上先有趋势的存在，才能有反转和整理形态的产生。因此市场上只有明显的上涨或下跌趋势，才谈得上反转和盘整。我们在分析股价形态之前，必须分析并清楚地知道市场处于一种什么样的趋势之中。

（2）形态的规模越大，经历的时间越长，那么形态完成后的市场运动规模就越大。形态的高度（股票价格）和宽度（经历的时间）与形态完成后的市场运动的规模是相对应的。

（3）构成顶部形态的时间要短于构成底部形态的时间。价格波动较大、震动剧烈、成交量巨大，这表现庄家出货坚决。因为股价的上涨需要成交量的配合，庄家一旦出货，由于缺乏大量的承接力量，股价的下跌会随着庄家的出货一泻千里。

（4）底部所形成的形态，股价通常波动较小，但经历的时间较长。因为庄家吸货、洗盘需要大量的时间。因此市场底部经历的酝酿时间要长于顶部的时间，对于股市抄底不必过于着急，对于长线投资者，可在底部形态形成之后买进股票，等待庄家的拉升。

（5）现行形态即将发生变化的第一个信号，常常是重要的趋势线被有效突破。上升（下降）趋势的结束并不意味着趋势立即下降（上升），通常它会走出横盘整理形态。但是在许多情况下，趋势线的突破与价格形态的完成是同步实现的，这是由于标志着价格形态完成的颈线与趋势线相同或相近，因此把趋势线同形态结合起来分析研究对我们实际操作大有好处。

（6）绝大多数形态都可用来预测股价可能达到的价位。如果一个出现在顶（底）部的价格形态一旦形成，则股价的下跌（上涨）幅度就与该形态的高度相对等，并与时间的长短相关，这也是我们可以通过研究价格形态的高度和宽度来推测反转发生之后，股价能走多远的依据。

四、波浪理论

波浪理论是技术分析大师艾略特（R. N. Elliott）提出的一种价格趋势分析理论，用来描述股票和商品价格波动的规律性以及趋势。波浪理论是一种比较复杂而较难了解的技术分析方法，但其准确性却普遍较高，用它得出的一些结论和预测，过后都不可思议地被事实证实。投资者可根据波浪理论来预测股票价格未来的趋势。

（一）波浪理论的理论基础

波浪理论的理论基础，严格说来，是出自艾略特对周期的划分和道氏理论以及弗波纳奇（Fibonacci）数列的综合。一般而言，经济的发展存在一定的周期性，股价的上涨和下跌也同样应遵循这一周期发展的规律。艾略特最初的波浪理论是以周期为基础的，他把大的运动周期分成时间长短不同的各个周期，并指出，在一个大周期之中可能存在一些小周期，而小的周期又可以再细分成更小的周期；每个周期无论时间长短，都是以一种模式进行，即每个周期都是由上升（或下降）的五个过程和下降（或上升）的三个过程组成。这八个过程完结以后，我们才能说一个周期已经结束，将进入另一个周期，而新的周期仍然遵循这一模式。这是艾略特波浪理论最为核心的内容，也是艾略特作为波浪理论奠基人所做出的最为突出的贡献。道氏理论的主要思想我们在切线理论一章已经有所介绍，读者可以参考相关章节。艾略特波浪理论中的大部分理论与道氏理论相吻合，不过艾略特不但找到了这些波动（或趋势），并且还找到了这些波动发生的时间和位置。道氏理论要求投资者必须等到新的趋势确定以后才能行动，而波浪理论可以明确地知道股价是处在上升（或下降）的尽头还是中途，可以更明确地指导操作，这是波浪理论比道氏理论更为优越的地方。

艾略特波浪理论中所用到的数字都来自弗波纳奇数列，即“1，2，3，5，8，13，21，34，55，89，……”（限延伸），这些数字有以下的特征：

第一，任一相邻两个数字相加，等于下一个数字。如：1 + 2 = 3，5 + 8 = 13。

第二，除了前 4 个数字以外，任一数字与下一个数字的比例，接近于 0.618。例如：8 ÷ 13 = 0.615，13 ÷ 21 = 0.619。

第三，除了前 6 个数以外任一数字与前一数字的比例，接近于 1.618。例如：89 ÷ 55，或 144 ÷ 89 四舍五入后都是 1.618。

第四，将间隔的两个数字相除，都接近于 0.382 或是 2.618。例如：55 ÷ 144 = 0.382，144 ÷ 55 = 2.618。从人体的构造比例及很多自然界的实例可得知，“0.382 与 0.618”的基本比例，是大自然的神奇数字，艾略特从其对经济周期的认识和划分出发，根据上述的弗波纳奇数列和其比例，再加上道氏的股价形态，发展出波浪理论。

从三者的结合可看出，波浪理论主要考虑了三大因素：

（1）股价趋势所形成的形态；

（2）股价趋势图中各个高点和低点所处的相对位置，即比例关系；

（3）完成某个形态所经历的时间长短。

其中，股价的形态最为重要，是波浪理论赖以生存的基础。弄清比例关系，可以确定股价的回撤点和将来可能达到的位置，用时间则可以验证某个波浪形态是否已经形成，而各个浪之间的波幅比例和时间，大多符合黄金分割比例。

（二）波浪理论的基本原理

波浪理论认为股价轨迹以波浪形式运动，每一上升和下降过程构成一个循环。每一个循环都可分为上升5浪，下降3浪的次一级小浪，小浪仍按8浪循环模式分为更小一级的浪。每一级波浪分别有各自的符号，其中上升浪（或推进浪）基本由数字1、2、3、4、5或Ⅰ、Ⅱ、Ⅲ、Ⅳ、Ⅴ等构成，下降浪（或调整浪）由A、B、C或a、b、c等字母构成，如图10－20所示。

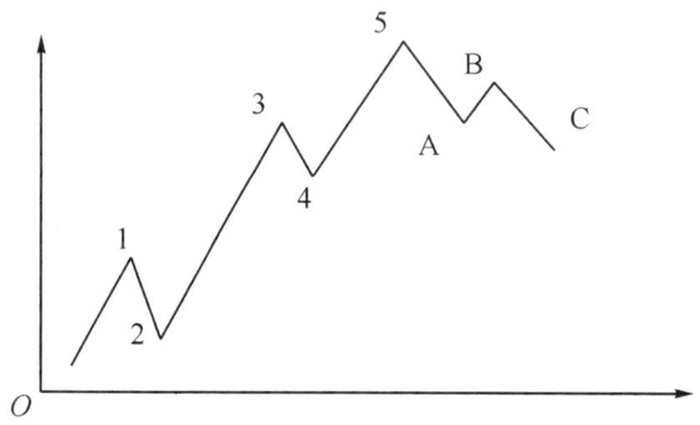

图10－20　波浪理论结构图

在5个上升浪中，1、3、5三个浪是推进浪，2、4两个浪属于上升过程的调整浪；在3个下降浪中，A、C两浪属于下降过程的推进浪，B浪属于下降过程的调整浪。5个上升浪合在一起构成高一级的一个推进浪，3个下降浪合在一起构成高一级的一个调整浪。这是8浪循环的基本模式。

波浪理论有四个基本特点：

（1）股价指数的上升和下跌将会交替进行。

（2）推动浪（即与大势走向一致的波浪）和调整浪是价格波动的两个最基本形态。推动浪可以细分为“1、2、3、4、5”5个小浪，调整浪也可以划分为“A、B、C”3个小浪。

（3）在上述8个波浪（5个上升浪和3个下降浪）完毕之后一个循环即告完成，趋势将进入下一个8浪循环。

（4）时间的长短不会改变波浪的形态，因为市场仍会依照其基本形态发展。

波浪可以拉长，也可以缩短，但其基本形态永远不变。总之，波浪理论可以用一句话来概括：8浪循环。5个上升浪和3个下降浪的原理也可以用到熊市中，这时结论变成5个下降浪和3个上升浪，不过由于全世界的股票指数都是不断上升的，从开始时的100点，逐步上升到上千点、上万点，因此，大家都把股市处于牛市看成股市的主流，把熊市看成股市的调整。正是由于这个原因，5个上升浪和3个下降浪成了波浪理论最核心的内容。当然，5个下降浪和3个上升浪也是可以出现的。

（三）波浪理论的应用及其应注意的问题

1. 波浪理论的应用

首先我们要明确当前所处的位置。只要明确了目前的位置按波浪理论所指明的各种浪的数目，就会知道下一步该干什么。要弄清楚目前的位置，最重要的是认真、准确地识别3浪结构和5浪结构。这两种结构具有不同的预测作用。一组趋势向上（或向下）的5浪结构，通常是更高层次的波浪的1浪，中途若遇调整，我们就知道这一调整肯定不会以5浪的结构，而只会以3浪的结构进行。如果我们发现了一个5浪结构，而且目前处在这个5浪结构的末尾，则能判断一个3浪的回头调整浪即将出现。如果这一个5浪结构同时又是更上一层波浪的末尾，一个更深的、更大规模的3浪结构将会出现。

2. 波浪理论的局限性

尽管从表面上看，波浪理论会给我们带来利益，但是从波浪理论自身的构造看，它有许多不足之处，如果使用者过分机械、教条地应用波浪理论，肯定会导致失败。

（1）波浪理论最大的不足是应用上的困难，也是学习掌握上的困难。波浪理论从理论上讲是8浪结构构成一个完整的过程，但是，主浪和调整浪的变形会产生复杂多变的形态，波浪所处的层次又会产生大浪套小浪、浪中有浪的多层次形态，这些都会使应用者在具体数浪时发生偏差。浪的层次的确定和浪的起点的确认是应用波浪理论的两大难点。

（2）波浪理论的第二个不足时面对同一种形态，不同的人不同的人会产生不同的数法，而且都有道理，谁也顺服不了谁。例如，一个下跌的浪可以被当成第二浪，也可能被当成A。如果是第二浪，那么紧接而来的第三浪将是很诱人的；如果是A，那么这之后的下跌可能是很深的。具体结果如何尚需实践的检验。

第四节　指标分析理论

证券市场的技术分析实质上都是对市场趋势的分析，目的是找出未来的发展趋势，为此创立了各种分析理论。绝大部分理论都试图把原始数据转化成某种指标，对原始数据转化成的指标或其图形进行的分析是技术分析的核心内容之一。指标技术分析是运用统计或数学计算的方法，从已经发生的事件（数据）中找出股市运行的一般规律，然后用这一规律去预测股市未来的运行方向，并用图形表示出来的一种技术分析方法。在指标技术分析的应用中，主要有如下法则：① 指标的背离；②指标的交叉；③指标的高位和低位；④指标的徘徊；⑤指标的转折；⑥指标的盲点。其中，指标的背离是指指标的走向与股价走向不一致；指标的交叉是指指标中的两条线发生了相交现象，常说的金叉和死叉就属这类情况；指标的高位和低位是指指标进入超买区和超卖区；指标的徘徊是指指标处在进退都可的状态，没有对未来方向明确的判断；指标的转折是指指标的图形发生了调头，这种调头有时是一个趋势的结束和另一个趋势的开始；

指标的盲点是指指标无能为力的情况。

长期的实践证明：多数指标在相当程度上反映了证券市场的客观规律。但我们必须明确一点：每个指标只是从一个特定的侧面考察某只股票的变化趋势，每个指标都有自己的适应范围和适用的环境，没有一个指标的单独使用可以正确分析出一只股票在各个时期的全部表现。同时，每个指标都有其不足之处，都有自己的盲点，即指标都有失效的时候。在实际操作中，通常的做法是以四五个技术指标为主，其他指标为辅，经过实战的检验，投资者应不断地总结、修正，寻求更好的指标组合。指标分析理论需要通过在实践中检验，才能更好地学习掌握。下面介绍一些目前在中国证券市场中常用的技术指标。

一、市场趋势指标

市场趋势指标包括两个：移动平均线（MA）和平滑异同移动平均线（MACD）。下面我们将分别进行介绍。

（一）移动平均线（MA）

所谓移动平均线是指连续若干天市场价格（通常指收盘价）的算术平均线。天数是移动平均线的参数。以时间的长短划分，移动平均线可分为短期、中期、长期几种。一般短期移动平均线有5日线和10日线；中期有30日线和65日线；长期则有200日线及250日线。因为250日线实际是365天中的全部交易，又被称作年线，在统计上有特殊的意义，年线收阴或收阳显示出本年度投资的平均收益率。200日线则被欧美机构或基金经理人看重，以此作为长期投资的依据。5日线及10日线在中国股市上运用十分广泛，成为短期行情的重要依据，至于30日线和65日线在股市上运用也很频繁，尤其便于把握中期以上行情，成为进出货的主要依据的数据。

综合观察长、中、短期移动平均线，可以研判市场的多重倾向：如果三种移动平均线并列上升，该市场呈多头排列；如果三种移动平均线并列下降，该市场呈空头排列。

1. 移动平均线的特征

采用移动平均线进行技术分析要注意该指标的以下几个特征：

（1）追踪趋势。移动平均线能够表示股价的波动趋势，并追随这个趋势，不轻易改变。如果从股价的图表中能够找出上升或下降趋势线，那么移动平均线将保持与趋势线方向一致，消除股价在这个过程中出现的起伏对趋势的影响。

（2）滞后性。在股价原有趋势发生反转时，由于移动平均线的追踪趋势的特性，移动平均线的行动往往过于迟缓，调头速度落后于大趋势。

（3）稳定性。移动平均线平滑地显示股价运行方向，减小短期振荡对判断趋势方向的干扰。

（4）助涨助跌性。当股价突破了移动平均线时，无论是向上突破，还是向下突破，股价有继续向突破方向前进的愿望。

（5）支撑和阻力作用。移动平均线对股价具有支撑或阻力作用，当股价从移动平均线上方下跌到移动平均线位置会受到移动平均线的支撑，当股价从移动平均线下方上涨到移动平均线位置会受到移动平均线的阻力，这是利用移动平均线操作的重要理论依据。

2. 葛兰威尔（Granvile）八大法则（MA 的运用法则）

通过移动平均线进行投资决策，可以根据葛兰威尔法则进行，该法则主要有八个方面的规定，人们通常称之为葛兰威尔八大法则。具体内容为：

（1）平均线从下降逐渐转为盘整或上升，而股价从平均线下方突破平均线，为买进信号。

（2）股价虽然跌破平均线，但又立刻回升到平均线上，此时平均线仍然持续上升，为买进信号。

（3）股价趋势走在平均线上，股价下跌并未跌破平均线且立刻反转上升，为买进信号。

（4）股价突然暴跌，跌破平均线，且远离平均线，则有可能反弹上升，为买进信号。

（5）平均线从上升逐渐转为盘整或下跌，跌破平均线，为卖出信号。

（6）股价虽然向上突破平均线，但又立刻回跌至平均线下，此时平均线仍然持续下降，为卖出信号。

（7）股价趋势在平均线下，股价上升并未突破平均线且立刻反转下跌，为卖出信号。

（8）股价突然暴涨，突破平均线，并远离平均线，且有可能反弹回跌，为卖出信号。

3. 移动平均线的优缺点

采用移动平均线进行技术分析及投资分析，投资者可以有效、直观地决定介入时机。但是它也同其他技术指标一样存在缺陷。综合来说它具有以下优缺点：

（1）移动平均线的优点

第一，移动平均线的优点是这一技术指标适用广泛，构造简便，它的参数易于检验，所以被绝大部分顺应趋势操作人士所运用。它的客观性和精确性常常为人称道。

第二，使用移动平均线可观察股价总的走势，不考虑股价的偶然变动，这样可自动选择出入市的时机。

第三，平均线能显示“出入货”的信号，将风险水平降低。无论平均线变化怎样，反映买或卖信号的途径都一样，即若股价（收盘价）向下穿破移动平均线，便是卖出信号，反之，便是买入信号。

（2）移动平均线的缺点

第一，移动平均线变动缓慢，不易把握股价趋势的高峰与低谷。

第二，在价格波幅不大的牛皮市期间，平均线折中于价格之中，出现上下交错型的买卖信号，使分析者无法做出定论。

第三，平均线的日数没有一定的标准和规定，常根据股市的特性、不同发展阶段及分析者思维定性而各有不同，投资者在拟定计算移动平均线的时间参数前，必须先清楚了解自己的投资目标。若是短线投资者，一般应选用10天移动平均线，中线投资者应选用90天移动平均线，长期投资者则应选用250天移动平均线。很多投资者选用250天移动平均线，判断现时市场是牛市或熊市，即若股价在250天移动平均线之下，则是熊市；相反，若股价在250天移动平均线之上，则是牛市。

第四，移动平均线在行情调整时发出的买卖信号无法给出充足的依据，一般还要靠其他技术指标的辅助。

（二）平滑异同移动平均线（MACD）

MACD是以快速移动平均线（短期线）与慢速移动平均线（长期线）相对距离的变化提示买卖时机的指标。

1. MACD的计算

MACD由正负差（DIF）和异同平均数（DEA）两部分组成，其中，DIF是核心，DEA是辅助。DIF是快速移动平均线与慢速移动平均线的差，DEA是DIF的移动平均，即连续若干天的DIF的算术平均。

在MACD的计算过程中，首先以算术平均法计算出快速移动平均线（一般选12日）和慢速移动平均线（一般选26日），再以快速线数值减慢速线数值即得到快慢线相对距离的差即DIF。为使趋势信号更明显并且不受股价过分波动的影响，对DIF也进行算术平均（一般选9日），得到DEA，把DIF和DEA画在以时间为横轴，以MACD为纵轴的坐标上，通过观察DIF和DEA的方向以及绝对位置和相对位置的关系，把它们的同向、异向和交叉现象作为买卖信号的提示。为使买卖信号更直观，还可从DIF减去DEA的差再乘以2，向横轴引垂直线，得到MACD柱状线。其计算步骤和公式如下（以常用参数为例）：

（1）计算MACD首先要选定移动平均线的初值，一般以起始日的收盘价作为指数平滑移动平均线EMA的初值。

（2）快速移动平均线EMA是12日的，其计算公式为：

$$当日EMA(12)=2(1+12)\times 当日收盘价+11(1+12)\times 昨日EMA(12)$$

慢速移动平均线EMA是26日的，其计算公式为：

$$当日EMA(26)=2(26+1)\times 当日收盘价+25(26+1)\times 昨日EMA(26)$$

（3）计算DIF：

$$DIF=EMA(12)-EMA(26)$$

（4）计算DIF的9日指数平滑移动线DEA（9）：

$$当日DEA(9)=8(9+1)\times 当日DEA(9)+2(9+1)\times 当日DIF$$

其中，可用第一个DIF作为DEA的初值。

（5）计算MACD柱状线（BAR）：

$$BAR=2\times(DIF-DEA)$$

2. MACD的特点

在MACD图形上有三条线：DIF、DEA和MACD柱状线。买卖信号就是DIF和DEA的正负位置和交叉，同时观察MACD柱状线的正负和长短。当DIF和DEA为负值时，表明市场目前处于空头市场；当 DIF 和 DEA 为正值时，表明市场目前处于多头市场。MACD 没有固定的数值界线，其数值围绕零值上下摆动，属摆动指标。

3. MACD 的运用法则

（1）位置信号与交叉信号

①DIF 和 DEA 同处正值，则短期线在长期线之上，市场处于多头市场，属中期强势。DIF 向上突破 DEA 是买进信号；DIF 向下跌穿 DEA 只能认为是回落，应卖出股票。

②DIF 和 DEA 同处负值，则短期线在长期线之下，市场处于空头市场，属中期弱势。DIF 向下跌破 DEA 是卖出信号；DIF 向上突破 DEA 只能认为是反弹，可作暂时补空。

（2）背离信号

①股价创新低点，而 DIF 和 DEA 却未同时创新低时反而有转头向上迹象，称为底背离，是买入信号。

②股价创新高点，而 DIF 和 DEA 却未同时创新高，反而有转头向下迹象，称为顶背离，是卖出信号。

4. MACD 的优缺点

MACD 的优点是除掉了移动平均线的滞后反应和频繁出现的买入卖出信号，使发出信号的要求和限制增强，避免假信号的出现，用起来比移动平均线更为可靠。

MACD 的缺点是无法从这一指标看出行情是处于长期升势还是长期跌势，或是长期盘整趋势，这方面的判断还要依赖于长期移动平均线以及其他技术指标。

二、市场动量指标——威廉指标（WMS 或 R）

这个指标是分析师拉瑞·威廉（Larry Williams）于 20 世纪 70 年代首先提出的。威廉指标的原理是考察股价在某个特定周期中最高价和最低价之间所处的位置关系，进而指示出股市是处于超买还是超卖。

（一）WMS 的计算及意义

n 日周期威廉指标的计算公式如下：

$$n\text{日 WMS} = (Hn - Ct) \times 100\ (Hn - Ln)$$

式中，Ct 为计算日收盘价，Hn 和 Ln 为周期内的最高价和最低价。

由公式可知，WMS 的参数为选择日数 n。常用 WMS 周期有 5 天、10 天、15 天和 25 天等。周期短，WMS 反应灵敏但波动过于频繁；周期长，WMS 趋势性强但反应滞后。WMS 数值在 0 ~ 100 之间，属于摆动指标。WMS 指标表示当天的收盘价在过去的一段时间里全部价格范围内所处的相对位置。如果 WMS 的值比较大，则当天的价格处在相对较低的位置，要注意反弹；如果 WMS 值较小，则当天的价格处在相对较高的位置，要提防回落。

（二）WMS 的运用法则

（1）当 WMS 高于 80，市场处于超卖状态，行情即将见底，应考虑买进。

（2）当 WMS 低于 20，市场处于超买状态，行情即将见顶，应考虑卖出。

（3）当 WMS 由超卖区向上爬升，表示行情可能转向，一般情况下，当 WMS 突破 50 中轴线时，市场由弱转强，可以追买。

（4）当 WMS 由超买区向下滑落，跌破 50 中轴线，市场跌势加剧，可以追卖。

（5）市场有时超买后还可超买，超卖后仍可超卖，当 WMS 进入超买或超卖区行情并非一定转势，只有 WMS 明显转向跌破 20 的卖出线或突破 80 的买进线时，方为正确的买卖信号。

（6）使用 WMS 时最好能够通过强弱指数进行检证，发挥二者的互补功能。

（三）WMS 的优缺点

WMS 的优点是操作简便，并具有领先指标的功能。

WMS 的缺点是波动过于剧烈，方向转向频繁，敏感性过高，完全依照 WMS 操作会过于频繁导致劳而无功，应配合其他技术综合研究。

三、随机指标（KDJ）

KDJ 是分析师乔治·兰德（George Land）首先提出的技术分析理论，在股票、期货等证券市场中有很好的实战效果。

KDJ 的核心原理是平衡的观点，即股价的任何动荡都将向平衡位置回归。这一指标把一定周期的最高股价和最低股价的中心点作为平衡位置，高于此位置过远将向下回归，低于此位置过远将向上回归。在分析中，设置快指标 K（又称为快速线）和慢指标 D（又称为慢速线）。K 指标反应灵敏，但容易出错，D 指标的反应稍慢，但稳定可靠，另外，为了反映 D 和 K 的差值，即二者的位置关系，设置了 J 指标。

（一）KDJ 的计算过程

1. 计算未成熟随机值 RSV（Raw Stochastic Value）

$$n\text{日 RSV} = (Ct - Ln) \div (Hn - Ln) \times 100$$

式中：n 为所选的周期天数；Ct 为计算日的收盘价；Ln 和 Hn 为周期内的最低价和最高价；RSV 表示计算日当天收盘价在周期内最高价到最低价之间的位置。

2. 计算 K 值和 D 值

$$\text{当日 K 值} = 2/3\ \text{昨日 K 值} + 1/3\ \text{当日 RSV}$$

$$\text{当日 D 值} = 2/3\ \text{昨日 D 值} + 1/3\ \text{当日 K 值}$$

式中：1/3 为平滑因子，是人为选定的，也可以改成别的数字，不过目前已成约定。K 值实际上是 RSV 的 3 天平滑移动平均线，D 值是 K 值的 3 天平滑移动平均线。K、D 表示了计算日收盘价在周期内全部价格区间位置的两次平滑计算结果。K 值和 D 值需要有个初值，初值可在 0 ~ 100 选择，如选 50 代替初值。

3. 计算 J 值

$$J = 3K - 2D \text{ 或 } J = 3D - 2K$$

K 值和 D 值均在 0 ~ 100 之间，属摆动指标。把 K 值、D 值和 J 值标在以时间为横轴，以 KDJ 为纵横的直角坐标上，分别用曲线平滑连接每天的 K 值、D 值和 J 值，即得到 KDJ 的三条曲线。

（二）KDJ 指标的运用法则

1. 位置信号

（1）当股价持续上涨时，股价会保持在周期内的较高位置，这时 K 值、D 值也会不断上升，维持在 50 以上，表明市场处于强势。当强势持续，K 值、D 值进入过高位置时即是高价警戒信号，一般标准是 K 值在 80 以上、D 值在 70 以上时是超买信号，股价即将回落。

（2）当股价持续下跌时，K 值、D 值不断下降，维持在 50 以下，表明市场处于弱势。当弱势持续，K 值、D 值进入较低位置时即是低价警戒信号，一般标准是 K 值在 20 以下、D 值在 30 以下时是超卖信号，即股价将上涨。

（3）K 值、D 值在 50 附近时，市场处于徘徊区，买卖信号不明。

2. 方向信号

K 值、D 值的方向具有趋势特点，如果 K 线和 D 线在高位开始减慢上升速度，走平或调头向下是卖出信号。如果 K 线和 D 线在低位开始减慢下降速度、走平或调头向上是买进信号。

3. 背离信号

（1）如果股价呈一底比一底高的走势，K 值、D 值也同样一底比一底高，则上升趋势仍将持续；如果股价是一顶比一顶低的走势，K 值、D 值同样一顶比一顶低，则下降趋势仍将持续。

（2）当股价走势一浪比一浪高，而 K 值、D 值曲线一浪比一浪低，即股价创新高而 K 值、D 值却未创新高，说明 K 值、D 值不再支持股价上升，K 值、D 值指标与股价出现顶背离，为卖出信号。

（3）当股价走势一底比一底低时，而 K 值、D 值曲线一底比一底高，即股价创新低而 K 值、D 值却未创新低，说明 K 值、D 值不再支持股价下降，K 值、D 值指标与股价出现底背离，为买进信号。

4. 交叉信号

当快速线 K 在低位自下而上突破慢速线 D 时，形成黄金交叉，是买进信号；当快速线 K 在高位自上而下跌破慢速线 D 时，形成死亡交叉，是卖出信号。对于背离信号和交叉信号应注意：买入信号发生位置越低越有效，卖出信号发生位置越高越有效。

（三）KDJ 指标的优缺点

KDJ 指标的优点是具有客观性，操作简便。

KDJ 指标的不足是买卖信号出现时机不稳定。当 KDJ 指标的位置、方向、背离、交叉等信号出现后，股价的最佳买（卖）点往往在其前或后。另外，这一指标对指数大势较准确，对个股较差，需要同时与其他指标、股价形态和成交量等指标分析配合使用。

四、相对强弱指标（RSI）

技术分析原理之一是市场变化包含一切，相对强弱指标（RSI）正是从这一点出发，从市场价格变化观察买卖双方的力量对比。其中以价格上涨幅度代表买方力量，以价格下跌幅度代表卖方力量，以涨跌幅度的对比代表买卖双方力量的对比，通过对比预测未来股价的运行方向，这种对比的比值就是 RSI 数值。

（一）RSI 的计算和作图

RSI 的计算过程是：首先选定 RSI 的计算周期，之后计算该周期内每日收盘价涨幅之和与该周期内每日收盘价跌幅之和，把跌幅之和取绝对值并加上涨幅之和作为涨跌幅总和，用涨幅之和除以涨跌幅总和再乘以 100，即得到 RSI 数值。公式如下：

n 日 RSI = n 日涨幅之和(n 日涨幅之和 + n 日跌幅之和的绝对值) × 100

周期的天数 n 是 RSI 的参数。如果周期过短而股价变化较大时，RSI 数值也会随之剧烈变动、过于敏感而失去规律性；如果周期过长则股价变化对 RSI 数值影响力减弱，导致 RSI 反应过于缓慢、信号不明显。可见，周期过长或过短都不宜。目前，国内较多使用的周期有 5 日、9 日、14 日、20 日等。RSI 数值固定在 0 ~ 100 之间，属摆动指标，市场不同时期 RSI 数值有不同的常态分布区。以时间为横轴，以 RSI 为纵轴的直角坐标中，标出每天的 RSI 数值后再连接起来即是 RSI 曲线图。

（二）RSI 的运用法则

1. 位置信号

当 RSI 数值大于 80 时，市场处于超买区，是卖出信号；当 RSI 数值小于 20 时，市场处于超卖区，是买进信号。

2. 交叉信号

在高位区，当短周期的 RSI 指标线由上往下跌破长周期的 RSI 指标线时，形成死亡交叉，是卖出信号；在低位区，当短周期的 RSI 指标线由下往上突破长周期的 RSI 指标线时，形成黄金交叉，是买进信号。

3. 趋势线分析

在 RSI 指标线上画出支撑线和压力线，当 RSI 指标向上突破压力线时，是买进信号；当 RSI 指标向下跌破支撑线时，是卖出信号。

4. 背离信号

股价创新低，而 RSI 指标未同时创新低，称为底背离，是买进信号；股价创新高，而 RSI 指标未同时创新高，称为顶背离，是卖出信号。

5. 形态分析

RSI 指标在低位区形成 W 底、三重底、圆弧底、潜伏底等底部形态时，是买进信号；RSI 指标在高位区形成 M 头、三重顶、头肩顶等顶部形态时，是卖出信号。

在 RSI 指标的运用上，应首先观察 RSI 的位置、RSI 趋势方向和 RSI 的形态，其次参考 RSI 交叉信号和背离信号。在 RSI 指标的研判上，不要仅以单独的 RSI 指标作为买卖信号的依据，要结合其他指标和股价形态等进行综合分析才可以做出买卖决策，这样可以避免单一指标的很多误导，避开指标陷阱，使决策更为科学。这也是使用任何一个技术指标所必须注意和前面所多次强调的。

(三) RSI 指标的评价

(1) RSI 指标的优点是：反应灵敏，能反映出强势和弱势的转换，适合短线操作，对中长期有指导作用。同时其超买区、超卖区和其他各种形态，向投资者显示出顶部区域和底部区域、支撑区和阻力区，实战价值很大。

(2) 相对强弱指数能显示市场超卖和超买，预期价格将见顶回落或见底回升等。但 RSI 只能作为一个警告信号，并不意味着市场必然朝这个方向发展，尤其在市场剧烈震荡时，超卖还有超卖。超买还有超买，这时须参考其他指标综合分析，不能单独依赖 RSI 的信号而做出买卖决定。

(3) 背离走势的信号通常都是事后诸葛亮，而且有背离走势发生之后，行情并无反转的现象。有时背离一两次才真正反转，因此这方面研判须不断分析历史资料以提高经验。

(4) 在牛市行情时，RSI 徘徊于 40 ~ 60 之间，虽有时突破阻力线和压力线，但价位无实际变化。

五、能量潮指标（OBV）

OBV 的英文全称是 On Balance Volume，中文名称直译是平衡交易量。有些人把每一天的成交量看作海洋的潮汐，形象地称 OBV 为能量潮。OBV 最初是由格兰维尔（Granville）于 20 世纪 60 年代发明并广泛流行起来。我们可以利用 OBV 验证当前股价走势的可靠性，并可以由 OBV 得到趋势可能反转的信号，这对于准确预测未来是很有用的。比起单独使用成交量来，OBV 比成交量看得更清楚。

(一) OBV 的计算公式

OBV 的计算公式很简单，首先我们假设已经知道了上一个交易日的 OBV，就可以根据今天的成交量以及今天的收盘价与上一个交易日的收盘价的比较计算出今天的 OBV。用数学公式表示如下：

$$今日\ OBV = 昨日\ OBV + sgn \times 今天的成交量$$

式中：sgn 是符号的意思，sgn 可能是 +1，也可能是 -1，这由下式决定：

$$sgn = +1\ （今收盘价 \geq 昨收盘价）$$

$$sgn = -1\ （今收盘价 < 昨收盘价）$$

成交量指的是成交股票的手数，不是成交金额。

(二) OBV 的构造原理

OBV 构造的基本原理是根据潮涨潮落的原理。把股市比喻成一个潮水的涨落过程，如果多方力量大，则向上的潮水就大，中途回落的潮水就小。衡量潮的大小的标准是成交量。成交量大，则潮水的力量就大；成交量小，潮水的力量就小。每一天的成交量可以理解成潮水，但这股潮水是向上还是向下，是保持原来的大方向，还是中途回落，这个问题就由当天收盘价与昨天收盘价的大小比较来决定。

（1）如果今收盘价≥昨收盘价，则这一潮属于多方的潮水。

（2）如果今收盘价＜昨收盘价，则这一潮属于空方的潮水。

潮涨潮落反映多空双方力量对比的变化和最终大潮将向何处去，这就是 OBV 的基本原理，也是 OBV 称为能量潮的原因。

（三）OBV 的应用法则和注意事项

（1）OBV 不能单独使用，必须与股价曲线结合使用才能发挥作用。

（2）计算 OBV 有一个选择最初值的问题，最初值可由使用的人自行确定一个数值。

（3）OBV 曲线的上升和下降对我们进一步确认当前股价的趋势有着很重要的作用。股价上升（下降），而 OBV 也相应地上升（下降），则我们更可以确认当前的上升（下降）趋势；股价上升（下降），但 OBV 并未相应地上升（下降），则我们对目前的上升（下降）趋势的认定程度就要大打折扣，这就是背离现象。OBV 已经提前告诉我们趋势的后劲不足，有反转的可能。

（4）对别的技术指标适用的形态学和切线理论的内容也同样适用于 OBV 曲线，W 底和 M 头等著名的形态学结果也适用于 OBV。

（5）在股价进入盘整区后，OBV 曲线会率先显露出脱离盘整的信号，向上或向下突破，且成功率较大。

（四）评价

（1）OBV 线能帮助投资者确定股市突破盘局后的发展方向。

（2）OBV 的走势可以局部显示出市场内部主要资金的移动方向，显示当期不寻常的超额成交量是徘徊于低价位还是在高价位上产生的，可使技术分析者领先一步深入了解市场内部原因。

（3）OBV 线对双重顶（M 头）第二个高峰的确定有较为标准的显示，当股价自双重顶第一个高峰下跌又再次回升时，如果 OBV 线能随股价趋势同步上升，价量配合则可能持续多头市场并出现更高峰；若是相反，股价再次回升时，OBV 线未能同步配合，反而下降，则可能即将形成第二个峰顶完成双重顶的形态，并进一步导致股价上涨反转回跌。

（4）OBV 线适用范围比较偏向于短期进出，与基本分析丝毫无关。同时 OBV 也不能有效反映当期市场的转手情况。

重要概念

K 线法　形态法　波浪法　指标法　十字形　趋势线　轨道线

思考题

1. 简述技术分析“三大假设”的主要内容。
2. 在技术分析中，股票价格和成交量有怎样的关系？试举例说明。
3. 使用技术分析方法应该注意哪些问题？

第十一章　证券投资者行为分析

学习目的和要求

1. 了解证券市场投资者的行为。
2. 了解证券市场投资者的心理。

第一节　行为投资学概述

一、行为金融学的研究现状

行为金融学在借鉴行为科学、心理学以及社会学研究成果的基础上，初步形成了以金融活动当事人的心理因素为基本特征的理论体系。到目前为止，研究者们已经总结出投资者决策时的一些心理特点和其决策行为的一般特征。

（一）投资者的心理特征

对于投资者的心理特征主要有四个观点：

（1）自信情结：高估自己的判断力，过分自信。心理学研究发现，当人们称对某事抱有90%的把握时，成功的概率大约只有70%。

（2）回避损失：趋利避害是人类行为的主要动机之一，而在经济活动中，人们对“趋利”与“避害”的选择是首先考虑如何避免损失，其次才是获取收益。马科维茨首先注意到了人类的这种行为方式，后来的实证研究进一步表明，人们在从事金融交易中，其内心对利害的权衡是不均衡的，赋予“避害”因素的考虑权重是“趋利”因素的两倍。

（3）追求时尚和从众心理：位置消费理论告诉我们，人们对相对经济地位的追求在空间上表现为与他人相比。可见，人们的相互影响对各人决策行为有很大的影响，而追求时尚与从众心理便是其中最突出的特点。因此，在金融投资领域，金融学家已经开始将这一特点作为重要的投资决策因素加以考虑。

（4）后悔与谨慎：这种心理状态普遍存在于人们的经济活动中。即使决策结果相同，如果某种决策方式可以减少投资者的后悔心理，对投资者来说，这种决策方式仍然优于其他决策方式。

（二）决策行为的一般特征

1994 年，谢夫林（Shefrin）和斯特曼（Statman）开始研究可能对金融市场行为产生系统影响的决策行为特征。到目前为止，一些决策行为特征已经得到行为金融学家们的公认，并将它们作为对决策者的基本假设：①决策者的偏好是多样的、可变的，他们的偏好经常在决策过程中才形成；②决策者是应变性的，他们根据决策的性质和决策环境的不同选择决策程序或技术；③决策者追求满意方案而不一定是最优方案。

尽管这些对于决策特征的研究还处于尝试性阶段，而且它们之间相互作用的特点和对市场的影响并不十分明确。但一些实证研究表明，投资者决策行为特征与市场中的有关投资特性是相关的：股票价格的过度波动性和价格中的泡沫；投资者中存在追随领导者和从众行为；对风险的高估；过早的售出盈利投资和过晚售出失败投资；投资者对现金股利的不同偏好；对时间性分散投资组合（通过不同期限的投资组合来分散风险）的不同态度；等等。

二、行为金融学的发展

行为金融学揭示了新古典传统的经济学和金融学的一个根本性缺陷——完全理性假设，这使得行为金融学得到高度关注。与标准金融学不同，行为金融学认为市场中的参与者不是完全理性的，他们只是准理性人或者有限理性人，他们在进行风险决策时并不依照贝叶斯规则进行，而是采用简单而有效的直观推断法。在多数情况下，这些直观推断法是有效的，但其中往往包含一些系统性误差，这些误差在有些情况下，成为影响全局的错误。在这种情况下，市场选择的结果是不确定的，其机制常常会失灵，非理性交易者完全有可能在市场中生存下来。

行为金融学与标准金融学在分析方法上的不同主要体现在行为心理决策分析法和风险度量方法上。行为金融学将人类的一些心理学特性如人类行为的易感性、认知缺陷、风险偏好的变动、遗憾厌恶、自控缺陷以及理性趋利特性和投资者情绪等价值感受引入到资产定价理论体系中，认为决策者的偏好一般是多方面的、易变的，这种偏好常常只在决策过程中才形成；决策者具有很强的适应性。通过对投资者行为心理决策的分析，行为金融学成功地解释了资产价格反应过度和反应不足、动量效应、季节效应、小公司现象等一些标准金融学无法解释的异常现象。

行为金融学用自己独特的分析方法，以马柯维茨投资组合理论和资本资产定价模型（CAPM）为基础，针对其缺陷提出了修正模型，即行为组合理论和行为资产定价模型（BAPM）。

谢夫林（Shefrin）和斯特曼（Statman）（2000）提出了行为组合理论来替代传统的马柯维兹投资组合理论。在马柯维兹投资组合理论中投资者具有恒定不变的风险厌恶程度，他们将资产组合看成一个整体，并且在构建资产组合时只考虑不同证券之间的协方差。而行为组合理论中的投资者则投资于具有金字塔形层状结构的资产组合。资产组合金字塔的每一层都对应着投资者特定的投资目的和风险，一些资金投资于最底层以规避风险，一些资金则被投资于更高层来争取更大的收益。行为组合理论确立了以预期财富 E（W）和 Prob（W≤S）≤a 来进行组合与投资选择的方法基础。与马柯维兹投资组合理论相比，行为组合理论和目前十分流行的以 VAR（value-at-risk）构筑资产组合的方法在理论与实践上具有较好的一致性。

行为资产定价模型 BAPM 则是对现代资产定价模型 CAPM 的扩展。BAPM 将投资者分为信息交易者和噪声交易者两种类型。信息交易者为按照 CAPM 模型进行投资的投资者，他们从不犯认知错误，而且不同个体之间表现有良好的统计均方差性；噪声交易者则是那些处于 CAPM 框架之外的投资者，他们时常犯认知错误，不同个体之间具有显著的异方差性。两类交易者互相影响，共同决定资产价格。当信息交易者占主导地位时，市场表现为有效率；当噪音交易者成为代表性交易者时，市场表现为无效率。将信息交易者和噪声交易者以及二者在市场上的相互作用同时纳入资产定价框架是 BAPM 的一大创举。BAPM 中证券的预期收益决定于均值方差有效组合的切线斜率，即 β 值。因为噪声交易者对证券价格的影响，均方差有效组合不同于 CAPM 中的市场组合。

三、行为金融学对传统理论的质疑

传统的有效市场假说（EMH）是金融学领域一个非常重要的理论模型。EMH 认为金融市场中的价格包含了一切信息，同时在任何时间证券价格可以看作投资价值的最优估计。根据行为金融学理论，EMH 存在两个有关投资者行为方面的假设前提：一是投资者在使他们所拥有的证券组合价值最大化时所采取的行为模式是没有偏差的；二是投资者总是以自身利益最大化为目标。

行为金融学认为 EMH 本身并没有保证这两个前提一定成立。相反，行为金融学根据对实际情况的分析，对这两个假设前提的正确性与合理性产生了质疑，认为投资主体因为心理因素的影响会经常出现违反这两个假设前提的情况。传统理论中未能考虑到基金经理心理因素造成的主观错误与投资失误是较明显的缺陷，心理因素影响应该成为选择基金进行投资与选择基金经理时非常重要的考虑因素。

四、行为金融学在我国证券市场中的应用

我国的证券市场是一个新兴的市场，在许多方面尚未成熟。目前的一个突出问题是过度投机性，而其产生的最主要原因就是众多中小投资者的非理性行为。证券市场的投资者可分为机构投资者与普通投资者。前者在资金实力、分析手段与信息获得与把握上具有优势；而后者由于势单力薄，经常揣摩、打听前者的消息或行动，作为自己决策的参考依据。

在我国，中小投资者占投资者的绝大部分，他们的决策行为在很大程度上决定了市场的发展状况，而他们又以弱势人群的姿态出现，其决策行为的非理性严重导致了市场的不稳定。因此，仅借助现代金融学的方法无法正确分析我国的证券市场，我们应充分重视行为金融学这一新兴理论方法，利用它来发展、完善现代金融学，并将其应用到我国的证券市场。

将行为金融学的研究成果运用到我国证券市场的实践中，合理引导投资者的行为。

对于广大中小投资者，要通过教育来使其趋于理性化，提高证券市场投资者的投资决策能力和市场的运作效率。对于机构投资者，要提高其投资管理水平。例如，行为金融学对我国开放式基金的发展具有重要的指导作用。开放式基金的一个突出问题是基金份额的赎回，基金经理要根据其对赎回量的估计确定资产的流动性，而这就不可避免地要估计投资者的行为决策方式。投资者往往在受到压力时高估风险，稍有风吹草动，他们就可能大量赎回，而从众心理又可能深化这种趋势，使基金受到更大的压力。另外，由于投资者的后悔与谨慎心理，他们常常利用代理人制度转移其对经济结果的责任及受到的压力，通过深入分析这一点，基金经理就能确定合理的管理费率，提高基金的运作水平。

资本市场与机构投资者的发展使得投资基金逐渐成为资本市场中的主要投资机构，以共同基金、养老基金以及对冲基金等众多投资基金为主体的投资机构已经成为市场中最重要的投资主体。投资基金地位的上升也使得投资基金逐渐成为居民投资者的重要投资对象，因此如何在众多投资基金中确定投资对象就成为众多学者研究的课题。投资基金经理是投资基金的管理层，是基金投资策略的确定者和实施者。投资基金的选择在很大程度上就是对基金经理的选择。基金经理层的专业学识与心理素质也成为选择基金时的重要考虑因素。对于基金经理的选择以前主要是以传统的有效市场理论和信息理论为指导，但是随着金融理论的发展，行为金融学理论在这个领域显示出越来越重要的意义和作用。

根据行为金融学理论，结合中国证券市场的实际，我国投资者在确定投资对象与选择基金经理时，除了传统金融理论中的考虑因素，还必须从行为金融理论出发进行考虑。

首先，优秀的基金经理应该具有雄厚的专业学术基础和丰富的金融专业理论与实践知识。受过正规教育、知识背景丰富的经理对市场信息的收集分析能力和对市场的形势判断能力相对较强，这一点在发达国家中表现得较明显。1994 年 7 月第四期的商业周刊（*Business Week*）曾经公布过一个调查结果：将美国的大部分基金按照该基金中同样位置的经理是否是常青藤盟校毕业生划分，结果发现由常青藤盟校毕业生担任经理的基金比其他基金的回报率高出 40 个基本点。芝加哥大学学者齐瓦利（Judith Chevalier）和麻省理工学院（MIT）学者艾里森（Glenn Ellison）抽取了 1988—1994 年期间美国的 492 个基金经理（限于增长和收入型基金）的样本数据进行了分析。研究表明：拥有工商管理硕士（MBA）学位或者在作为学生期间学术能力评估测试（SAT）成绩优秀的基金经理，其管理的基金业绩显著优于没有 MBA 学位和 SAT 成绩平常的基金经理管理的基金业绩。基金经理毕业学校、学习成绩、从业年限等因素的差别所导致基金业绩的差别实际反映了经理金融专业知识、从业经验、利用社交关系网络能力、收集处理市场信息能力等方面的差别，因而也是投资者选择基金经理时应该考虑的因素。

其次，优秀的基金经理不仅应具有良好的信息收集与信息分析处理能力，还应当了解市场中的投资者和自己会产生什么样的心理和行为偏差。优秀的基金经理应当能够避免由于自身的心理因素造成重大失误并且了解投资者的心理偏差和决策失误对市场产生的影响，并采取相应的投资策略。例如，根据行为金融学的理论，市场中的投资主体可能会对市场中的信息反应迟缓，在利好消息造成某种证券价格上涨后，这种上涨的趋势就有可能持续一定的时间。因此，买入价格开始上涨的证券，卖出价格开始下跌的证券的动量投资策略就成为投资基金可以选择的投资策略。此时，基金经理对于投资者的心理、对于市场延迟反应影响的性质和程度，以及证券价格变动的趋势和持续时间必须有深刻地了解和准确把握，才能在合适时机买入和卖出证券。此时对于投资大众心理的研究和把握就成为优秀的投资基金经理必备的一项重要能力。

再次，从大众投资者的角度来分析，在选择投资基金确定自身投资组合时必须考虑到基金经理对预期风险收益的影响和偏差。例如，如前所述基金经理可能由于过于自信而过高估计自身的能力，此时基金经理就有可能为了获取较高的投资回报从事风险较大的投资。同样在一段时期内投资业绩优秀的基金经理有可能为了保持自己的声誉而采取较以前更稳定的投资策略以降低基金投资组合的风险程度，从而锁定基金的投资收益。在以上两种情况下，居民投资者投资组合的预期风险状况均有可能由于基金经理的行为被放大或缩小。因此，投资者在选择基金时必须对于经理人的心理变化和行为倾向进行关注，避免选定的投资组合的风险收益发生意外的变化。

最后，投资者还必须注意基金经理出于提高自身利益的心理动机可能会故意扭曲自身在投资者心目中的形象。例如基金经理会在投资基金信息披露日（如年报、中报公布日）附近调整投资头寸，以提升基金和经理自身在市场中的公众形象。研究表明许多投资机构在第四季度或年末具有买入风险较小、前一段时间内价格上升、收益为正的证券，卖出风险较大、前一段时间价格下跌、收益为负的证券的倾向。因此，投资者在选择基金经理时需要考虑有关基金信息和数据的有效性和真实性。

五、行为金融学投资策略对我国机构投资者的启示

（一）行为金融学投资策略

市场参与者的非理性造成的行为偏差导致了市场价格的偏离，而若能合理利用这一偏差将能给投资者带来超额收益，这就形成了行为金融学的投资策略。传统投资策略还存在投资者收集信息、处理信息能力的变动，而人类的心理决策特征是在长期演化过程中逐渐形成的，所以某些行为是稳定的和跨文化的，行为金融投资理念的交易策略相应也就更具有相当的持久性。从国外看，基本市场异象的行为金融学投资策略主要有价值投资策略与反向投资策略、动量交易策略、成本平均策略和时间分散化策略等。近年来，美国的共同基金中已经出现了基于行为金融学理论的证券投资基金，如行为金融学大师理查德·泰勒（Richard Thaler）发起的福勒—泰勒（Fuller - Thaler）资产管理公司，其中有一些还取得了复合收益率25%的良好投资业绩。

（二）对我国机构投资者的启示

行为金融学对我国开放式基金的发展具有重要的指导作用。

机构投资者本应成为我国证券市场中投资理念和投资策略的领导者，但我国的各类基金却一直是投资风格模糊。其可以考虑利用市场现象的行为金融学解释，并依据

我国证券市场的特殊性，采取相应的行为金融学投资策略。

一是反向投资策略与价值投资策略。该策略就是买进过去表现差的股票，而卖出过去表现好的股票。如选择低市盈率的股票。选择股票市值与账面价值比值低的股票、选择历史收益率低的股票等。行为经济学认为，反向投资策略是对股市过度反应的一种纠正，是一种简单外推的方法。

中国的股票市场素有“政策市”之称，不同的投资者对政策的反应是不一样的。普通个人投资者由于消息的不完全，往往对政策信息表现出过度反应，我国的个人投资者，对政策面消息的反应尤为强烈。而机构投资者的信息库和专家队伍则可以对政策的把握有一定的预见性，针对个人投资者的行为反应模式，可以采取反向投资策略，进行积极的波段操作。我国证券市场还存在大量的“跟风”“跟庄”的“羊群行为”，使整个市场的预测出现系统性偏差，导致股票价格的偏离，并随着投资者对价格趋势的积极跟进而进一步放大了价格与股票基础价值的偏离。这些对股票价值的高估或低估最终都会随着金融市场的价值回归而出现异乎寻常的股价下挫或上扬，也就带来了相应的价值投资机会。

特别处理的股票（ST 股）的股价往往在特别处理或特别转让的消息公布后出现不跌反涨的现象。从行为金融学的角度看，由于我国证券市场上壳资源的稀缺性，这类公告效应带来的不仅是公司陷入严重困境，更是该公司可能会成为潜在的并购目标，紧接着就有资产重组等大动作，给投资者带来其未来收益流价值的预期。这类股票也可以成为机构投资者资产组合中的构成之一。

二是动量交易策略。该策略的核心内容是寻求在一定期间中股价变动的连续性。如股价变动连续趋涨，则采取连续卖出的策略；如股价变动连续趋低，则采取连续买入的策略。

我国投资者的“处置效应”倾向比国外同类研究的发现更加严重。根据赵学军、王永宏（1998—2000）的实证研究，发现我国股市中投资者卖出赢者的概率是其卖出输者概率的两倍。处置效应会带来股票基本价值与市场价值之间的差幅，而这一差价最终的收敛意味着那些有大量资产收益未实现的股票一般要比那些有大量资产亏损未实现的股票有更高的预期回报。利用这一异象可以采用动量交易策略，也就是基于过去股票价格的走势，通过差幅获利。

另外，由于投资者的过度自信带来的锚定效应等也会导致其对新的信息反应不足，使得股票的上扬或下挫趋势会维持一段时间，因此也可以运用动量交易策略，从业绩变动与事后股价的这种关系中捕捉到获利的机会。

三是技术分析策略。我国投资者典型的“羊群行为”带来的信息骤集效应也增强了技术分析的有效性。将图形分析视为一种进行短期决策的信息，当越来越多的投资者采用这一做法，由此分析得出相似的结论，并据此进行交易时，投资者就会从中获利，进而又吸引了更多的投资者采用图形分析的手段，最终使技术分析所预测的预测值与未来的资产价格确实呈现出正相关关系。

第二节　中小投资者的行为与心理分析

一、证券投资的起步心理

投资于证券市场的投资者要记住沃伦·巴菲特获得成功的两大法则：第一条是“永不亏损”，第二条是“永远牢记第一条法则”。

证券投资市场是如此变幻莫测，但市场总是会有一个相对固定的位置，这样才能有效地利用市场的相对稳定性。美国证券投资心理学家提供了两条心理法则，掌握了这两条法则，就有可能在市场中获得相对的主动性。这两条法则是：

第一条，盈余不可知法则。其含义：从投资心理来说，市场普遍看好的股票总是会有比较高的预期，这些股票就会成为市场上的热门股，通常本益比（市盈率）就会比较高；而市场不看好的股票，就成了冷门股，冷门股不受市场青睐，追捧的人较少，股价低迷，其本益比（市盈率）就比较低。排除市场上的其他因素，如果仅从股市投资者的心理来看，高本益比的股票，在其业绩报告出笼之后，其实际赢利水平只是略高于投资者的预期，这时股价就很难继续往上涨。如果实际盈余与投资者的预测相同，甚至低于预测水平，股价就会跌下来，这时市场会让投资者感到极度的失望。相反，低本益比的股票，如果实际盈余与原来预估相同，甚至是高于预估，股价涨幅一般会高于大盘，因为市场的心理预期没有这么高，结果是喜出望外，大家就会竞相争购，股价也就上去了；如果实际盈余低于预估，股价也很难再往下跌，因为市场的心理已经预期它的收益不佳，股价一直在低位徘徊，已经是跌无可跌了。这条法则能够让你受益匪浅。它鼓励你在开始投资时要尽可能买进冷门股，因为它的本益比低，一旦它们开始上涨，你就能赚得比较多，万一下跌，你也不会遭受太大的损失，这样就能有效地提高投资的安全性。因此，这是一条理性投资的原则。

第二条，重大新闻法则。重大新闻发布时，市场总是会出现强烈的反应。若是好消息，股价就会上涨，若是坏消息，股市必定下跌，而且市场对坏消息的反应总比好消息的反应要来得更为强烈。美国财务分析师维克多·尼德荷夫研究发现：越是重要的消息，市场的波动就越大，还发现，坏消息发布后的数日内股价总会有一次反弹，好消息发布后的数日内股价肯定会下跌。按证券投资术语来说，就叫作利好出尽是利空，相反，则是利空出尽是利好。不管是利好或是利空，作为投资者，一定要搞清楚是短期的还是长期的。若是短期利空，可以按兵不动，若是长期利空，则须及时止损，迅速从市场中上撤出资金。否则，在长期利空的影响下，市场阴跌不止，就会使投资者蒙受巨大损失。相反，若是短期利好，投资者应该马上做出反应，快进快出，若是长期利好，则可在买入之后，长期持有，一直到达到自己的预期获利目标时才抛出，这样就能使自己得到较为丰厚的回报。

二、几种具体的操作方法

金字塔买入法：将自己的资金实行有计划的管理，当技术指标标明是买入的恰当时机就先用1/2的资金买入股票，股价继续上升时，再买进1/3，越向上买得越少，风险也就随之降低，这是主力常用的操作方法。

箱体操作法：在某一个特定时期，股市总是在一个箱体里运行，即上行有顶，下行有底，总是处于一个盘整的区域内，在箱体里赚取差价，这是短线投资者常用的方法。采用股票箱体操作，关键是要了解每段行情波动的高点与低点。股票箱体有长有短，大小不一，而且有时股价也会向上突破箱顶或向下跌破箱底而进入另一个箱体。箱体操作法只适用盘整行情和股性温和的股票，而不适用于涨跌快速的热门股和波动范围狭小的冷门股。

推平法：摊低成本操作法。这是一种买入股票被套牢的降低成本的补救方法，当股价处于盘整时，投资者预期股价将上涨而买入，不料股价不涨反而向下突破盘面，而且跌势连续而凶猛，下跌一段后，止跌回稳，投资者为降低成本再次加码买进，想等回升时尽快挽回损失。表面上看这是不错的一种做法，殊不知，某只股票的下跌一旦形成一种趋势，下跌空间难以预料，而且反弹往往有限。因此，下跌趋势中的买进摊平，一不小心，结果是适得其反，亏损不但没有挽回，反而会造成更大的损失，加码次数愈多，愈集中损失或套得愈深。等到真正的买进机会来时，却再也无力买进。运用平推法操作，必须具备两个条件：第一，投资者在被套的股票之外，还有足够的资金可继续买入；第二，投资者必须能准确地把握下跌趋势中的反弹机会。可见，平推法一般不适合资金有限的散户采用。

总之，顺大势而为，逆大众而动，采用主力常用的操作方法——金字塔买入法。

三、建立投资组合

从股市的价值取向来说，目前股市较为典型的投资模式有两种：一种是价值型投资，另一种是动能型投资。

所谓价值型投资，就是购买市场上的冷门股票，一般这种股票由于市场对他们失去了兴趣，所以它们的价格都比较低，有时甚至低于他们的发行价或净值。而随着时间的推移，这种价值型股票往往能够给你比较高的回报，因为这种股票一旦重新得宠，它不仅能让投资者享受股价上扬的回报，而且还可以获得盈利。而且价值型股票的投资风险一般也比较低，市场上的反应不会像成长型股票那么强烈。

动能型投资是由成长型投资演变而来的。对动能型投资者来说，具有很好的成长性的热门股票往往极具吸引力，因为这种股票的盈利突然大幅增长，会引起股价迅速上涨，以至于远远超过其他股票。一旦形成这种趋势，股价将居高不下。而对动能型投资者来说，他买进股价已上涨的股票，然后再以更高的价格抛出。其实这种投资模式是一种很危险的投资方式。斯考特反对这种投资模式，反对的理由是：上涨很快的股票可能跌起来更快，如果你的反应不如其他人敏捷，那么造成的损失可能要好几年才能补回来。

四、证券投资的基本心理现象

证券投资过程中比较常见的、普遍的心理现象主要有：贪婪与恐惧、急躁与慌乱、盲从与随意。

（一）贪婪与恐惧

无数事实证明，要想在股市中立足并获得成功，不克服贪婪是很困难的，贪婪是股市获利的最大拦路虎。股市中有这么一句谚语：多头能赚，空头也能赚，唯独贪婪不能赚。

在股市中生存必须合理控制自己的欲望。经济学中有一个重要理论，那就是任何事情只能达到次优，而永远达不到最优。股市里风云变幻，其收益程度总是相对的，最大收益是很难确定的。

巴菲特说："我们也会有恐惧和贪婪，只不过是在别人贪婪的时候我们恐惧，在别人恐惧的时候我们贪婪。"

（二）急躁与慌乱

在股民中，很少有人会认真研究公司的年度报告，往往只是看看每股净资产、每股收益、净资产收益率、历史最低价、历史最高价、流通盘等几个简单的数据然后便开炒。事实上在股市上真正能赚到钱并享受投资成功乐趣的人，往往是那些并不急于赚钱的人。他们总是气定神闲，认真地研判大势，等到他们认为最合适的时机才入市，然后等到最合适的时候便出局离场。

在中国经济长期看好的前提下，每一次股市的回落，都是风险的释放，只要你能选好绩优成长股，耐心地持有等待就一定能有好的回报。

股市上的利多、利空消息也随时可见，其中绝大多数是机构有意营造的。特别在股价急跌过程中，机构利用信息不对称的原理用股评人士的"黑嘴"制造种种谣言，助长市场的恐慌情绪。有些散户往往会心慌意乱，手足无措，陷入极度悲观的境地，持股信心丧失殆尽，慌不择路地夺路而去，结果是正中机构大户的下怀，趁机收集廉价的筹码。相反，当股市前景看好、股价节节攀升的过程中，机构又会频频出动，大量散布利好消息，营造市场的乐观气氛，以利于他们出货。而一般投资者匆忙地急于追高，结果一旦行情发生转变，这些散户的损失就惨了。因此，不管是利多还是利空，投资者一定要冷静对待，认真地进行客观的分析，然后理智地决定自己的投资行为，惊慌失措无济于事，反而会误了大事。

（三）盲从与随意

股市有句谚语：股市没有专家，只有赢家和输家。投资者必须立足于提高自身的素质，培养自己独立自主的思考能力，而不过分依赖，这是最终取得投资成功的重要保证。

重要概念

羊群行为 金字塔买入法

思考题

1. 联系实际分析恐惧和贪婪心理导致中小投资者投资决策失误的原因。
2. 利用行为金融学分析机构投资者的操作策略。

第十二章 证券投资组合管理

学习目的和要求

1. 了解什么是系统风险和非系统风险。
2. 了解一个理性的投资者如何进行投资组合的选择。
3. 了解证券投资组合在实际操作中的运用法则。

第一节 证券投资组合管理概述

一、概述

投资学中的组合一词译自于英文的“Portfolio”，通常是指个人或机构投资者所拥有的各种资产的总称。特别地，证券组合是指个人或机构投资者所持有的各种有价证券的总称，通常包括各种类型的债券、股票及存款单等。证券投资者构建证券组合的原因是降低风险。投资者通过组合投资可以在投资收益和投资风险中找到一个平衡点，即在风险一定的条件下实现收益的最大化，或在收益一定的条件下使风险尽可能地降低。对于构建证券组合可以降低证券投资风险的原因，可以简单地用一句话来说明：不能把鸡蛋放在同一个篮子里。

资产组合理论证明，证券组合的风险随着组合所包含的证券数量的增加而降低，资产间关联性极低的多元化证券组合可以有效地降低非系统风险并使系统风险趋于正常水平。证券投资组合还可以进一步提高收益。理性投资者的基本行为特征是厌恶风险和追求收益最大化。投资者力求在这一对矛盾中达到可能的最佳平衡。如果投资者仅投资于单个资产，他只有有限的选择。当投资者将各种资产按不同比例进行组合时，其选择就会有无限多种。这为投资者在给定风险水平的条件下获取更高收益提供了机会。当投资者对证券组合的风险和收益做出权衡时，他能够得到比投资单个资产更为满意的收益与风险的平衡。组合管理的目标是实现投资效用最大化，即组合的风险和收益特征能够给投资者带来最大的满足。具体而言，就是在实现投资者对一定收益水平追求的同时，使投资者面临的风险降到最低，或在投资者可接受的风险水平之内，使其获得最大的收益。这种目标的实现有赖于组合管理有效的内部控制，基本步骤包括确定组合计划、选择买卖时机、选择证券、相机调整等。通常，以组合的投资目标为标准，证券组合可以分为避税型、收入型、增长型、收入和增长混合型、货币市场型、国际型、指数化型等组合方式。收入型证券组合以追求基本收益（即利息、股息收益）的最大化为目标。能够实现这一目标的证券有：附息债券、优先股及一些避税债券。增长型证券组合以资本升值（即未来价格上升带来的价差收益）为目标。投资于此类证券组合的投资者往往愿意通过延迟获得基本收益来求得未来收益的增长。这类组合通常投资于很少分红的普通股，投资风险较大。收入和增长混合型证券组合试图在基本收入与资本增长之间达到某种均衡，因此也称为均衡组合。二者的均衡可以通过两种组合方式获得：一种是使组合中的收入型证券和增长型证券达到均衡；另一种是选择那些既能带来收益，又具有增长潜力的证券进行组合。货币市场型证券组合是由各种货币市场工具构成的组合，如国库券、高信用等级的商业票据等，其流动性较好，安全性很高。国际型证券组合是指投资于海外不同国家的证券。实证研究结果表明，这种证券组合的业绩总体上强于只在本土投资的组合，是组合管理的时代潮流。指数化型证券组合是模拟某种市场指数的证券组合。信奉有效市场理论的机构投资者通常青睐这种组合，以求获得市场平均的收益水平。根据模拟的指数不同，指数化型证券组合可以分为两类：一类是模拟内涵广大的市场指数，这属于常见的被动投资管理；另一类是模拟某种专业化的指数，如道琼斯公共事业指数，这种组合属于较主动的投资管理。

二、传统证券组合管理理论

证券组合管理的研究方法按其发展历程，可以分为传统的证券组合管理理论和现代证券组合理论。传统的证券组合管理依靠非数量化的方法，即基础分析和技术分析来选择证券，构建和调整证券组合。传统证券组合管理理论构建投资组合主要包括以下几个步骤：

（一）确定投资目标

投资目标一般包括投资的收益和风险两方面。由于过去的投资理论并没有明确的对风险的衡量标准，所以传统的证券组合管理一般是按投资收益的类型进行划分。按投资是收入型、增长型还是混合型可以对投资目标进行分类。这种分类方法强调投资者期望获得收益的形式是基本收益还是资本收益。收入型组合将重点放在基本收益的最大化上，不太注重资本收益的增长。增长型组合强调投资的资本升值。构建增长型组合的目的在于通过推迟获得基本收入而增加组合的价值，组合价值的增加应使组合未来收入的增长得到改善。混合型证券组合的目标是既获得基本收入，又获得资本收益，并保持二者的均衡。

（二）实施证券分析

传统的证券组合管理依靠证券分析选择证券，确定买卖时机，构建和调整资产组合，并对证券组合资产的经济效果进行评价。证券分析方法有基本分析和技术分析两种。基本分析方法以价值决定价格为理论基础，以证券价值为研究对象。基本分析家坚信证券的价格以价值为中心上下波动。价格高于价值的证券处于价值被高估状态，卖出这种证券就可以获得价格高出价值的那部分额外收益；价格低于价值的证券处在价值被低估状态，买入这种证券可以获得廉价购买的好处。基本分析家有两类：价值管理者和增长管理者。价值管理者盯住证券的当前价值，选择低市盈率、高股息（利息）的证券投资；增长管理者着眼于证券的未来价值，盯住收益增长率高的证券，选择高市盈率、低股息的证券。基本分析是一种逻辑推理方法，建立在对大量影响证券价值的相关因素分析的基础之上。这些相关因素上至宏观经济形势、市场、行业动态，下至企业生产、财务管理、人事变动，乃至政治、军事等，内容十分庞杂。

技术分析方法是以供求决定价格为其理论依据，以证券价格为研究对象。技术分析家认为供求由各种理性的和非理性的因素决定，任何因素只要引起供求的变化，就迟早会在市场价格的走势图上被发现。而且，技术分析家坚信市场价格波动的历史是会再现的，过去的价格走势可以用来预测未来。因此，典型的技术分析是把历史数据绘制成图表，研究这些图表以找出有规律的东西。

（三）构思证券组合资产

不同类型的证券组合的风险和收益的特征是不同的。如何将资产进行分配以使证券投资组合具有理想的风险和收益特征是投资者需要特别加以考虑的问题。但是，有一些基本原则是构思任何类型的证券组合都应该考虑的。

1. 安全性原则

投资组合管理首先要考虑的是本金的安全无损，这是未来获得基本收益和资本增值的基础。本金的安全不仅指保持本金原值，而且包括保持本金的购买力。由于通货膨胀的存在，购买力风险是一种非常现实的风险。买普通股比买固定收益证券如债券、优先股更有利于抵御这种风险。

2. 效益性原则

一般而言，资产的增值是组合管理的一个理想目标，但这并不意味着一定要投资于增长型股票。组合既可以通过购买增长型股票而壮大，也可以通过收益再投资而壮大。大的资产组合比小的更稳定、更安全，收入也更多。资本增长对改善组合头寸状况、维持购买力和增强管理的灵活性都是有益的。

3. 流动性原则

证券组合中的任何一种证券应该易于买卖。资产的流动性强，有利于组合管理者及时抓住有利的投资机会。谨慎的组合管理者往往会专门保留一部分现金资产或持有部分流动性强的证券。流动性取决于具体证券的市场价格和市场规模。某种股票的市场规模取决于公司的规模、股东的数量、公众的兴趣。高价股的流动性一般不如低价股的流动性好，因为低价股更能吸引小额投资者，从而增强了其流动性。小公司股票的流动性不如大公司好。大公司可流通股票多，可保证市场交易的连续性。而且，大公司的稳定及高质量形象也对增强其股票的流动性有利。

4. 低风险原则

降低风险，避免资产价值的大幅度波动是极为重要的。在构建投资组合时，组合管理者都把获得稳定的基本收益当作一种基本的考虑。以股息或利息形式获得的当前收益，使他可以很现实地享受组合的成果，这可能要比收入的期望值对他更有意义，因为，稳定的收入可以使他更准确、更合理地做投资计划，确定是再投资还是消费。

5. 多元化原则

组合理论为组合管理者的多元化投资提供了有实际应用价值的建议：应根据证券的预期收益及其与市场和其他证券收益的相关关系来构建组合；不仅要考虑收益还要考虑收益的波动；要有效降低证券组合的标准差，证券组合中应包含多种证券。组合模型有力地证明，当证券组合中包含的证券种类多于 20 种时，风险会有效地得以分散。

6. 避税原则

很多金融决策都要受所得税的影响，因为西方国家的个人所得税的税率是很高的。承担高税赋就难以实现理想的收益目标。有时投资者宁可选择总收益相对较低但纳税也较少的投资方案，反而比总收益虽高但纳税额更高的投资方案更为有利，可以增大净收益。在需要避税时，可考虑投资于免税的政府债券或较少分红的股票上。

（四）修订证券组合资产结构

虽然证券组合的目标是相对稳定的，但是个别证券的价格及收益风险特征是变化的。根据上述原则构建的证券组合在一定时期内应该是符合组合的投资目标的。但是随着时间的推移和市场条件的变化，证券组合中的一些证券的市场情况与市场前景可能发生变化，如某一企业可能出现并购事件，导致生产和策略经常发生变化等。当某种证券收益和风险特征的变化足以影响到组合整体发生不利的变动时，就应当对证券组合的资产结构进行修订、剔除或增加有抵消作用的证券。

（五）对证券组合资产的经营效果进行评价

对证券组合资产的经营效果进行评价是证券组合管理的最后一环，也是十分关键的一环。它既涉及对过去一个时期组合管理业绩的评价，也关系到下一个时期组合管理的方向。评价经营效果并不是仅仅比较一下收益率就行了，还要看证券组合所承担的风险。风险度不同，收益率也不同，在同一风险水平上的收益率数值才具有可比性。资产组合风险水平的高低应取决于投资者的风险承受能力的大小。超过投资者的风险承受能力进行投资，即使获得高收益也是不可取的。对于获得的收益也应区分哪些是组合管理者主观努力的结果，哪些是市场客观因素造成的。如在强劲的牛市中，市场平均收益率为 50%，那么，即使某资产组合盈利率为 35%，组合管理者的经营能力仍然要被认为是不合格的；而在大熊市中，如果市场指数下跌了 50%，而某资产组合资产净值下降 35%，也可以说是表现相当不错的。传统的证券组合管理理论采用的证券分析方法，更多的是依靠证券分析师个人的经验判断，是一种非数量化、非标准化的方法。而现代证券组合理论则是一种典型的数量化、标准化的方法，是建立在现代统计技术和严格的数学模型基础上的。经过几十年的发展，现代证券组合理论已经成为在投资学领域占主导地位的理论。1952 年哈理·马柯维茨发表了一篇题为《证券组合选择》的论文，标志着现代证券组合理论的开端。马柯维茨考虑的问题是单期投资问题，即投资者在某个时间（称为期初）用一笔自有资金购买一组证券并持有一段时期（称为持有期），在持有期结束时（称为期末），投资者出售他在期初购买的证券并将收入用于消费或再投资。马柯维茨在考虑这一问题时第一次对证券投资中的风险因素进行了正规的阐述。他注意到：一个典型的投资者不仅希望“收益高”，而且希望“收益尽可能确定”。这意味着：投资者在寻求“预期收益最大化”的同时追求“收益的最小的不确定性”，在期初进行决策时，必然力求使这两个相互制约的目标达到某种平衡。

三、现代证券投资组合理论基础

以标准化的数量分析为基础的现代证券投资组合管理理论，是基于以下几个方面的基本认识而建立起来的：

（一）证券投资风险

不同的投资方式会带来不同的投资风险，风险产生的原因和程度也不尽相同，总体上按风险产生的原因可将风险分为以下几大类：

（1）市场风险

这是金融投资中最普遍、最常见的风险，无论投资于股票、债券、期货、期权、票据、外币、基金等有价证券，还是投资于房地产、贵重金属、国际贸易等有形资产，或是其他实体项目，几乎所有投资者都必须承受这种风险。市场风险来自市场买卖双方供求不平衡引起的价格波动，这种波动使得投资者在投资到期时可能得不到投资决策时所预期的收益。

（2）通货膨胀风险

投资收益可分为名义收益和实际收益，投资者一般更为关注实际收益。名义收益和实际收益的差别通过通货膨胀来反映。通货膨胀可分为“期望型”和“意外型”。前者是投资者根据以往的数据资料对未来通货膨胀的预计，也是他们对未来投资索求补偿的依据和基础；而后者则是他们始料不及的，也不可能得到任何补偿。短期债券和具有浮动利率的中长期债券由于考虑了通货膨胀补偿，因而可以降低期望型通货膨胀风险；股票、期权以及固定利率的长期债券的投资者则同时承受这两种风险，期限越长，通货膨胀风险越大。

（3）利率风险

利率提高，债券的机会成本增加，因而债券的价格与利率呈反向变动。利率升高，债券价格便下降。利率风险涉及面广，辐射度强，影响力大，时效长，债券价格频繁、强烈地受到利率变化的作用和制约。从对利率变化的敏感度讲，长期债券要大于短期债券，无息债券要大于有息债券，低息债券要大于高息债券，一次性付息债券要大于分期付息债券。当利率变化引起公司债券价格变动时，一方面反映出利率变化本身的影响，另一方面还反映利率变化对公司自身经营状况的影响。通常债券的期限越长，利率风险也会越大。

（4）汇率风险

任何从事于国际投资、对外贸易或外汇交易的投资者都会承担这种风险。外汇汇率由于受制于各国政府货币政策、财政政策、外贸政策以及国际市场上供给与需求平衡而频繁变动，因此当投资者投资于以外币为面值发行的有价证券时，他们除了要承担与其他证券相同的风险外，还要承担货币兑换的额外风险。由于未曾预料到的汇率变动，当他们将收益转换为本国货币时，可能与原先的预期相去甚远。

（5）政治风险

各国的金融市场都与其国家的政治局面、经济运行、财政状况、外贸交往、投资气候等息息相关，因此投资于外国有价证券时，投资者除了承担汇率风险外，还面临政治风险。对于一般政局不稳的小国，投资者往往预期它有较高的政治风险。

（6）偶然事件风险

这是一种突发性风险，其剧烈程度和时效性因事而异。如自然灾害、异常气候、战争危险的出现可能影响期货的价格；政府的货币政策和外贸政策的变化可能导致汇率的波动和外汇投资的损失；法律诉讼、专利申请、高层改组、兼并谈判、产品未获批准、信用等级下降等意外事件的发生，可能引起股票、债券价格的急剧变化，这些都是投资者在进行投资决策时无法预料的。每个投资者都有可能遇到这类偶然事件导致的风险。

（7）流动性风险

这是股票、债券所必须面对的另一种风险，它通常与偶然事件风险紧密相连。当有关公司的不幸消息进入市场时，有时会立刻引起轩然大波，投资者争先恐后地抛售其股票，致使私人投资者无法及时脱手手中的股票。

（8）违约风险

违约风险是指证券交易中的一方向另一方承诺，在未来一段时间内按照有关契约履行义务向其支付一定金额，然而当一方现金周转不灵、财务出现危机甚至故意违约不履行支付义务时，这种事先的承诺就可能无法兑现，从而使对方蒙受损失。这也是证券投资者普遍面临的一种风险。

（9）破产风险

这是股票、公司债券特别是中小型或新创公司的投资者必须面对的风险。当有限公司由于经营管理不善、操作运转不良，或其他原因导致负债累累，难以维持时，它可能申请法律保护，策划公司重组，甚至宣布倒闭。因此当破产风险表现为公司破产时，投资者可能血本无归。投资于政府债券则一般不会有破产风险。

（二）系统风险与非系统风险

按风险的性质以及应付的措施不同，可将投资的总风险分为系统风险和非系统风险。在数量上，总风险等于系统风险和非系统风险之和。系统风险是与市场的整体运动相关联的，通常表现为某个领域、某个金融市场或某个行业部门的整体变化。它的断裂层大，涉及面广，往往使整个一类或一组证券产生价格波动。这类风险因其来源于宏观因素变化对市场整体的影响，因而亦被称为“宏观风险”。前面提及的市场风险、贬值风险、利率风险、汇率风险和政治风险均属此类。非系统风险，则基本上只同某个具体的股票、债券相关联而与其他有价证券无关，也就同整个市场无关。这种风险来自企业内部的微观因素，因而亦被称为“微观风险”。前面提到的偶然事件风险、破产风险、流通风险、违约风险等均属此类。应付这两类风险的措施是不同的，对于非系统风险，可采用分散投资来弱化甚至消除。令人遗憾的是，分散投资丝毫不能改善宏观水平上的投资系统风险。人们通常可以看到，当股市面临崩盘或重大修正时，只有极少数股票幸免于难，即使是投资完全分散化的共同基金也不例外，但完全分散化可以在消除非系统风险的同时使系统风险趋于正常的平均水平——市场整体水平。那么如何才能有效地降低系统风险呢？一种办法是将风险证券与无风险证券进行投资组合，当增加无风险证券的投资比例时，系统风险将降低，极端的情况是将全部资金投资于无风险证券上，这时风险便全部消除。但是绝对的无风险证券实际上是不存在的，即便将钱存入银行也要承担利率风险和贬值风险。另一种办法是实际证券组合管理常用的方法——套期保值。它的基本思想是把两个反向运动的东西串联在一起，使它们互为消长，抵消损失。这种思想实现的根本途径就是进行时间分散的投资，因而“衍生工具”便应运而生。从收益与风险关系来看，系统风险可以带来收益的补偿，而非系统风险则得不到收益补偿。因而人们常常义无反顾地要求降低非系统风险。对于系统风险，人们则须根据自己的风险承受能力决定承担多大的系统风险以期获得相应的收益，通过投资选择使系统风险处于自己认为最满意的位置。

第二节　证券投资组合管理的应用

一、必须确定组合应达到的目标

证券组合的目标，不仅是构建和调整证券资产组合的依据，同时也是考核组合管理业绩好坏的基准。总体上而言，证券组合的目标包括两个方面：一是收益目标，包括保证本金的安全，获得一定比例的资本回报以及实现一定速度的资本增长等；二是风险控制目标，包括对资产流动性的要求以及最大损失范围的确定等。

确定证券资产组合目标，必须因人、因时、因地而异。因人而异，是指必须综合考虑投资者的各种制约条件和偏好。因时而异，主要应考虑两个方面：一是市场发展的阶段，二是各个时期的政治、经济和社会环境。因地而异，主要应考虑所在地区的证券交易费用、政府对证券组合管理的政策规范以及税收政策等。

二、证券组合的构建

这是实施证券组合管理的核心步骤，直接决定组合效益和风险的高低。证券组合的构建过程一般包括如下环节：

（1）界定证券组合的范围。大多数投资者的证券组合主要是债券、股票。但是，近年来，国际上投资组合已出现综合化和国际化的趋势。

（2）分析判断各个证券和资产的类型的预期回报率及风险。在分析比较各证券及资产投资收益和风险的基础上，选择何种证券进行组合则要与投资者的目标相适应。

（3）确定各种证券资产在证券资产组合中的权重。这是构建证券组合的关键性步骤。

三、证券组合调整

证券市场是复杂多变的，每种证券的预期收益和风险，都要受到多种内外因素变动的影响。为了适合既定的投资组合目标要求，必须选择恰当的时机，对证券组合中的具体证券品种做出必要的调整变换，包括增加有利于提高证券组合效益或降低证券组合风险的证券品种，剔除对提高证券组合效益或降低证券组合风险不利的证券品种。

四、证券组合资产业绩的评估

这是证券组合管理的最后一环。证券组合资产业绩评价是对整个证券资产组合收益与风险的评价。评价的对象是证券组合整体，而不是组合中的某个或某几个证券资产；评价的内容不仅包括收益的高低，还包括风险的大小。

上述四个阶段是相互联系的，在时间上相互衔接，前一个阶段为下一个阶段的工作创造条件，后一个阶段则是上一个阶段的继续。从长期看，证券组合的四个阶段又是循环往复的，一个时期证券组合的绩效评估反过来又是确定新的时期证券组合目标的依据。

第三节　传统的证券组合管理与现代证券组合管理

传统的证券投资组合管理，重点放在决定投资者本身的限制条件问题上，根据投资者对证券投资收益的需求，从经常收入和资本增值方面来研究如何进行证券组合，以满足投资者的目的。且其分析着眼点大都仍然是个体证券，即依据对个体证券资产投资收益和风险的分析和比较，在投资者可支配资源的范围内，选择那些个体投资收益较高而风险较低的证券资产，从而构成一个证券资产组合。这种管理总体上看还只是个体证券投资管理的外延扩张，而没有质的变化。

现代投资组合管理，从实现证券资产组合总体的预期收益最大化或风险最小化出发，不仅关心个体证券资产的预期收益和风险，更重视所选证券资产投资收益和风险的相互关系，即依据对证券资产组合总体收益和风险的分析评价，在投资者可支配资源的范围内，选择那些能使证券资产组合总体投资收益最大化或风险最小化的证券资产，从而构成一个证券资产组合。这种管理已不再是个体证券投资管理的简单外延，其出发点、目标以及分析手段等都不同于对个体证券的投资分析。

值得指出的是，不能简单地将传统的证券投资组合管理等于过时的，而把现代的证券投资组合管理说成是唯一科学的。一方面，现代组合方法不可能完全替代传统的组合管理方法；另一方面，传统的组合管理也可以借鉴许多现代证券组合管理的思想、技术方法以及其他一些学科的方法来加以改进，从而增加其适用性。

重要概念

系统风险　非系统风险

思考题

1. 一个理性的投资者如何进行投资组合的选择？
2. 为什么说系统风险无法通过投资组合来分散？

/21世纪高等院校精品规划教材/

经济法概论

JINGJIFA GAILUN

JINGJIFA GAILUN JINGJIFA GAILUN

李裕琢 主 编

周广平 肖 琳 陈 松 李 岳 副主编

西南财经大学出版社

图书在版编目(CIP)数据

经济法概论/李裕琢主编．—成都：西南财经大学出版社，2011.7
(2013.6 重印)
ISBN 978 -7 -5504 -0329 -1

Ⅰ.①经… Ⅱ.①李… Ⅲ.①经济法—中国—高等学校—教材
Ⅳ.①D922.29

中国版本图书馆 CIP 数据核字(2011)第 128800 号

经济法概论

李裕琢 主编

责任编辑:张明星
助理编辑:涂洪波
封面设计:墨创文化
责任印制:封俊川

出版发行	西南财经大学出版社(四川省成都市光华村街 55 号)
网　　址	http://www.bookcj.com
电子邮件	bookcj@foxmail.com
邮政编码	610074
电　　话	028 -87353785　87352368
印　　刷	四川森林印务有限责任公司
成品尺寸	185mm×260mm
印　　张	17.5
字　　数	400 千字
版　　次	2011 年 7 月第 1 版
印　　次	2013 年 6 月第 2 次印刷
印　　数	3001— 5000 册
书　　号	ISBN 978 -7 -5504 -0329 -1
定　　价	33.00 元

前言

经济法是经济、管理类各专业的基础课，在课程体系中占有重要一席。近年来，一些重要的经济法律以及与之相关的法律被制定或修改，主要有：2005年，《中华人民共和国公司法》、《中华人民共和国证券法》进行了修订；2006年，《中华人民共和国合伙企业法》进行了修订，《中华人民共和国企业破产法》制定通过；2007年，《中华人民共和国民事诉讼法》进行了修正，《中华人民共和国物权法》、《中华人民共和国企业所得税法》、《中华人民共和国反垄断法》制定通过；2008年，《中华人民共和国专利法》进行了修正；2011年2月25日，《中华人民共和国车船税法》制定通过。本书对上述最新的立法内容进行了系统的呈现。

本书共十五章，内容包括：经济法基础理论、公司法、合伙企业法与个人独资企业法、外商投资企业法、企业破产法、合同法、工业产权法、竞争法、消费者权益保护法、产品质量法、证券法、票据法、税法、会计法与审计法、程序法。本书在编写上力求做到层次清晰、详略得当、简明实用，注重理论性与实践性的统一。

本书由李裕琢任主编。具体编写分工如下：李裕琢编写第二章、第六章；周广平编写第十二章、第十三章、第十四章；肖琳编写第八章、第九章、第十章；陈松编写第一章、第三章、第五章；李岳编写第四章、第七章、第十一章、第十五章。

本书既适用于高等院校经济、管理类本科专业经济法课程的教学，也可以作为高职高专院校、成人院校的教学用书，同时也是广大法律实务工作者、经济法爱好者学习的理想读本。本书在编写过程中参考了众多专家、学者的著作，在此表示诚挚的谢意！受编写时间和编者水平所限，书中的不足之处在所难免，敬请读者不吝指正。

编者

2011年4月

目 录

第一章　经济法基础理论

第一节　经济法的概念和调整对象

一、经济法的产生和发展

（一）经济法的产生

1755年，法国著名空想社会主义者摩莱里在《自然法典》一书中首先使用“经济法”这一概念，其调整对象只限于分配领域。1843年，法国的著名空想社会主义者德萨米在《公有法典》一书中将“分配法和经济法”作为专章加以论述。法国小资产阶级思想家蒲鲁东于1865年在《工人阶级的政治能力》一书中说：“经济法是政治法和民法的补充和必然产物。”莱特在德国1906年创刊的《世界经济年鉴》中，使用了“经济的法”一词，现代经济法的术语即由此提出。

此后，20世纪10年代和20年代初，德国法学家赫德曼等发表了一系列关于经济法的论文。1916年，赫德曼在《经济学字典》中使用了“经济法”一词，他认为经济法是经济规律在法律上的反映。到20世纪20年代，德国出版了多种经济法的教科书和读物，标志经济法作为一门学问产生了。

（二）经济法的发展

1. 资本主义国家经济法的发展

19世纪末，在主要资本主义国家垄断逐渐形成并迅速发展，其中以德国、美国最为典型。市场经济讲求自由竞争，但垄断却极大地阻碍了竞争，所以各国纷纷出台相应的法律法规，用以调整垄断与竞争的关系。如美国于1890年通过了第一部反垄断法，即《谢尔曼法》，1904年又通过了《克莱顿法》和《联邦贸易委员会法》，德国1896年制定了《反不正当竞争法》等。

第一次世界大战后，德国等战败国国民经济崩溃，接踵而来的又是世界性的经济危机，资本主义国家不得不采取经济立法的手段来应付和摆脱危机。这场危机使那些个别的、局部的法律调整不起作用，迫使资产阶级政府必须从基本经济政策上、从总体上综合调节国民经济。20世纪30年代美国的“罗斯福新政”是这一时期的代表，其颁布实行了一大批经济法规，大都是规定国家调节国民经济内容的。

第二次世界大战以后，资本主义世界相对稳定，经济发展速度较快，国际间的交往更多，这要求经济立法的世界一体化。因此，出现了大量的国际经济立法，如《国际货物销售合同公约》等。

2. 中国经济法的发展

新中国的经济法是在新民主主义革命时期各革命根据地经济立法的基础之上的继承和发展。1978 年党的十一届三中全会以后，由于国家工作重点转移到经济建设上来，为适应经济体制改革和对外开放的需要，经济立法取得了空前的发展。1992 年年底，党的十四大作出了在中国建立社会主义市场经济体制的历史性决策。党的十四大报告明确指出，高度重视法制建设是建设社会主义市场经济体制的迫切要求，同时进行了关于“市场经济就是法治经济”的讨论。1993 年 3 月，第八届全国人民代表大会第一次会议又决定以宪法的形式肯定这一决策。宪法中还明确规定了“加强经济立法、完善宏观调控”的任务。党的十四大和第八届全国人民代表大会第一次会议之后，全国人民代表大会常务委员会继续加强经济立法工作，这使得我国经济立法面临着从未有过的大好形势。党的十四届三中全会又在《中共中央关于建立社会主义市场经济体制若干问题的决定》中，对加强法制建设作了更为系统和明确的要求。我国已经在经济管理、企业和投资、经济活动、维护公平竞争等方面建立了经济法的框架。但我国所订立的经济法律法规还存在着一定的缺陷，有待于完善。

二、经济法的概念

在我国理论界，对经济法的概念争议较大。一般认为，经济法是调整一定范围经济管理关系和经济协作关系的法律规范的总称。主要是国家为了克服市场调节的盲目性和局限性而制定的调整全局性的、社会公共性的、需要国家干预的经济关系的法律规范的总称。简单地说，经济法是调整因国家对经济活动的管理所产生的社会经济关系的法律规范的总称。它具有以下几个特征：

（1）经济法是在市场经济体制条件下国家调控经济的法律。

（2）经济法是矫正市场失灵、与民商法一起调整市场经济的法律。

（3）经济法是调整“一定范围”经济关系的法律规范的总称。

（4）经济法是经济法律规范的总称。

经济法的形式是由经济法的内容所决定的。由于经济法所调整的经济关系在门类上复杂多样，所以，它就不可能由一个或者几个法律规范组成，而是由许许多多不同形式的法律法规以及规范性文件所表述的经济法律规范构成的。也就是说，经济法是经济法律规范的总称。

三、经济法的调整对象

与经济法的概念相联系，经济法的调整对象是国家在对经济活动进行管理过程中所发生的社会关系。经济法调整的经济关系主要有以下几类：

（一）市场主体调控关系

市场主体调控关系，是指国家在对市场主体的活动进行管理以及市场主体在自身运行过程中所发生的社会关系。这里所说的市场主体，主要是指在市场上从事直接和间接交易活动的经济组织，如企业（独资企业、合伙企业、公司等）和非企业性经济组织。

（二）市场运行调控关系

市场运行调控关系，是指国家为了建立社会主义市场经济秩序，维护国家、生产经营者和消费者的合法权益而干预市场所发生的经济关系，如关于反不正当竞争、反垄断、产品质量、价格管理等方面的法律所涉及的关系。

（三）宏观经济调控关系

宏观经济调控关系，是指国家从长远和社会公共利益出发，对关系国计民生的重大经济因素，在实行全局性的管理过程中，与其他社会组织所发生的具有隶属性或指导性的社会经济关系。这种隶属或指导性关系既包括上下级组织之间的命令与服从、指导与被指导的关系，又包括同一级别组织之间在业务上的管理与执行的关系，主要包括产业调节、计划、国有资产管理等方面的关系。

（四）社会保障关系

社会保障关系，是指在对作为劳动力资源的劳动者实行社会保障过程中发生的经济关系。建立健全社会保障体系是社会主义经济发展的客观必然。通过制定和颁布实施有关经济法规，规范和明确应由以企业为主的各类经济组织所承担的责任和义务，保障劳动者的利益，充分开发和合理利用劳动资源，维护社会稳定。

第二节　经济法的基本原则

经济法的基本原则，是指能够体现经济法的本质和特征，贯穿于经济法律规范之中，并对经济立法、执法和司法及经济法学研究具有普遍意义的根本指导思想或准则。我国经济法的基本原则主要有：

一、适度干预原则

作为宏观调控主体的政府，所实施的宏观调控行为要适度，一是要维护竞争者的平等地位，二是要反对垄断，包括经济性垄断和行政性垄断。经济法要明确地反对任何导致垄断和限制竞争的行为，坚决制裁不公平竞争的行为。因此，经济法的全部规范都要体现国家适度干预的原则。

二、社会本位原则

社会本位是以维护社会公共利益为出发点和归宿的经济法的本位思想。社会公共利益满足程度与国家的宏观调控、经济个体的行为、市场的运行和社会分配行为等密切联系。作为经济法的基本原则，社会本位意味着经济法在调整固定资产投资、货币发行、产品质量控制、垄断和不正当竞争行为、消费者权益保护等关系时要以社会公共利益为本位。任何市场主体，在进行市场行为时都不能一味地追求自身利益的最大化而忽视对社会公共利益的关注，否则，也是对自己应当承担的社会责任的背离。

三、宏观效益原则

宏观调控的着眼点是如何提高宏观经济效益，而不直接过问某个企业的经济效益。经济法通过国家对经济运行的调控，目的就是要激励、促进和保护宏观经济效益的改善和提高。为了实现这一目的，就必须将讲求宏观经济效益作为经济法的基本原则，使经济主体的一切经济行为有利于宏观经济效益的增长。

四、兼顾效率与公平原则

“效率是社会能从其稀缺资源中得到最多东西的特性；公平是经济成果在社会成员中公平分配的特性。”经济法的公平与效率原则是要求经济法在调整市场行为时必须兼顾公平和效率，如果只要效率而忽视公平，社会就会出现混乱局面；如果只要公平而不要效率，社会就不会发展。但是，从经济学角度分析，效率和公平往往是不能兼顾的，一项政策的出台和实施要么重效率轻公平，要么重公平轻效率。经济法的作用就在于用法律的形式保护整个国民经济的效率和公平。在某一个阶段可以促进其中的一面，但就整体而言必须兼顾二者。

第三节　经济法的渊源和体系

一、经济法的渊源

经济法的渊源，是指经济法的表现形式，即经济法是由何种国家机关，依照什么方式或程序创制出来的，并表现为何种形式的法律文件。我国经济法的渊源主要有以下几种：

（一）宪法

宪法由国家最高权力机关——全国人民代表大会制定。宪法规定国家的根本制度和根本任务，是国家的根本大法，具有最高的法律效力，是经济法的重要形式。

（二）法律

法律是由全国人民代表大会及其常务委员会经一定立法程序制定的规范性文件。其效力和地位仅次于宪法，是制定其他规范性文件的依据。

（三）行政法规

行政法规是由国家最高行政机关——国务院制定、发布的规范性文件。行政法规通常冠以条例、办法、规定等名称。其地位次于宪法和法律，是一种重要的经济法的形式。

（四）地方性法规

省、自治区、直辖市的人民代表大会及其常务委员会在与宪法、法律和行政法规不相抵触的前提下，可以根据本地区情况制定、发布规范性文件即地方性法规。省、自治区人民政府所在地的市和经国务院批准的较大的市以及经济特区市的人民代表大会及其常务委员会在宪法、法律和行政法规允许范围内制定的适用于本地方的规范性文件，也属于地方性法规。

（五）民族自治地方自治条例和单行条例

民族自治地方（自治区、自治州、自治县）的人民代表大会有权依照当地民族的政治、经济和文化特点，制定自治条例和单行条例。

（六）特别行政区法

全国人民代表大会制定的特别行政区基本法以及特别行政区依法制定并报全国人民代表大会常务委员会备案的、在该特别行政区内有效的规范性法律文件，属于特别行政区法。

（七）规章

国务院各部委，省、自治区、直辖市人民政府，省、自治区人民政府所在地的市和国务院批准的较大的市以及经济特区市的人民政府在其职权范围内依法制定、发布的规范性文件属于规章。规章的效力低于宪法、法律和行政法规。

（八）国际条约

国际条约不属于国内法的范畴，但我国签订和加入的国际条约对于国内的国家机关、社会团体、企事业单位和自然人有约束力。因此，就其具有与国内法同样的拘束力而言，这些条约也是我国经济法的渊源。

二、经济法的体系

（一）经济法体系的涵义

经济法体系，是指由多层次的、门类齐全的经济法部门所组成的有机联系的统一体。经济法体系包括实然的经济法体系和应然的经济法体系两个层次。实然的经济法体系，是指由已有的经济法部门有机组合所形成的经济法系统；应然的经济法体系，是指由已有的和应有的经济法部门有机组合所形成的经济法系统。

（二）经济法体系的特点

经济法体系具有如下特点：

（1）经济法体系是由经济法部门组成的有机统一整体，构成要素是经济法部门。

（2）组成经济法体系的经济法部门是多层次且门类齐全的，其内容是分层次体现的全部经济法部门。

（三）经济法体系的结构

1. 市场主体法

市场主体法，如公司法、个人独资企业法、合伙企业法等。

2. 市场秩序法

市场秩序法，如反垄断法、反不正当竞争法、消费者权益保护法和产品质量法等核心法律制度和广告法、标准化法、招投标法、拍卖法、安全生产与社会保障法、市场准入与退出法、知识产权保护法等辅助法律制度。

3. 宏观调控法

宏观调控法，如产业调整法、计划法、投资法、财税法、金融法和国有资产管理法等。

4. 经济监管法

经济监管法，如金融市场监管法、技术、信息市场监管法、房地产市场监管法、劳动力市场监管法、公用事业监管法和会计与审计监管法等。

第四节　经济法律关系

一、经济法律关系的概念

法律关系是指法律规范在调整人们行为过程中形成的权利义务关系。经济法律关系是法律关系的一种，是指经济法主体在进行经济管理和经济活动过程中所形成的，由经济法加以确认的经济权利和经济义务关系。

经济法律关系的主要特征有：

（1）经济法律关系的主体主要是组织，即主要为国家机关、企事业单位、社会团体及其内部组织。

（2）经济法律关系是组织管理要素与财产要素相统一的法律关系。

（3）经济法律关系是国家意志与企业等社会组织意志直接协调结合的法律关系。

（4）经济法律关系是采取较严格的法定程序和法定形式的法律关系。一般采用书面形式，有的还要登记、鉴证、公证等。

二、经济法律关系的构成

经济法律关系和其他法律关系一样都是由三个要素所构成，即经济法律关系的主体、经济法律关系的客体和经济法律关系的内容。这三个要素互相联系，缺一不可，缺少其中任何一个要素，都不能构成经济法律关系。

（一）经济法律关系的主体

1. 经济法律关系主体的概念

经济法律关系的主体又称经济法主体，是指参加经济法律关系，享有经济权利和承担经济义务的当事人。

2. 经济法律关系主体的范围

具有一定的权利能力和行为能力，拥有进行经济活动所需要的财产或经费，并且参加经济管理和经济协作活动的当事人，都能成为经济法律关系的主体。经济法律关系主要有以下几类：

（1）国家机关。国家机关是行使国家职能的各种机关的通称。在经济法律关系的主体范畴中，国家机关，主要是指经济管理机关。具有经济管理职能的国家管理机关，可分为两大类：一类是按不同的经济部门来划分的部门性经济管理机关，如交通运输部、农业部、信息产业部等；另一类是职能性经济管理机关，如财政部、人力资源和社会保障部等，它们体现国家计划、组织、指挥、管理和调节的职能。

（2）企业和其他社会组织。企业是经济法主体中最主要的一类，是以营利为目的，从事商品生产、经营和服务的独立的社会经济组织。其他社会组织主要是指事业单位和社会团体。

（3）经济组织内部的职能机构或下属单位。经济组织内部一般都有职能部门和下属的分支机构或基层单位，表现为一定的隶属层次，如企业内部的职能科室、工厂中的车间、班组等。一个企业的经济效益在一定程度上取决于内部经济关系调整的好坏，在于内部各种机构以所属成员的能力是否得到了充分的发挥。因此，对内部机构实行法律保护，确认其地位和权限是非常重要的。当社会组织内部机构的关系用经济法律规范来调整时，内部机构就成为经济法律关系的主体。

（4）公民、个体工商户和农村承包经营户。公民、个体工商户和农村承包经营户除了可以作为民事主体以外，当他们在国家干预经济运行过程中与其他经济主体发生经济权利和经济义务时，即成为经济法律关系的主体。

（二）经济法律关系的客体

1. 经济法律关系客体的概念

经济法律关系的客体，是指经济法律关系主体之间的经济权利和经济义务所指向的对象。经济法律关系的客体是经济法律关系中不可缺少的要素。在经济法律关系中，如果缺少客体，则经济法律关系的权利和义务就无所指，就会虚空，从而经济法律关系也就无任何法律意义。

2. 经济法律关系客体的种类

（1）物。物是指具有一定的经济价值，可以由经济法主体控制和支配的物质财富。物是经济法律关系中最普遍的客体。物可以是自然物，如土地、矿藏、水流、森林等；也可以是人造物，如建筑物、机器等；还可以是财产物品的一般表现形式——货币及有价证券。

（2）行为。作为法律关系的客体不是指人们的一切行为，而是指法律关系的主体为达到一定目的所进行的作为（积极行为）或不作为（消极行为），如生产经营行为、经济管理行为、完成一定工作的行为和提供一定劳务的行为等。

（3）智力成果。智力成果是指人们通过脑力劳动创造的能够带来经济价值的精神财富，如著作、发现、发明、设计等，它们分别为著作权关系、发现权关系、发明权关系、商标权关系的客体。智力成果是一种精神形态的客体，是一种思想或者技术方案，不是物，但通常有物质载体，如书籍、图册、录像、录音等，就是记录、承载智力成果的物质形式。它的价值不在于它的物质载体价值，而在于它的思想或技术能够创造物质财富，带来经济效益，它是一种知识财富。

（三）经济法律关系的内容

1. 经济法律关系内容的概念

经济法律关系的内容，是指经济法主体所享有的经济权利和承担的经济义务。

2. 经济权利

经济权利，是指经济法主体依法具有自己为或不为一定行为和要求他人为或不为一定行为的资格。经济权利主要包括以下几种：

（1）经济职权。经济职权是指国家机关依法行使经济管理的职能对社会生产总过程进行计划、组织、指挥、监督和调节时所享有的权利，如经济立法权、经济决策权、经济监督权等。经济职权的产生基于国家授权或法律的直接规定，只有负有领导、组织与管理经济的职能的国家机关才享有经济职权。对于国家机关来说，这种职权既是权利又是义务，因此不可随意转让、放弃和抛弃。

（2）企业经营管理权。企业经营管理权是指企业进行生产经营活动时依法享有的权利。企业经营管理权的主要内容包括经营方式选择权、生产计划权、物资采购权、产品销售权、劳动管理权、物资管理权、人事管理权等。

（3）请求权。请求权是指经济法主体在其权益受到侵害时，依法享有要求侵权人停止侵权和要求有关国家机关保护其合法权益的权利。请求权主要包括要求赔偿权、请求调解权、申请仲裁权、经济诉讼权、申请破产权等。

3. 经济义务

经济义务，是指经济法主体在经济活动中依法必须为一定行为和不为一定行为的责任。经济义务主要包括：①遵守法律和行政法规的义务；②履行经济管理职责的义务；③接受和服从合法干预与管理的义务；④全面履行法律规定的义务或约定的义务；⑤不得侵犯其他经济法主体的合法权益的义务等。

三、经济法律关系的发生、变更和消灭

经济法律关系的发生，是指根据经济法律规范在经济法律关系主体之间形成一定的经济权利和经济义务关系；经济法律关系的变更，是指经济法律关系主体、内容或客体的变化；经济法律关系的消灭，是指经济法律关系主体之间的权利和义务关系的终止。

经济法律关系的发生、变更和消灭要求具备三个条件：①有相应的法律规范的依据；②有经济法律关系主体，这是法律权利与义务的实际承担者；③有法律事实出现。法律事实，是指由法律规范所确定的、能够产生法律后果，即能够直接引起法律关系发生、变更或者消灭的情况。法律规范和法律主体只是法律关系产生的抽象的、一般

的前提，并不能直接引起法律关系的变化；法律事实则是法律关系产生的具体条件，只有当法律规范规定的法律事实发生时，才会引起法律关系的发生、变更和消灭。法律事实是法律关系发生、变更和消灭的直接原因。

法律事实可以分为两大类：法律行为和法律事件。

法律行为是指以法律关系主体意志为转移、能够引起法律后果，即引起法律关系发生、变更和消灭的人们有意识的活动。它是引起法律关系发生、变更和消灭的最普遍的法律事实。①按法律行为的外在表现情况，法律行为可以分为作为和不作为两种形式。作为是指积极地实行具有法律意义的动作行为；不作为是指消极地不实行法律要求的动作行为。②按行为性质，法律行为可以分为合法行为和违法行为。合法行为引起法律关系的发生、变更和消灭的情况最为常见，如依法订立合同、录用职工；违法行为也可以引起法律关系的发生，如侵权行为可以引起民事诉讼和损害赔偿关系，违反行政法规可以引起行政处罚和行政处分关系，犯罪行为可以引起刑事诉讼和刑事处罚关系等。

法律事件是指不以人的主观意志为转移的，能够引起法律关系发生、变更和消灭的法定情况或者现象。事件可以是自然现象，如地震、洪水、台风等造成的自然灾害；也可以是某些社会现象，如战争爆发、重大政策的改变等，虽属人的行为引起，但其出现在特定法律关系中并不以当事人的意志为转移。自然灾害可以引起保险赔偿关系的发生或合同关系的解除；人的出生可以引起抚养关系、户籍管理关系的发生；人的死亡可以引起抚养关系、婚姻关系、劳务合同关系的消灭，继承关系的发生；重大社会变革可以引起多领域法律关系的变化。由自然现象引起的事实又称为绝对事件，由社会现象引起的事实又称为相对事件。它们的出现都是不以当事人的意志为转移的，具有不可抗力的特征。

第五节　经济法律责任

一、经济法律责任的概念和特征

（一）经济法律责任的概念

法律责任是指因违反了法定义务或约定义务而由行为人承担的不利后果。在国家干预和调控经济的过程中，经济法律关系主体如果因为故意或者过失而违反经济法律、法规，给其他组织或者个人造成损失的，也应承担不利的后果。所以，经济法律责任是指在国家干预和调控社会经济过程中，因经济法主体违反经济法律、法规而依法应承担的具有强制性的不利的法律后果。

（二）经济法律责任的特征

1. 经济法律责任具有否定性

经济法律责任是一种消极的、否定的法律义务，具有否定性。法律责任是一种法律义务，但并非所有的法律义务都是法律责任，因为法律义务既有积极的，又有消极的，既有肯定的，又有否定的。法律责任只是一种消极的、否定的法律义务，而不能同时包含积极的、肯定的法律义务。也就是说，法律责任是在政治上、道德上、法律上、主观上、客观上都应受到非难和谴责的。经济法律责任也同样具有这种消极性和否定性。

2. 经济法律责任具有单向性

经济法律责任是一种单向的、非对等的法律义务，具有单向性。从法律上讲，权利和义务是对等的，义务和义务也是对等的，但经济法律责任只是违法主体的单向义务，不存在对等性。

3. 经济法律责任具有法定性和强制性

经济法律责任是一种法定的强制性义务，具有法定性、强制性。纯粹法学派创始人凯尔森认为："法律责任的概念是与法律义务相关的概念，一个人在法律上对一定行为负责。或者他在此承担法律责任，意思就是，如果作相反行为，他应受到制裁。"从现代汉语上看，"义务"一词主要表示按法律规定应尽的责任，从一定意义上讲，责任和义务是相通的。因此，经济法律责任同其他法律责任一样，从本质上讲，它们都是一种法定的强制性义务。它是法律明文规定的义务，具有法定性；同时，它是由国家强制行为人接受的，又具有强制性、不可替代性。此外，行为人也是不能放弃履行这种强制性义务的。

4. 经济法律责任具有因果性

经济法律责任是因经济主体的违法行为所引起的因果性、后续性义务，具有因果性。经济法律责任不是凭空产生的消极义务，而是与经济法主体的先前行为存在因果关系。它既是后续义务，又是因果义务，没有经济法主体的违法行为，就不可能产生经济法律责任。因此，经济法律责任的消极性和否定性是因其经济违法行为的消极性和否定性所决定的。同时，经济法主体违反经济义务产生经济法律责任，而经济法律责任又必然使违法者产生了法定的第二义务或后续性义务。

5. 经济法律责任具有经济性

经济法律责任是在国家进行宏观调控和经济管理过程中产生的经济义务，具有经济性。经济法律责任同其他法律责任的主要区别或者根本区别就在于它是在国家干预和调节社会经济过程中产生的责任。这决定了经济法律责任的内容具有经济性。

二、经济法律责任的构成

经济法律责任的构成是认定经济法律责任时所必须考虑的因素。由于经济法律责任会给责任主体带来法定的不利后果，因此必须科学、合理地确定法律责任的构成，保证当事人双方的合法权益，以维持社会秩序、促进社会经济的发展。一般认为，经济法律责任的构成包括以下几个方面：

（一）主体必须有经济违法行为存在

经济违法行为不仅是产生经济法律责任的前提，而且也是承担经济法律责任的必备条件。经济法主体的违法行为既包括违反法定经济义务的行为，如逃税、抗税、骗税、生产伪劣产品、销售侵权产品等，也包括不正确地行使权利的行为，如超额罚款、擅自审批、擅自减免税款等；既包括作为的违法行为，如私设金融机构、诈骗贷款等，又包括不作为的经济违法行为，如玩忽职守等。

（二）主体的违法行为必须给国家、社会或个人造成损害事实

经济法律责任既是一种经济责任，又是一种社会责任。因为主体的经济违法行为给国家、社会或个人造成的损害，既包括经济的，也包括人身的；既包括有形的，也包括无形的；既包括现实的，也包括潜在的；既包括对国家和社会的，也包括对个人的。因此，经济法律责任从本质上讲具有经济性，但从实现方式来看未必都具有经济性。

（三）主体的经济违法行为与损害事实之间存在因果关系

主体要承担经济法律责任，不仅要有经济违法行为和损害事实，而且要求经济违法行为与损害事实之间必须具有内在的、必然的引起和被引起的关系。无论是管理、调控主体，还是管理和调控的受体，其违法行为与损害事实无关，或者说违法行为仅仅是损害事实产生的外部的、偶然的条件，一般就不应要求经济法主体承担经济法律责任。

（四）主体在主观上必须具有故意或者过失

主体要承担经济法律责任，不仅要具备客观方面的条件，还必须同时具备主观方面的条件，即要具备法定的故意或者过失的主观因素。所谓故意，是指主体对其经济违法行为具备明知的认识因素和希望或者放任的意志因素；所谓过失，是指主体对其经济违法行为是当知而因疏忽大意未知或已知但轻信能避免的心理态度。当然也有个别的经济违法行为，实行无过错责任原则，但这是特殊原则，并以法定为限。如国家机关及其工作人员在执行经济管理职权过程中，侵犯相对主体的经济权利时，应承担经济法律责任，而不论其主观上有无过错及其内容。

三、经济法律责任的实现方式

经济法主体的经济违法行为产生经济法律责任，而经济法律责任则是违法主体依法应承担的否定性经济义务，这种否定性经济义务应当是经济法律责任的内容。经济法律责任只能通过国家对违法主体实施一定的强制措施或者违法主体接受一定的法律制裁来实现或完成。经济法律责任的实现方式主要包括：经济制裁、行政制裁和刑事制裁。

（一）经济制裁

经济制裁，是指对违反经济法律、法规并依法应承担经济法律责任的单位和个人所采取的具有经济和财产权益内容的惩罚性措施。它是经济法律责任的主要承担方式，具有惩罚性和补偿性双重功能。经济制裁不同于民事制裁中的财产性惩罚措施，不能把经济制裁与民事制裁划等号或者混同。同时，经济制裁也具有独立性，而不是完全

从属于行政制裁或其他制裁。经济制裁主要适用于管理受体的经济违法行为而产生的经济法律责任。

（二）行政制裁

行政制裁，是指国家行政机关对违反经济法律、法规并依法应承担经济法律责任的行为人依行政程序而要求其承担的不利后果。行政责任包括行政处罚和行政处分。其中，行政处罚主要适用于公民、法人或者其他组织在国家干预经济过程中因不履行义务、不当履行义务或有违法行为时而对其所采取的制裁措施，如责令停产停业、吊销营业执照等；行政处分主要适用于行政机关工作人员在宏观调控和经济管理过程中因违反经济法律、法规而产生的经济法律责任，如警告、记过、记大过等。

（三）刑事制裁

刑事制裁，是指经济法律关系主体严重违反经济法律、法规，根据法律规定已经构成犯罪，并依法应当承担限制人身自由、剥夺财产，甚至剥夺生命的强制性刑事责任，是最严厉的一种制裁方式。

复习思考题

1. 什么是经济法？经济法有哪些特征？
2. 经济法的调整对象有哪些？
3. 经济法的基本原则有哪些？
4. 经济法律关系有哪些构成要素？
5. 什么是经济法律事实？经济法律事实包含哪些内容？
6. 经济法律责任的构成要件有哪些？

第二章　公司法

第一节　公司法概述

一、公司的概念和特征

（一）公司的概念

公司是依法设立的，以营利为目的的企业法人。

现代企业，按其财产组织形式和责任承担方式，可以划分为公司企业、合伙企业和个人独资企业三种基本类型。公司是现代企业的主要组织形式。

（二）公司的特征

1. 法定性

公司是依法设立的企业。公司的设立条件、设立程序和组织机构的设置须符合公司法及相关法律、法规的要求。

2. 营利性

公司是以营利为目的的企业。公司设立的目的在于通过生产经营活动来获取利润，并将所获得的利润分配给公司的股东。

3. 法人性

公司是具有法人资格的企业。我国的法人分为企业法人、机关法人、事业单位法人和社会团体法人。公司是企业法人，有独立的法人财产，享有法人财产权。

二、公司的种类

（一）以公司股东的责任范围为标准进行划分

以公司股东的责任范围为标准进行划分，可以将公司分为无限责任公司、有限责任公司、股份有限公司、两合公司和股份两合公司。

1. 无限责任公司

无限责任公司简称无限公司，是指全体股东对公司债务负无限连带清偿责任的公司。

2. 有限责任公司

有限责任公司简称有限公司，是指股东仅以其出资额为限对公司债务承担责任的公司。

3. 股份有限公司

股份有限公司简称股份公司，是指公司的全部资本划分为等额股份，股东以其所认购的股份为限对公司债务承担责任的公司。

4. 两合公司

两合公司，是指由一个以上的无限责任股东和一个以上的有限责任股东组成的公司。其中，无限责任股东对公司债务承担无限连带责任，有限责任股东仅以其出资额为限对公司债务承担责任。

5. 股份两合公司

股份两合公司，是指由无限责任股东和有限责任股东所组成，无限责任股东对公司债务负无限连带责任，有限责任部分的资本则划分为等额的股份，股东仅以其认购的股份为限对公司债务承担责任的公司。

我国公司的类型包括有限责任公司和股份有限公司。

（二）以公司的信用基础为标准进行划分

以公司的信用基础为标准进行划分，可以将公司分为人合公司、资合公司和人合兼资合公司。

1. 人合公司

人合公司，是指公司的信用基础在于公司股东的个人信用，而不在于公司资本数额的公司。无限责任公司即为人合公司。

2. 资合公司

资合公司，是指公司的信用基础在于公司资本的数额，而不在于公司股东个人信用的公司。股份有限公司即为资合公司。

3. 人合兼资合公司

人合兼资合公司，是指公司的信用基础既在于公司股东的个人信用，也在于公司资本数额的公司。两合公司即为人合兼资合公司。

（三）以公司之间的控制与支配关系为标准进行划分

以公司之间的控制与支配关系为标准进行划分，可以将公司分为母公司和子公司。

1. 母公司

母公司，是指因拥有其他公司一定比例的股份或者根据协议可以控制或支配其他公司的公司。

2. 子公司

子公司，是指股份被另一个公司所控制，或者依照协议被另一个公司所控制的公司。

母公司和子公司均具有法人资格，依法独立承担民事责任。

（四）按公司的内部管辖系统进行划分

按公司的内部管辖系统进行划分，可以将公司分为总公司和分公司。

1. 总公司

总公司亦称为本公司，是指管辖公司全部组织的总机构。

2. 分公司

分公司，是指被总公司所管辖的公司分支机构。

总公司具有法人资格，分公司不具有法人资格。分公司的民事责任由总公司承担。

（五）以公司资本筹集方式和出资转让方式的不同进行划分

以公司资本筹集方式和出资转让方式的不同进行划分，可以将公司分为封闭式公司和开放式公司。

1. 封闭式公司

封闭式公司，是指公司股东数额有最高人数的限制，公司的全部股份由设立时的股东所拥有，限制公司股份转让的公司。封闭式公司类似于有限责任公司。

2. 开放式公司

开放式公司，是指公司的股份向社会公开发行，股份可以自由转让、流通的公司。开放式公司类似于股份有限公司。

（六）以公司的国籍为标准进行划分

以公司的国籍为标准进行划分，可以将公司分为本国公司、外国公司和跨国公司。

1. 本国公司

本国公司，是指具有本国国籍，其行为受本国公司法调整的公司。

2. 外国公司

外国公司，是指依照外国法律在本国境外设立的公司。

3. 跨国公司

跨国公司，是指以一国为基地，通过对外直接投资，在其他国家或地区设立经营机构，从事跨国性的生产经营活动的公司。

三、公司法的概念和适用范围

（一）公司法的概念

公司法，是指规定公司的设立、组织、活动、变更、解散及其他对内对外关系的法律规范的总称。

《中华人民共和国公司法》（以下简称《公司法》），于1993年12月29日第八届全国人民代表大会常务委员会第五次会议通过，自1994年7月1日起施行。1999年12月25日第九届全国人民代表大会常务委员会第十三次会议对《公司法》进行了修正。2004年8月28日第十届全国人民代表大会常务委员会第十一次会议对《公司法》进行了第二次修正。2005年10月27日第十届全国人民代表大会常务委员会第十八次会议对《公司法》进行了修订。《公司法》共分13章219条。

（二）《公司法》的适用范围

《公司法》适用于依法在中国境内设立的有限责任公司和股份有限公司，以及外国公司在中国境内设立的分支机构。外商投资的有限责任公司和股份有限公司适用《公司法》；有关外商投资的法律另有规定的，适用其规定。

四、公司法的基本原则

（一）保护公司、股东、债权人和职工的合法权益原则

1. 保护公司的合法权益

公司的合法权益受法律保护，不受侵犯。《公司法》规定，董事、监事、高级管理人员执行公司职务时违反法律、行政法规或者公司章程的规定，给公司造成损失的，应当承担赔偿责任。

2. 保护公司股东的合法权益

《公司法》规定，公司董事、高级管理人员违反法律、行政法规或者公司章程的规定，损害股东利益的，股东可以向人民法院提起诉讼。

3. 保护公司债权人的合法权益

《公司法》所确立的公司法人人格否认制度，即体现了对公司债权人合法权益的保护。《公司法》规定，公司股东应当遵守法律、行政法规和公司章程，依法行使股东权利，不得滥用公司法人独立地位和股东有限责任损害公司债权人的利益。公司股东滥用公司法人独立地位和股东有限责任，逃避债务，严重损害公司债权人利益的，应当对公司债务承担连带责任。

4. 保护公司职工的合法权益

《公司法》规定，公司必须保护职工的合法权益，依法与职工签订劳动合同，参加社会保险，加强劳动保护，实现安全生产。公司依照宪法和有关法律的规定，通过职工代表大会或者其他形式，实行民主管理。公司研究决定改制以及经营方面的重大问题、制定重要的规章制度时，应当听取公司工会的意见，并通过职工代表大会或者其他形式听取职工的意见和建议。

（二）股东权责与公司权责相分离原则

公司股东依法享有资产收益、参与重大决策和选择管理者等权利。有限责任公司的股东以其认缴的出资额为限对公司承担责任；股份有限公司的股东以其认购的股份为限对公司承担责任。

公司是企业法人，有独立的法人财产，享有法人财产权。公司以其全部财产对公司的债务承担责任。

（三）依法经营原则

公司从事经营活动，必须遵守法律、行政法规，遵守社会公德、商业道德，诚实守信，接受政府和社会公众的监督，承担社会责任。

第二节 有限责任公司

一、有限责任公司的概念和特征

（一）有限责任公司的概念

有限责任公司简称有限公司，是指全部资本由股东出资构成，股东以其认缴的出资额为限对公司承担责任，公司以其全部财产对公司债务承担责任的企业法人。

（二）有限责任公司的特征

有限责任公司具有如下法律特征：

1. 股东责任的有限性

有限责任公司的股东以其认缴的出资额为限对公司承担责任。

2. 股东人数的限制性

《公司法》规定，有限责任公司的股东人数为50人以下。一个自然人或者一个法人可以出资设立一人有限责任公司。国家可以单独出资设立国有独资公司。

3. 公司资本的非等额性

有限责任公司的全部资本不划分为等额的股份，证明股东出资额的权利凭证为出资证明书，而非股票。

4. 封闭性

有限责任公司的股份不公开发行，股份转让受到一定的限制。有限责任公司的经营信息和财务状况无须向社会公开。

5. 机构设置的灵活性

《公司法》规定，股东人数较少或者规模较小的有限责任公司，可以设一名执行董事，不设董事会；可以设1~2名监事，不设监事会。

6. 资合兼人合性

有限责任公司的信用基础在于股东的出资及股东间的信任依赖关系。

二、有限责任公司的设立

（一）有限责任公司的设立条件

1. 股东符合法定人数

有限责任公司由50个以下股东出资设立。一个自然人或者一个法人可以出资设立一人有限责任公司。国家亦可单独出资设立国有独资的有限责任公司。

2. 股东出资达到法定资本最低限额

有限责任公司的注册资本为在公司登记机关登记的全体股东认缴的出资额。有限责任公司注册资本的最低限额为人民币3万元，法律、行政法规对有限责任公司注册资本的最低限额有较高规定的，从其规定。

有限责任公司股东可以用货币出资，也可以用实物、知识产权、土地使用权等可以用货币估价并可以依法转让的非货币财产作价出资。股东不得以劳务、信用、自然人姓名、商誉、特许经营权或者设定担保的财产等作价出资。全体股东的货币出资金额不得低于有限责任公司注册资本的30%。

有限责任公司全体股东的首次出资额不得低于注册资本的20%，也不得低于法定的注册资本最低限额，其余部分由股东自公司成立之日起2年内缴足。其中，投资公司可以在5年内缴足。

3. 股东共同制定公司章程

公司章程是由公司股东制定的、规范公司组织与活动的基本文件。有限责任公司章程应当载明下列事项：①公司名称和住所；②公司经营范围；③公司注册资本；④股东的姓名或者名称；⑤股东的出资方式、出资额和出资时间；⑥公司的机构及其产生办法、职权、议事规则；⑦公司法定代表人；⑧股东会会议认为需要规定的其他事项。公司章程对公司、股东、董事、监事、高级管理人员具有约束力。

4. 有公司名称，建立符合有限责任公司要求的组织机构

公司名称应当由以下部分依次组成：公司所在行政区划的名称、字号、行业或者经营特点、组织形式。设立有限责任公司，必须在公司名称中标明有限责任公司或者有限公司字样。

5. 有公司住所

有限责任公司以其主要办事机构所在地为住所。经公司登记机关登记的公司住所只能有一个。公司的住所应当在其公司登记机关辖区内。

（二）有限责任公司的设立程序

1. 制定公司章程

设立公司必须依法制定公司章程，股东应当在公司章程上签名、盖章。

2. 申请名称预先核准

设立有限责任公司，应当由全体股东指定的代表或者共同委托的代理人向公司登记机关申请名称预先核准。预先核准的公司名称保留期为6个月。预先核准的公司名称在保留期内，不得用于从事经营活动，不得转让。

3. 缴纳出资并验资

股东应当按期足额缴纳公司章程中规定的各自所认缴的出资额。股东以货币出资的，应当将货币出资足额存入有限责任公司在银行开设的账户；以非货币财产出资的，应当依法办理其财产权的转移手续。股东未按规定缴纳出资的，除应当向公司足额缴纳外，还应当向已按期足额缴纳出资的股东承担违约责任。股东缴纳出资后，必须经依法设立的验资机构验资并出具证明。

4. 申请设立登记

股东的首次出资经依法设立的验资机构验资后，由全体股东指定的代表或者共同委托的代理人向公司登记机关报送公司登记申请书、公司章程、验资证明等文件，申请设立登记。法律、行政法规规定设立有限责任公司必须报经批准的，应当在公司登

记前依法办理批准手续。

5. 登记发照

公司登记机关依法对设立登记申请进行审查，对符合法定的设立条件的，予以登记，发给公司营业执照；对不符合法定的设立条件的，不予登记。有限责任公司营业执照签发日期为其成立日期。公司营业执照应当载明公司的名称、住所、注册资本、实收资本、经营范围、法定代表人姓名等事项。

6. 法律责任

有限责任公司成立后，发现作为设立公司出资的非货币财产的实际价额显著低于公司章程所定价额的，应当由交付该出资的股东补足其差额，公司设立时的其他股东承担连带责任。

三、有限责任公司的组织机构

（一）股东会

1. 股东会的地位

有限责任公司的股东会由全体股东组成，是公司的权力机构。

2. 股东会的职权

有限责任公司的股东会行使下列职权：①决定公司的经营方针和投资计划；②选举和更换非由职工代表担任的董事、监事，决定有关董事、监事的报酬事项；③审议批准董事会的报告；④审议批准监事会或者监事的报告；⑤审议批准公司的年度财务预算方案、决算方案；⑥审议批准公司的利润分配方案和弥补亏损方案；⑦对公司增加或者减少注册资本作出决议；⑧对发行公司债券作出决议；⑨对公司合并、分立、解散、清算或者变更公司形式作出决议；⑩修改公司章程；⑪公司章程规定的其他职权。

3. 股东会会议制度

（1）股东会会议的召开。有限责任公司首次股东会会议由出资最多的股东召集和主持。股东会会议除首次会议外，分为定期会议和临时会议。定期会议应当按照公司章程的规定按时召开。代表 1/10 以上表决权的股东，1/3 以上的董事，监事会或者不设监事会的公司的监事可以提议召开临时会议。有限责任公司设立董事会的，股东会会议由董事会召集，董事长主持；董事长不能履行职务或者不履行职务的，由副董事长主持；副董事长不能履行职务或者不履行职务的，由半数以上董事共同推举一名董事主持。有限责任公司不设董事会的，股东会会议由执行董事召集和主持。董事会或者执行董事不能履行或者不履行召集股东会会议职责的，由监事会或者不设监事会的公司的监事召集和主持；监事会或者监事不召集和主持的，代表 1/10 以上表决权的股东可以自行召集和主持。召开股东会会议，应当于会议召开以前 15 日通知全体股东，但公司章程另有规定或者全体股东另有约定的除外。

（2）股东会的议事规则。股东会会议由股东按照出资比例行使表决权，但公司章程另有规定的除外。股东会的议事方式和表决程序，除《公司法》有规定的外，由公司章程规定。股东会会议作出修改公司章程、增加或者减少注册资本的决议，以及公司合并、分立、解散或者变更公司形式的决议，必须经代表 2/3 以上表决权的股东通过。股东会应当对所议事项的决定做成会议记录，出席会议的股东应当在会议记录上签名。

（3）股东会决议的无效和撤销。股东会的决议内容违反法律、行政法规的无效。股东会的会议召集程序、表决方式违反法律、行政法规或者公司章程，或者决议内容违反公司章程的，股东可以自决议作出之日起 60 日内，请求人民法院撤销。

（二）董事会

1. 董事会的地位

有限责任公司的董事会是由董事组成的公司业务执行机构。

2. 董事会的组成和董事的任期

（1）董事会的组成。有限责任公司董事会的成员为 3 ~ 13 人。两个以上的国有企业或者其他两个以上的国有投资主体投资设立的有限责任公司，其董事会成员中应当有公司职工代表；其他有限责任公司董事会成员中也可以有公司职工代表。董事会中的职工代表由公司职工通过职工代表大会、职工大会或者其他形式民主选举产生。董事会设董事长 1 人，可以设副董事长。董事长、副董事长的产生办法由公司章程规定。

（2）董事的任期。董事任期由公司章程规定，但每届任期不得超过 3 年。董事任期届满，连选可以连任。董事任期届满未及时改选，或者董事在任期内辞职导致董事会成员低于法定人数的，在改选出的董事就任前，原董事仍应当依照法律、行政法规和公司章程的规定，履行董事职务。

3. 董事会的职权

董事会对股东会负责，行使下列职权：①召集股东会会议，并向股东会报告工作；②执行股东会的决议；③决定公司的经营计划和投资方案；④制订公司的年度财务预算方案、决算方案；⑤制订公司的利润分配方案和弥补亏损方案；⑥制订公司增加或者减少注册资本以及发行公司债券的方案；⑦制订公司合并、分立、变更公司形式、解散的方案；⑧决定公司内部管理机构的设置；⑨决定聘任或者解聘公司经理及其报酬事项，并根据经理的提名决定聘任或者解聘公司副经理、财务负责人及其报酬事项；⑩制定公司的基本管理制度；⑪公司章程规定的其他职权。

4. 董事会会议制度

董事会会议由董事长召集和主持；董事长不能履行职务或者不履行职务的，由副董事长召集和主持；副董事长不能履行职务或者不履行职务的，由半数以上董事共同推举一名董事召集和主持。董事会应当对所议事项的决定做成会议记录，出席会议的董事应当在会议记录上签名。董事会决议的表决，实行一人一票。

5. 执行董事和经理

（1）执行董事。股东人数较少或者规模较小的有限责任公司，可以设一名执行董事，不设董事会。执行董事可以兼任公司经理。执行董事的职权由公司章程规定。

（2）经理。有限责任公司可以设经理，由董事会决定聘任或者解聘。经理对董事会负责，行使下列职权：①主持公司的生产经营管理工作，组织实施董事会决议；②组织实施公司年度经营计划和投资方案；③拟订公司内部管理机构设置方案；④拟订公司的基本管理制度；⑤制定公司的具体规章；⑥提请聘任或者解聘公司副经理、财务负责人；⑦决定聘任或者解聘除应由董事会决定聘任或者解聘以外的负责管理人员；⑧董事会授予的其他职权。公司章程对经理职权另有规定的，从其规定。经理列席董事会会议。

（三）监事会

1. 监事会的地位

有限责任公司的监事会是由监事组成的公司监督机构。

2. 监事会的组成和监事的任期

（1）监事会的组成。有限责任公司监事会成员不得少于 3 人。股东人数较少或者规模较小的有限责任公司，可以设 1 ~2 名监事，不设立监事会。监事会应当包括股东代表和适当比例的公司职工代表，其中职工代表的比例不得低于 1/3，具体比例由公司章程规定。监事会中的职工代表由公司职工通过职工代表大会、职工大会或者其他形式民主选举产生。监事会设主席 1 人，由全体监事过半数选举产生。监事会主席召集和主持监事会会议；监事会主席不能履行职务或者不履行职务的，由半数以上监事共同推举 1 名监事召集和主持监事会会议。董事、高级管理人员不得兼任监事。

（2）监事的任期。监事的任期每届为 3 年，任期届满，连选可以连任。监事任期届满未及时改选，或者监事在任期内辞职导致监事会成员低于法定人数的，在改选出的监事就任前，原监事仍应当依照法律、行政法规和公司章程的规定，履行监事职务。

3. 监事会、监事的职权

监事会、不设监事会的公司的监事行使下列职权：①检查公司财务；②对董事、高级管理人员执行公司职务的行为进行监督，对违反法律、行政法规、公司章程或者股东会决议的董事、高级管理人员提出罢免的建议；③当董事、高级管理人员的行为损害公司的利益时，要求董事、高级管理人员予以纠正；④提议召开临时股东会会议，在董事会不履行本法规定的召集和主持股东会会议职责时召集和主持股东会会议；⑤向股东会会议提出提案；⑥依法对董事、高级管理人员提起诉讼；⑦公司章程规定的其他职权。监事可以列席董事会会议，并对董事会决议事项提出质询或者建议。监事会、不设监事会的公司的监事发现公司经营情况异常，可以进行调查；必要时，可以聘请会计师事务所等协助其工作，费用由公司承担。

4. 监事会会议制度

监事会每年度至少召开一次会议，监事可以提议召开临时监事会会议。监事会的议事方式和表决程序，除《公司法》有规定的外，由公司章程规定。监事会决议应当经半数以上监事通过。监事会应当对所议事项的决定做成会议记录，出席会议的监事应当在会议记录上签名。

（四）董事、监事、高级管理人员的资格和义务以及责任的追究

1. 董事、监事、高级管理人员任职资格的限制

有下列情形之一的，不得担任公司的董事、监事、高级管理人员：①无民事行为能力或者限制民事行为能力；②因贪污、贿赂、侵占财产、挪用财产或者破坏社会主义市场经济秩序，被判处刑罚，执行期满未逾5年，或者因犯罪被剥夺政治权利，执行期满未逾5年；③担任破产清算的公司、企业的董事或者厂长、经理，对该公司、企业的破产负有个人责任的，自该公司、企业破产清算完结之日起未逾3年；④担任因违法被吊销营业执照、责令关闭的公司、企业的法定代表人，并负有个人责任的，自该公司、企业被吊销营业执照之日起未逾3年；⑤个人所负数额较大的债务到期未清偿。

公司违反上述规定选举、委派董事、监事或者聘任高级管理人员的，该选举、委派或者聘任无效。董事、监事、高级管理人员在任职期间出现上述所列情形的，公司应当解除其职务。

2. 董事、监事、高级管理人员的义务

董事、监事、高级管理人员应当遵守法律、行政法规和公司章程，对公司负有忠实义务和勤勉义务。董事、监事、高级管理人员不得利用职权收受贿赂或者其他非法收入，不得侵占公司的财产。

董事、高级管理人员不得有下列行为：①挪用公司资金；②将公司资金以其个人名义或者以其他个人名义开立账户存储；③违反公司章程的规定，未经股东会、股东大会或者董事会同意，将公司资金借贷给他人或者以公司财产为他人提供担保；④违反公司章程的规定或者未经股东会、股东大会同意，与本公司订立合同或者进行交易；⑤未经股东会或者股东大会同意，利用职务便利为自己或者他人谋取属于公司的商业机会，自营或者为他人经营与所任职公司同类的业务；⑥接受他人与公司交易的佣金归为己有；⑦擅自披露公司秘密；⑧违反对公司忠实义务的其他行为。

3. 责任的追究

（1）赔偿责任。董事、监事、高级管理人员执行公司职务时违反法律、行政法规或者公司章程的规定，给公司造成损失的，应当承担赔偿责任。

（2）股东诉讼。董事、高级管理人员执行公司职务时违反法律、行政法规或者公司章程的规定，给公司造成损失的，有限责任公司的股东可以书面请求监事会或者不设监事会的公司的监事向人民法院提起诉讼；监事执行公司职务时违反法律、行政法规或者公司章程的规定，给公司造成损失的，公司的股东可以书面请求董事会或者不设董事会的公司的执行董事向人民法院提起诉讼。监事会、不设监事会的公司的监事，或者董事会、执行董事收到股东书面请求后拒绝提起诉讼，或者自收到请求之日起30日内未提起诉讼，或者情况紧急、不立即提起诉讼将会使公司利益受到难以弥补的损害的，股东有权为了公司的利益以自己的名义直接向人民法院提起诉讼。董事、高级管理人员违反法律、行政法规或者公司章程的规定，损害股东利益的，股东可以向人民法院提起诉讼。

四、特殊形态的有限责任公司

（一）一人有限责任公司

1. 一人有限责任公司的概念

一人有限责任公司，是指只有一个自然人股东或者一个法人股东的有限责任公司。

2. 一人有限责任公司的特别规定

（1）注册资本。一人有限责任公司的注册资本最低限额为人民币 10 万元。股东应当一次足额缴纳公司章程规定的出资额。

（2）转投资的限制。一个自然人只能投资设立一个一人有限责任公司。该一人有限责任公司不能投资设立新的一人有限责任公司。

（3）登记注明事项。一人有限责任公司应当在公司登记中注明自然人独资或者法人独资，并在公司营业执照中载明。

（4）组织机构。一人有限责任公司不设股东会。股东作出相关决定时，应当采用书面形式，并由股东签名后置备于公司。

（5）连带责任。一人有限责任公司的股东不能证明公司财产独立于股东自己的财产的，应当对公司债务承担连带责任。

（二）国有独资公司

1. 国有独资公司的概念

国有独资公司，是指国家单独出资、由国务院或者地方人民政府授权本级人民政府国有资产监督管理机构履行出资人职责的有限责任公司。

2. 国有独资公司的组织机构

（1）股东会职权的行使。国有独资公司不设股东会，由国有资产监督管理机构行使股东会职权。国有资产监督管理机构可以授权公司董事会行使股东会的部分职权，决定公司的重大事项，但公司的合并、分立、解散、增减注册资本和发行公司债券，必须由国有资产监督管理机构决定，重要的国有独资公司合并、分立、解散、申请破产的，应当由国有资产监督管理机构审核后，报本级人民政府批准。

（2）董事会、经理。国有独资公司设立董事会，依照《公司法》的规定及国有资产监督管理机构的授权来行使职权。董事每届任期不得超过 3 年。董事会成员中应当有公司职工代表。董事会成员由国有资产监督管理机构委派，但董事会成员中的职工代表由公司职工代表大会选举产生。董事会设董事长一人，可以设副董事长。董事长、副董事长由国有资产监督管理机构从董事会成员中指定。国有独资公司设经理，由董事会聘任或者解聘，经国有资产监督管理机构同意，董事会成员可以兼任经理。国有独资公司的董事长、副董事长、董事、高级管理人员，未经国有资产监督管理机构同意，不得在其他有限责任公司、股份有限公司或者其他经济组织兼职。

（3）监事会。国有独资公司监事会成员不得少于 5 人，其中职工代表的比例不得低于 1/3，具体比例由公司章程规定。监事会成员由国有资产监督管理机构委派，但监事会中的职工代表由公司职工代表大会选举产生。监事会主席由国有资产监督管理机构从监事会成员中指定。监事会行使下列职权：①检查公司财务；②对董事、高级管理人员执行公司职务的行为进行监督，对违反法律、行政法规、公司章程或者股东会决议的董事、高级管理人员提出罢免的建议；③当董事、高级管理人员的行为损害公司的利益时，要求董事、高级管理人员予以纠正；④国务院规定的其他职权。

五、有限责任公司的股权转让

（一）对内转让

有限责任公司的股东之间可以相互转让其全部或者部分股权。

（二）对外转让

股东向股东以外的人转让股权，应当经其他股东过半数同意。股东应就其股权转让事项书面通知其他股东征求同意，其他股东自接到书面通知之日起满 30 日未答复的，视为同意转让。其他股东半数以上不同意转让的，不同意的股东应当购买该转让的股权，不购买的，视为同意转让。经股东同意转让的股权，在同等条件下，其他股东有优先购买权。两个以上股东主张行使优先购买权的，协商确定各自的购买比例；协商不成的，按照转让时各自的出资比例行使优先购买权。

公司章程对股权转让另有规定的，从其规定。

（三）强制执行转让

人民法院依照法律规定的强制执行程序转让股东的股权时，应当通知公司及全体股东，其他股东在同等条件下有优先购买权。其他股东自人民法院通知之日起满 20 日不行使优先购买权的，视为放弃优先购买权。

（四）股权回购

有下列情形之一的，对股东会该项决议投反对票的股东可以请求公司按照合理的价格收购其股权：①公司连续 5 年不向股东分配利润，而公司该 5 年连续盈利，并且符合法定的分配利润条件的；②公司合并、分立、转让主要财产的；③公司章程规定的营业期限届满或者章程规定的其他解散事由出现，股东会会议通过决议修改章程使公司存续的。

自股东会会议决议通过之日起 60 日内，股东与公司不能达成股权收购协议的，股东可以自股东会会议决议通过之日起 90 日内向人民法院提起诉讼。

（五）继承转让

自然人股东死亡后，其合法继承人可以继承股东资格，但公司章程另有规定的除外。

第三节 股份有限公司

一、股份有限公司的概念和特征

（一）股份有限公司的概念

股份有限公司简称股份公司，是指全部资本分为等额股份，股东以其认购的股份为限对公司承担责任，公司以其全部资产对公司的债务承担责任的企业法人。

（二）股份有限公司的特征

股份有限公司具有如下法律特征：

1. 股东责任的有限性

股份有限公司的股东以其认购的股份为限对公司承担责任。

2. 股东人数的下限性

股份有限公司的股东人数为 2 人以上。

3. 公司资本的等额性

股份有限公司的全部资本分为等额股份，证明股东所持股份的凭证为股票。

4. 开放性

股份有限公司的股份可公开发行，并可自由转让。公开发行股票的股份有限公司必须公告其财务会计报告。

5. 资合性

股份有限公司的信用基础在于公司的资本额，而非股东的个人信用。

二、股份有限公司的设立

（一）股份有限公司的设立条件

1. 发起人符合法定人数

设立股份有限公司，应当有 2 人以上 200 人以下为发起人，其中须有半数以上的发起人在中国境内有住所。发起人承担公司筹办事务。

2. 发起人认购和募集的股本达到法定资本最低限额

股份有限公司注册资本的最低限额为人民币 500 万元，法律、行政法规对股份有限公司注册资本的最低限额有较高规定的，从其规定。

股份有限公司采取发起设立方式设立的，注册资本为在公司登记机关登记的全体发起人认购的股本总额；公司全体发起人的首次出资额不得低于注册资本的 20%，其余部分由发起人自公司成立之日起 2 年内缴足，其中，投资公司可以在 5 年内缴足。股份有限公司采取募集方式设立的，注册资本为在公司登记机关登记的实收股本总额。

3. 股份发行、筹办事项符合法律规定

股份有限公司的股份发行、筹办事项应符合《公司法》及相关法律的规定。

4. 发起人制定公司章程，采用募集方式设立的经创立大会通过

股份有限公司章程应当载明下列事项：①公司名称和住所；②公司经营范围；③公司设立方式；④公司股份总数、每股金额和注册资本；⑤发起人的姓名或者名称、认购的股份数、出资方式和出资时间；⑥董事会的组成、职权、任期和议事规则；⑦公司法定代表人；⑧监事会的组成、职权、任期和议事规则；⑨公司利润分配办法；⑩公司的解散事由与清算办法；⑪公司的通知和公告办法；⑫股东大会会议认为需要规定的其他事项。

5. 有公司名称，建立符合股份有限公司要求的组织机构

设立股份有限公司，必须在名称中标明“股份有限公司”或者“股份公司”字样，并按法律规定建立相关的组织机构。

6. 有公司住所

股份有限公司以其主要办事机构所在地为住所。

（二）股份有限公司的设立程序

股份有限公司的设立，可以采取发起设立或者募集设立的方式。发起设立，是指由发起人认购公司应发行的全部股份而设立公司。募集设立，是指由发起人认购公司应发行股份的一部分，其余股份向社会公开募集或者向特定对象募集而设立公司。设立方式不同，设立程序亦有所不同。

1. 发起设立的程序

（1）签订发起人协议。设立股份有限公司，发起人应当签订发起人协议，明确各自在公司设立过程中的权利和义务。

（2）制定公司章程。以发起设立方式设立股份有限公司，由发起人制定公司章程。

（3）申请名称预先核准。设立股份有限公司，应当由全体发起人指定的代表或者共同委托的代理人向公司登记机关申请名称预先核准。

（4）股份的认缴。以发起设立方式设立股份有限公司的，发起人应当书面认足公司章程规定其认购的股份。一次缴纳的，应缴纳全部出资；分期缴纳的，应缴纳首期出资。以非货币财产出资的，应当依法办理其财产权的转移手续。发起人不按规定缴纳出资的，应当按照发起人协议承担违约责任。

（5）组建公司机构。发起人首次缴纳出资后，应当选举董事会和监事会。

（6）申请设立登记。由董事会向公司登记机关报送公司章程、由依法设定的验资机构出具的验资证明以及法律、行政法规规定的其他文件，申请设立登记。

（7）登记发照。公司登记机关依法对设立登记申请进行审查，对符合法定的设立条件的，予以登记，发给公司营业执照；对不符合法定的设立条件的，不予登记。股份有限公司营业执照签发日期为其成立日期。

2. 募集设立的程序

募集设立的程序与发起设立的程序基本相同，其特殊之处在于：

（1）发起人认购股份。以募集设立方式设立股份有限公司的，发起人认购的股份不得少于公司股份总数的35%，但法律、行政法规另有规定的，从其规定。

（2）认股人认股。发起人向社会公开募集股份，必须公告招股说明书，并制作认股书。认股人按照所认购股数缴纳股款。发行股份的股款缴足后，必须经依法设立的验资机构验资并出具证明。

（3）召开创立大会。创立大会是在股份有限公司募集设立过程中由发起人、认股人所组成的决议机构。发起人应当自股款缴足之日起 30 日内主持召开公司创立大会。发起人应当在创立大会召开前 15 日将会议日期通知各认股人或者予以公告。创立大会应有代表股份总数过半数的发起人、认股人出席，方可举行。创立大会行使下列职权：①审议发起人关于公司筹办情况的报告；②通过公司章程；③选举董事会成员；④选举监事会成员；⑤对公司的设立费用进行审核；⑥对发起人用于抵作股款的财产的作价进行审核；⑦发生不可抗力或者经营条件发生重大变化直接影响公司设立的，可以作出不设立公司的决议。创立大会对上述事项作出决议，必须经出席会议的认股人所持表决权过半数通过。

（4）申请设立登记。董事会应于创立大会结束后 30 日内，向公司登记机关报送有关文件，申请设立登记。

三、股份有限公司的组织机构

（一）股东大会

1. 股东大会的地位和职权

股份有限公司股东大会由全体股东组成，是公司的权力机构。其职权范围与有限责任公司股东会的职权相同。

2. 股东大会会议制度

（1）股东大会会议的召开。股东大会会议分为年会和临时会议。股东大会应当每年召开一次年会。有下列情形之一的，应当在两个月内召开临时股东大会：①董事人数不足公司法规定人数或者公司章程所定人数的 2/3 时；②公司未弥补的亏损达实收股本总额 1/3 时；③ 单独或者合计持有公司 10% 以上股份的股东请求时；④董事会认为必要时；⑤监事会提议召开时；⑥公司章程规定的其他情形。

（2）股东大会会议的召集和主持。股东大会会议由董事会召集，董事长主持；董事长不能履行职务或者不履行职务的，由副董事长主持；副董事长不能履行职务或者不履行职务的，由半数以上董事共同推举一名董事主持。董事会不能履行或者不履行召集股东大会会议职责的，监事会应当及时召集和主持；监事会不召集和主持的，连续 90 日以上单独或者合计持有公司 10% 以上股份的股东可以自行召集和主持。

（3）股东大会会议的通知及提案。召开股东大会会议，应当将会议召开的时间、地点和审议的事项于会议召开前 20 日通知各股东；临时股东大会应当于会议召开前 15 日通知各股东；发行无记名股票的，应当于会议召开前 30 日公告会议召开的时间、地点和审议事项。无记名股票持有人出席股东大会会议的，应当于会议召开前 5 日至股东大会闭会时将股票交存于公司。单独或者合计持有公司 3% 以上股份的股东，可以在股东大会召开前 10 日提出临时提案并书面提交董事会；董事会应当在收到提案后 2 日内通知其他股东，并将该临时提案提交股东大会审议。临时提案的内容应当属于股东大会职权范围，并有明确议题和具体决议事项。

（4）股东大会会议的表决。股东出席股东大会会议，所持每一股份有一表决权。股东大会作出决议，必须经出席会议的股东所持表决权过半数通过。但是，股东大会作出修改公司章程、增加或者减少注册资本的决议，以及公司合并、分立、解散或者变更公司形式的决议，必须经出席会议的股东所持表决权的2/3以上通过。股东大会选举董事、监事，可以根据公司章程的规定或者股东大会的决议，实行累积投票制。累积投票制是指股东大会选举董事或者监事时，每一股份拥有与应选董事或者监事人数相同的表决权，股东拥有的表决权可以集中使用。

（二）董事会

1. 董事会的地位、组成和职权

股份有限公司设立的董事会，是公司的业务执行机构。董事会的成员为5～19人。董事会成员中可以有公司职工代表，董事会中的职工代表由公司职工通过职工代表大会、职工大会或者其他形式民主选举产生。董事会设董事长一人，可以设副董事长，副董事长协助董事长工作。董事长和副董事长由董事会以全体董事的过半数选举产生。股份有限公司董事会的职权与有限责任公司董事会的职权相同。

2. 董事会会议制度

（1）董事会会议的召开。董事会会议分为定期会议和临时会议。董事会每年度至少召开两次会议，每次会议应当于会议召开前10日通知全体董事和监事。代表1/10以上表决权的股东、1/3以上董事或者监事会，可以提议召开董事会临时会议。董事长应当自接到提议后10日内，召集和主持董事会会议。董事会召开临时会议，可以另定召集董事会的通知方式和通知时限。董事会会议由董事长召集和主持；董事长不能履行职务或者不履行职务的，由副董事长履行职务；副董事长不能履行职务或者不履行职务的，由半数以上董事共同推举一名董事履行职务。

（2）董事会会议的表决。董事会会议应有过半数的董事出席方可举行。董事会会议应由董事本人出席，董事因故不能出席，可以书面委托其他董事代为出席，委托书中应载明授权范围。董事会作出决议，必须经全体董事的过半数通过。董事会决议的表决，实行一人一票。

（3）责任的承担。董事会应当对会议所议事项的决定做成会议记录，出席会议的董事应当在会议记录上签名。董事应当对董事会的决议承担责任。董事会的决议违反法律、行政法规或者公司章程、股东大会决议，致使公司遭受严重损失的，参与决议的董事对公司负赔偿责任，但经证明在表决时曾表明异议并记载于会议记录的，该董事可以免除责任。

3. 经理

股份有限公司的经理，由董事会决定聘任或者解聘。《公司法》关于有限责任公司经理职权的规定，适用于股份有限公司的经理。公司董事会可以决定由董事会成员兼任经理。

（三）监事会

1. 监事会的地位、组成和职权

股份有限公司设监事会，其成员不得少于 3 人。监事会应当包括股东代表和适当比例的公司职工代表，其中职工代表的比例不得低于 1/3，具体比例由公司章程规定。监事会中的职工代表由公司职工通过职工代表大会、职工大会或者其他形式民主选举产生。监事会设主席一人，可以设副主席，监事会主席和副主席由全体监事过半数选举产生。董事、高级管理人员不得兼任监事。股份有限公司监事会的职权与有限责任公司监事会的职权相同。

2. 监事会会议制度

监事会主席召集和主持监事会会议；监事会主席不能履行职务或者不履行职务的，由监事会副主席召集和主持监事会会议；监事会副主席不能履行职务或者不履行职务的，由半数以上监事共同推举一名监事召集和主持监事会会议。监事会每 6 个月至少召开一次会议，监事可以提议召开临时监事会会议。监事会应当对所议事项的决定做成会议记录，出席会议的监事应当在会议记录上签名。

（四）董事、监事、高级管理人员的资格和义务

股份有限公司董事、监事、高级管理人员的资格和义务与有限责任公司的规定相同。

四、上市公司

（一）上市公司的概念和特征

1. 上市公司的概念

上市公司，是指其股票在证券交易所上市交易的股份有限公司。

2. 上市公司的特征

（1）上市公司是股份有限公司的一种。

（2）上市公司是股票在证券交易所获准上市交易的股份有限公司。

（二）上市公司组织机构的特别规定

1. 重大资产处置表决制度

上市公司在 1 年内购买、出售重大资产或者担保金额超过公司资产总额 30% 的，应当由股东大会作出决议，并经出席会议的股东所持表决权的 2/3 以上通过。

2. 独立董事制度

（1）独立董事的概念。上市公司独立董事是指不在公司担任除董事外的其他职务，并与其所受聘的上市公司及其主要股东不存在可能妨碍其进行独立客观判断的关系的董事。

（2）独立董事的任职条件。独立董事应当具备与其行使职权相适应的任职条件，担任独立董事应当符合下列基本条件：①根据法律、行政法规及其他有关规定，具备担任上市公司董事的资格；②具有独立性；③具备上市公司运作的基本知识，熟悉相

关法律、行政法规、规章及规则；④具有5年以上法律、经济或者其他履行独立董事职责所必需的工作经验；⑤公司章程规定的其他条件。

（3）独立董事任职资格的限制。独立董事必须具有独立性，下列人员不得担任独立董事：①在上市公司或者其附属企业任职的人员及其直系亲属、主要社会关系（直系亲属是指配偶、父母、子女等；主要社会关系是指兄弟姐妹、岳父母、儿媳女婿、兄弟姐妹的配偶、配偶的兄弟姐妹等）。②直接或间接持有上市公司已发行股份1%以上或者是上市公司前10名股东中的自然人股东及其直系亲属。③在直接或间接持有上市公司已发行股份5%以上的股东单位或者在上市公司前5名股东单位任职的人员及其直系亲属。④最近一年内曾经具有前三项所列举情形的人员。⑤为上市公司或者其附属企业提供财务、法律、咨询等服务的人员。⑥公司章程规定的其他人员。⑦中国证监会认定的其他人员。

（4）独立董事的特别职权。为了充分发挥独立董事的作用，独立董事除应当具有《公司法》和其他相关法律、法规赋予董事的职权外，上市公司还应当赋予独立董事以下特别职权：①重大关联交易（指上市公司拟与关联人达成的总额高于300万元或高于上市公司最近经审计净资产值的5%的关联交易）应由独立董事认可后，提交董事会讨论；②向董事会提议聘用或解聘会计师事务所；③向董事会提请召开临时股东大会；④提议召开董事会；⑤独立聘请外部审计机构和咨询机构；⑥可以在股东大会召开前公开向股东征集投票权。独立董事行使上述职权应当取得全体独立董事的1/2以上同意。

（5）独立董事的任期。独立董事每届任期与该上市公司其他董事任期相同，任期届满，连选可以连任，但是连任时间不得超过6年。

3. 董事会秘书制度

上市公司设董事会秘书，负责公司股东大会和董事会会议的筹备、文件保管以及公司股东资料的管理，办理信息披露事务等事宜。董事会秘书属于公司高级管理人员。

4. 关联董事表决权回避制度

上市公司董事与董事会会议决议事项所涉及的企业有关联关系的，不得对该项决议行使表决权，也不得代理其他董事行使表决权。该董事会会议由过半数的无关联关系董事出席即可举行，董事会会议所作决议须经无关联关系董事过半数通过。出席董事会的无关联关系董事人数不足3人的，应将该事项提交上市公司股东大会审议。

五、股份有限公司的股份发行和转让

（一）股份的概念和特征

1. 股份的概念

股份是股份有限公司股东持有的、代表股东权利义务的公司资本的基本构成单位。

2. 股份的特征

股份具有下列法律特征：

（1）不可分性。股份是公司资本的基本构成单位，具有不可分性。

（2）等额性。股份是对公司资本的等额划分，具有等额性。

（3）平等性。股份是股权的基础，具有权利上的平等性。

（4）可转让性。股东持有的股份可以依法转让。

（5）证券性。公司的股份采取股票的形式，股票是公司签发的证明股东所持股份的凭证。

（二）股份的发行

1. 股份发行的原则

股份的发行，实行公平、公正的原则，同种类的每一股份应当具有同等权利。同次发行的同种类股票，每股的发行条件和价格应当相同，任何单位或者个人所认购的股份，每股应当支付相同价额。

2. 股票发行价格

股票发行价格可以按票面金额，也可以超过票面金额，但不得低于票面金额。

3. 股票的形式和记载事项

股票采用纸面形式或者国务院证券监督管理机构规定的其他形式。股票应当载明下列主要事项：①公司名称；②公司成立日期；③股票种类、票面金额及代表的股份数；④股票的编号。股票由法定代表人签名，公司盖章。发起人的股票，应当标明“发起人股票”字样。

4. 股份发行的种类

股份发行，按照发行阶段可以分为设立发行和新股发行。公司发行新股，依照公司章程的规定由股东大会或者董事会对下列事项作出决议：①新股种类及数额；②新股发行价格；③新股发行的起止日期；④向原有股东发行新股的种类及数额。公司经国务院证券监督管理机构核准公开发行新股时，必须公告新股招股说明书和财务会计报告，并制作认股书。公司发行新股，可以根据公司经营情况和财务状况，确定其作价方案。公司发行新股募足股款后，必须向公司登记机关办理变更登记，并公告。

5. 记名股票与无记名股票

公司发行的股票，可以为记名股票，也可以为无记名股票。公司向发起人、法人发行的股票，应当为记名股票，并应当记载该发起人、法人的名称或者姓名，不得另立户名或者以代表人姓名记名。公司发行记名股票的，应当置备股东名册，记载下列事项：①股东的姓名或者名称及住所；②各股东所持股份数；③各股东所持股票的编号；④各股东取得股份的日期。发行无记名股票的，公司应当记载其股票数量、编号及发行日期。

（三）股份的转让

1. 股份转让的方式和场所

记名股票，由股东以背书方式或者法律、行政法规规定的其他方式转让，转让后由公司将受让人的姓名或者名称及住所记载于股东名册。无记名股票的转让，由股东将该股票交付给受让人后即发生转让的效力。股东转让其股份，应当在依法设立的证券交易场所进行或者按照国务院规定的其他方式进行。

2. 股份转让的限制

发起人持有的本公司股份，自公司成立之日起一年内不得转让。公司公开发行股份前已发行的股份，自公司股票在证券交易所上市交易之日起一年内不得转让。公司董事、监事、高级管理人员应当向公司申报所持有的本公司的股份及其变动情况，在任职期间每年转让的股份不得超过其所持有本公司股份总数的25%；所持本公司股份自公司股票上市交易之日起一年内不得转让；上述人员离职后半年内，不得转让其所持有的本公司股份。公司章程可以对公司董事、监事、高级管理人员转让其所持有的本公司股份作出其他限制性规定。

3. 股份的回购

公司不得收购本公司股份，但是，有下列情形之一的除外：①减少公司注册资本；②与持有本公司股份的其他公司合并；③将股份奖励给本公司职工；④股东因对股东大会作出的公司合并、分立决议持异议，要求公司收购其股份的。

第四节　公司债券与公司财务、会计

一、公司债券

（一）公司债券的概念

公司债券，是指公司依照法定程序发行、约定在一定期限还本付息的有价证券。基于公司债券的发行，即在债券持有人和公司之间形成了以还本付息为内容的债权债务法律关系。

（二）公司债券与股票的区别

1. 性质不同

债券表示的是债权，是债权凭证；股票表示的是股权，是股权凭证。

2. 收益不同

不论公司是否盈利，债券持有人均有权依事先约定的利率计取利息；股票持有人则是从公司利润中分取股息、红利。

3. 风险不同

债券持有人承担的风险相对于股票持有人要小。

4. 经营管理权利不同

债券持有人无权参与公司的经营管理；股票持有人则可以通过在股东大会上行使表决权，参与公司的经营管理。

（三）公司债券的种类

1. 记名公司债券和无记名公司债券

这是以公司债券上是否载明债券持有人的姓名或名称为标准进行划分的。记名公司债券，是指债券上载明债券持有人的姓名或名称的公司债券。无记名公司债券，是指债券上不载明债券持有人的姓名或名称的公司债券。公司债券，可以为记名债券，也可以为无记名债券。

2. 可转换公司债券和不可转换公司债券

这是以公司债券是否可转换成股票为标准进行划分的。可转换公司债券，是指债券持有人有权依照约定的条件将所持有的公司债券转换为发行公司股份的债券。不可转换公司债券，是指债券持有人不能将所持有的公司债券转换为发行公司股份的债券。发行可转换为股票的公司债券的，公司应当按照其转换办法向债券持有人换发股票，但债券持有人对转换股票或者不转换股票有选择权。

（四）公司债券的发行和转让

1. 公司债券的发行

发行公司债券，应当符合法定的发行条件。发行公司债券的申请经国务院授权的部门核准后，应当公告公司债券募集办法。公司以实物券方式发行公司债券的，必须在债券上载明公司名称、债券票面金额、利率、偿还期限等事项，并由法定代表人签名，公司盖章。公司发行公司债券应当置备公司债券存根簿。发行记名公司债券的，应当在公司债券存根簿上载明下列事项：①债券持有人的姓名或者名称及住所；②债券持有人取得债券的日期及债券的编号；③债券总额，债券的票面金额、利率、还本付息的期限和方式；④债券的发行日期。发行无记名公司债券的，应当在公司债券存根簿上载明债券总额、利率、偿还期限和方式、发行日期及债券的编号。

2. 公司债券的转让

公司债券可以转让，转让价格由转让人与受让人约定。公司债券在证券交易所上市交易的，按照证券交易所的交易规则转让。记名公司债券，由债券持有人以背书方式或者法律、行政法规规定的其他方式转让，转让后由公司将受让人的姓名或者名称及住所记载于公司债券存根簿。无记名公司债券的转让，由债券持有人将该债券交付给受让人后即发生转让的效力。

二、公司财务、会计

（一）公司的财务会计报告

公司应当依照法律、行政法规和国务院财政部门的规定建立本公司的财务、会计制度。公司应当在每一会计年度终了时编制财务会计报告，并依法经会计师事务所审计。财务会计报告应当依照法律、行政法规和国务院财政部门的规定制作。有限责任公司应当按照公司章程规定的期限将财务会计报告送交各股东；股份有限公司的财务会计报告应当在召开股东大会年会的20日前置备于本公司，供股东查阅。公开发行股票的股份有限公司必须公告其财务会计报告。

（二）公司的公积金

1. 公积金的概念

公积金，是指公司为弥补亏损、扩大生产经营规模、增强财力的目的，依照法律、公司章程的规定或股东会的决议，从公司盈余或资本收益中提取的暂存于公司内部的储备金。

2. 公积金的种类

（1）法定公积金。公司分配当年税后利润时，应当提取利润的10%列入公司法定公积金。公司法定公积金累计额为公司注册资本的50%以上的，可以不再提取。

（2）任意公积金。公司从税后利润中提取法定公积金后，经股东会或者股东大会决议，还可以从税后利润中提取任意公积金。

（3）资本公积金。股份有限公司以超过股票票面金额的发行价格发行股份所得的溢价款以及国务院财政部门规定列入资本公积金的其他收入，应当列为公司资本公积金。

3. 公积金的用途

公积金用于弥补公司的亏损、扩大公司生产经营或者转为增加公司资本。但是，资本公积金不得用于弥补公司的亏损。法定公积金转为资本时，所留存的该项公积金不得少于转增前公司注册资本的25%。

（三）公司利润的分配

公司的利润，是指公司在一定时间内生产经营的财务成果。公司利润的分配，按以下顺序进行：

（1）弥补以前年度亏损，但不得超过法定的弥补年限。公司纳税年度发生的亏损，准予向以后年度结转，用以后年度的所得弥补，但结转年限最长不得超过5年。

（2）缴纳所得税。根据《中华人民共和国企业所得税法》的规定，企业所得税的税率为25%。

（3）弥补在税前利润弥补亏损之后仍存在的亏损。

（4）提取法定公积金。

（5）提取任意公积金。

（6）向股东分配股利。有限责任公司股东按照实缴的出资比例分取股利，但全体股东约定不按照出资比例分取股利的除外。股份有限公司按照股东持有的股份比例分配，但股份有限公司章程规定不按持股比例分配的除外。

第五节　公司合并、分立、增资、减资、解散和清算

一、公司合并和分立

（一）公司的合并

公司的合并，是指两个以上的公司依照法定程序合并为一个公司的法律行为。公司合并可以采取吸收合并或者新设合并。一个公司吸收其他公司为吸收合并，被吸收的公司解散。两个以上公司合并设立一个新的公司为新设合并，合并各方解散。

公司合并，应当由合并各方签订合并协议，并编制资产负债表及财产清单。公司应当自作出合并决议之日起10日内通知债权人，并于30日内在报纸上公告。债权人自接到通知书之日起30日内，未接到通知书的自公告之日起45日内，可以要求公司清偿债务或者提供相应的担保。公司合并时，合并各方的债权、债务，应当由合并后存续的公司或者新设的公司承继。

（二）公司的分立

公司的分立，是指一个公司依照法定程序分立为两个以上公司的法律行为。公司分立，其财产做相应的分割。公司分立，应当编制资产负债表及财产清单。公司应当自作出分立决议之日起10日内通知债权人，并于30日内在报纸上公告。公司分立前的债务由分立后的公司承担连带责任，但公司在分立前与债权人就债务清偿达成的书面协议另有约定的除外。

（三）登记事项的变化

公司合并或者分立，登记事项发生变更的，应当依法向公司登记机关办理变更登记；公司解散的，应当依法办理公司注销登记；设立新公司的，应当依法办理公司设立登记。

二、公司增资和减资

（一）公司增资

有限责任公司增加注册资本时，股东认缴新增资本的出资，依照设立有限责任公司缴纳出资的有关规定执行。股份有限公司为增加注册资本发行新股时，股东认购新股，依照设立股份有限公司缴纳股款的有关规定执行。

（二）公司减资

公司需要减少注册资本时，必须编制资产负债表及财产清单。公司应当自作出减少注册资本决议之日起10日内通知债权人，并于30日内在报纸上公告。债权人自接到通知书之日起30日内，未接到通知书的自公告之日起45日内，有权要求公司清偿债务或者提供相应的担保。公司减资后的注册资本不得低于法定的最低限额。

（三）变更登记

公司增加或者减少注册资本，应当依法向公司登记机关办理变更登记。

三、公司解散和清算

（一）公司的解散

公司因下列原因解散：

（1）公司章程规定的营业期限届满或者公司章程规定的其他解散事由出现。

（2）股东会或者股东大会决议解散。

（3）因公司合并或者分立需要解散。

（4）依法被吊销营业执照、责令关闭或者被撤销。

（5）人民法院依法解散公司。公司经营管理发生严重困难，继续存续会使股东利益受到重大损失，通过其他途径不能解决的，持有公司全部股东表决权 10% 以上的股东，可以请求人民法院解散公司。

（二）公司的存续

在公司章程规定的营业期限届满或者公司章程规定的其他解散事由出现的情况下，公司可以通过修改公司章程而存续。修改公司章程，有限责任公司须经持有 2/3 以上表决权的股东通过，股份有限公司须经出席股东大会会议的股东所持表决权的 2/3 以上通过。

（三）公司的清算

1. 清算组的组成

公司解散（因合并或者分立需要解散的除外），应当在解散事由出现之日起 15 日内成立清算组，开始清算。有限责任公司的清算组由股东组成，股份有限公司的清算组由董事或者股东大会确定的人员组成。逾期不成立清算组进行清算的，债权人可以申请人民法院指定有关人员组成清算组进行清算；人民法院应当受理该申请，并及时组织清算组进行清算。

2. 清算组的职权

清算组在清算期间行使下列职权：①清理公司财产，分别编制资产负债表和财产清单；②通知、公告债权人；③处理与清算有关的公司未了结的业务；④清缴所欠税款以及清算过程中产生的税款；⑤清理债权、债务；⑥处理公司清偿债务后的剩余财产；⑦代表公司参与民事诉讼活动。

3. 清算程序

（1）申报债权。清算组应当自成立之日起 10 日内通知债权人，并于 60 日内在报纸上公告。债权人应当自接到通知书之日起 30 日内，未接到通知书的自公告之日起 45 日内，向清算组申报其债权。清算组应当对债权进行登记。在申报债权期间，清算组不得对债权人进行清偿。

（2）制订清算方案。清算组在清理公司财产、编制资产负债表和财产清单后，应当制订清算方案，并报股东会、股东大会或者人民法院确认。

（3）对公司财产进行分配。公司财产在分别支付清算费用、职工的工资、社会保险费用和法定补偿金，缴纳所欠税款，清偿公司债务后的剩余财产，有限责任公司按照股东的出资比例分配，股份有限公司按照股东持有的股份比例分配。

（4）特定情况下申请宣告破产。清算组在清理公司财产、编制资产负债表和财产清单后，发现公司财产不足以清偿债务的，应当依法向人民法院申请宣告破产。公司经人民法院裁定宣告破产后，清算组应当将清算事务移交给人民法院。

（5）制作清算报告、申请注销公司登记。公司清算结束后，清算组应当制作清算报告，报股东会、股东大会或者人民法院确认，并报送公司登记机关，申请注销公司登记，公告公司终止。

4. 清算组的义务

清算组成员应当忠于职守，依法履行清算义务。清算组成员不得利用职权收受贿赂或者其他非法收入，不得侵占公司财产。清算组成员因故意或者重大过失给公司或者债权人造成损失的，应当承担赔偿责任。

复习思考题

1. 什么是公司？公司具有哪些法律特征？
2. 公司法的基本原则有哪些？
3. 设立有限责任公司应具备哪些条件？
4. 什么是一人有限责任公司？《公司法》对一人有限责任公司有哪些特别规定？
5. 设立股份有限公司应具备哪些条件？
6. 什么是上市公司？《公司法》对上市公司组织机构有哪些特别规定？
7. 公积金的种类有哪些？
8. 公司解散的原因有哪些？

第三章　合伙企业法与个人独资企业法

第一节　合伙企业法

一、合伙企业法概述

（一）合伙企业的概念和特征

1. 合伙企业的概念

合伙企业，是指自然人、法人和其他组织依照《中华人民共和国合伙企业法》（以下简称《合伙企业法》）在中国境内设立的普通合伙企业和有限合伙企业。

普通合伙企业由普通合伙人组成，合伙人对合伙企业债务承担无限连带责任。有限合伙企业由普通合伙人和有限合伙人组成，普通合伙人对合伙企业债务承担无限连带责任，有限合伙人以其认缴的出资额为限对合伙企业债务承担责任。国有独资公司、国有企业、上市公司以及公益性的事业单位、社会团体不得成为普通合伙人。

2. 合伙企业的特征

合伙企业作为一种企业组织形式，具有以下几个特征：

（1）有两个以上合伙人。合伙人可以是自然人，也可以是法人或者其他组织。

（2）有协商一致的书面合伙协议。合伙协议是合伙人之间就合伙有关事项协商一致订立的，用以调整合伙人之间的关系、规范企业及合伙人行为的基本文件。

（3）合伙人共同出资。合伙企业是一种营利性的组织，只有合伙人出资才能形成合伙企业生产经营活动的物质基础。出资是合伙人取得合伙人资格的前提。

（4）合伙企业必须有合伙人对企业的债务承担无限连带责任或无限责任。普通合伙企业的合伙人对合伙企业债务承担无限连带责任。有限合伙企业中的普通合伙人对合伙企业债务承担无限责任或无限连带责任，有限合伙人以其认缴的出资额为限对合伙企业债务承担责任。

（5）在合伙企业经营中，承担无限责任的合伙人要负责企业经营，执行企业事务，对外代表企业。

（6）合伙企业不具有法人资格。

（二）合伙企业法的概念和适用范围

1. 合伙企业法的概念

合伙企业法，是指调整合伙企业合伙关系的法律规范的总称。

我国《合伙企业法》于1997年2月23日第八届全国人民代表大会常务委员会第二十四次会议通过，2006年8月27日第十届全国人民代表大会常务委员会第二十三次会议进行了修订。

2.《合伙企业法》的适用范围

《合伙企业法》主要适用于普通合伙企业和有限合伙企业。不仅适用于按照规定应由工商行政管理部门依法登记管理的合伙企业，也适用于归属于其他行政管理部门登记管理的合伙制律师事务所、会计师事务所、医生诊所等组织；不仅适用于自然人为合伙人的企业，也适用于法人和其他组织为合伙人的合伙企业。但不包括企业法人之间的合伙型联营，也不适用于企业间的契约型合伙。

二、普通合伙企业

（一）普通合伙企业的设立

1. 设立条件

合伙企业的设立应当符合法律规定的条件。根据《合伙企业法》的规定，设立普通合伙企业，应当具备下列条件：

（1）有两个以上合伙人。普通合伙企业的合伙人可以是自然人、法人和其他组织。合伙人为自然人的，应当具有完全民事行为能力，但是法律、行政法规规定不得从事营利性活动的人除外，如国家公务员不能成为合伙人；合伙人为法人或其他组织的，也应当具有民事权利能力和行为能力。

（2）有书面合伙协议。合伙协议是合伙企业成立前合伙人之间就合伙有关事项协商一致订立的、用以调整合伙人之间的关系，规范企业及合伙人行为规则的基本文件。合伙协议应当采用书面的形式。合伙协议应当载明下列事项：①合伙企业的名称和主要经营场所的地点；②合伙目的和合伙企业的经营范围；③合伙人的姓名及其住所；④合伙人出资的方式、数额和缴付出资的期限；⑤利润分配和亏损分担办法；⑥合伙企业事务的执行；⑦入伙与退伙；⑧争议解决办法；⑨合伙企业的解散与清算；⑩违约责任。

合伙协议经全体合伙人签名、盖章后生效。合伙人依照合伙协议享有权利，承担责任。经全体合伙人协商一致，可以修改或者补充合伙协议，但合伙协议另有约定的除外。合伙协议未约定或者约定不明确的事项，由合伙人协商决定；协商不成的，依照《合伙企业法》和其他有关法律、行政法规的规定处理。

（3）有合伙人认缴或者实际缴付的出资。所谓各合伙人认缴或实际缴付的出资，是指在设立合伙企业，协商各合伙人出资时，合伙人承诺并实际投入企业资本的总和，它既是企业设立和经营的财产保障，也是企业登记机关据以登记的企业注册资本额。合伙人可以用货币、实物、知识产权、土地使用权或者其他财产权利出资，也可以用劳务出资。合伙人以实物、知识产权、土地使用权或者其他财产权利出资，需要评估作价的，可以由全体合伙人协商确定，也可以由全体合伙人委托法定评估机构评估。合伙人以劳务出资的，其评估办法由全体合伙人协商确定，并在合伙协议中载明。

（4）有合伙企业的名称和生产经营场所。合伙企业必须要有经依法核准登记的名称及固定的合法营业场所。合伙企业的名称是合伙企业人格特定化的标志。合伙企业的名称具有唯一性和排他性。合伙企业的名称中应当标明“普通合伙”的字样。

（5）法律、行政法规规定的其他条件。

2. 设立程序

（1）审批。合伙企业的经营范围中有属于法律、行政法规规定在登记前须经批准的项目的，该项经营业务应当依法经过批准，并在登记时提交批准文件。当然，如果合伙企业的经营范围中没有属于法律、行政法规规定在登记前须经批准的项目的，直接进入申请设立登记程序。

（2）申请设立登记。设立合伙企业，应由全体合伙人指定的代表或者共同委托的代理人向企业登记机关申请设立登记。登记机关为工商行政管理部门。

（3）登记机关审查。申请人提交的登记申请材料齐全、符合法定形式，企业登记机关能够当场登记的，应予当场登记，发给营业执照。不能当场登记的，企业登记机关应当自受理申请之日起20日内，作出是否登记的决定。予以登记的，发给营业执照；不予登记的，应当给予书面答复，并说明理由。合伙企业的营业执照签发日期，为合伙企业成立之日。营业执照是企业登记机关对准予注册登记的企业发给的一种证明其设立合法的书面文件。在合伙企业领取营业执照之前，合伙人不得以合伙企业的名义从事合伙业务。合伙企业设立分支机构，应当向分支机构所在地的企业登记机关申请登记，领取营业执照。

（二）普通合伙企业的财产

1. 财产的构成

（1）合伙人的出资。普通合伙人可以用货币、实物、知识产权、土地使用权或者其他财产权利出资，也可以用劳务出资。其中，劳务出资的部分不是合伙企业的财产。

（2）以合伙企业名义取得的收益。该部分收益主要包括合伙企业的营业利润、投资净收益和营业外收支净额。

（3）依法取得的其他财产。该部分财产是指依据法律和行政法规取得的其他财产，如接受赠与的财产等。

2. 财产的管理和使用

合伙企业的财产由全体合伙人依照《合伙企业法》规定共同管理和使用，即对合伙企业财产的占有、使用、处分和收益，均应根据全体合伙人的共同意志进行。合伙人在合伙企业清算前，不得请求分割合伙企业的财产；但是，《合伙企业法》另有规定的除外。合伙人在合伙企业清算前私自转移或者处分合伙企业财产的，合伙企业不得以此对抗善意第三人。

3. 合伙人财产份额的转让和出质

所谓合伙人财产份额的转让，是指合伙企业的合伙人向他人转让其在合伙企业中的全部或者部分财产份额的行为。除合伙协议另有约定外，合伙人向合伙人以外的人转让其在合伙企业中的全部或者部分财产份额时，须经其他合伙人一致同意。合伙人之间转让在合伙企业中的全部或者部分财产份额时，应当通知其他合伙人。合伙人向合伙人以外的人转让其在合伙企业中的财产份额的，在同等条件下，其他合伙人有优先购买权；但是，合伙协议另有约定的除外。

所谓合伙人财产份额的出质，是指合伙人将其在合伙企业中的财产份额作为质押物来担保债权人债权实现的行为。合伙人以其在合伙企业中的财产份额出质的，须经其他合伙人一致同意；未经其他合伙人一致同意，其行为无效，由此给善意第三人造成损失的，由行为人依法承担赔偿责任。

（三）普通合伙企业事务执行

合伙企业事务执行，是指合伙企业的经营管理以及其对内对外关系中的一些事务处理。合伙人对执行合伙企业事务享有同等的权利。

1. 事务执行的方式

按照合伙协议约定或者经全体合伙人决定，可以委托一名或者数名合伙人对外代表合伙企业，执行合伙企业事务。作为合伙人的法人、其他组织执行合伙事务的，由其委派的代表执行。

由一个或者数个合伙人执行合伙事务的，执行事务合伙人应当定期向其他合伙人报告事务执行情况以及合伙企业的经营和财务状况，其执行合伙事务所产生的收益归合伙企业，所产生的费用和亏损由合伙企业承担。

2. 合伙人决议

合伙人对合伙企业有关事项作出决议，按照合伙协议约定的表决办法办理。合伙协议未约定或者约定不明确的，实行合伙人一人一票并经全体合伙人过半数通过的表决办法。但是，除合伙协议另有约定外，合伙企业的下列事项应当经全体合伙人一致同意：①改变合伙企业的名称；②改变合伙企业的经营范围、主要经营场所的地点；③处分合伙企业的不动产；④转让或者处分合伙企业的知识产权和其他财产权利；⑤以合伙企业名义为他人提供担保；⑥聘任合伙人以外的人担任合伙企业的经营管理人员。

3. 合伙人的忠实义务

合伙人不得自营或者同他人合作经营与本合伙企业相竞争的业务。除合伙协议另有约定或者经全体合伙人一致同意外，合伙人不得同本合伙企业进行交易。合伙人不得从事损害本合伙企业利益的活动。

4. 合伙企业的利润分配和亏损分担

合伙企业的利润分配、亏损分担，按照合伙协议的约定办理；合伙协议未约定或者约定不明确的，由合伙人协商决定；协商不成的，由合伙人按照实缴出资比例分配、分担；无法确定出资比例的，由合伙人平均分配、分担。合伙协议不得约定将全部利润分配给部分合伙人或者由部分合伙人承担全部亏损。

（四）普通合伙企业与第三人的关系

合伙企业与第三人的关系是合伙企业的对外关系，涉及保护善意第三人的利益、债务责任承担、债权债务关系处理等方面的问题。

1. 保护善意第三人

《合伙企业法》允许每个合伙人对外代表合伙企业执行合伙事务，但也规定了一些事务必须经全体合伙人一致同意；在委托一名或者数名合伙人执行合伙企业事务时，被委托的合伙人对外代表合伙企业的权利也会受到许多限制。为了保护善意第三人的利益，维护交易安全，《合伙企业法》规定，合伙企业对合伙人执行合伙事务以及对外代表合伙企业权利的限制，不得对抗善意第三人。

2. 合伙企业债务的清偿

合伙企业的债务是指在合伙企业存续期间产生的债务。它既包括由于合伙企业不履行合同所产生的违约之债，也包括由于合伙企业的侵权行为所产生的侵权之债。合伙企业对其债务，应先以其全部财产进行清偿。合伙企业不能清偿到期债务的，合伙人承担无限连带责任。合伙人由于承担无限连带责任，清偿数额超过其应当承担的份额时，有权向其他合伙人追偿。

3. 合伙人个人债务的清偿

合伙人发生与合伙企业无关的债务，相关债权人不得以其债权抵消其对合伙企业的债务；也不得代位行使合伙人在合伙企业中的权利。合伙人的自有财产不足以清偿其与合伙企业无关的债务的，该合伙人可以以其从合伙企业中分取的收益用于清偿；债权人也可以依法请求人民法院强制执行该合伙人在合伙企业中的财产份额用于清偿。人民法院强制执行合伙人的财产份额时，应当通知全体合伙人，其他合伙人有优先购买权；其他合伙人未购买，又不同意将该财产份额转让给他人的，应当为该合伙人办理退伙结算，或者办理削减该合伙人相应财产份额的结算。

（五）入伙与退伙

1. 入伙

入伙，是指在合伙企业存续期间，合伙人以外的第三人加入合伙企业并取得合伙人地位和资格的法律行为。

（1）入伙的条件。新合伙人入伙，除合伙协议另有约定外，应当经全体合伙人一致同意，并依法订立书面入伙协议。订立入伙协议时，原合伙人应当向新合伙人如实告知原合伙企业的经营状况和财务状况。

（2）新合伙人的权利与责任。入伙的新合伙人与原合伙人享有同等权利，承担同等责任。入伙协议另有约定的，从其约定。新合伙人对入伙前合伙企业的债务承担无限连带责任。

2. 退伙

退伙是指在合伙企业存续期间，合伙人退出合伙企业，从而丧失合伙人资格的法律行为。

（1）退伙的类型。退伙分为自愿退伙和法定退伙两种。

自愿退伙又称声明退伙，是合伙人基于自愿的意思表示而退伙。自愿退伙分为协议退伙和通知退伙两种。《合伙企业法》规定，合伙协议约定合伙期限的，在合伙企业存续期间，有下列情形之一的，合伙人可以退伙：①合伙协议约定的退伙事由出现；

②经全体合伙人一致同意；③发生合伙人难以继续参加合伙的事由；④其他合伙人严重违反合伙协议约定的义务。

合伙协议未约定合伙期限的，合伙人在不给合伙企业事务执行造成不利影响的情况下，可以退伙，但应当提前30日通知其他合伙人。合伙人违反规定退伙的，应当赔偿由此给合伙企业造成的损失。

法定退伙，是基于法律的直接规定而退伙。法定退伙分为当然退伙和除名退伙两种。《合伙企业法》规定，合伙人有下列情形之一的，当然退伙：①作为合伙人的自然人死亡或者被依法宣告死亡；②个人丧失偿债能力；③作为合伙人的法人或者其他组织依法被吊销营业执照、责令关闭、撤销，或者被宣告破产；④法律规定或者合伙协议约定合伙人必须具有相关资格而丧失该资格；⑤合伙人在合伙企业中的全部财产份额被人民法院强制执行。合伙人被依法认定为无民事行为能力人或者限制民事行为能力人的，经其他合伙人一致同意，可以依法转为有限合伙人，普通合伙企业依法转为有限合伙企业。其他合伙人未能一致同意的，该无民事行为能力或者限制民事行为能力的合伙人退伙。退伙事由实际发生之日为退伙生效日。

《合伙企业法》规定，合伙人有下列情形之一的，经其他合伙人一致同意，可以决议将其除名：①未履行出资义务；②因故意或者重大过失给合伙企业造成损失；③执行合伙事务时有不正当行为；④发生合伙协议约定的事由。对合伙人的除名决议应当书面通知被除名人。被除名人接到除名通知之日，除名生效，被除名人退伙。被除名人对除名决议有异议的，可以自接到除名通知之日起30日内，向人民法院起诉。

（2）退伙的法律后果。退伙会产生财产继承和退伙结算两种法律后果。

《合伙企业法》规定，合伙人死亡或者被依法宣告死亡的，对该合伙人在合伙企业中的财产份额享有合法继承权的继承人，按照合伙协议的约定或者经全体合伙人一致同意，从继承开始之日起，取得该合伙企业的合伙人资格。有下列情形之一的，合伙企业应当向合伙人的继承人退还被继承合伙人的财产份额：①继承人不愿意成为合伙人；②法律规定或者合伙协议约定合伙人必须具有相关资格，而该继承人未取得该资格；③合伙协议约定不能成为合伙人的其他情形。

合伙人退伙，其他合伙人应当与该退伙人按照退伙时的合伙企业财产状况进行结算，退还退伙人的财产份额。退伙人对给合伙企业造成的损失负有赔偿责任的，相应扣减其应当赔偿的数额。退伙时有未了结的合伙企业事务的，待该事务了结后进行结算。退伙人在合伙企业中财产份额的退还办法，由合伙协议约定或者由全体合伙人决定，可以退还货币，也可以退还实物。退伙人对基于其退伙前的原因发生的合伙企业债务，承担无限连带责任。合伙人退伙时，合伙企业财产少于合伙企业债务的，退伙人应当按照法律规定分担亏损。

（六）特殊的普通合伙企业

以专业知识和专门技能为客户提供有偿服务的专业服务机构，可以设立为特殊的普通合伙企业，如会计师事务所。特殊的普通合伙企业名称中应当标明“特殊普通合伙”字样。一个合伙人或者数个合伙人在执业活动中因故意或者重大过失造成合伙企业债务的，应当承担无限责任或者无限连带责任，其他合伙人以其在合伙企业中的财产份额为限承担责任。合伙人在执业活动中非因故意或者重大过失造成的合伙企业债务以及合伙企业的其他债务，由全体合伙人承担无限连带责任。合伙人执业活动中因故意或者重大过失造成的合伙企业债务，以合伙企业财产对外承担责任后，该合伙人应当按照合伙协议的约定对给合伙企业造成的损失承担赔偿责任。

为了保护债权人的利益，特殊的普通合伙企业应当建立执业风险基金、办理职业保险。

除上述的特殊规定，特殊的普通合伙企业的其他规定适用法律对普通合伙企业的规定。

三、有限合伙企业

（一）有限合伙企业概述

有限合伙企业由普通合伙人和有限合伙人组成。其中，普通合伙人执行合伙事务，对外代表合伙组织，并对合伙企业的债务承担无限连带责任，而有限合伙人不参加合伙业务的经营，不对外代表合伙组织，只按一定的比例分配利润和分担亏损，并且仅以出资为限对合伙债务承担责任。

（二）有限合伙企业的设立条件

1. 合伙人符合法定人数

有限合伙企业由 2 个以上 50 个以下合伙人设立；但是，法律另有规定的除外。有限合伙企业至少应当有一个普通合伙人。

2. 有书面的合伙协议

有限合伙企业的合伙协议除了载明普通合伙协议所要求的内容外，还应当载明下列事项：①普通合伙人和有限合伙人的姓名或者名称、住所；②执行事务合伙人应具备的条件和选择程序；③执行事务合伙人权限与违约处理办法；④执行事务合伙人的除名条件和更换程序；⑤有限合伙人入伙、退伙的条件、程序以及相关责任；⑥有限合伙人和普通合伙人相互转变程序。

3. 合伙人实际缴付的出资

有限合伙人可以用货币、实物、知识产权、土地使用权或者其他财产权利作价出资。有限合伙人不得以劳务出资。有限合伙人应当按照合伙协议的约定按期足额缴纳出资；未按期足额缴纳的，应当承担补缴义务，并对其他合伙人承担违约责任。有限合伙企业登记事项中应当载明有限合伙人的姓名或者名称及认缴的出资数额。

4. 有合伙企业的名称和生产经营场所

有限合伙企业名称中应当标明“有限合伙”字样。

5. 法律、行政法规规定的其他条件

（三）有限合伙企业事务的执行

有限合伙企业由普通合伙人执行合伙事务。执行事务合伙人可以要求在合伙协议中确定执行事务的报酬及报酬提取方式。有限合伙人不执行合伙事务，不得对外代表有限合伙企业。但是，有限合伙人的下列行为，不视为执行合伙事务：①参与决定普通合伙人入伙、退伙；②对企业的经营管理提出建议；③参与选择承办有限合伙企业审计业务的会计师事务所；④获取经审计的有限合伙企业财务会计报告；⑤对涉及自身利益的情况，查阅有限合伙企业财务会计账簿等财务资料；⑥在有限合伙企业中的利益受到侵害时，向有责任的合伙人主张权利或者提起诉讼；⑦执行事务合伙人怠于行使权利时，督促其行使权利或者为了本企业的利益以自己的名义提起诉讼；⑧依法为本企业提供担保。

（四）有限合伙企业财产出质与转让

有限合伙人可以将其在有限合伙企业中的财产份额出质；但是，合伙协议另有约定的除外。

有限合伙人可以按照合伙协议的约定向合伙人以外的人转让其在有限合伙企业中的财产份额，但应当提前30日通知其他合伙人。

（五）有限合伙企业与第三人的关系

第三人有理由相信有限合伙人为普通合伙人并与其交易的，该有限合伙人对该笔交易承担与普通合伙人同样的责任，即无限连带责任。

有限合伙人的自有财产不足以清偿其与合伙企业无关的债务的，该合伙人可以以其从有限合伙企业中分取的收益用于清偿；债权人也可以依法请求人民法院强制执行该合伙人在有限合伙企业中的财产份额用于清偿。人民法院强制执行有限合伙人的财产份额时，应当通知全体合伙人。在同等条件下，其他合伙人有优先购买权。

除合伙协议另有约定外，普通合伙人转变为有限合伙人，或者有限合伙人转变为普通合伙人，应当经全体合伙人一致同意。有限合伙人转变为普通合伙人的，对其作为有限合伙人期间有限合伙企业发生的债务承担无限连带责任。普通合伙人转变为有限合伙人的，对其作为普通合伙人期间合伙企业发生的债务承担无限连带责任。

（六）有限合伙企业的入伙与退伙

除了下列几项例外情况，有限合伙企业的入伙与退伙和普通合伙企业的入伙与退伙大致相同。具体表现为：

（1）新入伙的有限合伙人对入伙前有限合伙企业的债务，以其认缴的出资额为限承担责任。

（2）作为有限合伙人的自然人在有限合伙企业存续期间丧失民事行为能力的，其他合伙人不得因此要求其退伙。

（3）作为有限合伙人的自然人死亡、被依法宣告死亡或者作为有限合伙人的法人及其他组织终止时，其继承人或者权利承受人可以依法取得该有限合伙人在有限合伙企业中的资格。

（4）有限合伙人退伙后，对基于其退伙前的原因发生的有限合伙企业债务，以其退伙时从有限合伙企业中取回的财产承担责任。

四、合伙企业的解散和清算

（一）合伙企业的解散

合伙企业的解散，是指合伙企业因出现法定事由而使其民事主体资格归于消灭的行为。《合伙企业法》规定，合伙企业有下列情形之一的，应当解散：①合伙期限届满，合伙人决定不再经营；②合伙协议约定的解散事由出现；③全体合伙人决定解散；④合伙人已不具备法定人数满30日；⑤合伙协议约定的合伙目的已经实现或者无法实现；⑥依法被吊销营业执照、责令关闭或者被撤销；⑦法律、行政法规规定的其他原因。

（二）合伙企业的清算

《合伙企业法》规定，合伙企业解散后应当进行清算，并通知和公告债权人。

1. 确定清算人

清算人由全体合伙人担任；经全体合伙人过半数同意，可以自合伙企业解散事由出现后15日内指定一个或者数个合伙人，或者委托第三人，担任清算人。自合伙企业解散事由出现之日起15日内未确定清算人的，合伙人或者其他利害关系人可以申请人民法院指定清算人。

2. 清算人的职权

清算人在清算期间执行下列事务：①清理合伙企业财产，分别编制资产负债表和财产清单；②处理与清算有关的合伙企业未了结事务；③清缴所欠税款；④清理债权、债务；⑤处理合伙企业清偿债务后的剩余财产；⑥代表合伙企业参加诉讼或者仲裁活动。

3. 通知和公告债权人

清算人自被确定之日起10日内将合伙企业解散事项通知债权人，并于60日内在报纸上公告。债权人应当自接到通知书之日起30日内，未接到通知书的自公告之日起45日内，向清算人申报债权。债权人申报债权，应当说明债权的有关事项，并提供证明材料。清算人应当对债权进行登记。

清算期间，合伙企业存续，但不得开展与清算无关的经营活动。

4. 合伙企业财产分配顺序

合伙企业财产在支付清算费用和职工工资、社会保险费用、法定补偿金以及缴纳所欠税款、清偿债务后的剩余财产，按照合伙协议的约定办理；合伙协议未约定或者约定不明确的，由合伙人协商决定；协商不成的，由合伙人按照实缴出资比例分配；无法确定出资比例的，由合伙人平均分配。

5. 注销登记

清算结束，清算人应当编制清算报告，经全体合伙人签名、盖章后，在15日内向企业登记机关报送清算报告，申请办理合伙企业注销登记。

合伙企业注销后，原普通合伙人对合伙企业存续期间的债务仍应承担无限连带责任。

第二节 个人独资企业法

一、个人独资企业法概述

（一）个人独资企业的概念和特征

1. 个人独资企业的概念

个人独资企业，是指依照《中华人民共和国个人独资企业法》（以下简称《个人独资企业法》）的规定在中国境内设立，由一个自然人投资，财产为投资人个人所有，投资人以其个人财产对企业债务承担无限责任的经营实体。

2. 个人独资企业的特征

（1）个人独资企业是一个自然人投资的企业。根据《个人独资企业法》的规定，设立个人独资企业只能是一个自然人，国家机关、国家授权投资的机构或者国家授权的部门、企业、事业单位等都不能作为个人独资企业的设立人。

（2）个人独资企业的投资人对企业的债务承担无限责任。由于个人独资企业的投资人是一个自然人，对企业出资的多少、是否追加资金或减少资金、采取什么样的经营方式等事项均由投资人一人决定。当企业的资产不足以清偿到期债务时，投资人应以自己的全部财产用于清偿，这实际上是将企业的责任与投资人的责任连为一体。

（3）个人独资企业的内部机构设置简单，经营管理方式灵活。个人独资企业的投资人既是企业的所有者，又可以是企业的经营者，因此，法律对其内部机构和经营管理方式不像公司和其他企业那样加以严格的规定。

（4）个人独资企业是非法人企业。个人独资企业由一个自然人出资，投资人对企业的债务承担无限责任。企业的责任即是投资人个人的责任，企业的财产即是投资人个人的财产。因此，个人独资企业不具有法人资格。个人独资企业虽然不具有法人资格，但却是独立的民事主体，可以自己的名义从事民事活动。

（二）个人独资企业法的概念和适用范围

1. 个人独资企业法的概念

个人独资企业法是调整个人独资企业在设立、变更、终止等过程中产生的各种社会关系的法律规范的总称。

我国《个人独资企业法》于1999年8月30日第九届全国人民代表大会常务委员会第十一次会议通过，自2000年1月1日起施行。该法共6章48条，就个人独资企业的设立、个人独资企业的投资人及事务管理、个人独资企业的解散和清算、法律责任等作了明确规定。

2.《个人独资企业法》的适用范围

《个人独资企业法》只适用于一个自然人依法设立的个人独资企业，不适用于具有独资特点的国有独资公司、一人公司和外资企业。

二、个人独资企业的设立

（一）个人独资企业的设立条件

根据《个人独资企业法》的规定，设立个人独资企业应当具备下列条件：

1. 投资人为一个自然人

个人独资企业的投资人为一个自然人，且只能是中国公民。投资人应当具有完全民事行为能力。

2. 有合法的企业名称

名称是一企业区别于其他企业的标志，集中反映了企业的法律形态和责任形式，企业必须有相应的名称，并应符合法律、法规的要求。依据国家关于企业名称登记管理的规定，企业名称必须与其责任形式及从事的营业相符合，个人独资企业不得使用“有限”、“有限责任”、“公司”字样。个人独资企业的名称可以叫做厂、店、部、商号等等。

3. 有投资人申报的出资

投资人可以个人财产出资，也可以家庭共有财产作为个人出资。以家庭共有财产作为个人出资的，投资人应当在设立（变更）登记申请书上予以注明。《个人独资企业法》对设立个人独资企业的出资数额未作限制。设立个人独资企业可以用货币出资，也可以用实物、土地使用权、知识产权或者其他财产权利出资。采取实物、土地使用权、知识产权或者其他财产权利出资的，应将其折算成货币数额。

4. 有固定的生产经营场所和必要的生产经营条件

这是所有企业都必须具备的条件。生产经营场所包括企业的住所和进行生产经营活动的处所。生产经营条件是指与企业生产经营范围、规模相适应的条件，如办公场地、厂房、机器设备等。

5. 有必要的从业人员

即要有满足其生产经营业务开展的管理、技术、生产等方面的人员。

（二）个人独资企业的设立程序

1. 提出申请

申请设立个人独资企业，应当由投资人或者其委托的代理人向个人独资企业所在地的登记机关提交设立申请书、投资人身份证明、生产经营场所使用证明等文件。委托代理人申请设立登记时，应当出具投资人的委托书和代理人的合法证明。个人独资企业设立申请书应当载明下列事项：①企业的名称和住所；②投资人的姓名和居所；③投资人的出资额和出资方式；④经营范围。

2. 工商登记

登记机关应当在收到设立申请文件之日起15日内，对符合《个人独资企业法》规定条件的，予以登记，发给营业执照；对不符合《个人独资企业法》规定条件的，不予登记，并发给企业登记驳回通知书。个人独资企业营业执照的签发日期，为个人独资企业成立日期。在领取个人独资企业营业执照前，投资人不得以个人独资企业名义从事经营活动。

3. 分支机构登记

个人独资企业设立分支机构，应当由投资人或者其委托代理人向分支机构所在地的登记机关申请登记，领取营业执照。分支机构经核准登记后，应将登记情况报该分支机构隶属的个人独资企业的登记机关备案。分支机构的民事责任由设立该分支机构的个人独资企业承担。

4. 变更登记

个人独资企业存续期间登记事项发生变更的，应当在作出变更决定之日起15日内依法向登记机关申请办理变更登记。个人独资企业分支机构比照个人独资企业申请变更、注销登记的有关规定办理。

三、个人独资企业的投资人及事务管理

（一）个人独资企业的投资人

1. 投资人的条件

根据《个人独资企业法》的规定，个人独资企业的投资人为具有中国国籍的自然人，但法律、行政法规禁止从事营利性活动的人，不得作为投资人申请设立个人独资企业。根据我国有关法律、行政法规规定，国家公务员、党政机关领导干部、法官、检察官、商业银行工作人员等，不得作为投资人申请设立个人独资企业。

2. 投资人的权利与责任

个人独资企业投资人对本企业的财产依法享有所有权，其有关权利可以依法进行转让或继承。

由于个人独资企业是一个投资人以其个人财产对企业债务承担无限责任的经营实体，因此，《个人独资企业法》规定，个人独资企业财产不足以清偿债务的，投资人应当以其个人的其他财产予以清偿。如果个人独资企业投资人在申请企业设立登记时明确以其家庭共有财产作为个人出资的，应当依法以家庭共有财产对企业债务承担无限责任。

（二）个人独资企业的事务管理

《个人独资企业法》规定，个人独资企业投资人可以自行管理企业事务，也可以委托或者聘用其他具有民事行为能力的人负责企业的事务管理。投资人委托或者聘用他人管理个人独资企业事务，应当与受托人或者被聘用的人签订书面合同。合同应明确委托的具体内容、授予的权利范围、委托人或者被聘用的人应履行的义务、报酬和责任等。受托人或者被聘用的人员应当履行诚信、勤勉义务，以诚实信用的态度对待投资人，对待企业，尽其所能依法保障企业利益，按照与投资人签订的合同负责个人独资企业的事务管理。

投资人对受托人或者被聘用的人员职权的限制，不得对抗善意第三人。所谓“善意第三人”，是指第三人在有关经济业务交往中，没有与受托人或者被聘用的人员串通，故意损害投资人利益行为的人。个人独资企业的投资人与受托人或者被聘用的人员之间有关 权利义务的限制只对受托人或者被聘用的人员有效，对第三人并无约束力，受托人或者被聘用的人员超出投资人的限制与善意第三人的有关业务交往应当有效。

《个人独资企业法》规定，投资人委托或者聘用的管理个人独资企业事务的人员不得有下列行为：①利用职务上的便利，索取或者收受贿赂；②利用职务或者工作上的便利侵占 企业财产；③挪用企业的资金归个人使用或者借贷给他人；④擅自将企业资金以个人 名义或者以他人名义开立账户存储；⑤擅自以企业财产提供担保；⑥未经投资人同意，从事与本企业相竞争的业务；⑦未经投资人同意，同本企业订立合同或者进行交易；⑧未经投资人同意，擅自将企业商标或者其他知识产权转让给他人使用；⑨泄露本企 业的商业秘密；⑩法律、行政法规禁止的其他行为。

四、个人独资企业的权利和义务

（一）个人独资企业的权利

根据《个人独资企业法》的规定，个人独资企业享有以下权利：

1. 依法申请贷款

个人独资企业可以根据《中华人民共和国商业银行法》、《中华人民共和国合同法》和中国人民银行发布的《贷款通则》等法律、法规的规定申请贷款，以供企业生产经营之用。

2. 依法取得土地使用权

个人独资企业可根据《中华人民共和国土地管理法》、《中华人民共和国土地管理法实施细则》等规定取得土地使用权。

3. 拒绝摊派权

摊派是指在法律、法规的规定之外，以任何方式要求企业提供财力、物力和人力的行为。国家禁止任何国家机关、人民团体、部队、企业、事业单位和其他社会组织向企业摊派。《个人独资企业法》规定，任何单位和个人不得违反法律、行政法规的规定，以任何方式强制个人独资企业提供财力、物力、人力。对于违法强制提供财力、物力、人力的行为，个人独资企业有权拒绝。

4. 法律、行政法规规定的其他权利

个人独资企业除享有上述权利外，还依法享有其他权利。例如，根据《中华人民共和国专利法》的规定，企业可以取得专利保护；根据《中华人民共和国商标法》的规定，企业可以取得商标保护等。

（二）个人独资企业的义务

1. 守法义务

个人独资企业应当遵守法律、行政法规，诚实信用，不得损害社会公共利益。

2. 依法纳税义务

自2000年1月1日起，对个人独资企业停止征收企业所得税。投资者的生产经营所得，比照个体工商户的生产、经营所得征收个人所得税。

3. 依法设立会计账簿，进行会计核算

个人独资企业应按照《中华人民共和国会计法》和国家统一的会计制度的规定设置会计账簿，以实际发生的经济业务事项进行会计核算，填制会计凭证，登记会计账簿，编制财务会计报告，不得以虚假的经济业务事项或者资料进行会计核算。

4. 依法保障职工权益

个人独资企业招用职工的，应当依法与职工签订劳动合同，保障职工的劳动安全，按时、足额发放职工工资。同时，个人独资企业应当按照国家有关规定参加社会保险，为职工缴纳社会保险费。

五、个人独资企业的解散和清算

（一）个人独资企业的解散

《个人独资企业法》规定，个人独资企业有下列情形之一时，应当解散：①投资人决定解散；②投资人死亡或者被宣告死亡，无继承人或者继承人决定放弃继承；③被依法吊销营业执照；④法律、行政法规规定的其他情形。

（二）个人独资企业的清算

个人独资企业解散的，应当进行清算。《个人独资企业法》对个人独资企业清算作了以下规定：个人独资企业解散，由投资人自行清算或者由债权人申请人民法院指定清算人进行清算。投资人自行清算的，应当在清算前15日内书面通知债权人，无法通知的，应当予以公告。债权人应当在接到通知之日起30日内，未接到通知的应当在公告之日起60日内，向投资人申报其债权。

个人独资企业解散的，财产应当按照下列顺序清偿：①所欠职工工资和社会保险费用；②所欠税款；③其他债务。个人独资企业财产不足以清偿债务的，投资人应当以其个人的其他财产予以清偿。

清算期间，个人独资企业不得开展与清算目的无关的经营活动。在按前述财产清偿顺序清偿债务前，投资人不得转移、隐匿财产。

个人独资企业解散后，原投资人对个人独资企业存续期间的债务仍应承担偿还责任，但债权人在5年内未向债务人提出偿债请求的，该责任消灭。

个人独资企业清算结束后，投资人或者人民法院指定清算人应当编制清算报告，并于15日内到登记机关办理注销登记。

复习思考题

1. 什么是合伙企业？合伙企业具有哪些法律特征？
2. 普通合伙企业的设立条件有哪些？
3. 普通合伙企业合伙人当然退伙的情形有哪些？
4. 什么是有限合伙企业？有限合伙企业的设立条件有哪些？
5. 合伙企业解散的原因有哪些？
6. 什么是个人独资企业？个人独资企业的设立条件有哪些？
7. 个人独资企业的权利和义务有哪些？
8. 个人独资企业解散的情形有哪些？

第四章　外商投资企业法

第一节　外商投资企业法概述

一、外商投资企业的概念和特征

（一）外商投资企业的概念

外商投资企业，是指依照中华人民共和国法律的规定，在中国境内设立的，由中国投资者和外国投资者共同投资或者仅由外国投资者投资的企业。

外商投资企业包括中外合资经营企业、中外合作经营企业、外资企业三种主要形式。对于这三类企业，一般称之为“三资”企业。

（二）外商投资企业的特征

1. 外商投资企业是有外资介入的企业

外商投资企业是外国企业和其他经济组织或者个人参与或独立设立的企业，企业的资本部分或者全部属于外国投资者，从而区别于完全由中国投资者投资举办的企业。

2. 外商投资企业是中国企业

外商投资企业是依照中华人民共和国法律，在中国境内设立的企业。因此，外商投资企业具有中国国籍，是中国法人，受中国法律的管辖和保护。这就使外商投资企业区别于依照法律设立的外国企业在我国境内从事生产经营的分支机构。

二、外商投资企业的投资项目

为了指导外商投资方向，使外商投资方向与我国国民经济和社会发展规划相适应，并有利于保护投资者的合法权益，我国《指导外商投资方向规定》中将外商投资项目分为鼓励类、限制类、禁止类和允许类四类。

（一）鼓励类外商投资项目

鼓励类外商投资项目主要包括：①属于农业新技术、农业综合开发和能源、交通、重要原材料工业的；②属于高新技术、先进适用技术，能够改进产品性能、提高企业技术经济效益或者生产国内生产能力不足的新设备、新材料的；③适应市场需求，能够提高产品档次、开拓新兴市场或者增加产品国际竞争能力的；④属于新技术、新设备，能够节约能源和原材料、综合利用资源和再生资源以及防治环境污染的；⑤能够发挥中西部地区的人力和资源优势，并符合国家产业政策的。

（二）限制类外商投资项目

限制类外商投资项目主要包括：①技术水平落后的；②不利于节约资源和改善生态环境的；③从事国家规定实行保护性开采的特定矿种勘探、开采的；④属于国家逐步开放的产业的。

（三）禁止类外商投资项目

禁止类外商投资项目主要包括：①危害国家安全或者损害社会公共利益的；②对环境造成污染损害，破坏自然资源或者损害人体健康的；③占用大量耕地，不利于保护、开发土地资源的；④危害军事设施安全和使用效能的；⑤运用我国特有工艺或者技术生产产品的。

（四）允许类外商投资项目

允许类外商投资项目主要包括：①不属于鼓励类、限制类和禁止类的外商投资项目，为允许类外商投资项目；②产品出口销售额占其产品销售总额70%以上的限制类外商投资项目，经省、自治区、直辖市及计划单列市人民政府或者国务院主管部门批准，可以视为允许类外商投资项目。

三、外商投资企业法的概念和基本原则

（一）外商投资企业法的概念

外商投资企业法，是指调整外商投资企业在设立、变更、终止及生产经营活动中发生的各种经济关系的法律规范的总称。

我国现行调整外商投资企业的法律和行政法规主要有：

（1）《中华人民共和国中外合资经营企业法》（以下简称《中外合资经营企业法》）。该法于1979年7月1日通过，分别于1990年4月4日、2001年3月15日经过两次修正；《中华人民共和国中外合资经营企业法实施条例》（以下简称《中外合资经营企业法实施条例》），该条例于1983年9月20日发布，并分别于1986年1月15日、1987年12月21日、2001年7月22日经过三次修订。

（2）《中华人民共和国中外合作经营企业法》（以下简称《中外合作经营企业法》）。该法于1988年4月13日通过，2000年10月31日修正；《中华人民共和国中外合作经营企业法实施细则》（以下简称《中外合作经营企业法实施细则》），该细则于1995年9月4日发布。

（3）《中华人民共和国外资企业法》（以下简称《外资企业法》）。该法于1986年4月12日通过，2000年10月31日修正；《中华人民共和国外资企业法实施细则》（以下简称《外资企业法实施细则》），于1990年12月12日发布，2001年4月12日修订。

（二）外商投资企业法的基本原则

1. 国家主权原则

国家主权原则主要表现在：①企业的成立需经中国政府审批机关审查批准，并需向工商行政管理部门登记注册、领取营业执照后，方能营业；②企业的一切活动必须遵守中华人民共和国的法律和行政法规的规定。

2. 平等互利原则

平等互利，是指双方法律地位平等，互惠互利。《中外合资经营企业法》和《中外合作经营企业法》都规定按照平等互利原则开办企业。

3. 参照国际惯例原则

国际惯例是国际上习惯做法，是国际交往中逐渐形成的一系列原则、准则和规则。《外资企业法》的规定应既结合中国的实际情况，又要符合国际惯例，并应充分发挥外方在各方面的优势。

第二节　中外合资经营企业法

一、中外合资经营企业的概念和特征

（一）中外合资经营企业的概念

中外合资经营企业简称合营企业，是指中国合营者与外国合营者依照中国的法律，经中国政府批准，设在中国境内的，由双方共同投资、共同经营，并按照投资比例分享利润、分担风险及亏损的企业。

（二）中外合资经营企业的特征

1. 由中外双方共同举办

中外合资经营企业是由中国合营者与外国合营者共同举办的。外国合营者包括公司、企业、其他经济组织或者个人；中国合营者是指中国的公司、企业或其他经济组织，不包括个人。中外合资经营企业必须有中国合营者和外国合营者参加，这是它区别于外资企业之处。

2. 具有中国法人资格

中外合资经营企业是在我国境内设立的，按中国法律规定取得中国法人资格的企业。

3. 是股权式企业

中外合资经营企业是股权式企业，其组织形式为有限责任公司。中外合营者作为企业的股东，各自按照一定的投资比例出资，以其出资额为限对企业承担责任，并按照出资比例享有权利。这就使之区别于契约式合营的中外合作经营企业。

二、中外合资经营企业的设立

（一）合营企业的设立条件

1. 允许设立合营企业的行业

在中国境内设立的合营企业，应当能够促进中国经济的发展和科学技术水平的提高，有利于社会主义现代化建设。国家鼓励、允许、限制或者禁止设立合营企业的行业，应分别按照我国《指导外商投资方向规定》及外商投资产业指导目录执行。

2. 合营企业的设立条件

申请设立的合营企业应注重经济效益，符合下列一项或数项要求：①采用先进技术设备和科学管理方法，能增加产品品种，提高产品质量和产量，节约能源和材料；②有利于企业技术改造，能做到投资少、见效快、收益大；③能扩大产品出口，增加外汇收入；④能培训技术人员和经营管理人员。

3. 禁止设立合营企业的情形

申请设立合营企业有下列情况之一的，不予批准：①有损中国主权的；②违反中国法律的；③不符合中国国民经济发展要求的；④造成环境污染的；⑤签订的协议、合同、章程显属不公平，损害合营一方权益的。

（二）合营企业的设立程序

1. 设立申请

申请设立合营企业，由中国合营者负责向审批机构报送下列正式文件：①设立合营企业的申请书；②合营各方共同编制的可行性研究报告；③由合营各方授权代表签署的合营企业协议、合同和章程；④由合营各方委派的合营企业董事长、副董事长、董事人选名单；⑤中国合营者的企业主管部门和合营企业所在地的省、自治区、直辖市人民政府对设立该合营企业签署的意见。

2. 设立审批

在中国境内设立合营企业，必须经国家商务部审查批准。批准后，由商务部发给批准证书。凡具备下列条件的，国务院委托有关的省、自治区、直辖市人民政府或国务院有关部、局（以下简称受托机构）审批：①投资总额在国务院规定的金额内，中国合营者的资金来源已落实的；②不需要国家增拨原材料，不影响燃料、动力、交通运输、外贸出口配额等的全国平衡的。受托机构批准设立合营企业后，应报商务部备案，并由商务部发给批准证书。

审批机构自接到全部文件之日起，3 个月内决定批准或不批准。审批机构如发现前述文件有不当之处，应要求限期修改，否则不予批准。

3. 设立登记

合营企业经批准后，向国家工商行政管理主管部门登记，领取营业执照，开始营业。申请者应在收到批准证书后一个月内，凭批准证书向合营企业所在地的省、自治区、直辖市工商行政管理局（以下简称登记管理机构）办理登记手续，合营企业的营业执照签发日期，即为该合营企业的成立日期。

三、中外合资经营企业的注册资本和出资

（一）合营企业的注册资本与投资总额

1. 注册资本

合营企业的注册资本，是指为设立合营企业在登记管理机构登记的资本总额，应为合营各方认缴的出资额之和。在合营企业的注册资本中，外国合营者的投资比例一般不低于25%。合营企业在合营期内不得减少其注册资本。合营企业注册资本的增加、转让或以其他方式处置，应由董事会会议通过，并报原审批机构批准，向原登记管理机构办理变更登记手续。

2. 投资总额

合营企业的注册资本与投资总额是两个不同的概念。合营企业的投资总额是指按照企业合同、章程规定的生产规模需要投入的基本建设资金和生产流动资金的总和。包括注册资本和企业借款。

中外合资经营企业的注册资本与投资总额的比例，应当遵守如下规定：①中外合资经营企业的投资总额在300万美元以下（含300万美元）的，其注册资本至少应占投资总额的7/10；②中外合资经营企业的投资总额在300万美元以上至1000万美元（含1000万美元）的，其注册资本至少应占投资总额的1/2，其中投资总额在420万美元以下的，注册资本不得低于210万美元；③中外合资经营企业的投资总额在1000万美元以上至3000万美元（含3000万美元）的，其注册资本至少应占投资总额的2/5，其中投资总额在1250万美元以下的，注册资本不得低于500万美元；④中外合资经营企业的投资总额在3000万美元以上的，其注册资本至少应占投资总额的1/3，其中投资总额在3600万美元以上的，注册资本不得低于1200万美元。

（二）合营企业的出资方式

出资方式即合营各方以何种财产来认缴出资。根据《中外合资经营企业法实施条例》的规定，合营者可以用货币出资，也可以用建筑物、厂房、机器设备或者其他物料、工业产权、专有技术、场地使用权等作价出资。

1. 货币出资

合营各方按照合营合同的规定向合营企业认缴的货币或者有价证券必须为合营者自己所有；合营各方不得用以合营企业名义取得的货款作为自己的出资；合营企业任何一方不得用以合营企业名义取得的贷款作为自己的出资，也不得以合营企业的财产和权益或者合营他方的财产和权益为其出资担保。外国合营者以货币出资时，只能以外币缴付出资，不能以人民币缴付出资。外国合营者出资的外币，按缴款当日中国人民银行公布的基准汇率折算成人民币或者套算成约定的外币。中国合营者出资的人民币现金，需要折算成外币的，按缴款当日中国人民银行公布的基准汇率折算。

2. 实物出资

外国合营者作为投资的技术和设备，必须确实是适合我国需要的先进技术和设备。如果有意以落后的技术和设备进行欺骗，造成损失的，应赔偿损失。而且出资的机器

设备或者其他物料的作价，不得高于同类机器设备或者其他物料当时的国际市场价格。外国合营者作为出资的机器设备或者其他物料，应当报审批机构批准。

3. 工业产权和专有技术出资

作为外国合营者出资的工业产权或者专有技术，必须符合下列条件之一：①能显著改进现有产品的性能、质量，提高生产效率的；②能显著节约原材料、燃料、动力的。外国合营者以工业产权或者专有技术作为出资，应当提交该工业产权或者专有技术的有关资料，包括专利证书或者商标注册证书的复制件、有效状况及其技术特性、实用价值、作价的计算根据、与中国合营者签订的作价协议等有关文件，作为合营合同的附件，并应当报审批机构批准。

4. 场地使用权出资

中国合营者可以用为合营企业经营期间提供的场地使用权作价出资，其作价金额应当与取得同类场地使用权所应缴纳的使用费相同。如果场地使用权未作为中国合营者出资的一部分，合营企业应向中国政府缴纳场地使用费。

（三）合营各方的出资期限

合营各方应当在合营合同中订明出资期限，并应按照合营合同规定的期限缴清各自的出资。合营企业依照有关规定发给的出资证明书应当报送原审批机关和工商行政管理机关备案。合营合同中规定一次缴清出资的，合营各方应当从营业执照签发之日起6个月内缴清。合营合同中规定分期缴付出资的，合营各方第一期出资不得低于各自认缴出资额的15%，并且应当在营业执照签发之日起3个月内缴清。

合营各方未能在规定的期限内缴付出资的，视同合营企业自动解散，合营企业批准证书自动失效。合营企业应当向工商行政管理机关办理注销登记手续，缴销营业执照；不办理注销登记手续和缴销营业执照的，由工商行政管理机关吊销其营业执照，并予以公告。合营一方未按照合营合同的规定如期缴付或者缴清其出资的，即构成违约。守约方应当催告违约方在1个月内缴付或者缴清出资。逾期仍未缴付或者缴清的，视同违约方放弃在合营合同中的一切权利，自动退出合营企业。守约方可以依法要求违约方赔偿因未缴付或者缴清出资造成的经济损失。

四、中外合资经营企业的组织形式和组织机构

（一）合营企业的组织形式

合营企业的形式为有限责任公司。合营各方对合营企业的责任以各自认缴的出资额为限，合营企业以其全部资产对其债务承担责任。规定合营企业的组织形式为有限责任公司，使得投资者承担的风险小，可以起到鼓励投资作用。

（二）合营企业的组织机构

1. 合营企业的权力机构

合营企业的组织形式虽然是有限责任公司，但并不设股东会。董事会是合营企业的最高权力机构，决定合营企业的一切重大问题。

（1）董事会的职权。董事会的职权是按合营企业章程规定，讨论决定合营企业的一切重大问题，主要包括：企业发展规划、生产经营活动方案、收支预算、利润分配、劳动工资计划、停业，以及总经理、副总经理、总工程师、总会计师、审计师的任命或聘请及其职权和待遇等。

（2）董事会的特别决议。合营企业的下列事项由出席董事会会议的董事一致通过方可作出决议：①合营企业章程的修改；②合营企业的中止、解散；③合营企业注册资本的增加、减少；④合营企业的合并、分立。其他事项，可以根据合营企业章程载明的议事规则作出决议。

（3）董事会的组成。合营企业设董事会，其人数组成由合营各方协商，在合同章程中确定，并由合营各方委派和撤换。董事长和副董事长由合营各方协商确定或由董事会选举产生。中外合营者的一方担任董事长的，由他方担任副董事长。董事会根据平等互利的原则，决定合营企业的重大问题。董事会成员不得少于 3 人。董事名额的分配由合营各方参照出资比例协商确定。董事的任期为 4 年，可以连任。

2. 合营企业的经营管理机构

合营企业设经营管理机构，负责企业的日常经营管理工作。经营管理机构设总经理 1 人，副总经理若干人，副总经理协助总经理工作。

经营管理机构下设各职能部门，负责生产管理、科研、财会、劳动人事等事项，具体经营管理机构的设置由董事会决定。

总经理是合营企业的最高行政领导，负责执行董事会会议的各项决议，组织领导合营企业的日常经营管理工作。总经理、副总经理由合营企业董事会聘请，可以由中国公民担任，也可以由外国公民担任。经董事会聘请，董事长、副董事长、董事可以兼任合营企业的总经理、副总经理或者其他高级管理职务。总经理或者副总经理不得兼任其他经济组织的总经理或者副总经理，不得参与其他经济组织对本企业的商业竞争。在董事会授权范围内，总经理对外代表合营企业，对内任免下属人员，行使董事会授予的其他职权。总经理、副总经理及其他高级管理人员有营私舞弊或者严重失职行为的，经董事会决议可以随时解聘。

五、中外合资经营企业的期限、解散和清算

（一）合营企业的合营期限

合营企业的合营期限，按不同行业、不同情况，作不同的约定。有的行业的合营企业，应当约定合营期限；有的行业的合营企业，可以约定合营期限，也可以不约定合营期限。下列行业必须约定合营期限：①从事服务性行业的，如饭店、公寓、写字楼、娱乐、饮食、出租汽车、彩扩洗相、维修、咨询等；②从事土地开发及经营房地产的；③从事资源勘查开发的；④国家规定限制投资项目的；⑤国家其他法律、法规规定需要约定合营期限的。约定合营期限的合营企业，合营各方同意延长合营期限的，应在距合营期满 6 个月前向审查批准机关提出申请。审查批准机关应自接到申请之日起 1 个月内决定批准或不批准。

（二）合营企业的解散

合营企业在下列情况下解散：①合营期限届满；②企业发生严重亏损，无力继续经营；③合营一方不履行合营企业协议、合同、章程规定的义务，致使企业无法继续经营；④因自然灾害、战争等不可抗力遭受严重损失，无法继续经营；⑤合营企业未达到其经营目的，同时又无发展前途；⑥合营企业合同、章程所规定的其他解散原因已经出现。

当发生上述第②④⑤⑥项情况时，由董事会提出解散申请书，报审批机构批准；当发生上述第③项情况时，由履行合同的一方提出申请，报审批机构批准。同时，不履行合营企业协议、合同、章程规定的义务一方，应当对合营企业由此造成的损失负赔偿责任。

（三）合营企业的清算

1. 清算委员会的组成

合营企业宣告解散时，应当进行清算。合营企业应当成立清算委员会，由清算委员会负责清算事宜。清算委员会的成员一般应当在合营企业的董事中选任。董事不能担任或者不适合担任清算委员会成员时，合营企业可以聘请中国的注册会计师、律师担任。审批机构认为必要时，可以派人进行监督。

2. 清算委员会的任务

清算委员会的任务是对合营企业的财产、债权、债务进行全面清查，编制资产负债表和财产目录，提出财产作价和计算依据，制订清算方案，提请董事会会议通过后执行。清算期间，清算委员会代表该合营企业起诉和应诉。

3. 合营企业债务的承担与剩余财产的分配

合营企业以其全部资产对其债务承担责任。合营企业清偿债务后的剩余财产按照合营各方的出资比例进行分配，但合营企业协议、合同、章程另有规定的除外。合营企业解散时，其资产净额或者剩余财产减除企业未分配利润、各项基金和清算费用后的余额，超过实缴资本的部分为清算所得，应当依法缴纳所得税。合营企业的清算工作结束后，由清算委员会提出清算结束报告，提请董事会会议通过后，报告审批机构，并向登记管理机构办理注销登记手续，缴销营业执照。

第三节　中外合作经营企业法

一、中外合作经营企业的概念和特征

（一）中外合作经营企业的概念

中外合作经营企业简称合作企业，是指中国合作者与外国合作者依照中华人民共和国法律的规定，在中国境内共同举办的，按合作合同约定分配收益或者产品、分担风险和亏损的企业。

（二）中外合作经营企业的特征

中外合作经营企业基本的法律特征，就在于它是契约式合营，合营的基础是合作企业合同，而中外合资经营企业是股权式企业。这一特征使中外合作经营企业与中外合资经营企业有下列不同之处：

1. 企业的组织形式不同

合营企业的组织形式是有限责任公司，具有法人资格，合营者各方以其出资额对公司承担责任，公司以其全部资产对其债务承担责任。合作企业组织形式有两种：一种是法人型合作企业，该类企业具有法人资格；另一种是合伙型合作企业，该类企业不具有法人资格。

2. 出资方式不同

合营企业各方各种方式的出资需要折算成货币，以货币形式表示各方的出资比例。合作企业各方的投资或者合作条件，则无须折算成货币计算投资比例。

3. 利润分配与亏损及风险承担不同

合营企业各方按其出资比例分享利润和分担亏损及风险。合作企业按合作合同的约定分配收益或产品，分担亏损和风险。

4. 投资的回收方式不同

合营企业中的外国合营者在合营期满前不能回收投资。合作企业可以在合同中约定外国合作者在一定条件下在合作期间先行回收投资。

5. 企业经营期满后财产归属不同

合营企业合营期满，清算后的剩余财产由合营各方按出资比例分配。合作企业合作期满，外国合作者已先行收回投资的，企业的全部固定资产归中方合作者所有。

6. 企业组织机构及经营管理者不同

合营企业的最高权力机构为董事会，同总经理等组成经营管理机构，负责企业的日常经营管理工作。合作企业则设立董事会或者联合管理机构，决定企业的重大问题。

二、中外合作经营企业的设立

（一）合作企业的设立条件

在中国境内举办中外合作经营企业，应当符合国家产业政策，遵守国家关于指导外商投资方向的规定。国家鼓励举办产品出口的或者技术先进的生产型合作企业。根据《中外合作经营企业法实施细则》的规定，申请设立合作企业，有下列情形之一的，不予批准：①损害国家主权或者社会公共利益的；②危害国家安全的；③对环境造成污染损害的；④有违反法律、行政法规或者国家产业政策的其他情形的。

（二）合作企业的设立程序

1. 向审批机构报送文件

设立合作企业，应当由中国合作者向审查批准机关报送下列文件：①设立合作企业的项目建议书，并附送主管部门审查同意的文件；②合作各方共同编制的可行性研究报告，并附送主管部门审查同意的文件；③由合作各方的法定代表人或其授权的代表签署的合作企业协议、合同、章程；④合作各方的营业执照或者注册登记证明、资信证明及法定代表人的有效证明文件，外国合作者是自然人的，应当提供有关其身份、履历和资信情况的有效证明文件；⑤合作各方协商确定的合作企业董事长、副董事长、董事或者联合管理委员会主任、副主任、委员的人选名单；⑥审查批准机关要求报送的其他文件。

2. 设立合作企业的审批

设立合作企业由国务院对外经济贸易主管部门（现为商务部）或者国务院授权的部门和地方政府（以下简称审查批准机关）审查批准。设立合作企业属于下列情形的，由国务院授权的部门或者地方人民政府审查批准：①投资总额在国务院规定由国务院授权的部门或者地方人民政府审批的投资限额以内的；②自筹资金，并且不需要国家平衡建设、生产条件的；③产品出口不需要领取国家有关主管部门发放的出口配额、许可证，或者需要领取，但在报送项目建议书前已征得国家有关主管部门同意的；④有法律、行政法规规定由国务院授权的部门或者地方人民政府审查批准的其他情形的。审查批准机关应当自接到申请之日起45日内决定批准或者不批准。对批准设立的合作企业，应颁发批准证书。

3. 设立登记

设立合作企业的申请经批准后，应当自接到批准证书之日起30日内向工商行政管理机关申请登记，领取营业执照。合作企业的营业执照签发日期，为该企业的成立日期。合作企业应当自成立之日起30日内向税务机关办理税务登记。

三、中外合作经营企业的注册资本和出资

（一）合作企业的注册资本

合作企业的注册资本，是指为设立合作企业，在工商行政管理机关登记的合作各方认缴的出资额之和。注册资本以人民币表示，也可以用合作各方约定的一种可自由兑换的外币表示。合作企业注册资本在合作期限内不得减少。但是，因投资总额和生产经营规模等变化，确需减少的，须经审查批准机关批准。

（二）合作各方的出资

1. 出资方式

合作各方应当依照有关法律、行政法规的规定和合作企业合同的约定，向合作企业投资或者提供合作条件。合作各方向合作企业的投资或者提供的合作条件可以是货币，也可以是实物或者工业产权、专有技术、土地使用权等财产权利。合作各方应当以其自有的财产或者财产权利作为投资或者合作条件，对该投资或者合作条件不得设置抵押权或者其他形式的担保。中国合作者的投资或者提供的合作条件，属于国有资产的，应当依照有关法律、行政法规的规定进行资产评估。中外合作者的投资或者提供的合作条件，由中国注册会计师或者有关机构验证并出具证明。

2. 出资比例

在依法取得中国法人资格的合作企业中，外国合作者的投资一般不低于合作企业注册资本的25%。在不具有法人资格的合作企业中，对合作各方向合作企业投资或者提供合作条件的具体要求，由商务部规定。

3. 出资期限

合作各方应当根据合作企业的生产经营需要，依照有关法律、行政法规的规定，在合作企业合同中约定合作各方向合作企业投资或者提供合作条件的期限。合作各方没有按照合作企业合同约定缴纳投资或者提供合作条件的，工商行政管理机关应当限期履行；限期届满仍未履行的，审查批准机关应当撤销合作企业的批准证书，工商行政管理机关应当吊销合作企业的营业执照，并予以公告。未按照合作企业合同约定缴纳投资或者提供合作条件的一方，应当向已按照合作企业合同约定缴纳投资或者提供合作条件的他方承担违约责任。

四、中外合作经营企业的组织形式和组织机构

（一）合作企业的组织形式

1. 法人型合作企业

合作企业依法取得中国法人资格的，为有限责任公司。除合作企业合同另有约定外，合作各方以其投资或者提供的合作条件为限对合作企业承担责任。合作企业以其全部资产对合作企业的债务承担责任。

2. 合伙型合作企业

不具有法人资格的合作企业，合作各方为合伙关系。合作各方应根据其认缴的出资额或提供的合作条件，在合作合同中约定各自承担债务责任的比例，但不得影响合作各方连带责任的履行。偿还合作企业债务超过自己应当承担数额的合作一方，有权向其他合作者追偿。

（二）合作企业的组织机构

1. 企业的权力机构

由于合作企业的组织形式分为法人型合作企业和合伙型合作企业，所以，合作企业在组织机构的设置上同合营企业有很大的区别。具备法人资格的合作企业设董事会，不具备法人资格的合作企业一般设立联合管理委员会。董事会或联合管理委员会是企业的权力机构，依照合作企业合同或者章程的规定，决定合作企业的重大问题。中外合作者的一方担任董事会的董事长、联合管理机构的主任的，由他方担任副董事长、副主任。董事会或者联合管理委员会成员不得少于3人，其名额的分配由中外合作者参照其投资或者提供的合作条件协商确定。董事会董事或者联合管理委员会委员由合作各方自行委派或者撤换。董事或者委员的任期由合作企业章程规定；但是，每届任期不得超过3年。董事或者委员任期届满，委派方继续委派的，可以连任。

2. 企业的经营管理机构

合作企业设总经理1人，负责合作企业的日常经营管理工作，对董事会或者联合

管理委员会负责。合作企业的总经理由董事会或者联合管理委员会聘任、解聘。总经理及其他高级管理人员可以由中国公民担任，也可以由外国公民担任。经董事会或者联合管理委员会聘任，董事或者委员可以兼任合作企业的总经理或者其他高级管理职务。

3. 委托管理制

合作企业成立后委托合作各方以外的他人经营管理的，必须经董事会或者联合管理委员会一致同意，并应当与被委托人签订委托经营管理合同。合作企业应当将董事会或者联合管理委员会的决议、签订的委托经营管理合同，连同被委托人的资信证明等文件，一并报送审查批准机关批准。审查批准机关应当自收到有关文件之日起30天内决定批准或者不批准。

五、中外合作经营企业的收益分配和投资的回收

（一）合作企业的收益分配

中外合作者可以采用分配利润、分配产品或者合作各方共同商定的其他方式分配收益。采用分配产品或者其他方式分配收益的，应当按照税法的有关规定，计算应纳税额。外国合作者在履行法律规定和合作企业合同约定的义务后分得的利润、其他合法收入和合作企业终止时分得的资金，可以依法汇往国外。合作企业的外籍职工的工资收入和其他合法收入，依法缴纳个人所得税后，可以汇往国外。

（二）外国合作者投资的回收

1. 先行回收投资的方式

中外合作者在合作企业合同中约定合作期限届满时，合作企业的全部固定资产无偿归中国合作者所有的，外国合作者在合作期限内可以申请按照下列方式先行回收其投资：①在按照投资或者提供合作条件进行分配的基础上，在合作企业合同中约定扩大外国合作者的收益分配比例；②经财政税务机关按照国家有关税收的规定审查批准，外国合作者在合作企业缴纳所得税前回收投资；③经财政税务机关和审查批准机关批准的其他回收投资方式。外国合作者依照上述规定在合作期限内先行回收投资的，中外合作者应当依照有关法律的规定和合作企业合同的约定，对合作企业的债务承担责任。

2. 先行回收投资的条件

外国合作者在合作期限内先行回收投资，必须符合下列条件：①中外合作者在合作企业合同中约定合作期限届满时，合作企业的全部固定资产无偿归中国合作者所有；②合作企业合同约定外国合作者在缴纳所得税前回收投资的，必须向财政税务机关提出申请，由财政税务机关依照国家有关税收的规定审查批准；③外国合作者提出先行回收投资的申请，应当具体说明先行回收投资的总额、期限和方式，经财政税务机关审查同意后，报审查批准机关审批；④合作企业的亏损未弥补前，外国合作者不得先行回收投资。

六、中外合作经营企业的期限、解散和清算

（一）合作企业的合作期限

合作企业的期限由中外合作者协商确定，并在合作企业合同中订明。合作企业期限届满，合作各方协商同意要求延长合作期限的，应当在期限届满的180天前向审查批准机关提出申请，说明原合作企业合同执行情况，延长合作期限的原因，同时报送合作各方就延长的期限内各方的权利、义务等事项所达成的协议。审查批准机关应当自接到申请之日起30天内，决定批准或者不批准。经批准延长合作期限的，合作企业凭批准文件向工商行政管理机关办理变更登记手续，延长的期限从期限届满后的第一天起计算。合作企业合同约定外国合作者先行回收投资，并且投资已经回收完毕的，合作企业期限届满不再延长。但是，外国合作者增加投资的，经合作各方协商同意，可以向审查批准机关申请延长合作期限。

（二）合作企业的解散

合作企业因下列情形之一出现时解散：①合作期限届满；②合作企业发生严重亏损，或者因不可抗力遭受严重损失，无力继续经营；③中外合作者一方或者数方不履行合作企业合同、章程规定的义务，致使合作企业无法继续经营；④合作企业合同、章程中规定的其他解散原因已经出现；⑤合作企业违反法律、行政法规，被依法责令关闭。

发生上述第②④项所列情形的，应当由合作企业的董事会或者联合管理委员会作出决定，报审查批准机关批准。在上述第③项所列情形下，不履行合作企业合同、章程规定的义务的中外合作者一方或者数方，应当对履行合同的他方因此遭受的损失承担赔偿责任；履行合同的一方或者数方有权向审查批准机关提出申请，解散合作企业。

（三）合作企业的清算

合作企业期满或者提前终止时，应当依照法定程序对资产和债权、债务进行清算。中外合作者应当依照合作企业合同的约定确定合作企业财产的归属。合作企业期满或者提前终止，应当向工商行政管理机关和税务机关办理注销登记手续。

第四节　外资企业法

一、外资企业的概念和特征

（一）外资企业的概念

外资企业，是指依照中国有关法律在中国境内设立的全部资本由外国投资者投资的企业，但不包括外国的企业和其他经济组织在中国境内的分支机构。

（二）外资企业的特征

1. 外资企业是中国企业

外资企业是依照中国有关法律设立的企业，这使它与依照外国法律设立的外国企业区别开来。

2. 外资企业在中国境内设立

外资企业是外国投资者在中国境内设立的企业，其主要办事机构设在中国境内。我国外资企业不包括外国企业和其他经济组织在中国境内的分支机构。

3. 资本来源具有单一性

外资企业的资本全部由外国投资者投资，中国企业或其他经济组织不提供任何注册资本。这是外资企业同中外合资经营企业、中外合作经营企业的一个重要区别。

二、外资企业的设立

（一）外资企业的设立条件

设立外资企业，必须有利于中国国民经济的发展，能够取得显著的经济效益。国家鼓励外资企业采用先进技术和设备，从事新产品开发，实现产品升级换代，节约能源和原材料，并鼓励举办产品出口的外资企业。

申请设立外资企业，有下列情况之一的，不予批准：①有损中国主权或者社会公共利益的；②危及中国国家安全的；③违反中国法律、法规的；④不符合中国国民经济发展要求的；⑤可能造成环境污染的。

（二）外资企业的设立程序

1. 提交报告

外国投资者在提出设立外资企业的申请前，应当就下列事项向拟设立外资企业所在地的县级或者县级以上地方人民政府提交报告。报告内容包括：①设立外资企业的宗旨；②经营范围、规模；③生产产品；④使用的技术设备；⑤用地面积及要求；⑥需要用水、电、煤、煤气或者其他能源的条件及数量；⑦对公共设施的要求等。县级或者县级以上地方人民政府应当在收到外国投资者提交的报告之日起30天内以书面形式答复外国投资者。

申请设立的外资企业，其产品涉及出口许可证、出口配额、进口许可证或者属于国家限制进口的，应当依照有关管理权限事先征得对外经济贸易主管部门（现为商务部）的同意。

2. 提出申请

外国投资者设立外资企业，应当通过拟设立外资企业所在地的县级或者县级以上地方人民政府向审批机关提出申请，并报送下列文件：①设立外资企业申请书；②可行性研究报告；③外资企业章程；④外资企业法定代表人（或者董事会人选）名单；⑤外国投资者的法律证明文件和资信证明文件；⑥拟设立外资企业所在地的县级或者县级以上地方人民政府的书面答复；⑦需要进口的物资清单；⑧其他需要报送的文件。

两个或者两个以上外国投资者共同申请设立外资企业，应当将其签订的合同副本报送审批机关备案。

3. 审查批准

设立外资企业的申请，由国务院对外经济贸易主管部门（现为商务部）或者国务院授权的机关审查批准。审查批准机关应当在接到申请之日起90天内决定批准或者不批准。

4. 设立登记

设立外资企业的申请经审批机关批准后，外国投资者应当在收到批准证书之日起30天内向工商行政管理机关申请登记，领取营业执照。外资企业的营业执照签发日期，为该企业成立日期。外国投资者在收到批准证书之日起满30天未向工商行政管理机关申请登记的，外资企业批准证书自动失效。此外，外资企业还应当在企业成立之日起30天内向税务机关办理税务登记。

三、外资企业的注册资本和出资

（一）注册资本

外资企业的注册资本，是指为设立外资企业在工商行政管理机关登记的资本总额，即外国投资者认缴的全部出资额。外资企业的投资总额，是指开办外资企业所需资金总额，即按其生产规模需要投入的基本建设资金和生产流动资金的总和。外资企业的注册资本要与其经营规模相适应，注册资本与投资总额的比例应当符合中国有关规定。

外资企业在经营期内不得减少其注册资本。但是，因投资总额和生产经营规模等发生变化，确需减少的，须经审批机关批准。外资企业注册资本的增加、转让，须经审批机关批准，并向工商行政管理机关办理变更登记手续。外资企业将其财产或者权益对外抵押、转让，须经审批机关批准并向工商行政管理机关备案。

（二）出资方式

外国投资者可以用可自由兑换的外币出资，也可以用机器设备、工业产权、专有技术等作价出资。经审批机关批准，外国投资者也可以用其从中国境内举办的其他外商投资企业获得的人民币利润出资。

外国投资者以机器设备作价出资的，该机器设备应当是外资企业生产所必需的设备。且该机器设备的作价不得高于同类机器设备当时的国际市场正常价格。外国投资者以工业产权、专有技术作价出资的，该工业产权、专有技术应当为外国投资者所有。该工业产权、专有技术的作价应当与国际上通常的作价原则相一致，其作价金额不得超过外资企业注册资本的20%。

（三）出资期限

外国投资者缴付出资的期限应当在设立外资企业申请书和外资企业章程中载明。外国投资者可以分期缴付出资，但最后一期出资应当在营业执照签发之日起3年内缴清。其中，第一期出资不得少于外国投资者认缴出资额的15%，并应当在外资企业营业执照签发之日起 90 天内缴清。外国投资者未能在上述规定的期限内缴付第一期出资的，外资企业批准证书即自动失效。外资企业应当向工商行政管理机关办理注销登记手续，缴销营业执照；不办理注销登记手续和缴销营业执照的，由工商行政管理机关吊销其营业执照，并予以公告。

四、外资企业的组织形式和组织机构

（一）外资企业的组织形式

外资企业的组织形式为有限责任公司，经批准也可以为其他责任形式。外资企业为有限责任公司的，外国投资者对企业的责任以其认缴的出资额为限。外资企业为其他责任形式的，主要是指合伙形式和独资形式。如果外资企业采用的是这类责任形式，则外国投资者对企业债务承担无限责任或连带责任。

（二）外资企业的组织机构

我国对外资企业组织机构没有法律规定。外国投资者可以根据自己和外资企业经营管理的需要，设置企业组织机构。此外，《外资企业法》规定外资企业的职工依法建立工会组织，开展工会活动，维护职工的合法权益。外资企业应当为本企业工会提供必要的活动条件。

五、外资企业的期限、终止和清算

（一）外资企业的经营期限

外资企业的经营期限，根据不同行业和企业的具体情况，由外国投资者在设立外资企业的申请书中拟订，经审批机关批准。外资企业的经营期限，从其营业执照签发之日起计算。外资企业经营期满需要延长经营期限的，应当在距经营期满 180 天前向审批机关报送延长经营期限的申请书。审批机关应当在收到申请书之日起 30 天内决定批准或者不批准。外资企业经批准延长经营期限的，应当自收到批准延长期限文件之日起 30 天内，向工商行政管理机关办理变更登记手续。

（二）外资企业的终止

外资企业有下列情形之一的，应予终止：①经营期限届满；②经营不善，严重亏损，外国投资者决定解散；③因自然灾害、战争等不可抗力而遭受严重损失，无法继续经营；④破产；⑤违反中国法律、法规，危害社会公共利益被依法撤销；⑥外资企业章程规定的其他解散事由已经出现。

外资企业如存在上述第②③④项所列情形，应当自行提交终止申请书，报审批机关核准。审批机关作出核准的日期为企业的终止日期。

（三）外资企业的清算

外资企业如依照上述①②③⑥项的规定终止的，应当在终止之日起 15 天内对外公告并通知债权人，并在终止公告发出之日起 15 天内，提出清算程序、原则和清算委员会人选，报审批机关审核后进行清算。清算委员会应当由外资企业的法定代表人、债权人代表以及有关主管机关的代表组成，并聘请中国的注册会计师、律师等参加。清算费用从外资企业现存财产中优先支付。外资企业在清算结束之前，外国投资者不得将该企业的资金汇出或者携出中国境外，不得自行处理企业的财产。外资企业清算结束，其资产净额和剩余财产超过注册资本的部分视同利润，应当依照中国税法缴纳所得税。外资企业清算结束，应当向工商行政管理机关办理注销登记手续，缴销营业执照。外资企业清算处理财产时，在同等条件下，中国的企业或者其他经济组织有优先购买权。

复习思考题

1. 中外合资经营企业的出资比例与出资方式有哪些规定？
2. 中外合资经营企业与中外合作经营企业有哪些区别？
3. 中外合作经营企业外方先行回收投资的方式是什么？
4. 外资企业有哪些法律特征？

第五章　企业破产法

第一节　企业破产法概述

一、破产的概念和特征

（一）破产的概念

破产，是指债务人不能清偿到期债务时，并且资产不足以清偿其全部债务或明显缺乏偿债能力，经债权人或者债务人申请，由人民法院依法定程序宣告其破产并强制执行其全部财产，公平清偿给全体债权人，或者在人民法院的监督下，由债权人会议达成和解协议或重整计划以使企业复苏，避免企业倒闭清算的法律制度。它包括两方面的含义：一是指债务人因丧失清偿能力而不能对全部的债权人到期债权进行清偿；二是指依照法律规定由人民法院审理破产案件，在有关组织参与下清理债权债务关系，分配破产财产的法定程序。

（二）破产的特征

1. 破产是一种特殊的偿债手段

破产以债务人主体资格消亡为后果，全部财产用于还债后，债务人便丧失主体资格。

2. 破产必须以债务人不能清偿到期债务为前提

不能清偿到期债务是指：①债务的履行期限已届满；②债务人明显缺乏清偿债务的能力。当债务人停止清偿到期债务并呈连续状态时，如无相反证据，也可推定为“不能清偿到期债务”。

3. 存在两个以上的债权人

如果只有一个债权人，采用一般的民事执行程序即可清偿债务。当存在多数债权人时，如何对债务人的财产进行公正的分配，满足债权人的清偿要求，一般的民事执行程序无法解决，必须由法律进行特别规定。

4. 破产以公平清偿债权为宗旨

破产主要的目的是将债务人的财产按照一定的程序和比例公平合理地分配给各债权人，不能清偿的部分也由各债权人公平分担。

5. 按诉讼程序处理

从破产申请到破产宣告，从债权申报到财产清理，从破产分配到破产终结，有关当事人的活动均应在法院的主持和监督下按法定程序进行。

二、企业破产法的概念和适用范围

（一）企业破产法的概念

企业破产法，是指调整破产债权人和债务人、法院、管理人以及其他破产参加人相互之间在破产过程中所发生的社会关系的法律规范的总称。企业破产法主要包括破产程序规范和破产实体规范。在我国，狭义上的企业破产法是指第十届全国人民代表大会常务委员会第二十三次会议于2006年8月27日通过、自2007年6月1日起施行的《中华人民共和国企业破产法》（以下简称《企业破产法》）。广义上的企业破产法还包括其他处理破产案件的规范，如《公司法》、《合伙企业法》、《保险法》等单行法中关于破产的规范。

（二）《企业破产法》的适用范围

《企业破产法》的适用范围，又称为破产能力，是指债务人依法能够适用破产程序被宣告破产的资格。债务人具有破产能力，是法院适用破产法宣告其破产或者进行重整的前提和基础。根据《企业破产法》的规定，适用范围主要有以下主体：

1. 企业法人

《企业破产法》适用于所有具有法人资格的企业。

2. 商业银行、证券公司、保险公司等金融机构

商业银行、证券公司、保险公司等金融机构出现破产原因后，国务院金融监督管理机构可以向人民法院提出对该金融机构进行重整或者破产清算的申请。但由于其具有特殊性，所以特别规定：国务院金融监督管理机构依法对出现重大经营风险的金融机构采取接管、托管等措施的，可以向人民法院申请中止以该金融机构为被告或者被执行人的民事诉讼程序或者执行程序。金融机构实施破产的，国务院可以依据《企业破产法》和其他相关法律的规定制定实施办法。

3. 其他组织

为缓解其他非法人组织的破产无法可依的问题，规定企业法人之外的其他组织（如合伙企业）如果属于破产清算的，可以参照适用《企业破产法》规定的程序。

第二节　破产申请和受理

一、破产界限

破产界限也称破产原因，是指适用破产程序所依据的特定的法律条件或法律事实，也就是受理破产案件的实质条件。

《企业破产法》第二条规定："企业法人不能清偿到期债务，并且资产不足以清偿全部债务或者明显缺乏清偿能力的，依照本法规定清理债务。"由此可见，破产原因有

两种情况：

1. 债务人在不能清偿到期债务的同时资产不足以清偿全部债务

不能清偿到期债务是指债务人所欠债务已到偿还期限，并未实际履行。不能清偿到期债务应是处于连续状态，而不是因一时的资金周转困难等问题暂时的、短期的不能清偿。资产不足以清偿全部债务也称资不抵债，是指企业因经营管理不善、市场变化等原因出现亏损，导致其全部资产不足以清偿全部债务。此项原因主要适用于债务人主动申请破产的情况。

2. 债务人在不能清偿到期债务的同时明显缺乏清偿能力

明显缺乏清偿能力是指债务人的资产状况表明其明显不具有清偿全部债务的能力，具体表现为多次拖欠他人债务长期不予归还，资产多体现为产品积压，或只能以某些实物偿付债务。此项适用于债权人申请破产的情况。

二、破产案件的管辖

破产案件的管辖，是指人民法院受理破产案件的分工和权限。债权人或债务人申请破产，必须向有管辖权的法院提出。破产案件由债务人住所地人民法院管辖。基层人民法院一般管辖县、县级市或区的工商行政管理机关核准登记的企业的破产案件；中级人民法院一般管辖地区、设区的市以上工商行政管理机关核准登记的企业的破产案件；纳入国家计划调整的企业的破产案件，由中级人民法院管辖。

三、破产申请的提出

破产申请，是指破产申请人向法院请求受理破产案件，适用破产程序，宣告破产的意思表示。我国现行破产法采用了申请主义，即债务人在符合破产界限时，可以向人民法院提出重整、和解或者破产清算申请；债务人不能清偿到期债务，债权人可以向人民法院提出对债务人进行重整或者破产清算的申请；企业法人已解散但未清算或者未清算完毕，资产不足以清偿债务的，依法负有清算责任的人应当向人民法院申请破产清算。

向人民法院提出破产申请，应当提交破产申请书和有关证据。破产申请书应当载明下列事项：①申请人、被申请人的基本情况；②申请目的；③申请的事实和理由；④人民法院认为应当载明的其他事项。债务人提出申请的，还应当向人民法院提交财产状况说明、债务清册、债权清册、有关财务会计报告、职工安置预案以及职工工资的支付和社会保险费用的缴纳情况。

四、破产申请的受理

破产案件的受理，是指人民法院在收到破产申请后，认为申请符合法定条件而予以接受，并由此开始破产程序的司法行为。

（一）立案

人民法院应当自收到破产申请之日起 15 日内裁定是否受理。债权人提出破产申请的，人民法院应当自收到申请之日起 5 日内通知债务人。债务人对申请有异议的，应当自收到人民法院的通知之日起 7 日内向人民法院提出。人民法院应当自异议期满之日起 10 日内裁定是否受理。

人民法院受理破产申请的，应当自裁定作出之日起 5 日内送达申请人。债权人提出申请的，人民法院应当自裁定作出之日起 5 日内送达债务人。债务人应当自裁定送达之日起 15 日内，向人民法院提交财产状况说明、债务清册、债权清册、有关财务会计报告以及职工工资的支付和社会保险费用的缴纳情况。

人民法院裁定不受理破产申请的，应当自裁定作出之日起 5 日内送达申请人并说明理由。申请人对裁定不服的，可以自裁定送达之日起 10 日内向上一级人民法院提起上诉。

（二）通知和公告

人民法院应当自裁定受理破产申请之日起 25 日内通知已知债权人，并予以公告。通知和公告应当载明下列事项：①申请人、被申请人的名称或者姓名；②人民法院受理破产申请的时间；③申报债权的期限、地点和注意事项；④管理人的名称或者姓名及其处理事务的地址；⑤债务人的债务人或者财产持有人应当向管理人清偿债务或者交付财产的要求；⑥第一次债权人会议召开的时间和地点；⑦人民法院认为应当通知和公告的其他事项。

（三）债权的申报与确认

1. 债权申报的概念和期限

债权申报，是指债务人的债权人在接到人民法院关于破产申请的受理裁定或看到公告后，向人民法院依破产程序申报债权并依法取得受偿地位的行为。

人民法院受理破产申请后，应当确定债权人申报债权的期限。债权申报期限自人民法院发布受理破产申请公告之日起计算，最短不得少于30日，最长不得超过3个月。在人民法院确定的债权申报期限内，债权人未申报债权的，可以在破产财产最后分配前补充申报。但是，此前已进行的分配，不再对其补充分配。为审查和确认补充申报债权的费用，由补充申报人承担。

2. 债权申报的特殊情况

债务人所欠职工的工资和医疗、伤残补助、抚恤费用，所欠的应当划入职工个人账户的基本养老保险、基本医疗保险费用，以及法律、行政法规规定应当支付给职工的补偿金，不必申报，由管理人调查后列出清单并予以公示。职工对清单记载有异议的，可以要求管理人更正；管理人不予更正的，职工可以向人民法院提起诉讼。

债权人申报债权时，应当书面说明债权的数额和有无财产担保，并提交有关证据。申报的债权是连带债权的，应当说明。

连带债权人可以由其中一人代表全体连带债权人申报债权，也可以共同申报债权。债务人的保证人或者其他连带债务人已经代替债务人清偿债务的，以其对债务人的求偿权申报债权。债务人的保证人或者其他连带债务人尚未代替债务人清偿债务的，以其对债务人的将来求偿权申报债权。但是，债权人已经向管理人申报全部债权的除外。

连带债务人数人被裁定适用本法规定的程序的，其债权人有权就全部债权分别在各破产案件中申报债权。

未到期的债权，在破产申请受理时视为到期。附利息的债权自破产申请受理时起停止计息。附条件、附期限的债权和诉讼、仲裁未决的债权，债权人可以申报。

3. 债权的确认

管理人收到债权申报材料后，应当登记造册，对申报的债权进行审查，并编制债权表。债权表和债权申报材料由管理人保存，供利害关系人查阅。

管理人编制的债权表，应当提交第一次债权人会议核查。债务人、债权人对债权表记载的债权无异议的，由人民法院裁定确认；债务人、债权人对债权表记载的债权有异议的，可以向受理破产申请的人民法院提起诉讼。

（四）破产受理裁定的法律效力

破产受理后将产生下列法律效力：

（1）债务人对个别债权人的债务清偿无效。

（2）债务人的债务人或者财产持有人应当向管理人清偿债务或者交付财产。债务人的债务人或者财产持有人故意违反前述规定向债务人清偿债务或者交付财产，使债权人受到损失的，不免除其清偿债务或者交付财产的义务。

（3）管理人对破产申请受理前成立而债务人和对方当事人均未履行完毕的合同有权决定解除或者继续履行，并通知对方当事人。管理人自破产申请受理之日起 2 个月内未通知对方当事人，或者自收到对方当事人催告之日起 30 日内未答复的，视为解除合同。管理人决定继续履行合同的，对方当事人应当履行，但是，对方当事人有权要求管理人提供担保，管理人不提供担保的，视为解除合同。

（4）有关债务人财产的保全措施应当解除，执行程序应当中止。

（5）已经开始而尚未终结的有关债务人的民事诉讼或者仲裁应当中止，在管理人接管债务人的财产后，该诉讼或者仲裁继续进行。

（6）有关债务人的民事诉讼，只能向受理破产申请的人民法院提起。

第三节　破产管理人

一、破产管理人的选任

（一）管理人的概念

管理人，是指在破产程序进行过程中负责债务人或破产人财产的管理、处分、业务经营以及破产方案拟订和执行的专门机构。人民法院裁定受理破产申请的，应当同时指定管理人。这一规定使债务人财产从破产程序一开始就置于专门管理人的管理和控制之下，有效地避免了部分债务人因某种目的采取不当或非法的手段处置财产、损害债权人利益的事情发生，从而可以最大限度地保障债权人的利益。

（二）管理人的组成及报酬

管理人由人民法院指定。债权人会议认为管理人不能依法、公正执行职务或者有其他不能胜任职务情形的，可以申请人民法院予以更换。

《企业破产法》规定，可以担任管理人的有：①由有关部门、机构的人员组成的清算组；②依法设立的律师事务所、会计师事务所、破产清算事务所等社会中介机构；③人民法院根据债务人的实际情况，可以在征询有关社会中介机构的意见后，指定该机构具备相关专业知识并取得执业资格的人员担任管理人。

同时，《企业破产法》还规定了不得担任管理人的情形：①因故意犯罪受过刑事处罚；②曾被吊销相关专业执业证书；③与本案有利害关系；④人民法院认为不宜担任管理人的其他情形。个人担任管理人的，应当参加执业责任保险。

管理人的报酬由人民法院确定。债权人会议对管理人的报酬有异议的，有权向人民法院提出。指定管理人和确定管理人报酬的办法，由最高人民法院规定。

二、破产管理人的职责

破产管理人应当依法履行职务，接受债权人会议和债权人委员会的监督。管理人履行下列职责：①接管债务人的财产、印章和账簿、文书等资料；②调查债务人财产状况，制作财产状况报告；③决定债务人的内部管理事务；④决定债务人的日常开支和其他必要开支；⑤在第一次债权人会议召开之前，决定继续或者停止债务人的营业；⑥管理和处分债务人的财产；⑦代表债务人参加诉讼、仲裁或者其他法律程序；⑧提议召开债权人会议；⑨管理人经人民法院许可，可以聘用必要的工作人员；⑩人民法院认为管理人应当履行的其他职责。

三、破产管理人的义务

破产管理人应当勤勉尽责，忠实执行职务。具体表现在以下几个方面：①管理人依照《企业破产法》规定执行职务，向人民法院报告工作，并接受债权人会议和债权人委员会的监督；②管理人应当列席债权人会议，向债权人会议报告职务执行情况，并回答询问；③在第一次债权人会议召开之前，管理人决定继续或者停止债务人的营业或者有《企业破产法》所规定的相应行为的，应当经人民法院许可；④管理人应当勤勉尽责，忠实执行职务；⑤管理人没有正当理由不得辞去职务；管理人辞去职务应当经人民法院许可。

第四节　债权人会议

一、债权人会议的概念和组成

（一）债权人会议的概念

债权人会议是由全体债权人组成，以维护债权人共同利益为目的，在法院监督下对有关破产事宜表达债权人意思的临时性机构。债权人会议伴随着破产程序的开始而产生，破产程序终结后，其使命也宣告结束。

(二) 债权人会议的组成

依法申报债权的债权人为债权人会议的成员，有权参加债权人会议，享有表决权。债权尚未确定的债权人，除人民法院能够为其行使表决权而临时确定债权额的外，不得行使表决权。债权人会议设主席一人，由人民法院从有表决权的债权人中指定。债权人会议主席主持债权人会议。债权人会议应当有债务人的职工和工会的代表参加，对有关事项发表意见。

二、债权人会议的召集和职权

(一) 债权人会议的召集

第一次债权人会议由人民法院召集，自债权申报期限届满之日起15日内召开。以后的债权人会议，在人民法院认为必要时，或者管理人、债权人委员会、占债权总额1/4以上的债权人向债权人会议主席提议时召开。召开债权人会议，管理人应当提前15日通知已知的债权人。

(二) 债权人会议的职权

债权人会议行使下列职权：①核查债权；②申请人民法院更换管理人，审查管理人的费用和报酬；③监督管理人；④选任和更换债权人委员会成员；⑤决定继续或者停止债务人的营业；⑥通过重整计划；⑦通过和解协议；⑧通过债务人财产的管理方案；⑨通过破产财产的变价方案；⑩通过破产财产的分配方案；⑪人民法院认为应当由债权人会议行使的其他职权。

其中，对债务人的特定财产享有担保权的债权人，未放弃优先受偿权利的，对于和解协议和破产财产的分配方案不享有表决权。

三、债权人会议的决议

债权人会议的决议，由出席会议的有表决权的债权人过半数通过，并且其所代表的债权额占无财产担保债权总额的1/2以上。但是，《企业破产法》另有规定的除外。债权人会议的决议，对于全体债权人均有约束力。

债权人认为债权人会议的决议违反法律规定，损害其利益的，可以自债权人会议作出决议之日起15日内，请求人民法院裁定撤销该决议，责令债权人会议依法重新作出决议。

对于债务人财产的管理方案和破产财产的变价方案，经债权人会议表决未通过的，或者债权人会议对所议事项经两次表决仍未通过的，由人民法院裁定。对此裁定，人民法院可以在债权人会议上宣布或者另行通知债权人。

四、债权人委员会

（一）债权人委员会的组成

债权人会议可以决定设立债权人委员会。债权人委员会由债权人会议选任的债权人代表和1名债务人的职工代表或者工会代表组成。债权人委员会成员不得超过9人。债权人委员会成员应当经人民法院书面决定认可。

（二）债权人委员会的职权

债权人委员会行使下列职权：①监督债务人财产的管理和处分；②监督破产财产分配；③提议召开债权人会议；④债权人会议委托的其他职权。

债权人委员会执行职务时，有权要求管理人、债务人的有关人员对其职权范围内的事务作出说明或者提供有关文件。管理人、债务人的有关人员违反法律规定拒绝接受监督的，债权人委员会有权就监督事项请求人民法院作出决定，人民法院应当在5日内作出决定。

（三）债权人委员会对管理人的约束

管理人实施下列行为，应当及时报告债权人委员会：①涉及土地、房屋等不动产权益的转让；②探矿权、采矿权、知识产权等财产权的转让；③全部库存或者营业的转让；④借款；⑤设定财产担保；⑥债权和有价证券的转让；⑦履行债务人和对方当事人均未履行完毕的合同；⑧放弃权利；⑨担保物的取回；⑩对债权人利益有重大影响的其他财产处分行为。未设立债权人委员会的，管理人实施前述规定的行为应当及时报告人民法院。

第五节　重整与和解

一、重整

重整，是指已具破产界限或有破产界限之虞而又有再生希望的债务人实施的旨在挽救其生存的法律程序。其目的不在于公平分配债务人财产，因而有别于破产程序。其手段为调整债权人、股东及其他利益关系人与重整企业的利益关系，并限制担保物权的行使，故又有别于和解程序。

（一）重整申请的提出

债务人或者债权人可以依照《企业破产法》的规定，直接向人民法院申请对债务人进行重整。债权人申请对债务人进行破产清算的，在人民法院受理破产申请后、宣告债务人破产前，债务人或者出资额占债务人注册资本1/10以上的出资人，可以向人民法院申请重整。

（二）重整期间

人民法院经审查认为重整申请符合《企业破产法》规定的，应当裁定债务人重整，并予以公告。自人民法院裁定债务人重整之日起至重整程序终止，为重整期间。

在重整期间，经债务人申请，人民法院批准，债务人可以在管理人的监督下自行管理财产和营业事务。已接管债务人财产和营业事务的管理人应当向债务人移交财产和营业事务，管理人的职权由债务人行使。管理人负责管理财产和营业事务的，可以聘任债务人的经营管理人员负责营业事务。在重整期间，对债务人的特定财产享有的担保权暂停行使。但是，担保物有损坏或者价值明显减少的可能，足以危害担保权人权利的，担保权人可以向人民法院请求恢复行使担保权。在重整期间，债务人或者管理人为继续营业而借款的，可以为该借款设定担保。债务人合法占有的他人财产，该财产的权利人在重整期间要求取回的，应当符合事先约定的条件。在重整期间，债务人的出资人不得请求投资收益分配，债务人的董事、监事、高级管理人员不得向第三人转让其持有的债务人的股权。但是，经人民法院同意的除外。

（三）重整计划的制订和批准

1. 重整计划的制订

债务人或者管理人应当自人民法院裁定债务人重整之日起6个月内，同时向人民法院和债权人会议提交重整计划草案。上述规定的期限届满，经债务人或者管理人请求，有正当理由的，人民法院可以裁定延期3个月。

债务人自行管理财产和营业事务的，由债务人制作重整计划草案。管理人负责管理财产和营业事务的，由管理人制作重整计划草案。重整计划草案应当包括下列内容：①债务人的经营方案；②债权分类；③债权调整方案；④债权受偿方案；⑤重整计划的执行期限；⑥重整计划执行的监督期限；⑦有利于债务人重整的其他方案。

2. 重整计划的表决

下列各类债权的债权人参加讨论重整计划草案的债权人会议，依照下列债权分类，分组对重整计划草案进行表决：①对债务人的特定财产享有担保权的债权；②债务人所欠职工的工资和医疗、伤残补助、抚恤费用，所欠的应当划入职工个人账户的基本养老保险、基本医疗保险费用，以及法律、行政法规规定应当支付给职工的补偿金；③债务人所欠税款；④普通债权。人民法院在必要时可以决定在普通债权组中设小额债权组对重整计划草案进行表决。

人民法院应当自收到重整计划草案之日起30日内召开债权人会议，对重整计划草案进行表决。出席会议的同一表决组的债权人过半数同意重整计划草案，并且其所代表的债权额占该组债权总额的2/3以上的，即为该组通过重整计划草案。债务人或者管理人应当向债权人会议就重整计划草案作出说明，并回答询问。债务人的出资人代表可以列席讨论重整计划草案的债权人会议。重整计划草案涉及出资人权益调整事项的，应当设出资人组，对该事项进行表决。

3. 重整计划的通过

各表决组均通过重整计划草案时，重整计划即为通过。自重整计划通过之日起10

日内，债务人或者管理人应当向人民法院提出批准重整计划的申请。

部分表决组未通过重整计划草案的，债务人或者管理人可以同未通过重整计划草案的表决组协商。该表决组可以在协商后再表决一次。双方协商的结果不得损害其他表决组的利益。未通过重整计划草案的表决组拒绝再次表决或者再次表决仍未通过重整计划草案，但重整计划草案符合法律特别规定的，债务人或者管理人可以申请人民法院批准重整计划草案。人民法院经审查认为重整计划草案符合法律规定的，应当自收到申请之日起30日内裁定批准，终止重整程序，并予以公告。

（四）重整计划的效力与执行

经人民法院裁定批准的重整计划，对债务人和全体债权人均有约束力。债权人未依法申报债权的，在重整计划执行期间不得行使权利，在重整计划执行完毕后，可以按照重整计划规定的同类债权的清偿条件行使权利。债权人对债务人的保证人和其他连带债务人所享有的权利，不受重整计划的影响。

重整计划由债务人负责执行。人民法院裁定批准重整计划后，已接管财产和营业事务的管理人应当向债务人移交财产和营业事务。自人民法院裁定批准重整计划之日起，在重整计划规定的监督期内，由管理人监督重整计划的执行。在监督期内，债务人应当向管理人报告重整计划的执行情况和债务人财务状况。监督期届满时，管理人应当向人民法院提交监督报告，自监督报告提交之日起，管理人的监督职责终止。管理人向人民法院提交的监督报告，重整计划的利害关系人有权查阅。经管理人申请，人民法院可以裁定延长重整计划执行的监督期限。

（五）重整计划的终止

在重整期间，有下列情形之一的，经管理人或者利害关系人请求，人民法院应当裁定终止重整程序，并宣告债务人破产：①债务人的经营状况和财产状况继续恶化，缺乏挽救的可能性；②债务人有欺诈、恶意减少债务人财产或者其他显著不利于债权人的行为；③由于债务人的行为致使管理人无法执行职务。

债务人或者管理人未按期提出重整计划草案的，人民法院应当裁定终止重整程序，并宣告债务人破产。

重整计划草案未获得通过且未依法获得批准，或者已通过的重整计划未获得批准的，人民法院应当裁定终止重整程序，并宣告债务人破产。

债务人不能执行或者不执行重整计划的，人民法院经管理人或者利害关系人请求，应当裁定终止重整计划的执行，并宣告债务人破产。但为重整计划的执行提供的担保继续有效。人民法院裁定终止重整计划执行的，债权人在重整计划中作出的债权调整的承诺失去效力。债权人因执行重整计划所受的清偿仍然有效，债权未受清偿的部分作为破产债权。前述规定的债权人，只有在其他同顺位债权人同自己所受的清偿达到同一比例时，才能继续接受分配。按照重整计划减免的债务，自重整计划执行完毕时起，债务人不再承担清偿责任。

二、和解

和解，是指人民法院在受理破产案件后，债务人与债权人之间在延期、分期清偿债务或者免除或部分免除债务人的债务达成协议，以中止破产程序，防止债务人破产的制度。和解协议一经法院认可，即对全体债权人具有约束力。

（一）和解申请

债务人可以依照《企业破产法》的规定，直接向人民法院申请和解，也可以在人民法院受理破产申请后、宣告债务人破产前，向人民法院申请和解。债务人申请和解，应当提出和解协议草案。人民法院经审查认为和解申请符合法律规定的，应当裁定和解，予以公告，并召集债权人会议讨论和解协议草案。对债务人的特定财产享有担保权的权利人，自人民法院裁定和解之日起可以行使权利。

（二）和解协议的通过

债权人会议通过和解协议的决议，由出席会议的有表决权的债权人过半数同意，并且其所代表的债权额占无财产担保债权总额的2/3以上。

债权人会议通过和解协议的，由人民法院裁定认可，终止和解程序，并予以公告。管理人应当向债务人移交财产和营业事务，并向人民法院提交执行职务的报告。

和解协议草案经债权人会议表决未获得通过，或者已经债权人会议通过的和解协议未获得人民法院认可的，人民法院应当裁定终止和解程序，并宣告债务人破产。

（三）和解协议的效力

经人民法院裁定认可的和解协议，对债务人和全体和解债权人均有约束力。和解债权人未依法申报债权的，在和解协议执行期间不得行使权利，在和解协议执行完毕后，可以按照和解协议规定的清偿条件行使权利。和解债权人对债务人的保证人和其他连带债务人所享有的权利，不受和解协议的影响。

债务人应当按照和解协议规定的条件清偿债务。因债务人的欺诈或者其他违法行为而成立的和解协议，人民法院应当裁定和解协议无效，并宣告债务人破产。和解债权人因执行和解协议所受的清偿，在其他债权人所受清偿同等比例的范围内，不予返还。

债务人不能执行或者不执行和解协议的，人民法院经和解债权人请求，应当裁定终止和解协议的执行，并宣告债务人破产，但为和解协议的执行提供的担保继续有效。人民法院裁定终止和解协议执行的，和解债权人在和解协议中作出的债权调整的承诺失去效力。和解债权人因执行和解协议所受的清偿仍然有效，和解债权未受清偿的部分作为破产债权，该债权人只有在其他债权人同自己所受的清偿达到同一比例时，才能继续接受分配。

（四）和解协议的终结

人民法院受理破产申请后，债务人与全体债权人就债权债务的处理自行达成协议的，可以请求人民法院裁定认可，并终结破产程序。按照和解协议减免的债务，自和解协议执行完毕时起，债务人不再承担清偿责任。

第六节　破产清算

一、破产宣告

破产宣告，是指受理破产案件的法院依法定程序对已具备破产要件的债务人所作出的宣告其为破产人的司法审判行为。

人民法院依法宣告债务人破产的，应当自裁定作出之日起5日内送达债务人和管理人，自裁定作出之日起10日内通知已知债权人，并予以公告。债务人被宣告破产后，债务人称为破产人，债务人财产称为破产财产，人民法院受理破产申请时对债务人享有的债权称为破产债权。

破产宣告前，有下列情形之一的，人民法院应当裁定终结破产程序，并予以公告：①第三人为债务人提供足额担保或者为债务人清偿全部到期债务的；②债务人已清偿全部到期债务的。

二、破产财产与破产债权

（一）破产财产

破产财产，是指在破产宣告后，依法定程序对债权人的债权进行清偿的破产企业的财产。根据我国《企业破产法》的规定，破产申请受理时属于债务人的全部财产，以及破产申请受理后至破产程序终结前债务人取得的财产，为破产财产。

人民法院受理破产申请前1年内，涉及债务人财产的下列行为，管理人有权请求人民法院予以撤销，并有权追回：①无偿转让财产的；②以明显不合理的价格进行交易的；③对没有财产担保的债务提供财产担保的；④对未到期的债务提前清偿的；⑤放弃债权的。人民法院受理破产申请前6个月内，债务人符合破产界限时，仍对个别债权人进行清偿的，管理人有权请求人民法院予以撤销并有权追回，但个别清偿使债务人财产受益的除外。为逃避债务而隐匿、转移财产或虚构债务或者承认不真实的债务的行为无效，管理人有权追回由此取得的债务人财产。债务人的董事、监事和高级管理人员利用职权从企业获取的非正常收入和侵占的企业财产，管理人应当追回。

人民法院受理破产申请后，管理人可以通过清偿债务或者提供为债权人接受的担保，取回质物、留置物。前款规定的债务清偿或者替代担保，在质物或者留置物的价值低于被担保的债权额时，以该质物或者留置物当时的市场价值为限。人民法院受理破产申请后，债务人的出资人尚未完全履行出资义务的，管理人应当要求该出资人缴纳所认缴的出资，而不受出资期限的限制。人民法院受理破产申请后，债务人占有的不属于债务人的财产，该财产的权利人可以通过管理人取回。但是，《企业破产法》另有规定的除外。人民法院受理破产申请时，出卖人已将买卖标的物向作为买受人的债务人发运，债务人尚未收到且未付清全部价款的，出卖人可以取回在运输途中的标的物。但是，管理人可以支付全部价款，请求出卖人交付标的物。上述追回或取回的财产列入破产财产。

（二）破产债权

人民法院受理破产申请时对债务人享有的债权称为破产债权。对破产人的特定财产享有担保权的权利人，对该特定财产享有优先受偿的权利。具有优先受偿权利的债权人未能完全受偿的，其未受偿的债权作为普通破产债权，放弃优先受偿权利的，其债权作为普通破产债权。

债权人在破产申请受理前对债务人负有债务的，可以向管理人主张抵消。但是，有下列情形之一的，不得抵消：

（1）债务人的债务人在破产申请受理后取得他人对债务人的债权的。

（2）债权人已知债务人有不能清偿到期债务或者破产申请的事实，对债务人负担债务的。但是，债权人因为法律规定或者有破产申请1年前所发生的原因而负担债务的除外。

（3）债务人的债务人已知债务人有不能清偿到期债务或者破产申请的事实，对债务人取得债权的。但是，债务人的债务人因为法律规定或者有破产申请1年前所发生的原因而取得债权的除外。

三、破产财产的变价和分配

（一）破产财产的变价

由于破产财产的分配以货币分配为主要方式，因此应当对破产财产进行合理变价。破产管理人应当及时拟订破产财产变价方案，提交债权人会议讨论。管理人应当按照债权人会议通过的或者人民法院依照《企业破产法》的规定裁定的破产财产变价方案，适时变价出售破产财产。变价出售破产财产应当通过拍卖进行。但是，债权人会议另有决议的除外。破产企业可以全部或者部分变价出售。企业变价出售时，可以将其中的无形资产和其他财产单独变价出售。按照国家规定不能拍卖或者限制转让的财产，应当按照国家规定的方式处理。

（二）破产财产的分配

1. 破产分配方案

破产分配，是指对破产财产依照《企业破产法》规定的顺序予以处理。破产财产依分配方案进行。分配方案是确定破产的分配方法、分配比例、分配与受领办法等事项的法律文件。

管理人应当及时拟订破产财产分配方案，提交债权人会议讨论。债权人会议通过破产财产分配方案后，由管理人将该方案提请人民法院裁定认可。破产财产分配方案经人民法院裁定认可后，由管理人执行。

2. 破产财产的分配顺序

破产财产应当优先清偿破产费用和共益债务。

破产费用，是指为债权人的共同利益而支付的旨在保证破产程序顺利进行所必需的，并在破产程序中优先拨付的费用。破产费用包括以下几部分：①破产案件的诉讼费用；②管理、变价和分配债务人财产的费用；③管理人执行职务的费用、报酬和聘用工作人员的费用。

共益债务，是指在破产申请受理后，为全体债权人的共同利益或者为进行破产程序所必需而负担的债务。共益债务包括以下几部分：①因管理人或者债务人请求对方当事人履行双方均未履行完毕的合同所产生的债务；②债务人财产受无因管理所产生的债务；③因债务人不当得利所产生的债务；④为债务人继续营业而应支付的劳动报酬和社会保险费用以及由此产生的其他债务；⑤管理人或者相关人员执行职务致人损害所产生的债务；⑥债务人财产致人损害所产生的债务。

破产费用和共益债务由债务人财产随时清偿。债务人财产不足以清偿所有破产费用和共益债务的，先行清偿破产费用。债务人财产不足以清偿所有破产费用或者共益债务的，按照比例清偿。债务人财产不足以清偿破产费用的，管理人应当提请人民法院终结破产程序。人民法院应当自收到请求之日起 15 日内裁定终结破产程序，并予以公告。

破产财产在清偿破产费用和共益债务后，依照下列顺序清偿：①破产人所欠职工的工资和医疗、伤残补助、抚恤费用，所欠的应当划入职工个人账户的基本养老保险、基本医疗保险费用，以及法律、行政法规规定应当支付给职工的补偿金；②破产人欠缴的除前项规定以外的社会保险费用和破产人所欠税款；③普通破产债权。

破产财产不足以清偿同一顺序的清偿要求的，按照比例分配。同时，对于破产企业的董事、监事和高级管理人员的工资按照该企业职工的平均工资计算。破产财产分配完毕，未得到清偿或未得到足额清偿的债权，债务人不再清偿。

四、破产程序的终结

破产人无财产可供分配的，管理人应当请求人民法院裁定终结破产程序。管理人在最后分配完结后，应当及时向人民法院提交破产财产分配报告，并提请人民法院裁定终结破产程序。人民法院应当自收到管理人终结破产程序的请求之日起 15 日内作出是否终结破产程序的裁定。裁定终结的，应当予以公告。管理人应当自破产程序终结之日起 10 日内，持人民法院终结破产程序的裁定，向破产人的原登记机关办理注销登记。

自破产程序终结之日起 2 年内，发现有应当追回或其他可供分配的财产，债权人可以请求人民法院按照破产财产分配方案进行追加分配，但财产数量不足以支付分配费用的，不再进行追加分配，由人民法院将其上交国库。

破产人的保证人和其他连带债务人，在破产程序终结后，对债权人依照破产清算程序未受清偿的债权，依法继续承担清偿责任。

复习思考题

1. 什么是破产？破产有哪些特点？
2. 我国《企业破产法》的适用范围包括哪些？
3. 破产管理人的职责和义务有哪些？
4. 破产财产的分配顺序是如何规定的？
5. 什么是共益债务？共益债务包括哪些内容？

第六章　合同法

第一节　合同法概述

一、合同的概念和特征

（一）合同的概念

合同是平等主体的自然人、法人、其他组织之间设立、变更、终止民事权利义务关系的协议。

《中华人民共和国合同法》（以下简称《合同法》）调整的是财产合同，既包括设定债权债务关系的债权合同，如借款合同，也包括设定物权关系的物权合同，如质押合同。婚姻、收养、监护等有关身份关系的协议，适用其他法律的规定，不适用《合同法》。

（二）合同的特征

1. 合同是双方或多方的民事法律行为

合同的主体为两人以上，合同是由双方或多方的意思表示所构成的民事法律行为。

2. 合同是当事人意思表示一致的民事法律行为

合同是地位平等的当事人之间协商一致的民事法律行为。

3. 合同是以设立、变更、终止民事权利义务关系为内容的民事法律行为

合同以设立、变更、终止民事权利义务关系为内容。当事人通过订立合同，从而在其之间产生某种特定的民事权利义务关系，或变更原本存在的民事权利义务关系，或使已经存在的民事权利义务关系归于消灭。

二、合同的分类

依据不同的标准，可以将合同划分为不同的种类。

（一）以当事人之间是否互负对待给付义务为标准进行划分

以当事人之间是否互负对待给付义务为标准进行划分，可以将合同分为双务合同与单务合同。

1. 双务合同

双务合同，是指当事人之间互负对待给付义务的合同，如买卖合同。双务合同的

当事人之间均享有权利和承担义务。实践中，多数合同均属于双务合同。

2. 单务合同

单务合同，是指仅由一方当事人负给付义务的合同，如借用合同。单务合同的一方当事人只享有权利，而另一方当事人则只负有义务。

（二）以当事人合同利益的取得是否需要支付相应的对价为标准进行划分

以当事人合同利益的取得是否需要支付相应的对价为标准进行划分，可以将合同分为有偿合同与无偿合同。

1. 有偿合同

有偿合同，是指一方当事人从对方获得某种合同利益必须支付相应对价的合同，如买卖合同。实践中，多数合同均属于有偿合同。

2. 无偿合同

无偿合同，是指一方当事人从对方获得某种合同利益无须支付相应对价的合同，如赠与合同。无偿合同一方当事人的注意义务通常较低。例如，对于无偿保管合同，在保管期间，因保管不善造成保管物毁损、灭失的，若保管人能够证明自己没有重大过失，则不承担损害赔偿责任。

（三）以合同的成立是否需要交付标的物为标准进行划分

以合同的成立是否需要交付标的物为标准进行划分，可以将合同分为诺成合同与实践合同。

1. 诺成合同

诺成合同，是指无须以交付标的物为要件，当事人意思表示一致即可成立的合同。实践中，多数合同均属于诺成合同。

2. 实践合同

实践合同，是指除当事人意思表示一致外，还需要交付标的物才能成立的合同，如保管合同。

（四）以合同是否应采取一定的形式为标准进行划分

以合同是否应采取一定的形式为标准进行划分，可以将合同分为要式合同与不要式合同。

1. 要式合同

要式合同，是指根据法律规定必须采取特定形式的合同。“特定形式”包括书面、批准、登记等。《合同法》第十条规定：“当事人订立合同，有书面形式、口头形式和其他形式。”“法律、行政法规规定采用书面形式的，应当采用书面形式。当事人约定采用书面形式的，应当采用书面形式。”《合同法》第四十四条规定：“依法成立的合同，自成立时生效。”“法律、行政法规规定应当办理批准、登记等手续生效的，依照其规定。”

2. 不要式合同

不要式合同，是指不需要采取特定形式的合同。除法律、行政法规有特别规定外，当事人订立的合同均属于不要式合同。

（五）以合同的条款是否由一方当事人预先拟定为标准进行划分

以合同的条款是否由一方当事人预先拟定为标准进行划分，可以将合同分为格式合同与非格式合同。

1. 格式合同

格式合同，是指合同的条款由一方当事人预先拟定，并在订立合同时未与对方协商的合同，如铁路运输合同。由于格式合同的条款由一方预先拟定，并未经过当事人的协商，因此基于公平原则，法律对格式合同通常予以一定的限制。

2. 非格式合同

非格式合同，是指当事人协商一致而订立的合同。实践中，多数合同均属于非格式合同。

（六）以合同之间的从属性为标准进行划分

以合同之间的从属性为标准进行划分，可以将合同分为主合同与从合同。

1. 主合同

主合同，是指不依赖于其他合同即可独立存在的合同。如有抵押的借款合同，其中的借款合同即为主合同。

2. 从合同

从合同，是指须以其他合同的存在为其存在前提的合同。如有抵押的借款合同，其中的抵押合同即为从合同。

（七）以法律上是否规定了一定合同的名称和规则为标准进行划分

以法律上是否规定了一定合同的名称和规则为标准进行划分，可以将合同分为有名合同与无名合同。

1. 有名合同

有名合同，是指法律上已经规定了其名称和规则的合同，如《合同法》所规定的15类合同。

2. 无名合同

无名合同，是指法律上未规定其名称和规则的合同。

三、合同法的概念和基本原则

（一）合同法的概念

合同法是调整平等主体之间的合同关系的法律规范的总称。

我国《合同法》于1999年3月15日第九届全国人民代表大会第二次会议通过，自1999年10月1日起施行。《合同法》共分23章428条。

（二）合同法的基本原则

1. 平等原则

合同当事人的法律地位平等，一方不得将自己的意志强加给另一方。当事人在合同关系中必须平等协商。

2. 自愿原则

当事人依法享有自愿订立合同的权利，任何单位和个人不得非法干预。即当事人可自主决定是否缔结合同、与谁缔结合同、缔结何种内容的合同、怎样缔结合同等事项。

3. 公平原则

当事人应当遵循公平原则确定各方的权利和义务。一方当事人利用优势或者利用对方没有经验，致使双方的权利义务明显违反公平、等价有偿原则的，对方当事人有权请求人民法院或者仲裁机构变更或者撤销合同。

4. 诚实信用原则

当事人行使权利、履行义务应当遵循诚实信用原则。当事人在合同的订立、履行、终止、争议解决等阶段，均应遵循诚实信用原则。

5. 合法原则

当事人订立、履行合同，应当遵守法律、行政法规，尊重社会公德，不得扰乱社会经济秩序，损害社会公共利益。

第二节　合同的订立

一、合同订立的程序

（一）要约

1. 要约的概念和构成要件

（1）要约的概念。要约是希望和他人订立合同的意思表示。发出要约的当事人为要约人，接受要约的当事人为受要约人。

（2）要约的构成要件。要约应符合下列规定：①内容具体确定；②表明经受要约人承诺，要约人即受该意思表示约束。

2. 要约邀请

要约邀请是希望他人向自己发出要约的意思表示。寄送的价目表、拍卖公告、招标公告、招股说明书、商业广告等为要约邀请。商业广告的内容符合要约规定的，视为要约。

3. 要约的法律效力

（1）要约的生效。要约到达受要约人时生效。采用数据电文形式订立合同，收件人指定特定系统接收数据电文的，该数据电文进入该特定系统的时间，视为到达时间；

未指定特定系统的，该数据电文进入收件人的任何系统的首次时间，视为到达时间。

（2）要约的撤回和撤销。要约可以撤回，撤回要约的通知应当在要约到达受要约人之前或者与要约同时到达受要约人。要约可以撤销，撤销要约的通知应当在受要约人发出承诺通知之前到达受要约人。有下列情形之一的，要约不得撤销：①要约人确定了承诺期限或者以其他形式明示要约不可撤销；②受要约人有理由认为要约是不可撤销的，并已经为履行合同作了准备工作。

（3）要约的失效。有下列情形之一的，要约失效：①拒绝要约的通知到达要约人；②要约人依法撤销要约；③承诺期限届满，受要约人未作出承诺；④受要约人对要约的内容作出实质性变更。

（二）承诺

1. 承诺的概念

承诺是受要约人同意要约的意思表示。

2. 承诺的构成要件

承诺须具备以下构成要件：

（1）承诺应由受要约人向要约人作出。受要约人以外的第三人无权向要约人作出承诺。

（2）承诺应在规定的期限内到达要约人。承诺应当在要约确定的期限内到达要约人。要约没有确定承诺期限的，要约以对话方式作出的，应当即时作出承诺，但当事人另有约定的除外；要约以非对话方式作出的，承诺应当在合理期限内到达。要约以信件或者电报作出的，承诺期限自信件载明的日期或者电报交发之日开始计算；信件未载明日期的，自投寄该信件的邮戳日期开始计算。要约以电话、传真等方式作出的，承诺期限自要约到达受要约人时开始计算。受要约人超过承诺期限发出承诺的，除要约人及时通知受要约人该承诺有效的以外，为新要约。受要约人在承诺期限内发出承诺，按照通常情形能够及时到达要约人，但因其他原因，承诺到达要约人时超过承诺期限的，除要约人及时通知受要约人因承诺超过期限不接受该承诺的以外，该承诺有效。

（3）承诺的内容应与要约的内容一致。受要约人对要约的内容作出实质性变更的，为新要约。有关合同标的、数量、质量、价款或者报酬、履行期限、履行地点和方式、违约责任和解决争议方法等的变更，是对要约内容的实质性变更。承诺对要约的内容作出非实质性变更的，除要约人及时表示反对，或者要约表明承诺不得对要约的内容作出任何变更的以外，该承诺有效。

（4）承诺的方式应符合要约的要求。承诺应当以通知的方式作出，但根据交易习惯或者要约表明可以通过行为作出承诺的除外。所谓交易习惯，是指在交易行为当地或者某一领域、某一行业通常采用并为交易对方订立合同时所知道或者应当知道的做法，以及当事人双方经常使用的习惯做法。以行为作出承诺，一般不包括默示或不作为，但法律另有规定或双方当事人另有约定的除外。如《合同法》第一百七十一条规定："试用买卖的买受人在试用期内可以购买标的物，也可以拒绝购买。试用期间届满，买受人对是否购买标的物未作表示的，视为购买。”此即为法律规定的默示行为。

3. 承诺的法律效力

（1）承诺的生效。承诺通知到达要约人时生效。承诺不需要通知的，根据交易习惯或者要约的要求作出承诺的行为时生效。采用数据电文形式订立合同，收件人指定特定系统接收数据电文的，该数据电文进入该特定系统的时间，视为到达时间；未指定特定系统的，该数据电文进入收件人的任何系统的首次时间，视为到达时间。

（2）承诺的撤回。承诺可以撤回，撤回承诺的通知应当在承诺通知到达要约人之前或者与承诺通知同时到达要约人。

二、合同成立的时间与地点

（一）合同成立的时间

承诺生效时合同成立。当事人采用合同书形式订立合同的，自双方当事人签字或者盖章时合同成立。在签字或者盖章之前，当事人一方已经履行主要义务，对方接受的，该合同成立。当事人采用信件、数据电文等形式订立合同的，可以在合同成立之前要求签订确认书，签订确认书时合同成立。法律、行政法规规定或者当事人约定采用书面形式订立合同，当事人未采用书面形式，但一方已经履行主要义务，对方接受的，该合同成立。

（二）合同成立的地点

承诺生效的地点为合同成立的地点。当事人采用合同书形式订立合同的，双方当事人签字或者盖章的地点为合同成立的地点。合同约定的签订地与实际签字或者盖章地点不符的，约定的签订地为合同签订地。合同没有约定签订地，双方当事人签字或者盖章不在同一地点的，最后签字或者盖章的地点为合同签订地。采用数据电文形式订立合同的，除当事人另有约定外，收件人的主营业地为合同成立的地点；没有主营业地的，其经常居住地为合同成立的地点。

三、合同的条款与形式

（一）合同的条款

1. 提示性的合同条款

合同的内容由当事人约定，一般包括以下条款：①当事人的名称或者姓名和住所；②标的；③数量；④质量；⑤价款或者报酬；⑥履行期限、地点和方式；⑦违约责任；⑧解决争议的方法。

2. 合同的主要条款

合同的主要条款是合同成立的必备条款。一般而言，当事人名称或者姓名、标的和数量条款应为合同的主要条款。当事人对合同是否成立存在争议，若能够确定当事人名称或者姓名、标的和数量的，一般应当认定合同成立，但法律另有规定或者当事人另有约定的除外。

3. 格式条款

（1）格式条款的概念。格式条款是当事人为了重复使用而预先拟定，并在订立合同时未与对方协商的条款。

（2）格式条款的特征。格式条款具有如下特征：①格式条款的内容由一方当事人预先拟定，具有非协商性；②格式条款的一方当事人是特定的，而另一方当事人是不特定的；③提供格式条款的一方当事人通常在经济上处于优势的地位；④格式条款使合同的签订更加快捷，提高了合同签订的效率。

（3）格式条款的法律调整。采用格式条款订立合同的，提供格式条款的一方应当遵循公平原则确定当事人之间的权利和义务，并采取合理的方式提请对方注意免除或者限制其责任的条款，按照对方的要求，对该条款予以说明。提供格式条款的一方对格式条款中免除或者限制其责任的内容，在合同订立时采用足以引起对方注意的文字、符号、字体等特别标识，并按照对方的要求对该格式条款予以说明的，可以认定为“采取合理的方式”。提供格式条款的一方当事人违反法定的提示和说明义务，导致对方没有注意免除或者限制其责任的条款，对方当事人可申请撤销该格式条款。格式条款具有法定无效情形的，或者提供格式条款一方免除其责任、加重对方责任、排除对方主要权利的，该条款无效。对格式条款的理解发生争议的，应当按照通常理解予以解释。对格式条款有两种以上解释的，应当作出不利于提供格式条款一方的解释。格式条款和非格式条款不一致的，应当采用非格式条款。

（二）合同的形式

当事人订立合同，有书面形式、口头形式和其他形式。法律、行政法规规定采用书面形式的，应当采用书面形式；当事人约定采用书面形式的，应当采用书面形式。

书面形式是指合同书、信件和数据电文等可以有形地表现所载内容的形式。数据电文包括电报、电传、传真、电子数据交换和电子邮件等。当事人未以书面形式或者口头形式订立合同，但从双方从事的民事行为能够推定双方有订立合同意愿的，即属于“其他形式”订立的合同，但法律另有规定的除外。

四、缔约过失责任

（一）缔约过失责任的概念和特征

1. 缔约过失责任的概念

缔约过失责任，是指在订立合同的过程中，一方当事人因违背诚实信用原则给对方当事人造成损失时所应承担的民事责任。

2. 缔约过失责任的特征

（1）缔约过失责任发生在合同订立的过程中。缔约过失责任以合同没有有效成立为前提，而违约责任则以合同有效成立为前提。

（2）承担缔约过失责任的基础是基于诚实信用原则的先合同义务。即在订立合同的过程中，当事人应遵循诚实信用原则，履行通知、协助、保密等义务。

（3）缔约过失责任为赔偿责任。当事人给对方造成损失时，应承担损害赔偿责任。

赔偿的范围是信赖利益的损失，既包括为缔约而支付的合理费用等直接损失，也包括失去的商机等间接损失。

(4) 缔约过失责任为过错责任。承担缔约过失责任的当事人须具有过错，包括故意和过失。

(5) 缔约过失责任为法定责任。缔约过失责任的承担，不以当事人之间事先有约定为要件。

(二) 承担缔约过失责任的情形

当事人在订立合同过程中有下列情形之一的，应当承担缔约过失责任：

(1) 假借订立合同，恶意进行磋商。

(2) 故意隐瞒与订立合同有关的重要事实或者提供虚假情况。

(3) 泄露或者不正当地使用商业秘密。当事人在订立合同过程中知悉的商业秘密，无论合同是否成立，不得泄露或者不正当地使用。泄露或者不正当地使用该商业秘密给对方造成损失的，应当承担损害赔偿责任。

(4) 其他违背诚实信用原则的行为。例如，依照法律、行政法规的规定经批准或者登记才能生效的合同成立后，有义务办理申请批准或者申请登记等手续的一方当事人未按照法律规定或者合同约定办理申请批准或者未申请登记的，相对人可自己办理有关手续；对方当事人对由此产生的费用和给相对人造成的实际损失，应当承担损害赔偿责任。

第三节　合同的效力

一、合同效力概述

合同效力，是指已经成立的合同所具有的法律约束力。当事人对合同的内容达成一致，合同即成立。而已经成立的合同，因法律对其态度和评价不同，故效力状态也不相同。合同就其效力状态而言，包括生效合同、无效合同、可变更、可撤销合同和效力待定合同四种类型。

二、合同的生效

(一) 合同生效的概念

合同的生效，是指已经成立的合同在当事人之间产生法律约束力。依法成立的合同，自成立时生效。法律、行政法规规定应当办理批准、登记等手续生效的，依照其规定。

(二) 合同生效的要件

1. 当事人具有相应的民事行为能力

当事人订立合同，应当具有相应的民事权利能力和民事行为能力。当事人依法可以委托代理人订立合同。

2. 意思表示真实

合同是当事人在协商一致的基础上的真实意思表示的产物。一方当事人不得以欺诈、胁迫的手段或者乘人之危，使对方在违背真实意思的情况下订立合同。

3. 不违反法律和社会公共利益

当事人订立合同，不得违反法律、行政法规的强制性规定，不得损害社会公共利益，否则将导致合同无效。

4. 形式符合要求

法律、行政法规规定合同应当办理批准、登记等手续生效的，则办理了相应的手续后才生效。

（三）附条件与附期限合同

1. 附条件合同

当事人对合同的效力可以约定附条件。附生效条件的合同，自条件成就时生效；附解除条件的合同，自条件成就时失效。当事人为自己的利益不正当地阻止条件成就的，视为条件已成就；不正当地促成条件成就的，视为条件不成就。

2. 附期限合同

当事人对合同的效力可以约定附期限。附生效期限的合同，自期限届至时生效；附终止期限的合同，自期限届满时失效。

三、无效合同

（一）无效合同的概念

无效合同，是指已经成立，但因欠缺一定的生效要件，因而不发生法律效力的合同。无效合同因其具有违法性，故自始、确定、当然地不发生法律效力。

（二）无效合同的种类

有下列情形之一的，合同无效：①一方以欺诈、胁迫的手段订立合同，损害国家利益；②恶意串通，损害国家、集体或者第三人利益；③以合法形式掩盖非法目的；④损害社会公共利益；⑤违反法律、行政法规的强制性规定。

当事人超越经营范围订立合同，并不因此认定合同无效，但违反国家限制经营、特许经营以及法律、行政法规禁止经营规定的除外。

合同中的下列免责条款无效：①造成对方人身伤害的；②因故意或者重大过失造成对方财产损失的。

（三）合同无效的法律后果

1. 自始没有法律约束力

无效的合同，自始没有法律约束力。合同部分无效，不影响其他部分效力的，其他部分仍然有效。

2. 解决争议条款的独立性

合同无效的，不影响合同中独立存在的有关解决争议方法的条款的效力。

3. 返还财产

合同无效的，因该合同取得的财产，应当予以返还；不能返还或者没有必要返还的，应当折价补偿。

4. 赔偿损失

合同无效的，有过错的一方应当赔偿对方因此所受到的损失，双方都有过错的，应当各自承担相应的责任。

5. 收归国有或者返还集体、第三人

当事人恶意串通，损害国家、集体或者第三人利益的，因此取得的财产收归国家所有或者返还集体、第三人。

四、可变更、可撤销合同

（一）可变更、可撤销合同的概念

可变更、可撤销合同，是指已经成立，但因当事人意思表示不真实，一方当事人有权请求予以变更或撤销的合同。可变更、可撤销合同因当事人的意思表示有缺陷，故一方当事人有权请求人民法院或者仲裁机构变更或者撤销合同。

（二）可变更、可撤销合同的种类

1. 因重大误解订立的合同

当事人因对合同的性质、对方当事人、标的物的品种、质量、规格和数量等的错误认识，使合同订立的后果与自己的意思相悖，并造成较大损失的，属于重大误解。

2. 显失公平的合同

一方当事人利用优势或者利用对方没有经验，致使双方的权利与义务明显违反公平、等价有偿原则的，属于显失公平。

3. 以欺诈、胁迫的手段或者乘人之危订立的合同

一方当事人故意告知对方虚假情况，或者故意隐瞒真实情况，诱使对方当事人作出错误意思表示的，属于欺诈行为。以给当事人的人身、财产等造成损害为要挟，迫使其作出违背真实的意思表示的，属于胁迫行为。一方当事人乘对方处于危难之机，为牟取不正当利益，迫使对方作出不真实的意思表示，严重损害对方利益的，属于乘人之危。

（三）撤销权的消灭

有下列情形之一的，撤销权消灭：①具有撤销权的当事人自知道或者应当知道撤销事由之日起1年内没有行使撤销权；②具有撤销权的当事人知道撤销事由后明确表示或者以自己的行为放弃撤销权。

（四）合同撤销后的法律后果

1. 自始没有法律约束力

被撤销的合同自始没有法律约束力。合同部分被撤销，不影响其他部分效力的，其他部分仍然有效。

2. 解决争议条款的独立性

合同被撤销的，不影响合同中独立存在的有关解决争议方法的条款的效力。

3. 返还财产

合同被撤销后，因该合同取得的财产，应当予以返还；不能返还或者没有必要返还的，应当折价补偿。

4. 赔偿损失

合同被撤销后，有过错的一方应当赔偿对方因此所受到的损失，双方都有过错的，应当各自承担相应的责任。

五、效力待定合同

（一）效力待定合同的概念

效力待定合同，是指已经成立，但因欠缺一定的生效要件，其生效与否尚不能确定，须经有权人予以追认才能确定其效力的合同。效力待定合同因当事人主体资格的欠缺，其效力处于不确定状态，须由当事人以外的第三人予以追认才能确定其效力。

（二）效力待定合同的种类

1. 限制民事行为能力人订立的合同

限制民事行为能力人订立的合同，经法定代理人追认后，该合同有效；但纯获利益的合同或者与其年龄、智力、精神健康状况相适应而订立的合同，不必经法定代理人追认。相对人可以催告法定代理人在 1 个月内予以追认。法定代理人未作表示的，视为拒绝追认。合同被追认之前，善意相对人有撤销的权利，撤销应当以通知的方式作出。

2. 无权代理人订立的合同

行为人没有代理权、超越代理权或者代理权终止后以被代理人名义订立的合同，未经被代理人追认，对被代理人不发生效力，由行为人承担责任。相对人可以催告被代理人在 1 个月内予以追认。被代理人未作表示的，视为拒绝追认。合同被追认之前，善意相对人有撤销的权利，撤销应当以通知的方式作出。无权代理人以被代理人的名义订立合同，被代理人已经开始履行合同义务的，视为对合同的追认。

行为人没有代理权、超越代理权或者代理权终止后以被代理人名义订立合同，相对人有理由相信行为人有代理权的，该代理行为有效。被代理人承担有效代理行为所产生的责任后，可以向无权代理人追偿因代理行为而遭受的损失。

3. 无处分权人处分他人财产所订立的合同

无处分权人处分他人财产，经权利人追认或者无处分权人订立合同后取得处分权的，该合同有效。

无处分权人将不动产或者动产转让给受让人的，所有权人有权追回。除法律另有规定外，符合下列情形的，受让人取得该不动产或者动产的所有权：①受让人受让该不动产或者动产时是善意的；②以合理的价格转让；③转让的不动产或者动产依照法律规定应当登记的已经登记，不需要登记的已经交付给受让人。

4. 法定代表人、负责人越权订立的合同

法人或者其他组织的法定代表人、负责人超越权限订立的合同，若相对人知道或者应当知道其超越权限的，经法人或者其他组织追认后，该合同有效；若相对人不知道其超越权限的，则该代表行为有效。

第四节 合同的履行

一、合同履行的概念和原则

（一）合同履行的概念

合同的履行，是指当事人按照合同的约定或法律的规定，全面、适当地完成各自所承担的义务，从而使合同权利义务得到实现的行为过程。

（二）合同履行的原则

1. 全面履行原则

当事人应当按照合同约定的标的、数量、质量、价款或报酬、履行期限、地点和方式等内容，全面履行自己的义务。

2. 诚实信用原则

当事人应当遵循诚实信用原则，根据合同的性质、目的和交易习惯履行通知、协助、保密等义务。

3. 经济合理原则

当事人在履行合同时应讲求经济效益，争取以最小的履约成本获得最佳的合同效益。

二、合同履行的规则

（一）内容约定不明确的合同的履行规则

合同生效后，当事人就质量、价款或者报酬、履行地点等内容没有约定或者约定不明确的，可以协议补充；不能达成补充协议的，按照合同有关条款或者交易习惯确定。依前述规定仍不能确定的，适用下列规定：①质量要求不明确的，按照国家标准、行业标准履行；没有国家标准、行业标准的，按照通常标准或者符合合同目的的特定标准履行。②价款或者报酬不明确的，按照订立合同时履行地的市场价格履行；依法应当执行政府定价或者政府指导价的，按照规定履行。③履行地点不明确，给付货币的，在接受货币一方所在地履行；交付不动产的，在不动产所在地履行；其他标的，在履行义务一方所在地履行。④履行期限不明确的，债务人可以随时履行，债权人也可以随时要求履行，但应当给对方必要的准备时间。⑤履行方式不明确的，按照有利于实现合同目的的方式履行。⑥履行费用的负担不明确的，由履行义务一方负担。

（二）执行政府定价或者政府指导价的合同的履行规则

执行政府定价或者政府指导价的，在合同约定的交付期限内政府价格调整时，按照交付时的价格计价。逾期交付标的物的，遇价格上涨时，按照原价格执行；价格下降时，按照新价格执行。逾期提取标的物或者逾期付款的，遇价格上涨时，按照新价格执行；价格下降时，按照原价格执行。

（三）涉及第三人的合同的履行规则

当事人约定由债务人向第三人履行债务的，债务人未向第三人履行债务或者履行债务不符合约定，应当向债权人承担违约责任。当事人约定由第三人向债权人履行债务的，第三人不履行债务或者履行债务不符合约定，债务人应当向债权人承担违约责任。

（四）提前履行、部分履行的规则

债权人可以拒绝债务人提前履行债务，但提前履行不损害债权人利益的除外。债务人提前履行债务给债权人增加的费用，由债务人负担。

债权人可以拒绝债务人部分履行债务，但部分履行不损害债权人利益的除外。债务人部分履行债务给债权人增加的费用，由债务人负担。

（五）当事人某些事项变更时的履行规则

合同生效后，当事人不得因姓名、名称的变更或者法定代表人、负责人、承办人的变动而不履行合同义务。

（六）债务人清偿能力不足时的履行规则

债务人的给付不足以清偿其对同一债权人所负的数笔相同种类的全部债务，应当优先抵充已到期的债务；几项债务均到期的，优先抵充对债权人缺乏担保或者担保数额最少的债务；担保数额相同的，优先抵充债务负担较重的债务；负担相同的，按照债务到期的先后顺序抵充；到期时间相同的，按比例抵充。但是，债权人与债务人对清偿的债务或者清偿抵充顺序有约定的除外。债务人除主债务之外还应当支付利息和费用，当其给付不足以清偿全部债务时，并且当事人没有约定的，应当按照下列顺序抵充：①实现债权的有关费用；②利息；③主债务。

三、双务合同履行中的抗辩权

（一）同时履行抗辩权

1. 同时履行抗辩权的概念

同时履行抗辩权，是指当事人互负债务，没有先后履行顺序的，一方在对方履行

之前有权拒绝其履行要求，以及在对方履行债务不符合约定时有权拒绝其相应的履行要求的权利。

2. 同时履行抗辩权的适用条件

同时履行抗辩权的行使，须符合下列条件：①当事人基于同一合同互负债务；②当事人所负的债务无先后履行顺序；③当事人互负的债务均已届履行期限；④一方当事人未履行债务或者履行债务不符合约定；⑤未履行债务的一方当事人的对待给付是可能履行的。

（二）后履行抗辩权

1. 后履行抗辩权的概念

后履行抗辩权，是指当事人互负债务，有先后履行顺序，先履行一方未履行的，后履行一方有权拒绝其履行要求，以及先履行一方履行债务不符合约定的，后履行一方有权拒绝其相应的履行要求的权利。

2. 后履行抗辩权的适用条件

后履行抗辩权的行使，须符合下列条件：①当事人基于同一合同互负债务；②当事人所负的债务有先后履行顺序；③应当先履行的一方当事人未履行债务或者履行债务不符合约定。

（三）不安抗辩权

1. 不安抗辩权的概念

不安抗辩权，是指当事人互负债务，有先后履行顺序的，应当先履行债务的一方当事人有确切证据证明对方当事人有丧失或者可能丧失履行债务能力的情形时，在对方当事人未履行或未提供担保之前，有权中止合同履行的权利。

2. 不安抗辩权的适用条件

不安抗辩权的行使，须符合下列条件：①当事人基于同一合同互负债务；②当事人所负的债务有先后履行顺序；③应当先履行债务的一方当事人的履行期限已经届至；④应当后履行债务的一方当事人有丧失或者可能丧失履行债务能力的情形。

应当先履行债务的当事人，有确切证据证明对方有下列情形之一的，可以中止履行：①经营状况严重恶化；②转移财产、抽逃资金，以逃避债务；③丧失商业信誉；④有丧失或者可能丧失履行债务能力的其他情形。

当事人没有确切证据中止履行的，应当承担违约责任。当事人依法中止履行的，应当及时通知对方；对方提供适当担保时，应当恢复履行。中止履行后，对方在合理期限内未恢复履行能力并且未提供适当担保的，中止履行的一方可以解除合同。

四、合同的保全

（一）代位权

1. 代位权的概念

代位权，是指因债务人怠于行使其到期债权对债权人造成损害的，债权人可以向人民法院请求以自己的名义代位行使债务人的债权的权利。

2. 代位权的适用条件

代位权的行使，须符合下列条件：

（1）债权人对债务人的债权合法。

（2）债务人怠于行使其到期债权，对债权人造成损害。即债务人既不履行其对债权人的到期债务，又不以诉讼方式或者仲裁方式向其债务人主张其享有的具有金钱给付内容的到期债权，致使债权人的到期债权未能实现。

（3）债务人的债权已到期。

（4）债务人的债权不是专属于债务人自身的债权。专属于债务人自身的债权，是指基于扶养关系、抚养关系、赡养关系、继承关系产生的给付请求权和劳动报酬、退休金、养老金、抚恤金、安置费、人寿保险、人身伤害赔偿请求权等权利。

（二）撤销权

1. 撤销权的概念

撤销权，是指因债务人不当处置其财产对债权人造成损害的，债权人可以请求人民法院撤销债务人的行为的权利。

2. 撤销权的适用条件

撤销权的行使，须符合下列条件：

（1）债权人对债务人的债权合法。撤销权的行使，以当事人之间存在合法的债权债务关系为前提。

（2）债务人实施了不当处置其财产的行为。因债务人放弃其到期债权或者无偿转让财产，对债权人造成损害的，债权人可以请求人民法院撤销债务人的行为。债务人以明显不合理的低价转让财产，对债权人造成损害，并且受让人知道该情形的，债权人可以请求人民法院撤销债务人的行为。对于“明显不合理的低价”，应当以交易当地一般经营者的判断，并参考交易当时交易地的物价部门指导价或者市场交易价，结合其他相关因素综合考虑予以确认。转让价格达不到交易时交易地的指导价或者市场交易价70%的，一般可以视为明显不合理的低价；对转让价格高于当地指导价或者市场交易价30%的，一般可以视为明显不合理的高价。债务人以明显不合理的高价收购他人财产，债权人可以请求人民法院撤销债务人的行为。债务人放弃其未到期的债权或者放弃债权担保，或者恶意延长到期债权的履行期，对债权人造成损害的，债权人可以请求人民法院撤销债务人的行为。

（3）债务人处置财产的行为给债权人造成了损害。

3. 撤销权的行使

撤销权的行使范围以债权人的债权为限。债权人行使撤销权的必要费用，由债务人负担。撤销权自债权人知道或者应当知道撤销事由之日起1年内行使。自债务人的行为发生之日起5年内没有行使撤销权的，该撤销权消灭。

第五节 合同的担保

一、担保概述

（一）担保的概念和种类

1. 担保的概念

担保，是指当事人为了保障债权的实现，根据法律的规定或者合同的约定而采取的法律措施。

2. 担保的种类

（1）约定担保和法定担保。约定担保，是指依据当事人的约定而设立的担保，如保证、抵押、质押和定金。法定担保，是指依据法律的规定而设立的担保，如留置。

（2）人的担保和物的担保。人的担保，是指以保证人的信用作为担保基础的担保，如保证。物的担保，是指以一定的财产作为担保基础的担保，如抵押、质押和留置。定金属于一种特殊的物的担保方式。

（二）反担保

第三人为债务人向债权人提供担保时，可以要求债务人提供反担保。反担保人可以是债务人，也可以是债务人之外的其他人。反担保方式可以是债务人提供的抵押或者质押，也可以是其他人提供的保证、抵押或者质押。

（三）担保合同的无效

1. 主合同无效时的担保合同无效

担保合同是主合同的从合同，主合同无效，担保合同无效；担保合同另有约定的，按照约定。担保合同被确认无效后，债务人、担保人、债权人有过错的，应当根据其过错各自承担相应的民事责任。主合同无效而导致担保合同无效，担保人无过错的，担保人不承担民事责任；担保人有过错的，担保人承担民事责任的部分，不应超过债务人不能清偿部分的1/3。

2. 主合同有效时的担保合同无效

主合同有效而担保合同无效，债权人无过错的，担保人与债务人对主合同债权人的经济损失承担连带赔偿责任；债权人、担保人有过错的，担保人承担民事责任的部分，不应超过债务人不能清偿部分的1/2。

3. 国家机关、事业单位、社会团体违反规定提供担保的担保合同无效

国家机关和以公益为目的的事业单位、社会团体违反法律规定提供担保的，担保合同无效。因此给债权人造成损失的，债务人、担保人、债权人有过错的，应当根据其过错各自承担相应的民事责任。

4. 董事、经理违反规定提供担保的担保合同无效

董事、经理违反《公司法》的规定，以公司资产为本公司的股东或者其他个人债

务提供担保的，担保合同无效。除债权人知道或者应当知道的外，债务人、担保人应当对债权人的损失承担连带赔偿责任。

5. 担保标的不合法的担保合同无效

以法律、法规禁止流通的财产或者不可转让的财产设定担保的，担保合同无效。以法律、法规限制流通的财产设定担保的，在实现债权时，应当按照有关法律、法规的规定对该财产进行处理。

6. 特定情形下的对外担保合同的无效

有下列情形之一的，对外担保合同无效：①未经国家有关主管部门批准或者登记对外担保的；②未经国家有关主管部门批准或者登记，为境外机构向境内债权人提供担保的；③为外商投资企业注册资本、外商投资企业中的外方投资部分的对外债务提供担保的；④无权经营外汇担保业务的金融机构、无外汇收入的非金融性质的企业法人提供外汇担保的；⑤主合同变更或者债权人将对外担保合同项下的权利转让，未经担保人同意和国家有关主管部门批准的，担保人不再承担担保责任，但法律、法规另有规定的除外。

二、保证

（一）保证的概念

保证，是指保证人和债权人约定，当债务人不履行债务时，保证人按照约定履行债务或者承担责任的行为。

（二）保证人

1. 保证人的资格

具有代为清偿债务能力的法人、其他组织或者自然人，可以作保证人。不具有完全代偿能力的法人、其他组织或者自然人，以保证人身份订立保证合同后，不得以自己没有代偿能力要求免除保证责任。

国家机关不得为保证人，但经国务院批准为使用外国政府或者国际经济组织贷款进行转贷的除外。学校、幼儿园、医院等以公益为目的的事业单位、社会团体不得为保证人。从事经营活动的事业单位、社会团体为保证人的，如无其他导致保证合同无效的情况，其所签订的保证合同应当认定为有效。企业法人的分支机构、职能部门不得为保证人。企业法人的分支机构有法人书面授权的，可以在授权范围内提供保证。企业法人的分支机构未经法人书面授权或者超出授权范围与债权人订立保证合同的，该合同无效或者超出授权范围的部分无效，债权人和企业法人有过错的，应当根据其过错各自承担相应的民事责任；债权人无过错的，由企业法人承担民事责任。

2. 共同保证人

同一债务有两个以上保证人的，保证人应当按照保证合同约定的保证份额，承担保证责任。没有约定保证份额的，保证人承担连带责任，债权人可以要求任何一个保证人承担全部保证责任，保证人都负有担保全部债权实现的义务。已经承担保证责任的保证人，有权向债务人追偿，或者要求承担连带责任的其他保证人清偿其应当承担的份额。

（三）保证合同

1. 保证合同的订立

保证人与债权人应当以书面形式订立保证合同。保证人与债权人可以就单个主合同分别订立保证合同，也可以协议在最高债权额限度内就一定期间连续发生的借款合同或者某项商品交易合同订立一个保证合同。

第三人单方以书面形式向债权人出具担保书，债权人接受且未提出异议的，保证合同成立。主合同中虽然没有保证条款，但是，保证人在主合同上以保证人的身份签字或者盖章的，保证合同成立。

2. 保证合同的内容

保证合同应当包括以下内容：①被保证的主债权种类、数额；②债务人履行债务的期限；③保证的方式；④保证担保的范围；⑤保证的期间；⑥双方认为需要约定的其他事项。

（四）保证方式

1. 一般保证

一般保证，是指当事人在保证合同中约定，债务人不能履行债务时，由保证人承担保证责任的保证。一般保证的保证人在主合同纠纷未经审判或者仲裁，并就债务人财产依法强制执行仍不能履行债务前，对债权人可以拒绝承担保证责任。有下列情形之一的，保证人不得行使先诉抗辩权：①债务人住所变更，致使债权人要求其履行债务发生重大困难的；②人民法院受理债务人破产案件，中止执行程序的；③保证人以书面形式放弃先诉抗辩权的。

一般保证的保证人在主债权履行期间届满后，向债权人提供了债务人可供执行财产的真实情况的，债权人放弃或者怠于行使权利致使该财产不能被执行，保证人在其提供可供执行财产的实际价值范围内免除保证责任。

2. 连带责任保证

连带责任保证，是指当事人在保证合同中约定保证人与债务人对债务承担连带责任的保证。连带责任保证的债务人在主合同规定的债务履行期届满没有履行债务的，债权人可以要求债务人履行债务，也可以要求保证人在其保证范围内承担保证责任。

当事人对保证方式没有约定或者约定不明确的，按照连带责任保证承担保证责任。

（五）保证责任

1. 保证担保的范围

保证担保的范围包括主债权及利息、违约金、损害赔偿金和实现债权的费用，保证合同另有约定的，按照约定。当事人对保证担保的范围没有约定或者约定不明确的，保证人应当对全部债务承担责任。

2. 主债关系变化的保证责任

（1）债权的转让。保证期间，债权人依法将主债权转让给第三人的，保证人在原保证担保的范围内继续承担保证责任。但保证人与债权人事先约定仅对特定的债权人承担保证责任或者禁止债权转让的，保证人不再承担保证责任。

（2）债务的转让。保证期间，债权人许可债务人转让债务的，应当取得保证人书面同意，保证人对未经其同意转让的债务，不再承担保证责任。保证期间，债权人许可债务人转让部分债务未经保证人书面同意的，保证人对未经其同意转让部分的债务，不再承担保证责任；但保证人仍应当对未转让部分的债务承担保证责任。

（3）合同的变更。债权人与债务人协议变更主合同的，应当取得保证人书面同意，未经保证人书面同意的，保证人不再承担保证责任。保证期间，债权人与债务人对主合同数量、价款、币种、利率等内容作了变动，未经保证人同意的，如果减轻债务人的债务的，保证人仍应当对变更后的合同承担保证责任；如果加重债务人的债务的，保证人对加重的部分不承担保证责任。债权人与债务人协议变动主合同内容，但并未实际履行的，保证人仍应当承担保证责任。

3. 保证期间

（1）一般保证的保证期间。一般保证的保证人与债权人未约定保证期间的，保证期间为主债务履行期届满之日起 6 个月。在保证期间内，债权人未对债务人提起诉讼或者申请仲裁的，保证人免除保证责任；债权人已提起诉讼或者申请仲裁的，保证期间适用诉讼时效中断的规定。

（2）连带责任保证的保证期间。连带责任保证的保证人与债权人未约定保证期间的，债权人有权自主债务履行期届满之日起 6 个月内要求保证人承担保证责任。在保证期间内，债权人未要求保证人承担保证责任的，保证人免除保证责任。

（3）最高额保证的保证期间。保证人在最高债权额限度内就一定期间连续发生的债权作保证，未约定保证期间的，保证人可以随时书面通知债权人终止保证合同，但保证人对于通知到债权人前所发生的债权，承担保证责任。

（4）特殊约定下的保证期间。保证合同约定的保证期间早于或者等于主债务履行期限的，视为没有约定，保证期间为主债务履行期届满之日起 6 个月。保证合同约定保证人承担保证责任直至主债务本息还清时为止等类似内容的，视为约定不明，保证期间为主债务履行期届满之日起 2 年。

4. 保证与物保并存时的担保责任的承担

被担保的债权既有物的担保又有人的担保的，债务人不履行到期债务或者发生当事人约定的实现担保物权的情形，债权人应当按照约定实现债权；没有约定或者约定不明确，债务人自己提供物的担保的，债权人应当先就该物的担保实现债权；第三人提供物的担保的，债权人可以就物的担保实现债权，也可以要求保证人承担保证责任。债权人放弃物的担保的，保证人在债权人放弃权利的范围内免除保证责任。债权人在主合同履行期届满后怠于行使担保物权，致使担保物的价值减少或者毁损、灭失的，视为债权人放弃部分或者全部物的担保，保证人在债权人放弃权利的范围内减轻或者免除保证责任。

5. 无效保证

有下列情形之一的，保证人不承担民事责任：①主合同当事人双方串通，骗取保证人提供保证的；②主合同债权人采取欺诈、胁迫等手段，使保证人在违背真实意思的情况下提供保证的；③主合同债务人采取欺诈、胁迫等手段，使保证人在违背真实意思的情况下提供保证的，债权人知道或者应当知道欺诈、胁迫事实的。

三、抵押

（一）抵押的概念

抵押，是指债务人或者第三人不转移对特定财产的占有，将该财产作为债权的担保，债务人不履行债务或者发生当事人约定的情形，债权人有权就该财产优先受偿。

上述债务人或者第三人为抵押人，债权人为抵押权人，提供担保的财产为抵押财产。

（二）抵押财产

1. 可以抵押的财产

债务人或者第三人有权处分的下列财产可以抵押：

（1）建筑物和其他土地附着物。以建筑物抵押的，该建筑物占用范围内的建设用地使用权一并抵押。当事人以农作物和与其尚未分离的土地使用权同时抵押的，土地使用权部分的抵押无效。

（2）建设用地使用权。以建设用地使用权抵押的，该土地上的建筑物一并抵押。乡镇、村企业的建设用地使用权不得单独抵押；以乡镇、村企业的厂房等建筑物抵押的，其占用范围内的建设用地使用权一并抵押。

（3）以招标、拍卖、公开协商等方式取得的荒地等土地承包经营权。

（4）生产设备、原材料、半成品、产品。

（5）正在建造的建筑物、船舶、航空器。

（6）交通运输工具。

（7）法律、行政法规未禁止抵押的其他财产。

2. 不得抵押的财产

下列财产不得抵押：

（1）土地所有权。

（2）耕地、宅基地、自留地、自留山等集体所有的土地使用权，但法律规定可以抵押的除外。

（3）学校、幼儿园、医院等以公益为目的的事业单位、社会团体的教育设施、医疗卫生设施和其他社会公益设施。学校、幼儿园、医院等以公益为目的的事业单位、社会团体以其教育设施、医疗卫生设施和其他社会公益设施以外的财产为自身债务设定抵押的，抵押有效。

（4）所有权、使用权不明或者有争议的财产。

（5）依法被查封、扣押、监管的财产。

（6）法律、行政法规规定不得抵押的其他财产。

（三）抵押合同

设立抵押权，当事人应当采取书面形式订立抵押合同。抵押合同一般包括下列条款：①被担保债权的种类和数额；②债务人履行债务的期限；③抵押财产的名称、数量、质量、状况、所在地、所有权归属或者使用权归属；④担保的范围。

抵押合同对被担保的主债权种类、抵押财产没有约定或者约定不明，根据主合同和抵押合同不能补正或者无法推定的，抵押不成立。抵押权人在债务履行期届满前，不得与抵押人约定债务人不履行到期债务时抵押财产归债权人所有。

（四）抵押物登记

1. 抵押物登记的效力

以建筑物、正在建造的建筑物、其他土地附着物、建设用地使用权以及以招标、拍卖、公开协商等方式取得的荒地等土地承包经营权抵押的，应当办理抵押登记，抵押权自登记时设立。以生产设备、原材料、半成品、产品、交通运输工具以及正在建造的船舶、航空器抵押的，抵押权自抵押合同生效时设立；未经登记，不得对抗善意第三人。抵押物登记记载的内容与抵押合同约定的内容不一致的，以登记记载的内容为准。

2. 抵押物登记的部门

办理抵押物登记的部门如下：①以无地上定着物的土地使用权抵押的，为核发土地使用权证书的土地管理部门；②以城市房地产或者乡镇、村企业的厂房等建筑物抵押的，为县级以上地方人民政府规定的部门；③以林木抵押的，为县级以上林木主管部门；④以航空器、船舶、车辆抵押的，为运输工具的登记部门；⑤企业、个体工商户、农业生产经营者以生产设备、原材料、半成品、产品等动产抵押的，为抵押人住所地的工商行政管理部门；⑥以其他财产抵押的，为抵押人所在地的公证部门。

（五）抵押的效力

1. 抵押担保的范围

抵押担保的范围包括主债权及利息、违约金、损害赔偿金和实现抵押权的费用，抵押合同另有约定的，按照约定。

2. 抵押效力的具体情形

（1）将已出租的财产进行抵押。订立抵押合同前抵押财产已出租的，原租赁关系不受该抵押权的影响。

（2）将已抵押的财产进行出租。抵押权设立后抵押财产出租的，该租赁关系不得对抗已登记的抵押权。抵押人将已抵押的财产出租时，如果抵押人未书面告知承租人该财产已抵押的，抵押人对出租抵押物造成承租人的损失承担赔偿责任；如果抵押人已书面告知承租人该财产已抵押的，抵押权实现造成承租人的损失，由承租人自己承担。

（3）抵押物的扣押。债务履行期届满，债务人不履行债务致使抵押物被人民法院依法扣押的，自扣押之日起抵押权人有权收取由抵押物分离的天然孳息以及抵押人就抵押物可以收取的法定孳息。抵押权人未将扣押抵押物的事实通知应当清偿法定孳息的义务人的，抵押权的效力不及于该孳息。

（4）抵押物的转让。抵押期间，抵押人经抵押权人同意转让抵押财产的，应当将转让所得的价款向抵押权人提前清偿债务或者提存；转让的价款超过债权数额的部分归抵押人所有，不足部分由债务人清偿。抵押期间，抵押人未经抵押权人同意，不得转让抵押财产，但受让人代为清偿债务消灭抵押权的除外。

（5）抵押权的转让。抵押权不得与债权分离而单独转让或者作为其他债权的担保。债权转让的，担保该债权的抵押权一并转让，但法律另有规定或者当事人另有约定的除外。

（6）抵押物的价值减少。抵押人的行为足以使抵押财产价值减少的，抵押权人有权要求抵押人停止其行为。抵押财产价值减少的，抵押权人有权要求恢复抵押财产的价值，或者提供与减少的价值相应的担保；抵押人不恢复抵押财产的价值也不提供担保的，抵押权人有权要求债务人提前清偿债务。抵押人对抵押物价值减少无过错的，抵押权人只能在抵押人因损害而得到的赔偿范围内要求提供担保；抵押物价值未减少的部分，仍作为债权的担保。

（六）抵押权的实现

1. 抵押权实现的方式

债务人不履行到期债务或者发生当事人约定的实现抵押权的情形，抵押权人可以与抵押人协议以抵押财产折价或者以拍卖、变卖该抵押财产所得的价款优先受偿；协议损害其他债权人利益的，其他债权人可以在知道或者应当知道撤销事由之日起1年内请求人民法院撤销该协议。抵押权人与抵押人未就抵押权实现方式达成协议的，抵押权人可以请求人民法院拍卖、变卖抵押财产。抵押财产折价或者变卖的，应当参照市场价格。抵押财产折价或者拍卖、变卖后，其价款超过债权数额的部分归抵押人所有，不足部分由债务人清偿。

2. 债权的清偿顺序

抵押物折价或者拍卖、变卖所得的价款，当事人没有约定的，按下列顺序清偿：①实现抵押权的费用；②主债权的利息；③主债权。同一财产向两个以上债权人抵押的，拍卖、变卖抵押财产所得的价款依照下列规定清偿：①抵押权已登记的，按照登记的先后顺序清偿；顺序相同的，按照债权比例清偿。②抵押权已登记的先于未登记的受偿。③抵押权未登记的，按照债权比例清偿。

3. 数个抵押并存的情形

同一债权有两个以上抵押人的，债权人放弃债务人提供的抵押担保的，其他抵押人可以请求人民法院减轻或者免除其应当承担的担保责任。同一债权有两个以上抵押人的，当事人对其提供的抵押财产所担保的债权份额或者顺序没有约定或者约定不明的，抵押权人可以就其中任一或者各个财产行使抵押权；抵押人承担担保责任后，可以向债务人追偿，也可以要求其他抵押人清偿其应当承担的份额。

4. 物上代位权

在抵押物灭失、毁损或者被征用的情况下，抵押权人可以就该抵押物的保险金、赔偿金或者补偿金优先受偿。在抵押物灭失、毁损或者被征用的情况下，抵押权所担保的债权未届清偿期的，抵押权人可以请求人民法院对保险金、赔偿金或补偿金等采取保全措施。

5. 抵押人的追偿权

为债务人抵押担保的第三人，在抵押权人实现抵押权后，有权向债务人追偿。

（七）最高额抵押

1. 最高额抵押的概念

最高额抵押，是指为担保债务的履行，债务人或者第三人对一定期间内将要连续发生的债权提供担保财产的，债务人不履行到期债务或者发生当事人约定的实现抵押权的情形，抵押权人有权在最高债权额限度内就该担保财产优先受偿的抵押。

2. 最高额抵押的担保范围

最高额抵押权所担保的债权范围，不包括抵押物因财产保全或者执行程序被查封后或债务人、抵押人破产后发生的债权。

3. 最高额抵押权的行使

最高额抵押权所担保的不特定债权，在特定后，债权已届清偿期的，最高额抵押权人可以根据普通抵押权的规定行使其抵押权。有下列情形之一的，抵押权人的债权确定：①约定的债权确定期间届满；②没有约定债权确定期间或者约定不明确，抵押权人或者抵押人自最高额抵押权设立之日起满2年后请求确定债权；③新的债权不可能发生；④抵押财产被查封、扣押；⑤债务人、抵押人被宣告破产或者被撤销；⑥法律规定债权确定的其他情形。抵押权人实现最高额抵押权时，如果实际发生的债权余额高于最高限额的，以最高限额为限，超过部分不具有优先受偿的效力；如果实际发生的债权余额低于最高限额的，以实际发生的债权余额为限对抵押物优先受偿。

四、质押

（一）动产质押

1. 动产质押的概念

动产质押，是指债务人或者第三人将其动产移交债权人占有，将该动产作为债权的担保，债务人不履行到期债务或者发生当事人约定的实现质权的情形，债权人有权就该动产优先受偿。

前述债务人或者第三人为出质人，债权人为质权人，移交的动产为质物。法律、行政法规禁止转让的动产不得出质。

2. 质押合同

当事人应当采取书面形式订立质押合同。质押合同一般包括下列条款：①被担保债权的种类和数额；②债务人履行债务的期限；③质押财产的名称、数量、质量、状况；④担保的范围；⑤质押财产交付的时间。质权人在债务履行期届满前，不得与出质人约定债务人不履行到期债务时质押财产归债权人所有。

3. 质权的设立

质权自出质人交付质押财产时设立。质押合同中对质押的财产约定不明，或者约定的出质财产与实际移交的财产不一致的，以实际交付占有的财产为准。

4. 质押担保的范围

质押担保的范围包括主债权及利息、违约金、损害赔偿金、质物保管费用和实现质权的费用，质押合同另有约定的，按照约定。

5. 质押的效力

质权人有权收取质物所生的孳息，质押合同另有约定的，按照约定。质权人在质权存续期间，未经出质人同意，擅自使用、处分质押财产，给出质人造成损害的，应当承担赔偿责任。质权人负有妥善保管质押财产的义务；因保管不善致使质押财产毁损、灭失的，应当承担赔偿责任。质权人的行为可能使质押财产毁损、灭失的，出质人可以要求质权人将质押财产提存，或者要求提前清偿债务并返还质押财产。因不能归责于质权人的事由可能使质押财产毁损或者价值明显减少，足以危害质权人权利的，质权人有权要求出质人提供相应的担保；出质人不提供的，质权人可以拍卖、变卖质押财产，并与出质人通过协议将拍卖、变卖所得的价款提前清偿债务或者提存。质权人在质权存续期间，未经出质人同意转质，造成质押财产毁损、灭失的，应当向出质人承担赔偿责任。

6. 质权的实现

债务人履行债务或者出质人提前清偿所担保的债权的，质权人应当返还质押财产。债务人不履行到期债务或者发生当事人约定的实现质权的情形，质权人可以与出质人协议以质押财产折价，也可以就拍卖、变卖质押财产所得的价款优先受偿。质押财产折价或者变卖的，应当参照市场价格。出质人可以请求质权人在债务履行期届满后及时行使质权；质权人不行使的，出质人可以请求人民法院拍卖、变卖质押财产。质押财产折价或者拍卖、变卖后，其价款超过债权数额的部分归出质人所有，不足部分由债务人清偿。为债务人质押担保的第三人，在质权人实现质权后，有权向债务人追偿。

（二）权利质押

1. 权利质押的概念

权利质押，是指债务人或者第三人以可让与的财产权利作为债权的担保，债务人不履行到期债务或者发生当事人约定的实现质权的情形，债权人有权就该权利优先受偿。

2. 可质押的权利范围

债务人或者第三人有权处分的下列权利可以出质：①汇票、支票、本票；②债券、存款单；③仓单、提单；④可以转让的基金份额、股权；⑤可以转让的注册商标专用权、专利权、著作权等知识产权中的财产权；⑥应收账款；⑦法律、行政法规规定可以出质的其他财产权利。

3. 质权的设立

以汇票、支票、本票、债券、存款单、仓单、提单出质的，当事人应当订立书面合同，质权自权利凭证交付质权人时设立；没有权利凭证的，质权自有关部门办理出质登记时设立。以基金份额、股权出质的，当事人应当订立书面合同。以基金份额、证券登记结算机构登记的股权出质的，质权自证券登记结算机构办理出质登记时设立；以其他股权出质的，质权自工商行政管理部门办理出质登记时设立。以注册商标专用权、专利权、著作权等知识产权中的财产权出质的，当事人应当订立书面合同，质权自有关主管部门办理出质登记时设立。以应收账款出质的，当事人应当订立书面合同，质权自信贷征信机构办理出质登记时设立。

4. 质权的行使

汇票、支票、本票、债券、存款单、仓单、提单的兑现日期或者提货日期先于主债权到期的，质权人可以兑现或者提货，并与出质人协议将兑现的价款或者提取的货物提前清偿债务或者提存。基金份额、股权出质后，不得转让，但经出质人与质权人协商同意的除外；出质人转让基金份额、股权所得的价款，应当向质权人提前清偿债务或者提存。知识产权中的财产权出质后，出质人不得转让或者许可他人使用，但经出质人与质权人协商同意的除外；出质人转让或者许可他人使用出质的知识产权中的财产权所得的价款，应当向质权人提前清偿债务或者提存。应收账款出质后，不得转让，但经出质人与质权人协商同意的除外；出质人转让应收账款所得的价款，应当向质权人提前清偿债务或者提存。

五、留置

（一）留置的概念

留置，是指债权人合法占有债务人的动产，债务人不履行到期债务的，债权人有权留置该动产，并就该动产优先受偿。

前述的债权人为留置权人，占有的动产为留置财产。债权人留置的动产，应当与债权属于同一法律关系，但企业之间留置的除外。法律规定或者当事人约定不得留置的动产，不得留置。留置财产为可分物的，留置财产的价值应当相当于债务的金额。

（二）留置权的行使

留置担保的范围包括主债权及利息、违约金、损害赔偿金、留置物保管费用和实现留置权的费用。留置权人负有妥善保管留置财产的义务；因保管不善致使留置财产毁损、灭失的，应当承担赔偿责任。留置权人有权收取留置财产的孳息。留置权人与债务人应当约定留置财产后的债务履行期间；没有约定或者约定不明确的，留置权人应当给债务人 2 个月以上履行债务的期间，但鲜活易腐等不易保管的动产除外；债务人逾期未履行的，留置权人可以与债务人协议以留置财产折价，也可以就拍卖、变卖留置财产所得的价款优先受偿。留置财产折价或者变卖的，应当参照市场价格。债务人可以请求留置权人在债务履行期届满后行使留置权；留置权人不行使的，债务人可以请求人民法院拍卖、变卖留置财产。留置财产折价或者拍卖、变卖后，其价款超过债权数额的部分归债务人所有，不足部分由债务人清偿。同一动产上已设立抵押权或者质权，该动产又被留置的，留置权人优先受偿。

（三）留置权的消灭

债权消灭、留置权人对留置财产丧失占有或者留置权人接受债务人另行提供担保的，留置权消灭。

六、定金

（一）定金的概念

定金，是指当事人根据约定，由一方向对方给付一定数额的货币作为债权的担保。债务人履行债务后，定金应当抵作价款或者收回。

（二）定金合同

1. 定金合同的形式与生效

定金应当以书面形式约定。当事人在定金合同中应当约定交付定金的期限，定金合同从实际交付定金之日起生效。

2. 定金的数额

定金的数额由当事人约定，但不得超过主合同标的额的20%。实际交付的定金数额多于或者少于约定数额，视为变更定金合同；收受定金一方提出异议并拒绝接受定金的，定金合同不生效。

3. 主合同的实际成立或生效

当事人约定以交付定金作为主合同成立或者生效要件的，给付定金的一方未支付定金，但主合同已经履行或者已经履行主要部分的，不影响主合同的成立或者生效。

（三）定金罚则

1. 一般规定

给付定金的一方不履行约定的债务的，无权要求返还定金；收受定金的一方不履行约定的债务的，应当双倍返还定金。

2. 拒绝订立主合同的定金罚则

当事人约定以交付定金作为订立主合同担保的，给付定金的一方拒绝订立主合同的，无权要求返还定金；收受定金的一方拒绝订立合同的，应当双倍返还定金。

3. 迟延履行的定金罚则

因当事人一方迟延履行或者其他违约行为，致使合同目的不能实现，可以适用定金罚则。但法律另有规定或者当事人另有约定的除外。

4. 不完全履行的定金罚则

当事人一方不完全履行合同的，应当按照未履行部分所占合同约定内容的比例，适用定金罚则。

5. 因第三人过错致使主合同不能履行的定金罚则

因合同关系以外第三人的过错，致使主合同不能履行的，适用定金罚则。受定金处罚的一方当事人，可以依法向第三人追偿。因不可抗力、意外事件致使主合同不能履行的，不适用定金罚则。

第六节　合同的变更、转让和终止

一、合同的变更

（一）合同变更的概念

合同的变更，是指依法成立的合同尚未履行或未履行完毕之前，当事人对其内容进行修改和补充的法律行为。

（二）合同变更的条件

当事人协商一致，可以变更合同；法律、行政法规规定变更合同应当办理批准、登记等手续的，依照其规定。当事人对合同变更的内容约定不明确的，推定为未变更。

二、合同的转让

（一）合同转让的概念

合同的转让，是指合同的当事人将其合同权利义务的全部或者部分转让给第三人，从而使合同主体发生变更的法律行为。

（二）合同转让的种类

1. 合同权利的转让

债权人可以将合同的权利全部或者部分转让给第三人，但有下列情形之一的除外：①根据合同性质不得转让；②按照当事人约定不得转让；③依照法律规定不得转让。

债权人转让权利的，应当通知债务人；未经通知，该转让对债务人不发生效力；债权人转让权利的通知不得撤销，但经受让人同意的除外。法律、行政法规规定转让权利应当办理批准、登记等手续的，依照其规定。

债权人转让权利的，受让人取得与债权有关的从权利，但该从权利专属于债权人自身的除外。债务人接到债权转让通知后，债务人对让与人的抗辩，可以向受让人主张。债务人接到债权转让通知时，债务人对让与人享有债权，并且债务人的债权先于转让的债权到期或者同时到期的，债务人可以向受让人主张抵消。

2. 合同义务的转移

债务人将合同的义务全部或者部分转移给第三人的，应当经债权人同意。债务人转移义务的，新债务人可以主张原债务人对债权人的抗辩。债务人转移义务的，新债务人应当承担与主债务有关的从债务，但该从债务专属于原债务人自身的除外。法律、行政法规规定转移义务应当办理批准、登记等手续的，依照其规定。

3. 合同权利义务的一并转让

当事人一方经对方同意，可以将自己在合同中的权利和义务一并转让给第三人。

当事人订立合同后合并的，由合并后的法人或者其他组织行使合同权利，履行合同义务。当事人订立合同后分立的，除债权人和债务人另有约定的以外，由分立的法人或者其他组织对合同的权利和义务享有连带债权，承担连带债务。

三、合同的终止

（一）合同终止概述

1. 合同终止的概念

合同的终止，是指合同的权利义务归于消灭，从而使合同关系结束的法律行为。

2. 合同终止的原因

有下列情形之一的，合同的权利义务终止：①债务已经按照约定履行；②合同解除；③债务相互抵消；④债务人依法将标的物提存；⑤债权人免除债务；⑥债权债务同归于一人；⑦法律规定或者当事人约定终止的其他情形。

3. 合同终止后当事人的义务

合同的权利义务终止后，当事人应当遵循诚实信用原则，根据交易习惯履行通知、协助、保密等义务。当事人一方违反该义务，给对方当事人造成损失的，应当承担损害赔偿责任。

（二）合同的解除

1. 合同解除的概念

合同的解除，是指当事人根据约定或法律的规定，使合同关系提前终止的法律行为。

2. 合同解除的种类

（1）约定解除。当事人协商一致，可以解除合同。当事人可以约定一方解除合同的条件，解除合同的条件成就时，解除权人可以解除合同。

（2）法定解除。有下列情形之一的，当事人可以解除合同：①因不可抗力致使不能实现合同目的；②在履行期限届满之前，当事人一方明确表示或者以自己的行为表明不履行主要债务；③当事人一方迟延履行主要债务，经催告后在合理期限内仍未履行；④当事人一方迟延履行债务或者有其他违约行为致使不能实现合同目的；⑤法律规定的其他情形。

3. 合同解除权的行使

法律规定或者当事人约定解除权行使期限，期限届满当事人不行使的，该权利消灭。法律没有规定或者当事人没有约定解除权行使期限，经对方催告后在合理期限内不行使的，该权利消灭。当事人一方主张行使解除权的，应当通知对方，合同自通知到达对方时解除；对方有异议的，可以请求人民法院或者仲裁机构确认解除合同的效力。法律、行政法规规定解除合同应当办理批准、登记等手续的，依照其规定。

4. 合同解除的法律后果

合同解除后，尚未履行的，终止履行；已经履行的，根据履行情况和合同性质，当事人可以要求恢复原状、采取其他补救措施，并有权要求赔偿损失。

（三）抵消

1. 抵消的概念

抵消，是指当事人根据约定或法律的规定，各以其债权抵偿其债务，从而使双方的债务相应消灭的法律行为。

2. 抵消的种类

（1）法定抵消。当事人互负到期债务，该债务的标的物种类、品质相同的，任何一方都可以将自己的债务与对方的债务抵消，但依照法律规定或者按照合同性质不得抵消的除外。当事人主张抵消的，应当通知对方，通知自到达对方时生效。抵消不得附条件或者附期限。

（2）约定抵消。当事人互负债务，标的物种类、品质不相同的，经双方协商一致，也可以抵消。

（四）提存

1. 提存的概念

提存，是指因债权人的原因致使债务人难以履行债务的，债务人将合同标的物交给提存机关，从而使合同关系归于消灭的法律行为。

2. 提存当事人

提存当事人包括提存人、提存受领人和提存机关。办理提存业务的机构为提存机关；向提存机关提存合同标的物的人为提存人；债权人为提存受领人。

3. 提存的原因

有下列情形之一，难以履行债务的，债务人可以将标的物提存：①债权人无正当理由拒绝受领；②债权人下落不明；③债权人死亡未确定继承人或者丧失民事行为能力未确定监护人；④法律规定的其他情形。

标的物不适于提存或者提存费用过高的，债务人依法可以拍卖或者变卖标的物，提存所得的价款。

4. 提存的法律后果

标的物提存后，除债权人下落不明的以外，债务人应当及时通知债权人或者债权人的继承人、监护人。

标的物提存后，毁损、灭失的风险由债权人承担。提存期间，标的物的孳息归债权人所有，提存费用由债权人负担。债权人可以随时领取提存物，但债权人对债务人负有到期债务的，在债权人未履行债务或者提供担保之前，提存部门根据债务人的要求应当拒绝其领取提存物。债权人领取提存物的权利，自提存之日起 5 年内不行使而消灭，提存物扣除提存费用后归国家所有。

第七节　违约责任

一、违约责任的概念和特征

（一）违约责任的概念

违约责任，是指当事人一方不履行合同义务或者履行合同义务不符合约定所应承担的法律责任。

（二）违约责任的特征

1. 违约责任属于民事责任

民事责任包括违约责任和侵权责任，违约责任是民事责任的一种形式。

2. 违约责任是当事人违反合同义务所产生的责任

当事人一方不履行合同义务或者履行合同义务不符合约定的，应当承担违约责任。

3. 违约责任基于法律的规定或当事人的约定而确定

违约责任的确定，既可基于法律的强制规定，也可由合同当事人加以约定。

4. 违约责任具有相对性

违约责任只在合同当事人之间产生，合同当事人以外的第三人不负违约责任。如《合同法》规定，当事人一方因第三人的原因造成违约的，应当向对方承担违约责任；当事人一方和第三人之间的纠纷，依照法律规定或者按照约定解决。

5. 违约责任具有补偿性

违约责任具有补偿性，当事人一方违反合同义务给对方造成损失的，损失赔偿额应相当于因违约所造成的损失。

违约责任以补偿性作为其基本功能，但在特定情况下，违约责任也具有一定的惩罚性。如《合同法》规定，经营者对消费者提供商品或者服务有欺诈行为的，依照《中华人民共和国消费者权益保护法》的规定承担损害赔偿责任。《中华人民共和国消费者权益保护法》第四十九条规定，经营者提供商品或者服务有欺诈行为的，应当按照消费者的要求增加赔偿其受到的损失，增加赔偿的金额为消费者购买商品的价款或者接受服务的费用的1倍。

二、违约责任的承担与免除

（一）违约责任的承担方式

1. 继续履行

当事人一方未支付价款或者报酬的，对方可以要求其支付价款或者报酬。当事人一方不履行非金钱债务或者履行非金钱债务不符合约定的，对方可以要求履行，但有下列情形之一的除外：①法律上或者事实上不能履行；②债务的标的不适于强制履行或者履行费用过高；③债权人在合理期限内未要求履行。

2. 采取补救措施

合同标的物的质量不符合约定的，应当按照当事人的约定承担违约责任。对违约责任没有约定或者约定不明确，依照法律规定仍不能确定的，受损害方根据标的的性质以及损失的大小，可以合理选择要求对方承担修理、更换、重做、退货、减少价款或者报酬等违约责任。

3. 赔偿损失

当事人一方不履行合同义务或者履行合同义务不符合约定的，在履行义务或者采取补救措施后，对方还有其他损失的，应当赔偿损失。

当事人一方不履行合同义务或者履行合同义务不符合约定，给对方造成损失的，损失赔偿额应当相当于因违约所造成的损失，包括合同履行后可以获得的利益，但不得超过违反合同一方订立合同时预见到或者应当预见到的因违反合同可能造成的损失。当事人一方违约后，对方应当采取适当措施防止损失的扩大；没有采取适当措施致使损失扩大的，不得就扩大的损失要求赔偿。

4. 支付违约金

当事人可以约定一方违约时应当根据违约情况向对方支付一定数额的违约金，也可以约定因违约产生的损失赔偿额的计算方法。约定的违约金低于造成的损失的，当事人可以请求人民法院或者仲裁机构予以增加；约定的违约金过分高于造成的损失的，当事人可以请求人民法院或者仲裁机构予以适当减少。当事人就迟延履行约定违约金的，违约方支付违约金后，还应当履行债务。

当事人请求人民法院增加违约金的，增加后的违约金数额以不超过实际损失额为限。当事人主张约定的违约金过高请求予以适当减少的，人民法院应当以实际损失为基础，兼顾合同的履行情况、当事人的过错程度以及预期利益等综合因素，根据公平原则和诚实信用原则予以衡量，并作出裁决。当事人约定的违约金超过造成损失的30%的，一般可以认定为“过分高于造成的损失”。

5. 定金罚则

当事人可以约定一方向对方给付定金作为债权的担保。债务人履行债务后，定金应当抵作价款或者收回。给付定金的一方不履行约定的债务的，无权要求返还定金；收受定金的一方不履行约定的债务的，应当双倍返还定金。当事人既约定违约金，又约定定金的，一方违约时，对方可以选择适用违约金或者定金条款。

（二）违约责任与侵权责任的竞合

因当事人一方的违约行为，侵害对方人身、财产权益的，受损害方有权选择依照《合同法》要求其承担违约责任或者依照其他法律要求其承担侵权责任。

（三）违约责任的免除

1. 因不可抗力而免除

不可抗力，是指不能预见、不能避免并不能克服的客观情况。因不可抗力不能履行合同的，根据不可抗力的影响，部分或者全部免除责任，但法律另有规定的除外。当事人迟延履行后发生不可抗力的，不能免除责任。当事人一方因不可抗力不能履行合同的，应当及时通知对方，以减轻可能给对方造成的损失，并应当在合理期限内提供证明。

2. 因当事人的约定而免除

违约责任可基于当事人的约定而免除。当事人可以在合同中约定免责条款，以免除其责任。当然，免责条款的内容不得违反法律、行政法规的强制性规定，不得损害社会公共利益。合同中的下列免责条款无效：①造成对方人身伤害的；②因故意或者重大过失造成对方财产损失的。

第八节　具体合同

一、买卖合同

买卖合同，是指出卖人转移标的物的所有权于买受人，买受人支付价款的合同。

除法律另有规定或者当事人另有约定，买卖合同标的物的所有权自标的物交付时起转移。出卖人应当按照约定的期限交付标的物；约定交付期间的，出卖人可以在该交付期间内的任何时间交付。标的物在订立合同之前已为买受人占有的，合同生效的时间为交付时间。出卖人应当按照约定的地点交付标的物。当事人没有约定交付地点或者约定不明确的，可以协议补充，不能达成补充协议的，按照合同有关条款或者交易习惯确定；仍不能确定的，适用下列规定：①标的物需要运输的，出卖人应当将标的物交付给第一承运人以运交给买受人；②标的物不需要运输，出卖人和买受人订立合同时知道标的物在某一地点的，出卖人应当在该地点交付标的物；不知道标的物在某一地点的，应当在出卖人订立合同时的营业地交付标的物。

除法律另有规定或者当事人另有约定，标的物毁损、灭失的风险，在标的物交付之前由出卖人承担，交付之后由买受人承担。因买受人的原因致使标的物不能按照约定的期限交付的，买受人应当自违反约定之日起承担标的物毁损、灭失的风险。出卖人出卖交由承运人运输的在途标的物，除当事人另有约定的以外，毁损、灭失的风险自合同成立时起由买受人承担。当事人没有约定交付地点或者约定不明确，标的物依法需要运输的，出卖人将标的物交付给第一承运人后，标的物毁损、灭失的风险由买受人承担；出卖人按照约定或者依法将标的物置于交付地点，买受人违反约定没有收取的，标的物毁损、灭失的风险自违反约定之日起由买受人承担。出卖人按照约定未交付有关标的物的单证和资料的，不影响标的物毁损、灭失风险的转移。因标的物质量不符合质量要求，致使不能实现合同目的的，买受人可以拒绝接受标的物或者解除合同；买受人拒绝接受标的物或者解除合同的，标的物毁损、灭失的风险由出卖人承担。标的物毁损、灭失的风险由买受人承担的，不影响因出卖人履行债务不符合约定，买受人要求其承担违约责任的权利。

分期付款的买受人未支付到期价款的金额达到全部价款的 1/5 的，出卖人可以要求买受人支付全部价款或者解除合同。凭样品买卖的买受人不知道样品有隐蔽瑕疵的，即使交付的标的物与样品相同，出卖人交付的标的物的质量仍然应当符合同种物的通常标准。试用买卖的当事人可以约定标的物的试用期间；对试用期间没有约定或者约定不明确的，可以协议补充；不能达成补充协议的，按照合同有关条款或者交易习惯确定；仍不能确定的，由出卖人确定。试用买卖的买受人在试用期内可以购买标的物，也可以拒绝购买；试用期间届满，买受人对是否购买标的物未作表示的，视为购买。

二、供用电合同

供用电合同，是指供电人向用电人供电，用电人支付电费的合同。

供用电合同的履行地点，按照当事人约定；当事人没有约定或者约定不明确的，供电设施的产权分界处为履行地点。供电人应当按照国家规定的供电质量标准和约定安全供电。供电人未按照国家规定的供电质量标准和约定安全供电，造成用电人损失的，应当承担损害赔偿责任。供电人因供电设施计划检修、临时检修、依法限电或者用电人违法用电等原因，需要中断供电时，应当按照国家有关规定事先通知用电人；未事先通知用电人中断供电，造成用电人损失的，应当承担损害赔偿责任。用电人应当按照国家有关规定和当事人的约定及时交付电费；逾期不交付电费的，应当按照约定支付违约金；经催告用电人在合理期限内仍不交付电费和违约金的，供电人可以按照国家规定的程序中止供电。

供用水、气、热力合同，参照供用电合同的有关规定。

三、赠与合同

赠与合同，是指赠与人将自己的财产无偿给予受赠人，受赠人表示接受赠与的合同。

赠与人在赠与财产的权利转移之前可以撤销赠与，但具有救灾、扶贫等社会公益、道德义务性质的赠与合同或者经过公证的赠与合同，赠与人在赠与财产的权利转移之前不得撤销赠与。具有救灾、扶贫等社会公益、道德义务性质的赠与合同或者经过公证的赠与合同，赠与人不交付赠与的财产的，受赠人可以要求交付。

因赠与人故意或者重大过失致使赠与的财产毁损、灭失的，赠与人应当承担损害赔偿责任。赠与的财产有瑕疵的，赠与人不承担责任。附义务的赠与，赠与的财产有瑕疵的，赠与人在附义务的限度内承担与出卖人相同的责任。赠与人故意不告知瑕疵或者保证无瑕疵，造成受赠人损失的，应当承担损害赔偿责任。

受赠人有下列情形之一的，赠与人可以自知道或者应当知道该情形之日起 1 年内撤销赠与：①严重侵害赠与人或者赠与人的近亲属；②对赠与人有扶养义务而不履行；③不履行赠与合同约定的义务。因受赠人的违法行为致使赠与人死亡或者丧失民事行为能力的，赠与人的继承人或者法定代理人可以自知道或者应当知道该情形之日起 6 个月内撤销赠与。赠与人的经济状况显著恶化，严重影响其生产经营或者家庭生活的，可以不再履行赠与义务。

四、借款合同

借款合同，是指借款人向贷款人借款，到期返还借款并支付利息的合同。借款合同采用书面形式，但自然人之间的借款另有约定的除外。

借款的利息不得预先在本金中扣除；利息预先在本金中扣除的，应当按照实际借款数额返还借款并计算利息。借款人应当按照约定的期限支付利息；对支付利息的期限没有约定或者约定不明确的，可以协议补充；不能达成补充协议的，按照合同有关条款或者交易习惯确定；仍不能确定的，借款期间不满 1 年的，应当在返还借款时一并支付；借款期间 1 年以上的，应当在每届满 1 年时支付，剩余期间不满 1 年的，应当在返还借款时一并支付。借款人应当按照约定的期限返还借款；对借款期限没有约定或者约定不明确的，可以协议补充；不能达成补充协议的，按照合同有关条款或者交易习惯确定；仍不能确定的，借款人可以随时返还，贷款人可以催告借款人在合理期限内返还。借款人提前偿还借款的，除当事人另有约定的以外，应当按照实际借款的期间计算利息。

自然人之间的借款合同，自贷款人提供借款时生效。自然人之间的借款合同对支付利息没有约定或者约定不明确的，视为不支付利息。

五、租赁合同与融资租赁合同

（一）租赁合同

租赁合同，是指出租人将租赁物交付承租人使用、收益，承租人支付租金的合同。

租赁合同所约定的租赁期限不得超过 20 年；超过 20 年的，超过部分无效。租赁期间届满，当事人可以续订租赁合同，但约定的租赁期限自续订之日起不得超过 20 年。租赁期限 6 个月以上的，应当采用书面形式；当事人未采用书面形式的，视为不定期租赁。

除当事人另有约定，出租人应当履行租赁物的维修义务。承租人经出租人同意，可以将租赁物转租给第三人；承租人转租的，承租人与出租人之间的租赁合同继续有效，第三人对租赁物造成损失的，承租人应当赔偿损失；承租人未经出租人同意转租的，出租人可以解除合同。除当事人另有约定，在租赁期间因占有、使用租赁物获得的收益，归承租人所有。

承租人应当按照约定的期限支付租金；对支付期限没有约定或者约定不明确的，可以协议补充；不能达成补充协议的，按照合同有关条款或者交易习惯确定；仍不能确定的，租赁期间不满 1 年的，应当在租赁期间届满时支付；租赁期间 1 年以上的，应当在每届满 1 年时支付，剩余期间不满 1 年的，应当在租赁期间届满时支付。

租赁物在租赁期间发生所有权变动的，不影响租赁合同的效力。出租人出卖租赁房屋的，应当在出卖之前的合理期限内通知承租人，承租人享有以同等条件优先购买的权利。租赁期间届满，承租人继续使用租赁物，出租人没有提出异议的，原租赁合同继续有效，但租赁期限为不定期。

（二）融资租赁合同

融资租赁合同，是指出租人根据承租人对出卖人、租赁物的选择，向出卖人购买租赁物，提供给承租人使用，承租人支付租金的合同。融资租赁合同应当采用书面形式。

出租人享有租赁物的所有权；承租人破产的，租赁物不属于破产财产。租赁物不符合约定或者不符合使用目的的，出租人不承担责任，但承租人依赖出租人的技能确定租赁物或者出租人干预选择租赁物的除外。承租人占有租赁物期间，租赁物造成第三人的人身伤害或者财产损害的，出租人不承担责任。承租人应当履行占有租赁物期间的维修义务。

六、承揽合同与建设工程合同

（一）承揽合同

承揽合同，是指承揽人按照定作人的要求完成工作，交付工作成果，定作人给付报酬的合同。承揽包括加工、定作、修理、复制、测试、检验等工作。

承揽人应当以自己的设备、技术和劳力，完成主要工作，但当事人另有约定的除外。承揽人将其承揽的主要工作交由第三人完成的，应当就该第三人完成的工作成果向定作人负责；未经定作人同意的，定作人也可以解除合同。承揽人可以将其承揽的辅助工作交由第三人完成；承揽人将其承揽的辅助工作交由第三人完成的，应当就该第三人完成的工作成果向定作人负责。定作人未向承揽人支付报酬或者材料费等价款的，承揽人对完成的工作成果享有留置权，但当事人另有约定的除外。定作人可以随时解除承揽合同，造成承揽人损失的，应当赔偿损失。

（二）建设工程合同

建设工程合同，是指承包人进行工程建设，发包人支付价款的合同。建设工程合同包括工程勘察、设计、施工合同。建设工程合同应当采用书面形式。

发包人可以与总承包人订立建设工程合同，也可以分别与勘察人、设计人、施工人订立勘察、设计、施工承包合同。发包人不得将应当由一个承包人完成的建设工程肢解成若干部分发包给几个承包人。总承包人或者勘察、设计、施工承包人经发包人同意，可以将自己承包的部分工作交由第三人完成；第三人就其完成的工作成果与总承包人或者勘察、设计、施工承包人向发包人承担连带责任。承包人不得将其承包的全部建设工程转包给第三人或者将其承包的全部建设工程肢解以后以分包的名义分别转包给第三人。禁止分包单位将其承包的工程再分包。建设工程主体结构的施工必须由承包人自行完成。

发包人未按照约定支付价款的，承包人可以催告发包人在合理期限内支付价款。发包人逾期不支付的，除按照建设工程的性质不宜折价、拍卖的以外，承包人可以与发包人协议将该工程折价，也可以申请人民法院将该工程依法拍卖。建设工程的价款就该工程折价或者拍卖的价款优先受偿。

七、运输合同

运输合同，是指承运人将旅客或者货物从起运地点运输到约定地点，旅客、托运人或者收货人支付票款或者运输费用的合同。

从事公共运输的承运人不得拒绝旅客、托运人通常、合理的运输要求。承运人应当在约定期间或者合理期间内将旅客、货物安全运输到约定地点。承运人应当按照约定的或者通常的运输路线将旅客、货物运输到约定地点。旅客、托运人或者收货人应当支付票款或者运输费用；承运人未按照约定路线或者通常路线运输增加票款或者运输费用的，旅客、托运人或者收货人可以拒绝支付增加部分的票款或者运输费用。

客运合同自承运人向旅客交付客票时成立，但当事人另有约定或者另有交易习惯的除外。承运人擅自变更运输工具而降低服务标准的，应当根据旅客的要求退票或者减收票款；提高服务标准的，不应当加收票款。承运人应当对运输过程中旅客的伤亡承担损害赔偿责任，但伤亡是旅客自身健康原因造成的或者承运人证明伤亡是旅客故意、重大过失造成的除外。

对于货运合同，在承运人将货物交付收货人之前，托运人可以要求承运人中止运输、返还货物、变更到达地或者将货物交给其他收货人，但应当赔偿承运人因此受到的损失。承运人对运输过程中货物的毁损、灭失承担损害赔偿责任，但承运人证明货物的毁损、灭失是因不可抗力、货物本身的自然性质或者合理损耗以及托运人、收货人的过错造成的，不承担损害赔偿责任。货物在运输过程中因不可抗力灭失，未收取运费的，承运人不得要求支付运费；已收取运费的，托运人可以要求返还。

八、技术合同

技术合同，是指当事人就技术开发、转让、咨询或者服务订立的确立相互之间权利和义务的合同。技术合同包括技术开发合同、技术转让合同、技术咨询合同和技术服务合同。

职务技术成果的使用权、转让权属于法人或者其他组织的，法人或者其他组织可以就该项职务技术成果订立技术合同。法人或者其他组织应当从使用和转让该项职务技术成果所取得的收益中提取一定比例，对完成该项职务技术成果的个人给予奖励或者报酬。法人或者其他组织订立技术合同转让职务技术成果时，职务技术成果的完成人享有以同等条件优先受让的权利。非职务技术成果的使用权、转让权属于完成技术成果的个人，完成技术成果的个人可以就该项非职务技术成果订立技术合同。

技术开发合同，是指当事人之间就新技术、新产品、新工艺或者新材料及其系统的研究开发所订立的合同。技术开发合同应当采用书面形式。委托开发完成的发明创造，除当事人另有约定的以外，申请专利的权利属于研究开发人；研究开发人取得专利权的，委托人可以免费实施该专利；研究开发人转让专利申请权的，委托人享有以同等条件优先受让的权利。合作开发完成的发明创造，除当事人另有约定的以外，申请专利的权利属于合作开发的当事人共有；当事人一方转让其共有的专利申请权的，其他各方享有以同等条件优先受让的权利。合作开发的当事人一方不同意申请专利的，另一方或者其他各方不得申请专利。

技术转让合同包括专利权转让、专利申请权转让、技术秘密转让、专利实施许可合同。技术转让合同应当采用书面形式。技术转让合同可以约定让与人和受让人实施专利或者使用技术秘密的范围，但不得限制技术竞争和技术发展。受让人按照约定实施专利、使用技术秘密侵害他人合法权益的，由让与人承担责任，但当事人另有约定的除外。

技术咨询合同包括就特定技术项目提供可行性论证、技术预测、专题技术调查、分析评价报告等合同。

技术服务合同，是指当事人一方以技术知识为另一方解决特定技术问题所订立的合同，不包括建设工程合同和承揽合同。

九、保管合同与仓储合同

（一）保管合同

保管合同，是指保管人保管寄存人交付的保管物，并返还该物的合同。保管合同自保管物交付时成立，但当事人另有约定的除外。

当事人对保管费没有约定或者约定不明确的，可以协议补充；不能达成补充协议的，按照合同有关条款或者交易习惯确定；仍不能确定的，保管是无偿的。保管期间，因保管人保管不善造成保管物毁损、灭失的，保管人应当承担损害赔偿责任，但保管是无偿的，保管人证明自己没有重大过失的，不承担损害赔偿责任。寄存人寄存货币、有价证券或者其他贵重物品的，应当向保管人声明，由保管人验收或者封存；寄存人未声明的，该物品毁损、灭失后，保管人可以按照一般物品予以赔偿。

寄存人可以随时领取保管物。当事人对保管期间没有约定或者约定不明确的，保管人可以随时要求寄存人领取保管物；约定保管期间的，保管人无特别事由，不得要求寄存人提前领取保管物。

（二）仓储合同

仓储合同，是指保管人储存存货人交付的仓储物，存货人支付仓储费的合同。仓储合同自成立时生效。

保管人对入库仓储物发现有变质或者其他损坏，危及其他仓储物的安全和正常保管的，应当催告存货人或者仓单持有人作出必要的处置；因情况紧急，保管人可以作出必要的处置，但事后应当将该情况及时通知存货人或者仓单持有人。储存期间，因保管人保管不善造成仓储物毁损、灭失的，保管人应当承担损害赔偿责任；因仓储物的性质、包装不符合约定或者超过有效储存期造成仓储物变质、损坏的，保管人不承担损害赔偿责任。

十、委托合同、行纪合同与居间合同

（一）委托合同

委托合同，是指委托人和受托人约定，由受托人处理委托人事务的合同。

受托人应当按照委托人的指示处理委托事务；需要变更委托人指示的，应当经委托人同意；因情况紧急，难以和委托人取得联系的，受托人应当妥善处理委托事务，但事后应当将该情况及时报告委托人。受托人应当亲自处理委托事务；经委托人同意，受托人可以转委托。转委托经同意的，委托人可以就委托事务直接指示转委托的第三人，受托人仅就第三人的选任及其对第三人的指示承担责任。转委托未经同意的，受托人应当对转委托的第三人的行为承担责任，但在紧急情况下受托人为维护委托人的利益需要转委托的除外。

有偿的委托合同，因受托人的过错给委托人造成损失的，委托人可以要求赔偿损失。无偿的委托合同，因受托人的故意或者重大过失给委托人造成损失的，委托人可以要求赔偿损失。受托人超越权限给委托人造成损失的，应当赔偿损失。

（二）行纪合同

行纪合同，是指行纪人以自己的名义为委托人从事贸易活动，委托人支付报酬的合同。

行纪人处理委托事务支出的费用，由行纪人负担，但当事人另有约定的除外。行纪人低于委托人指定的价格卖出或者高于委托人指定的价格买入的，应当经委托人同意；未经委托人同意，行纪人补偿其差额的，该买卖对委托人发生效力。行纪人卖出或者买入具有市场定价的商品，除委托人有相反的意思表示的以外，行纪人自己可以作为买受人或者出卖人。行纪人与第三人订立合同的，行纪人对该合同直接享有权利、承担义务；第三人不履行义务致使委托人受到损害的，行纪人应当承担损害赔偿责任，但行纪人与委托人另有约定的除外。

（三）居间合同

居间合同，是指居间人向委托人报告订立合同的机会或者提供订立合同的媒介服务，委托人支付报酬的合同。

居间人应当就有关订立合同的事项向委托人如实报告。居间人故意隐瞒与订立合同有关的重要事实或者提供虚假情况，损害委托人利益的，不得要求支付报酬并应当承担损害赔偿责任。

居间人促成合同成立的，委托人应当按照约定支付报酬。对居间人的报酬没有约定或者约定不明确的，可以协议补充；不能达成补充协议的，按照合同有关条款或者交易习惯确定；仍不能确定的，根据居间人的劳务合理确定。因居间人提供订立合同的媒介服务而促成合同成立的，由该合同的当事人平均负担居间人的报酬。居间人未促成合同成立的，不得要求支付报酬，但可以要求委托人支付从事居间活动支出的必要费用。

复习思考题

1. 什么是合同？合同具有哪些法律特征？
2. 合同法的基本原则有哪些？
3. 承诺应具备哪些构成要件？
4. 合同一般包括哪些条款？
5. 承担缔约过失责任的情形有哪些？
6. 合同生效的要件有哪些？
7. 无效合同的种类有哪些？
8. 内容约定不明确的合同应如何履行？
9. 合同担保的方式有哪些？
10. 合同终止的原因有哪些？
11. 承担违约责任的方式有哪些？
12. 《合同法》规定了哪些具体合同？

第七章　工业产权法

第一节　工业产权法概述

一、工业产权的概念和特征

（一）工业产权的概念

工业产权，是指权利人依照法律对应用于商品生产和流通中的发明创造以及显著标记等智力成果享有的专有权。工业产权是一种无形财产权，属于知识产权的一部分，其与著作权共同构成传统意义上的知识产权。此权利不仅适用于工业本身，而且适用于商业、农业、林业、矿业等其他产业。工业产权是国际通用的法律术语，根据《保护工业产权巴黎公约》的规定，工业产权的保护对象有专利、实用新型、外观设计、商标、服务标记、厂商名称、货源标记或原产地名称和制止不正当竞争。在我国，工业产权主要包括专利权和商标权两项内容。其中，专利权包括发明、实用新型和外观设计。

（二）工业产权的特征

工业产权是一种无形的财产权，是人类脑力劳动的结晶，以知识产品的形态存在。与有形财产权相比较具有以下特征：

1. 工业产权的独占性

工业产权的独占性又称专有性，这种专有性包括以下两方面的内容：①工业产权是国家赋予专利权人和商标专用权人，在有效期内对其专利和商标享有的独占、使用、收益和处分的权利。未经权利人许可，任何第三人皆不得使用，否则即构成侵权。②对同一项知识产品只能授予一次工业产权，同样的知识产品不能够取得两个相同的权利。

2. 工业产权的地域性

工业产权的地域性，是指按照一国法律获得确认和保护的工业产权，只在该国范围内有效，对其他国家不发生效力。如想获得其他国家的保护，必须依照该国的法律取得相应的工业产权或根据共同签订的国际条约取得保护。

3. 工业产权的时间性

工业产权的时间性，是指工业产权仅在法律规定的期限内受到保护，一旦超过法律规定的有效期限，这一权利就自行消灭，相关知识产品即成为整个社会的共同财富，为全人类所共同使用。

二、工业产权法的概念和国际保护

（一）工业产权法的概念

工业产权法是指调整因确认、保护、使用工业产权而发生的各种社会关系的法律规范的总称。我国的工业产权法包括专利法和商标法。

我国的工业产权法律体系主要由以下几部分组成：

（1）《中华人民共和国专利法》（以下简称《专利法》），于1982年颁布，分别于1993年、2000年、2008年进行了三次修正，并于2009年10月1日起施行；《中华人民共和国专利法实施细则》（以下简称《专利法实施细则》），于1992年颁布，分别于2002年、2010年进行了两次修订。

（2）《中华人民共和国商标法》（以下简称《商标法》），于1982年颁布，分别于1993年、2001年进行了两次修正，并于2001年12月1日起施行；《中华人民共和国商标法实施条例》（以下简称《商标法实施条例》），于2002年颁布实施。除此之外，还有大量的行政法规、部门规章、地方规章以及最高人民法院的司法解释。

（二）工业产权的国际保护

随着各国科学技术和文化交流的日益密切、知识产品国际市场的不断发展，从而使工业产权在国外取得法律保护成为必要。自19世纪下半叶以来，各国间先后签订了一系列保护知识产权的国际公约。其中主要的是《保护工业产权巴黎公约》、《商标国际注册马德里协定》、《专利合作条约》等。此外，还成立了政府间的国际机构——世界知识产权组织（WIPO）。

1.《保护工业产权巴黎公约》

《保护工业产权巴黎公约》（简称《巴黎公约》）1883年签订于巴黎，并经过多次修改。截至2005年1月3日，《巴黎公约》的成员国共有169个。它不仅是保护工业产权方面影响最大的国际公约，而且是知识产权领域的第一个世界性多边公约。《巴黎公约》的实质性规定主要有以下几个方面：

（1）国民待遇原则。在工业产权的国际保护方面，每一缔约国必须把它给予本国国民的待遇同等地给予其他缔约国国民；非缔约国国民若在缔约国国内有住所或营业场所，也应得到同样的保护。

（2）优先权原则。缔约国国民第一次向一个缔约国提出专利或商标注册申请后，又在一定期限内（发明和实用新型为12个月，工业品外观设计和商标为6个月）就同一发明创造和商标向另一个缔约国申请时，申请人有权要求将第一次提出申请的日期视为后来申请的日期。

（3）独立性原则。各缔约国独立地按本国的法律规定来确定是否给予专利权或商标专用权，不受该专利权或商标专用权在其他缔约国决定的影响。

2.《商标国际注册马德里协定》

为了在商标注册方面实现国际合作，1891年4月14日，由当时已实行了商标注册制度的法国、比利时、西班牙、瑞士和突尼斯等国家发起，在马德里缔结了《商标国际注册马德里协定》。截至2010年9月1日，该协定共有成员国85个。

该协定规定，缔约国的任何申请人在本国注册了商标后，就可以向国际局申请该商标的国际注册。如申请得到核准，国际局予以公布，并通知被要求给予保护的各成员国。但国际局对商标国际申请的核准并不能代替各国的注册机构的注册。各国注册当局在接到国际局的注册通知后，可在1年内进行批驳，拒绝予以保护。否则，商标就算是在该国获准注册。

我国已加入的工业产权国际公约有：《成立世界知识产权组织公约》（1980年加入）；《保护工业产权巴黎公约》（1985年加入）；《商标国际注册马德里协定》（1989年加入）；《商标国际注册马德里协定有关议定书》（1989年加入）；《专利合作条约》（1993年加入）；《关于供商标注册用的商品和服务的国际分类的尼斯协定》（1994年加入）；《国际植物新品种保护公约》（1999年加入）；《与贸易有关的知识产权协定》（2001年加入）。

第二节 商标法

一、商标法概述

（一）商标概述

1. 商标的概念和特征

商标是一种商业标志，用以将不同的经营者所提供的商品或者服务区别开来。商标一般由文字、图形、字母、数字、三维标志、颜色或者其组合构成，附着于商品、商品包装、服务设施或者相关的广告宣传品上，用以与其他经营者的同类商品或服务项目相区别。商标具有如下特征：①商标是有形的符号；②商标是商品或服务的标记，它依附于商品或服务而存在；③商标是经营者用来区分商品来源的标记。

2. 商标的功能与作用

商标具有以下几方面的作用：

（1）识别功能。商标可以将不同来源的商品或者服务项目区别开来，从而使消费者认清商品或者服务的来源。

（2）品质保证功能。同一商标所表明的商品或服务具有同样的品质，经营者为维护商标在消费者心目中的信誉，就要努力保证使同一商标的商品质量相同。

（3）广告宣传。商标简洁明快，具有显著特征，是进行广告宣传的便利工具，经营者也主要是凭借商标来刺激、维持并扩展消费需求的。

（4）竞争功能。对于经营者而言，拥有信誉良好的商标，竞争力就强，经营者占有的市场份额就会逐渐扩大；而拥有信誉不良的商标，竞争力就弱，经营者的市场占有份额就会缩小。

3. 商标的分类

根据不同的标准，可对商标进行不同的分类。

（1）注册商标和未注册商标。根据是否登记注册，可以将商标划分为注册商标和未注册商标。注册商标是指由当事人申请，经国家主管机关审查核准，予以注册的商标。注册商标是商标法保护的对象，其所有人享有商标专用权。未注册商标是指其使用人未申请注册或者注册申请未被核准、未给予注册的商标。注册商标和未注册商标都可以使用。未注册商标一般不受商标法保护。但是也有例外，当一个长期使用的标志，具有识别作用，取得消费者的认可，享有一定声誉的时候，该未注册商标也可以获得商标法一定程度的保护，如对驰名商标的保护。

（2）商品商标和服务商标。根据使用对象的不同，商标分为商品商标和服务商标。商品商标是商品生产者或经营者在生产、制造、加工、拣选或经销的有形商品上使用的标记。服务商标是提供服务的经营者在其向社会提供的服务项目上使用的标记。

（3）集体商标和证明商标。根据商标的特殊功能，商标可以划分为集体商标和证明商标。集体商标，是指以团体、协会或者其他组织名义注册，供该组织成员在商事活动中使用，以表明使用者在该组织中的成员资格的标志。证明商标，是指由对某种商品或者服务具有监督能力的组织所控制，而由该组织以外的单位或者个人使用于其商品或者服务，用以证明该商品或者服务的原产地、原料、制造方法、质量或者其他特定品质的标志。

（4）制造商标和销售商标。根据商标使用者在商品的生产、流通过程中所处的不同环节来划分，可以将商标划分为制造商标和销售商标。制造商标又称为生产商标，是指商品生产者在其制造的商品上使用的商标。销售商标又称商业商标，是指商品经营者使用的商标。

（5）等级商标、联合商标和防御商标。等级商标是指同一个企业对同类商品因规格、质量不同而使用的系列商标。联合商标是指同一企业在同一或类似商品上注册的两个或者两个以上的近似商标。防御商标是指同一商标所有人把自己的商标同时注册在其他非同种或非类似的商品上的商标。

（二）商标法概述

1. 商标法的概念

商标法是调整因商标的注册、使用、管理和保护商标专用权而发生的各种社会关系的法律规范的总和。

2. 商标法的基本原则

（1）注册原则。所谓注册原则，是指商标专用权通过注册取得，不管该商标是否使用，只要符合商标法的规定，经商标主管机关核准注册之后，申请人即取得该商标权，受到法律的保护。

（2）申请在先原则。对于两个或两个以上的申请人在同一种商品或类似商品上，以相同或近似的商标申请注册的，初步审定并公告申请在先的商标，驳回后申请人的申请。

（3）统一注册、分级管理的原则。统一注册是指由国务院工商行政管理部门商标局主管全国商标注册和管理工作。分级管理是指由地方各级工商行政管理机关依法对本地区的商标使用、商标印制、侵犯商标权等进行管理。

（4）行政保护与司法保护并行原则。对于侵犯注册商标专用权的行为，商标注册人或者利害关系人可以向人民法院起诉，也可以请求工商行政管理部门处理。

二、商标注册

（一）商标注册的概念

商标注册，是指商标使用人为了取得商标专用权，将其使用的商标向商标行政主管机关提出申请，商标行政主管机关经过审核登记备案的制度。根据《中华人民共和国商标法》（以下简称《商标法》）第三条规定："经商标局核准注册的商标为注册商标，包括商品商标、服务商标和集体商标、证明商标；商标注册人享有商标专用权，受法律保护。"未经注册的商标，一般得不到法律的保护。

（二）商标注册的原则

1. 申请在先原则

两个或者两个以上的商标注册申请人，在同一种商品或者类似商品上，以相同或者近似的商标申请注册的，初步审定并公告申请在先的商标；同一天申请的，初步审定并公告使用在先的商标；同日使用或者均未使用的，各申请人可以自收到商标局通知之日起30日内自行协商，并将书面协议报送商标局；不愿协商或者协商不成的，商标局通知各申请人以抽签的方式确定一个申请人，驳回其他人的注册申请。

2. 自愿注册原则

自愿注册，是指商标使用人是否申请商标注册取决于自己的意愿，商标无论注册与否均可使用。在实行自愿注册原则的同时，商标法对极少数商品仍保留了强制注册的办法。根据《商标法》第六条规定："国家规定必须使用注册商标的商品，必须申请商标注册，未经核准注册的，不得在市场销售。"目前要求必须使用注册商标的商品是烟草制品。

3. 优先权原则

商标注册申请人自其商标在外国第一次提出商标注册申请之日起6个月内，又在中国就相同商品以同一商标提出商标注册申请的，依照该外国同中国签订的协议或者共同参加的国际条约，或者按照相互承认优先权的原则，可以享有优先权。商标在中国政府主办的或者承认的国际展览会展出的商品上首次使用的，自该商品展出之日起6个月内，该商标的注册申请人可以享有优先权。优先权并不自动产生。申请人要求优先权的，应当在提出商标注册申请的时候提出书面声明，并且在3个月内提交第一次提出的商标注册申请文件的副本或者提交展出其商品的展览会名称、在展出商品上使用该商标的证据、展出日期等证明文件；未提出书面声明或者逾期未提交证明文件的，视为未要求优先权。

（三）商标注册的条件

根据我国商标法的规定，申请注册的商标必须具备下列条件，才能获准注册：

1. 商标的构成要素必须具有显著特征，便于识别

任何能够将自然人、法人或者其他组织的商品与他人的商品区别开的可视性标志，包括文字、图形、字母、数字、三维标志和颜色组合，以及上述要素的组合，均可以作为商标申请注册。申请注册的商标，应当有显著特征，便于识别，并不得与他人在先取得的合法权利相冲突。

2. 申请注册的商标不得使用法律所禁止使用的文字、图形

根据我国《商标法》第十条的规定，下列标志不得作为商标使用：①同中华人民共和国的国家名称、国旗、国徽、军旗、勋章相同或者近似的，以及同中央国家机关所在地特定地点的名称或者标志性建筑物的名称、图形相同的；②同外国的国家名称、国旗、国徽、军旗相同或者近似的，但该国政府同意的除外；③同政府间国际组织的名称、旗帜、徽记相同或者近似的，但经该组织同意或者不易误导公众的除外；④与表明实施控制、予以保证的官方标志、检验印记相同或者近似的，但经授权的除外；⑤同“红十字”、“红新月”的名称、标志相同或者近似的；⑥带有民族歧视性的；⑦夸大宣传并带有欺骗性的；⑧有害于社会主义道德风尚或者有其他不良影响的。县级以上行政区划的地名或者公众知晓的外国地名，不得作为商标。但是，地名具有其他含义或者作为集体商标、证明商标组成部分的除外；已经注册的使用地名的商标继续有效。

《商标法》第十一条规定了三种不能作为商标注册的标志：①仅有本商品的通用名称、图形、型号的；②仅仅直接表示商品的质量、主要原料、功能、用途、重量、数量及其他特点的；③缺乏显著特征的。当然，上述所列标志经过使用取得显著特征，并便于识别的，可以作为商标注册。此外，对于以三维标志申请注册商标的，仅由商品自身的性质产生的形状、为获得技术效果而需有的商品形状或者使商品具有实质性价值的形状，不得注册。

3. 禁止使用虚假地理标志

所谓地理标志，是指标示某商品来源于某地区，该商品的特定质量、信誉或者其他特征，主要由该地区的自然因素或者人文因素所决定的标志。商标中有商品的地理标志，而该商品并非来源于该标志所标示的地区，误导公众的，不予注册并禁止使用。但是，已经善意取得注册的继续有效。

4. 不得复制、摹仿或者翻译他人的驰名商标

就相同或者类似商品申请注册的商标是复制、摹仿或者翻译他人未在中国注册的驰名商标，容易导致混淆的，不予注册并禁止使用。就不相同或者不相类似商品申请注册的商标是复制、摹仿或者翻译他人已经在中国注册的驰名商标，误导公众，致使该驰名商标注册人的利益可能受到损害的，不予注册并禁止使用。

5. 申请注册的商标不得与他人的注册商标相同或相近似

申请注册的商标与他人在同一种商品或者类似商品上已经注册的或者初步审定的

商标相同或者近似的，由商标局驳回申请，不予公告。已经公告后，经商标局裁定异议成立的，不予核准注册。

（四）商标注册的程序

1. 申请

根据我国《商标法》和《中华人民共和国商标法实施条例》的规定，申请商标注册，应当按照公布的商品和服务分类表按类申请。商标注册申请人在不同类别的商品上申请注册同一商标的，应当按商品分类表提出注册申请。申请人应按照规定格式填写申请书，并在递交商标注册申请书时，同时提交商标图样、能够证明其身份的有效证件的复印件以及其他文件。为申请商标注册所申报的事项和所提供的材料应当真实、准确、完整。

2. 形式审查

形式审查是对商标注册申请的文件是否齐备、填写是否符合要求进行的审查。通过形式审查认为文件填写准确、规范、手续齐备的即予以受理，并编写申请号，发给受理通知书。形式审查的主要目的是为了确定商标注册的申请日期。

3. 实质审查

经形式审查之后商标局决定受理的申请，进入实质审查阶段。实质审查的目的在于确定申请注册的商标是否符合《商标法》的有关规定。对符合规定的予以初步审定，并予以公告；对不符合规定的或者同他人在同一种商品或者类似商品上已经注册的或者初步审定的商标相同或者近似的，由商标局驳回申请，不予公告。对驳回申请、不予公告的商标，商标局应当书面通知商标注册申请人。商标注册申请人不服的，可以自收到通知之日起 15 日内向商标评审委员会申请复审，由商标评审委员会作出决定，并书面通知申请人。当事人对商标评审委员会的决定不服的，可以自收到通知之日起 30 日内向人民法院起诉。

4. 公告

申请注册的商标，凡符合《商标法》有关规定的，由商标局初步审定，予以公告。对初步审定的商标，自公告之日起 3 个月内，任何人均可以提出异议。公告期满无异议的，予以核准注册，发给商标注册证，并予公告。对初步审定、予以公告的商标提出异议的，商标局应当听取异议人和被异议人陈述事实和理由，经调查核实后，作出裁定。当事人不服的，可以自收到通知之日起 15 日内向商标评审委员会申请复审，由商标评审委员会作出裁定，并书面通知异议人和被异议人。当事人对商标评审委员会的裁定不服的，可以自收到通知之日起 30 日内向人民法院起诉。人民法院应当通知商标复审程序的对方当事人作为第三人参加诉讼。当事人在法定期限内对商标局作出的裁定不申请复审或者对商标评审委员会作出的裁定不向人民法院起诉的，裁定生效。经裁定异议不能成立的，予以核准注册，发给商标注册证，并予公告；经裁定异议成立的，不予核准注册。经裁定异议不能成立而核准注册的，商标注册申请人取得商标专用权的时间自初审公告 3 个月期满之日起计算。

5. 核准注册

初步审定的商标公告期满无人提出异议或异议不成立的，商标局予以核准注册。

将核准的商标和核定使用的商品在商标注册簿上登记、编号，在《商标公告》上刊登注册公告，并向申请人颁发商标注册证。申请人自其商标核准注册之日起成为注册商标专用权人。

三、商标权人的权利和义务

（一）商标权人的权利

1. 商标专用权

专用权，是指商标权人对其注册商标享有独占性使用的权利。商标法对注册商标专用权的保护以注册事项为准，即以核准注册的商标和核定使用的商品为限。超出核定的商品范围或者改变核准注册的商标形态的使用行为，法律不予保护。

2. 禁止权

禁止权，是指商标权人有权禁止他人未经许可使用其注册商标。而且禁止权的效力范围大于专用权的范围。对于未经许可在同一种商品或者类似商品上使用与其注册商标相同或者近似的商标的，商标权人均有权禁止。

3. 许可权

许可权，是指注册商标所有人许可他人使用其注册商标的权利。

4. 转让权

转让权，是指注册商标所有人将其注册商标转移给他人所有的权利。

（二）商标权人的义务

1. 正确使用注册商标

注册商标所有人应该正确使用注册商标，具体表现为：①只允许在核定的商品上使用核定的注册商标；②不允许自行改变注册商标标识；③不允许自行改变注册商标的注册人名义、地址或者其他注册事项；④不允许自行转让注册商标的；⑤禁止连续3年停止使用已经注册的商标。违反上述义务的，可由商标局责令限期改正或者撤销其注册商标。

2. 保证商品质量

使用注册商标，其商品粗制滥造，以次充好，欺骗消费者的，由各级工商行政管理部门分别不同情况，责令限期改正，并可以予以通报或者处以罚款，或者由商标局撤销其注册商标。

3. 依法缴纳有关费用

申请商标注册及办理其他商标事宜的，应依法缴纳相应的费用。缴纳费用的项目和标准，由国务院工商行政管理部门会同国务院价格主管部门规定并公布。

四、注册商标的期限、续展、转让与使用许可

（一）注册商标的期限和续展

注册商标的有效期为10年，自核准注册之日起计算。注册商标有效期满，需要继续使用的，应当在期满前6个月内申请续展注册，向商标局提交商标续展注册申请书。

在此期间未能提出申请的，可以给予6个月的宽展期。宽展期满仍未提出申请的，注销其注册商标。每次续展注册的有效期为10年，自该商标上一届有效期满次日起计算。商标局核准商标注册续展申请后，发给相应证明，并予以公告。续展注册没有次数的限制。

（二）注册商标的转让

注册商标的转让，是指注册商标所有人将其所有的注册商标转让给他人所有。转让关系成立后，受让人成为新的商标权人，原商标权人不再拥有注册商标所有权。

转让注册商标的，转让人和受让人应当签订转让协议，并共同向商标局提出申请，转让注册商标申请手续由受让人办理。受让人应当保证使用该注册商标的商品质量。商标局核准转让注册商标申请后，发给受让人相应证明，并予以公告。受让人自公告之日起享有商标专用权。

转让注册商标的，商标注册人对其在同一种或者类似商品上注册的相同或者近似的商标，应当一并转让；未一并转让的，由商标局通知其限期改正；期满不改正的，视为放弃转让该注册商标的申请，商标局应当书面通知申请人。对可能产生误认、混淆或者其他不良影响的转让注册商标申请，商标局不予核准，书面通知申请人并说明理由。

（三）注册商标的使用许可

注册商标的使用许可，是指商标权人将自己的注册商标许可他人在一定期限内使用的行为。商标注册人可以通过签订商标使用许可合同，许可他人使用其注册商标。商标使用许可合同可分为三类：普通许可、排他许可、独占许可。

许可人应当监督被许可人使用其注册商标的商品质量。被许可人应当保证使用该注册商标的商品质量。经许可使用他人注册商标的，必须在使用该注册商标的商品上标明被许可人的名称和商品产地，以便使消费者知晓商品的真实出处。商标使用许可合同应当报商标局备案，未经备案的，不影响该许可合同的效力，但当事人另有约定的除外。商标使用许可合同未在商标局备案的，不得对抗善意第三人。

五、商标权的法律保护

（一）商标侵权行为

商标侵权行为，是指侵犯他人有效的注册商标专用权的行为。有下列行为之一的，均属侵犯注册商标专用权：①未经商标注册人的许可，在同一种商品或者类似商品上使用与其注册商标相同或者近似的商标的；②销售侵犯注册商标专用权的商品的；③伪造、擅自制造他人注册商标标识或者销售伪造、擅自制造的注册商标标识的；④未经商标注册人同意，更换其注册商标并将该更换商标的商品又投入市场的；⑤在同一种或者类似商品上，将与他人注册商标相同或者近似的标志作为商品名称或者商品装潢使用，误导公众的；⑥故意为侵犯他人注册商标专用权行为提供仓储、运输、邮寄、隐匿等便利条件的；⑦将与他人注册商标相同或者相近似的文字作为企业的字号在相同或者类似商品上突出使用，容易使相关公众产生误认的；⑧复制、摹仿、翻译他人注册的驰名商标或其主要部分在不相同或者不相类似商品上作为商标使用，误导公众，致使该驰名商标注册人的利益可能受到损害的；⑨将与他人注册商标相同或者相近似的文字注册为域名，并且通过该域名进行相关商品交易的电子商务，容易使相关公众产生误认的。

（二）商标侵权行为的处理

侵犯商标专用权引起纠纷的，由当事人协商解决；不愿协商或者协商不成的，商标注册人或者利害关系人可以向人民法院起诉，也可以请求工商行政管理部门处理。当事人对处理决定不服的，可以自收到处理通知之日起15日内向人民法院起诉；侵权人期满不起诉又不履行的，工商行政管理部门可以申请人民法院强制执行。

1. 民事责任

（1）停止侵害。即侵权行为人应当立即停止正在实施的商标侵权行为。商标注册人或者利害关系人有证据证明他人正在实施或者即将实施侵犯其注册商标专用权的行为，如不及时制止，将会使其合法权益受到难以弥补的损害的，可以在起诉前向人民法院申请采取责令停止有关行为和财产保全的措施。

（2）赔偿损失。赔偿损失的数额有以下几种计算方式：①侵犯商标专用权的赔偿数额，为侵权人在侵权期间因侵权所获得的利益；②被侵权人在被侵权期间因被侵权所受到的损失，包括被侵权人为制止侵权行为所支付的合理开支；③侵权人因侵权所得利益，或者被侵权人因被侵权所受损失难以确定的，由人民法院根据侵权行为的情节判决给予50万元以下的赔偿。销售不知道是侵犯注册商标专用权的商品，能证明该商品是自己合法取得的并说明提供者的，不承担赔偿责任。

2. 行政责任

工商行政管理部门处理时，认定侵权行为成立的，责令立即停止侵权行为，没收、销毁侵权商品和专门用于制造侵权商品、伪造注册商标标识的工具，并可处以罚款。罚款数额为非法经营额3倍以下；非法经营额无法计算的，罚款数额为10万元以下。

3. 刑事责任

侵犯商标专用权的刑事责任包括：

（1）假冒注册商标罪。未经注册商标所有人许可，在同一种商品上使用与其注册商标相同的商标，情节严重的，处3年以下有期徒刑或者拘役，并处或者单处罚金；情节特别严重的，处3年以上7年以下有期徒刑，并处罚金。

（2）销售假冒注册商标的商品罪。销售明知是假冒注册商标的商品，销售金额数额较大的，处3年以下有期徒刑或者拘役，并处或者单处罚金；销售金额数额巨大的，处3年以上7年以下有期徒刑，并处罚金。

（3）非法制造、销售非法制造的注册商标标识罪。伪造、擅自制造他人注册商标标识或者销售伪造、擅自制造的注册商标标识，情节严重的，处3年以下有期徒刑、拘役或者管制，并处或者单处罚金；情节特别严重的，处3年以上7年以下有期徒刑，并处罚金。

（三）驰名商标的特殊保护

1. 驰名商标的概念

驰名商标，是指在中国为相关公众广为知晓并享有较高声誉的商标。为了保护驰名商标所有人的合法权益，《商标法》以及2004年4月颁布的《驰名商标认定和保护规定》对驰名商标的概念、认定和管理等做了明确的规定。

2. 驰名商标的认定

认定驰名商标应当考虑下列因素：①相关公众对该商标的知晓程度；②该商标使用的持续时间；③该商标的任何宣传工作的持续时间、程度和地理范围；④该商标作为驰名商标受保护的记录；⑤该商标驰名的其他因素。

当事人在请求认定驰名商标时，应当提交以下可以证明其商标驰名的材料：①证明相关公众对该商标知晓程度的有关材料；②证明该商标使用持续时间的有关材料，包括该商标使用、注册的历史和范围的有关材料；③证明该商标的任何宣传工作的持续时间、程度和地理范围的有关材料，包括广告宣传和促销活动的方式、地域范围、宣传媒体的种类以及广告投放量等有关材料；④证明该商标作为驰名商标受保护记录的有关材料，包括该商标曾在中国或者其他国家和地区作为驰名商标受保护的有关材料；⑤证明该商标驰名的其他证据材料，包括使用该商标的主要商品近三年的产量、销售量、销售收入、利税、销售区域等有关材料。

3. 驰名商标的特殊保护

（1）对未注册的驰名商标的保护。就相同或者类似商品申请注册的商标是复制、摹仿或者翻译他人未在中国注册的驰名商标，容易导致混淆的，不予注册并禁止使用。

（2）放宽驰名商标注册的显著性条件。显著性是商标获得注册的条件之一，但是驰名商标由于其与某一商品紧密联系在一起，并已获得较高的声誉且为相关公众所熟知，具有较强的识别性，因此根据《商标法》规定，缺乏显著特征的标志经过使用取得显著特征，并便于识别的，可以作为商标注册。

（3）扩大驰名商标的保护范围。就不相同或者不相类似商品申请注册的商标是复制、摹仿或者翻译他人已经在中国注册的驰名商标，误导公众，致使该驰名商标注册人的利益可能受到损害的，不予注册并禁止使用。

（4）驰名商标所有人享有不受时间限制的撤销权。将与他人驰名商标相同或者近似的商标申请注册，容易导致混淆或者致使该驰名商标注册人的利益受到损害的，驳回注册申请；已经注册的，自商标注册之日起5年内，商标所有人或者利害关系人可以请求商标评审委员会裁定撤销该注册商标。对恶意注册的，驰名商标所有人不受5年的时间限制。

第三节　专利法

一、专利法概述

（一）专利及专利权的概念

专利，是指经主管机关依照法定程序审查批准的符合专利条件的发明创造。专利权，是指国家专利主管部门依据专利法授予发明创造人或合法申请人对某项发明创造在法定期间内所享有的一种独占权或排他权。专利权是专利法的核心内容，具有知识产权最基本的特性，即专有性、地域性、时间性。

（二）专利法的概念

专利法是调整因发明创造的产生、利用与保护等发生的各种社会关系之法律规范的总称。《中华人民共和国专利法》（以下简称《专利法》）和《中华人民共和国专利法实施细则》（以下简称《专利法实施细则》）是我国专利法的主要组成部分。

二、专利权的主体和客体

（一）专利权的主体

1. 专利申请人

专利申请人即专利申请权人，是指对某项发明创造根据法定或约定有权以自己的名义提出专利申请的人。在我国，职务发明创造的专利申请权属于发明人或设计人所在的单位；非职务发明创造的专利申请权则属于发明人或设计人本人。

（1）职务发明创造。执行本单位的任务或者主要是利用本单位的物质技术条件所完成的发明创造为职务发明创造。它具体包括以下四种情况：①发明人、设计人在本职工作中作出的发明创造；②发明人、设计人履行本单位交付的本职工作之外的任务所完成的发明创造；③发明人、设计人退休、调离原单位后或者劳动、人事关系终止后1年内作出的，与其在原单位承担的本职工作或者原单位分配的任务有关的发明创造；④发明人、设计人主要利用本单位物质条件完成的发明创造。物质技术条件，是指本单位的资金、设备、零部件、原材料或者不对外公开的技术资料等。

在以上四种情况中，发明人或者设计人，是指对发明创造的实质性特点作出创造性贡献的人。在完成发明创造过程中，只负责组织工作的人、为物质技术条件的利用提供方便的人或者从事其他辅助工作的人，不是发明人或者设计人。而且发明人、设计人只能是自然人。

（2）合作与委托发明创造。两个以上单位或者个人合作完成的发明创造、一个单位或者个人接受其他单位或者个人委托所完成的发明创造，除另有协议的以外，申请专利的权利属于完成或者共同完成的单位或者个人；申请被批准后，申请的单位或者个人为专利权人。

2. 专利权人与专利申请人的区别

专利权人即专利权的主体。专利权人与专利申请人是两个不同的概念。在专利申请阶段，专利申请权人只是按《专利法》的规定，履行相应专利申请手续，当申请专利的发明创造经国家知识产权局审查后被授予专利权时，专利申请人就转为专利权人。一项发明创造申请专利后未必都能获得批准成为专利技术，相应地，专利申请人也就未必能成为专利权人；反之，专利权人未必都曾是专利申请人，因为专利权是可以通过转让或继承获得的。

（二）专利权的客体

专利权的客体是专利权人的权利和义务所指向的对象，就我国《专利法》而言，是指发明、实用新型和外观设计。

1. 发明

发明，是指对产品、方法或者其改进所提出的新的技术方案。发明必须是一种技术方案，它是利用自然规律作出的能够解决技术领域某一特定问题的新的技术方案。发明可以分为两大类：产品发明和方法发明。

2. 实用新型

实用新型，是指对产品的形状、构造或者其结合所提出的适于实用的新的技术方案。它具有以下两个特征：①它必须是一种产品；②它必须是具有一定形状和构造的产品。

3. 外观设计

外观设计，是指对产品的形状、图案或者其结合以及色彩与形状、图案的结合所作出的富有美感并适于工业应用的新设计。外观设计专利应具备以下条件：①外观设计必须与产品相结合；②外观设计是关于产品形状、图案和色彩等为构成要素，以视觉美感为目的，不追求实用功能；③外观设计必须适用于工业应用。

三、专利权的授予

（一）授予专利权的条件

1. 发明专利和实用新型专利的授予条件

授予专利权的发明和实用新型，应当具备新颖性、创造性和实用性。

（1）新颖性。新颖性，是指该发明或者实用新型不属于现有技术；也没有任何单位或者个人就同样的发明或者实用新型在申请日以前向国务院专利行政部门提出过申请，并记载在申请日以后公布的专利申请文件或者公告的专利文件中。所谓现有技术，是指申请日以前在国内外为公众所知的技术。申请专利的发明创造在申请日以前6个月内，有下列情形之一的，不丧失新颖性：①在中国政府主办或者承认的国际展览会上首次展出的；②在规定的学术会议或者技术会议上首次发表的；③他人未经申请人同意而泄露其内容的。

（2）创造性。创造性，是指与现有技术相比，该发明具有突出的实质性特点和显著的进步，该实用新型具有实质性特点和进步。有突出的实质性特点，是指发明相对于现有技术，对所属技术领域的技术人员来说，是非显而易见的。如果发明是其所属技术领域的技术人员在现有技术的基础上通过逻辑分析、推理或者试验可以得到的，则该发明是显而易见的，不具备突出的实质性特点。显著的进步，是指发明与最接近的现有技术相比具有长足的进步。这种进步表现在发明克服了现有技术中存在的缺点和不足；或者表现在发明所代表的某种新技术趋势上。通常发明有显著的进步，反映在发明的有益效果之中。

（3）实用性。实用性，是指该发明或者实用新型能够在产业上制造或者使用，并且能够产生积极效果。在产业上能够制造或者使用，是指符合自然法则，具有技术特征的任何可实施的技术方案。能够产生积极效果，是指其产生的经济、技术和社会的效果是所属技术领域的技术人员可以预料到的，同现有技术相比，这些效果应当是积极的和有益的。

2. 外观设计专利的授予条件

授予专利权的外观设计，应当不属于现有设计；也没有任何单位或者个人就同样的外观设计在申请日以前向国务院专利行政部门提出过申请，并记载在申请日以后公告的专利文件中，并不得与他人在申请日以前已经取得的合法权利相冲突。授予专利权的外观设计与现有设计或者现有设计特征的组合相比，应当具有明显区别。

（二）授予专利权的原则

1. 书面原则

专利申请必须以书面形式提交到国务院专利行政部门。不仅是申请，以后整个审批程序中的所有手续，都必须以书面形式办理，不能以口头说明或提交实物来代替书面申请和对申请文件进行修改补正。

2. 先申请原则

先申请原则，是指两个或两个以上的申请人分别就同样的发明创造申请专利的，专利权授予给最先申请的人。先申请的判断标准是申请日。申请日是从专利申请文件递交到国务院专利行政部门之日算起，如果申请文件是邮寄的，以寄出的邮戳日为申请日。如果两个以上的申请人同日分别就同样的发明创造申请专利的，应当在收到国务院专利行政部门的通知后自行协商确定申请人。

3. 优先权原则

优先权有国际优先权与国内优先权之分。国际优先权是指申请人自发明或者实用新型在外国第一次提出专利申请之日起 12 个月内，或者自外观设计在外国第一次提出专利申请之日起 6 个月内，又在中国就相同主题提出专利申请的，依照该外国同中国签订的协议或者共同参加的国际条约，或者依照相互承认优先权的原则，可以享有优先权。国内优先权是指申请人自发明或者实用新型在中国第一次提出专利申请之日起 12 个月内，又向国务院专利行政部门就相同主题提出专利申请的，可以享有优先权。申请人要求优先权的，应当在申请的时候提出书面声明，并且在 3 个月内提交第一次提出的专利申请文件的副本；未提出书面声明或者逾期未提交专利申请文件副本的，视为未要求优先权。

4. 单一性原则

单一性原则，是指一件发明或者实用新型专利申请应当限于一项发明或者实用新型，一件外观设计专利申请应当限于一项外观设计。以下情况可以作为一件申请提出：①属于一个总的发明构思的两项以上的发明或者实用新型；②用于同一产品两项以上的相似外观设计，或者用于同一类别并且成套出售或者使用的产品的两项以上外观设计。

（三）专利申请的程序

1. 发明专利申请的审批

（1）受理申请。国务院专利行政部门收到发明专利申请文件后，发出受理通知书，确定专利申请日，给予专利申请号。

（2）初步审查。初步审查，是指国务院专利行政部门收到申请文件后，对其是否符合法律规定的形式要求以及是否存在明显的实质性缺陷进行的审查。初审不合格的，国务院专利行政部门应当将审查意见通知申请人，要求其在指定期限内陈述意见或者补正；申请人期满未答复的，其申请视为撤回。申请人陈述意见或者补正后，国务院专利行政部门仍然认为不符合规定的，应当予以驳回。

（3）公布申请。国务院专利行政部门收到发明专利申请后，经初步审查认为符合专利法要求的，自申请日起满 18 个月，即行公布。国务院专利行政部门可以根据申请人的请求早日公布其申请。自发明专利申请公布之日起至公告授予专利权之日止，任何人均可以对不符合专利法规定的专利申请向国务院专利行政部门提出意见，并说明理由。

（4）实质审查。发明专利申请自申请日起 3 年内，国务院专利行政部门可以根据申请人随时提出的请求，对其申请进行实质审查；申请人无正当理由逾期不请求实质审查的，该申请即被视为撤回。国务院专利行政部门认为必要的时候，可以自行对发明专利申请进行实质审查。实质审查的内容主要包括：对发明创造的新颖性、创造性、实用性进行审查；单一性审查；对说明书和权利要求书的审查等。国务院专利行政部门对发明专利申请进行实质审查后，认为不符合专利法规定的，应当通知申请人，要求其在指定的期限内陈述意见，或者对其申请进行修改；无正当理由逾期不答复的，该申请即被视为撤回。

（5）授权公告。发明专利申请经实质审查没有发现驳回理由的，由国务院专利行政部门作出授予发明专利权的决定，发给发明专利证书，同时予以登记和公告。发明专利权自公告之日起生效。

2. 实用新型和外观设计专利申请的审批

实用新型和外观设计专利的审查程序相对简单，只进行初步审查。经初步审查没有发现驳回理由的，由国务院专利行政部门作出授予实用新型专利权或者外观设计专利权的决定，发给相应的专利证书，同时予以登记和公告。实用新型专利权和外观设计专利权自公告之日起生效。

3. 专利申请的撤回

提交申请后，申请人可以在被授予专利权之前随时撤回其专利申请。专利申请的撤回有两种情形：一种是申请人申请撤回的，应当向国务院专利行政部门提出声明，写明发明创造的名称、申请号和申请日；另一种是申请人因为没有履行《专利法》的有关义务而被视为撤回。根据我国《专利法》规定，依法被视为撤回申请的情况有：①发明专利申请自申请日起3年内申请人无正当理由逾期不请求实质审查的，该申请即被视为撤回；②发明专利已经在外国提出过申请的，国务院专利行政部门可以要求申请人在指定期限内提交该国为审查其申请进行检索的资料或者审查结果的资料，无正当理由逾期不提交的，该申请即被视为撤回；③国务院专利行政部门对发明专利申请进行实质审查后，要求申请人在指定的期限内陈述意见，或者对其申请进行修改；申请人无正当理由逾期不答复的，该申请即被视为撤回。

四、专利权人的权利和义务

（一）专利权人的权利

1. 独占实施权

发明和实用新型专利权被授予后，除专利法另有规定的以外，任何单位或者个人未经专利权人许可，都不得实施其专利，即不得为生产经营目的制造、使用、许诺销售、销售、进口其专利产品，或者使用其专利方法以及使用、许诺销售、销售、进口依照该专利方法直接获得的产品。外观设计专利权被授予后，任何单位或者个人未经专利权人许可，都不得实施其专利，即不得为生产经营目的制造、许诺销售、销售、进口其外观设计专利产品。

2. 许可实施权

许可实施权，是指专利权人通过签订合同的方式许可他人在一定条件下使用其专利技术并收取专利使用费的权利。任何单位或者个人实施他人专利的，应当与专利权人订立实施许可合同，向专利权人支付专利使用费。被许可人无权允许合同规定以外的任何单位或者个人实施该专利。

3. 转让权

转让权，是指专利权人将其专利权转移给他人所有。除专利权外，专利申请权亦可转让。中国单位或者个人向外国人、外国企业或者外国其他组织转让专利申请权或者专利权的，应当依照有关法律、行政法规的规定办理手续。转让专利申请权或者专利权的，当事人应当订立书面合同，并向国务院专利行政部门登记，由国务院专利行政部门予以公告。专利申请权或者专利权的转让自登记之日起生效。

4. 标记权

标记权，是指专利权人在其专利产品或者该产品的包装上标明或者不标明专利标记和专利号的权利。行使标记权，可以起到宣传作用，也可以起到警示作用。

（二）专利权人的义务

专利权人在享有专利权的同时，还应当依法承担相应的义务。

1. 缴纳专利年费的义务

专利权人在获得专利权时，应当向专利局缴纳专利年费。拒不承担这一义务的，其专利权将自动终止。

2. 不得滥用专利权的义务

如果发明创造已经被授予专利权，专利权人应促进专利技术早日为社会所用，为人类作贡献。所以，在具备实施条件的单位以合理的条件请求专利权人许可实施时，专利权人应该给予许可。

3. 职务发明专利权人的义务

职务发明创造取得专利后，被授予专利权的单位应当按约定对职务发明创造的发明人或者设计人给予奖励，如无约定则应当自专利权公告之日起 3 个月内发给发明人或者设计人奖金。一项发明专利的奖金最低不少于 3000 元；一项实用新型专利或者外观设计专利的奖金最低不少于 1000 元。被授予专利权的单位许可其他单位或者个人实施其专利的，应当从收取的使用费中提取不低于 10%，作为报酬给予发明人或者设计人。

（三）专利权的限制

专利权是一种独占性的权利，在某些情况下，专利权人可能会滥用其依法获得的独占权，对市场的正常竞争产生不良影响，甚至于阻碍科技创新。因此，应当对专利权的行使进行必要的规制。

1. 专利的计划许可

国有企事业单位的发明专利，对国家利益或者公共利益具有重大意义的，国务院有关主管部门和省、自治区、直辖市人民政府报经国务院批准，可以决定在批准的范围内推广应用，允许指定的单位实施，由实施单位按照国家规定向专利权人支付使用费。

2. 专利的强制许可

强制许可又称为非自愿许可，是指国家专利主管机关根据法定事实，不经专利权人许可，许可他人实施该专利。根据我国《专利法》的规定，强制许可主要有以下情形：①专利权人自专利权被授予之日起满 3 年，且自提出专利申请之日起满 4 年，无正当理由未实施或者未充分实施其专利的；②专利权人行使专利权的行为被依法认定为垄断行为，为消除或者减少该行为对竞争产生的不利影响的；③在国家出现紧急状态或者非常情况时，或者为了公共利益的目的，国务院专利行政部门可以给予实施发明专利或者实用新型专利的强制许可；④为了公共健康目的，对取得专利权的药品，国务院专利行政部门可以给予制造并将其出口到符合中华人民共和国参加的有关国际条约规定的国家或者地区的强制许可；⑤一项取得专利权的发明或者实用新型比前已经取得专利权的发明或者实用新型具有显著经济意义的重大技术进步，其实施又有赖于前一发明或者实用新型的实施的，国务院专利行政部门根据后一专利权人的申请，可以给予实施前一发明或者实用新型的强制许可。在依照上述规定给予实施强制许可的情形下，国务院专利行政部门根据前一专利权人的申请，也可以给予实施后一发明或者实用新型的强制许可；⑥强制许可涉及的发明创造为半导体技术的，其实施限于公共利益的目的以及专利权人行使专利权的行为被依法认定为垄断行为，为消除或者减少该行为对竞争产生的不利影响的。

国务院专利行政部门作出的给予实施强制许可的决定，应当及时通知专利权人，并予以登记和公告。取得实施强制许可的单位或者个人不享有独占的实施权，并且无权允许他人实施。被许可人应当付给专利权人合理的使用费，其数额由双方协商，双方不能达成协议的，由国务院专利行政部门裁决。

五、专利权的期限、终止和无效宣告

（一）专利权的保护期限

专利权的保护期是指专利权人享有权利的合法期限。发明专利权的期限为20年，实用新型专利权和外观设计专利权的期限为10年，均自申请日起计算。专利权的保护期限与商标权不同，期满不可以申请续展。

（二）专利权的终止

专利权的终止是指因某种法律事实的发生而导致其效力消灭的情形。主要有以下几种情况：

1. 没有按照规定缴纳年费的

2. 专利权人以书面声明放弃其专利权的

放弃专利权是专利权人的一项权利，但必须有书面声明。对于已经与他人订有专利实施许可合同的专利权人，在放弃专利时要与被许可人协商，否则，不能放弃专利。

3. 专利权期限届满

专利期限届满，专利权即行终止，专利技术进入公有领域，社会上任何人都可以无偿使用。

（三）专利权的无效宣告

专利权的无效宣告是指自国务院专利行政部门公告授予专利权之日起，任何单位或者个人认为该专利权的授予不符合《专利法》有关规定的，可以请求专利复审委员会宣告该专利权无效。

1. 无效宣告请求的理由

申请无效宣告主要有以下理由：①不符合专利申请的新颖性、创造性、实用性标准的；②专利申请文件撰写不当；③不属于专利法所称的发明创造的；④不符合在先申请原则的；⑤不符合单一性原则的；⑥属于《专利法》第五条、第二十五条规定的不授予专利权的范围的。

专利复审委员会对宣告专利权无效的请求应当及时审查和作出决定，并通知请求人和专利权人。宣告专利权无效的决定，由国务院专利行政部门登记和公告。对专利复审委员会宣告专利权无效或者维持专利权的决定不服的，可以自收到通知之日起3个月内向人民法院起诉。人民法院应当通知无效宣告请求程序的对方当事人作为第三人参加诉讼。

2. 专利权无效宣告决定的效力

宣告无效的专利权视为自始即不存在。宣告专利权无效的决定，对在宣告专利权无效前人民法院作出并已执行的专利侵权的判决、调解书，已经履行或者强制执行的专利侵权纠纷处理决定，以及已经履行的专利实施许可合同和专利权转让合同，不具有追溯力，一般情况下不返还费用。但是因专利权人的恶意给他人造成的损失，应当给予赔偿。此外，不返还专利侵权赔偿金、专利使用费、专利权转让费，明显违反公平原则的，应当全部或者部分返还。

六、专利权的法律保护

（一）专利权的保护范围

专利权的保护范围是指专利权法律效力所涉及的发明创造的范围。发明或者实用新型专利权的保护范围以其权利要求的内容为准，说明书及附图可以用于解释权利要求的内容。外观设计专利权的保护范围以表示在图片或者照片中的该产品的外观设计为准，简要说明可以用于解释图片或者照片所表示的该产品的外观设计。

（二）专利侵权行为

专利侵权行为是指未经专利权人许可实施其专利的行为。这里的实施是指为生产经营目的制造、使用、许诺销售、销售、进口其专利产品，或者使用其专利方法以及使用、许诺销售、销售、进口依照该专利方法直接获得的产品。为生产经营目的使用、许诺销售或者销售不知道是未经专利权人许可而制造并售出的专利侵权产品，能证明该产品合法来源的，不承担赔偿责任。

（三）不视为侵犯专利权的行为

根据《专利法》的规定，有下列情形之一的，不视为侵犯专利权：①专利产品或者依照专利方法直接获得的产品，由专利权人或者经其许可的单位、个人售出后，使用、许诺销售、销售、进口该产品的；②在专利申请日前已经制造相同产品、使用相同方法或者已经做好制造、使用的必要准备，并且仅在原有范围内继续制造、使用的；③临时通过中国领陆、领水、领空的外国运输工具，依照其所属国同中国签订的协议或者共同参加的国际条约，或者依照互惠原则，为运输工具自身需要而在其装置和设备中使用有关专利的；④专为科学研究和实验而使用有关专利的；⑤为提供行政审批所需要的信息，制造、使用、进口专利药品或者专利医疗器械的，以及专门为其制造、进口专利药品或者专利医疗器械的；⑥在专利侵权纠纷中，被控侵权人有证据证明其实施的技术或者设计属于现有技术或者现有设计的，不构成侵犯专利权。

（四）专利侵权行为的法律责任

侵犯专利权引起纠纷的，由当事人协商解决；不愿协商或者协商不成的，专利权人或者利害关系人可以向人民法院起诉，也可以请求管理专利工作的部门处理。管理专利工作的部门处理时，认定侵权行为成立的，可以责令侵权人立即停止侵权行为，当事人不服的，可以自收到处理通知之日起 15 日内向人民法院起诉；侵权人期满不起诉又不停止侵权行为的，管理专利工作的部门可以申请人民法院强制执行。进行处理的管理专利工作的部门应当事人的请求，可以就侵犯专利权的赔偿数额进行调解；调解不成的，当事人可以向人民法院起诉。

1. 民事责任

（1）停止侵害。即侵权行为人应当立即停止正在实施的专利侵权行为。当事人要求诉讼保全的，可依法对侵权人的有关财物进行查封、扣押、冻结等措施。

（2）赔偿损失。对给当事人造成损害的，应责令赔偿损失。赔偿数额可按下列方法计算：①按照权利人因被侵权所受到的实际损失确定；②实际损失难以确定的，可以按照侵权人因侵权所获得的利益确定；③权利人的损失或者侵权人获得的利益难以确定的，参照该专利许可使用费的倍数合理确定，赔偿数额还应当包括权利人为制止侵权行为所支付的合理开支；④权利人的损失、侵权人获得的利益和专利许可使用费均难以确定的，人民法院可以根据专利权的类型、侵权行为的性质和情节等因素，确定给予 1 万元以上 100 万元以下的赔偿。

（3）消除影响。在侵权行为人实施侵权行为给专利产品在市场上的商誉造成损害时，侵权行为人应当采用各种公开的方式向被侵权人赔礼道歉，消除不良影响。

2. 行政责任

专利管理机关有权给予侵权行为人责令停止侵权行为、没收违法所得、罚款的行政处罚。

3. 刑事责任

专利违法和专利侵权情节严重，构成犯罪的，应当承担刑事责任。根据我国《刑法》的规定，假冒他人专利，情节严重的，处 3 年以下有期徒刑或者拘役，并处或者单处罚金。

复习思考题

1. 商标注册的条件有哪些？
2. 商标注册的程序是什么？
3. 商标侵权行为的表现方式有哪些？
4. 我国对驰名商标规定了哪些特殊保护措施？
5. 授予发明专利需要符合哪些条件？
6. 不授予专利权的发明创造的范围有哪些？
7. 如何认定职务发明创造的专利申请人？
8. 专利申请的原则有哪些？
9. 不视为专利侵权的情形有哪些？

第八章　竞争法

第一节　反不正当竞争法

一、反不正当竞争法概述

（一）不正当竞争行为的概念和特征

1. 不正当竞争行为的概念

不正当竞争行为是针对市场竞争中的正当竞争行为而言的，泛指经营者为了获得市场竞争优势，违反商业道德和习俗，采用欺诈、混淆等经营手段排挤竞争对手或破坏、扰乱市场经济秩序的行为。根据《中华人民共和国反不正当竞争法》（以下简称《反不正当竞争法》）的规定，不正当竞争行为是指经营者违反法律的规定，损害其他经营者的合法权益，扰乱社会经济秩序的行为。

2. 不正当竞争行为的特征

（1）主体特定性。不正当竞争行为的主体是经营者，即从事商品经营或营利性服务的法人、其他组织和个人。除涉及共同侵权，否则不正当竞争行为的主体不包括非经营者。但是，非经营者的某些行为也可能妨碍经营者的正当经营活动，侵害经营者的合法权益，因此该种行为也是《反不正当竞争法》的规制对象。例如，政府及其所属职能部门滥用行政权力妨碍经营者的正当竞争行为就是这种类型。

（2）行为违法性。不正当竞争行为的违法性，主要表现在违反了《反不正当竞争法》的规定。经营者的某些行为虽然表面上难以确认为该法明确规定的不正当竞争行为，但是只要违反了自愿、平等、公平、诚实信用原则及公认的商业道德，损害了其他经营者的合法权益，扰乱了社会经济秩序，就应认定为不正当竞争行为。

（3）民事侵权性。不正当竞争行为侵害的客体是其他经营者或消费者的合法权益。凡是经营者以不正当竞争手段获得的竞争优势或某种利益，必定是对某一特定的或不特定的经营者的财产权利或人身权利的侵犯，使其应得利益遭受损失。有些不正当竞争行为，如虚假广告和欺骗性有奖销售，还可能损害广大消费者合法权益。

（4）社会危害性。不正当竞争行为从整体上破坏了社会经济秩序，其危害性已经从经营者领域扩大到对公众利益的损害。主要体现在：扰乱公平竞争的市场交易秩序；阻碍技术进步和社会生产力的发展；破坏社会资源合理配置和市场经济结构，使市场失去活力，最终危害社会公共利益。

（二）反不正当竞争法的概念和调整对象

1. 反不正当竞争法的概念

反不正当竞争法，是指调整在市场中因不正当竞争行为引起的一系列社会关系的法律规范的总称。

为保障市场经济健康发展，鼓励和保护公平竞争，制止不正当竞争行为，保护经营者和消费者的合法权益，我国于1993年9月2日第八届全国人民代表大会常务委员会第三次会议通过了《中华人民共和国反不正当竞争法》，并于1993年12月1日起实施。该法的出台和实施不仅对商业贿赂、垄断性行业的强制交易等不正当竞争行为进行了重点打击，而且一些行政垄断的行为也得到了一定程度的抑制。但随着经济的发展，经济形势不断变化，新的不正当竞争行为层出不穷，《反不正当竞争法》所规制的行为远远不能涵摄所有，因此，相关法律、法规从其他不同角度对不正当竞争行为进行了规制，如《商标法》、《专利法》、《广告法》、《价格法》、《招标投标法》等。

2. 反不正当竞争法的调整对象

我国《反不正当竞争法》的调整对象为国家在规制不正当竞争行为的过程中所发生的经济关系。主要包括两个方面：

（1）经营者与经营者之间的关系。经营者的不正当竞争行为既扰乱了市场经济秩序，也侵犯了其他经营者的合法权益。反不正当竞争法调整这一方面的经济关系，有利于保护市场主体的合法权益，维护社会经济秩序。

（2）政府与经营者之间的关系。政府防止和制止不正当竞争行为主要通过监督、检查等方式来发现不正当竞争行为是否存在。对不正当竞争行为，政府必须进行干预。在此过程中，政府和经营者会产生一定的经济关系，这种经济关系由反不正当竞争法调整。

二、不正当竞争行为的种类

经营者在市场交易中，应当遵循自愿、平等、公平、诚实信用、遵守公认的商业道德及合法经营的原则。根据我国《反不正当竞争法》的规定，不正当竞争行为主要有以下11种：

（一）市场混淆行为

市场混淆行为也称假冒行为，是指经营者在市场经营活动中，采用假冒、仿冒或者其他虚假手段对自己的商品或服务做虚假的表示、说明或承诺，从而获得交易机会，损害同业竞争者利益及消费者利益的行为。市场混淆行为的主体是经营者，具体行为表现有以下几种：

1. 假冒他人的注册商标

假冒他人的注册商标，是指采用虚假或其他不诚实的手法，侵犯他人注册商标的行为。假冒他人注册商标既违反了《反不正当竞争法》，又违反了《商标法》。该行为有以下客观表现：①未经注册商标所有人许可，在同一种商品或者类似商品上使用与其注册商标相同或相近似的商标的；②销售明知是假冒注册商标的商品的；③伪造、擅自制造他人注册商标标识或者销售伪造、擅自制造的注册商标标识的；④给他人注册商标专用权造成其他损害的。

2. 与知名商品相混淆

与知名商品相混淆的行为，是指擅自使用知名商品特有的名称、包装、装潢，或者使用与知名商品近似的名称、包装、装潢，造成和他人的知名商品相混淆，使购买者误认为是该知名商品。认定该行为时应注意以下问题：

（1）该项规定的保护范围包括知名商品的特有名称、包装、装潢。这里需要注意两点：①知名商品是指在中国境内具有一定的市场知名度，为相关公众所知悉的商品；②强调的是“特有”，即独一无二的，消费者可以凭借知名商品特有的特征来识别经营者的商品。

（2）客观行为既可以表现为对知名商品的名称、包装、装潢直接使用，也可以是模仿，仅与其相似。

（3）认定与知名商品相混淆行为的条件是商品足以使购买者误认。这里的“购买者”是指一般的社会公众。判断商品是否足以引起误认，应当以一般社会公众的知识、经验为标准。

3. 擅自使用他人的企业名称或者姓名

本项行为是指擅自使用他人的企业名称或者姓名，引人误认为是他人的商品。企业名称或者姓名是经营者的营业标志，是区别商品或者服务来源的重要标志，它能够反映出该企业或该生产经营者的商品声誉及商业信誉。以下两种情况均可以认定为擅自使用他人的“企业名称”。

（1）企业登记主管机关依法登记注册的企业名称，以及在中国境内进行商业使用的外国（地区）企业名称。

（2）具有一定的市场知名度、为相关公众所知悉的企业名称中的字号。在商品经营中使用的自然人的姓名，应当认定为上述所称的“姓名”。

4. 在商品上伪造或者冒用质量标志，伪造产地

本项行为是指在商品上伪造或者冒用认证标志、名优标志等质量标志，伪造产地，对商品质量做引人误解的虚假表示。认证标志是指质量认证机构准许经其认证产品质量合格的企业在产品或者其包装上使用的质量标志。名优标志是指经国际或国内有关机构或社会组织评定为名优产品而发给经营者的一种质量荣誉标志。伪造产地是指经营者为提高其商品信誉，隐匿其商品真实的产地，而在商品上标注为信誉、技术较好的产地。这类不正当竞争行为并不侵犯某个特定经营者的知识产权，它通过虚构事实或隐瞒事实真相对商品的质量、信誉做引人误解的虚假表示，是一种欺诈性交易行为。

（二）限购排挤行为

1. 限购排挤行为的概念

限购排挤行为，是指公用企业或其他依法具有独占地位的经营者，限定他人购买其指定的商品，以排挤其他经营者公平竞争的行为。

2. 限购排挤行为的种类

实施此类不正当竞争行为的主体一般具有合法的垄断地位。具体包括以下两类：

（1）公用企业的限购排挤行为。公用企业，是指涉及公用事业的经营者，包括供水、供电、供热、供气、邮政、电信、交通运输等企业的经营者。这类企业所提供的商品或者服务具有一定程度的垄断，特定的消费者对这类商品或者服务的提供者往往没有选择的余地。

（2）依法具有独占地位经营者的限购排挤行为。依法具有独占地位的经营者，是指除上述公用企业以外，依照国家法律或行政法规定的某一特定领域、某一特定产品只由某一企业或少数几个企业生产经营的经营者，如烟草专卖等具有了独占地位的企业。从行为方式来看，其表现为利用自己所具有的近似垄断的地位，违反自愿原则，强制他人与自己进行交易。

3. 限购排挤行为的表现形式

公用企业和其他依法具有独占地位的经营者，在某些行业或对某些产品享有其他经营者无法比拟的经济优势，因此他们最容易利用其优势限制其他经营者的公平竞争。其具体表现形式有以下几种：①限定用户、消费者只能购买和使用其附带提供的相关产品而不得购买和使用其他经营者提供的符合技术标准要求的同类商品；②限定用户、消费者只能购买和使用其指定的经营者生产或者经销的商品而不得购买和使用其他经营者提供的符合技术标准要求的同类商品；③强制用户、消费者购买其提供的不必要的商品及配件；④强制用户、消费者购买其指定的经营者提供的不必要的商品；⑤以检验商品质量、性能等为借口，阻碍用户、消费者购买使用其他经营者提供的符合技术标准要求的其他商品；⑥对不接受其不合理条件的用户、消费者中断或削减供应相关商品，或滥收费用；⑦其他限制竞争的行为。

为了防止公用企业和依法具有独占地位的经营者利用自己的垄断地位损害他人利益，维护公平竞争和保护消费者的合法权益，《反不正当竞争法》规定，此类经营者不得限定他人购买其指定的经营者的商品，以排挤其他经营者的公平竞争。

（三）限制竞争行为

1. 限制竞争行为的概念

限制竞争行为，是指政府及所属部门滥用行政权力，限定他人购买其指定的经营者的商品，限制其他经营者正当的经营活动或本地商品流向外地市场，以及限制外地商品进入本地市场的不正当竞争行为。限制竞争行为一方面阻碍了社会经济资源的合理配置，造成不合理的社会经济结构；另一方面也严重损害了被排斥的经营者的利益，限制了消费者的自由选择权，损害了消费者的利益。

2. 限制竞争行为的表现形式

限制竞争行为表现为地方政府从地方利益出发，滥用行政权力，不适当地实行地方保护主义政策。具体表现为以下两种形式：①实施行政性强制经营活动，即限定他人购买其指定的经营者的商品，限制其他经营者正当的经营活动；②实施地区封锁行为，即限制外地商品进入本地市场或者本地商品流向外地市场。

在认定限制竞争行为时，注意与限购排挤行为相区别。两者行为均表现为限定他人购买其指定的经营者的商品，只不过前者利用行政权力，后者利用其经济垄断地位。

两者最关键的区别是行为主体不同：前者限于政府机关；后者限于公用企业或其他依法具有独占地位的经营者。

（四）商业贿赂行为

商业贿赂行为，是指经营者在市场交易中采用财物或者其他手段进行贿赂以销售或者购买商品，损害其他经营者的合法权益，扰乱社会经济秩序的行为。

《反不正当竞争法》规定，在账外暗中给予对方单位或者个人回扣的，以行贿论处；对方单位或者个人在账外暗中收受回扣的，以受贿论处。经营者销售或者购买商品，可以以明示方式给对方折扣，可以给中间人佣金。经营者给对方折扣、给中间人佣金的，必须如实入账。接受折扣、佣金的经营者必须如实入账，否则属于不正当竞争行为。

1. 回扣

回扣，是指经营者为了争取交易机会和便利的交易条件，在账外暗中以现金、实物或者其他方式退给对方单位或者个人的一定比例的商品价款。回扣包括以下几种形式：①现金回扣，如服务费、手续费、交通费、咨询费等；②实物回扣，如赠送一些名贵的物品；③服务性回扣，如旅游、出国考察等。回扣是交易双方恶意串通、中饱私囊的不正当行为，在客观上损害了其他经营者的合法利益，扰乱了公平竞争的秩序。因此，回扣是一种不正当的竞争行为。

2. 折扣

折扣，是指经营者在所成交的价款或数量上给对方一定比例的减让而给交易对方的一种交易商品的优惠。价格折扣也称让利，是指在商品购销活动中，卖方在所成交的价款或数量上以明示的方式给买方一定比例的减让返还，以促成交易的一种促销手段。所以，价格折扣与回扣的区别在于：价格折扣属于合法行为，而回扣是违法行为；折扣明示入账，而回扣在账外、暗中操作；折扣发生在购销买卖当事人之间，不能给经办人，而回扣既可以给交易当事人，也可以给对方单位主管人员或经办人。

3. 佣金

佣金是企业支付给为其经营活动提供服务的中间人（包括经纪人、介绍人）的劳务报酬，是发生在企业与中间人之间，而并非交易双方当事人之间的一种经济关系。佣金与商业贿赂的区别在于：佣金明示公开。佣金的支付者与介绍人、经纪人一般订有服务合同，企业支付佣金必须公开入账，收受人也必须如实入账、依法纳税。另外，收取佣金的中间人必须是有合法经营资格的中介机构。因此，合法佣金和价格折扣都不是商业贿赂的形式，而是属于商业惯例的一种合法行为。

（五）虚假广告宣传行为

1. 虚假广告宣传行为的概念

虚假广告宣传行为，是指经营者利用广告或其他方法，对商品的质量、制作成分、性能、用途、生产者、有效期限、产地等作出与事实不相符合的宣传，造成公众误解的行为。虚假广告宣传，包括两种情况：①虚假宣传。即经营者所宣传的商品内容与商品的实际情况不相符，如将省级名优产品宣传为国际名优产品。②引人误解的宣传。

即根据普通正常的社会公众的理解和判断能力，宣传的内容会使接受宣传的或受宣传影响的人对被宣传的商品产生错误的认识，从而影响其消费决策的商品宣传。虚假宣传行为严重影响了消费者的客观判断，违反了商业道德，侵害了竞争者的合法权益和消费者的合法利益。

2. 引人误解的虚假宣传行为的表现形式

经营者具有下列行为之一，足以造成相关公众误解的，可以认定为上述所称的引人误解的虚假宣传行为：①对商品做片面的宣传或者对比的；②将科学上未定论的观点、现象等当做定论的事实用于商品宣传的；③以歧义性语言或者其他引人误解的方式进行商品宣传的。以明显的夸张方式宣传商品，不足以造成相关公众误解的，不属于引人误解的虚假宣传行为。

经营者在商业活动中实施引人误解的虚假宣传行为，主要利用广告进行宣传。为了有效地禁止这类不正当竞争行为，《反不正当竞争法》不仅禁止经营者利用广告进行引人误解的虚假宣传，同时也对广告的经营者规定了相应的义务，即广告的经营者不得在明知或者应知的情况下，代理、设计、制作、发布虚假广告。另外，虚假广告宣传行为的主体可以是商品经营者，也可以是广告的制作与经营者。

（六）侵犯商业秘密行为

1. 商业秘密的概念和特征

商业秘密，是指不为公众所知悉，能为权利人带来经济利益，具有实用性并经权利人采取保密措施的技术信息和经营信息。商业秘密具有三个基本特征：①秘密性。即作为商业秘密的“经营信息和技术信息”不能从公开渠道直接获取。秘密性是商业秘密的本质特征。②实用性。即技术信息和经营信息能给权利人带来实际的或潜在的经济利益及竞争优势。实用性是商业秘密的价值所在。③保密性。即权利人对技术信息采取了保密措施。权利人是否采取了保密措施不仅是技术信息或经营信息能否成为商业秘密的条件，也是寻求法律保护的前提。

2. 侵犯商业秘密的表现形式

侵犯商业秘密行为是指以非法手段获取、披露、使用或者允许他人使用他人商业秘密的行为。侵犯商业秘密的经营者可以是内部知情者，也可以是外部知情者或其他人员；可以是个人，也可以是组织。《反不正当竞争法》规定，侵犯商业秘密行为有以下几种表现方式：①以盗窃、利诱、胁迫或者其他不正当手段获取权利人的商业秘密；②披露、使用或者允许他人使用以盗窃、利诱、胁迫或者其他不正当手段获取权利人的商业秘密；③违反约定或者违反权利人有关保守商业秘密的要求，披露、使用或者允许他人使用其所掌握的商业秘密；④第三人明知或者应知前述所列违法行为，获取、使用或者披露他人的商业秘密。

《反不正当竞争法》从保护公平竞争、制止不正当竞争的角度，将侵犯商业秘密的行为作为不正当竞争行为予以禁止，是对我国知识产权法律制度的补充，也为制止人才流动中的侵犯商业秘密的行为提供了法律依据。

（七）低价倾销行为

低价倾销行为，是指经营者以排挤竞争对手为目的，以低于成本的价格销售产品的行为。认定低价倾销行为应当把握以下要件：①行为主体只能是处于卖方地位的经营者；②经营者客观上实施了以低于成本的价格销售商品的行为；③行为人主观上存在故意，其目的是为了排挤竞争对手，以便独占市场。

低价倾销行为客观上侵犯了同业竞争对手的公平交易权利和社会的正常竞争秩序，属于不正当竞争行为。但是经营者有下列情形之一的，即使以低于成本的价格销售商品，也不属于不正当竞争行为：①销售鲜活商品；②处理有效期限即将到期的商品或者其他积压的商品；③季节性降价；④因清偿债务、转产、歇业降价销售商品。

（八）强行搭售行为

强行搭售行为，是指经营者销售商品时，违背购买者的意愿搭售商品或附加其他不合理条件的行为。这种行为不仅损害了消费者对搭售商品的自主选择权，而且对于竞争者或赠品的供应商市场可能造成妨碍竞争的影响，限制了市场的正常竞争，破坏了公平竞争秩序。强行搭售行为的表现形式包括：

1. 搭售

搭售是指经营者利用其经济优势，违背购买者的意愿，在销售一商品或提供一服务时，要求购买者以购买另一商品或接受另一服务为条件。

2. 附加其他不合理条件

附加其他不合理条件是指附加搭售商品以外的对用户、消费者明显不公平的条件，如对商品（或服务）的转售价格、转售对象、转售区域、技术受让方在合同技术的基础上进行新技术研制开发等进行不合理的限制。

（九）不正当有奖销售行为

1. 不正当有奖销售行为的概念

有奖销售，是指经营者销售商品或者提供服务，附带性地向购买者提供物品、金钱或者其他经济利益的行为。有奖销售的方式大致可以分为两种：一种是奖励给所有购买者的附赠式有奖销售；另一种是奖励部分购买者的抽奖式有奖销售。符合公认的商业道德的有奖销售可以起到活跃市场、促进公平竞争的积极作用。不正当有奖销售行为则是指经营者在销售商品或提供服务时，以欺骗或其他不正当手段，附带提供给用户和消费者金钱、实物或其他好处作为对交易奖励的一种行为。

2. 不正当有奖销售行为的表现形式

《反不正当竞争法》第十三条以列举方式禁止经营者从事三类有奖销售行为。国家工商行政管理局颁布的《关于禁止有奖销售活动中不正当竞争行为的若干规定》对该条加以细化，禁止以下列方式进行有奖销售：①谎称有奖销售或对所设奖的种类，中奖概率，最高奖金额，总金额，奖品种类、数量、质量、提供方法等做虚假不实的表示；②采取不正当手段故意让内定人员中奖；③故意将设有中奖标志的商品、奖券不投入市场或不与商品、奖券同时投入，或者故意将带有不同奖金金额或奖品标志的商品、奖券按不同时间投入市场；④抽奖式的有奖销售，最高奖的金额超过5000元（以非现金的物品或者其他经济利益作为奖励的，按照同期市场同类商品或者服务的正常价格折算其金额）；⑤利用有奖销售手段推销质次价高的商品；⑥其他欺骗性的有奖销售行为。

上述有奖销售行为是超过一定范围或采取不正当手段进行的有奖销售，其结果是造成对竞争秩序的破坏，损害消费者的利益，属于不正当竞争行为。

（十）诋毁商誉行为

商誉是社会公众对经营者经营能力、生产水平、资信状态、商品质量、服务态度等整体经营素质的综合性评价。诋毁商誉行为，是指经营者通过捏造、散布虚伪事实等不当手段，对竞争对手的商业信誉、商品声誉进行恶意的诋毁、贬低，以削弱其市场竞争能力，并为自己谋取不正当利益的行为。诋毁商誉行为主要表现为以下几种形式：①经营者在公开场合，用散发公开信、召开新闻发布会、在新闻媒体上刊播广告等形式，捏造、散布虚伪事实，贬低竞争对手的商业信誉和商品声誉；②经营者利用虚假广告或比较广告，对自己的商品进行不符合事实的宣传，以贬低竞争对手的商品声誉，抬高自己企业或商品的地位；③经营者在经营过程中，向业务客户或消费者编造、散布虚伪事实，损害竞争对手的商业信誉和商品声誉；④直接在商品的包装说明或其他说明书上，对竞争对手的同类商品进行贬低。

诋毁商誉行为的结果是对竞争对手合法权益的直接侵犯，并给正常的市场竞争秩序带来破坏，应属于严重违反商业道德的不正当竞争行为。

（十一）串通招投标行为

串通招投标行为，是指招标者与投标者之间或者投标者与投标者之间采用不正当手段，对招投标事项进行串通，以排挤竞争对手或者损害招标者利益的行为。我国《反不正当竞争法》禁止的串通招标行为主要包括：

1. 投标者串通投标，抬高或压低标价

此类串通行为的主体是投标者，而且是所有参加投标的投标人共同实施的，其目的是为了避免相互间竞争，或协议轮流在类似项目中中标等。主要表现为以下三种行为：①投标者之间相互串通，一致抬高或压低标价；②投标者相互串通，轮流以高价位或低价位中标；③投标者相互间就标价以外的其他事项串通。投标者这种行为共同损害了招标者的利益，破坏了招投标活动的公正性，属于不正当竞争行为。

2. 招投标者相互勾结，排挤竞争对手

此类行为通常表现为投标者采取贿赂等手段收买招标者或者知情者，使自己在竞标中处于有利的地位，从而排挤其他投标者。这种行为的主体是部分投标者和招标者，损害的是其他投标者的竞争权利，使招投标流于形式。表现形式主要有：①招标者在开标前，私下开启投标者的投标文件，并泄密给内定的中标者；②招标者在审查评选标书时，对不同的投标者实施差别对待；③投标者和招标者相互勾结，投标者在公开投标时压低标价，中标后再给招标者以额外补偿；④招标者向特定的投标者泄漏标底。

三、对不正当竞争行为的监督检查

对不正当竞争行为的监督检查，是确保《反不正当竞争法》禁止不正当竞争的立法目的得以实现的重要手段。我国《反不正当竞争法》对此不仅在总则部分做了原则性规定，而且在第三章专门对不正当竞争行为的监督检查做了更为具体的规定，既包括专门机关的监督检查，也包括其他组织和公民个人进行的社会监督。

（一）专门机关的监督检查

1. 监督检查部门

根据《反不正当竞争法》规定，对不正当竞争行为行使监督检查权的机关主要有：①县级以上工商行政管理机关；②法律规定的其他部门，如技术监督部门、物价部门、卫生部门、证券监督部门等。其中，县级以上工商行政管理机关是对不正当竞争行为进行监督检查的主管机关。其他部门则依照法律、行政法规规定，对相关行业系统内的不正当竞争行为进行监督检查，是对不正当竞争行为进行监督检查的职能部门。

2. 监督检查部门的职权

监督检查部门在监督检查不正当竞争行为时，可以行使下列职权：

（1）询问权。监督检查部门有权按照规定程序询问被检查的经营者、利害关系人、证明人，并要求提供证明材料或者与不正当竞争行为有关的其他资料。

（2）查询复制权。监督检查部门有权查询、复制与不正当竞争行为有关的协议、账册、单据、文件、记录、业务函电和其他资料。

（3）检查权。监督检查部门有权检查与商业假冒欺骗行为有关的财物，必要时可以责令被检查的经营者说明该商品的来源和数量，暂停销售，听候检查，不得转移、隐匿、销毁该财物。

（4）处罚权。对不正当竞争行为，监督检查部门有权对行为人进行相应的处罚，包括责令停止违法行为、消除影响、没收违法所得、吊销营业执照、处以罚款等措施。

监督检查部门的工作人员在行使上述职权时，应当出示检查证件。被检查的经营者、利害关系人和证明人应当如实提供有关资料或者情况。

（二）社会监督

《反不正当竞争法》规定，国家鼓励、支持和保护一切组织和个人对反不正当竞争进行社会监督，国家机关工作人员不得支持、包庇不正当竞争行为。对不正当竞争行为的社会监督，其方式可以是各种各样的。广大的社会公众可以向监督检查部门反映、检举各种不正当竞争行为；舆论媒体应当对各种不正当竞争情况进行客观的报道，揭露各种不正当竞争行为。

四、不正当竞争行为的法律责任

违反《反不正当竞争法》应承担的法律责任包括：民事责任、行政责任和刑事责任。其中，以民事责任和行政责任为主要内容。

（一）民事责任

承担民事责任的方式有停止侵害、赔礼道歉、消除影响、恢复名誉、赔偿损失等，但主要是赔偿损失。经营者违反《反不正当竞争法》的规定，给被侵害的经营者造成损害的，应承担损害赔偿责任。被侵害的经营者的损失难以计算的，赔偿额为侵权人在侵权期间因侵权所获得的利润，并承担被侵害的经营者因调查该经营者侵害其合法权益的不正当竞争行为所支付的合理费用。被侵害的经营者的合法权益受到不正当竞争行为损害的，可以向人民法院提起诉讼。赔偿损失的范围包括三部分：经济损失、精神损失、被侵害者合理的调查费用。经济损失包括直接损失（现有财产的减少）和间接损失（应得财产的减少）。合理的调查费用包括诉讼费等在内。赔偿损失的标准有两个：①不正当竞争行为给被侵害者所造成的损失；②侵害者因实施不正当竞争行为所获得的利润。在适用顺序上，首先适用前一标准，在前一标准难以计算时，才可适用后一标准。

（二）行政责任

行政责任是国家行政机关及经授权的其他组织在实施监督检查、制止不正当竞争行为的过程中所采取的行政处罚或行政处分。对于损害社会公共利益、扰乱市场秩序的不正当竞争行为，已经超出民事法律制度的范围，需要国家采取行政手段对不正当竞争行为直接进行干预，也就是说需要追究行政责任。

我国《反不正当竞争法》规定了六种行政责任：责令停止违法行为；责令改正，消除影响；行政处分；行政罚款；没收非法所得；吊销营业执照。在《反不正当竞争法》所列举的具体的不正当竞争行为中，除了低价倾销行为、强行搭售行为、诋毁商誉行为没有规定行为人的行政责任外，其他都做了相应的具体规定，并授予行政机关查处的权利。

（三）刑事责任

刑事责任是经营者因违反《反不正当竞争法》的规定，情节严重，构成犯罪，所应承担的刑事制裁后果。刑事责任是各种处罚方式中最严厉的一种。我国《反不正当竞争法》只是将个别情节严重的不正当竞争行为作为犯罪，予以刑事制裁，包括：①侵犯商标专用权的行为；②销售伪劣商品的行为；③进行商业贿赂的行为；④监督检查不正当竞争行为的国家机关工作人员滥用职权、玩忽职守的行为以及徇私舞弊的行为。

此外，我国《刑法》中规定的不正当竞争行为的刑事责任有：①利用广告对商品或服务做虚假宣传的刑事责任；②侵犯商业秘密的刑事责任；③串通投标的刑事责任；④损害商誉的刑事责任。

《反不正当竞争法》中对不正当竞争行为的刑事责任只做了原则规定，没有规定具体的刑事责任形式，对于刑事责任的确定需要援引《刑法》及相关刑事法律规定的相应条款。

第二节 反垄断法

一、反垄断法概述

（一）垄断的概念和分类

1. 垄断的概念

垄断和竞争是相对应的概念。垄断又叫独占，是企业或其他经济组织利用经济或非经济的手段，在经济活动中对生产和市场实行排他性控制，从而限制、阻碍竞争的状态或行为。它不仅表现为实际控制市场的状态，更多地表现为各种实质性限制竞争的行为。

2. 垄断的分类

（1）独占垄断、寡头垄断和联合垄断。垄断可根据市场占有的情况，分为独占垄断、寡头垄断和联合垄断。①独占垄断也称为完全垄断，是指一家企业对整个行业的生产、销售和价格有完全的排他性的控制能力，在该行业内不存在任何竞争。②寡头垄断是指市场上只有为数不多的企业生产、销售某种特定的产品或者服务，每个企业都占有一定的市场份额，对价格实施了排他性的控制，但它们相互之间又存在一定的竞争。③联合垄断，是指多个相互间有竞争关系并有相当经济实力的企业，通过限制竞争协议等形式，联合控制某一行业市场的状态。

（2）自然垄断、行政垄断和经济垄断。垄断也可根据产生的原因，分为自然垄断、行政垄断和经济垄断。①自然垄断是指由于资源条件或规模经济的要求而无法竞争或不适宜竞争所形成的垄断。②行政垄断是指由于政府授权，排斥、限制、妨碍甚至瓦解了企业之间的合法、正当竞争而导致的垄断。③经济垄断又称市场垄断，是指垄断主体凭借其经济实力，在一定范围内限制和妨碍竞争所形成的垄断。法律所规制的垄断主要是指行政垄断和经济垄断，包括垄断状态和垄断行为两个方面，以违反国家法律明文禁止规定为前提，具有违法性和危害性的特征。

（二）反垄断法的概念和适用范围

1. 反垄断法的概念

反垄断法，是指通过规范垄断和限制竞争行为，调整企业和企业联合组织相互间竞争关系的法律规范的总和。反垄断法是市场经济国家的基本法律制度，在市场经济国家的法律体系中占有十分重要的地位。《中华人民共和国反垄断法》（以下简称《反垄断法》）由第十届全国人民代表大会常务委员会第二十九次会议于 2007 年 8 月 30 日通过，自 2008 年 8 月 1 日起开始实施。该法共分 8 章 57 条，除总则外，主要规定了垄断协议、滥用市场支配地位、经营者集中、滥用行政权力排除限制竞争四种垄断行为，并规定了对涉嫌垄断行为的调查和法律责任。《反垄断法》的立法宗旨是预防和制止垄断行为，保护市场公平竞争，提高经济运行效率，维护消费者利益和社会公共利益，促进社会主义市场经济健康发展。

2.《反垄断法》的适用范围

《反垄断法》规定，中华人民共和国境内经济活动中的垄断行为，以及中华人民共和国境外的垄断行为，对境内市场竞争产生排除、限制影响的，适用《反垄断法》，但法律规定的特殊情形除外。

《反垄断法》的适用除外领域是指在某些特定行为或领域中，法律允许一定的垄断状态及垄断行为存在，《反垄断法》不予追究。具体包括：

（1）知识产权方面。经营者依照有关知识产权的法律、行政法规规定行使知识产权的行为，不适用《反垄断法》。对于知识产权垄断，其市场进入障碍既非垄断者自身力量形成，也不是行政力量制造，而是由法律所赋予的权利。

（2）农产品生产等方面。农业生产者及农村经济组织在农产品生产、加工、销售、运输、储存等经营活动中实施的联合或者协同行为，免于《反垄断法》的规制。这不仅有利于疏导农业生产风险，促进我国农业的规模化经营，同时也符合国际惯例。

二、反垄断法所规制的垄断行为

我国《反垄断法》将各种垄断行为分为垄断协议、滥用市场支配地位、经营者集中和行政性垄断四类。

（一）垄断协议

1. 垄断协议的概念和构成要件

（1）垄断协议的概念。垄断协议也称联合限制竞争，是指两个或两个以上的经营者以协议、决议或其他联合方式实施的限制竞争行为。垄断协议可以表现为企业间限制竞争的合同或协议、企业团体的决议及企业间的协同行为等形式。垄断协议行为的主体为经营者、行业协会。实践中，以参与垄断协议的主体之间的关系分类，可将垄断协议分为横向垄断协议和纵向垄断协议。一般而言，横向垄断协议对竞争的危害较为直接和严重，各国的竞争法都将此作为规制的重点。

（2）垄断协议的构成要件。垄断协议的构成要件包括：①协议或者协同行为由多个独立主体构成。垄断协议必须发生在两个或两个以上的有竞争关系的经营者之间，具有“多个主体共同行为”的特征。同时，参加联合的主体应是在事实上具有独立性的主体，否则不能认定为限制竞争行为的联合主体。②经营者之间存在通谋或协同一致的行为。这种通谋或协同一致的行为，可以表现在各方签署形成的协议、合同、备忘录中，也可以表现在企业团体的决定或决议中，还可以是行为人之间协同一致的行为。③导致或者可能导致市场上限制竞争的后果。

2. 横向垄断协议

横向垄断协议又称为水平垄断协议，是指两个或两个以上生产或销售同一类型产品，或提供同一类服务而具有竞争关系的经营者，通过协议而实施的排除、限制竞争的行为。

根据《反垄断法》规定，禁止下列几种形式的横向垄断协议：

（1）固定或者变更商品价格。该种协议又称价格联盟，是指处于垄断状态的两个或两个以上经营者为避免价格竞争，以合同、协议等方式，共同决定商品或服务的价格。固定价格的形式很多，有协议共同涨价、协议计算价格的标准或公式、协议实行最低限价、协议统一折扣或消除折扣等。固定价格协议是垄断协议中最为常见的一种，也是严重违反《反垄断法》的行为，各国反垄断法都首当其冲地予以禁止。

（2）限制商品的生产数量或者销售数量。该种协议又称数量协议，是指两个或者两个以上的经营者为避免竞争而达成的划定彼此生产数量或者销售数量的协议。在商业活动中，数量协议总是与价格协议联系在一起的。如果一个协议仅仅限制价格而未限制生产、销售数量，那么协议成员会为了增加利润而竞相扩大生产或销售规模，进而导致协议的垄断高价难以维持，最后降低到正常的价格水平。所以，一个稳定的价格协议总是同时伴随着一个数量协议。通过这两方面的限制，协议成员之间便不存在实质性的竞争。正因为如此，数量协议也是垄断协议的重要表现形式。

（3）分割销售市场或者原材料采购市场。该种协议又称地域协议，是指两个或者两个以上的经营者，为避免竞争而达成的划定彼此交易区域或者原材料采购市场的协议。地域协议最基本的表现形式是地理市场的划分，即参与协议的当事人企业各自分得一块地域份额，在这一特定地域范围内独家享有生产或者销售的权利，参加协议的其他当事人企业则不得在该地域范围内生产或者销售特定的商品。地域协议限制了同类商品经营者之间的正常竞争，往往造成商品的单调和价格上的不合理。不论是单独划分，还是结合固定价格一并使用，都应构成垄断协议。

（4）限制购买新技术、新设备或者限制开发新技术、新产品。知识产权是法律赋予权利人对特定的客体的垄断权。授予知识产权的垄断权的目的在于鼓励技术创新。但是，如果权利人滥用垄断地位实施限制竞争行为，就必须受到竞争法的规制。因此，与合法取得经济地位一样，依照知识产权法获得的地位是受法律保护的垄断地位，反垄断法所要反对的是滥用这种垄断地位实施妨碍竞争的行为。我国《反垄断法》明确禁止限制购买新技术、新设备或者限制开发新技术、新产品的垄断协议。此外，我国《合同法》规定，订立技术合同，应当有利于科学技术进步，加速技术进步，加速科学技术成果的转化、应用和推广。非法垄断技术、妨碍技术进步或者侵害他人技术成果的技术合同无效。

（5）联合抵制交易。联合抵制交易是指经营者共同阻碍市场进入者或者排挤竞争对手的行为。联合抵制协议可分为设置第三人进入市场障碍协议和排挤竞争对手协议。设置第三人进入市场障碍协议是指市场内的老企业为了阻止其他经营者进入市场参与竞争，通过一系列的手段设置市场进入障碍；排挤竞争对手协议是指一些共谋者出于一定的目的或可预见的后果，联合拒绝与市场上具有直接竞争关系的企业进行交易，以将该企业驱逐出市场的限制竞争行为。

（6）国务院反垄断执法机构认定的其他垄断协议。这一补充条款是指国务院反垄断执法机构在日后的执法过程中认定的构成垄断的其他协议形式。

3. 纵向垄断协议

纵向垄断协议又称垂直协议，是指处于不同的生产经营阶段，相互不具有直接竞争关系的经营者之间订立的协议，处于前一阶段的经营者称为上游企业，处于后一阶段的经营者称为下游企业。简言之，纵向垄断协议就是供应商与经销商（包括生产商与批发商、批发商与零售商）之间达成的限制竞争协议。

我国《反垄断法》对纵向垄断协议作出了规定，禁止经营者与交易相对人达成下列垄断协议：①固定向第三人转售商品的价格；②限定向第三人转售商品的最低价格；③国务院反垄断执法机构认定的其他垄断协议。此外，行业协会不得组织本行业的经营者从事反垄断法禁止的垄断行为。

3. 垄断协议的豁免情形

垄断协议从根本上说是与市场竞争相违背的，因而必然要在反垄断法中受到规制，以此保证市场经济的健康发展。但是，并不是所有的垄断协议都会被禁止，对于具有某些有益作用，并且足以抵消其限制竞争带来的危害的垄断协议，经审批机构批准可以豁免其违法责任。

经营者能够证明所达成的协议属于下列情形之一的，不适用《反垄断法》关于垄断协议的规定：①为改进技术、研究开发新产品的；②为提高产品质量、降低成本、增进效率，统一产品规格、标准或者实行专业化分工的；③为提高中小企业经营者竞争力的；④为实现节约能源、保护环境、救灾求助等社会公共利益的；⑤因经济不景气，为缓解销售量严重下降或者生产明显过剩的；⑥为保障对外贸易和对外经济合作中的正当利益的；⑦法律和国务院规定的其他情形。上述①至⑤项情形，不适用《反垄断法》规定的，经营者还应当证明所达成的协议不会严重限制相关市场的竞争，并且能够使消费者分离由此产生的利益。

（二）滥用市场支配地位

1. 滥用市场支配地位的概念

市场支配地位，是指经营者在相关市场内具有能够控制商品价格、数量或者其他交易条件，或者能够阻碍、影响其他经营者进入相关市场能力的市场地位。这里需要注意的是：市场支配地位本身并不违法，反垄断法并不禁止市场支配地位本身，而只是禁止滥用支配地位的行为。

滥用市场支配地位亦称滥用市场优势地位，是指企业获得一定的市场支配地位以后滥用这种地位，对市场的其他主体进行不公平的交易或者排挤竞争对手的行为。认定滥用市场支配地位的行为需要考虑两个要素：①取得特定市场的支配地位；②滥用支配力量妨碍竞争。

2. 经营者具有市场支配地位的认定标准

判断市场支配地位的标准主要有三种：①市场结构标准。即根据经营者在相关市场的占有率来判断其是否处于支配地位。②市场行为标准。即根据经营者自身的行为来判断其是否处于支配地位。③市场结果标准。即根据经营者的实际经营效益来判断其在市场中的支配地位和控制力。由于单一标准很难准确作出判断，目前大多数国家采用的是综合标准，即同时采用上述标准中的两种或三种来进行判断。我国在采取综合标准的同时又综合考虑了影响市场竞争能力的诸多因素。具体而言，我国《反垄断法》规定的认定经营者是否具有市场支配地位的因素包括：①该经营者在相关市场的市场份额，以及相关市场的竞争状况；②该经营者控制销售市场或者原材料采购市场的能力；③该经营者的财力和技术条件；④其他经营者对该经营者在交易上的依赖程度；⑤其他经营者进入相关市场的难易程度；⑥与认定该经营者市场支配地位有关的其他因素。

同时，《反垄断法》还规定了可以推定经营者具有市场支配地位的几种情形：①一个经营者在相关市场的市场份额达到1/2的；②两个经营者在相关市场的市场份额合计达到2/3的；③三个经营者在相关市场的市场份额合计达到3/4的。但是对于前述②③两种情形中，有的经营者市场份额不足1/10，不应当推定该经营者具有市场支配地位；且被推定具有市场支配地位的经营者，有证据证明不具有市场支配地位的，不应当认定其具有市场支配地位。

2. 滥用市场支配地位的行为

滥用市场支配地位妨碍竞争的行为主要有以下几种：

（1）垄断高价。垄断高价又称超高定价，是指占市场支配地位的经营者直接或者间接地以不公平的高价销售商品或者以不公平的低价购买商品，从而构成滥用市场支配地位的行为。这种滥用行为最为典型的表现就是凭借自身在市场中的支配地位，对消费者或者用户索取不合理的垄断高价，牟取超额利润。

（2）掠夺性定价。掠夺性定价是占市场支配地位的一个或多个经营者为排挤现有竞争对手或阻止新的经营者进入相关市场以维持其支配地位，无正当理由地以低于成本的价格持续销售商品，并且在将竞争对手排挤出市场以后又规定垄断价格的行为。掠夺性定价行为不仅在短期内损害了竞争对手的利益，造成了对市场竞争秩序的破坏，从长远来看，也必然损害广大消费者的利益。

（3）拒绝交易。拒绝交易又称抵制，是指占市场支配地位的经营者拒绝向其购买者销售商品的行为，其典型的行为是拒绝供货。

（4）独家交易。独家交易又称排他性交易，是指占有市场支配地位的经营者只允许它的客户与其自身或者其指定的其他经营者进行交易，否则即拒绝与该客户进行交易。独家交易的本质是阻碍交易相对人与支配企业的竞争对手进行交易，因而限制了支配企业与其同行之间的竞争。

（5）搭售商品。搭售行为是指经营者利用其市场支配地位，在销售某种产品时强迫交易相对人购买其不需要、不愿意购买的商品，或者接受其他不合理的交易条件。搭售行为通常表现为经营者利用其优势地位，在销售优质、畅销产品时，搭配销售劣质、滞销产品，以及在销售名牌产品时，搭配销售杂牌产品。经营者采用搭售手段，对市场竞争构成不利影响，并且违背交易的自愿原则，因此各国的竞争法对此都进行了制约。

（6）差别待遇。差别待遇又称歧视待遇行为，是指占支配地位的经营者没有正当理由而对条件相同的交易对方提供不同的价格或者其他交易条件，致使有些客户处于不利的竞争地位。其中最为典型的就是价格歧视，即居于支配地位的经营者就同一种产品对条件相同的若干交易相对人实行不同的价格销售，从而造成该经营者的交易相对人之间的不平等竞争。

（7）其他行为。国务院反垄断执法机构认定的其他滥用市场支配地位的行为。

（三）经营者集中

1. 经营者集中的概念

经营者集中，是指两个或者两个以上相互独立的企业合并为一个企业，或者企业之间通过取得股份、财产以及交叉任职或者其他方式，使一个企业能够直接或者间接控制另一个企业的行为。《反垄断法》对经营者集中定义为三种情形：①经营者合并；②经营者通过取得股权或者资产的方式取得对其他经营者的控制权；③经营者通过合同等方式取得对其他经营者的控制权或者能够对其他经营者施加决定性影响。

2. 经营者集中的形式

（1）经营者合并。经营者合并即公司法意义上的经营者集中，是指两个或者两个能上能下独立的企业依法达成合意，合并为一个企业的法律行为。经营者合并有两种形式，即吸收合并和新设合并。吸收合并是指一个公司通过取得另一个公司的财产或者股份吸收其他公司，被吸收的公司解散。新设合并是指两个以上公司合并设立一个新的公司，合并各方解散。

（2）股份控制。股份控制是指一个企业通过购买、持有竞争者企业的股票，从而导致限制竞争或垄断控制的行为。但并非所有的股份控制行为都是经营者集中。当一个企业仅取得另一个企业很小份额的股份的时候，它们相互之间的影响就很小。这种情况不构成经营者集中。

（3）取得财产。取得财产是指企业之间通过取得财产的方式，使一个企业能够直接或者间接控制另一个企业。同取得股份一样，取得财产也是一种重要的经营者集中方式。如果一个企业通过购买、承担债务或者其他方式取得了另一个企业的全部或者相当部分的财产，那么这两个企业便实现了经营者集中。

（4）交叉任职。交叉任职是指企业之间通过兼任管理职务的行为，使一个企业能够直接或者间接控制另一个企业。如果一家企业的董事会、监事会或者其他被委托执行事务的机构中有一部分成员兼任了另一家企业的管理机构的成员，并且使该企业能够实现对另一家企业直接或者间接的控制，那么这种交叉任职的行为也被视为反垄断法意义上的经营者集中。

3. 经营者集中的申报

经营者集中达到国务院规定的申报标准，应事先进行申报，未申报的不得实施集中。由于《反垄断法》关于经营者集中的规定过于原则与抽象，缺乏可操作性。为此，2008 年 8 月 3 日，国务院公布了《关于经营者集中申报标准的规定》（以下简称《规定》）。《规定》中明确指出，经营者的经营额是经营者集中是否需要申报的考察指标。需要申报的经营者集中的标准为：①参与集中的所有经营者上一会计年度在全球范围内的营业额合计超过 100 亿元人民币，并且其中至少两个经营者上一会计年度在中国境内的营业额均超过 4 亿元人民币；②参与集中的所有经营者上一会计年度在中国境内的营业额合计超过 20 亿元人民币，并且其中至少两个经营者上一会计年度在中国境内的营业额均超过4亿元人民币。

经营者集中达到其中一项标准的，即应当事先向国务院反垄断执法机构申报。但是，经营者能够证明该集中对竞争产生的有利影响明显大于不利影响，或者符合社会公共利益的，国务院反垄断执法机构可以作出对经营者集中不予禁止的决定。经营者集中有下列情形之一的，可以不向国务院反垄断执法机构申报：①参与集中的一个经营者拥有其他每个经营者50%以上有表决权的股份或者资产的；②参与集中的每个经营者50%以上有表决权的股份或者资产被同一个未参与集中的经营者拥有的。

（四）行政性垄断

1. 行政性垄断的概念

行政性垄断，是指拥有行政权力的政府机关以及其他依法具有管理公共事务职能的组织滥用行政权力，违反法律规定实施的排除、限制市场竞争的行为。行政性垄断是行政机关违背市场规律及行政规范，参与市场竞争、干涉市场主体行为、分享市场资源、破坏经济自由的不正常状况。

判断是否构成行政性垄断，一般应考虑以下因素：①从行为的实施者来看，必须是行政机关或者依照法律、法规授权具有管理公共事务职能的其他组织。这两类主体的特点是均拥有一定的行政权力。②行为主体实施了“滥用行政权力”的行为。③该行为产生了破坏市场机制、损害公平竞争秩序，排除或者限制竞争的严重后果。

2. 行政性垄断的表现形式

《反垄断法》规定，行政性垄断主要包括下列六种行为类型：

（1）限定交易行为。限定交易行为是指行政机关和法律、法规授权的具有管理公共事务职能的组织滥用行政权力，限定或者变相限定单位或者个人经营、购买、使用其指定的经营者提供的商品。

（2）地区封锁。地区封锁是指行政机关和法律、法规授权的具有管理公共事务职能的组织滥用行政权力，实施下列行为，妨碍商品在地区之间的自由流通：①对外地商品设定歧视性收费项目、实行歧视性收费标准，或者规定歧视性价格；②对外地商品规定与本地同类商品不同的技术要求、检验标准，或者对外地商品采取重复检验、重复认证等歧视性技术措施，限制外地商品进入本地市场；③采取专门针对外地商品的行政许可，限制外地商品进入本地市场；④设置关卡或者采取其他手段，阻碍外地商品进入或者本地商品运出；⑤妨碍商品在地区之间自由流通的其他行为。

（3）排斥或者限制外地经营者招投标活动。排斥或者限制外地经营者招投标活动是指行政机关和法律、法规授权的具有管理公共事务职能的组织滥用行政权力，以设定歧视性资质要求、评审标准或者不依法发布信息等方式，排斥或者限制外地经营者参加本地的招投标活动。

（4）排斥或者限制投资或设立分支机构。排斥或者限制投资或设立分支机构是指行政机关和法律、法规授权的具有管理公共事务职能的组织滥用行政权力，采取与本地经营者不平等待遇等方式，排斥或者限制外地经营者在本地投资或者设立分支机构。

（5）强制经营者从事垄断行为。强制经营者从事垄断行为是指行政机关和法律、法规授权的具有管理公共事务职能的组织滥用行政权力，强制经营者从事反垄断法规定的垄断行为，破坏正常的市场竞争秩序。

（6）制定排除、限制竞争的规定。制定排除、限制竞争的规定是指行政机关滥用行政权力，通过制定行政法规、规章或者发布具有普遍约束力的决定、命令，将其有排除、限制竞争性质的条款或内容包含其中，要求相对人执行以达到限制竞争的目的。

三、反垄断委员会与反垄断执法机构

（一）反垄断委员会

反垄断委员会是在国务院设置的负责组织、协调、指导反垄断工作的机构。其具体职责是：①研究拟定有关竞争政策；②组织调查、评估市场总体竞争状况，发布评估报告；③制定、发布反垄断指南；④协调反垄断行政执法工作；⑤国务院规定的其他工作。

（二）反垄断执法机构

反垄断执法机构是承担反垄断执法职责的机构。国务院反垄断执法机构根据工作需要，可以授权省、自治区、直辖市政府相应的机构负责有关反垄断工作。

我国《反垄断法》规定，对经营者、行业协会实施的垄断行为，反垄断执法机构有权作出行政处罚的决定；经营者实施垄断行为，给他人造成损失的，应依法承担民事责任；拒绝、阻碍反垄断执法机构依法实施的审查和调查的，依法予以行政处罚；构成犯罪的，依法追究刑事责任。对行政机关和法律、法规授权的具有管理公共事务职能的组织滥用行政权力的行为，反垄断执法机构可以向有关上级机关提出依法处理的建议，由上级机关责令改正。

四、垄断行为的法律责任

（一）民事责任

垄断行为是一种侵权行为，它不仅侵害了其他经营者的合法自由经营权利，同样会损害消费者的根本利益。《反垄断法》规定达成或者实施垄断行为的经营者应当承担民事责任。反垄断法上的民事责任主要是损害赔偿责任。

（二）行政责任

垄断行为的行政责任包括：

（1）经营者违反法律规定，达成并实施垄断协议的，由反垄断执法机构责令停止违法行为，没收违法所得，并处上一年度销售额1%以上10%以下的罚款；尚未实施所达成的垄断协议的，可以处50万元以下的罚款。经营者主动向反垄断执法机构报告达成垄断协议的有关情况并提供重要证据的，反垄断执法机构可以酌情减轻或者免除对该经营者的处罚。

（2）行业协会违反法律规定，组织本行业的经营者达成垄断协议的，反垄断执法机构可以处50万元以下的罚款；情节严重的，社会团体登记管理机关可以依法撤销登记。

(3) 经营者违反法律规定，滥用市场支配地位的，由反垄断执法机构责令停止违法行为，没收非法所得，并处上一年度销售额1%以上10%以下的罚款。

(4) 经营者违反法律规定实施集中的，由国务院反垄断执法机构责令停止实施集中、限期处分股份或者资产、限期转让营业以及采取其他必要措施恢复到集中前的状态，可以处50万元以下的罚款。反垄断执法机构确定具体罚款数额时，应当考虑违法行为的性质、程度和持续的时间等因素。

(5) 对反垄断执法机构依法实施的审查和调查，拒绝提供有关材料、信息，或者提供虚假材料、信息，或者隐匿、销毁、转移证据，或者有其他拒绝、阻碍调查行为的，由反垄断执法机构责令改正，对个人可以处2万元以下的罚款，对单位可以处20万元以下的罚款；情节严重的，对个人处2万元以上10万元以下的罚款，对单位处20万元以上100万元以下的罚款。

(三) 刑事责任

我国《反垄断法》规定：上述行政责任第5项情节严重，构成犯罪的，依法追究刑事责任。反垄断执法机构工作人员滥用职权、玩忽职守、徇私舞弊或者泄露执法过程中知悉的商业秘密，构成犯罪的，依法追究刑事责任；尚不构成犯罪的，依法给予处分。

复习思考题

1. 什么是不正当竞争行为？不正当竞争行为具有哪些法律特征？
2. 不正当竞争行为的种类有哪些？
3. 《反垄断法》所规制的垄断行为有哪些？
4. 什么是垄断协议和经营者集中？
5. 行政性垄断的表现形式有哪些？

第九章 消费者权益保护法

第一节 消费者权益保护法概述

一、消费者权益保护法的概念

(一) 消费者

1. 消费者的概念

消费是社会再生产的重要环节之一，也是生产、分配、交换的目的与归宿，而消费者则是消费环节的重要主体。根据消费的目的进行划分，可将消费者分为生产消费者与生活消费者。在我国，消费者主要是指生活资料的消费者，即为生活消费需要而购买或者使用商品和接受服务的个体社会成员。特殊情况下也包括生产资料的消费者，如农民的生产性消费活动。

2. 消费关系的特征

(1) 消费主体是公民个人和进行生活消费的单位。生活消费主要是公民个人的消费。此外，生活消费还包括单位的生活消费，因为在一般情况下，单位购买生活资料最后都是由个人使用，有些单位还为个人进行生活消费而购买商品和接受服务。

(2) 消费客体是商品和服务。商品指的是与生活消费有关的并通过流通过程推出的那部分商品，不管其是否经过加工制作，也不管其是否为动产或不动产。服务指的是与生活消费有关的有偿提供的可供消费者利用的任何种类的服务。

(3) 消费性质属于生活消费。消费者的生活消费包括两类：①物质资料的消费，如衣、食、住、行、用等方面的物质消费；②精神消费，如旅游、文化教育等方面的消费。

(4) 消费方式包括购买、使用商品和接受服务。关于商品的消费，即购买和使用商品，既包括消费者购买商品用于自身的消费，也包括购买商品供他人使用或使用他人购买的商品。关于服务的消费，不仅包括自己付费自己接受服务，而且也包括他人付费自己接受服务。不论商品的消费还是服务的消费，只要其有偿获得的商品和接受的服务是用于生活消费，就属于消费者。

(二) 消费者权益

消费者权益，是指消费者依法享有的权利及该权利受到保护时而给消费者带来的应得利益。因此，消费者权益包括两个方面，即消费者权利与消费者利益。其核心是消费者权利。《中华人民共和国消费者权益保护法》（以下简称《消费者权益保护法》）为消费者规定了安全保障权、知悉真情权等9项权利，消费者利益则是消费者权利从应然状态转化为实然状态的结果。同时，权利与义务对应，消费者权利的享有必须以他人义务的履行为前提。为了保障消费者权利得以实现，《消费者权益保护法》规定了经营者、国家和社会负有保障消费者权益得以实现的义务。

（三）消费者权益保护法

消费者权益保护法，是指调整国家机关、经营者、消费者相互之间因保护消费者权益而产生的各种社会关系的法律规范的总称。

为保护消费者权益、维护社会经济秩序，第八届全国人民代表大会常务委员会第四次会议于1993年10月31日通过了《消费者权益保护法》，并于1994年1月1日起正式实施。该法是我国保护消费者权益的基本法。广义的消费者权益保护法还包括其他有关消费者权益的法律、法规，如《中华人民共和国食品卫生法》、《中华人民共和国计量法》、《中华人民共和国价格法》等。

二、消费者权益保护法的基本原则

（一）保护消费者合法权益不受侵犯原则

保护消费者合法权益不受侵犯，是国家对市场运行进行必要干预的体现，也是消费者实现其权利的可靠保障。国家通过立法，一方面要求经营者必须尊重消费者享有的权利，在提供商品和服务时，不得侵犯消费者的合法权益；另一方面，当消费者的人身、财产和其他合法权益受到侵害时，使消费者能够通过一定的程序和途径得到保护和补救。

（二）自愿、平等、公平、诚实信用原则

该原则要求：经营者与消费者进行交易时，双方法律地位平等；消费者应当保持意志自由，能够按照真实意愿达成消费交易；交易机会均等、交易条件公平，符合等价交换和商业惯例的要求；要诚实、守信，以善意的方式履行其义务，不得规避法律规定和合同约定，不得欺诈消费者。

（三）倾向性保护原则

这一原则体现了对弱势群体的保护。消费者和经营者在法律地位上、总体上讲是平等的，其权利义务是一致的。但在实践中，消费者由于是分散的无组织的个人，加之受到专业知识、消费经验和时间、精力、财力、场合等因素的限制，在消费关系中往往处于不利地位，较易受到经营者不法行为的侵害。消费者的弱势地位使得消费者的权益容易受到损害而且受到损害后不容易得到救济。因此，消费者权益保护法对消费者侧重于其合法权益的保护，对经营者则侧重于强调其义务。

（四）共同保护原则

保护消费者的合法权益是全社会的共同责任。国家鼓励、支持一切组织和个人对

损害消费者合法权益的行为进行社会监督。大众传播媒介应当做好维护消费者合法权益的宣传工作，对损害消费者合法权益的行为进行舆论监督。各级人民政府应当加强领导，组织、协调、督促有关行政部门做好保护消费者合法权益的工作。有关国家机关应当依照法律法规的规定，惩处经营者侵害消费者合法权益的违法犯罪行为，从而形成完备的消费者合法权益的保护体系。

三、消费者权益保护法的适用范围

《消费者权益保护法》的适用范围包括以下三个方面：

（1）消费者为生活消费需要购买、使用商品或者接受服务，适用《消费者权益保护法》。《消费者权益保护法》保护的主体是消费者，即为生活消费需要而购买、使用商品或者接受服务的个体公民，有时也包括单位。但单位作为消费者，是个人通过集体媒介表现出来的购买、使用商品或者接受服务的形式。单位消费实质上还是个人消费。

（2）经营者为消费者提供其生产、销售的商品或者提供服务，适用《消费者权益保护法》。这里所称的经营者是指以营利为目的，从事生产经营活动的法人、其他经济组织和个人，包括生产者、销售者和服务者。经营者的经营活动，包括商品生产、商品销售和提供有偿服务。如果不是以营利为目的，而是以无偿方式提供商品或者服务，则不属于《消费者权益保护法》的适用范围。

（3）农民购买、使用直接用于农业生产的生产资料时，参照《消费者权益保护法》执行。消费者权益保护法的宗旨在于保护作为经营者对立面的特殊群体——消费者的合法权益。农民购买直接用于农业生产的生产资料，虽然不是为个人生活消费，但是作为经营者的相对方，其弱势地位是不言而喻的。所以，《消费者权益保护法》将农民购买、使用直接用于农业生产的生产资料行为纳入该法的保护范围。

第二节　消费者的权利和经营者的义务

一、消费者的权利

（一）消费者权利的概念

消费者权利，是指法律规定的消费者在进行消费时所享有的权利，即消费者依法可以进行一定的作为或不作为，并要求他人进行一定的作为或不作为。这一概念包含四层意思：①消费者在法定范围内有权作出或不作出一定行为；②消费者在法定或约定范围内，有权要求经营者实施或不实施一定行为；③消费者在合法权益受到损害时，有权运用法律手段自我保护或请求国家机关保护；④消费者权利是由法律规定的，不是消费者为自己创设的。

（二）消费者权利的内容

根据《消费者权益保护法》的规定，消费者所享有的权利有以下九个方面：

1. 安全保障权

安全保障权是消费者最基本的权利，是指消费者在购买、使用商品和接受服务时享有人身、财产安全不受损害的权利。安全保障权包括两方面内容：①人身安全权，主要是指生命健康权，即消费者在购买、使用商品和接受服务时，享有保持身体各器官及其机能的完整以及生命不受危害的权利。②财产安全权，主要是指消费者购买、使用商品或接受的服务本身的安全，并包括除购买、使用商品或接受服务之外的其他财产的安全。

消费者有权要求经营者提供的商品或服务，符合保障人身、财产安全的要求，不得损害消费者的生命健康和财产安全。经营者提供的商品或服务，有国家标准、行业标准的，消费者有权要求商品和服务符合该国家标准、行业标准。对于没有国家标准、行业标准的，必须符合社会普遍公认的安全、卫生要求。

2. 知悉真情权

知悉真情权，是指消费者享有知悉其购买、使用的商品或者接受的服务的真实情况的权利。知悉真情权包括两层含义：①消费者在购买、使用商品或接受服务时，有权询问、了解商品或者服务的有关情况；②经营者依消费者要求所提供的信息必须是真实的。

对消费者来讲，知悉真情权是一项重要权利。消费者有权根据商品和服务的不同情况，要求经营者提供商品的价格、产地、生产者、用途、性能、规格、等级、主要成分、生产日期、有效期限、检验合格证明、使用方法说明书、售后服务，或者服务的内容、规格、费用等有关情况。经营者必须提供，而且应提供真实、准确、全面的信息，不得做虚假陈述。

下列行为均妨碍了消费者了解真实情况：①经营者对消费者的询问置之不理或不明确答复；②经营者对商品和服务的有关内容不做表示和说明，或做虚假的表示和说明；③经营者夸大宣传，使消费者上当。

3. 自主选择权

自主选择权，是指消费者享有自主选择商品或者服务的权利。自主选择权表现为以下几个方面：①自主选择提供商品或者服务的经营者；②自主选择商品品种或者服务方式；③自主决定是否购买任何一种商品或是否接受任何一项服务；④对商品或服务进行比较、鉴别和选择。自主选择权体现消费者的消费自由，经营者不得以任何方式干涉消费者行使自主选择权。

实践中，下列行为均侵害了消费者的自主选择权：不许挑选商品；对顾客的挑选行为冷言冷语；纠缠消费者购买其商品；要挟消费者购买其商品或接受服务。

4. 公平交易权

公平交易权，是指消费者享有在购买商品或接受服务时，以一定数量的货币换取品质合格、价值相当的商品或者服务的权利。公平交易权是衡量消费者经济利益是否得到维护的重要标志。公平交易权体现在以下两个方面：

（1）交易条件公平。交易条件公平即消费者在购买商品或接受服务时，有权获得质量保障、价格合理、计量正确等公平交易条件。其中，质量保障包括商品质量安全、商品质量能保证其应有的使用性能、符合经营者在其商品上或商品包装上或产品说明中标示的产品标准。价格合理是指不得非法牟利。计量正确即应采用正确的法定计量单位，使用经检验合格的计量工具，计算要准确。

（2）不得强制交易。不得强制交易即消费者有权按照真实意愿从事交易活动，对经营者的强制交易行为有权拒绝。

5. 依法求偿权

依法求偿权，是指消费者因购买、使用商品或者接受服务受到人身、财产损害时，依法所享有的获得赔偿的权利。消费者的损害包括两方面：①人身权的损害。人身权既指消费者的生命健康权，也指消费者其他人格方面的权利，如姓名权、名誉权、荣誉权等。②财产权的损害。即财产上的损失，含直接损失和间接损失。直接损失，是指现有财产上的损失，如财物被毁损，人体伤残后花用的医药费等；间接损失，是指可以得到的利益没有得到，如因侵害住院而减少的劳动收入或伤残后丧失劳动能力而得不到劳动报酬等。

享有依法求偿权的主体不仅包括商品的购买者、使用者和服务的接受者，而且包括使用他人购买的商品、服务而受到损害的消费者，以及在别人购买、使用商品或接受服务时，因在场而受到商品或者服务的伤害，致使人身、财产受损害的第三者。前者可按合同关系求偿，后两者因与经营者之间没有合同关系，一般按侵权处理，求偿的范围包括人身损害和财产损害两方面。

6. 依法结社权

依法结社权，是指消费者享有依法成立维护自身合法权益的社会团体的权利。结社权是《宪法》赋予公民的基本权利之一。通过结社，消费者可以获得组织保障，通过集体力量来改变自身的弱小地位，从而维护自身的合法权益。

我国的消费者社会团体主要是中国消费者协会和地方各级消费者协会。消费者组织的作用主要体现在：①消费者组织是保障个体消费者合法权益的重要组织形态，在维护消费者权益方面起着重要作用；②消费者组织可以通过调解、仲裁等形式来解决消费者与经营者之间的纠纷；③消费者组织可以在消费者与政府之间起沟通的桥梁作用。

7. 获得知识权

获得知识权也称受教育权，是从知悉真情权中引申出来的一项消费者的权利，即消费者有权获得有关商品或服务的消费知识和消费者权益保护方面的知识的权利。这一权利包括两个方面的内容：①获得有关消费方面知识的权利，主要有消费观念的知识、商品和服务的基本知识、市场的基本知识；②获得有关消费者权益保护方面的知识，主要是指有关消费者权益保护的法律、法规和政策，以及保护机构和争议解决途径等方面的知识。

消费者应当努力掌握所需商品或者服务的知识和使用技能，正确地选择、使用商品和接受服务，提高自我保护意识。

8. 维护尊严权

维护尊严权，是指消费者在购买、使用商品和接受服务时，享有其人格尊严、民族风俗习惯得到尊重的权利。该项权利包括两个方面的内容：

（1）人格尊严受尊重权。消费者享有的人格权，包括姓名权、名誉权、荣誉权、肖像权、隐私权、人格尊严权、人身自由权等，应得到经营者的尊重和保护，不得侵犯。消费者在消费过程中受到非法搜查、检查、侮辱、诽谤等严重侵犯消费者人格尊严的事件，可以要求侵权人停止侵害、恢复名誉、消除影响、赔礼道歉、赔偿损失。

（2）民族风俗习惯受到尊重的权利。民族风俗习惯大多表现在饮食、服饰、居住、婚葬、节庆、娱乐、礼节、禁忌等方面，与消费密切相关。我国是个多民族国家，不同民族有各自不同的风俗习惯，尊重民族风俗习惯是我国处理民族关系的基本国策。

9. 监督批评权

监督批评权，是指消费者享有对商品和服务以及保护消费者权益工作进行检举、控告或提出批评、建议的权利。监督批评权是上述各项权利的必然延伸，对消费者权利的切实实现至关重要。监督批评权的内容包括三个方面：

（1）对商品和服务的监督权。对商品和服务的监督权主要是指对商品和服务的质量、价格、计量、品种、供应、服务态度、售后服务、侵权行为等进行的监督，在权利受到侵害时有权提出检举或控告。

（2）对国家机关及其工作人员的监督权。即消费者有权检举、控告侵害消费者权益行为和国家机关及其工作人员在保护消费者权益工作中的违法失职行为。

（3）对保护消费者权益工作的监督权。即消费者有权对消费者权益保护机构或组织的工作提出批评和建议。

二、经营者的义务

（一）经营者义务的概念

经营者是向消费者生产、销售商品和提供服务的单位和个人，是以营利为目的，从事生产经营并与消费者相对应的另一方当事人。经营者义务是指经营者在消费领域对消费者必须为一定行为或者不为一定行为的责任。

经营者包括商品的生产者、销售者和服务的提供者，既包括取得合法经营资格的经营者，也包括不具有经营者资格但通过市场交易提供商品或服务的人。消费者权利的实现有赖于经营者完全按照法律的规定或者与消费者的约定诚实地履行对消费者的义务，经营者不履行或不完全履行义务、侵害消费者合法权益的，应依法承担法律责任。

（二）经营者义务的内容

《消费者权益保护法》规定，经营者应当履行以下十项义务：

1. 履行法定或约定义务

经营者对消费者的义务包括法定义务和约定义务两方面。法定义务，即法律规定的义务，是指经营者向消费者提供商品或者服务，应当依照《中华人民共和国产品质量法》和其他有关法律、法规的规定履行义务，如强制“三包”等。约定义务，即消费者与经营者约定的义务，但双方的约定不得违背法律、法规的规定。

2. 接受监督的义务

经营者应当听取消费者对其提供的商品或者服务的意见，接受消费者的监督。该义务是与消费者的监督批评权相对应的，具体包括以下两个方面：

（1）听取意见。消费者不仅在购买商品时，即使未购买商品时，也有权对经营者及其商品提出意见和建议，经营者对此应当听取。

（2）接受监督。经营者不仅要接受消费者的监督，而且要接受社会的监督。消费者对经营者提出意见、进行监督，不仅是指对商品本身，而且可针对人即对经营者及其工作人员进行监督。

法律规定这一义务不仅有利于提高产品和服务质量、改进产品和服务性能，而且对于商品或者服务行业水平的提高起到了推动作用。在消费过程中，消费者就接受的服务或者商品的提供方式方法等表达个人意见，行使监督权利，可以提升商品质量，完善服务方式，使其符合消费者的要求。

3. 保障安全的义务

经营者应当保证其提供的商品和服务符合保障人身、财产安全的要求。经营者提供的商品和服务必须符合安全要求，对可能危及人身、财产安全的商品和服务，应当向消费者作出真实的说明和明确的警示，并说明和标明正确使用商品或接受服务的方法以及防止危害发生的方法。经营者发现其提供的商品或者服务存在严重缺陷，即使正确使用商品或者接受服务仍然可能对人身、财产安全造成危害的，应当立即向有关行政部门报告和告知消费者，并采取防止危害发生的措施。该义务与消费者的安全保障权相对应。

判断经营者提供的商品或者服务是否符合保障人身、财产安全的要求，其依据是有关该商品或者服务的国家标准、行业标准。未制定国家标准、行业标准的，必须符合保障人体健康和人身、财产安全的要求。

4. 提供真实信息的义务

经营者应当向消费者提供有关商品或者服务的真实信息，不得做引人误解的虚假宣传。该项义务包括三个方面：①经营者不得以虚假宣传误导甚至欺骗消费者，如夸大产品的功能、对产品的销售情况做不实的陈述等；②经营者对消费者就其提供的商品或者服务的质量和使用方法等问题提出的询问，应作出明确的、完备的、符合实际的答复；③商店提供商品应明码标价，即明确单位数量的价格，以便于消费者选择，同时防止经营者在单位数量或重量价格上随意更改。该义务与消费者的知悉真情权相对应。

5. 标明真实名称和标记的义务

经营者应当标明其真实名称和标记。租赁他人柜台或者场地的经营者，应当标明其真实名称和标记。展销会举办者、场地和柜台提供者应当加强管理，督促参展者和场地柜台的使用者悬挂营业执照并标明其真实名称和标记。经营者履行该义务一方面有利于消费者了解经营的真实情况，识别提供商品或服务的经营者，作出符合真实意愿的消费决定；另一方面有利于国家对经营者进行监督管理，便于消费者在其权益受到侵害时，准确地确定赔偿义务的主体，实现求偿权。经营者履行该义务能够保障消费者的知情权、自主选择权和求偿权的落实。

6. 出具凭证或单据的义务

经营者提供商品或者服务，应当按照国家有关规定或者商业惯例向消费者出具购货凭证或者服务单据。消费者索要购货凭证或者服务单据的，经营者必须出具；按照国家法律和商业惯例应当提供的，经营者必须提供；国家法律和商业惯例没有要求提供的，若消费者索要，也应提供。购货凭证或者服务单据是消费者和经营者之间形成消费关系的书面证据，通常包括增值税专用发票、货款或收费收据、保修证、保修单、服务卡等。消费者索要发票的，经营者不得以收据、购货卡、服务卡、保修证等代替。

购货凭证或者服务单据不仅是消费者要求修理、更换及退货、索赔等维护自身权益或享受售后服务的凭证，同时也是税务机关检查经营者依法纳税情况的重要依据和消费者通过诉讼解决纠纷的重要证据。消费者应养成主动索要购货凭证或者服务单据的习惯，以更好地保护自己的合法权益。该义务能够保障消费者求偿权的实现。

7. 保证质量的义务

经营者有义务保证商品质量。该义务的内容体现在以下两个方面：①经营者应当保证在正常使用商品或者接受服务的情况下，其提供的商品或服务应当具有的质量、性能、用途和有效期限；但消费者在购买该商品或者接受该服务前已经知道其存在瑕疵的除外。②经营者以广告、产品说明、实物样品或者其他方式表明商品或者服务的质量状况的，应当保证提供的商品或者服务的实际质量与表明的质量状况相符。该义务与消费者的公平交易权相对应。

正常使用是指一般消费者合理使用，即按照商品和服务的实有功能合理地使用和接受的情况。该义务实际上也包含了对消费者一定的制约：若消费者非正常、不合理地使用，则不能要求经营者对商品承担义务；在购买时，消费者对于已知的瑕疵商品，则不能向经营者主张上述权利。

8. 承担“三包”的义务

该义务与消费者的求偿权相对应，是指经营者提供商品或者服务，按照国家规定或者与消费者的约定，承担包修、包换、包退或者其他责任的，应当按照规定或者约定履行，不得故意拖延或者无理拒绝。这里的包修、包换、包退就是通常所说的“三包”。对包修、包换、包退的大件商品，消费者要求经营者修理、更换、退货的，经营者应当承担运输等合理费用。这里的“其他责任”，是指“三包”以外的民事责任。经营者承担“三包”的义务包括法定的“三包”义务和约定的“三包”义务。

（1）法定的“三包”义务，是指法律、法规规定的对某些商品经营者必须履行的包修、包换、包退的义务，不得以合同加以免除。

依据我国 1995 年 8 月 25 日颁布实施的《部分商品修理更换退货责任规定》，在下列两种情形下，消费者可提出退货的要求，商品的提供者不得拒绝：①产品自售出之日起 7 日内，发生性能故障；②在“三包”有效期，符合换货条件，但销售者提供不了同型号或规格的产品。上述“符合换货条件”包括三种情形：①产品自售出之日起 15 日内发生性能故障；②在“三包”有效期内，修理两次，仍不能正常使用；③在“三包”有效期内，因生产者未供应零配件，自送修之日起超过 90 日仍未修好。

（2）约定的“三包”义务，是指经营者提供商品或服务，可依照与消费者的约定，承担包修、包换、包退或其他责任，应当按照约定履行。

9. 公平交易的义务

经营者不得以格式合同、通知、声明、店堂告示等方式作出对消费者不公平、不合理的规定，或者减轻、免除其损害消费者合法权益应当承担的民事责任。格式合同、通知、声明、店堂告示等含有前述所列内容的，其内容无效。格式合同是经营者为了重复使用而单方面拟定的，消费者不能就合同条款与经营者协商，只能表示接受或不接受的合同。该规定也适用于消费合同中的格式条款。格式合同、合同中的格式条款、通知、声明、店堂告示等如果含有对消费者不公平、不合理的规定，或者减轻、免除其损害消费者合法权益应当承担的民事责任的内容，不发生法律效力。

根据《合同法》的规定，采用格式条款订立合同的，提供格式条款的一方应当遵循公平原则确定当事人之间的权利和义务，并采取合理的方式提请对方注意免除或者限制其责任的条款，按照对方的要求，对该条款予以说明。格式条款如果有合同法规定的导致合同无效或者免责条款无效的情形的，或者提供格式条款的一方免除其责任、加重对方责任、排除对方主要权利的，该条款无效。当事人对格式条款的理解发生争议的，应当按照通常理解予以解释。对格式条款有两种以上解释的，应当作出不利于提供格式条款的一方的解释。格式条款与非格式条款不一致的，应当采用非格式条款。该义务与消费者的公平交易权相对应。

10. 尊重人格的义务

该义务是与消费者的维护尊严权相对应的经营者的义务。经营者应当尊重和保护消费者享有的人格权，不得以各种方式侵犯。经营者不得对消费者进行侮辱、诽谤，不得搜查消费者的身体及其携带的物品，不得侵犯消费者的人身自由。

第三节　争议的解决与法律责任

一、消费者权益争议的解决途径

根据《消费者权益保护法》的规定，在发生消费纠纷时，可以选择和解、调解、申诉、仲裁、诉讼五种途径解决纠纷。这五种方式的约束力是逐步增加的。

（一）协商和解

协商和解，是指在争议发生后，消费者与经营者在平等、自愿的基础上就有关争议进行协商、交换意见而最终达成解决争议的方式。

协商和解是解决消费者与经营者之间纠纷最常见、最简单易行的方法，不需要任何第三者参加，特别是因误解产生的争议，双方通过解释、谦让及其他补救措施，便可化解矛盾，平息争议，使问题得以解决。协商和解必须在自愿平等的基础上进行，适用于争议标的不大、案情较简单的纠纷。对于重大纠纷，双方立场对立严重，要求相距甚远的，可寻求其他解决方式。

（二）申请调解

申请调解，是指在消费者与经营者之间，由消费者协会作为第三方，就有关争议进行协调，双方达成协议以解决纠纷的一种方式。

消费者协会是依法成立的对商品和服务进行社会监督的保护消费者合法权益的社会团体。消费者协会具有受理消费者的投诉，对投诉事项进行调查、调解的职能，消费者可就其与经营者之间的消费纠纷请求消费者协会依法调解。消费者协会的调解以自愿为原则，即经营者和消费者自愿接受调解、自愿达成和履行调解协议。但是，消费者协会的调解属于民间调解，不具有法律强制力，一旦当事人对达成的协议反悔，则需要通过其他途径解决争议。

（三）行政申诉

行政申诉，是指消费者认为自己的合法权益受到损害而向行政机关提出的、请求行政机关予以保护的请求。

政府有关行政机关依法具有规范经营者的经营行为和维护消费者合法权益的职责。当消费者权益受到侵害时，消费者可根据具体情况，向不同的行政部门，如工商行政管理部门、物价部门、质量技术监督部门、食品药品监管部门、卫生监管部门等提出申诉，请求有关行政部门对损害赔偿问题进行调解，要求有关行政部门作出行政处理，制止违法行为，对违法行为人给予行政处罚。

对行政机关依法作出的行政决定和行政处罚，当事人未在法定期限内提起行政诉讼的，应当执行，如当事人拒不执行，行政机关可以依法执行或者向人民法院申请执行。

（四）提请仲裁

提请仲裁，是指发生消费争议的当事人，根据双方达成的仲裁协议，自愿将争议提交仲裁机构进行裁决的行为。争议的双方可以在他们的合同中订立仲裁条款，也可以在争议发生后，双方自愿达成仲裁的书面协议，提交仲裁机构仲裁。

仲裁是解决民事经济纠纷的有效形式，在国际国内商贸活动中被广泛采用。但它必须具备的前提条件是双方订有书面仲裁协议或仲裁条款，否则仲裁机构无权受理。仲裁是一种准司法活动，仲裁机构作出的仲裁裁决，当事人必须自觉履行；否则，权利人可以申请人民法院强制执行。

（五）提起诉讼

提起诉讼，是指消费者权益受到损害时，可直接向人民法院起诉，请求人民法院依法行使审判权来查明争议事实，进而解决争议。凡是符合起诉条件的消费争议，人民法院均应及时受理，依法审判，以保护消费者的合法权益。

二、消费者权益争议中赔偿主体的确定

消费者在购买、使用商品或者接受服务的过程中，因合法权益受到损害而与经营者发生消费者权益争议时，最关键的问题便是要确定赔偿主体。《消费者权益保护法》

按照有利于消费者求偿的原则，并根据侵害情况，对赔偿主体的确定作出了具体规定。

（一）生产者、销售者、服务者之间的责任分配

1. 销售者先行赔偿制度

消费者在购买、使用商品时，其合法权益受到损害的，可以向销售者要求赔偿；销售者赔偿以后，属于生产者的责任或者属于向销售者提供商品的其他销售者的责任的，销售者有权向生产者或其他销售者追偿。

2. 销售者与生产者之间承担连带赔偿责任

消费者或者其他受害人因商品缺陷造成人身、财产损害的，可以向销售者要求赔偿，也可以向生产者要求赔偿。属于生产者责任的，销售者赔偿后有权向生产者追偿；属于销售者责任的，生产者赔偿后，有权向销售者追偿。

3. 向服务提供者要求赔偿

消费者在接受服务时，其合法权益受到损害的，可以向服务提供者要求赔偿。

（二）企业合并、分立后的责任分配

消费者在购买、使用商品或者接受服务时，其合法权益受到损害，原企业分立或合并的，可以向变更后承受原企业权利义务的企业要求赔偿。

（三）营业执照持有人与租借人的赔偿责任

出租、出借营业执照或者租用、借用他人营业执照是违反工商行政管理规定的行为，同时也侵犯了消费者的合法权益。如果消费者权益争议涉及租借营业执照的，依《消费者权益保护法》的规定，使用他人营业执照的违法经营者提供商品或者服务，损害消费者合法权益的，消费者可以向其要求赔偿，也可以向营业执照的持有人要求赔偿。

（四）展销会举办者、柜台出租者的赔偿责任

经营者通过展销会、租赁柜台的方式销售商品或者提供服务，其经营期限是有限的，因此往往不利于消费者确定赔偿主体。《消费者权益保护法》规定，消费者在展销会、租赁柜台购买商品或者接受服务，其合法权益受到损害的，可以向销售者或者服务者要求赔偿。展销会结束或者租赁柜台期满以后，也可以向展销会的举办者、柜台的出租者要求赔偿。展销会的举办者、柜台的出租者赔偿后，有权向销售者或者服务者追偿。

（五）虚假广告经营者的赔偿责任

消费者因经营者利用虚假广告提供商品或者服务，其合法权益受到损害的，可以向经营者要求赔偿。广告的经营者发布虚假广告的，消费者可以请求行政主管部门予以惩处。广告经营者不能提供经营者的真实名称、地址的，应当承担赔偿责任。

三、侵犯消费者权益的法律责任

（一）民事责任

经营者提供商品或者服务有下列情形之一的，除《消费者权益保护法》另有规定

外，应依照《中华人民共和国产品质量法》和其他有关法律、法规的规定承担民事责任：①商品存在缺陷的；②不具备商品应当具备的使用性能而出售时未说明的；③不符合在商品或者其包装上注明采用的商品标准的；④不符合商品说明、实物样品等方式表明的质量状况的；⑤生产国家明令淘汰的商品或者销售失效、变质的商品的；⑥销售的商品数量不足的；⑦服务的内容和费用违反约定的；⑧对消费者提出的修理、重做、更换、退货、补足商品数量、退还货款或服务费用或者赔偿损失的要求，故意拖延或者无理拒绝的；⑨法律、法规规定的其他损害消费者权益的情形。

对于上述违法行为，根据不同情况及损害程度，经营者应当分别承担相应的民事责任：

1. 侵犯人身权的民事责任

经营者提供商品或服务，造成消费者或其他人受伤、残疾、死亡的，应承担下列责任：①造成消费者或者其他受害人人身伤害，应当支付医疗费、治疗期间的护理费、因误工减少的收入等费用；②造成残疾的，除上述费用外，还应支付残疾者生活自助具费、生活补助费、残疾赔偿金以及由其抚养的人所必需的生活费等费用；③造成消费者或其他受害人死亡的，应当支付丧葬费、死亡赔偿金以及由死者生前抚养的人所必需的生活费用。

经营者侵害消费者的人格尊严或者侵犯消费者的人身自由的，应当停止侵害、恢复名誉、消除影响、赔礼道歉，并赔偿损失。

2. 侵犯财产权的民事责任

（1）经营者提供商品或者服务，造成消费者财产损害的，应当按照消费者的要求，以修理、重做、更换、退货、补足商品数量、退还货款和服务费用或者赔偿损失等方式承担民事责任。消费者与经营者另有约定的，按照约定履行。

（2）对国家规定或者与消费者约定包修、包换、包退的商品，经营者应当负责修理、更换或者退货。在保修期内两次修理仍不能正常使用的，经营者应当负责更换或者退货。对包修、包换、包退的大件商品，消费者要求经营者修理、更换、退货的，经营者应当承担运输等合理费用。依法经有关行政部门认定为不合格的商品，消费者要求退货的，无论是否在保修期内或者约定的退货期限内，经营者应当负责退货。

（3）经营者以邮购方式提供商品的，应当按照约定提供。未按照约定提供的，应当按照消费者的要求履行约定或者退回货款，并承担消费者必须支付的合理费用。

（4）经营者以预收款方式提供商品或者服务的，应当按照约定提供。未按照约定提供的，应当按照消费者的要求履行约定或者退回预付款；并应当承担预付款的利息、消费者必须支付的合理费用。

3. 惩罚性赔偿责任

《消费者权益保护法》规定，经营者提供商品或者服务有欺诈行为的，应当按照消费者的要求增加赔偿其受到的损失，增加赔偿的金额为消费者购买商品的价格或者接受服务的费用的1倍。由于增加的这部分赔偿金额是超出消费者的实际损失的，因此带有惩罚性质。这是我国第一个适用惩罚性赔偿的立法例。

（1）欺诈消费者行为的判断标准。所谓欺诈行为，是指经营者故意在提供的商品或服务中，以虚假陈述或者其他不正当手段欺骗、误导消费者，致使消费者权益受到损害的行为。构成欺诈行为必须具备下列四个条件：①经营者对其商品或服务有虚假的说明或误导性的陈述；②经营者进行虚假说明或误导性陈述主观上出于故意；③经营者的虚假说明和误导性陈述与消费者上当受骗之间有因果关系；④经营者的欺骗行为使消费者权益受到损害。

（2）赔偿数额。为了保护消费者合法权益，鼓励消费者积极与违法行为作斗争，《消费者权益保护法》规定，消费者不仅可以获得补偿性的赔付，而且可以要求增加赔偿额，增加赔偿的金额为消费者购买商品的价款或者接受服务的费用的1倍。

（二）行政责任

1. 承担行政责任的情形

根据《消费者权益保护法》的规定，经营者有下列情形之一，《中华人民共和国产品质量法》和其他有关法律、法规对处罚机关和处罚方式有规定的，依照法律、法规的规定执行；法律、法规未做规定的，由工商行政管理部门责令改正，可以根据情节单处或者并处警告、没收违法所得、处以违法所得1倍以上5倍以下的罚款，没有违法所得的处以1万元以下的罚款；情节严重的，责令停业整顿、吊销营业执照：①生产、销售的商品不符合保障人身、财产安全要求的；②在商品中掺杂、掺假，以假充真，以次充好，或者以不合格商品冒充合格商品的；③生产国家明令淘汰的商品或者销售失效、变质的商品的；④伪造商品的产地，伪造或者冒用他人的厂名、厂址，伪造或者冒用认证标志、名优标志等质量标志的；⑤销售的商品应当检验、检疫而未检验、检疫或者伪造检验、检疫结果的；⑥对商品或者服务做引人误解的虚假宣传的；⑦对消费者提出的修理、重做、更换、退货、补足商品数量、退还货款和服务费用或者赔偿损失的要求，故意拖延或者无理拒绝的；⑧侵害消费者人格尊严或者侵犯消费者人身自由的；⑨法律、法规规定的对损害消费者权益应当予以处罚的其他情形。

2. 行政复议和行政诉讼

经营者对行政机关的行政处罚不服的，可以自收到处罚决定之日起15日内向上一级机关申请复议，对复议决定不服的，可以自收到复议决定书之日起15日内向人民法院提起诉讼；也可以直接向人民法院提起诉讼。

（三）刑事责任

以暴力、威胁等方法阻碍有关行政部门工作人员依法执行职务的，依法追究刑事责任；拒绝、阻碍有关行政部门工作人员依法执行职务，未使用暴力、威胁方法的，由公安机关依照《中华人民共和国治安管理处罚法》的规定处罚。国家机关工作人员玩忽职守或者包庇经营者侵害消费者合法权益的行为的，由其所在单位或者上级机关给予行政处分；情节严重，构成犯罪的，依法追究刑事责任。

复习思考题

1. 消费者权益保护法的基本原则是什么？
2. 消费者享有哪些权利？
3. 经营者应履行哪些义务？
4. 消费者权益争议的解决途径有哪些？
5. 消费者合法权益受到损害时，如何确定求偿对象？

第十章　产品质量法

第一节　产品质量法概述

一、产品质量法的概念

（一）产品

所谓产品，通常是指经过加工、制作从而使之具有使用价值，能够满足人们生产生活需要的物品。《中华人民共和国产品质量法》（以下简称《产品质量法》）中所称的“产品”，是指经过加工、制作，用于销售的产品。其中，加工是指通过工业方法改变原材料或半成品的形状、性质、状态，使之符合规定的要求；制作则是指用原材料或半成品生产出新的物品来。未经过加工制作而成的物品，非用于最终销售的产品以及尚处于生产过程中的产品、半成品均不属于《产品质量法》所指的产品范畴。

（二）产品质量

产品质量是指国家有关的法律、法规、质量标准规定的以及合同约定的产品适用、安全和外观等诸种特性的综合。产品质量由各种要素所组成，这些要素又被称为产品所具有的特征和特性，一般包括安全性、适用性、可靠性、维修性、有效性、经济性、耐用性、卫生性、价值、使用价值等。产品质量反映、代表了产品的质量状况。

产品质量是一个相对的概念，人们对产品质量的要求会因时间、地点、产品及其用途等方面的不同而有所差异。但产品的适用性和安全性是一切产品共同的基本质量要求。适用性是指产品要符合消费者的需要、社会的需要；安全性则是指产品在正常的操作、作用过程中，不发生人身伤害和财产损害的保证程度。在日益激烈的市场竞争中，产品质量扮演着越来越重要的角色，是商品的生命以及市场竞争优胜劣汰的一个重要依据，也是我国《产品质量法》所规范的重要内容。

（三）产品质量法

产品质量法是调整对产品在生产、销售和使用过程中的质量进行监督管理而发生的社会关系的法律规范的总称。具体包括关于产品质量责任、产品质量监督和管理、产品质量损害赔偿及争议处理等方面的法律规定。

为加强对产品质量的监督管理，提高产品质量水平，明确产品质量责任，保护消费者的合法权益，维护社会经济秩序，1993 年 2 月 22 日第七届全国人民代表大会常务委员会第三十次会议通过了《产品质量法》，2000 年 7 月 8 日第九届全国人民代表大会常务委员会第十六次会议对该法进行了修正。修正后的《产品质量法》共分 6 章 74 条。其主要内容包括产品质量的监督管理、产品质量责任和义务、损害赔偿和罚则等。《产品质量法》对于规范生产者和销售者的产品质量行为，保护消费者的合法权益具有重要意义。

广义的产品质量法除《产品质量法》外，还包括其他有关产品质量管理和产品质量责任内容的法律、法规，主要有《中华人民共和国计量法》、《中华人民共和国标准化法》、《中华人民共和国产品质量认证管理条例》等。此外，在国家颁布的《中华人民共和国食品卫生法》、《中华人民共和国药品管理法》、《中华人民共和国进出口商品检验法》、《中华人民共和国反不正当竞争法》、《中华人民共和国消费者权益保护法》及《中华人民共和国民法通则》等法律中，都有有关产品质量的规定。

二、产品质量法的基本原则

（一）贯彻“质量第一”原则

《产品质量法》立足于产品“质量第一”的原则，加强对产品质量的监督管理，对可能危及人体健康和人身、财产安全的产品实行重点监督和管理，同时加强对市场商品质量的监督，全面具体地规定生产者、经营者在保证产品质量方面所负的义务，对不履行或者不适当履行保证产品质量义务的，将依法追究产品质量责任。通过不断地提高产品质量，保护用户、消费者的合法权益。

（二）统一立法、区别管理原则

统一立法是指在产品质量监督管理上，由国家制定统一的产品质量法，地方可以在此基础上制定一些标准更严的地方性法规、规章。区别管理是根据产品的自身特点和要求，确定不同的管理政策和目标。为了贯彻这一原则，国家一方面制定了《产品质量法》，建立了全国统一的产品质量监督管理体制；另一方面对可能危及人体健康和生命、财产安全的产品实行强制管理，对其他产品主要通过市场竞争和企业自我约束的机制去解决。

（三）加强产品质量监督管理原则

加强产品质量监督管理原则，体现在国家对产品质量采取事先保证和事后监督相结合的管理方法。国家一方面对可能危及人体健康和人身、财产安全的产品实行生产许可制度；另一方面采取国际通行的企业质量体系认证、产品质量认证等引导方法。同时，加强对市场商品质量的管理和监督，加大执法力度，对产品质量违法行为及时进行查处。

（四）贯彻奖优罚劣原则

贯彻奖优罚劣原则，表现为国家奖励优质产品的生产和质量管理先进企业和个人，严厉制裁产品违法行为人。一方面，国家鼓励推行科学的质量管理方法，采用先进的科学技术，并鼓励企业产品质量达到并且超过行业标准、国家标准和国际标准，对产品质量管理先进和产品质量达到国际先进水平、成绩显著的单位和个人，给予奖励。另一方面，禁止伪造或者冒用认证标志等质量标志；禁止伪造产品的产地、伪造或者冒用他人的厂名、厂址；禁止在生产、销售的产品中掺杂、掺假，以假充真，以次充好，违者将受到相应的民事、行政甚至刑事制裁。通过奖优罚劣，鼓励企业积极采用先进的生产技术和科学的管理方法，生产优质产品，制止和限制各种违法行为，切实保护国家、社会和消费者利益，维护社会经济秩序。

三、产品质量法的适用范围

（一）产品质量法适用的主体范围

产品质量法适用于在中华人民共和国境内从事产品生产、销售活动的法人、其他经济组织和个人。包括国有企业、集体企业、私营企业、外商投资企业、个体工商户和农村承包经营户等。上述主体都必须严格遵守产品质量法的规定。

（二）产品质量法适用的产品范围

产品质量法所适用的产品限于经过加工、制作，用于销售的产品。产品质量法所确认的产品应当具备以下条件：

1. 产品必须是经过加工、制作的

未经加工、制作的产品不是产品质量法上的产品，即天然产品不由产品质量法调整，包括未加工的农副产品、林产品、水产品、畜牧产品、原矿、原油等。

2. 产品必须是用于销售的，即进入市场用于交换的商品

非为销售而加工的物品不包括在内，如企业自制的自用设备等。

3. 建设工程不属于产品质量法上的产品

建设工程有其特殊的质量要求，与一般加工制作的产品有很大不同，所以建设工程的质量一般由专门的建筑法调整，不适用产品质量法的规定。但是，建设工程使用的建筑材料、建筑物构件和设备，属于经过加工、制作并用于销售的，故属于产品范畴，适用产品质量法，如用于建设工程的水泥、钢材等。

4. 军工产品不适用于产品质量法

枪支、弹药、军用汽车、军用望远镜、军服等军工产品不适用于产品质量法。军工产品质量监督管理办法，由国务院、中央军事委员会另行制定。

第二节　产品质量监督管理

一、产品质量监督管理体制

产品质量监督管理体制，是指产品质量监督组织机构的设置及其职权划分制度的统称。构建一个健全的产品质量体制是全面、有效地管理和监督产品质量的重要保证，也是使《产品质量法》对产品生产者、销售者规定的义务得以落实的重要手段。我国

《产品质量法》规定了一个层次有别、分工明确、彼此衔接的产品质量监督管理体制，即国务院产品质量监督部门、县级以上地方产品质量监督部门及国务院和县级以上地方人民政府设置的有关行业主管部门。法律对产品质量的监督部门另有规定的，依照有关法律的规定执行。

（一）专门监督管理机构

1. 监督管理部门

产品质量监督管理机构，是指经法律授权负责对产品质量进行监督和管理的部门。我国产品质量监督管理机构主要有：

（1）国务院产品质量监督管理部门。国务院产品质量监督管理部门主要是国家质量技术监督局。其对全国的产品质量工作进行监督管理，是宏观上、政策上、指导性的。其主要职责是：对产品质量进行宏观管理与指导；制定统一的管理方针和政策；拟定或公布有关产品质量监督管理的法规或规章制度；负责国优产品、国家质量奖的评审和管理等。

（2）县级以上地方人民政府产品质量监督部门。县级以上地方人民政府产品质量监督部门是指县级以上地方各级质量技术监督局。其职责是负责本行政区域内的产品质量监督管理工作，包括依法查处生产、销售伪劣商品等质量违法行为。

（3）国务院和县级以上地方人民政府设置的有关部门。这里的“有关部门”是指卫生行政部门、药品管理部门、劳动部门、商品检验部门等。国务院和县级以上地方人民政府设置的有关行业主管部门按照同级人民政府赋予的职权，负责本行政区域内本行业关于产品质量方面的行政监督和生产经营性管理工作。

2. 监督管理机构的职权

《产品质量法》规定，县级以上产品质量监督部门根据已经取得的违法嫌疑证据或者举报，对涉嫌违反该法规定的行为进行查处时，可以行使下列职权：

（1）对当事人涉嫌从事违反《产品质量法》的生产、销售活动的场所实施现场检查。

（2）向当事人的法定代表人、主要负责人和其他有关人员调查、了解与涉嫌从事违反《产品质量法》的生产、销售活动有关的情况。

（3）查阅、复制当事人有关的合同、发票、账簿以及其他有关资料。

（4）对有根据认为不符合保障人体健康和人身、财产安全的国家标准、行业标准的产品或者有其他严重质量问题的产品，以及直接用于生产、销售该项产品的原辅材料、包装物、生产工具，予以查封或者扣押。

产品质量监督管理部门或者其他国家机关以及产品质量检验机构不得向社会推荐生产者的产品；不得以对产品进行监制、监销等方式参与产品经营活动。

（二）社会监督

根据《产品质量法》的规定，我国产品质量的监督管理除了由专门的监督管理机构负责，还包括舆论监督、社会团体监督和消费者监督。

1. 舆论监督

舆论监督主要是指报刊、广播、电视等社会舆论单位按照国家的有关规定，运用新闻媒介，对产品质量进行的监督。

2. 社会团体监督

社会团体监督主要是指消费者协会和其他消费者组织依法对产品质量所进行的社会监督。保护消费者权益的社会团体可以就消费者反映的产品质量问题建议有关部门负责处理，支持消费者对因产品质量造成的损害向人民法院起诉。

3. 消费者监督

消费者有权就产品质量问题，向产品的生产者、销售者查询；向产品质量监督部门、工商行政管理部门及有关部门申诉，接受申诉的部门应当负责处理。

二、产品质量的监督管理制度

产品质量的监督管理制度，是指国家有关部门及由有关部门授权的质量技术监督机构、消费者组织和个人，依照一定的标准体系或者合同要求，采用一定的技术和法律手段，对生产者和销售者生产经营的产品质量进行检查、监督、处罚、奖励的制度体系。我国《产品质量法》对产品质量的监督和管理是通过严格的、多方位的、自成一体的制度体系来完成的，主要包括企业质量体系认证制度、产品质量认证制度、产品质量监督检查制度、产品召回制度等。

（一）企业质量体系认证制度

企业质量体系认证也称为企业认证、质量体系注册，是指依据国际通用的“质量管理和质量保证”系列标准，经过认证机构对企业的质量体系进行审核，通过颁发产品质量认证证书的形式，证明企业的质量体系和质量保证能力符合相应要求的活动。

我国《产品质量法》规定，国家根据国际通用的质量管理标准，推行企业质量体系认证制度。企业根据自愿原则，可以向认证机构申请企业质量体系认证。经认证合格的，由认证机构颁发产品质量认证证书。

企业质量体系认证制度的主要内容包括：

1. 认证依据

企业质量体系认证的依据为国际通用的质量管理标准。所谓国际通用的质量管理标准，是指国际标准化组织于1987年3月正式发布的ISO 9000系列标准。我国从1993年1月1日起等同采用ISO 9000系列标准。ISO 9000系列标准鼓励组织在制定、实施质量管理体系时采用过程方法，通过识别和管理众多相互关联的活动，以及对这些活动进行系统的管理和严密的监视与控制，以保证顾客能接收到满意的产品。

2. 认证原则

企业质量体系认证实行自愿认证制，即企业质量体系认证为自愿申请的原则，企业是否申请认证，由企业自主决定。自愿认证的主要目的在于提高认证的自觉性，发挥市场机制的调节作用，同时为公正认证创造客观条件。

3. 认证机构

企业质量体系认证由国务院产品质量监督管理部门实施统一管理。承担企业质量体系认证具体工作的认证机构，必须经过国家技术监督局认可，或者经过国家技术监督局授权的部门认可，方具有开展认证工作的资格。

4. 认证对象

企业质量认证体系的对象是企业生产经营管理的职权、职责、生产过程、目标和企业的组织系统，该标志只能在企业用，而不能用在产品上。

（二）产品质量认证制度

产品质量认证，是指依据具有国际水平的产品标准和技术要求，经过认证机构确认并通过颁发产品质量认证证书和产品质量认证标志的形式，证明产品符合相应标准技术要求的活动。

我国参照国际先进的产品标准和技术要求，推行产品质量认证制度。企业根据自愿原则，可以向认证机构申请产品质量认证。经认证合格的，由认证机构颁发产品质量认证证书，准许企业在产品或者其包装上使用产品质量认证标志。产品质量认证制度的具体实施，依据国务院 1991 年 5 月 7 日发布的《产品质量认证管理条例》和 1992 年 1 月 23 日国家技术监督局发布的《产品质量认证委员会管理办法》、《产品质量认证质量体系检查员和检验机构评审员管理办法》、《产品质量认证证书和认证标志管理办法》以及 2001 年 12 月国家质量监督检验检疫总局发布的《强制性产品认证管理规定》等相关规定进行。

我国产品质量认证制度的基本内容包括：

1. 认证对象

凡经过加工、制作，用于销售的产品，有国家标准、行业标准的，除建设工程、军工产品外，均属产品质量认证的对象。我国目前开展产品质量认证的对象主要包括电工产品、电动玩具、电线电缆、低压电器、电子元器件、水泥、橡胶避孕套、汽车安全玻璃等产品。开展认证的具体产品目录由国家质量技术监督检验检疫总局根据实际需要和认证机构的组建情况，予以确定，适时向社会公布。

2. 认证依据

根据我国《标准化法》、《产品质量认证管理条例》及其实施办法等法律、法规的规定，产品质量认证依据的标准应当是具有国际水平的国家标准或行业标准，内容除包括产品性能指标外，还包括产品检验方法和综合判定准则；若现行国家标准或行业标准内容不能满足认证需要的，还应由认证委员会组织制定补充技术要求。凡经国务院标准化组织行政主管部门批准加入相应国际认证组织的认证委员会，其认证依据的标准，应当采用该组织公布的并已转化为我国国家标准或行业标准的标准。现行国家标准、行业标准和国际标准有差异的，按国家有关规定办理。认证委员会经国务院标准化行政主管部门批准，与外国认证机构签订的双边或多边认证合作协议所涉及的产品，可以按照合作协议规定的标准开展认证工作。

3. 认证形式

我国产品质量认证采用国际上通行的第三方认证制度，即由认证机构作为独立于生产方和购买方之外的第三方机构，公正地证明某一产品的质量符合规定的标准。产品质量认证包括自愿认证和强制认证两种形式。

（1）自愿认证。企业根据自愿原则可以向国务院产品质量监督部门认可的或者国务院产品质量监督部门授权的部门认可的认证机构申请产品质量认证。根据《产品质量法》的规定，产品质量认证由国务院产品质量监督部门认可的或者国务院产品质量监督部门授权的部门认可的认证机构承担。

（2）强制认证。2001 年 12 月发布、并于 2002 年 5 月 1 日起施行的《强制性产品认证管理规定》，对涉及人类健康和安全、动植物生命和健康及环境保护和公共安全的产品实行强制性认证制度。列入第一批《实施强制性产品认证的产品目录》的有 19 类 132 种产品。自 2003 年 8 月 1 日起，对列入目录的产品，凡未获得强制性产品认证证书和未加示“CCC”强制性认证标志的产品，不得出厂、进口和销售。

4. 认证种类

我国产品质量认证分为合格认证和安全认证两种。实行安全认证的产品，必须符合《标准化法》中有关强制性标准的要求；实行合格认证的产品，必须符合《标准化法》规定的国际标准或行业标准的要求。

5. 认证的条件、程序

根据规定，中国企业、外国企业均可提出认证申请。提出申请的企业应具备以下条件：①经营者自认为其产品符合国家标准或者行业标准的要求；②产品质量稳定，能正常批量生产；③生产企业的质量体系符合国家质量管理和质量保证标准及补充要求。

办理认证的程序是：①申请；②产品审查；③企业质量体系审查；④批准。

6. 认证的法律后果

对于认证合格的产品，认证机构发给相应的认证标志和认证书，并准许企业在产品或其包装上使用产品质量的认证标志；除接受国家法律和行政法规规定的检查外，免于其他检查，并享有优质优价、优先推荐参加国优产品评定等优惠条件。

（三）产品质量监督检查制度

产品质量监督，是指产品质量监督机构对产品质量所作的检查、评价、鉴定等一系列活动的总称。这是政府有关部门依法对产品生产、流通领域内的产品质量推行的一种强制性监督检查措施，也是督促企业提高产品质量的一种有效办法。我国产品质量监督检查制度的主要内容包括：

1. 监督检查的方法

国家对产品质量实行以抽查为主要方式的监督检查制度，即根据监督抽查的需要，不得事先通知企业，对其产品进行检验。抽查的样品应当在市场上或者企业成品仓库内的待销产品中随机抽取。对依法进行的产品质量监督检查，生产者、销售者不得拒绝。生产者、销售者对抽查检验的结果有异议的，可自收到检验结果之日起 15 日内向实施监督抽查的产品质量监督部门或其上级产品质量监督部门申请复检，由受理复检的产品质量监督部门作出复检结论。为防止借抽查之名加重被检查人的负担，《产品质量法》规定，检验抽取样品的数量不得超过检验的合理需要，并不得向检查人收取检验费用，监督抽查所需检验费用按照国务院规定列支。

2. 监督抽查的产品类型

监督抽查的产品主要有三类：①可能危及人体健康或人身、财产安全的产品，如食品、药品、易燃易爆品、医疗器械、压力容器等；②影响国计民生的重要工业产品，如钢材、水泥、机电产品、农药、化肥等；③消费者或有关组织反映有质量问题的产品。

3. 监督抽查的组织实施

监督抽查工作由国务院产品质量监督部门规划和组织，县级以上地方产品质量监督部门在本行政区域内也可以组织抽查。但是，为避免重复抽查，国家监督抽查的产品，地方不得另行重复抽查；上级监督抽查的产品，下级不得另行重复抽查。应予以注意的是，下级监督抽查的产品，上级可以进行重复抽查。

4. 抽查结果的信息发布

对监督抽查的结果，《产品质量法》规定，国务院和省、自治区、直辖市人民政府的产品质量监督部门应定期发布其监督抽查的产品质量的状况公告。通过在全国或本省、自治区、直辖市范围内公布信息，使消费者及时了解产品质量状况，充分发挥产品质量抽查的督促作用。

5. 处罚措施

依法进行监督抽查的产品不合格的，由实施监督抽查的产品质量监督部门责令其生产者、销售者限期改正，由省级以上人民政府产品质量监督部门予以公告；公告后经复查仍不合格的，责令停业，限期整顿；整顿期满后经复查产品质量仍不合格的，吊销营业执照。监督抽查的产品有严重质量问题的，依照《产品质量法》规定处罚。

（四）产品召回制度

产品召回制度，是指产品的生产商或者经销商在得知其生产、进口或经销的产品存在可能危害消费者人身、财产安全时，依法向政府部门报告，及时通知消费者，并从市场和消费者手中收回有问题的产品，予以更换、赔偿，消除缺陷产品的危害风险的制度。

1. 产品召回主体

产品召回法律关系主体包括以下三类：

（1）产品召回监管者。由于产品召回需要付出巨大的成本，因此，不是每一个生产者都会主动执行，由此决定了国家监管的重要性和必要性，监管者成为产品召回法律关系中必不可少的主体之一。我国《缺陷汽车产品召回管理规定》规定，国家质量监督检验检疫总局负责全国缺陷汽车召回的组织和管理，其负责管理产品质量，监督生产者召回缺陷产品，当生产者不召回缺陷产品时指令其召回。

（2）产品召回的实施者。产品召回的实施者通常是制造商和进口商。在生产、销售、消费的链条中，生产者位于首要环节，制造商将缺陷产品投入流通领域并最终进入消费领域，是缺陷产品的源头。进口商虽然不是直接的生产者和设计者，但却是将缺陷产品引入本国市场的始作俑者，因此，制造商和进口商开启了危险之源，根据

“开启危险或使之持续者，须采取必要的可期待之保护他人措施”的原则，制造商和进口商理应承担产品召回责任。

（3）产品召回的协助者。缺陷产品从生产者到消费者必经销售渠道，销售商和租赁商是中间环节，因此在产品召回过程中，他们协助制造商和进口商实施缺陷产品警示以及召回。此外，参与产品召回法律关系的主体还包括公布产品召回信息的新闻媒体、对产品召回进行监督的消费者团体以及对缺陷产品进行检验鉴定的中立的权威产品质量鉴定机构等。

2. 产品召回对象

产品召回的对象是存在缺陷的产品。缺陷是产品被召回的原因和理由，是产品召回制度确立的基础，这决定了对产品缺陷的鉴定成为决定产品是否需要召回的关键。以美国为例，在鉴定产品缺陷的时候不仅要看产品是否符合相关法规和标准的要求，还要考虑缺陷类型、缺陷产品的销售量、危险的严重程度、伤害发生的概率等因素，然后分别采取相应的纠正行动和补救措施。

3. 产品召回程序

产品召回有制造商主动召回和政府指令召回两种。不论是哪种情况，召回都需以下几个步骤：

（1）缺陷产品的报告和投诉。缺陷产品的报告和投诉是启动召回程序的首要环节。

（2）初步危害评估。通过进行初步危害评估，以确定产品是否存在实质性危害。

（3）产品缺陷鉴定。产品缺陷鉴定是决定产品是否需要召回的关键。

（4）召回确认和召回计划的制订。经鉴定，产品一旦被认定为有缺陷就会立即通知企业，并要求其制订出切实可行的召回计划。

（5）发布召回信息。发布的渠道可以有多种，网络、电视、广播、报纸等均可，但信息的内容和表现方式应该有确定的要求。

（6）召回实施。由企业对产品进行回收，无论是采取主动召回还是指令召回，有关政府机构都必须进行监督，并要求企业做好详细的召回记录，作为召回验收的重要依据。

（7）验收和召回终结。当监管机构认为缺陷产品对消费者的危害降到了最低限度时，即可确认召回结束。

第三节　生产者与销售者的产品质量义务

一、产品质量义务的概念

产品质量义务，是指产品的生产者和销售者必须为一定质量行为或者不为一定质量行为，以满足消费者利益的需要。各国产品质量立法在确定产品质量义务主体时，通常把重点放在生产者一方，这是因为产品的设计、制造是保证产品质量最重要的环节之一。正因如此，我国《产品质量法》加重了生产者的产品质量义务。但产品的销售者是产品实现其使用价值的中间环节，也应当承担一定的产品质量义务。

二、生产者的产品质量义务

《产品质量法》规定，生产者应当对其生产的产品质量负责，履行法定义务，使其生产的产品符合要求。生产者的产品质量义务包括作为的义务和不作为的义务。

（一）作为的义务

1. 产品质量符合法定要求

《产品质量法》规定，生产者的首要义务是应当对其生产的产品质量负责。产品质量应当符合下列要求：①不存在危及人身、财产安全的不合理危险，有保障人体健康和人身、财产安全的国家标准、行业标准的应当符合该标准；②具备产品应当具备的使用功能，但是对产品存在使用性能的瑕疵作出说明的除外；③符合在产品或者包装上注明采用的产品标准，符合以产品说明、实物样品等方式表明的质量状况。

2. 产品标识符合法定要求

产品标识是表明产品的名称、产地、生产厂厂名、厂址、产品质量状况、保存期限等信息情况的表述和指示。产品标识是产品生产者提供的，可以标注在产品上，也可以标注在产品包装上。其主要作用是表明产品的有关信息，帮助用户、消费者了解产品的质量状况，说明产品的正确使用、保养方法，指导消费。产品标识包装必须符合下列要求：

（1）产品标识必须真实，有产品质量检验合格证明。合格证明包括合格证、合格印章等形式。合格证一般注明检验人员或其代号及检验、出厂日期等事项。一些不便于配带合格证的产品，可用合格印章。

（2）有中文标明的产品名称、生产厂厂名和厂址。产品名称、生产厂厂名和厂址应以中文标识，根据需要也可以附民族文字。生产厂厂名和厂址应与营业执照上载明的内容一致。

（3）按产品特点和使用要求标识。根据产品的不同特点和使用要求，需要标明产品规格、等级、所含主要成分的名称和含量的，用中文相应予以标明。需要事先让消费者知晓的，应当在外包装上标明，或者预先向消费者提供有关资料。

（4）有限期使用产品标识。限制使用的产品应当在显著位置清晰地标明生产日期和安全使用期，或者失效期。对限制使用的产品，可以有两种标注方法：一种是标注生产日期和安全使用期，两者都不可缺少；另一种是可以仅标注失效日期，而不再标注生产日期、保存期、保质期等标识。

（5）有安全使用标识。使用不当容易造成产品本身损坏或者可能危及人身、财产安全的产品，应当有警告标志或者中文警示说明。警示标志一般以剧毒、危险、易燃、易爆等专用图形标志表示。警示说明可以理解为用中文标注的注意事项，一般标注在产品或产品说明书、产品外包装上。

（6）产品标识例外规定。裸装食品和其他根据产品的特点难以附加标志的裸装产品可以不附加标识，如商店销售的散装饼干、白糖，没有包装的食品及日用杂品等。

3. 特殊产品包装符合要求

危险物品、储运中不能倒置和其他有特殊要求的产品属于特殊产品，包括易碎、易燃、易爆、剧毒、有腐蚀性、有放射性物品及储运中不能倒置和其他有特殊要求的产品。对特殊产品的包装必须符合相应的要求，依照国家有关规定作出警示标志或中文警示说明，标明储运注意事项。

（二）不作为的义务

生产者除了要履行以上产品质量方面的作为义务外，法律还规定生产者负有以下不作为义务：①不得生产国家明令淘汰的产品；②不得伪造产地，不得伪造或者冒用他人的厂名、厂址；③不得伪造或者冒用认证标志、名优标志等质量标志；④不得掺杂、掺假，不得以假充真、以次充好，不得以不合格产品冒充合格产品。

三、销售者的产品质量义务

根据我国《产品质量法》的规定，销售者应当对销售的产品负责，在产品质量方面负有以下作为和不作为的义务。

（一）作为的义务

1. 建立并执行进货检查验收制度

销售者应当在进货时对货物质量进行严格检查，验明产品合格证明和其他标识。该制度相对消费者及国家市场管理秩序而言是销售者的义务，相对供货商而言则是销售者的权利。严格执行进货验收制度，可以防止不合格产品或假冒伪劣产品进入流通领域，可以为准确判断和区分生产者及销售者的产品质量责任提供依据。

2. 采取措施，保护销售产品的质量

销售者进货后应当对保证产品质量负责，以防止产品变质、腐烂，丧失或降低使用性能，产生危害人身、财产的瑕疵等。如果进货时的产品符合质量要求，销售时发生质量问题的，销售者应当承担相应的责任。

3. 产品标识应当符合法定要求

销售者在销售产品时，应保证产品标识符合产品质量法对产品标识的要求，符合进货时验收的状态，不得更改、覆盖、涂抹产品标识，以保证产品标识的真实性。

（二）不作为的义务

销售者不得违反法律的禁止性规定，包括：①销售者不得销售国家明令淘汰并停止销售的产品和失效、变质的产品；②销售者不得伪造产地，不得伪造或者冒用他人的厂名、厂址；③销售者不得伪造或者冒用认证标志等质量标志；④销售者销售产品，不得掺杂、掺假，不得以假充真、以次充好，不得以不合格产品冒充合格产品。

第四节 违反产品质量法的法律责任

一、产品质量民事责任

产品质量民事责任包括两种：产品瑕疵责任和产品缺陷责任。损害赔偿是解决产品民事纠纷的主要方式。当生产者和销售者违法提供瑕疵产品，或者提供存在缺陷的产品造成使用者和消费者损害的，应当依法予以赔偿。

（一）产品瑕疵责任

产品瑕疵责任也称产品质量的合同责任，是指合同当事人违反对产品质量所作的承诺或保证所应当承担的法律后果。产品瑕疵责任的主体是销售者。销售者出售的产品有以下情形的，应承担产品瑕疵责任：①不具备产品应当具备的使用性能而事先未作说明的；②不符合在产品或者其包装上注明采用的产品标准的；③不符合以产品说明、实物样品等方式表明的质量状况的。

销售者应根据不同情况分别负责承担修理、更换、退货、赔偿损失等不同的责任。销售者拖延或拒绝承担上述民事责任的，由产品质量监督部门或者工商行政管理部门责令改正。销售者依照规定负责修理、更换、退货、赔偿损失后，属于生产者的责任或者属于向销售者提供产品的其他销售者的责任的，销售者有权向生产者、供货者追偿。

（二）产品缺陷责任

产品缺陷责任也称产品侵权损害赔偿责任，是指由于产品缺陷造成消费者、使用者或者其他受害人人身、财产损害，依法应承担的损害赔偿的法律后果。产品责任成立的前提是产品存在缺陷，产品缺陷包括制造缺陷、设计缺陷和警告缺陷；产品没有缺陷，则不构成产品责任。产品缺陷责任的主体是缺陷产品的生产者或者销售者。

1. 产品缺陷责任的责任归属

（1）生产者的赔偿责任。因产品存在缺陷造成人身伤害，或造成缺陷产品以外的其他财产损害的，生产者应当承担赔偿责任。但是生产者若能证明有下列情况之一的，不承担赔偿责任：①未将产品投入流通的；②产品投入流通时，引起损害的缺陷尚不存在的；③将产品投入流通时的科学技术水平尚不能发现缺陷的存在。此外，由于使用人或第三人的过错造成人身伤害的，生产者也不承担责任。

（2）销售者的赔偿责任。由于销售者的过错使产品存在缺陷，造成人身或他人财产损害的，销售者应承担赔偿责任；销售者不能指明缺陷产品的生产者，也不能指明缺陷产品的供货者时，销售者应当承担赔偿责任。在销售者过错的认定上，销售者负有举证责任，不能举证则推定为销售者有过错，应当承担赔偿责任。

为了便于用户、消费者行使权利，《产品质量法》规定生产者和销售者之间负连带赔偿责任。因产品质量缺陷造成的人身、财产损害的，受害人可以向产品的生产者要求赔偿，也可以向产品的销售者要求赔偿。属于产品生产者的责任，产品的销售者赔偿的，产品的销售者有权向产品的生产者追偿。属于销售者的责任，产品的生产者赔偿的，产品的生产者有权向产品的销售者追偿。

2. 产品缺陷责任的赔偿范围

（1）人身损害赔偿范围。人身损害赔偿分为三种情况：①因产品存在缺陷造成受害人人身伤害的，侵害人应当赔偿医疗费、治疗期间的护理费、因误工减少的收入等费用；②造成残疾的，还应当支付残疾者生活自助具费、生活补助费、残疾赔偿金以及由其扶养的人所必需的生活费等费用；③造成受害人死亡的，并应当支付丧葬费、死亡赔偿金以及由死者生前扶养的人所必需的生活费等费用。

（2）财产损害赔偿范围。财产损失，是指侵害人因产品缺陷给受害人财产权益造成的损失。《产品质量法》规定，因产品存在缺陷造成受害人财产损失的，侵害人应当恢复原状或者折价赔偿。受害人因此遭受其他重大损失的，侵害人应当赔偿损失。

3. 产品缺陷责任的诉讼时效

《产品质量法》规定，因产品存在缺陷造成损害要求赔偿的诉讼时效期间为2年，自当事人知道或者应当知道其权益受到损害时起计算。因产品存在缺陷造成损害要求赔偿的请求权，在造成损害的缺陷产品交付最初消费者满10年丧失；但是，尚未超过明示的安全使用期的除外。

二、产品质量行政责任

产品质量行政责任，是指产品的生产者、销售者因其违反产品质量法律、法规所规定的义务，实施了扰乱国家对产品质量管理的正常秩序，但是尚未构成刑事犯罪的行为所应当承担的后果。违反产品质量法的行政责任的种类主要有：责令停止生产、销售，没收违法所得，罚款，吊销营业执照等。产品质量行政处罚权由产品质量监督部门、工商行政管理部门行使。

我国《产品质量法》对产品质量的行政责任作出了一系列的规定：

（1）生产、销售不符合保障人体健康和人身、财产安全的国家标准、行业标准的产品的，责令停止生产、销售，没收违法生产、销售的产品，并处违法生产、销售产品货值金额1倍以上3倍以下的罚款；有违法所得的，并处没收违法所得；情节严重的，可以吊销营业执照。

（2）在产品中掺杂、掺假，以假充真，以次充好，或者以不合格产品冒充合格产品的，责令停止生产、销售，没收违法生产、销售的产品，并处违法生产、销售产品货值金额50%以上3倍以下的罚款；有违法所得的，并处没收违法所得；情节严重的，吊销营业执照。

（3）生产国家明令淘汰的产品的，销售国家明令淘汰并停止销售的产品的，责令停止生产、销售，没收违法生产、销售的产品，并处违法生产、销售产品货值金额等值以下的罚款；有违法所得的，并处没收违法所得；情节严重的，吊销营业执照。

（4）销售失效、变质的产品的，责令停止销售，没收违法销售的产品，并处违法销售产品货值金额2倍以下的罚款；有违法所得的，并处没收违法所得；情节严重的，吊销营业执照；构成犯罪的，依法追究刑事责任。

（5）伪造产品产地的，伪造或者冒用他人厂名、厂址的，伪造或者冒用认证标志等质量标志的，责令改正，没收违法生产、销售的产品，并处违法生产、销售产品货值金额等值以下的罚款；有违法所得的，并处没收违法所得；情节严重的，吊销营业执照。

（6）产品标识不符合《产品质量法》规定的，责令改正；有包装的产品标识不符合《产品质量法》规定，情节严重的，责令停止生产、销售，并处违法生产、销售产品货值金额30%以下的罚款；有违法所得的，并处没收违法所得。

（7）伪造检验数据或者检验结论的，责令其改正，可以处以罚款；情节严重的，吊销营业执照。

（8）从事产品质量监督管理的国家工作人员滥用职权、玩忽职守、徇私舞弊，尚未构成犯罪的，给予行政处分。

（9）拒绝、阻碍从事产品质量监督管理的国家工作人员依法执行职务，未使用暴力、威胁方法的，由公安机关依照《治安管理处罚法》的规定处罚。

三、产品质量刑事责任

产品质量刑事责任，是指生产者、销售者违反《产品质量法》的规定，实施了构成犯罪的行为所应承担的后果。我国《产品质量法》规定，生产、销售不符合保障人体健康、保障人身和财产安全的国家标准和行业标准的产品，构成犯罪的，依法追究刑事责任，我国《刑法》也专门规定了“生产、销售伪劣商品罪”。

此外，产品质量检验机构、认证机构伪造检验结果或出具虚假证明构成犯罪的，追究刑事责任。产品质量监督部门或工商行政管理部门的工作人员滥用职权、玩忽职守、徇私舞弊构成犯罪的，依法追究刑事责任。

四、产品质量纠纷的处理程序

产品质量纠纷，是指因产品质量而引起的有关当事人之间的争执，包括合同中的质量纠纷、因产品质量而发生的侵权纠纷、因行政机关处理产品问题而引起的争议等。

《产品质量法》规定，因产品质量发生民事纠纷时，当事人可以通过协商或者调解解决。当事人不愿通过协商、调解解决或者协商、调解不成的，可以根据当事人之间的协议向仲裁机构申请仲裁；当事人各方没有达成仲裁协议的，可以向人民法院起诉。

《产品质量法》授权产品质量监督管理部门、工商行政管理部门和其他有关部门对用户、消费者的申诉负责处理，主要的形式为行政调解。产品质量纠纷的仲裁由仲裁委员会受理。对产品质量问题的权益争议，可以通过民事诉讼程序处理。对产品质量问题的行政争议，可以通过行政复议或行政诉讼来解决。

复习思考题

1. 产品质量法所确认的产品范围有哪些?
2. 产品质量法的原则有哪些?
3. 产品质量监督制度有哪些主要内容?
4. 生产者对产品质量负有哪些义务?
5. 如何判定产品质量法律责任?

第十一章 证券法

第一节 证券法概述

一、证券的概念和种类

（一）证券的概念和特征

1. 证券的概念

证券是记载并代表一定权利的法律凭证的统称。证券有广义与狭义之分。广义的证券，是指权利凭证，即用来证明证券持有者有权按其记载内容取得相应权益的凭证，包括金券、资格证券和有价证券。①金券是标明一定金额，只能为一定目的而使用，是权利与证券密不可分的一种证券，如邮票等。②资格证券是表明证券持有人具有行使一定权利的资格的证券。证券持有人可凭所持证券向义务人行使一定权利，义务人向权利人履行义务后，即可免除责任，如车票、储蓄存单等。③有价证券就是表示一定民事权利，权利的行使以持有证券为必要条件的一种证券，包括商品证券（如提单、仓单）、货币证券（如汇票、本票、支票）和资本证券（如股票、债券）。狭义的证券专指资本证券，是指代表对一定资本所有权和一定利益分配请求权的书面凭证。《中华人民共和国证券法》（以下简称《证券法》）所规范的证券就是狭义的证券。

2. 证券的特征

（1）证券是一种投资凭证。证券作为投资者权利的载体，可以证明投资者的投资，同时代表了投资者的权利，投资者可以行使凭证上的一切权利。

（2）证券是一种可转让的权利凭证。证券持有者可以随时将证券转让出卖，以实现自身权利。证券的可转让性，即流通性，是证券的本质属性。

（3）证券是标准化权利凭证。证券发行人同次发行的同种证券，在每份权利证书的记载格式、记载内容和事项以及所代表的权利等方面，应当整齐划一。

（4）证券是一种具有风险性的凭证。证券投资者的收益与亏损取决于证券发行人的经营业绩，不同的证券其风险不同。

（二）证券的种类

根据我国《证券法》的规定，证券主要有以下几种：

1. 股票

股票是股份有限公司发行的，用以证明投资者的股东身份和权益，并据以获得股息或红利的可转让的书面凭证。

2. 公司债券

公司债券是指公司依照法定程序发行，约定在一定期限内还本付息的有价证券。

3. 政府债券

政府债券是指中央政府或地方政府为筹措财政资金，凭借其信誉按照一定程序向投资者出具的承诺到期偿还本息的债务凭证。

4. 证券投资基金

基金是一种利益共享、风险共担的集合投资方式，即通过公开发行基金单位，募集社会公众投资者的资金，交由专门管理机构营运，用于证券投资并盈利的一种形式。

5. 证券衍生品种

证券衍生品种是指在证券基础上衍生出来的各种证券交易品种的总称。如股票指数、股票权证、股指期货等。

二、证券法的概念和适用范围

（一）证券法的概念

证券法是调整证券市场的参与者在证券的募集、发行、交易、服务、监督管理过程中所发生的经济关系的法律规范的总称。我国《证券法》于 1998 年 12 月 29 日通过，并于 1999 年 7 月 1 日起实施。2005 年 10 月 27 日对《证券法》进行了修订，自 2006 年 1 月 1 日起施行。此外，其他有关证券管理的法律、法规还有《公司法》、《股票发行与交易管理暂行条例》、《上市公司收购管理办法》、《证券交易所管理办法》、《证券投资基金法》等。

（二）证券法的适用范围

《证券法》第二条规定：在中华人民共和国境内，股票、公司债券和国务院依法认定的其他证券的发行和交易，适用本法；本法未规定的，适用《中华人民共和国公司法》和其他法律、行政法规的规定。政府债券、证券投资基金份额的上市交易，适用本法；其他法律、行政法规有特别规定的，适用其规定。证券衍生品种发行、交易的管理办法，由国务院依照本法的原则规定。可见，我国《证券法》的适用范围包括我国境内发行和交易的股票、公司债券、证券衍生品种、国务院依法认定的其他证券；上市交易的政府债券、证券投资基金。

三、证券法的基本原则

（一）公开原则

公开原则要求公司和有关单位必须真实、准确和完整地披露与证券发行和交易有关的各种重要信息，避免任何信息披露中的虚假陈述、重大误导和遗漏。

（二）公平原则

公平原则是指在证券发行和证券交易中双方当事人的法律地位、法律待遇、法律保护平等，以及所有市场参与者的机会平等。

（三）公正原则

公正原则是指在证券发行和交易中，证券监管机关和司法机关应公正地适用法律法规，对当事人应公正平等对待，不偏袒任何一方。

（四）诚信原则

诚信原则要求证券当事人在证券发行和交易活动中不欺诈，以最大的善意从事证券活动，任何人不得滥用权力，禁止欺诈行为、禁止内幕交易、禁止操纵市场、禁止一切误导、损害他人利益的行为。

（五）效率与安全兼顾原则

效率原则体现为社会资源的有效配置以及证券发行与交易的顺畅与便捷。证券市场充满风险与投机因素，这使得强调交易安全显得尤为重要。因此，保持证券市场的有序运转，协调各类投资者之间的利益关系，是证券法的目标，也是效率的核心。

第二节 证券发行

一、证券发行的概念和分类

（一）证券发行的概念

证券发行，是指证券发行人依照法定程序将自己的证券出售并交付给投资者的行为。证券发行有公开发行与非公开发行之分。公开发行证券，必须符合法律、行政法规规定的条件，并依法报经国务院证券监督管理机构或者国务院授权的部门核准；未经依法核准，任何单位和个人不得公开发行证券。

（二）证券发行的分类

证券发行根据不同的标准，可划分为不同的种类：

1. 股票发行与债券发行

依证券发行种类，可分为股票发行与债券发行。

2. 公开发行和不公开发行

依证券发行对象是否特定，可分为公开发行和不公开发行。公开发行是指将证券发行给非特定投资者的方式；不公开发行是指发行人依法向特定人发行证券的方式。

3. 直接发行和间接发行

依证券发行是否通过证券承销机构，可分为直接发行和间接发行。直接发行是指证券发行人不委托专门证券发行机构，而是自己组织发行工作；间接发行是证券发行人通过证券发行机构具体办理证券发行事宜的方式。

4. 平价发行、溢价发行和折价发行

依证券发行价格与证券票面金额的关系，可分为平价发行、溢价发行和折价发行。

平价发行是指证券的市场发行价格等于证券的票面金额；溢价发行是指证券的市场发行价格高于证券的票面金额；折价发行是指证券的市场发行价格低于证券的票面金额。

二、证券发行的条件

（一）股票的发行条件

1. 设立发行股票的条件

设立股份有限公司公开发行股票，应当符合《公司法》规定的条件和经国务院批准的国务院证券监督管理机构规定的其他条件。

2. 发行新股的条件

公司公开发行新股，应当符合下列条件：①具备健全且运行良好的组织机构；②具有持续盈利能力，财务状况良好；③最近 3 年财务会计文件无虚假记载，无其他重大违法行为；④经国务院批准的国务院证券监督管理机构规定的其他条件。上市公司非公开发行新股，应当符合经国务院批准的国务院证券监督管理机构规定的条件，并报国务院证券监督管理机构核准。

（二）公司债券的发行条件

1. 公开发行公司债券的条件

公司发行债券需符合以下条件：①股份有限公司的净资产额不低于人民币 3000 万元，有限责任公司的净资产额不低于人民币 6000 万元；②累计债券余额不超过公司净资产额的 40%；③最近 3 年平均可分配利润足以支付公司债券 1 年的利息；④筹集的资金投向符合国家产业政策；⑤债券的利率不超过国务院限定的利率水平；⑥国务院规定的其他条件。公开发行公司债券筹集的资金，必须用于核准的用途，不得用于弥补亏损和非生产性支出。

2. 不得再次公开发行公司债券的情形

有下列情形之一的，不得再次公开发行公司债券：①前一次公开发行的公司债券尚未募足；②对已公开发行的公司债券或者其他债务有违约或者延迟支付本息的事实，仍处于继续状态；③违反本法规定，改变公开发行公司债券所募资金的用途。

三、证券发行的程序

（一）股东（大）会决议

1. 股票发行的决议

对于设立发行而言，股份有限公司尚未成立，无须股东大会决议。对于新股发行，股东大会需作出增资决议，该决议为特别决议，需经出席会议的股东所持表决权 2/3 以上通过。

2. 公司债券发行的决议

对于发行公司债券，无论是首次发行还是再次发行，均需股东（大）会作出决议。

（二）发行准备

1. 股票发行

发行人应聘请会计师事务所、资产评估机构、律师事务所等专业性机构，对其资信、资产、财务状况进行审定、评估和就有关事项出具法律意见书。选择证券公司，与其订立承销协议。选择代收股款的银行，签订股款代收协议。

2. 公司债券发行

公司应制作公司债券募集办法，该办法中应当载明下列主要事项：①公司名称；②债券募集资金的用途；③债券总额和债券的票面金额；④债券利率的确定方式；⑤还本付息的期限和方式；⑥债券担保情况；⑦债券的发行价格、发行的起止日期；⑧公司净资产额；⑨已发行的尚未到期的公司债券总额；⑩公司债券的承销机构。

（三）保荐人的推荐

发行人申请公开发行股票、可转换为股票的公司债券，依法采取承销方式的，或者公开发行法律、行政法规规定实行保荐制度的其他证券的，应当聘请具有保荐资格的机构担任保荐人。保荐人应当遵守业务规则和行业规范，诚实守信，勤勉尽责，对发行人的申请文件和信息披露资料进行审慎核查，督导发行人规范运作。

（四）证券发行的申请

申请发行证券的，发行人应向国务院证券监督管理机构或者国务院授权的部门报送证券发行申请文件，报送的文件必须真实、准确、完整。

1. 股票发行的申请文件

设立股份有限公司公开发行股票，应当向国务院证券监督管理机构报送募股申请和下列文件：①公司章程；②发起人协议；③发起人姓名或者名称，发起人认购的股份数、出资种类及验资证明；④招股说明书；⑤代收股款银行的名称及地址；⑥承销机构名称及有关的协议。公司公开发行新股，除上述文件外，还应当向国务院证券监督管理机构报送募股申请和下列文件：①公司营业执照；②股东大会决议；③财务会计报告；④依照本法规定聘请保荐人的，还应当报送保荐人出具的发行保荐书。

2. 公司债券发行的申请文件

申请公开发行公司债券，应当向国务院授权的部门或者国务院证券监督管理机构报送下列文件：①公司营业执照；②公司章程；③公司债券募集办法；④资产评估报告和验资报告；⑤国务院授权的部门或者国务院证券监督管理机构规定的其他文件。依照《证券法》规定聘请保荐人的，还应当报送保荐人出具的发行保荐书。

（五）证券发行的核准

公开发行证券，必须依法报经国务院证券监督管理机构或者国务院授权的部门核准；未经依法核准，任何单位和个人不得公开发行证券。有关部门应当自受理证券发行申请文件之日起3个月内，依照法定条件和法定程序作出予以核准或者不予核准的决定；不予核准的，应当说明理由。

（六）信息公开

证券发行申请经核准，发行人应当依照法律、行政法规的规定，在证券公开发行前，公告公开发行募集文件，并将该文件置备于指定场所供公众查阅。发行证券的信息依法公开前，任何知情人不得公开或者泄露该信息。发行人不得在公告公开发行募集文件前发行证券。

（七）证券发售与交付

发行人在公告募集文件后，方可发售证券。对于依法应采用承销方式的，需由证券公司进行承销，不得直接发行。证券募足后，公司即应向持有人交付证券。

四、证券发行的承销

证券承销，是指由证券公司作为承销商根据其与证券发行人签订的协议，帮助证券发行人公开销售证券，证券发行人为此向其支付报酬或手续费的行为。发行人向不特定对象公开发行的证券，法律、行政法规规定应当由证券公司承销的，发行人应当同证券公司签订承销协议。

（一）证券承销的方式

证券承销业务采取代销或者包销方式。证券代销是指证券公司代发行人发售证券，在承销期结束时，将未售出的证券全部退还给发行人的承销方式。证券包销是指证券公司将发行人的证券按照协议全部购入或者在承销期结束时将售后剩余证券全部自行购入的承销方式。

（二）证券承销的规则

证券承销需遵循以下规则：

（1）公开发行证券的发行人有权依法自主选择承销的证券公司。证券公司不得以不正当竞争手段招揽证券承销业务。

（2）证券公司承销证券，应当对公开发行募集文件的真实性、准确性、完整性进行核查；发现有虚假记载、误导性陈述或者重大遗漏的，不得进行销售活动；已经销售的，必须立即停止销售活动，并采取纠正措施。

（3）向不特定对象公开发行的证券票面总值超过人民币 5000 万元的，应当由承销团承销。承销团应当由主承销和参与承销的证券公司组成。

（4）证券的代销、包销期限最长不得超过 90 日。

（5）证券公司在代销、包销期内，对所代销、包销的证券应当保证先行出售给认购人，证券公司不得为本公司预留所代销的证券和预先购入并留存所包销的证券。

第三节　证券交易

证券交易即证券买卖，是证券持有人依照交易规则将证券转让给其他投资者的行为。

一、证券交易的方式及规则

（一）证券交易的方式

证券交易方式有两种形式，即集中竞价交易和非集中竞价交易。

1. 集中竞价交易

集中竞价交易是证券交易所内进行证券买卖的一种交易方式，是指两个以上的买方和两个以上的卖方通过公开竞价形式来确定证券买卖价格的情形。在这种形式下，既有买者之间的竞争，也有卖者之间的竞争，买卖各方都有比较多的人员。集中竞价时，当买者一方中的人员提出的最高价和卖者一方的人员提出的最低价相一致时，证券的交易价格就已确定，其买卖就可成交。

2. 非集中竞价交易

场外交易一般都采用非集中竞价交易方式，即按照一对一的交易方式确定证券价格，交易价格主要取决于双方协商一致。

（二）证券交易的规则

1. 合法性

证券交易当事人依法买卖的证券，必须是依法发行并交付的证券。非依法发行的证券，不得买卖。

2. 限定期内禁止买卖

依法发行的股票、公司债券及其他证券，法律对其转让期限有限制性规定的，在限定的期限内不得买卖。主要包括以下两种情形：

（1）发起人持有的本公司股份，自公司成立之日起 1 年内不得转让。公司公开发行股份前已发行的股份，自公司股票在证券交易所上市交易之日起 1 年内不得转让。

（2）公司董事、监事、高级管理人员应当向公司申报所持有的本公司的股份及其变动情况，在任职期间每年转让的股份不得超过其所持有本公司股份总数的 25%；所持本公司股份自公司股票上市交易之日起 1 年内不得转让。上述人员离职后半年内，不得转让其所持有的本公司股份。公司章程可以对公司董事、监事、高级管理人员转让其所持有的本公司股份作出其他限制性规定。

3. 交易场所

依法公开发行的股票、公司债券及其他证券，应当在依法设立的证券交易所上市交易或者在国务院批准的其他证券交易场所转让。

4. 交易方式

证券在证券交易所上市交易，应当采用公开的集中交易方式或者国务院证券监督管理机构批准的其他方式。证券交易以现货和国务院规定的其他方式进行交易。

5. 特定人员禁止持有和买卖股票

证券交易所、证券公司和证券登记结算机构的从业人员、证券监督管理机构的工作人员以及法律、行政法规禁止参与股票交易的其他人员，在任期或者法定限期内，不得直接或者以化名、借他人名义持有、买卖股票，也不得收受他人赠送的股票。任何人在成为上述所列人员时，其原已持有的股票，必须依法转让。

6. 证券服务机构和人员买卖股票的限制

为股票发行出具审计报告、资产评估报告或者法律意见书等文件的证券服务机构和人员，在该股票承销期内和期满后 6 个月内，不得买卖该种股票。除此以外，为上市公司出具审计报告、资产评估报告或者法律意见书等文件的证券服务机构和人员，自接受上市公司委托之日起至上述文件公开后 5 日内，不得买卖该种股票。

7. 保守客户账户秘密

证券交易所、证券公司、证券登记结算机构必须依法为客户开立的账户保密。

8. 合理收费规则

证券交易的收费必须合理，并公开收费项目、收费标准和收费办法。证券交易的收费项目、收费标准和管理办法由国务院有关主管部门统一规定。

二、证券上市

证券上市，是指公开发行的有价证券，依据法定条件和程序，在证券交易所或其他依法设立的交易市场公开挂牌交易的行为。

（一）证券上市的条件

1. 股票上市的条件

股份有限公司申请股票上市，应当符合下列条件：①股票经国务院证券监督管理机构核准已公开发行；②公司股本总额不少于人民币 3000 万元；③公开发行的股份达到公司股份总数的 25% 以上；公司股本总额超过人民币 4 亿元的，公开发行股份的比例为 10% 以上；④公司最近 3 年无重大违法行为，财务会计报告无虚假记载。经国务院证券监督管理机构批准证券交易所可以规定高于证券法规定的上市条件。

2. 债券上市的条件

公司申请公司债券上市交易，应当符合下列条件：①公司债券的期限为 1 年以上；②公司债券实际发行额不少于人民币 5000 万元；③公司申请债券上市时仍符合法定的公司债券发行条件。

（二）证券上市程序

1. 股票上市的程序

（1）申请核准。股份有限公司股票经证券监管部门核准公开发行后，申请上市交易，须经证券交易所审核。申请股票上市交易，应当向证券交易所报送下列文件：

①上市报告书；②申请股票上市的股东大会决议；③公司章程；④公司营业执照；⑤依法经会计师事务所审计的公司最近3年的财务会计报告；⑥法律意见书和上市保荐书；⑦最近一次的招股说明书；⑧证券交易所上市规则规定的其他文件。

（2）签署上市协议。上市公司应与证券交易所签订上市协议。

（3）上市公告。股票上市交易申请经证券交易所审核同意后，签订上市协议的公司应当在规定的期限内公告股票上市的有关文件，并将该文件置备于指定场所供公众查阅。签订上市协议的公司除公告上述规定的文件外，还应当公告下列事项：①股票获准在证券交易所交易的日期；②持有公司股份最多的前10名股东的名单和持股数额；③公司的实际控制人；④董事、监事、高级管理人员的姓名及其持有本公司股票和债券的情况。

（4）挂牌交易。股票在证券交易所挂牌交易，标志着股票正式上市。

2. 公司债券上市程序

（1）申请核准。申请公司债券上市交易，应当向证券交易所报送下列文件：①上市报告书；②申请公司债券上市的董事会决议；③公司章程；④公司营业执照；⑤公司债券募集办法；⑥公司债券的实际发行数额；⑦证券交易所上市规则规定的其他文件。申请可转换为股票的公司债券上市交易，还应当报送保荐人出具的上市保荐书。

（2）签署协议及上市公告。公司债券上市交易申请经证券交易所审核同意后，签订上市协议的公司应当在规定的期限内公告公司债券上市文件及有关文件，并将其申请文件置备于指定场所供公众查阅。

（三）证券上市的暂停与终止

证券上市暂停，是指证券发行人出现了法定原因时，其上市证券暂时停止在证券交易所挂牌的情形。暂停的原因消除后，证券可恢复上市。证券上市的终止，是指证券发行人出现了法定原因后，其上市证券被取消上市资格，不能在证券交易所继续挂牌交易的情形。终止上市原因消除后，需要重新申请证券上市。

1. 股票上市暂停与终止

（1）股票上市的暂停。上市公司有下列情形之一的，由证券交易所决定暂停其股票上市交易：①公司股本总额、股权分布等发生变化不再具备上市条件；②公司不按照规定公开其财务状况，或者对财务会计报告做虚假记载，可能误导投资者；③公司有重大违法行为；④公司最近3年连续亏损；⑤证券交易所上市规则规定的其他情形。

（2）股票上市的终止。上市公司有下列情形之一的，由证券交易所决定终止其股票上市交易：①公司股本总额、股权分布等发生变化不再具备上市条件，在证券交易所规定的期限内仍不能达到上市条件；②公司不按照规定公开其财务状况，或者对财务会计报告做虚假记载，且拒绝纠正；③公司最近3年连续亏损，在其后一个年度内未能恢复盈利；④公司解散或者被宣告破产；⑤证券交易所上市规则规定的其他情形。

2. 公司债券上市暂停与终止

（1）债券上市的暂停。公司债券上市交易后，公司有下列情形之一的，由证券交易所决定暂停其公司债券上市交易：①公司有重大违法行为；②公司情况发生重大变化不符合公司债券上市条件；③公司债券所募集资金不按照核准的用途使用；④未按照公司债券募集办法履行义务；⑤公司最近2年连续亏损。

（2）债券上市的终止。公司有下列情形之一的，由证券交易所决定终止其公司债券上市交易：①公司有重大违法行为，经查实后果严重的；②公司情况发生重大变化不符合公司债券上市条件，在限期内未能消除的；③公司债券所募集资金不按照核准的用途使用，在限期内未能消除的；④未按照公司债券募集办法履行义务，经查实后果严重的；⑤公司最近2年连续亏损，在限期内未能消除的；⑥公司解散或者被宣告破产的，由证券交易所终止其公司债券上市交易。

三、持续信息公开制度

信息公开，是指证券发行人或其他相关负有信息披露义务的人在证券发行、上市、交易的过程中依法将其财务、经营等情况向社会公开的活动。

（一）持续信息公开的基本要求

发行人、上市公司依法披露的信息，必须真实、准确、完整，不得有虚假记载、误导性陈述或者重大遗漏。

1. 真实性

信息披露义务人所公开的信息必须信赖可靠，不得有虚假记载或误导性陈述，必须与自身的客观实际相符。

2. 准确性

信息披露义务人披露的信息必须尽可能详细、具体、没有遗漏。

3. 完整性

凡是供投资者判断证券投资价值的影响证券市场价格的重大信息，信息披露义务人必须全部披露，不得故意隐瞒或有重大遗漏。

4. 公正性

信息披露义务人在信息披露的场合和途径方面，对所有投资者获得和利用信息应同等对待而无差别且不设置障碍。

5. 及时性

凡是与证券市场价格有关的重大信息应依照法定时间及时向投资者作出公告，确保重要信息利用的平等性，防止内幕交易。

（二）持续信息公开的内容

1. 发行报告

经国务院证券监督管理机构核准依法公开发行股票，或者经国务院授权的部门核准依法公开发行公司债券，应当公告招股说明书、公司债券募集办法。依法公开发行新股或者公司债券的，还应当公告财务会计报告。

2. 中期报告

上市公司和公司债券上市交易的公司，应当在每一会计年度的上半年结束之日起2个月内，向国务院证券监督管理机构和证券交易所报送记载以下内容的中期报告，并予公告：①公司财务会计报告和经营情况；②涉及公司的重大诉讼事项；③已发行的股票、公司债券变动情况；④提交股东大会审议的重要事项；⑤国务院证券监督管理机构规定的其他事项。

3. 年度报告

上市公司和公司债券上市交易的公司，应当在每一会计年度结束之日起4个月内，向国务院证券监督管理机构和证券交易所报送记载以下内容的年度报告，并予公告：①公司概况；②公司财务会计报告和经营情况；③董事、监事、高级管理人员简介及其持股情况；④已发行的股票、公司债券情况，包括持有公司股份最多的前10名股东名单和持股数额；⑤公司的实际控制人；⑥国务院证券监督管理机构规定的其他事项。

4. 临时报告

发生可能对上市公司股票交易价格产生较大影响的重大事件，投资者尚未得知时，上市公司应当立即将有关该重大事件的情况向国务院证券监督管理机构和证券交易所报送临时报告，并予公告，说明事件的起因、目前的状态和可能产生的法律后果。下列情况为上述所称重大事件：①公司的经营方针和经营范围的重大变化；②公司的重大投资行为和重大的购置财产的决定；③公司订立重要合同，可能对公司的资产、负债、权益和经营成果产生重要影响；④公司发生重大债务和未能清偿到期重大债务的违约情况；⑤公司发生重大亏损或者重大损失；⑥公司生产经营的外部条件发生的重大变化；⑦公司的董事、1/3以上监事或者经理发生变动；⑧持有公司5%以上股份的股东或者实际控制人，其持有股份或者控制公司的情况发生较大变化；⑨公司减资、合并、分立、解散及申请破产的决定；⑩涉及公司的重大诉讼，股东大会、董事会决议被依法撤销或者宣告无效；⑪公司涉嫌犯罪被司法机关立案调查，公司董事、监事、高级管理人员涉嫌犯罪被司法机关采取强制措施；⑫国务院证券监督管理机构规定的其他事项。

四、禁止的交易行为

（一）内幕交易

1. 内幕交易的概念

内幕交易，是指知悉证券交易内幕信息的知情人和非法获取内幕信息的人利用内幕信息从事证券交易的行为。

2. 内幕交易人的范围

内幕交易人包括内幕信息的知情人和非法获取内幕信息的人。其中内幕信息的知情人包括：①发行人的董事、监事、高级管理人员；②持有公司5%以上股份的股东及其董事、监事、高级管理人员，公司的实际控制人及其董事、监事、高级管理人员；③发行人控股的公司及其董事、监事、高级管理人员；④由于所任公司职务可以获取公司有关内幕信息的人员；⑤证券监督管理机构工作人员以及由于法定职责对证券的发行、交易进行管理的其他人员；⑥保荐人、承销的证券公司、证券交易所、证券登记结算机构、证券服务机构的有关人员；⑦国务院证券监督管理机构规定的其他人。

3. 内幕信息的范围

除上述临时报告中所涉及的重大事件外，还有下列信息属内幕信息：①公司分配股利或者增资的计划；②公司股权结构的重大变化；③公司债务担保的重大变更；④公司营业用主要资产的抵押、出售或者报废一次超过该资产的30%；⑤公司的董事、监事、高级管理人员的行为可能依法承担重大损害赔偿责任；⑥上市公司收购的有关方案；⑦国务院证券监督管理机构认定的对证券交易价格有显著影响的其他重要信息。

4. 内幕信息知情人的义务

证券交易内幕信息的知情人和非法获取内幕信息的人，在内幕信息公开前，不得买卖该公司的证券，或者泄露该信息，或者建议他人买卖该证券。

（二）操纵市场

1. 操纵市场行为的概念

操纵市场行为，是指利用资金、信息等优势影响证券市场价格，诱使投资者买卖证券，扰乱证券市场秩序的行为。

2. 操纵市场行为的表现形式

操纵市场行为主要表现为：①单独或者通过合谋，集中资金优势、持股优势或者利用信息优势联合或者连续买卖，操纵证券交易价格或者证券交易量；②与他人串通，以事先约定的时间、价格和方式相互进行证券交易，影响证券交易价格或者证券交易量；③在自己实际控制的账户之间进行证券交易，影响证券交易价格或者证券交易量；④以其他手段操纵证券市场。

（三）虚假陈述

禁止国家工作人员、传播媒介从业人员和有关人员编造、传播虚假信息，扰乱证券市场。禁止证券交易所、证券公司、证券登记结算机构、证券服务机构及其从业人员，证券业协会、证券监督管理机构及其工作人员，在证券交易活动中作出虚假陈述或者信息误导。各种传播媒介传播证券市场信息必须真实、客观，禁止误导。

（四）欺诈客户

1. 欺诈客户的概念

欺诈客户，是指证券公司及其从业人员在证券发行、交易及其相关活动中，违背客户的真实意愿，侵害客户利益的行为。

2. 欺诈客户的行为表现

欺诈客户行为主要表现为：①违背客户的委托为其买卖证券；②不在规定时间内向客户提供交易的书面确认文件；③挪用客户所委托买卖的证券或者客户账户上的资金；④未经客户的委托，擅自为客户买卖证券，或者假借客户的名义买卖证券；⑤为牟取佣金收入，诱使客户进行不必要的证券买卖；⑥利用传播媒介或者通过其他方式提供、传播虚假或者误导投资者的信息；⑦其他违背客户真实意思表示，损害客户利益的行为。

五、上市公司收购

（一）上市公司收购的概念和方式

1. 上市公司收购的概念

上市公司收购，是指投资者为取得某一上市公司的控股权或实施对某一上市公司的兼并，依法定程序公开购入该公司发行在外的部分或全部股份的行为。

2. 上市公司收购的方式

《证券法》规定了两种上市公司收购的方式，即要约收购和协议收购。

（1）要约收购。要约收购是指收购人通过向目标公司的股东发出收购要约的方式进行的收购。要约收购的收购人必须向被收购公司的全体股东发出要约，因其具有公开性和公平性，为各国所公认。

（2）协议收购。协议收购是指收购人在证券交易所之外，通过和目标公司股东协商一致达成协议，受让其持有的股份而进行的上市公司收购。

（二）上市公司收购的具体规则

1. 要约收购

（1）要约收购的条件。通过证券交易所的证券交易，投资者持有或者通过协议、其他安排与他人共同持有一个上市公司已发行的股份达到30%时，继续进行收购的，应当依法向该上市公司所有股东发出收购上市公司全部或者部分股份的要约。

（2）报送上市公司收购报告书。收购人在发出收购要约前，需向证监会报送上市公司收购报告书，同时提交证交所，并通知目标公司。同时对要约收购报告书摘要作出提示性公告。尽管这是证券市场监管的重要手段，该报告基本上属于备案性质。证监会需要在收到该报告后15日内进行审查。如发现不符合相关规定，应及时告知收购人，收购人便不得公告其收购要约。

（3）公告收购要约。收购人在报送上市公司收购报告书之日起15日后，公告其收购要约。在上述期限内，国务院证券监督管理机构发现上市公司收购报告书不符合法律、行政法规规定的，应当及时告知收购人，收购人不得公告其收购要约。收购要约约定的收购期限不得少于30日，并不得超过60日。

（4）收购要约的变更与撤销。在收购要约确定的承诺期限内，收购人不得撤销其收购要约。收购人需要变更收购要约的，必须事先向国务院证券监督管理机构及证券交易所提出报告，经批准后，予以公告。

（5）收购人要约收购外禁止买卖证券义务。采取要约收购方式的，收购人在收购期限内，不得卖出被收购公司的股票，也不得采取要约规定以外的形式和超出要约的条件买入被收购公司的股票。

（6）要约收购的后果。收购期限届满，被收购公司股权分布不符合上市条件的，该上市公司的股票应当由证券交易所依法终止上市交易；其余仍持有被收购公司股票的股东，有权向收购人以收购要约的同等条件出售其股票，收购人应当收购。收购行为完成后，被收购公司不再具备股份有限公司条件的，应当依法变更企业形式。

2. 协议收购

（1）协议收购的基本程序。协议收购的程序为：①谈判并拟定收购协议草案；②经协议双方或各方有关机构批准；③委托中介机构保存股票与存放资金；④签订收购协议；⑤报告与公告；⑥过户；⑦收购结束报告与公告。

（2）协议收购信息披露制度。在协议履行之前要进行公告，并在收购结束后将完成情况予以报告和公告。

（3）对收购人的特别限制。收购人所持有的被收购的上市公司的股票，在收购行为完成后的12个月内不得转让。

（4）协议收购的法律后果。采取协议收购方式的，收购人收购或者通过协议、其他安排与他人共同收购一个上市公司已发行的股份达到30%时，继续进行收购的，应当向该上市公司所有股东发出收购上市公司全部或者部分股份的要约。但是，经国务院证券监督管理机构免除发出要约的除外。

第四节　证券机构

一、证券交易所

（一）证券交易所的概念

证券交易所是指为证券集中交易提供场所和设施，组织和监督证券交易，实行自律管理的法人。

（二）证券交易所的职能

1. 对证券交易的监管和服务

（1）证券交易所依照证券法律、行政法规制定上市规则、交易规则、会员管理规则和其他有关规则，并报国务院证券监督管理机构批准。

（2）证券交易所对证券交易实行实时监控，并按照国务院证券监督管理机构的要求，对异常的交易情况提出报告。

（3）证券交易所根据需要，可以对出现重大异常交易情况的证券账户限制交易，并报国务院证券监督管理机构备案。

（4）因突发性事件而影响证券交易的正常进行时，证券交易所可以采取技术性停牌的措施；因不可抗力的突发性事件或者为维护证券交易的正常秩序，证券交易所可以决定临时停市。证券交易所采取技术性停牌或者决定临时停市，必须及时报告国务院证券监督管理机构。

（5）证券交易所应当为组织公平的集中交易提供保障，公布证券交易即时行情，并按交易日制作证券市场行情表，予以公布。未经证券交易所许可，任何单位和个人不得发布证券交易即时行情。

2. 对证券公司和上市公司的监管

（1）进入证券交易所参与集中交易的，必须是证券交易所的会员。

（2）在证券交易所内从事证券交易的人员，违反证券交易所有关交易规则的，由证券交易所给予纪律处分；对情节严重的，撤销其资格，禁止其入场进行证券交易。

（三）证券交易所的行为规则

1. 不得以营利为目的

证券交易所可以自行支配的各项费用收入，应当首先用于保证其证券交易场所和设施的正常运行并逐步改善。实行会员制的证券交易所的财产积累归会员所有，其权益由会员共同享有，在其存续期间，不得将其财产积累分配给会员。

2. 会员代理交易制

进入证券交易所参与集中交易的，必须是证券交易所的会员。投资者应当与证券公司签订证券交易委托协议，并在证券公司开立证券交易账户委托该证券公司代其买卖证券。

3. 设立风险基金

证券交易所应当从其收取的交易费用和会员费、席位费中提取一定比例的金额设立风险基金。风险基金由证券交易所理事会管理。风险基金主要用于弥补证券交易所因不可抗力或重大事故而产生的损失，以确保交易所能正常运转。

4. 从业人员的回避

证券交易所的负责人和其他从业人员在执行与证券交易有关的职务时，与其本人或者其亲属有利害关系的，应当回避。

5. 不得改变交易结果

按照依法制定的交易规则进行的交易，不得改变其交易结果。对交易中违规交易者应负的民事责任不得免除；在违规交易中所获利益，依照有关规定处理。

6. 报告与报批义务

证券交易所在行使监管职权过程中所采取的措施必须及时向证券监管机构报告。

二、证券公司

（一）证券公司的概念

证券公司，是指经中国证券监督管理委员会批准设立的、从事证券经营业务的有限责任公司或股份有限公司。证券公司必须在其名称中标明“证券有限责任公司”或者“证券股份有限公司”字样。

（二）证券公司的设立条件

设立证券公司，应当具备下列条件：

（1）有符合法律、行政法规规定的公司章程。

（2）主要股东具有持续盈利能力，信誉良好，最近3年无重大违法违规记录，净资产不低于人民币2亿元。

（3）有符合规定的注册资本。证券公司经营证券经纪业务、证券投资咨询业务、与证券交易、证券投资活动有关的财务顾问三项业务的，注册资本最低限额为人民币

5000 万元。经营证券承销与保荐业务、证券自营业务、证券资产管理及其他证券业务之一的，注册资本最低限额为人民币 1 亿元；经营上述四项业务中的两项以上的，注册资本最低限额为人民币 5 亿元。证券公司的注册资本应当是实缴资本。

（4）董事、监事、高级管理人员具备任职资格，从业人员具有证券从业资格。

（5）有完善的风险管理与内部控制制度。

（6）有合格的经营场所和业务设施。

（7）法律、行政法规规定的和经国务院批准的国务院证券监督管理机构规定的其他条件。

（三）证券公司的业务范围

经国务院证券监督管理机构批准，证券公司可以经营下列部分或者全部业务：①证券经纪；②证券投资咨询；③与证券交易、证券投资活动有关的财务顾问；④证券承销与保荐；⑤证券自营；⑥证券资产管理；⑦其他证券业务。

三、证券登记结算机构

（一）证券登记结算机构的概念

证券登记结算机构是为证券交易提供集中登记、存管与结算服务，不以营利为目的的法人。设立证券登记结算机构必须经国务院证券监督管理机构批准。

（二）证券登记结算机构的设立条件

设立证券登记结算机构，应当具备下列条件：①自有资金不少于人民币 2 亿元；②具有证券登记、存管和结算服务所必需的场所和设施；③主要管理人员和从业人员必须具有证券从业资格；④国务院证券监督管理机构规定的其他条件。证券登记结算机构的名称中应当标明“证券登记结算”字样。

（三）证券登记结算机构的职能

证券登记结算机构履行下列职能：①证券账户、结算账户的设立；②证券的存管和过户；③证券持有人名册登记；④证券交易所上市证券交易的清算和交收；⑤受发行人的委托派发证券权益；⑥办理与上述业务有关的查询；⑦国务院证券监督管理机构批准的其他业务。

四、证券交易服务机构

（一）证券交易服务机构的概念

证券交易服务机构，是指为证券的发行、交易和相关投资活动提供专业服务的中介机构。这些中介机构包括投资咨询机构、财务顾问机构、资信评级机构、资产评估机构、会计师事务所、律师事务所等。

（二）证券交易服务机构的行为要求

投资咨询机构、财务顾问机构、资信评级机构从事证券服务业务的人员，必须具备证券专业知识和从事证券业务或者证券服务业务2年以上经验。认定其证券从业资格的标准和管理办法，由国务院证券监督管理机构制定。同时，投资咨询机构及其从业人员从事证券服务业务不得有下列行为：①代理委托人从事证券投资；②与委托人约定分享证券投资收益或者分担证券投资损失；③买卖本咨询机构提供服务的上市公司股票；④利用传播媒介或者通过其他方式提供、传播虚假或者误导投资者的信息；⑤法律、行政法规禁止的其他行为。

（三）证券交易服务机构的法律责任

证券服务机构为证券的发行、上市、交易等证券业务活动制作、出具审计报告、资产评估报告、财务顾问报告、资信评级报告或者法律意见书等文件，应当勤勉尽责，对所制作、出具的文件内容的真实性、准确性、完整性进行核查和验证。其制作、出具的文件有虚假记载、误导性陈述或者重大遗漏，给他人造成损失的，应当与发行人、上市公司承担连带赔偿责任，但是能够证明自己没有过错的除外。

五、证券监督管理机构

根据《证券法》的规定，我国依法对证券市场实行监督管理的机构是国务院证券监督管理机构，即中国证券监督管理委员会。

（一）证券监督管理机构的职责范围

国务院证券监督管理机构在对证券市场实施监督管理中履行下列职责：①依法制定有关证券市场监督管理的规章、规则，并依法行使审批或者核准权；②依法对证券的发行、上市、交易、登记、存管、结算，进行监督管理；③依法对证券发行人、上市公司、证券交易所、证券公司、证券登记结算机构、证券投资基金管理公司、证券服务机构的证券业务活动，进行监督管理；④依法制定从事证券业务人员的资格标准和行为准则，并监督实施；⑤依法监督检查证券发行、上市和交易的信息公开情况；⑥依法对证券业协会的活动进行指导和监督；⑦依法对违反证券市场监督管理法律、行政法规的行为进行查处；⑧法律、行政法规规定的其他职责。

（二）证券监督管理机构的权限

国务院证券监督管理机构依法履行职责，有权采取下列措施：

（1）对证券发行人、上市公司、证券公司、证券投资基金管理公司、证券服务机构、证券交易所、证券登记结算机构进行现场检查。

（2）进入涉嫌违法行为发生场所调查取证。

（3）询问当事人和与被调查事件有关的单位和个人，要求其对与被调查事件有关的事项作出说明。

（4）查阅、复制与被调查事件有关的财产权登记、通讯记录等资料。

（5）查阅、复制当事人和与被调查事件有关的单位和个人的证券交易记录、登记过户记录、财务会计资料及其他相关文件和资料；对可能被转移、隐匿或者毁损的文件和资料，可以予以封存。

（6）查询当事人和与被调查事件有关的单位和个人的资金账户、证券账户和银行账户；对有证据证明已经或者可能转移或者隐匿违法资金、证券等涉案财产或者隐匿、伪造、毁损重要证据的，经国务院证券监督管理机构主要负责人批准，可以冻结或者查封。

（7）在调查操纵证券市场、内幕交易等重大证券违法行为时，经国务院证券监督管理机构主要负责人批准，可以限制被调查事件当事人的证券买卖，但限制的期限不得超过 15 个交易日；案情复杂的，可以延长 15 个交易日。

复习思考题

1. 股票、公司债券的发行需符合哪些条件？
2. 证券交易的暂停和终止有哪些法定事由？
3. 股份有限公司申请股票上市应符合哪些条件？
4. 证券交易所有哪些职能？
5. 证券公司的设立需符合哪些条件？

第十二章　票据法

第一节　票据法概述

一、票据与票据法

（一）票据的概念和特征

1. 票据的概念

票据，是指出票人依票据法签发的，约定由自己或委托付款人在见票时或者在票据指定的日期向收款人或者持票人无条件支付确定金额的一种有价证券。

2. 票据的特征

票据具有如下法律特征：

（1）票据是设权证券。设权证券是指持票据者凭票据上所记载的权利内容来证明其票据权利以取得财产。该种票据权利于票据设立后才产生的，设立之前不存在。票据以一定的货币金额来表示其价值，这种价值随票据的设立而取得，随票据的转移而转让；占有票据即占有票据的价值，离开票据就不能主张自己的权利。

（2）票据是流通证券。票据是一种债权凭证，但与一般的债券有所不同。一般证券的债权转让，必须通过书面的债权让渡手续，通知债务人后，才能生效。而票据的转让，可以经过背书或不作背书；仅交付票据的简易程序而自由转让与流通，即票据债权的转让，不需要通知债务人，就可对债务人发生效力。所以，出售货物而取得票据的债权人能简单地用交付或背书方式以抵消另外的债务，或向银行贴现以取得资金周转。

（3）票据是无因证券。票据根据一定的信用行为等原因而产生，它的设立是有原因的。但是，票据的流通是不问其产生的原因的，它在流转过程中只要具备要式，票据权利人行使权利时无须证明其取得票据的原因，票据债务人无条件支付即可。票据上的法律关系只是单纯的金钱支付关系，至于票据设立的原因及其有否瑕疵，对票据上的法律关系没有任何影响。因此，票据一经转让，持票人可不问前手当事人之间有无契约纠纷，即有权要求付款人按期无条件付款。

（4）票据是要式证券。票据必须根据法律规定方式完成才能有效。票据上必须载明名称、金额、收付款银行、支付日期等，否则票据无效。票据行为还必须按一定的程序进行，并办理必要的手续。

（5）票据是文义证券。票据上的权利和义务，完全根据票据上所记载的文字而确定。票据当事人不得以票据以外的事实来变更或补充票据文义。凡在票据上依法签名者，都要按照票据上所记载的文义承担责任。

（二）票据法的概念和特征

1. 票据法的概念

票据法，是指国家制定的调整票据关系和与票据关系有关的非票据关系的法律规范的总称。

目前，我国专门调整票据关系以及与票据关系有关的非票据关系的法律主要是《中华人民共和国票据法》（以下简称《票据法》），该法由第八届全国人民代表大会常务委员会第十三次会议于1995年5月10日通过，自1996年1月1日起施行；2004年8月28日第十届全国人民代表大会常务委员会第十一次会议对《票据法》作了修正。此外，还有自1997年10月1日起施行的《票据管理实施办法》。

2. 票据法的特征

我国票据法的基本特征主要表现在以下三个方面：

（1）以强制性规范为主。票据关系虽然是一种债权债务关系，但在票据法中，从票据的种类、票据的用纸和格式、票据行为的款式，直至票据权利的享有和义务的承担等，大多属于强制性规定，法律允许由当事人根据自己的意志决定的事项很少。票据法之所以以强制性规范为主，主要是为了保障社会交易的安全，保护公共利益。采用强制性规范，则可以规范当事人的票据行为，提高票据的安全性，进而提高其流通性。

（2）有较多的技术性规范。票据法是为实现票据的经济功能而总结实践经验专门创设的。因此，其中具有较多的技术性规范，要正确地利用票据，并充分地享有票据权利，必须全面掌握这些技术规则。

（3）内容具有较强的国际统一性。票据法虽然主要用于调整国内票据关系，并由各国自己制定，属于国内法范畴，但由于票据本身是一种金钱支付手段，调整这种手段的票据法主要是一些技术性规范，加之当今世界国际贸易日益频繁，各国在制定自己国家的票据法时都比较注意吸收国际上普遍适用的票据规则。

（三）票据法律关系

票据法律关系是票据当事人之间在票据的签发和转让等过程中发生的权利义务关系。

1. 票据关系与非票据关系

（1）票据关系。票据关系是票据当事人之间，基于票据行为，在票据上所发生的法律上的债权债务关系，它是票据本身所固有的法律关系。我国票据法规定的票据关系主要有票据发行关系、票据背书转让关系、票据承兑关系和票据保证关系。

（2）非票据关系。非票据关系是票据关系以外的、与票据行为有关的当事人之间依照法律的规定或当事人的约定所发生的权利和义务关系。非票据关系中权利人的权利不是票据当事人的约定所产生的。根据非票据关系成立的法律依据的不同，可以将其分为票据法上的非票据关系和一般法上的非票据关系。票据法上的非票据关系是指与票据行为相关联，当事人直接依据票据法形成的权利与义务关系。一般法上的非票据关系是指依据民法的规定产生的与票据有关的权利与义务关系。一般法上的非票据关系是票据的基础关系，即因真实的交易而产生的法律关系。票据关系一经成立即与其基础关系相分离，票据关系与其基础关系不能混淆。

2. 票据法律关系的主体

票据法律关系的主体，是指享有票据权利、承担票据义务以及与票据权利和义务有密切联系的当事人。因票据发生的法律关系是一种债权债务关系，所以该关系当事人可概括为债权人和债务人。但票据法律关系的当事人较为复杂，主要有：

（1）出票人。出票人是签发票据并将票据交付给他人的人，是票据的主债务人。持票人或收款人提示票据要求付款或承兑时，出票人应该立即付款或承兑。

（2）付款人。付款人是指支付给持票人或收款人票面金额的人，付款人并不一定是出票人，他只是出票人的债务人。

（3）收款人。收款人是指收取票款的人，其有权要求出票人或付款人付款或承兑。

（4）承兑人。票据是远期票据时，收款人或持票人向付款人要求其同意到期付款，该付款人就是承兑人。

（5）背书人。背书人是指在票据上背书转让给他人的人，一般是在票据的背面签字或盖章。接受了背书票据的人叫做被背书人，票据可以多次背书转让。

（6）持票人。持票人是持有票据的人，只有持票人才有权要求付款或承兑。

（7）保证人。保证人是以自己的名义对票据付款加以保证的人。保证人可以为出票人、背书人、承兑人提供担保。

3. 票据法律关系的客体

票据法律关系的客体，是指票据法律关系的权利和义务共同指向的对象。由于票据法律关系是因支付或清偿一定的金钱而发生的法律关系，其客体是一定数量的金钱，而非物品。这与票据的基础关系不同。

4. 票据法律关系的内容

票据法律关系的内容，是指票据当事人在票据关系中的权利和义务。即持票人有权要求债务人按期支付票据金额，债务人有义务给予支付。票据债务人分为第一债务人和第二债务人。第一债务人是负有首先向持票人履行付款义务的人，如汇票上的承兑人；第二债务人是指在持票人依法向其行使追索权时，有义务向持票人履行付款义务的人。

二、票据行为

（一）票据行为的概念和特征

1. 票据行为的概念

票据行为是指票据关系当事人之间以发生、变更或消灭票据关系为目的的法律行为，具体包括出票、承兑、背书、保证、付款等。

2. 票据行为的特征

票据行为作为一种法律行为，与其他法律行为相比较，具有以下几个特征：

（1）要式性。票据行为必须采用法定的形式，法律一般不允许行为人任意加以选择或变更，否则行为无效。法律规定票据行为的要式性，目的在于使票据款式统一、明确，便于当事人在票据流通中能清晰地辨认票据上的权利和义务。

（2）文义性。票据行为的内容必须以票据上所记载的文字来确定，法律不允许当事人以票据以外的证据对票据文义予以更改或补充。票据行为的文义性，有利于保障票据受让人的权利，进而有利于票据的流通。

（3）无因性。票据行为成立后，即使引起票据行为成立的基础关系有瑕疵或者无效，票据行为的效力一般也不会因此受到影响。票据行为仅为票据的目的而独立存在，一般不受原因关系的影响。票据行为的无因性，使持票人在请求付款时，只需对票据行为本身的有效性提出证据，而无须对票据原因的有效性提出证据。票据债务人不得以自己与出票人或持票人的前手间存在的抗辩事由，对抗持票人。但票据授受的直接当事人之间和出于恶意而取得票据的持票人除外。

（4）独立性。票据行为的独立性即在已经具备基本形式要件的票据上所为的各种票据行为，分别依照各自在票据上所记载的文义，独立发生效力，不受其他票据行为效力的影响。

（二）票据行为的有效要件

1. 实质要件

票据行为的实质要件主要是根据民法上规定的法律行为的生效要件确定的，票据行为有效的实质要件主要包括以下内容：

（1）行为人应具备票据行为能力。对于票据行为能力，我国《票据法》对自然人作了明确的限制，规定只有具备完全民事行为能力的自然人才具有票据行为能力。

（2）意思表示必须真实或无缺陷。以欺诈、偷盗或者胁迫等手段取得票据的，或者明知有前列情形，出于恶意取得票据的，不得享有票据权利。票据上有伪造、变造的签章的，其签章无效，但不影响票据上其他真实签章的效力。票据当事人可以委托其代理人在票据上签章，并应当在票据上表明其代理关系。没有代理权而以代理人名义在票据上签章的，应当由签章人承担票据责任；代理人超越代理权限的，应当就其超越权限的部分承担票据责任。

2. 形式要件

票据行为是一种要式行为，各国票据法对其形式都有严格的要求，根据我国《票据法》的规定，票据行为有效的形式要件主要包括以下内容：

（1）签章的形式。票据当事人进行票据行为均应依法在票据上签章。票据上的签章，为签名、盖章或者签名加盖章。法人和其他使用票据的单位在票据上的签章，为该法人或者该单位的盖章加其法定代表人或者其授权的代理人的签章。在票据上的签名，应当为该当事人的本名。如果票据当事人在票据上的签章不符合规定，其签章无效，但不影响其前手符合规定签章的效力。

（2）票据记载事项的形式。票据金额以中文大写和数码同时记载，二者必须一致，二者不一致的，票据无效。票据上的记载事项必须符合《票据法》的规定。票据金额、日期、收款人名称不得更改，更改的票据无效。对票据上的其他记载事项，原记载人可以更改，更改时应当由原记载人签章证明。

三、票据权利与抗辩

（一）票据权利

票据权利是指持票人向票据债务人请求支付票据金额的权利，包括付款请求权和追索权。

1. 票据权利的取得

（1）取得票据权利的条件。取得票据权利的条件包括：①取得票据必须给付对价。《票据法》规定，票据的签发、取得和转让，应当遵循诚实信用的原则，具有真实的交易关系和债权债务关系。虽然票据本身是单纯的债权证券，但根据公平原则，持票人在依据票据法取得票据时，依法必须给付对价，不得无偿获得。所谓对价，即票据双方当事人认可的相对应的代价。因税收、继承、赠与可以依法无偿取得票据的，不受给付对价的限制。但是，所享有的票据权利不得优于其前手的权利，即如果其前手的票据权利有瑕疵，继受取得人的票据权利应继受其权利瑕疵。前手是指在票据签章人或者持票人之前签章的其他票据债务人。②取得票据的手段必须合法，并出于善意。《票据法》规定，以欺诈、偷盗或者胁迫等手段取得票据的，或者明知有前列情形，出于恶意取得票据的，不得享有票据权利。持票人因重大过失取得不符合本法规定的票据的，也不得享有票据权利。

（2）票据权利取得的途径。票据权利的取得途径主要有以下几种方式：①从出票人处取得；②从持票人处受让票据；③因税收、继承、赠与等方式取得。

2. 票据权利的行使与保全

票据权利的行使，是指票据权利人请求票据债务人履行其债务的行为，主要指票据付款请求权与追索权的行使，如请求承兑、提示票据请求定期付款、行使追索权等。票据权利的保全，是指票据权利人为防止票据权利丧失所作出的具有法律意义的行为。

票据权利的行使与保全应在一定的处所和时间内进行，持票人对票据债务人行使票据权利，或者保全票据权利，应当在票据当事人的营业场所和营业时间内进行，票据当事人无营业场所的，应当在其住所进行。其中，票据当事人是指对票据债务负有义务的承兑人、付款人、保证人、出票人或者前手背书人。

3. 票据权利的消灭

票据权利在下列期限内不行使而消灭：①持票人对票据的出票人和承兑人的权利，自票据到期日起 2 年；②见票即付的汇票、本票，自出票日起 2 年；③持票人对支票出票人的权利，自出票日起 6 个月；④持票人对前手的追索权，自被拒绝承兑或者被拒绝付款之日起 6 个月；⑤持票人对前手的再追索权，自清偿日或者被提起诉讼之日起 3 个月。

持票人因超过票据权利时效或者因票据记载事项欠缺而丧失票据权利的，仍享有民事权利，可以请求出票人或者承兑人返还其与未支付的票据金额相当的利益。

4. 票据权利的补救

《票据法》规定了如下补救措施：票据丧失的，失票人可以及时通知票据的付款人挂失止付，但是，未记载付款人或者无法确定付款人及其代理付款人的票据除外。收到挂失止付通知的付款人，应当暂停支付。失票人应当在通知挂失止付后3日内，也可以在票据丧失后，依法向人民法院申请公示催告，或者向人民法院提起诉讼。

（二）票据抗辩

1. 票据抗辩的概念

票据抗辩，是指票据债务人根据票据法规定对票据债权人拒绝履行义务的行为。抗辩权是《票据法》中的特别权利，是票据债务人行使的对票据债权人的请求，提出一定的合法理由予以对抗，并拒绝履行票据债务的权利。

2. 票据抗辩的种类

根据抗辩原因以及抗辩效力的不同，票据抗辩可分为以下两种：

（1）对物抗辩。对物抗辩是指基于票据本身的内容而发生的事由所进行的抗辩，这一抗辩可以对任何持票人提出，主要包括：①票据行为不成立而为的抗辩；②依票据记载不能提出请求而为的抗辩；③票据载明的权利已消灭或已失效而为的抗辩；④票据权利的保全手续欠缺而为的抗辩；⑤票据上有伪造与变造情形而为的抗辩。

（2）对人抗辩。对人抗辩是指票据债务人对抗特定债权人的抗辩，这一抗辩多与票据的基础关系有关，《票据法》规定票据债务人可以对不履行约定义务的与自己有直接债权债务关系的持票人，进行抗辩。

3. 票据抗辩的限制

《票据法》规定票据债务人不得以自己与出票人或者与持票人的前手之间的抗辩事由，对抗持票人。但是，持票人明知存在抗辩事由而取得票据的除外。

四、票据的伪造与变造

（一）票据的伪造

1. 票据伪造的概念

票据的伪造，是指无权限人假冒他人或虚构他人名义签章的行为。签章的变造属于伪造。票据伪造是一种违法行为，它可以是假冒出票人的名义创设原始票据，也可以是假冒他人名义实施的出票行为以外的其他票据行为，如背书、承兑的伪造等。

2. 票据伪造的效力

（1）票据的伪造对被伪造人不产生法律效力。因为票据上虽然有被伪造人的签章，但系他人假冒，而非被伪造人自己的真正签章。

（2）票据的伪造对伪造人不产生票据上的责任。但伪造票据是一种违法行为，伪造人应承担民事侵权损害赔偿责任、行政责任以及刑事责任。

（3）票据上有伪造签章的，不影响票据上其他真实签章的效力。

（二）票据的变造

1. 票据变造的概念

票据的变造，是指没有合法更改权的人在已成立的票据上变更签章以外的记载事项的行为。票据变造属于一种违法行为，其实施主体应是没有合法更改权的人。变造的内容应是票据上签章以外的记载事项。

2. 票据变造的效力

（1）票据被变造的，不影响票据上真实签章的效力。在变造之前签章的人，对原记载事项负责；在变造之后签章的人，对变造之后的记载事项负责；不能辨别是在票据被变造之前或者之后签章的，视同在变造之前签章。

（2）票据的变造对变造人的效力，因其是否为票据行为人而有所不同。如果变造人不是票据行为人，则不承担票据上的责任，但根据我国《票据法》的规定，变造人应承担民事侵权损害赔偿责任、刑事责任以及行政责任。如果变造人同时是票据行为人，则既应依法承担票据上的责任，又应依法承担民事责任、刑事责任以及行政责任。

第二节　汇票

一、汇票的概念

汇票是出票人签发的，委托付款人在见票时或者在指定日期无条件支付确定的金额给收款人或者持票人的票据。

汇票分为银行汇票和商业汇票。银行汇票是汇款人将款项交存当地银行，由银行签发给汇款人持往异地办理转账或支取现金的票据。商业汇票是指收款人或付款人签发的，由承兑人承兑并于到期日向收款人或被背书人支付款项的票据。

二、汇票的出票

（一）出票的概念

出票，是指出票人签发票据将其交付给收款人的票据行为。《票据法》规定，汇票的出票人必须与付款人是具有真实的委托付款关系，并且具有支付汇票金额的可靠资金来源。不得签发无对价的汇票用以骗取银行或者其他票据当事人的资金。

（二）出票记载事项

票据的记载事项包括法定必须记载事项和非法定记载事项。

1. 法定必须记载事项

《票据法》规定，我国票据的法定必须记载事项包括绝对应记载事项和相对应记载事项。

（1）绝对应记载事项。绝对应记载事项是汇票上的必须记载事项，这些事项如未记载，将影响汇票本身的效力，即汇票无效。汇票必须记载下列事项：①表明“汇票”

字样；②无条件支付的委托；③确定的金额；④付款人名称；⑤收款人名称；⑥出票日期；⑦出票人签章。

（2）相对应记载事项。相对应记载事项也是汇票上的必须记载事项，但与绝对记载事项不同的是，这些事项如未记载，并不影响汇票本身的效力，汇票仍然有效。《票据法》规定：汇票上记载付款日期、付款地、出票地等事项的，应当清楚、明确。汇票上未记载付款日期的，为见票即付。汇票上未记载付款地的，付款人的营业场所、住所或者经常居住地为付款地。汇票上未记载出票地的，出票人的营业场所、住所或者经常居住地为出票地。

2. 非法定记载事项

非法定记载事项是不具有法律效力的记载事项，是《票据法》规定以外的事项，主要是指与汇票的基础关系有关的事项，如汇票签发的原因、用途、交易合同号码、有关单证号码、开户银行等。

（三）出票人的责任

出票人签发汇票后，即承担保证该汇票承兑或付款的责任。出票人在汇票得不到承兑付款时，应向持票人清偿。

三、汇票的背书

（一）背书的概念

背书，是指持票人以将票据权利转让给他人或者将一定的票据权利授予他人行使为目的，在票据背面或者粘单上记载有关事项并签章的票据行为。

（二）背书的规定

1. 背书人背书必须签章

背书人背书时，必须在票据上签章，背书才能生效。

2. 背书日期的记载

背书日期是指背书时在汇票上签章并交付票据的准确年月日。其作用在于它是判断背书人在背书时行为能力状态的依据，同时也是认定背书连续与否提供的参考依据。

3. 必须记载被背书人的名称

汇票以背书转让或者以背书将一定的汇票权利授予他人行使时，必须记载被背书人名称。主要原因在于被背书人有确切记载，便于处理票据纠纷，便于行使对前手的追索权。

4. 汇票背书应当连续

（1）背书转让汇票，背书应当连续。背书连续是指在票据转让中，转让汇票的背书人与受让汇票的被背书人在汇票上的签章依次前后衔接。

（2）持票人以背书的连续，证明其汇票权利；非经背书转让，而以其他合法方式取得汇票的，依法举证，证明其汇票权利。即依据“谁主张，谁举证”的法律原则，来证明和行使其票据权利。

（3）《票据法》规定，为了保证背书真实，以背书转让的汇票，后手应当对其前手的背书真实性负责。也就是说，要求受让汇票的当事人，即被背书人在从其直接前手接受汇票转让时，应当确信直接前手（背书人）是否为票据上的签章人。要求后手对前手的真实性负责，以保证每一票据受让人都具有正当持票人的资格。

5. 背书的限制

（1）出票人在汇票上记载“不得转让”字样的，其后手再背书转让的，原背书人对后手的被背书人不承担保证责任。

（2）背书记载“委托收款”字样的，被背书人有权代背书人行使被委托的汇票权利，但是，被背书人不得再以背书转让汇票权利。

（3）汇票被拒绝承兑、被拒绝付款或者超过付款提示期限的，不得背书转让；背书转让的，背书人应当承担汇票责任，背书人以背书转让汇票后，即承担保证其后手所持汇票承兑和付款的责任，汇票须完整转让，将汇票金额的一部分转让的背书，或将汇票金额分别转让给两人以上的背书无效。

（4）背书不得附有条件。《票据法》规定，背书附有条件的，所附条件不具有汇票上的效力。

四、汇票的承兑

（一）承兑的概念

承兑，是指汇票付款人承诺在汇票到期日支付汇票金额的票据行为。承兑是汇票的特有制度，本票和支票没有承兑问题。即期汇票不用承兑，远期汇票需要承兑。

（二）承兑的要求

1. 承兑记载事项

承兑必须在汇票正面记载“承兑”字样。承兑人应在汇票正面记载承兑日期并签章；见票后定期付款的汇票，应当在承兑时记载付款日期。

2. 持票人承兑提示

承兑提示是指由持票人向付款人出示票据，要求付款人作出承诺，表示在汇票到期时承担付款责任的行为。定日付款或者出票后定期付款的汇票，持票人应当在汇票到期日前向付款人提示承兑。见票后定期付款的汇票，持票人应当自出票日起1个月内向付款人提示承兑。汇票未按照规定期限提示承兑的，持票人丧失对其前手的追索权。

3. 付款人表示承兑

付款人收到持票人提示承兑的汇票时，应当向持票人签发收到汇票的回单。回单上应当记明汇票提示承兑日期并签章。回单是表明汇票下落和持票人行使追索权的有力证据。付款人承兑汇票，不得附有条件；承兑附有条件的，视为拒绝承兑。付款人承兑汇票后，应当承担到期付款的责任。

五、汇票的保证

（一）保证的概念

保证，是指票据债务人以外的人，为担保被保证的票据债务人履行其票据债务，承诺与被保证人一起对持票人承担连带责任而在票据上所为的票据行为。票据保证是以追加票据信用为目的的票据行为，它只用于汇票和本票。

（二）保证的当事人

票据保证关系中的当事人是保证人和被保证人。保证人是指现实票据债务人以外的人，为票据债务的履行提供担保而参与票据关系的第三人。被保证人是指票据保证关系中已有的债务人，包括出票人、背书人、承兑人。票据债务人一旦由他人为其提供保证即为被保证人。

（三）保证的记载事项

保证人必须在汇票或者粘单上记载下列事项：①表明“保证”的字样；②保证人名称和住所；③被保证人的名称；④保证日期；⑤保证人签章。

保证人在汇票或者粘单上未记载被保证人名称的，已承兑的汇票，承兑人为被保证人；未承兑的汇票，出票人为被保证人。保证人在汇票或者粘单上未记载保证日期的，出票日期为保证日期。保证不得附有条件；附有条件的，不影响对汇票的保证责任。

（四）保证人的责任和权利

1. 保证人的责任

保证人对合法取得汇票的持票人所享有的汇票权利，承担保证责任。但是，被保证人的债务因汇票记载事项欠缺而无效的除外。被保证的汇票，保证人应当与被保证人对持票人承担连带责任。汇票到期后得不到付款的，持票人有权向保证人请求付款，保证人应当足额付款。保证人为二人以上的，保证人之间承担连带责任。

2. 保证人的权利

保证人清偿汇票债务后，可以行使持票人对被保证人及其前手的追索权。保证人的保证行为是独立的票据行为，被保证人及其前手不能以对持票人的抗辩事由，对抗保证人。

六、汇票的付款

（一）付款的概念

付款是付款人依据票据文义支付票据金额，以消灭票据关系的行为。

（二）提示付款

付款的前提是持票人为付款提示。付款提示是指持票人向付款人或担当付款人实际出示汇票，请求支付汇票金额的行为。见票即付的汇票，自出票日起 1 个月内向付款人提示付款；定日付款，出票后定期付款或者见票后定期付款的汇票，自到期日起10日内向承兑人提示付款。

（三）付款人的责任和付款

1. 付款人的责任

付款人及其代理付款人付款时，应当审查汇票背书的连续性，并审查提示付款人的合法身份证明或者有效证件。付款人及其代理付款人以恶意或者有重大过失付款的，应当自行承担责任。恶意是指付款人明知持票人不是真正的票据权利人，或者背书或其他签章有伪造等情形；重大过失是付款人或代理付款人稍加注意即可查出持票人不具有受领票款的资格，不做调查就自行付款。对定日付款、出票后定期付款或者见票后定期付款的汇票，付款人在到期日前付款的，由付款人自行承担所产生的责任。

2. 付款人的付款

根据《票据法》的规定，持票人按规定提示付款的，付款人必须当日足额付款。

（四）持票人获款后的义务

持票人获得付款的，应当在汇票上签收，并将汇票交给付款人。持票人委托银行收款的，受委托的银行将代收的汇票金额转账收入持票人账户，视同签收。

七、汇票的追索权

（一）追索权的概念

追索权，是指持票人在汇票到期遭到拒绝承兑和拒绝付款时，向其前手请求偿还票据金额和其他法定款项的一种票据权利。追索权制度是票据法所特有的制度，适用于各种票据。

（二）追索权行使的前提

汇票到期日前，有下列情形之一的，持票人也可以行使追索权：①汇票被拒绝付款；②承兑人或者付款人死亡、逃匿的；③承兑人或者付款人被依法宣告破产的或者因违法被责令终止业务活动的。

（三）追索权行使的程序

1. 取得拒绝证明

持票人行使追索权时，依法应当提供被拒绝承兑或者被拒绝付款的拒绝证明或者退票理由书以及其他有关证明。未出具拒绝证明或者退票理由书的，应当承担由此产生的民事责任。承兑人或者付款人被人民法院依法宣告破产的，人民法院的有关司法文书具有拒绝证明的效力。承兑人或者付款人因违法被责令终止业务活动的，有关行政主管部门的处罚决定具有拒绝证明的效力。持票人不能出示拒绝证明、退票理由书或者未按照规定期限提供其他合法证明的，丧失对其前手的追索权。但是，承兑人或者付款人仍应当对持票人承担责任。

2. 发出追索通知

持票人应当自收到被拒绝承兑或被拒绝付款的有关证明之日起3日内，将被拒绝事由书面通知其前手；其前手应当自收到通知之日起3日内书面通知其再前手，以此类推。在规定期限内将通知按照法定地址或者约定的地址邮寄的，视为已经发出通知。未按上述期限通知的，持票人仍可行使追索权。但是，因延期通知给其前手造成损失的，须承担相应的赔偿责任，赔偿金额以汇票金额为限。

3. 确定追索对象

持票人依法发出追索通知后，如无人自动偿还，持票人便要确定具体的追索对象，进行追索。汇票的出票人、背书人、承兑人和保证人对持票人承担连带责任。持票人可以不按照汇票债务人的先后顺序，对其中任何一人、数人或者全体行使追索权。持票人对汇票债务人中的一人或者数人已经进行追索的，对其他汇票债务人仍可以行使追索权。被追索人清偿债务后，与持票人享有同一权利。持票人为出票人的，对其前手无追索权。持票人为背书人的，对其后手无追索权。

4. 请求赔偿金额

持票人行使追索权，可以请求被追索人支付下列金额和费用：①被拒绝付款的汇票金额；②汇票金额自到期日或者提示付款日起至清偿日止，按照中国人民银行规定的利率计算的利息；③取得有关拒绝证明和发出通知书的费用。被追索人清偿债务时，持票人应当交出汇票和有关拒绝证明，并出具所收到利息和费用的收据。

5. 再追索权

被追索人依照规定清偿后，可以向其他汇票债务人行使再追索权，行使再追索权的被追索人获得清偿时，应当交出汇票和有关拒绝证明，并出具所收到利息和费用的收据。被追索人依照规定清偿债务后，其责任解除。依此顺序，直至该汇票的债权债务关系因履行或其他法定原因而消灭为止。

第三节　本票与支票

一、本票

（一）本票的概念

本票是指出票人签发的，承诺自己在见票时无条件支付确定的金额给收款人或者持票人的票据。

我国《票据法》所指的本票是银行本票。银行本票是银行签发的，承诺自己在见票时无条件支付确定的金额给收款人或者持票人的票据。

（二）本票的出票

本票的出票行为是以自己负担支付本票金额的债务为目的的票据行为。银行本票的出票应符合下列规定：①银行本票出票人的资格由中国人民银行审定，具体管理办法由中国人民银行规定；②银行本票的出票人，限于在人民银行开立清算账户、参加票据交换、内部管理健全，并经当地人民银行批准办理银行本票业务的金融机构；

③银行本票的出票人必须具有支付本票金额的可靠资金来源，并保证支付。

（三）本票的记载事项

本票的出票必须按一定的格式记载相关内容，包括绝对应记载事项和相对应记载事项。

1. 绝对应记载事项

本票的绝对应记载事项包括：①表明“本票”的字样；②无条件支付的承诺；③确定的金额；④收款人名称；⑤出票日期；⑥出票人签章。

本票未记载上述规定事项之一的，本票无效。

2. 相对应记载事项

相对应记载事项包括付款地、出票地等事项。本票上未记载付款地的，出票人的营业场所为付款地。本票上未记载出票地的，出票人的营业场所为出票地。

（四）本票出票的效力

本票出票后具有如下效力：①本票的出票人在持票人提示见票时，必须承担付款的责任；②本票自出票之日起，付款期限最长不得超过2个月；③本票的持票人未按照规定期限提示见票的，丧失对出票人以外的前手的追索权。

（五）对汇票有关规定的引用

本票作为票据的一种，具有与其他票据相同的一般性质和特征。因此《票据法》规定，本票的出票、背书、保证、付款行为和追索权的行使，除另有规定外，适用有关汇票的规定。

二、支票

（一）支票的概念

支票是出票人签发的，委托办理支票存款业务的银行或者金融机构在见票时无条件支付确定的金额给收款人或者持票人的票据。

支票可以支取现金，也可以转账，用于转账时，应当在支票正面注明。支票中专门用于支取现金的，可以另行制作现金支票，现金支票只能用于支取现金。支票中专门用于转账的，可以另行制作转账支票，转账支票只能用于转账，不得支取现金。

（二）支票的出票

1. 开立支票存款账户

出票人签发支票并交付的行为即为出票。开立支票存款账户是签发使用支票的前提。根据《票据法》的规定，开立存款账户和领用支票的制度如下：

（1）开立支票存款账户，申请人必须使用其本名并提交证明其身份的合法证件。

（2）开立支票存款账户和领用支票，应有可靠的资信，并存入一定的资金。

（3）开立支票存款账户，申请人应当预留其本名的签名式样和印鉴。

2. 支票的记载事项

支票的记载事项包括绝对应记载事项和相对应记载事项。

（1）支票的绝对应记载事项。支票的绝对应记载事项包括：①表明“支票”字样；②无条件支付的委托；③确定的金额；④付款人名称；⑤出票日期；⑥出票人签章。

对于上述绝对应记载事项，缺少其中任何一项，支票都无效。但支票上的金额、收款人名称可以由出票人授权补记，未补记前的支票，不得使用。

（2）支票的相对应记载事项。支票的相对应记载事项是付款地和出票地。支票上未记载付款地的，付款人的营业场所为付款地。支票上未记载出票地的，出票人的营业场所、住所或者经常居住地为出票地。支票的相对应记载事项是依票据法规定的应当记载事项，但未记载，不会导致支票无效。

（三）支票使用的要求

支票使用的要求有以下几个方面：①不得签发空头支票；②不得签发与其预留本名的签名式样或者印鉴不符的支票；③支票只限于见票即付，不得另行记载付款日期；④付款人应严格审查支票要式是否符合法律规定，支票是否挂失止付、背书是否连续、印章是否相符等，如果不符合有关法律规定，付款人可以拒付。

（四）支票的付款

1. 提示付款

为了防止持票人久不提示支票，给出票人在管理上造成不便，以及防止空头支票的出现，《票据法》规定支票的持票人应当自出票日起 10 日内提示付款。超过提示付款期限的，付款人可以不予付款；付款人不予付款的，出票人仍应当对持票人承担票据责任。

2. 付款

持票人在提示期限内向付款人提示票据，付款人在对支票进行审查无误后，即应向持票人付款。出票人在付款人处的存款足以支付支票金额时，付款人应当在当日足额付款。

3. 付款责任解除

付款人依法支付支票金额的，对出票人不再承担受委托付款的责任，对持票人不再承担付款的责任。但是，付款人以恶意或者有重大过失付款的除外。

（五）对汇票有关规定的引用

《票据法》规定，支票的出票、背书、付款行为和追索权的行使，除另有规定外，适用有关汇票的规定。

第四节　违反票据法的法律责任

一、票据欺诈行为的法律责任

（一）刑事责任

有下列票据欺诈行为之一的，依法追究刑事责任：①伪造、变造票据的；②故意使用伪造、变造的票据的；③签发空头支票或者故意签发与其预留的本名签名式样或者印鉴不符的支票，骗取财物的；④签发无可靠资金来源的汇票、本票，骗取资金的；⑤汇票、本票的出票人在出票时做虚假记载，骗取财物的；⑥冒用他人的票据，或者故意使用过期或者作废的票据，骗取财物的；⑦付款人同出票人、持票人恶意串通，实施前六项所列行为之一的。

(二) 行政责任

有上述所列行为之一，情节轻微，不构成犯罪的，依照有关规定给予行政处罚。

二、金融机构工作人员违法行为的法律责任

金融机构工作人员在票据业务中玩忽职守，对违反《票据法》规定的票据予以承兑、付款或者保证的，给予处分；造成重大损失，构成犯罪的，依法追究刑事责任。由于金融机构工作人员因前述行为给当事人造成损失的，由该金融机构和直接责任人员依法承担赔偿责任。

三、故意延期支付行为的法律责任

票据的付款人对见票即付或者到期的票据，故意压票，拖延支付的，由金融行政管理部门处以罚款，对直接责任人员给予处分。票据的付款人故意压票，拖延支付，给持票人造成损失的，依法承担赔偿责任。

复习思考题

1. 什么是票据？票据有哪些法律特征？
2. 什么是票据行为？其有效要件有哪些？
3. 什么是票据权利？票据权利的取得方式有哪些？
4. 什么是汇票的出票、承兑、背书和保证？
5. 支票的记载事项有哪些？
6. 违反票据法的法律责任有哪些？

第十三章　税法

第一节　税法概述

一、税收与税法

（一）税收的概念和特征

1. 税收的概念

税收是国家为实现其职能，按照法律规定的标准和程序，凭借政治权力，强制地、无偿地参与社会分配，取得财政收入的一种特定分配形式。

2. 税收的特征

税收具有如下特征：

（1）税收的强制性。税收的强制性，即税收的法律性，是指国家凭借其政治权力，通过法律形式按法定的征收标准进行的强制课征。

（2）税收的无偿性。税收的无偿性是指税收是国家向纳税人进行的无须偿还的征收。针对具体纳税人而言，税收无直接返还性，也不会为此向纳税人支付任何对价。当国家将税收收入作为财政收入进行支出时，针对所有的纳税人和其他社会民众的整体利益，税收具有整体返还性。

（3）税收的固定性。税收的固定性是指税收的征纳严格按照法律规定的标准和程序连续进行，是一种经常收入形式。税收的固定性特征只是表明税收在一定时期内具有相对的稳定性，未经严格的立法程序，任何主体对征税标准不得随意变更或修改，但随着经济的发展变化，税收可依法进行调整。

（二）税法的概念

税法，是指由国家制定的用以调整国家与纳税人之间在税收征纳活动方面的权利与义务关系的法律规范的总称。它是国家依法征税、纳税人依法纳税的行为规范，是国家法律的重要组成部分。

税法的概念可以从以下几个方面来理解：

（1）税法是调整税收关系的一系列税收法律规范的总称。

（2）税法是由国家权力机关或其授权的行政机关制定的。

（3）税法的调整对象是税收关系，包括税收体制关系、税收征纳关系、税收管理关系等。

（三）税收法律关系

税收法律关系，是指国家与纳税人之间根据税法规定形成的税收权利和义务关系。税收法律关系的要素由主体、客体和内容构成。

1. 税收法律关系的主体

税收法律关系的主体，是指根据法律规定在税收法律关系中享有权利和承担义务的当事人，包括征税主体和纳税主体。

2. 税收法律关系的客体

税收法律关系的客体，是指税收法律关系主体的权利和义务共同指向的对象，包括货币、实物、行为等。

3. 税收法律关系的内容

税收法律关系的内容，是指征纳双方所享有的权利和应承担的义务。

二、税法的构成要素

税法的构成要素，是构成税法的基本内容，是指各种单行税种具有的基本构成要素的总称。这些基本的要素包括：纳税人、征税对象、税率、纳税环节、纳税期限、纳税地点、减免税及法律责任等。其中，纳税人、征税对象及税率是最基本的要素。

（一）纳税人

纳税人，即纳税义务人，是指税法规定的负有纳税义务的单位或个人。任何一个税种首要的是要解决对谁征税的问题，不同税种其纳税人是不同的，谁是纳税人应以税法规定为准。

在理解纳税人时应注意纳税人与扣缴义务人的区别。扣缴义务人是税法规定的负有代收代缴、代扣代缴税款义务的单位和个人，扣缴义务人不是实际上的纳税人，因为他不实际负担税款。

（二）征税对象

征税对象是税法规定对什么征税，即征税客体。征税对象是各个税种间相互区别的根本标志，每种税都应当明确规定各自的征税对象，不同的征税对象决定税种的不同性质。征税对象主要包括货物、劳务、财产、行为、收入、所得、土地等。如流转税的征税对象是流转额，所得税的征税对象是所得额，资源税的征税对象是原油、盐、煤炭等自然资源。

（三）税率

税率是应征税额与征税对象之间的比例。税率是计算应纳税额的尺度，体现着征税的深度，反映了纳税人纳税负担的轻重，也反映了国家和纳税人之间的经济利益关系以及一定时期国家的税收政策。税率是税法的核心要素，是衡量国家税收负担是否适当的主要标志。税率形式包括比例税率、定额税率、累进税率等。

1. 比例税率

比例税率，是指在征税时不论征税对象数额的大小，均按同一个比例计算征税额的税率。比例税率最大的特点是，不因产品或销售额数量的大小而改变；其优点是，计算方便，对同一征税对象的不同纳税人而言，税负是相等的。比例税率主要适用于对流转额的征收，如增值税、营业税等。

2. 定额税率

定额税率又称固定税额，是对单位征税对象直接规定固定的应纳税额。定额税率计算简便，适合于从量计征的税种，如车船税、资源税等。

3. 累进税率

累进税率，是指随着征税对象数额的增多而相应逐级递增的税率。即按一定标准，将征税对象划分若干等级，设置每一等级相应的税率。等级划分的标准可以是征税对象的金额；也可以是与征税对象相关的相对量指标。累进税率的调节功能强，而且作用直接，体现了对纳税人的公平原则。

（四）纳税环节

纳税环节，是指应税商品在整个流转过程中，具体被确定为应当缴纳税款的环节。任何税种都要确定纳税环节。有的税种纳税环节较明确、固定，有的税种则需要在商品流转环节选择，确定适当的纳税环节。

（五）纳税期限

纳税期限，是指纳税人发生纳税义务以后，向征税机关缴纳税款的期限。纳税期限是确定征纳双方是否按时行使征税权利和履行纳税义务的标准。是税收的强制性和固定性特征在时间上的体现。

（六）纳税地点

纳税地点，是指纳税人缴纳税款的场所，即在何地申报和缴纳税款。纳税地点可以为纳税人住所地、营业地、财产所在地、行为发生地。

（七）减免税

减免税，是指国家对同一税种某一部分特定的纳税人，或特定的纳税对象给予减轻或免除税负的一种税收优惠。这种优惠措施体现了国家鼓励或扶持行业或项目发展的税收政策。

（八）税收法律责任

税收法律责任，是指税收法律关系主体因违反税收法律规范所应承担的法律责任。主要有两种：

1. 纳税主体违反税法所应承担的法律责任

纳税主体违法的情形主要有：偷税、漏税、抗税、欠税和骗税；不按规定办理税务登记、不按规定进行税务申报；拒绝税务机关的检查；不据实报告财务、会计和纳税情况等。其法律责任主要是经济责任、行政责任和刑事责任。

2. 征税主体的法律责任

征税主体的法律责任，主要是指实际履行税收征收管理职能的税务机关因违反税法所应承担的法律责任。征税主体违法的情形主要有：擅自改变税收征收管理范围和税款入库级次；查封、扣押纳税人个人及其所扶养家属维持生活必需的住房和用品；与纳税人或扣缴义务人勾结、唆使或协助进行违法行为的；收受、索取贿赂或谋取不正当利益；徇私舞弊、玩忽职守、打击报复等。其法律责任主要是行政责任和刑事责任。

第二节　税收实体法

我国现行的税收法律按照其征税对象的性质分为五类：流转税法、所得税法、资源税法、特定行为税法、财产税法。

一、流转税法

（一）增值税法

1. 增值税法概述

增值税，是指以生产经营者销售货物、进口货物或者提供加工、修理修配劳务的增值额为征税对象的一种税。

增值税的主要法律依据是《中华人民共和国增值税暂行条例》。该条例于1994年1月1日起施行。经过2008年的修订，新的增值税暂行条例自2009年1月1日起施行。

2. 增值税的征税范围

在中华人民共和国境内销售货物、进口货物或者提供加工、修理修配劳务都属于增值税的征收范围。

3. 增值税的纳税人

增值税的纳税人，是在我国境内销售货物、进口货物或者提供加工、修理修配劳务的单位和个人。它分为一般纳税人和小规模纳税人。

4. 增值税的税率

我国增值税的税率有以下形式：

（1）基本税率。增值税基本税率为17%，除了依法应适用低税率和零税率的以外，均适用基本税率。

（2）低税率。增值税低税率为13%，适用于：①粮食、食用植物油；②自来水、暖气、冷气、热水、煤气、石油液化气、天然气、沼气、居民用煤气制品；③图书、报纸、杂志；④饲料、化肥、农药、农机、农膜；⑤国务院规定的其他货物。

（3）零税率。除国务院另有规定外，出口货物适用零税率，包括报关出境货物、输往海关管理的保税工厂、保税仓库和保税区的货物。

（4）征收率。小规模纳税人的增值税征收率为3%。

5. 增值税应纳税额的计算

（1）一般纳税人销售货物或提供应税劳务，应纳增值税税额为当期销项税额抵扣当期进项税额后的余额。其计算公式是：

应纳税额＝当期销项税额－当期进项税额

＝当期销售额×税率－当期买价×税率

销售额是指纳税人销售货物或者提供应税劳务向购买方收取的全部价款和价外费用，但不包括收取的销项税额。销项税额，是指纳税人销售货物或提供应税劳务时按销售额和适用税率的乘积计算并向购方收取的增值税税款。进项税额，是指纳税人购进货物时或接受应税劳务时所支付或负担，并在计算应纳税额时允许抵扣的增值税税款。在计算应纳税额时，如果当期销项税额小于当期进项税额，则不足抵扣部分结转下期继续抵扣。

（2）小规模纳税人应纳增值税税额的计算公式是：

应纳税额＝销售额×征收率

（3）纳税人进口货物，按照组成计税价格和《中华人民共和国增值税暂行条例》规定的税率计算应纳税额，不得抵扣任何税款。其计算公式是：

应纳税额＝组成计税价格×税率

其中：

组成计税价格＝关税完税价格＋关税＋消费税

6. 增值税专用发票的管理

我国实行凭增值税专用发票抵扣税款的制度。纳税人销售货物或者应税劳务，应当向索取增值税专用发票的购买方开具增值税专用发票，并在增值税专用发票上分别注明销售额和销项税额。增值税专用发票只限于一般纳税人领购使用，小规模的纳税人需要使用增值税专用发票的，由税务机关代开。

（二）消费税法

1. 消费税法概述

消费税是对生产和销售应税消费品征收的一种税。

消费税的主要法律依据是1994年1月1日起施行的《中华人民共和国消费税暂行条例》。经过2008年的修订，新的消费税暂行条例于2009年1月1日起施行。

2. 消费税的征税范围

（1）消费税的征税范围。消费税的征税范围包括：①纳税人生产销售的应税消费品；②委托加工的应税消费品；③进口的应税消费品。金银首饰和钻石及钻石饰品先后于1995年1月1日及2002年1月1日起改为零售环节征消费税。

（2）消费税的税目。从2006年4月1日起，我国的消费税税目进行了大范围调整，确定了14个税目。具体税目如下：①烟；②酒及酒精；③化妆品；④贵重首饰及珠宝玉石；⑤鞭炮焰火；⑥成品油；⑦汽车轮胎；⑧小汽车；⑨摩托车；⑩高尔夫球及球具；⑪高档手表；⑫游艇；⑬木制一次性筷子；⑭实木地板。

3. 消费税的纳税人

消费税的纳税人是在中华人民共和国境内生产、委托加工和进口应税消费品的单位和个人。

4. 消费税的税率

消费税的税率按不同消费品分别采取比例税率、定额税率和复合税率。

（1）比例税率。实行比例税率的有：木制一次性筷子税率为5%；实木地板税率为5%；游艇税率为10%；高尔夫球及球具税率为10%；高档手表税率为20%；小汽车按排量大小分别适用六档税率；汽车轮胎税率为3%；贵重首饰及珠宝玉石税率为5%或10%；白酒税率为20%；其他酒税率为10%；酒精税率为5%；鞭炮焰火税率为15%。

（2）定额税率。实行定额税率的有：成品油税率为0.1元/升或0.2元/升；黄酒、啤酒税率为250元/吨或220元/吨。

（3）复合税率。实行复合税率的有：卷烟定额税率为150元/标准箱，并按销售额进行比例征收，税率为30%或45%；粮食白酒和薯类白酒定额税率为1元/千克，并按销售额进行比例征收，税率为20%。

5. 消费税应纳税额的计算

消费税实行从价定率、从量定额、复合计征的办法计算应纳税额。其计算公式分别是：

（1）实行从价定率办法计算的公式为：

$$应纳税额=销售额\times税率$$

（2）实行从量定额办法计算的公式为：

$$应纳税额=销售数量\times定额税率$$

（3）实行复合征收办法计算的公式为：

$$应纳税额=销售额\times税率+销售数量\times定额税率$$

其中，应纳税额的计算又分为三种情形：

（1）纳税人自产自用的应税消费品，用于连续生产应税消费品的不纳税；用于其他方面的，于移交使用时纳税。具体的计算方法是：

有同类消费品销售价格的：

$$应纳税额=同类消费品销售价格\times自用数量\times税率$$

没有同类消费品销售价格的：

$$应纳税额=组成计税价格\times自用数量\times税率$$

其中，

$$组成计税价格=\frac{成本+利润+自用数量\times消费税定额税率}{1-消费税税率}$$

（2）委托加工应税消费品，按照受委托方的同类消费品的销售价格计算纳税，没有同类消费品的，按照组成计税价格计算纳税。组成计税价格的计算公式是：

$$组成计税价格=\frac{材料成本+加工费+委托加工收回数量\times消费税定额税率}{1-消费税税率}$$

$$应纳消费税税额=组成计税价格\times税率$$

（3）进口的应税消费品，实行从价定率办法计算应纳税额的，按照组成计税价格计算纳税。组成计税价格的计算公式是：

$$组成计税价格=\frac{关税完税价格+关税+进口数量\times消费税定额税率}{1-消费税税率}$$

应纳税额＝组成计税价格×税率

（三）营业税法

1. 营业税法概述

营业税，是指对在我国境内提供应税劳务、转让无形资产或者销售不动产的单位和个人就其营业收入额征收的一种税。

营业税的法律依据是《中华人民共和国营业税暂行条例》。该条例于1994年1月1日起施行；经过2008年的修订，新的营业税暂行条例于2009年1月1日起施行。

2. 营业税的征税范围

营业税的征税范围是在中华人民共和国境内提供应税劳务、转让无形资产或销售不动产的行为。

3. 营业税的纳税人

营业税的纳税人是在中华人民共和国境内提供应税劳务、转让无形资产或者销售不动产的单位和个人。

4. 营业税税目、税率

我国的营业税根据行业特点，设置了九个税目，实行3%～20%的不同税率。其中，交通运输业、建筑业、邮电通信业、文化体育业实行3%的税率；金融保险业、服务业、转让无形资产、销售不动产实行5%的税率；娱乐业实行5%～20%的税率，具体适用的税率，由省、自治区、直辖市人民政府在幅度内确定。

5. 营业税应纳税额的计算

按照营业额和规定的税率计算应纳税额。其计算公式是：

应纳税额＝营业额×税率

6. 免征营业税的项目

以下项目免征营业税：①托儿所、幼儿园、养老院、残疾人福利机构提供的育养服务、婚姻介绍、殡葬服务；②残疾人员个人提供的劳务；③医院、诊所和其他医疗机构提供的医疗服务；④学校和其他教育机构提供的教育劳务、学生勤工俭学提供的劳务；⑤农业机耕、排灌、病虫害防治、植保、农牧保险以及相关技术培训业务，家禽、牲畜、水生动物的配种和疾病防治；⑥纪念馆、博物馆、文化馆、美术馆、书画院、图书馆、文物保护单位举办文化活动的门票收入，宗教场所举办文化、宗教活动的门票收入；⑦境内保险机构为出口货物提供的保险产品。

此外，纳税人营业额未达到财政部规定的营业税起征点的，免征营业税。

（四）关税法

1. 关税法概述

关税是主权国家对进出国境（或关境）的货物和物品所征收的一种税。关税一般由海关来征收。关税是一种特殊的税种，它是维护国家主权和经济利益，执行国家对外经济政策的重要手段。

我国关税的法律依据主要是1987年1月22日第六届全国人民代表大会常务委员会第十九次会议通过，并于2000年7月8日第九届全国人民代表大会常务委员会第十六次会议修正的《中华人民共和国海关法》，以及2003年10月29日国务院第26次常务会议通过，并自2004年1月1日起施行的《中华人民共和国进出口关税条例》。

2. 关税的征收范围

关税征收的范围仅限于进出境的货物和物品。货物，是指贸易性的进出口商品；物品，是指非贸易性的属于入境旅客随身携带的行李物品、个人邮递进境的物品，各种运输工具上的服务人员携带的行李物品、馈赠物品以及以其他方式入境的个人物品。

3. 关税的纳税人

进出口货物的纳税人包括：进口货物的收货人、出口货物的发货人、接受委托办理有关进出口货物手续的代理人。物品的纳税人是：入境旅客随身携带的行李、物品的持有人，各种运输工具上服务人员入境时携带自用物品的持有人，馈赠物品以及以其他方式入境的物品的所有人，进口个人邮件的收货人。

4. 关税的税率

关税的税率为比例税率。进出口货物的税率分为进口税率和出口税率。进口税率又分为普通税率和优惠税率。优惠税率适用于与我国签订关税互惠协议的国家、地区的进口货物，普通税率适用于未签订关税互惠协议的国家、地区的进口货物。任何国家或者地区对其进口的原产于中华人民共和国的货物征收歧视性关税或者给予其他歧视性待遇的，海关对原产于该国家或者地区的进口货物，可以征收特别关税。

5. 关税的完税价格与税额计算

进口货物，一般以海关审定的成交价格为基础的到岸价格作为完税价格。出口货物，以海关审定的货物售价与境外的离岸价格，扣除出口关税后，作为完税价格。应纳税额的计算公式是：

应纳关税税额 = 海关完税价格 × 适用税率

（五）土地增值税法

1. 土地增值税法概述

土地增值税是以纳税人有偿转让房地产所取得的收入的增值额作为征税对象的一种税。

土地增值税的主要法律依据是于1994年1月1日起实施的《中华人民共和国土地增值税暂行条例》，以及1995年1月27日财政部发布的《中华人民共和国土地增值税暂行条例实施细则》。

2. 土地增值税的征税范围

土地增值税的征税范围为国有土地使用权、地上建筑物及其他附着物。

3. 土地增值税的纳税人

凡转让国有土地使用权、地上建筑物及其附着物的产权并取得收入的单位和个人，包括各类企事业单位、国家机关、社会团体、其他组织及自然人，均为土地增值税的纳税人。

4. 土地增值税的税率

土地增值税实行四级超率累进税率，最低为30%，最高为60%。

5. 土地增值税计税依据及税额的计算

（1）土地增值税的计税依据是转让房地产所得的收入减去税法规定的扣除项目后的余额。法定扣除项目包括以下几项：①取得土地使用权所支付的金额；②房地产开发成本、费用；③与转让房地产有关的税金；④旧房及建筑物的评估价格；⑤财政部规定的其他扣除项目。

（2）土地增值税应纳税额的计算公式为：

土地增值额 = 出售房地产的总收入 − 扣除项目金额

应纳税额 = 土地增值额 × 适用税率

二、所得税法

所得税，是指以纳税人的所得额为征税对象的一种税。所得税是一种直接税，不能转嫁，通常适用累进税率，实行源泉征收。所得税分为企业所得税、个人所得税。

（一）企业所得税法

1. 企业所得税法概述

企业所得税，是指国家对企业和经济组织的生产、经营所得和其他所得征收的一种税。

我国于1991年通过了《中华人民共和国外商投资企业和外国企业所得税法》，1993年通过了《中华人民共和国企业所得税暂行条例》，2007年3月16日第十届全国人民代表大会第五次会议通过了《中华人民共和国企业所得税法》，并于2008年1月1日起施行。自此内外资企业所得税合二为一，这是我国税法的一个重大变化，标志着内、外资企业的竞争会更加公平，我们吸引外资的措施由税收优惠向全方位的综合环境转变。

2. 企业所得税的征税范围

企业所得税的征税范围是企业来源于中国境内、境外的生产经营所得和其他所得，主要包括：①销售货物所得；②提供劳务所得；③转让财产所得；④股息、红利等权益性投资所得；⑤利息所得；⑥租金所得；⑦特许权使用费所得；⑧其他所得。

3. 企业所得税的纳税人

在中华人民共和国境内的企业和其他取得收入的组织，依照企业所得税法的规定缴纳企业所得税。企业所得税的纳税人不包括个人独资企业、合伙企业。企业分为居民企业和非居民企业。居民企业，是指依法在中国境内成立，或者依照外国（地区）法律成立但实际管理机构在中国境内的企业。非居民企业，是指依照外国（地区）法律成立且实际管理机构不在中国境内，但在中国境内设立机构、场所的，或者在中国境内未设立机构、场所，但有来源于中国境内所得的企业。居民企业应当就其来源于中国境内、境外的所得缴纳企业所得税。非居民企业在中国境内设立机构、场所的，应当就其所设机构、场所取得的来源于中国境内的所得，以及发生在中国境外但与其所设机构、场所有实际联系的所得，缴纳企业所得税。非居民企业在中国境内未设立机构、场所的，或者虽设立机构、场所但取得的所得与其所设机构、场所没有实际联系的，应当就其来源于中国境内的所得缴纳企业所得税。

4. 企业所得税税率

企业所得税法对于居民企业，均采用统一税率，企业所得税的税率为25%；对于非居民企业，就其来源于中国境内的所得缴纳企业所得税，适用税率为20%；符合条件的小型微利企业实行20%的优惠税率；国家需要重点扶持的高新技术企业实行15%的优惠税率。

5. 应纳税所得额

应纳税所得额是指在每一纳税年度内的收入总额，减除成本、费用和损失后的余额。其计算公式是：

应纳税所得额 = 收入总额 − 准予扣除的项目金额

企业所得税法明确地规定了计算应纳税所得额时准予扣除的项目，具体准予在计算应纳税所得额时扣除的项目为：企业实际发生的与取得收入有关的、合理的支出，包括成本、费用、税金、损失和其他支出。

6. 应纳所得税税额计算

应纳所得税税额 = 应纳税所得额 × 适用税率

7. 企业所得税税收优惠

企业依法享有的税收优惠可以分为以下几种：①对法定收入免税；②可以免征、减征的所得；③加计扣除；④抵扣应纳税所得额；⑤减计收入；⑥加速折旧；⑦税额抵免；⑧民族自治地方的自治机关对本民族自治地方的企业应缴纳的企业所得税中属于地方分享的部分，可以决定减征或者免征。

（二）个人所得税法

1. 个人所得税法概述

个人所得税，是对我国居民的境内外个人所得和非居民来源于我国境内的个人所得征收的一种税。

个人所得税的法律依据是1980年9月10日通过，2007年12月29日第十届全国人民代表大会常务委员会第三十一次会议进行第四次修正的《中华人民共和国个人所得税法》。

2. 个人所得税的征税范围

个人所得税法列举了11项个人所得税的征税对象：①工资、薪金所得；②个体工商户的生产、经营所得；③对企事业单位的承包经营、承租经营所得；④劳务报酬所得；⑤稿酬所得；⑥特许权使用费所得；⑦利息、股息、红利所得；⑧财产租赁所得；⑨财产转让所得；⑩偶然所得；⑪经国务院财政部门确定征税的其他所得。

3. 个人所得税的纳税人

在中国境内有住所，或者无住所而在境内居住满一年的个人，从中国境内和境外取得的所得，依法缴纳个人所得税。

4. 个人所得税的税率

根据征税对象的不同特点，分为三种情形：

（1）工资、薪金所得适用九级超额累进税率，该税率按个人月工资、薪金所得额划分级距，最低一级税率为5%，最高一级税率为45%。

（2）个体工商户的生产、经营所得和对企事业单位承包经营、承租经营所得适用五级超额累进税率。该税率按个体经营者和对企事业单位承包经营、承租经营的全年应纳税所得额划分级距，最低一级税率为5%，最高一级税率为35%。

（3）稿酬所得、劳务报酬所得、特许权使用费所得、股息、红利所得、财产租赁所得、财产转让所得、偶然所得和其他所得适用20%的比例税率。稿酬所得按应纳税额减征30%。目前，储蓄存款利息免征个人所得税。对劳务报酬所得一次收入畸高的，可以实行加成征收，具体办法由国务院规定。

5. 应纳税额的计算

（1）应纳税所得额的确定。应纳税所得额是纳税人收入总额扣除法定的必要费用后的余额。其具体计算标准是：①工资、薪金所得，以每月收入额减除费用2000元后的余额，为应纳税所得额。单位为个人缴付的和个人缴付的基本养老保险费、基本医疗保险费、失业保险费、住房公积金从纳税义务人的应纳税所得额中扣除。②个体工商户的生产经营所得，以每一纳税年度的收入总额，减除成本、费用以及损失后的余额，为应纳税所得额。③对企事业单位承包经营、承租经营所得，以每一纳税年度的收入总额，减除必要费用后的余额，为应纳税所得额。④劳务报酬所得、稿酬所得、特许权使用费所得及财产租赁所得，每次收入不超过4000元的，减除费用800元；每次收入4000元以上的，减除20%的费用，其余额为应纳税所得额。⑤财产转让所得，以转让财产的收入额减除财产原值和合理费用后的余额，为应纳税所得额。⑥利息、股息、红利所得以及偶然所得和其他所得，以每次收入额为应纳税所得额。⑦个人将其所得对教育事业和其他公益事业捐赠的部分，按照国务院有关规定从应纳税所得中扣除。⑧对在中国境内无住所而在中国境内取得工资、薪金所得的纳税义务人和在中国境内有住所而在中国境外取得工资、薪金所得的纳税义务人，可以根据其平均收入水平、生活水平以及汇率变化情况确定附加减除费用，附加减除费用适用的范围和标准由国务院规定。⑨纳税义务人从中国境外取得的所得，准予在应纳税额中扣除已在境外缴纳的个人所得税税额，但扣除额不得超过该纳税义务人境外所得依照该法规定计算的应纳税额。个人将其所得对教育事业和其他公益事业捐赠的部分，按照国务院有关规定从应纳税所得中扣除。

（2）应纳税额的计算公式为：

应纳税额＝应纳税所得额×适用的税率

6. 个人所得税的税收减免

（1）个人所得税的免税。个人所得税法规定下列各项个人所得，免纳个人所得税：①省级人民政府、国务院部委和中国人民解放军军以上单位，以及外国组织、国际组织颁发的科学、教育、技术、文化、卫生、体育、环境保护等方面的奖金；②国债和国家发行的金融债券利息；③按照国家统一规定发给的补贴、津贴；④福利费、抚恤金、救济金；⑤保险赔款；⑥军人的转业费、复员费；⑦按照国家统一规定发给干部、职工的安家费、退职费、退休工资、离休工资、离休生活补助费；⑧依照我国有关法律规定应予免税的各国驻华使馆、领事馆的外交代表、领事官员和其他人员的所得；⑨中国政府参加的国际公约、签订的协议中规定免税的所得；⑩经国务院财政部门批准免税的所得。

（2）个人所得税的减税。经批准可以减征个人所得税的情形是：①残疾、孤老人员和烈属的所得；②因严重自然灾害造成重大损失的；③其他国务院财政部门批准减税的。

三、资源税法

（一）资源税法

1. 资源税法概述

资源税是以各种自然资源为课税对象，为了调节资源级差收入并体现国有资源有偿使用而征收的一种税。

资源税的主要法律依据是 1993 年 12 月 25 日国务院发布的《中华人民共和国资源税暂行条例》和 1993 年 12 月 30 日财政部发布的《中华人民共和国资源税暂行条例实施细则》。

2. 资源税的征税范围

资源税的征税范围，主要是关系到国计民生且级差收入差异较大的矿产品和盐。矿产品包括原油、天然气、煤炭、其他非金属矿原矿、黑色金属矿原矿、有色金属矿原矿。盐包括固体盐、液体盐。

3. 资源税的纳税人

资源税的纳税人仅指在我国境内开采或生产应税资源产品的单位和个人。而进口矿产品和盐以及经营已税矿产品和盐的单位或个人不是资源税的纳税人。

4. 资源税的税率

资源税的税率采用幅度税率，实行从量定额征收。原油 8 ~ 30 元/吨，天然气 2 ~ 15 元/每立方米，煤 0.3 ~ 5 元/吨，其他非金属矿原矿 0.5 ~ 20 元/吨或 0.5 ~ 20 元/立方米，黑色金属矿原矿 2 ~ 30 元/吨，有色金属矿原矿 0.4 ~ 30 元/吨，固体盐 10 ~ 60 元/吨，液体盐 2 ~ 10 元/吨。

5. 资源税应纳税额的计算

资源税应纳税额的计算公式是：

应纳税额 = 课税数量 × 单位税额

（二）土地使用税法

1. 土地使用税法概述

土地使用税是对在我国境内使用土地资源的单位和个人，就其实际占有土地面积而征收的一种税。

土地使用税的主要法律依据是于 1988 年 11 月 1 日起施行的《中华人民共和国城镇

土地使用税暂行条例》；2006年12月31日国务院第163次常务会议通过了对该条例的修订。

2. 土地使用税的征税范围

土地使用税的征税范围是：在中华人民共和国境内的城市、县城、建制镇、工矿区范围内使用土地，都属于土地使用税的征税范围。

3. 土地使用税的纳税人

在城市、县城、建制镇、工矿区范围内使用土地的单位和个人，为城镇土地使用税的纳税义务人。

4. 土地使用税的税率

土地使用税以实际占用土地的面积为计税依据，实行幅度税率，以每平方米年税额计算，从量计征。大城市为1.5～30元/平方米；中等城市为1.2～24元/平方米；小城市为0.9～18元/平方米；县城、建制镇、工矿区为0.6～12元/平方米。

5. 土地使用税应纳税额的计算

土地使用税应纳税额的计算公式是：

应纳税额＝实际占用土地的面积×单位税额

6. 土地使用税的免征

下列土地免缴土地使用税：①国家机关、人民团体、军队自用的土地；②由国家财政部门拨付事业经费的单位自用的土地；③宗教寺庙、公园、名胜古迹自用的土地；④市政街道、广场、绿化地带等公共用地；⑤直接用于农、林、牧、渔业的生产用地；⑥经批准开山填海整治的土地和改造的废弃土地，从使用的月份起免缴土地使用税5～10年；⑦由财政部另行规定免税的能源、交通、水利设施用地和其他用地。

四、特定行为税法

特定行为税又称特定目的税，是指对某些法定行为实施征收的一种税。特定行为税具有鲜明的政策性和因时制宜的灵活性。特定行为税包括固定资产投资方向调节税（已暂停征收）、筵席税、屠宰税、车船使用税、城市维护建设税、印花税等。

（一）城市维护建设税法

1. 城市维护建设税法概述

城市维护建设税是指为了加强城市维护建设，扩大和稳定城市维护建设资金来源，而征收的一种税。

城市维护建设税的法律依据是1985年2月8日公布实施的《中华人民共和国城市维护建设税暂行条例》。2010年10月18日，国务院发布了《国务院关于统一内外资企业和个人城市维护建设税和教育费附加制度的通知》，决定对外商投资企业、外国企业及外籍个人征收城市维护建设税。

2. 城市维护建设税的纳税人和征收范围

凡缴纳增值税、消费税、营业税的单位和个人，都是城市维护建设税的纳税人。城市维护建设税以增值税、消费税、营业税税额为计税依据，与增值税、消费税、营业税同时缴纳。

3. 城市维护建设税税率

城市维护建设税税率如下：纳税人所在地在市区的，税率为7%；纳税人所在地在县城、镇的，税率为5%；纳税人所在地不在市区、县城或镇的，税率为1%。

4. 城市维护建设税应纳税额的计算

城市维护建设税应纳税额的计算公式是：

应纳税额 = 实际缴纳的增值税、消费税、营业税税额 × 适用税率

（二）印花税法

1. 印花税法概述

印花税是对经济活动和经济交往中书立、领受的应税经济凭证所征收的一种税。其法律依据是1988年10月1日起实施的《中华人民共和国印花税暂行条例》（以下简称《印花税暂行条例》）。

2. 印花税的征税范围

印花税的征税范围具体有五类：经济合同，产权转移书据，营业账簿，权利、许可证照和经财政部确定征税的其他凭证。

3. 印花税的纳税人

在中华人民共和国境内书立、领受《印花税暂行条例》所列举凭证的单位和个人，都是印花税的纳税义务人。具体有：立合同人、立账簿人、立据人和领受人。

4. 印花税的税率

现行印花税采用比例税率和定额税率两种税率。比例税率有四档，即1‰、0.5‰、0.3‰和0.05‰。适用定额税率的是权利许可证照和营业账簿税目中的其他账簿，单位税额均为每件5元。

5. 应纳税额的计算

按比例税率计算应纳税额的方法：

应纳税额 = 计税金额 × 适用税率

按定额税率计算应纳税额的方法：

应纳税额 = 凭证数量 × 单位税额

6. 印花税的缴纳方法

印花税实行由纳税人根据规定自行计算应纳税额，购买并一次贴足印花税票（以下简称贴花）的缴纳办法。为简化贴花手续，应纳税额较大或者贴花次数频繁的，纳税人可向税务机关提出申请，采取以缴款书代替贴花或者按期汇总缴纳的办法。

五、财产税法

（一）房产税法

1. 房产税法概述

房产税是以房屋为征税对象，以房屋评估价值为计税依据，向房屋所有人或使用人征收的一种税。

房产税的法律依据是于1986年10月1日施行的《中华人民共和国房产税暂行条例》。

2. 房产税的征收范围

房产税的征收范围主要是建在城市、县城、建制镇和工矿区的房屋。

3. 房产税的纳税人

房产税的纳税人是房屋的所有人。具体的纳税人是：产权属于全民所有的，由经营管理的单位缴纳。产权出典的，由承典人缴纳。产权所有人、承典人不在房产所在地的，或者产权未确定及租典纠纷未解决的，由房产代管人或者使用人缴纳。

4. 房产税的税率

房产税实行比例税率，依照房产余值计算缴纳的，税率为1.2%；依照房产租金收入计算缴纳的，税率为12%。

5. 房产税应纳税额的计算

房产税依照房产原值一次减除10%~30%后的余值计算缴纳，具体减除幅度由省、自治区、直辖市人民政府规定。没有房产原值作为依据的，由房产所在地税务机关参考同类房产核定。房产出租的，以房产租金收入为房产税的计税依据。房产税应纳税额的计算公式是：

应纳税额=计税依据×税率

6. 房产税的减免范围

对于以下情况可以依法免征房产税：①国家机关、人民团体、军队的自用房产；②由国家财政部门拨付事业费的单位自用的房产；③宗教寺庙、公园、名胜古迹的自用的房产；④个人所有非营业用的房产；⑤财政部批准免征税的其他房产。

另外，纳税人的房产虽不属于上述范围，但其按照税法规定的税率缴纳确有困难的，可以申请定期减征或免征房产税。

（二）契税法

1. 契税法概述

契税是在土地、房屋权属转移时，向产权承受人征收的一种税。

契税的法律依据是于1997年10月1日起施行的《中华人民共和国契税暂行条例》和财政部1997年10月28日发布的《中华人民共和国契税暂行条例实施细则》。

2. 契税的征税范围

契税的征收范围包括：国有土地使用权出让；土地使用权转让，包括出售、赠与和交换（但不包括农村集体土地承包经营权的转移）；房屋买卖、赠与、交换而发生的转移土地使用权和房屋权属的行为。

3. 契税的纳税人

契税的纳税人是在我国境内转移土地、房屋权属的承受单位和个人。具体是国有土地使用权出让或土地使用权转让中的受让人、房屋的买受人、房屋赠与的承受人、房屋交换的双方。

4. 契税的税率

契税的税率为3%~5%。具体税率可由省、自治区、直辖市人民政府在一定的幅度内根据实际情况确定，并报财政部和国家税务总局备案。

5. 契税应纳税额的计算

契税的计税依据是：国有土地使用权出让、土地使用权出售、房屋买卖的，为成交价格；土地使用权赠与、房屋赠与，由征收机关参照土地使用权出售、房屋买卖的市场价格核定；土地使用权的交换、房屋交换的，为所交换的土地使用权、房屋的价格的差额。契税应纳税额的计算公式是：

应纳税额 = 计税依据 × 税率

6. 契税的减免

有下列情形之一的，可以依法减免契税：①国家机关、事业单位、社会团体、军事单位承受土地房屋用于办公、教学、医疗、科研和军事设施的，免征契税；②城镇职工按规定第一次购买公有住房的，免征契税；③因不可抗力灭失住房而重新购买住房的，酌情准予减征或免征；④财政部规定的其他减征、免征契税的项目。经批准减征、免征契税的纳税人改变有关土地、房屋的用途，应当补交已经减征、免征的税款。

（三）车船税法

1. 车船税法概述

车船税，是指对行驶于我国境内的车辆和船舶而征收的一种财产税。

车船税的法律依据是2011年2月25日第十一届全国人民代表大会常务委员会第十九次会议通过的《中华人民共和国车船税法》（以下简称《车船税法》）。

2. 车船税的征税范围

车船税的征税范围是在中华人民共和国境内属于《车船税法》所附车船税税目税额表规定的车辆、船舶。

3. 车船税的纳税义务人

在中华人民共和国境内使用车船税税目税额表规定的车辆、船舶的所有人或者管理人，为车船税的纳税人。从事机动车第三者责任强制保险业务的保险机构为机动车车船税的扣缴义务人，应当在收取保险费时依法代收车船税，并出具代收税款凭证。

4. 车船税的税额

车船的适用税额依照该法所附车船税税目税额表执行。车辆的具体适用税额由省、自治区、直辖市人民政府依照该法所附车船税税目税额表规定的税额幅度和国务院的规定确定。船舶的具体适用税额由国务院在该法所附车船税税目税额表规定的税额幅度内确定。

5. 车船税的减免税

下列车船免征车船税：①捕捞、养殖渔船；②军队、武装警察部队专用的车船；③警用车船；④依照法律规定应当予以免税的外国驻华使领馆、国际组织驻华代表机构及其有关人员的车船。另外，对节约能源、使用新能源的车船可以减征或者免征车船税；对受严重自然灾害影响纳税困难以及有其他特殊原因确需减税、免税的，可以减征或者免征车船税，具体办法由国务院规定，并报全国人民代表大会常务委员会备案。省、自治区、直辖市人民政府根据当地实际情况，可以对公共交通车船，农村居民拥有并主要在农村地区使用的摩托车、三轮汽车和低速载货汽车定期减征或者免征车船税。

第三节　税收程序法

一、税收征收管理法

（一）税收征收管理法概述

税收征收管理是税务机关对纳税人依法征收税款和进行税务监督管理的总称。我国的税收征收管理制度始于1993年1月1日起施行的《中华人民共和国税收征收管理法》（以下简称《税收征收管理法》）。该法于1995年2月28日第八届全国人民代表大会常务委员会第十二次会议修正，2001年4月28日第九届全国人民代表大会常务委员会第二十一次会议对该法进行了修订，自2001年5月1日起施行。税收征收管理法律制度主要有税务管理、税款征收、税务检查、法律责任等内容。

（二）税务管理

税务管理的主要内容包括：税务登记、账簿凭证管理、纳税申报。

1. 税务登记

税务登记是指纳税人按法定的程序向税务机关申报，办理书面登记的税务管理制度。

（1）开业登记。企业在外地设立的分支机构和从事生产、经营的场所，个体工商户和从事生产、经营的事业单位自领取营业执照之日起30日内，持有关证件，向税务机关申报办理税务登记。税务机关应当自收到申报之日起30日内审核并发给税务登记证件。

（2）变更登记。税务登记的内容发生变化的，自工商行政管理机关办理变更登记之日起30日内，持有关证件向税务机关申报办理变更登记。

（3）注销登记。纳税人发生解散、破产、撤销以及其他情形，纳税人应当在向工商行政管理机关办理注销登记前，持有关证件向原税务机关办理注销税务登记。纳税人被吊销营业执照的，应自被吊销之日起15日内，向原税务登记机关申报办理注销税务登记。

2. 账簿、凭证管理

（1）账簿管理。纳税人、扣缴义务人应按照有关法律、行政法规和国务院财政税务主管部门的规定设置账簿，根据合法、有效的会计凭证，进行核算。从事生产、经营的纳税人应当自领取营业执照之日起15日内设置会计账簿。纳税人的财务、会计制度或者财务、会计处理办法和会计核算软件，应当自领取税务登记证之日起15日内，报送税务机关备案。

（2）凭证管理。税务主管机关是发票的主管机关，负责发票印制、领购、开具、取得、保管、缴销的管理。增值税专用发票由国务院税务主管部门指定的企业印制，其他发票按照国务院主管部门的规定，分别由省、自治区、直辖市国家税务局、地方税务局指定企业印制。纳税人、扣缴义务人要按规定的保管期限保管账簿、记账凭证、完税凭证及其他资料，不得伪造、变造或擅自损毁。

3. 税务申报

纳税人必须依照法律、行政法规规定或者税务机关依照法律、行政法规的规定确定的申报期限、申报内容如实办理纳税申报，报送纳税申报表、财务会计报表以及税务机关根据实际需要要求纳税人报送的其他纳税资料。扣缴义务人必须依照法律、行政法规规定或者税务机关依照法律、行政法规的规定确定的申报期限、申报内容如实报送代扣代缴、代收代缴税款报告表以及税务机关根据实际需要要求扣缴义务人报送的其他有关资料。纳税人、扣缴义务人不能如期申报的，经税务机关核准可以延期。

（三）税款征收

税款征收是税收征收管理工作中非常重要的环节，是全部税收征管工作的目的和归宿。税款征收必须由税务机关、税务人员以及税务机关依法委托的单位或个人来进行，其他单位或个人不得进行税款征收。

1. 税款征收的方式

税款征收的方式有多种，纳税人和税务机关可根据不同情况采取不同方式。税款征收主要有以下方式：①查账征收；②查定征收；③查验征收；④定期定额征收；⑤代扣代缴；⑥委托征收；⑦邮寄、数据电文申报纳税。

2. 征纳税款的要求

税务机关在税款征收时必须严格执行法律、法规的规定。法律、法规的规定主要有以下几点：①税务机关应依法律、法规的规定征收税款，不得违法开征、停征、多征、少征、提前征收、延缓征收或摊派税款。②按照法律、法规的规定减税、免税。对于各级人民政府、各级人民政府主管部门、单位和个人违法作出的减税免税决定，税务机关不得执行，并向上级税务部门报告。③扣缴义务人依法履行代扣代收税款义务，税务机关按照有关规定付给代扣代收手续费。④税务机关征收税款时，必须给纳税人开具完税凭证。⑤纳税人、扣缴义务人必须按规定的期限缴纳或者解缴税款，未按规定的期限缴纳或解缴税款的，税务机关除责令限期缴纳外，应从滞纳税款之日起，按日加收滞纳税款万分之五的滞纳金。纳税人因有特殊困难，不能按期缴纳税款的，经省、自治区、直辖市国家税务局、地方税务局批准，可以延期缴纳税款，但最长不得超过3个月。⑥纳税人可以书面申请减税、免税，税务机关按法定的权限和法定的规定审批减税、免税申请。⑦纳税人邮寄申报纳税的，应当在邮寄纳税申报表的同时，汇寄应纳税款。税务机关收到纳税申报表和税款后，必须向纳税人开具完税凭证，办理税款缴库手续。

3. 应纳税额的核定

纳税人有以下情形之一的，税务机关有权核定其应纳税额：①依照法律、行政法规的规定可以不设置账簿的；②依照法律、行政法规的规定应当设置账簿但未设置的；

③擅自销毁账簿或者拒不提供纳税资料的；④虽然设置账簿，但账目混乱或者成本资料、收入凭证、费用凭证残缺不全，难以查账的；⑤发生纳税义务，未按照规定的期限办理纳税申报，经税务机关责令限期申报，逾期仍不申报的；⑥纳税人申报的计税额依据明显偏低，又无正当理由的。关联企业应当按独立企业之间的业务往来收取或支付价款、费用，否则，税务机关可以依法核定其应纳税额。

4. 税款征收措施

税务机关根据认为纳税人有逃避纳税义务行为的，可以在规定的纳税期之前，责令限期缴纳税款；在限期内发现纳税人有明显的转移、隐匿其应纳税的商品、货物以及其他财产或者应纳税的收入迹象的，税务机关可以责成纳税人提供纳税担保。如果纳税人不能提供纳税担保，经县以上税务局（分局）局长批准，税务机关可以采取税收保全措施。

（四）税务检查

税务检查是税务机关对纳税人和扣缴义务人履行义务情况进行的监督、审查活动。税务检查的内容主要是：检查纳税人的账簿、记账凭证、报表和有关资料；检查扣缴义务人代扣代缴、代收代缴税款账簿、记账凭证和有关资料；到纳税人的生产、经营场所和货物存放地检查其商品、货物或其他财产，检查纳税义务人有关的情况；责成纳税义务人、扣缴义务人提供有关的文件、证明材料和有关资料；询问有关问题和情况；到车站、码头、机场、邮政企业及其分支机构检查纳税人托运、邮寄应税商品、货物或其他财产的有关单据、凭证和有关资料；经县以上税务局（分局）局长批准，凭检查存款账户许可证明，查询纳税人、扣缴义务人在银行或其他金融机构的存款账户。在调查违法案件时，经批准可以查询涉案人员的储蓄存款。税务机关查询所获得的资料，不得用于税收以外的用途。

（五）税收法律责任

1. 纳税人、扣缴义务人违反税收征收管理规定的法律责任

纳税人有下列行为之一的，由税务机关责令限期改正，可以处2000元以下的罚款；情节严重的，处2000元以上10 000元以下的罚款：①未按照规定的期限申报办理税务登记、变更或者注销登记的；②未按照规定设置、保管账簿或者保管记账凭证和有关资料的；③未按照规定将财务、会计制度或者财务、会计处理办法和会计核算软件报送税务机关备查的；④未按照规定安装、使用税控装置，或者损毁或者擅自改动税控装置的。

2. 妨碍税款征收的法律责任

（1）偷税行为。偷税是纳税人伪造、变造、隐匿、擅自销毁账簿、记账凭证，或者在账簿上多列支出或者不列、少列收入，或者经税务机关通知申报而拒不申报或者进行虚假的纳税申报，不缴或者少缴应纳税款的行为。对纳税人偷税的，由税务机关追缴其不缴或者少缴的税款、滞纳金，并处不缴或者少缴的税款50%以上5倍以下的罚款；构成犯罪的，依法追究刑事责任。扣缴义务人采取前述手段，不缴或者少缴已扣、已收税款，由税务机关追缴其不缴或者少缴的税款、滞纳金，并处不缴或者少缴

的税款50%以上5倍以下的罚款；构成犯罪的，依法追究刑事责任。以假报出口或者其他欺骗手段，骗取国家出口退税款的，由税务机关追缴其骗取的退税款，并处骗取税款1倍以上5倍以下的罚款；构成犯罪的，依法追究刑事责任。

（2）抗税行为。抗税是以暴力、威胁方法拒不缴纳税款的行为。对于抗税行为，除由税务机关追缴其拒缴的税款、滞纳金外，依法追究刑事责任。情节轻微，未构成犯罪的，由税务机关追缴其拒缴的税款、滞纳金，并处拒缴税款1倍以上5倍以下的罚款。

（3）非法印制发票行为。非法印制发票的，由税务机关销毁非法印制的发票，没收违法所得和作案工具，并处1万元以上5万元以下的罚款；构成犯罪的，依法追究刑事责任。

3. 税务机关和税务人员违反税法的法律责任

税务机关和税务人员违反税法的法律责任主要包括以下内容：

（1）税务机关违反规定擅自改变税收征收管理范围和税款入库预算级次的，责令限期改正，对直接负责的主管人员和其他直接责任人员依法给予降级或者撤职的行政处分，税务人员徇私舞弊，对依法应当移交司法机关追究刑事责任的不移交，情节严重的，依法追究刑事责任。

（2）未经税务机关依法委托征收税款的，责令退还收取的财物，依法给予行政处分或者行政处罚；致使他人合法权益受到损失的，依法承担赔偿责任；构成犯罪的，依法追究刑事责任。

（3）税务机关、税务人员查封、扣押纳税人个人及其所扶养家属维持生活必需的住房和用品的，责令退还，依法给予行政处分；构成犯罪的，依法追究刑事责任。

（4）税务人员与纳税人、扣缴义务人勾结，唆使或者协助纳税人、扣缴义务人有偷税等行为，构成犯罪的，依法追究刑事责任；尚不构成犯罪的，依法给予行政处分。

（5）税务人员利用职务上的便利，收受或者索取纳税人、扣缴义务人财物或者谋取其他不正当利益，构成犯罪的，依法追究刑事责任；尚不构成犯罪的，依法给予行政处分。

（6）税务人员徇私舞弊或者玩忽职守，不征或者少征应征税款，致使国家税收遭受重大损失，构成犯罪的，依法追究刑事责任；尚不构成犯罪的，依法给予行政处分。

（7）税务人员滥用职权，故意刁难纳税人、扣缴义务人的，调离税收工作岗位，并依法给予行政处分。

（8）税务人员对控告、检举税收违法违纪行为的纳税人、扣缴义务人以及其他检举人进行打击报复的，依法给予行政处分；构成犯罪的，依法追究刑事责任。

二、税务行政复议与行政诉讼

（一）税务行政复议

税务行政复议的主要法律依据是1999年4月29日第九届全国人民代表大会常务委员会第九次会议通过的《中华人民共和国行政复议法》和2009年12月15日国家税务

总局审议通过，并于2010年4月1日起施行的《税务行政复议规则》。

1. 税务行政复议的范围

纳税人及其他当事人（简称申请人）认为税务机关（简称被申请人）的具体行政行为侵犯其合法权益，可依法向税务行政复议机关申请行政复议。复议机关受理申请人对下列行政行为不服提出的行政复议申请：

（1）税务机关作出的征税行为。税务机关作出的征税行为包括：确认纳税主体、征税对象、征税范围、减税、免税及退税、适用税率、计税依据、纳税环节、纳税期限、纳税地点以及税款征收方式等具体行政行为。征收税款、加收滞纳金，扣缴义务人、受税务机关委托的单位和个人作出的代扣代缴、代收代缴、代征行为等。

（2）行政许可、行政审批行为。

（3）发票管理行为。发票管理行为包括发售、收缴、代开发票等。

（4）税收保全措施、强制执行措施。

（5）行政处罚行为。行政处罚行为包括：罚款、没收财物和违法所得、停止出口退税权。

（6）不依法履行下列职责的行为：①颁发税务登记；②开具、出具完税凭证、外出经营活动税收管理证明；③行政赔偿；④行政奖励；⑤其他不依法履行职责的行为。

（7）资格认定行为。

（8）不依法确认纳税担保行为。

（9）政府信息公开工作中的具体行政行为。

（10）纳税信用等级评定行为。

（11）通知出入境管理机关阻止出境行为。

（12）其他具体行政行为。

2. 税务行政复议的申请与受理

（1）税务行政复议的申请。申请人可以在知道税务机关作出具体行政行为之日起60日内提出行政复议申请。纳税人、扣缴义务人及纳税担保人对受案范围中第（1）项规定的行为不服的，应当先向行政复议机关申请行政复议；对行政复议决定不服的，可以向人民法院提起行政诉讼。申请人按照前款规定申请行政复议的，必须依照税务机关根据法律、法规确定的税额、期限，先行缴纳或者解缴税款和滞纳金，或者提供相应的担保，才可以在缴清税款和滞纳金以后或者所提供的担保得到作出具体行政行为的税务机关确认之日起60日内提出行政复议申请。申请人对其他项规定的行政行为不服，可以申请行政复议，也可以直接向人民法院提起行政诉讼。申请人对税务机关作出逾期不缴纳罚款加处罚款的决定不服的，应当先缴纳罚款和加处罚款，再申请行政复议。

（2）税务行政复议的受理。复议机关收到行政复议申请后，应当在5日内进行审查，决定是否受理。对不符合规定的行政复议申请，决定不予受理，并书面告知申请人；对符合规定的行政复议申请，自复议机关收到之日起即为受理。受理行政复议申请，应当书面告知申请人。行政复议期间具体行政行为不停止执行，但有下列情形之一的，可以停止执行：①被申请人认为需要停止执行的；②复议机关认为需要停止执行的；③申请人申请停止执行，复议机关认为其要求合理，决定停止执行的；④法律规定停止执行的。

3. 税务行政复议的审查和决定

（1）税务行政复议的审查。复议机关对被申请人作出的具体行政行为所依据的事实证据、法律程序、法律依据及设定的权利义务内容之合法性、适当性进行全面审查。行政复议原则上采用书面审查的办法，但是申请人提出要求或者行政复议机构认为有必要时，应当听取申请人、被申请人和第三人的意见，并可以向有关组织和人员调查了解情况。对重大、复杂的案件，申请人提出要求或者行政复议机构认为必要时，可以采取听证的方式审理。

（2）税务行政复议的决定。复议决定的形式主要有：①具体行政行为认定事实清楚，证据确凿，适用依据正确，程序合法，内容适当的，决定维持；②被申请人不履行法定职责的，决定其在一定期限内履行；③具体行政行为有下列情形之一的，决定撤销、变更或者确认该具体行政行为违法；决定撤销或者确认该具体行政行为违法的，可以责令被申请人在一定期限内重新作出具体行政行为：主要事实不清、证据不足的；适用依据错误的；违反法定程序的；超越或者滥用职权的；具体行政行为明显不当的；④被申请人不按照规定提出书面答复，提交当初作出具体行政行为的证据、依据和其他有关材料的，视为该具体行政行为没有证据、依据，决定撤销该具体行政行为。申请人在申请行政复议时，一并提出对有关规定的审查申请的，行政复议机关对该规定有权处理的，应当在30日内依法处理；无权处理的，应当在7日内按照法定程序逐级转送有权处理的行政机关依法处理，有权处理的行政机关应当在60日内依法处理。复议机关作出行政复议决定，应当制作行政复议决定书，并加盖印章。行政复议书一经送达，即发生法律效力。

（二）税务行政诉讼

税务行政诉讼，是指纳税当事人认为税务机关及其工作人员的具体行政行为侵犯其合法权益，通过向人民法院提起诉讼，由人民法院来解决其与税务机关之间行政纠纷的活动。税务行政诉讼的主要法律依据是1989年4月4日第七届全国人民代表大会第二次会议通过，并于1990年10月1日起施行的《中华人民共和国行政诉讼法》。

1. 税务行政诉讼的受案范围

税务行政诉讼受案范围的规定如下：

（1）对于法律、行政法规规定应当先向复议机关申请行政复议的具体行政行为，纳税当事人应当先申请行政复议；对行政复议决定不服的，再向人民法院提起行政诉讼。

（2）纳税当事人对税务机关的其他具体行政行为不服的，可以先申请行政复议，对复议决定不服的再向人民法院提起诉讼；也可以直接向人民法院提起诉讼。

2. 税务行政诉讼的起诉和受理

（1）起诉时间。纳税当事人不服税务行政复议决定的，可以在收到复议决定书之日起15日内向人民法院提起诉讼。复议机关逾期不做决定的，申请人可以在复议期满之日起15日内向人民法院提起诉讼。纳税当事人直接向人民法院提起诉讼的，应当在知道作出具体行政行为之日起3个月内提出。纳税当事人因不可抗力或者其他特殊情况耽误法定期限的，在障碍消除后的10日内，可以申请延长期限，由人民法院决定。

（2）受理时间。人民法院接到起诉状，经审查，应当在7日内立案或者作出裁定不予受理。原告对裁定不服的，可以提起上诉。

3. 税务行政诉讼的审理和判决

（1）人民法院审理行政案件，实行合议、回避、公开审判和两审终审制度。当事人在行政诉讼中有权进行辩论。

（2）诉讼期间，不停止具体行政行为的执行。

（3）人民法院审理行政案件，不适用调解。

（4）人民法院经过审理，根据不同情况，分别作出以下判决：①具体行政行为证据确凿，适用法律、法规正确，符合法定程序的，判决维持；②具体行政行为有下列情形之一的，判决撤销或者部分撤销，并可以判决被告重新作出具体行政行为：主要证据不足的；适用法律、法规错误的；违反法定程序的；超越职权的；滥用职权的；③被告不履行或者拖延履行法定职责的，判决其在一定期限内履行；④行政处罚显失公平的，可以判决变更；⑤人民法院判决被告重新作出具体行政行为的，被告不得以同一事实和理由作出与原具体行政行为基本相同的具体行政行为。对一审人民法院的判决不服，当事人可以上诉。对发生法律效力的判决，当事人必须执行，否则人民法院有权依对方当事人的申请予以强制执行。

复习思考题

1. 什么是税法？税法的基本要素有哪些？
2. 我国流转税、所得税、资源税、财产税、行为税的主要税种有哪些？
3. 如何确定增值税的征收范围？
4. 我国所得税的主要内容有哪些？
5. 我国税收征收管理法的主要内容有哪些？

第十四章　会计法与审计法

第一节　会计法

一、会计法概述

（一）会计与会计法

1. 会计的概念

会计是以货币为主要计量单位，以凭证为依据，运用专门技术方法，对企业、事业、机关团体以及其他经济、社会组织的经济活动进行全面、综合、系统的核算和监督，并向有关各方提供会计信息的一种经济管理活动。其基本职能是会计核算和会计监督。

2. 会计法的概念

会计法是调整会计关系，规定会计原则、会计机构和会计人员的职责与法律责任等法律规范的总称。

《中华人民共和国会计法》（以下简称《会计法》）于1985年1月21日第六届全国人民代表大会常务委员会第九次会议通过，1993年12月29日第八届全国人民代表大会常务委员会第五次会议对该法进行了修正，1999年10月31日第九届全国人民代表大会常务委员会第十二次会议对该法进行了修订，自2000年7月1日起施行。

（二）《会计法》的立法宗旨

我国《会计法》的立法宗旨是规范会计行为，保证会计资料真实、完整，加强经济管理和财务管理，提高经济效益，维护社会主义市场经济秩序。

（三）《会计法》的适用范围

《会计法》规定，国家机关、社会团体、公司、企业、事业单位和其他组织（以下统称单位）必须依法办理会计事务。

（四）会计工作管理制度

1. 会计工作的主管部门

国务院财政部门主管全国的会计工作。县级以上地方各级人民政府财政部门管理本行政区域内的会计工作。

2. 制定会计制度

国家实行统一的会计制度。国家统一的会计制度由国务院财政部门根据《会计法》制定并公布。国务院有关部门可以依照《会计法》和国家统一的会计制度制定对会计核算和会计监督有特殊要求的行业实施国家统一的会计制度的具体办法或者补充规定，报国务院财政部门审核批准。中国人民解放军总后勤部可以依照《会计法》和国家统一的会计制度制定军队实施国家统一的会计制度的具体办法，报国务院财政部门备案。

（五）会计账簿的设置

各单位必须依法设置会计账簿，并保证其真实、完整。单位负责人对本单位的会计工作和会计资料的真实性、完整性负责。会计机构、会计人员依照《会计法》规定进行会计核算，实行会计监督。任何单位或者个人不得以任何方式授意、指使、强令会计机构、会计人员伪造、变造会计凭证、会计账簿和其他会计资料，提供虚假财务会计报告。任何单位或者个人不得对依法履行职责、抵制违反《会计法》规定行为的会计人员实行打击报复。

二、会计核算和会计监督

（一）会计核算

1. 会计核算的内容和要求

会计核算是会计工作的核心和重点，是会计的基本职能之一。会计核算是以货币为计量单位，运用专门的会计方法，对生产经营活动进行连续、系统、全面地记录、计算、分析，定期编制并提供财务会计报告和其他一系列内部管理所需的会计资料，为经营决策和宏观经济管理提供依据的一项会计活动。《会计法》规定，下列经济业务事项应当办理会计手续，进行会计核算：①款项和有价证券的收付；②财物的收发、增减和使用；③债权债务的发生和结算；④资本、基金的增减；⑤收入、支出、费用、成本的计算；⑥财务成果的计算和处理；⑦需要办理会计手续、进行会计核算的其他事项。

2. 会计核算的要求

各单位必须根据实际发生的经济业务事项进行会计核算，填制会计凭证，登记会计账簿，编制财务会计报告。任何单位不得以虚假的经济业务事项或者资料进行会计核算。以实际发生的经济业务事项为依据进行会计核算，是填制会计凭证、登记会计账簿、编制财务会计报告的基础，是保证会计资料合法、真实、准确的关键。具体要求如下：

（1）对会计资料的要求。会计资料有会计凭证、会计账簿、财务会计报告和其他会计资料。会计资料必须符合国家统一的会计制度的规定。使用电子计算机进行会计核算的，其软件及其生成的会计凭证、会计账簿、财务会计报告和其他会计资料，也必须符合国家统一的会计制度的规定。任何单位和个人不得伪造、变造会计凭证、会计账簿及其他会计资料，不得提供虚假的财务会计报告。

（2）对会计凭证的要求。会计凭证是会计核算工作的基础，是保证会计核算资料真实、可靠和完整的关键。会计凭证包括原始凭证和记账凭证。会计核算的经济业务事项，必须填制或者取得原始凭证并及时送交会计机构。会计机构、会计人员必须按照国家统一的会计制度的规定对原始凭证进行审核，对不真实、不合法的原始凭证有权不予接受，并向单位负责人报告；对记载不准确、不完整的原始凭证予以退回，并要求按照国家统一的会计制度的规定更正、补充。原始凭证记载的各项内容均不得涂改，除原始凭证金额有错误的，应当由出具单位重开或者更正，更正处应当加盖出具单位印章。原始凭证金额有错误的，应当由出具单位重开，不得在原始凭证上更正。记账凭证应当根据经过审核的原始凭证及有关资料编制。

（3）对会计账簿的要求。会计账簿是以会计凭证为依据，由具有一定格式，相互联结的账页所组成，用于全面、连续、系统、科学地记录和反映各单位经济活动的簿籍。会计账簿包括总账、明细账、日记账和其他辅助性账簿。会计账簿登记，必须以经过审核的会计凭证为依据，并符合有关法律、行政法规和国家统一的会计制度的规定。会计账簿应当按照连续编号的页码顺序登记。会计账簿记录发生错误或者隔页、缺号、跳行的，应当按照国家统一的会计制度规定的方法更正，并由会计人员和会计机构负责人在更正处盖章。使用电子计算机进行会计核算的，其会计账簿的登记、更正，应当符合国家统一的会计制度的规定。各单位发生的各项经济业务事项应当在依法设置的会计账簿上统一登记、核算，不得违反《会计法》和国家统一的会计制度的规定私设会计账簿登记、核算。各单位应当定期将会计账簿记录与实物、款项及有关资料相互核对，保证会计账簿记录与实物及款项的实有数额相符、会计账簿记录与会计凭证的有关内容相符、会计账簿之间相对应的记录相符、会计账簿记录与会计报表的有关内容相符。各单位采用的会计处理方法，前后各期应当一致，不得随意变更；确有必要变更的，应当按照国家统一的会计制度的规定变更，并将变更的原因、情况及影响在财务会计报告中说明。单位提供的担保、未决诉讼等或有事项，应当按照国家统一的会计制度的规定，在财务会计报告中予以说明。财务会计报告应当根据经过审核的会计账簿记录和有关资料编制，并符合《会计法》和国家统一的会计制度关于财务会计报告的编制要求、提供对象和提供期限的规定；其他法律、行政法规另有规定的，从其规定。财务会计报告由会计报表、会计报表附注和财务情况说明书组成。向不同的会计资料使用者提供的财务报告，其编制依据应当一致。有关法律、行政法规规定会计报表、会计报表附注和财务情况说明书须经注册会计师审计的，注册会计师及其所在的会计师事务所出具的审计报告应当随同财务会计报告一并提供。

（4）对会计报告的要求。财务会计报告由会计报表、会计报表附注和财务情况说明书组成。财务会计报告应当由单位负责人和主管会计工作的负责人、会计机构负责人签名并盖章；设置总会计师的单位，还须由总会计师签名并盖章。单位负责人应当保证财务会计报告真实、完整。

（5）对会计记录文字的要求。会计记录的文字应当使用中文。在民族自治地方，会计记录可以同时使用当地通用的一种民族文字。在中华人民共和国境内的外商投资企业、外国企业和其他外国组织的会计记录可以同时使用一种外国文字。

（6）会计资料保管要求。各单位对会计凭证、会计账簿、财务会计报告和其他会计资料应当建立档案，妥善保管。会计档案的保管期限和销毁办法，由国务院财政部门会同有关部门制定。

（二）会计监督

会计监督，是指会计机构和会计人员依照法律规定，对本单位生产经营活动和预算执行情况进行监督的一项管理活动。会计监督分为内部监督和外部监督。

1. 内部监督

（1）各单位应当建立健全本单位内部会计监督制度。单位内部会计监督制度应当符合下列要求：①记账人员与经济业务事项和会计事项的审批人员、经办人员、财物保管人员的职责权限应当明确，并相互分离、相互制约；②重大对外投资、资产处置、资金调度和其他重要经济业务事项的决策和执行的相互监督、相互制约程序应当明确；③财产清查的范围、期限和组织程序应当明确；④对会计资料定期进行内部审计的办法和程序应当明确。

（2）单位负责人应当保证会计机构、会计人员依法履行职责，不得授意、指使、强令会计机构、会计人员违法办理会计事项。

（3）会计机构、会计人员对违反《会计法》和国家统一的会计制度规定的会计事项，有权拒绝办理或者按照职权予以纠正。会计机构、会计人员发现会计账簿记录与实物、款项及有关资料不相符的，按照国家统一的会计制度的规定有权自行处理的，应当及时处理；无权处理的，应当立即向单位负责人报告，请求查明原因，作出处理。

2. 外部监督

（1）任何单位和个人对违反《会计法》和国家统一的会计制度规定的行为都有权检举。收到检举的部门有权处理的，应当依法按照职责分工及时处理；无权处理的，应当及时移送有权处理的部门处理。收到检举的部门、负责处理的部门应当为检举人保密，不得将检举人姓名和检举材料转给被检举单位和被检举人个人。

（2）有关法律、行政法规规定须经注册会计师进行审计的单位，应当向受托的会计师事务所如实提供会计凭证、会计账簿、财务会计报告和其他会计资料以及有关情况。任何单位或者个人不得以任何方式要求或者示意注册会计师及其所在的会计师事务所出具不实或者不当的审计报告。财政部门有权对会计师事务所出具审计报告的程序和内容进行监督。

（3）国家有关部门，即财政、审计、税务、人民银行、证券监管、保险监管等部门应当依照有关法律、行政法规规定的职责，对有关单位的会计资料实施监督检查。前款所列监督检查部门对有关单位的会计资料依法实施监督检查后，应当出具检查结论。有关监督检查部门已经作出的检查结论能够满足其他监督检查部门履行本部门职责需要的，其他监督检查部门应当加以利用，避免重复查账。依法对有关单位的会计资料实施监督检查的部门及其工作人员对在监督检查中知悉的国家秘密和商业秘密负有保密义务。各单位必须依照有关法律、行政法规的规定，接受有关监督检查部门依法实施的监督检查，如实提供会计凭证、会计账簿、财务会计报告和其他会计资料以及有关情况，不得拒绝、隐匿、谎报。

三、公司、企业会计核算的特别规定

公司、企业进行会计核算，除应当遵守上述规定外，还应当遵守以下特别规定：

（1）公司、企业必须根据实际发生的经济业务事项，按照国家统一的会计制度的规定确定、计量和记录资产、负债、所有者权益、收入、费用、成本和利润。

（2）公司、企业进行会计核算不得有下列行为：①随意改变资产、负债、所有者权益的确认标准或者计量方法，虚列、多列、不列或者少列资产、负债、所有者权益；②虚列或者隐瞒收入，推迟或者提前确认收入；③随意改变费用、成本的确认标准或者计量方法，虚列、多列、不列或者少列费用、成本；④随意调整利润的计算、分配方法，编造虚假利润或者隐瞒利润；⑤违反国家统一的会计制度规定的其他行为。

四、会计机构和会计人员

（一）会计机构

1. 会计机构设置

《会计法》规定各单位应当根据会计业务的需要，设置会计机构，或者在有关机构中设置会计人员并指定会计主管人员；不具备设置条件的，应当委托经批准设立从事会计代理记账业务的中介机构代理记账。国有的和国有资产占控股地位或者主导地位的大中型企业必须设置总会计师。总会计师的任职资格、任免程序、职责权限由国务院规定。

2. 会计机构内部应当建立稽核制度

出纳人员不得兼任稽核、会计档案保管和收入、支出、费用、债权债务账目的登记工作。

（二）会计人员

会计人员的基本职责是进行会计核算、实施会计监督。

1. 会计人员的任职要求

从事会计工作的人员，必须取得会计从业资格证书。担任单位会计机构负责人的，除取得会计从业资格证书外，还应当具备会计师以上专业技术职务资格或者从事会计工作 3 年以上经历。会计人员从业资格管理办法由国务院财政部门规定。会计人员应当遵守职业道德，提高业务素质。

2. 会计人员的违法责任

会计人员伪造、变造会计凭证、会计账簿，编制虚假财务会计报告，或者隐匿或故意销毁依法应当保存的会计凭证、会计账簿、财务会计报告，构成犯罪的，依法追究刑事责任，由县级以上人民政府财政部门吊销会计从业资格证书。会计人员因提供虚假财务会计报告，做假账，隐匿或者故意销毁会计凭证、会计账簿、财务会计报告，贪污、挪用公款，职务侵占等与会计职务有关的违法行为被依法追究刑事责任的人员，不得取得或者重新取得会计从业资格证书。因违法违纪行为被吊销会计从业资格证书的人员，自被吊销会计从业资格证书之日起 5 年内，不得重新取得会计从业资格证书。

3. 调动工作或者离职交接手续

会计人员调动工作或者离职，必须与接管人员办清交接手续。一般会计人员办理交接手续，由会计机构负责人监交；会计机构负责人办理交接手续，由单位负责人监交，必要时主管单位可以派人会同监交。

五、违反《会计法》的法律责任

（一）违反《会计法》的行为

违反《会计法》的行为主要有以下几方面：①不依法设置会计账簿的；②私设会计账簿的；③未按照规定填制、取得原始凭证或者填制、取得的原始凭证不符合规定的；④以未经审核的会计凭证为依据登记会计账簿或者登记会计账簿不符合规定的；⑤随意变更会计处理方法的；⑥向不同的会计资料使用者提供的财务会计报告编制依据不一致的；⑦未按照规定使用会计记录文字或者记账本位币的；⑧未按照规定保管会计资料，致使会计资料毁损、灭失的；⑨未按照规定建立并实施单位内部会计监督制度或者拒绝依法实施的监督或者不如实提供有关会计资料及有关情况的；⑩任用会计人员不符合《会计法》规定的；⑪单位负责人对依法履行职责、抵制违反《会计法》规定行为的会计人员以降级、撤职、调离工作岗位、解聘或者开除等方式实行打击报复的或者对检举人举报人打击报复的；⑫财政部门及有关行政部门的工作人员在实施监督管理中滥用职权、玩忽职守、徇私舞弊或者泄露国家秘密、商业秘密或者将检举人姓名和检举材料转给被检举单位和被检举人个人的；⑬其他违反《会计法》规定的行为。

（二）违反《会计法》的法律责任

1. 单位法律责任

单位违反《会计法》规定，从事上述违法行为的，由县级以上人民政府财政部门责令限期改正，根据违法情节轻重，处以 3 千元以上 5 万元以下或者 5 千元以上 10 万元以下罚款。构成犯罪的，依法追究刑事责任。

2. 相关责任人员的法律责任

单位违反《会计法》规定，从事上述违法行为的，对直接负责的主管人员和其他直接责任人员，根据违法情节轻重，可以处 3 千元以上 5 万元以下罚款；属于国家工作人员的，还应当由其所在单位或者有关单位依法给予降级、撤职、开除的行政处分。会计人员有以上所列行为之一，情节严重的，由县级以上人民政府财政部门吊销会计从业资格证书。

3. 有关政府部门工作人员的法律责任

《会计法》规定，财政部门及有关行政部门工作人员在实施监督管理中滥用职权、玩忽职守、徇私舞弊或者泄露国家秘密、商业秘密，构成犯罪的，依法追究刑事责任；尚不构成犯罪的，依法给予行政处分。

第二节 审计法

一、审计法概述

（一）审计与审计法

1. 审计的概念

审计，是指审计机关依法独立检查被审计单位的会计凭证、会计账簿、财务会计报告以及其他与财政收支、财务收支有关的资料和资产，监督财政收支、财务收支真实、合法和效益的行为。审计是国民经济发展和正常运行的客观需求，是保证社会财富和国家所有财产安全的有效手段。

我国审计包括国家审计、内部审计、社会审计。①国家审计，是指国家审计机关和审计人员通过审查会计凭证、会计账簿、会计报表，查阅有关文件、资料，检查现金、实物、有价证券，向有关单位和个人进行调查等方式，依法对被审计单位的财政收支、财务收支的真实、合法和效益进行审查和评价的经济监督活动。②内部审计，是指部门、单位内部的会计机构和会计人员对本单位及下属单位财政收支及有关的经济活动进行内部审查和评价的活动。③社会审计，是指依法成立的社会审计机构和审计人员接受委托人委托，对被审计单位的财务收入及有关经济活动，进行公正评价的服务活动。

2. 审计法的概念

审计法，是指调整审计活动中形成的各种审计关系的法律规范的总称。审计关系，是指国家审计机关及审计人员依法对会计凭证、会计账目、会计报表及有关资料和文件实地调查、分析、检验过程中所形成的经济审计监督关系。

《中华人民共和国审计法》（以下简称《审计法》）于1994年8月31日第八届全国人民代表大会常务委员会第九次会议通过，自1995年1月1日起施行。2006年2月28日第十届全国人民代表大会常务委员会第二十次会议对该法进行了修正。

（二）《审计法》的立法宗旨

我国《审计法》的立法宗旨是加强国家的审计监督，维护国家财政经济秩序，提高财政资金使用效益，促进廉政建设，保障国民经济和社会健康发展。

（三）审计监督制度

1. 审计机关

国家实行审计监督制度，国务院和县级以上地方人民政府设立审计机关。

2. 审计范围

国务院各部门和地方各级人民政府及其各部门的财政收支，国有的金融机构和企事业组织的财务收支，以及其他依照本法规定应当接受审计的财政收支、财务收支，依照审计法规定接受审计监督。审计机关对前述所列财政收支或者财务收支的真实、合法和效益，依法进行审计监督。审计机关在法定职权范围内作出审计决定。审计机关依照法律规定独立行使审计监督权，不受其他行政机关、社会团体和个人的干涉。审计机关和审计人员办理审计事项，应当客观公正，实事求是，廉洁奉公，保守秘密。

二、审计机关和审计人员

（一）审计机关

1. 中央审计机关

国务院设立审计署，在国务院总理领导下，主管全国的审计工作。审计长是审计署的行政首长。

2. 地方审计机关

省、自治区、直辖市、设区的市、自治州、县、自治县、不设区的市、市辖区的人民政府的审计机关，分别在省长、自治区主席、市长、州长、县长、区长和上一级审计机关的领导下，负责本行政区域内的审计工作。地方各级审计机关对本级人民政府和上一级审计机关负责并报告工作，审计业务以上级审计机关领导为主。

3. 审计机关的派出机构

审计机关根据工作需要，经本级人民政府批准，可以在其审计管辖范围内设立派出机构。派出机构根据审计机关的授权，依法进行审计工作。

（二）审计人员

审计人员应当具备与其从事的审计工作相适应的专业知识和业务能力。审计人员办理审计事项，与被审计单位或者审计事项有利害关系的，应当回避。审计人员对其在执行职务中知悉的国家秘密和被审计单位的商业秘密，负有保密的义务。审计人员依法执行职务，受法律保护。任何组织和个人不得拒绝、阻碍审计人员依法执行职务，不得打击报复审计人员。审计机关负责人依照法定程序任免。审计机关负责人没有违法失职或者其他不符合任职条件的情况的，不得随意撤换。地方各级审计机关负责人的任免，应当事先征求上一级审计机关的意见。

三、审计机关的职责与权限

（一）审计机关的职责

审计机关的职责如下：

（1）审计机关对本级各部门和下级政府预算的执行情况和决算以及其他财政收支情况进行审计监督。

（2）审计署在国务院总理领导下，对中央预算执行情况和其他财政收支情况进行审计监督，向国务院总理提出审计结果报告。地方各级审计机关分别在省长、自治区主席、市长、州长、县长、区长和上一级审计机关的领导下，对本级预算执行情况和其他财政收支情况进行审计监督，向本级人民政府和上一级审计机关提出审计结果报告。

（3）审计署对中央银行的财务收支进行审计监督。审计机关对国有金融机构的资产、负债、损益进行审计监督。

(4) 审计机关对国家的事业组织和使用财政资金的其他事业组织的财务收支进行审计监督。

(5) 审计机关对国有企业的资产、负债、损益进行审计监督。

(6) 对国有资本占控股地位或者主导地位的企业、金融机构的审计监督，由国务院规定。

(7) 审计机关对政府投资和以政府投资为主的建设项目的预算执行情况和决算进行审计监督。

(8) 审计机关对政府部门管理的和其他单位受政府委托管理的社会保障基金、社会捐赠资金以及其他有关基金、资金的财务收支进行审计监督。

(9) 审计机关对国际组织和外国政府援助、贷款项目的财务收支进行审计监督。

(10) 审计机关按照国家有关规定，对国家机关和依法属于审计机关审计监督对象的其他单位的主要负责人，在任职期间对本地区、本部门或者本单位的财政收支、财务收支以及有关经济活动应负经济责任的履行情况进行审计监督。

(11) 除《审计法》规定的审计事项外，审计机关对其他法律、行政法规规定应当由审计机关进行审计的事项，依照《审计法》和有关法律、行政法规的规定进行审计监督。

审计机关有权对与国家财政收支有关的特定事项，向有关地方、部门、单位进行专项审计调查，并向本级人民政府和上一级审计机关报告审计调查结果。审计机关根据被审计单位的财政、财务隶属关系或者国有资产监督管理关系，确定审计管辖范围。

(二) 审计机关权限

审计机关在对被审计单位进行审计的工作中，享有以下权限：

(1) 审计机关有权要求被审计单位按照审计机关的规定提供预算或者财务收支计划、预算执行情况、决算、财务会计报告，运用电子计算机储存、处理的财政收支、财务收支电子数据和必要的电子计算机技术文档，在金融机构开立账户的情况，社会审计机构出具的审计报告，以及其他与财政收支或者财务收支有关的资料，被审计单位不得拒绝、拖延、谎报。被审计单位负责人对本单位提供的财务会计资料的真实性和完整性负责。

(2) 审计机关进行审计时，有权检查被审计单位的会计凭证、会计账簿、财务会计报告和运用电子计算机管理财政收支、财务收支电子数据的系统，以及其他与财政收支、财务收支有关的资料和资产，被审计单位不得拒绝。

(3) 审计机关进行审计时，有权就审计事项的有关问题向有关单位和个人进行调查，并取得有关证明材料。有关单位和个人应当支持、协助审计机关工作，如实向审计机关反映情况，提供有关证明材料。审计机关经县级以上人民政府审计机关负责人批准，有权查询被审计单位在金融机构的账户。审计机关有证据证明被审计单位以个人名义存储公款的，经县级以上人民政府审计机关主要负责人批准，有权查询被审计单位以个人名义在金融机构的存款。

（4）审计机关进行审计时，被审计单位不得转移、隐匿、篡改、毁弃会计凭证、会计账簿、财务会计报告以及其他与财政收支或者财务收支有关的资料，不得转移、隐匿所持有的违反国家规定取得的资产。审计机关对被审计单位违反前款规定的行为，有权予以制止；必要时，经县级以上人民政府审计机关负责人批准，有权封存有关资料和违反国家规定取得的资产；对其中在金融机构的有关存款需要予以冻结的，应当向人民法院提出申请。审计机关对被审计单位正在进行的违反国家规定的财政收支、财务收支行为，有权予以制止；制止无效的，经县级以上人民政府审计机关负责人批准，通知财政部门和有关主管部门暂停拨付与违反国家规定的财政收支、财务收支行为直接有关的款项，已经拨付的，暂停使用。审计机关采取前述规定的措施不得影响被审计单位合法的业务活动和生产经营活动。

（5）审计机关认为被审计单位所执行的上级主管部门有关财政收支、财务收支的规定与法律、行政法规相抵触的，应当建议有关主管部门纠正；有关主管部门不予纠正的，审计机关应当提请有权处理的机关依法处理。

（6）审计机关可以向政府有关部门通报或者向社会公布审计结果。审计机关通报或者公布审计结果，应当依法保守国家秘密和被审计单位的商业秘密，遵守国务院的有关规定。

（7）审计机关履行审计监督职责，可以提请公安、监察、财政、税务、海关、价格、工商行政管理等机关予以协助。

四、审计程序

审计机构和审计人员对被审计单位进行审计时，应遵循下列审计程序：

（一）编制年度审计项目计划

审计机关应当根据法律、法规和其他有关规定，按照本级人民政府和上级审计机关的要求，确定年度审计工作重点，编制年度审计项目计划。

审计机关在年度审计项目计划中确定对国有资本占控股地位或者主导地位的企业、金融机构进行审计的，应当自确定之日起7日内告知列入年度审计项目计划的企业、金融机构。

（二）组建审计组

审计机关应当根据年度审计项目计划，组成审计组，调查了解被审计单位的有关情况，编制审计方案，并在实施审计3日前向被审计单位送达审计通知书。

（三）实施审计

审计人员实施审计时，应当按照下列规定办理：①通过检查、查询、监督盘点、发函询证等方法实施审计；②通过收集原件、原物或者复制、拍照等方法取得证明材料；③对与审计事项有关的会议和谈话内容作出记录，或者要求被审计单位提供会议记录材料；④记录审计实施过程和查证结果。

审计人员向有关单位和个人调查取得的证明材料，应当有提供者的签名或者盖章；

不能取得提供者签名或者盖章的，审计人员应当注明原因。

（四）提出审计报告

审计组向审计机关提出审计报告前，应当书面征求被审计单位意见。被审计单位应当自接到审计组的审计报告之日起10日内，提出书面意见；10日内未提出书面意见的，视同无异议。

审计组应当针对被审计单位提出的书面意见，进一步核实情况，对审计组的审计报告作必要修改，连同被审计单位的书面意见一并报送审计机关。

（五）审计报告的复核

审计机关有关业务机构和专门机构或者人员对审计组的审计报告及相关审计事项进行复核、审理后，出具审计意见书。审计机关在审计中发现损害国家利益和社会公共利益的事项，但处理、处罚依据又不明确的，应当向本级人民政府和上一级审计机关报告。上级审计机关应当对下级审计机关的审计业务依法进行监督。

（六）审计文书送达

审计机关送达审计文书，可以直接送达，也可以邮寄送达或者以其他方式送达。直接送达的，以被审计单位在送达回证上注明的签收日期或者见证人证明的收件日期为送达日期；邮寄送达的，以邮政回执上注明的收件日期为送达日期；以其他方式送达的，以签收或者收件日期为送达日期。

五、违反《审计法》的法律责任

（一）被审计单位的法律责任

被审计单位违反《审计法》的规定，拒绝、拖延提供与审计事项有关的资料，或者提供的资料不真实、不完整，或者拒绝、阻碍检查的，由审计机关责令改正，可以通报批评，给予警告；拒不改正的，对被审计单位可以处5万元以下的罚款，对直接负责的主管人员和其他直接责任人员，可以处2万元以下的罚款，审计机关认为应当给予处分的，向有关主管机关、单位提出给予处分的建议；构成犯罪的，依法追究刑事责任。

对本级各部门和下级政府违反预算的行为或者其他违反国家规定的财政收支行为，审计机关、人民政府或者有关主管部门在法定职权范围内，依照法律、行政法规的规定，区别情况采取下列处理措施：①责令限期缴纳应当上缴的款项；②责令限期退还被侵占的国有资产；③责令限期退还违法所得；④责令按照国家统一的会计制度的有关规定进行处理；⑤其他处理措施。

对被审计单位违反国家规定的财务收支行为，审计机关在法定职权范围内，区别情况采取前述处理措施，可以通报批评，给予警告；有违法所得的，没收违法所得，并处违法所得1倍以上5倍以下的罚款；没有违法所得的，可以处5万元以下的罚款；对直接负责的主管人员和其他直接责任人员，可以处2万元以下的罚款，审计机关认为应当给予处分的，向有关主管机关、单位提出给予处分的建议；构成犯罪的，依法追究刑事责任。法律、行政法规对被审计单位违反国家规定的财务收支行为处理、处罚另有规定的，从其规定。

审计机关在作出较大数额罚款的处罚决定前，应当告知被审计单位和有关人员有要求举行听证的权利。较大数额罚款的具体标准由审计署规定。

审计机关提出的对被审计单位给予处理、处罚的建议以及对直接负责的主管人员和其他直接责任人员给予处分的建议，有关主管机关、单位应当依法及时作出决定，并将结果书面通知审计机关。被审计单位对审计机关依照《审计法》规定进行审计监督作出的审计决定不服的，可以自审计决定送达之日起60日内，提请审计机关的本级人民政府裁决，本级人民政府的裁决为最终决定。审计机关应当在审计决定中告知被审计单位提请裁决的途径和期限。裁决期间，除另有规定外，审计决定不停止执行。被审计单位应当将审计决定执行情况书面报告审计机关；审计机关应当检查审计决定的执行情况；被审计单位不执行审计决定的，审计机关应当责令限期执行；逾期仍不执行的，审计机关可以申请人民法院强制执行，建议有关主管机关、单位对直接负责的主管人员和其他直接责任人员给予处分。

（二）审计人员的法律责任

审计人员滥用职权、徇私舞弊、玩忽职守，或者泄露所知悉的国家秘密、商业秘密的，依法给予处分；构成犯罪的，依法追究刑事责任。审计人员违法违纪取得的财物，依法予以追缴、没收或者责令退赔。

复习思考题

1. 《会计法》对会计核算的具体规定有哪些？
2. 违反《会计法》的法律责任有哪些？
3. 审计机关的权限有哪些？
4. 审计机构和审计人员对被审计单位进行审计时，应遵循哪些审计程序？

第十五章　程序法

第一节　仲裁法

一、仲裁法概述

（一）仲裁的概念

仲裁，是指平等主体的双方当事人依法自愿达成协议，将经济纠纷提交给仲裁机构进行裁决，从而解决纠纷的一种法律制度。与调解和诉讼一样，仲裁也是解决争议的一种方式，但仲裁属于非诉讼法律制度。由仲裁委员会依法受理仲裁事项，仲裁委员会既不是司法机关，也不是行政机关。它是具有民间性质的解决争议的机构。同时，仲裁法赋予仲裁裁决以申请强制执行力，使得仲裁有国家强制力为后盾。仲裁制度为保证公正、及时地仲裁经济纠纷，保护当事人的合法权益，保障社会主义市场经济健康发展，发挥着为其他法律制度所不可比拟的重要作用。

（二）仲裁法的概念和适用范围

1. 仲裁法的概念

仲裁法是国家制定或认可的，规范和调整仲裁法律关系的法律规范的总称。

仲裁法有广义和狭义之分。狭义的仲裁法即《中华人民共和国仲裁法》（以下简称《仲裁法》），于1994年8月31日通过，自1995年9月1日起施行。广义的仲裁法除指《仲裁法》外，还包括所有涉及仲裁制度的法律中的相关法律规范，如《合同法》、《最高人民法院关于适用〈中华人民共和国仲裁法〉若干问题的解释》等。

2. 仲裁法的适用范围

根据《仲裁法》的规定，平等主体的公民、法人和其他组织之间发生的合同纠纷和其他财产权益纠纷可以仲裁。下列纠纷不能仲裁：婚姻、收养、监护、扶养、继承纠纷；依法应当由行政机关处理的行政争议。此外，由于劳动争议和农业集体经济组织内部的农业承包合同纠纷在仲裁原则、程序等方面有自己的特点，因此也不适用仲裁法。

（三）仲裁法的基本原则

1. 自愿仲裁原则

自愿原则是指双方当事人应当基于真实的意思表示，达成协议，选择仲裁、决定仲裁事项和程序的原则。仲裁的自愿原则主要体现在：①当事人是否将他们之间发生的纠纷提交仲裁，由双方当事人自愿协商决定；②当事人将哪些争议事项提交仲裁，由双方当事人自行约定；③当事人将他们之间的纠纷提交哪个仲裁委员仲裁，由双方当事人自愿协商决定；④当事人可以选择仲裁机构和仲裁员，约定仲裁事项、仲裁庭组成形式、开庭形式和审理方式等，任何机关、组织和个人都不得强迫当事人进行仲裁。

2. 以事实为根据的原则

仲裁机构在审理过程中应当全面、深入地查清案件真实情况，查明客观事实，分清是非，明确责任，依法作出正确裁决。

3. 合法性原则

仲裁庭审理案件时，应当按照法定程序审理案件，在查明事实真相的基础上，确定并适用有关实体法，以认定当事人之间的权利义务关系，作出裁决。

4. 公平合理解决纠纷的原则

仲裁庭应当依法以第三人的立场，依照事实和有关法律作出正确裁决，以维护当事人的合法权益。这是当事人进行仲裁的要求和最终目的。

5. 独立仲裁原则

仲裁依法独立进行，不受行政机关、社会团体和个人的干涉。表现在：仲裁委员会独立于行政机关，与行政机关没有隶属关系；仲裁委员会之间也没有隶属关系。此外，仲裁庭和仲裁员审理仲裁案件应独立进行，不受其他机关、社会团体和个人的干涉。

（四）仲裁法的基本制度

1. 协议仲裁制度

仲裁协议是当事人仲裁意愿的体现。当事人申请仲裁、仲裁委员会受理仲裁案件以及仲裁庭对仲裁案件的审理和裁决都必须依据当事人之间订立的有效的仲裁协议，没有仲裁协议就没有仲裁制度。

2. 或裁或审制度

仲裁与诉讼是两种不同的争议解决方式。因此，当事人之间发生的争议只能在仲裁或者诉讼中选择其一加以采用，有效的仲裁协议即可排除法院的管辖权，只有在没有仲裁协议或者仲裁协议无效的情况下，法院才可以行使管辖权。

3. 一裁终局制度

我国《仲裁法》明确规定，仲裁实行一裁终局制度。即仲裁庭作出的仲裁裁决即为终局裁决，裁决作出后，当事人就同一纠纷再申请仲裁或者向人民法院起诉，仲裁委员会或者人民法院不予受理：当事人应当自动履行裁决，一方当事人不履行的，另一方当事人可以向法院申请执行。

二、仲裁机构

（一）仲裁委员会

1. 仲裁委员会的设立

仲裁委员会是受理仲裁案件的机构。《仲裁法》规定，仲裁委员会可以在直辖市和省、自治区人民政府所在地的市设立，也可以根据需要在其他设区的市设立，不按行政区划层层设立。设立仲裁委员会，应当经省、自治区、直辖市的司法行政部门登记。仲裁委员会独立于行政机关，与行政机关没有隶属关系，仲裁委员会之间也没有隶属关系。

2. 仲裁委员会的条件

仲裁委员会应当具备下列条件：①有自己的名称、住所和章程；②有必要的财产；③有该委员会的组成人员；④有聘任的仲裁员。

3. 仲裁委员会的组成

仲裁委员会由主任 1 人、副主任 2 ~4 人和委员 7 ~11 人组成。仲裁委员会的主任、副主任和委员由法律、经济贸易专家和有实际工作经验的人员担任。仲裁委员会的组成人员中，法律、经济贸易专家不得少于2/3。

（二）仲裁员

1. 仲裁员的条件

仲裁员应当符合下列条件之一：①从事仲裁工作满 8 年的；②从事律师工作满 8 年的；③曾任审判员满 8 年的；④从事法律研究、教学工作并具有高级职称的；⑤具有法律知识、从事经济贸易等专业工作并具有高级职称或者具有同等专业水平的。

2. 仲裁员的聘任方式

我国仲裁员采用聘任制，由仲裁委员会聘任。仲裁委员会主任会议提出仲裁员名单，经仲裁委员会会议审议通过，凡审议通过并经受聘者同意的，由仲裁委员会聘任并发给聘书。仲裁员聘任期限为 3 年，期满后可以继续聘任。仲裁委员会按照不同专业设仲裁员名册。仲裁员名册的专业划分可以包括合同、房地产、证券、物价、商事、海事和知识产权等。

（三）仲裁协会

中国仲裁协会是仲裁委员会的自律性组织，是社会团体法人，根据章程对仲裁委员会及其组成人员、仲裁员的违纪行为进行监督。中国仲裁协会依照《仲裁法》和《中华人民共和国民事诉讼法》的有关规定制定仲裁规则。仲裁委员会是中国仲裁协会的会员。

三、仲裁协议

（一）仲裁协议的概念和内容

1. 仲裁协议的概念

仲裁协议是当事人双方自愿将他们之间可能发生的或已经发生的争议提请仲裁机构予以裁决的意思表示，是申请仲裁的重要依据。仲裁协议包括合同中订立的仲裁条款和以其他书面方式达成的协议。

2. 仲裁协议的内容

（1）请求仲裁的意思表示。对仲裁协议中意思表示的具体要求是明确、肯定。因此，当事人应在仲裁协议中明确地肯定将争议提交仲裁解决的意思表示。

（2）仲裁事项。即当事人约定的将何种争议提交仲裁庭的范围。

（3）选定的仲裁委员会。由于仲裁实行协议管辖原则，所以当事人必须选定具体的仲裁委员会，否则仲裁就无法进行。仲裁协议仅约定纠纷适用的仲裁规则的，视为未约定仲裁机构，但当事人达成补充协议或者按照约定的仲裁规则能够确定仲裁机构的除外。仲裁协议约定两个以上仲裁机构的，当事人可以协议选择其中的一个仲裁机构申请仲裁；当事人不能就仲裁机构选择达成一致的，仲裁协议无效。

（二）仲裁协议的效力

仲裁协议独立存在，合同的变更、解除、终止或者无效，不影响仲裁协议的效力。仲裁庭有权确认合同的效力。当事人对仲裁协议的效力有异议的，可以请求仲裁委员会作出决定或者请求人民法院作出裁定。一方请求仲裁委员会作出决定，另一方请求人民法院作出裁定的，由人民法院裁定。当事人对仲裁协议的效力有异议，应当在仲裁庭首次开庭前提出。有下列情形之一的，仲裁协议无效：①约定的仲裁事项超出法律规定的仲裁范围的；②无民事行为能力人或者限制民事行为能力人订立的仲裁协议；③一方采取胁迫手段，迫使对方订立仲裁协议的。

当事人对仲裁协议的效力有异议的，可以请求仲裁委员会作出决定或者请求人民法院作出裁定。一方请求仲裁委员会作出决定，另一方请求人民法院作出裁定的，由人民法院裁定。当事人向人民法院申请确认仲裁协议效力的案件，由仲裁协议约定的仲裁机构所在地的中级人民法院管辖；仲裁协议约定的仲裁机构不明确的，由仲裁协议签订地或者被申请人住所地的中级人民法院管辖。

四、仲裁程序

（一）仲裁的申请和受理

1. 仲裁的申请

仲裁程序一般由当事人申请仲裁开始。对当事人的申请，仲裁委员会应当进行审查，符合受理条件的，依法受理，仲裁程序开始；不符合受理条件的，不予受理。根据《仲裁法》的规定，当事人申请仲裁应当符合下列条件：①有仲裁协议；②有具体的仲裁请求和事实、理由；③属于仲裁委员会的受理范围。

当事人申请仲裁，应当向仲裁委员会递交仲裁协议、仲裁申请书及副本。仲裁申请书应当载明下列事项：①当事人的姓名、性别、年龄、职业、工作单位和住所，法人或者其他组织的名称、住所和法定代表人或者主要负责人的姓名、职务；②仲裁请求和所根据的事实、理由；③证据和证据来源、证人姓名和住所。

2. 仲裁的受理

仲裁委员会收到仲裁申请书之日起 5 日内，认为符合受理条件的，应当受理，并通知当事人；认为不符合受理条件的，应当书面通知当事人不予受理，并说明理由。仲裁申请书内容有欠缺的，应当给予一定的期限补正，再予以审查，决定是否受理。

仲裁委员会受理仲裁申请后，应当在仲裁规则规定的期限内将仲裁规则和仲裁员名册送达申请人，并将仲裁申请书副本和仲裁规则、仲裁员名册送达被申请人。被申请人收到仲裁申请书副本后，应当在仲裁规则规定的期限内向仲裁委员会提交答辩书。仲裁委员会收到答辩书后，应当在仲裁规则规定的期限内将答辩书副本送达申请人。被申请人未提交答辩书的，不影响仲裁程序的进行。申请人可以放弃或者变更仲裁请求。被申请人可以承认或者反驳仲裁请求，有权提出反请求。

（二）仲裁庭的组成

仲裁庭是指依照仲裁程序审理仲裁案件并作出仲裁裁决的仲裁组织。仲裁庭可以由3名仲裁员或者1名仲裁员组成。分别称为合议制仲裁庭和独任制仲裁庭。由3名仲裁员组成的，设首席仲裁员。当事人约定由3名仲裁员组成仲裁庭的，应当各自选定或者各自委托仲裁委员会主任指定一名仲裁员，第三名仲裁员由当事人共同选定或者共同委托仲裁委员会主任指定。第三名仲裁员是首席仲裁员。当事人约定由一名仲裁员成立仲裁庭的，应当由当事人共同选定或者共同委托仲裁委员会主任指定仲裁员。当事人没有在仲裁规则规定的期限内约定仲裁庭的组成方式或者选定仲裁员的，由仲裁委员会主任指定。仲裁庭组成后，仲裁委员会应当将仲裁庭的组成情况书面通知当事人。

（三）开庭审理

1. 仲裁审理的方式

仲裁审理的方式可以分为开庭审理和书面审理两种。开庭审理是仲裁审理的主要方式，仲裁庭应当开庭进行。但如果当事人协议不开庭的，仲裁庭可以根据仲裁申请书、答辩书以及其他材料作出裁决。仲裁不公开进行，当事人协议公开的，可以公开进行，但涉及国家秘密的除外。

2. 开庭审理程序

仲裁委员会应当在仲裁规则规定的期限内将开庭日期通知双方当事人。当事人有正当理由的，可以在仲裁规则规定的期限内请求延期开庭。是否延期，由仲裁庭决定。申请人经书面通知，无正当理由不到庭或者未经仲裁庭许可中途退庭的，可以缺席裁决。

当事人应当对自己的主张提供证据。仲裁庭认为有必要收集的证据，可以自行收集。证据应当在开庭时出示，当事人可以质证。当事人在仲裁过程中有权进行辩论。辩论终结时，首席仲裁员或者独任仲裁员应当征询当事人的最后意见。仲裁庭应当将开庭情况记入笔录。

当事人申请仲裁后，可以自行和解。达成和解协议的，可以请求仲裁庭根据和解协议作出裁决书，也可以撤回仲裁申请。当事人达成和解协议，撤回仲裁申请后反悔的，可以根据仲裁协议申请仲裁。仲裁庭在作出裁决前，可以先行调解。当事人自愿调解的，仲裁庭应当调解。调解达成协议的，仲裁庭应当制作调解书或者根据协议的结果制作裁决书。调解书与裁决书具有同等法律效力。调解书由仲裁员签名，加盖仲裁委员会印章，送达双方当事人，经双方当事人签收后，即发生法律效力。

（四）仲裁裁决

对调解不成的或在调解书签收前当事人反悔的，应当及时作出裁决。裁决应当按照多数仲裁员的意见作出，少数仲裁员的不同意见可以记入笔录。仲裁庭不能形成多数意见时，裁决应当按照首席仲裁员的意见作出。裁决书应当写明仲裁请求、争议事实、裁决理由、裁决结果、仲裁费用的负担和裁决日期。当事人协议不愿写明争议事实和裁决理由的，可以不写。裁决书由仲裁员签名，加盖仲裁委员会印章。对裁决持不同意见的仲裁员，可以签名，也可以不签名。

（五）仲裁监督

仲裁监督是指由人民法院作为仲裁的监督机构，实行司法监督。人民法院对仲裁的监督主要有以下三个方面：

1. 裁定撤销仲裁裁决

当事人提出证据证明裁决有下列情形之一的，可以向仲裁委员会所在地的中级人民法院申请撤销裁决：①没有仲裁协议的；②裁决的事项不属于仲裁协议的范围或者仲裁委员会无权仲裁的；③仲裁庭的组成或者仲裁的程序违反法定程序的；④裁决所根据的证据是伪造的；⑤对方当事人隐瞒了足以影响公正裁决的证据的；⑥仲裁员在仲裁该案时有索贿受贿，徇私舞弊，枉法裁决行为的。人民法院经组成合议庭审查核实裁决有上述规定情形之一的，应当裁定撤销。人民法院认定该裁决违背社会公共利益的，应当裁定撤销。当事人申请撤销裁决的，应当自收到裁决书之日起6个月内提出。人民法院应当在受理撤销裁决申请之日起2个月内作出撤销裁决或者驳回申请的裁定。

2. 通知仲裁庭重新仲裁

人民法院受理撤销裁决的申请后，认为可以由仲裁庭重新仲裁的，通知仲裁庭在一定期限内重新仲裁，并裁定中止撤销程序。仲裁庭拒绝重新仲裁的，人民法院应当裁定恢复撤销程序。

3. 裁决不予执行

对依法设立的仲裁机构的裁决，一方当事人不履行的，对方当事人可以向有管辖权的人民法院申请执行。但被申请人提出证据证明仲裁裁决有下列情形之一的，经人民法院组成合议庭审查核实，裁定不予执行：①当事人在合同中没有订有仲裁条款或者事后没有达成书面仲裁协议的；②裁决的事项不属于仲裁协议的范围或者仲裁机构无权仲裁的；③仲裁庭的组成或者仲裁的程序违反法定程序的；④认定事实的主要证据不足的；⑤适用法律确有错误的；⑥仲裁员在仲裁该案时有贪污受贿，徇私舞弊，枉法裁决行为的。人民法院认定执行该裁决违背社会公共利益的，裁定不予执行。

第二节　民事诉讼法

一、民事诉讼法概述

（一）民事诉讼的概念

诉讼，是指国家司法机关按照一定程序和方式解决纠纷的活动，俗称打官司。诉讼的本质是国家对解决社会成员之间争议的一种干预，其目的在于制止对他人权益的侵害，建立正常的社会秩序。因此，诉讼对于国家而言是一种职能，对于纠纷当事人而言是维护其权益的一种手段。根据国家解决当事人之间争议的内容和方式的区别，通常把诉讼分为刑事诉讼、民事诉讼和行政诉讼三种类型。

民事诉讼，是指法院、当事人和其他诉讼参与人，在审理民事诉讼案件的过程中所进行的各种诉讼活动，以及由这些活动所产生的各种诉讼关系的总和。民事诉讼是解决民事纠纷的主要方式，除此之外，还有和解、调解以及仲裁。

（二）民事诉讼法的概念

民事诉讼法，是指由国家制定或认可的，规范法院和当事人、其他诉讼参与人进行诉讼活动的法律规范的总和。民事诉讼法有狭义与广义之分。狭义的民事诉讼法是国家颁布的关于民事诉讼的专门性法律，即《中华人民共和国民事诉讼法》（以下简称《民事诉讼法》），该法于1991年4月9日通过，2007年10月28日修正，2008年4月1日起施行。广义的民事诉讼法是指除了民事诉讼法典外，还包括其他法律中有关民事诉讼的规定，以及最高人民法院发布的一系列司法解释，如《最高人民法院关于适用〈中华人民共和国民事诉讼法〉若干问题的意见》。

（三）民事审判的基本制度

1. 合议制度

合议制是由审判员或审判员与陪审员组成的审判集体对民事案件进行审理并作出裁判的制度。该制度是民主集中制原则在人民法院审判活动中的具体运用。

2. 陪审制度

陪审制度是审判机关吸收法官以外的社会公众代表参与案件审判的制度。该制度使公众对司法的监督作用得以充分发挥。

3. 回避制度

人民法院审判民事、经济案件，执行审判任务的审判人员或其他有关人员与案件具有一定利害关系，应当主动退出本案的审理，当事人及其代理人也有权请求更换审判人员。根据我国《民事诉讼法》的规定，审判人员有下列情形之一的，必须回避，当事人有权用口头或者书面方式申请他们回避：①是本案当事人或者当事人、诉讼代理人的近亲属；②与本案有利害关系；③与本案当事人有其他关系，可能影响对案件公正审理的。上述规定，适用于书记员、翻译人员、鉴定人、勘验人。

4. 公开审判制度

公开审判制度要求人民法院审判民事案件，除法律规定的情况外，审理过程应当向群众公开，向社会公开；不公开审理的案件，也应当公开宣判。

5. 两审终审制度

两审终审制度是指某一案件经过两级人民法院审判后即告终结的制度。

二、民事诉讼管辖

（一）管辖的概念

诉讼管辖，是指各级人民法院和同级人民法院之间受理第一审民事案件的分工和权限。案件中的管辖是诉讼中首先遇到的问题。根据《民事诉讼法》的规定，管辖主要可以归纳为级别管辖、地域管辖、移送管辖和指定管辖。

（二）级别管辖

1. 级别管辖的概念

级别管辖，是指划分上下级人民法院之间受理第一审民事案件的分工和权限。我国人民法院分为四级，即基层人民法院、中级人民法院、高级人民法院和最高人民法院，并且每一级都受理第一审民事案件，因此需要运用级别管辖对四级人民法院受理第一审民事案件的权限进行分工。

2. 各级人民法院管辖的第一审民事案件

（1）基层人民法院管辖除法律另有规定以外的第一审民事案件。

（2）中级人民法院管辖的第一审民事案件包括：①重大涉外案件；②在本辖区有重大影响的案件；③最高人民法院确定由中级人民法院管辖的案件。

（3）高级人民法院管辖在本辖区有重大影响的第一审民事案件。

（4）最高人民法院管辖的第一审民事案件包括：①在全国有重大影响的案件；②认为应当由本院审理的案件。

（三）地域管辖

地域管辖，是指确定同级人民法院之间在各自的辖区受理第一审民事案件的分工和权限。地域管辖可以分为一般地域管辖和特殊地域管辖。

1. 一般地域管辖

一般地域管辖是以当事人的所在地与法院的隶属关系来确定诉讼管辖。我国《民事诉讼法》是以被告所在地管辖为原则，以原告所在地管辖为例外来确定一般地域管辖的。

（1）被告住所地人民法院管辖。即实行“原告就被告”原则。根据我国《民事诉讼法》的规定，对公民提起的民事诉讼，由被告住所地人民法院管辖；被告住所地与经常居住地不一致的，由经常居住地人民法院管辖。公民的住所地是指该公民的户籍所在地，经常居住地是指公民离开住所地至起诉时已连续居住满 1 年的地方，但公民住院就医的地方除外。对法人或者其他组织提起的民事诉讼，由被告住所地人民法院管辖。这里的住所地是指法人或其他组织的主要营业地或主要办事机构所在地。同一诉讼的几个被告住所地、经常居住地在两个以上人民法院辖区的，各该人民法院都有管辖权。

（2）原告住所地人民法院管辖。由原告住所地人民法院管辖的民事案件包括：①对不在中华人民共和国领域内居住的人提起的有关身份关系的诉讼；②对下落不明或者宣告失踪的人提起的有关身份关系的诉讼；③对被劳动教养的人提起的诉讼；④对被监禁的人提起的诉讼；⑤被告一方被注销城镇户口的，由原告所在地人民法院管辖；⑥追索赡养费案件的几个被告住所地不在同一辖区的，可以由原告住所地人民法院管辖；⑦非军人对军人提出的离婚诉讼，如果军人一方为非文职军人，由原告住所地人民法院管辖；⑧夫妻一方离开住所地超过一年，另一方起诉离婚的案件，由原告住所地人民法院管辖；夫妻双方离开住所地超过 1 年，一方起诉离婚的案件，由被告经常居住地人民法院管辖；没有经常居住地的，由原告起诉时居住地的人民法院管辖。

2. 特殊地域管辖

特殊地域管辖，是指通常不以被告所在地，而是以引起诉讼的法律事实的所在地、诉讼标的所在地为标准确定诉讼的管辖法院。我国《民事诉讼法》规定了九种属于特殊地域管辖的情况：①因合同纠纷提起的诉讼，由被告住所地或者合同履行地人民法院管辖；②因保险合同纠纷提起的诉讼，由被告住所地或者保险标的物所在地人民法院管辖；③因票据纠纷提起的诉讼，由票据支付地或者被告住所地人民法院管辖；④因铁路、公路、水上、航空运输和联合运输合同纠纷提起的诉讼，由运输始发地、目的地或者被告住所地人民法院管辖；⑤因侵权行为提起的诉讼，由侵权行为地或者被告住所地人民法院管辖；⑥因铁路、公路、水上和航空事故请求损害赔偿提起的诉讼，由事故发生地或者车辆、船舶最先到达地、航空器最先降落地或者被告住所地人民法院管辖；⑦因船舶碰撞或者其他海事损害事故请求损害赔偿提起的诉讼，由碰撞发生地、碰撞船舶最先到达地、加害船舶被扣留地或者被告住所地人民法院管辖；⑧因海难救助费用提起的诉讼，由救助地或者被救助船舶最先到达地人民法院管辖；⑨因共同海损提起的诉讼，由船舶最先到达地、共同海损理算地或者航程终止地的人民法院管辖。

3. 专属管辖

专属管辖，是指法律规定某些特殊类型的案件专门由特定的法律管辖。专属管辖与一般地域管辖和特殊地域管辖的关系是，凡法律规定为专属管辖的诉讼，均适用专属管辖，不得适用一般或特殊地域管辖。我国《民事诉讼法》规定的专属管辖诉讼有以下三类：①因不动产纠纷提起的诉讼，由不动产所在地人民法院管辖；②因港口作业中发生纠纷提起的诉讼，由港口所在地人民法院管辖；③因继承遗产纠纷提起的诉讼，由被继承人死亡时住所地或者主要遗产所在地人民法院管辖。

按以上规定确定管辖法院时，如果两个以上人民法院都有管辖权的诉讼，原告可以向其中一个人民法院起诉；原告向两个以上有管辖权的人民法院起诉的，由最先立案的人民法院管辖。

(四) 移送管辖

移送管辖，是指人民法院在受理民事案件后，发现自己对案件并无管辖权，依法将案件移送给有管辖权的人民法院审理。受移送的人民法院应当受理。受移送的人民法院认为受移送的案件依照规定不属于本院管辖的，应当报请上级人民法院指定管辖，不得再自行移送。移送管辖的适用应当具备以下条件：①人民法院已经受理案件；②受理案件的人民法院对该案件无管辖权；③接受移送案件的人民法院依法享有管辖权。

(五) 指定管辖

指定管辖，是指上级人民法院以裁定方式，指定下级人民法院对某一案件行使管辖权。指定管辖适用于以下三种情形：①受移送的人民法院认为自己对移送来的案件无管辖权；②有管辖权的人民法院由于特殊原因，不能行使管辖权；③人民法院之间因管辖权发生争议，由争议双方协商解决；协商解决不了的，报请它们的共同上级人民法院指定管辖。

三、民事诉讼审判程序

民事诉讼审判程序，是指人民法院依法对经济案件进行审理和判决所应当遵守的程序。民事诉讼审判程序包括第一审程序、第二审程序和审判监督程序。

(一) 第一审程序

第一审程序包括普通程序和简易程序。普通程序是人民法院审理案件时通常适用的程序。第一审程序主要包括以下内容：

1. 起诉和受理

起诉，是指当事人依法向人民法院提出诉讼请求的诉讼行为。我国人民法院奉行“不告不理”原则，无人起诉人民法院不会启动民事诉讼程序。

(1) 起诉的条件。起诉需符合下列条件：①原告是与本案有直接利害关系的公民、法人和其他组织；②有明确的被告；③有具体的诉讼请求和事实、理由；④属于人民法院受理民事诉讼的范围和受诉人民法院管辖。起诉应当向人民法院递交起诉状，并按照被告人数提出副本。书写起诉状确有困难的，可以口头起诉，由人民法院记入笔录，并告知对方当事人。

(2) 受理。人民法院收到起诉状或者口头起诉，经审查，认为符合起诉条件的，应当在7日内立案，并通知当事人；认为不符合起诉条件的，应当在7日内裁定不予受理；原告对裁定不服的，可以提起上诉。

2. 开庭前的准备

人民法院应当在立案之日起5日内将起诉状副本送达被告，被告在收到之日起15日内提出答辩状。被告提出答辩状的，人民法院应当在收到之日起5日内将答辩状副本送达原告。被告不提出答辩状的，不影响人民法院审理。合议庭组成人员确定后，应当在3日内告知当事人。

3. 开庭审理

人民法院审理民事案件，除涉及国家秘密、个人隐私或者法律另有规定的以外，应当公开进行。离婚案件，涉及商业秘密的案件，当事人申请不公开审理的，可以不公开审理。开庭审理经过以下几个阶段：开庭准备、法庭调查、法庭辩论、合议庭评议和宣判。

4. 审结期限

人民法院适用普通程序审理的案件，应当在立案之日起 6 个月内审结。有特殊情况需要延长的，由本院院长批准，可以延长 6 个月；还需要延长的，报请上级人民法院批准。

5. 诉讼中止和诉讼终结

（1）诉讼中止。诉讼中止是指在诉讼进行过程中，由于某些法定情形的出现而使本案诉讼活动难以继续进行时，受诉法院据此裁定暂停本案诉讼程序的制度。有下列情形之一的，中止诉讼：①一方当事人死亡，需要等待继承人表明是否参加诉讼的；②一方当事人丧失诉讼行为能力，尚未确定法定代理人的；③作为一方当事人的法人或者其他组织终止，尚未确定权利义务承受人的；④一方当事人因不可抗拒的事由，不能参加诉讼的；⑤本案必须以另一案的审理结果为依据，而另一案尚未审结的；⑥其他应当中止诉讼的情形。中止诉讼的原因消除后，恢复诉讼。

（2）诉讼终结。诉讼终结是指在诉讼过程中，由于一方当事人死亡，致使本案诉讼程序的继续进行已无可能或无必要时，由受诉法院裁定结束本案诉讼程序的一种制度。有下列情形之一的，终结诉讼：①原告死亡，没有继承人，或者继承人放弃诉讼权利的；②被告死亡，没有遗产，也没有应当承担义务的人的；③离婚案件一方当事人死亡的；④追索赡养费、扶养费、抚育费以及解除收养关系案件的一方当事人死亡的。

基层人民法院和它派出的法庭审理事实清楚、权利义务关系明确、争议不大的简单的民事案件，可以适用简易程序，由审判员一人独任审理，对简单的民事案件，原告可以口头起诉。基层人民法院和它派出的法庭审理简单的民事案件，可以用简便方式随时传唤当事人、证人。人民法院适用简易程序审理案件，应当在立案之日起 3 个月内审结。

（二）第二审程序

第二审程序，是指当事人不服一审判决时，在法定期限内向上一级人民法院提起上诉，上一级人民法院对未发生法律效力的判决、裁定的案件重新审理的程序。第二审程序主要包括以下内容：

1. 上诉的提起和受理

当事人不服地方人民法院第一审判决的，有权在判决书送达之日起 15 日内向上一级人民法院提起上诉。当事人不服地方人民法院第一审裁定的，有权在裁定书送达之日起 10 日内向上一级人民法院提起上诉。上诉应当递交上诉状，上诉状应当通过原审人民法院提出，当事人直接向第二审人民法院上诉的，第二审人民法院应当在 5 日内将上诉状移交原审人民法院。

2. 上诉案件的审理

第二审人民法院对上诉案件，应当组成合议庭，开庭审理。经过阅卷和调查，询问当事人，在事实核对清楚后，合议庭认为不需要开庭审理的，也可以进行判决、裁定。第二审人民法院审理上诉案件，可以在本院进行，也可以到案件发生地或者原审人民法院所在地进行。

3. 上诉案件的裁判

第二审人民法院对上诉案件，经过审理，按照下列情形分别处理：①原判决认定事实清楚，适用法律正确的，判决驳回上诉，维持原判决；②原判决适用法律错误的，依法改判；③原判决认定事实错误，或者原判决认定事实不清，证据不足，裁定撤销原判决，发回原审人民法院重审，或者查清事实后改判；④原判决违反法定程序，可能影响案件正确判决的，裁定撤销原判决，发回原审人民法院重审，当事人对重审案件的判决、裁定，可以上诉。第二审人民法院的判决、裁定，是终审的判决、裁定。

4. 二审程序的审结期限

人民法院审理对判决的上诉案件，应当在第二审立案之日起 3 个月内审结。有特殊情况需要延长的，由本院院长批准。人民法院审理对裁定的上诉案件，应当在第二审立案之日起 30 日内作出终审裁定。

（三）审判监督程序

审判监督程序是为了纠正生效裁判中的错误而对案件再次进行审理的一种特殊程序。审判监督程序又称为再审程序，是指人民法院对已经发生法律效力的判决、裁定，依照法律规定由法定机关提起，对案件进行再审的程序。

1. 再审的提起

（1）当事人申请再审。当事人对已经发生法律效力的判决、裁定，认为有错误的，可以向原审人民法院或者上一级人民法院申请再审。当事人的申请符合下列情形之一的，人民法院应当再审：①有新的证据，足以推翻原判决、裁定的；②原判决、裁定认定的基本事实缺乏证据证明的；③原判决、裁定认定事实的主要证据是伪造的；④原判决、裁定认定事实的主要证据未经质证的；⑤对审理案件需要的证据，当事人因客观原因不能自行收集，书面申请人民法院调查收集，人民法院未调查收集的；⑥原判决、裁定适用法律确有错误的；⑦违反法律规定，管辖错误的；⑧审判组织的组成不合法或者依法应当回避的审判人员没有回避的；⑨无诉讼行为能力人未经法定代理人代为诉讼或者应当参加诉讼的当事人，因不能归责于本人或者其诉讼代理人的事由，未参加诉讼的；⑩违反法律规定，剥夺当事人辩论权利的；⑪未经传票传唤，缺席判决的；⑫原判决、裁定遗漏或者超出诉讼请求的；⑬据以作出原判决、裁定的法律文书被撤销或者变更的；⑭对违反法定程序可能影响案件正确判决、裁定的情形，或者审判人员在审理该案件时有贪污受贿，徇私舞弊，枉法裁判行为的，人民法院应当再审。

（2）法院决定再审。各级人民法院院长对本院已经发生法律效力的判决、裁定，发现确有错误，认为需要再审的，应当提交审判委员会讨论决定。最高人民法院对地方各级人民法院已经发生法律效力的判决、裁定，上级人民法院对下级人民法院已经发生法律效力的判决、裁定，发现确有错误的，有权提审或者指令下级人民法院再审。

(3) 检察院抗诉。最高人民检察院对各级人民法院已经发生法律效力的判决、裁定，上级人民检察院对下级人民法院已经发生法律效力的判决、裁定，发现确有错误的，应当按照审判监督程序提出抗诉。人民检察院提出抗诉的案件，人民法院应当再审。

2. 再审的程序

人民法院按照审判监督程序再审的案件，发生法律效力的判决、裁定是由第一审法院作出的，按照第一审程序审理，所作的判决、裁定，当事人可以上诉；发生法律效力的判决、裁定是由第二审法院作出的，按照第二审程序审理，所作的判决、裁定，是发生法律效力的判决、裁定；上级人民法院按照审判监督程序提审的，按照第二审程序审理，所作的判决、裁定是发生法律效力的判决、裁定。人民法院审理再审案件，应当另行组成合议庭。

四、民事诉讼执行程序

(一) 民事诉讼执行程序的概念

民事诉讼执行程序是民事诉讼法规定的由法定组织和人员运用国家的强制力量，根据生效法律文书的规定，强制民事义务人履行所负义务的程序。法律文书一经生效，义务人应自觉履行。如拒不履行，权利人可申请法院强制执行。执行程序是民事诉讼程序的最后阶段。

(二) 执行管辖

发生法律效力的民事判决、裁定，以及刑事判决、裁定中的财产部分，由第一审人民法院或者与第一审人民法院同级的被执行的财产所在地人民法院执行。法律规定由人民法院执行的其他法律文书，由被执行人住所地或者被执行的财产所在地人民法院执行。

(三) 执行程序

1. 执行开始

发生法律效力的民事判决、裁定，当事人必须履行。一方拒绝履行的，对方当事人可以向人民法院申请执行，也可以由审判员移送执行员执行。当事人申请执行的，申请执行的期间为 2 年。

2. 执行案件的受理

执行员接到申请执行书或者移交执行书，应当向被执行人发出执行通知，责令其在指定的期间履行，逾期不履行的，强制执行。

3. 执行措施

(1) 金钱债权的执行。被执行人未按执行通知履行法律文书确定的义务，人民法院有权向银行、信用合作社和其他有储蓄业务的单位查询被执行人的存款情况，有权冻结、划拨被执行人的存款。人民法院有权查封、扣押、冻结、拍卖、变卖被执行人应当履行义务部分的财产，但应当保留被执行人及其所扶养家属的生活必需品。

（2）交付动产的执行。法律文书指定交付的财物或者票证，由执行员传唤双方当事人当面交付，或者由执行员转交，并由被交付人签收。

（3）交付不动产的执行。强制迁出房屋或者强制退出土地，由院长签发公告，责令被执行人在指定期间履行。被执行人逾期不履行的，由执行员强制执行。

4. 执行中止和终结

（1）执行中止。有下列情形之一的，人民法院应当裁定中止执行：①申请人表示可以延期执行的；②案外人对执行标的提出确有理由的异议的；③作为一方当事人的公民死亡，需要等待继承人继承权利或者承担义务的；⑤作为一方当事人的法人或者其他组织终止，尚未确定权利义务承受人的；④人民法院认为应当中止执行的其他情形。中止的情形消失后，恢复执行。

（2）执行终结。有下列情形之一的，人民法院裁定终结执行：①申请人撤销申请的；②据以执行的法律文书被撤销的；③作为被执行人的公民死亡，无遗产可供执行，又无义务承担人的；④追索赡养费、扶养费、抚育费案件的权利人死亡的；⑤作为被执行人的公民因生活困难无力偿还借款，无收入来源，又丧失劳动能力的；⑥人民法院认为应当终结执行的其他情形。

复习思考题

1. 当事人申请仲裁必须具备哪些条件？
2. 仲裁协议无效的情形有哪些？
3. 提起民事诉讼的条件是什么？
4. 各级人民法院对第一审民事案件的管辖是如何分工的？
5. 执行中止、执行终结的具体情形有哪些？

参考文献

[1] 赵旭东. 合同法学 [M]. 北京：中央广播电视大学出版社，2000.
[2] 王福友，王瑜岭. 经济法 [M]. 北京：经济科学出版社，2003.
[3] 焦立新，石玫珑，李英. 经济法 [M]. 成都：西南财经大学出版社，2005.
[4] 张培春，王宝林. 经济法教程 [M]. 大连：东北财经大学出版社，2005.
[5] 徐晓松. 公司法 [M]. 北京：中国政法大学出版社，2006.
[6] 汤维建. 新企业破产法解读与适用 [M]. 北京：中国法制出版社，2006.
[7] 甘培忠. 企业与公司法学 [M]. 北京：北京大学出版社，2007.
[8] 赵旭东. 商法学 [M]. 北京：高等教育出版社，2007.
[9] 江伟. 民事诉讼法 [M]. 北京：高等教育出版社，2007.
[10] 贵立义，林清高. 经济法概论 [M]. 大连：东北财经大学出版社，2007.
[11] 曾咏梅，王峰. 经济法 [M]. 武汉：武汉大学出版社，2007.
[12] 赵大利，姜旭. 经济法概论 [M]. 北京：电子工业出版社，2007.
[13] 黎江虹，夏露，张瑜官. 经济法概论 [M]. 上海：上海财经大学出版社，2007.
[14] 管晓峰. 金融法学 [M]. 北京：中央广播电视大学出版社，2008.
[15] 吴汉东. 知识产权法学 [M]. 北京：北京大学出版社，2009.
[16] 孔喜梅. 经济法 [M]. 成都：西南财经大学出版社，2009.
[17] 戴正华，宋柏良，张群丽. 税法 [M]. 上海：立信会计出版社，2010.
[18] 中国注册会计师协会. 经济法 [M]. 北京：经济科学出版社，2010.
[19] 钱晓英. 经济法概论 [M]. 北京：电子工业出版社，2010.
[20] 杨映忠，孙顺强，刘新智. 经济法 [M]. 北京：清华大学出版社，2010.
[21] 刘成高，张淑芳. 经济法 [M]. 成都：西南财经大学出版社，2010.
[22] 镇咸辉，宋柏良. 经济法 [M]. 武汉：华中科技大学出版社，2010.
[23] 刘泽海. 新编经济法教程 [M]. 北京：清华大学出版社，2010.
[24] 刘军，楚风华. 经济法 [M]. 北京：机械工业出版社，2010.
[25] 袁红梅，曹强. 经济法概论 [M]. 北京：清华大学出版社，2011.